Manfred Weißbecker

Noch einmal über die Bücher gehen

Manfred Weißbecker

Noch einmal über die Bücher gehen

Texte aus einem geteilten Historikerleben

PapyRossa Verlag

Die Publikation erscheint mit Unterstützung
der Rosa-Luxemburg-Stiftung Thüringen e. V.

Luxemburger Str. 202, 50937 Köln
Tel.: +49 (0) 221 – 44 85 45
Fax: +49 (0) 221 – 44 43 05
E-Mail: mail@papyrossa.de
Internet: www.papyrossa.de

Umschlag: Verlag
Coverfoto: Privat
Druck: Interpress

Die Deutsche Nationalbibliothek verzeichnet diese Publikation in
der Deutschen Nationalbibliografie; detaillierte bibliografische
Daten sind im Internet über http://dnb.d-nb.de abrufbar

ISBN 978-3-89438-723-5

Inhalt

Teil III

»Führer« und Anhängerscharen

Teil IV

Das »braune Thüringen«

Wozu »über die Bücher gehen«?

Bei der Suche nach einem Titel für den hier vorgelegten Band, der einige der seit 1959 vom Autor an unterschiedlichen und oft dezentralen Orten publizierten Texte sowie ungedruckte Vortragstexte vereint, drängte sich ein Zitat auf, das dazu anregt, »noch einmal über die Bücher zu gehen«. Geäußert hat es im Februar 2002 der damals in Konstanz lehrende Philosoph Jürgen Mittelstraß auf einer Tagung, die vom bundesdeutschen Wissenschaftsrat, dem Stifterverband für die Deutsche Wissenschaft und der Volkswagen-Stiftung veranstaltet wurde. Wissenschaftspolitische Akteure und Berater der Bundesregierung debattierten dort mehr als zehn Jahre nach dem »Beitritt« ostdeutscher Länder zur Bundesrepublik über den – natürlich als gelungen betrachteten – »ostdeutschen Wissenschaftsumbau«, also über den zumindest »rigoros« zu nennenden Umgang mit Wissenschaftlern der DDR. Allerdings war in der Veranstaltung auch Erstaunliches zu vernehmen: »Schuld« habe man »auf sich geladen« und sich »an einer ganzen Generation versündigt«. »Ungerechtigkeiten« seien zu konstatieren, »persönliche Tragik« in einem »schmerzlichen Prozess«, »eine Katastrophe für die Betroffenen«. »Gelegentliche Fehlentscheidungen der Ehrenkommissionen« habe es gegeben und »ungerechtfertigte Härten«.[1]

Mittelstraß bemerkte damals: »Wenn ich als altes Wissenschaftsratsmitglied, das sowohl im Evaluationsausschuss als auch im Strukturausschuss und in vielen Kommissionen beider Ausschüsse gedient hat, einen Wunsch frei haben sollte, dann den, dass wir – und sei es auch nur auf eine mehr oder weniger symbolische Weise – gutzumachen versuchen, was damals, bewirkt durch die Empfehlungen des Wissenschaftsrates, an persönlichem Unrecht geschah gegenüber Akademieangehörigen, die, obgleich von bewiesener Leistungsfähigkeit, freigestellt, unzureichend weiterfinanziert und schließlich doch fallen gelassen wurden. Und ebenso gegenüber Hochschullehrern, die wiederum trotz dokumentierter Leistungsfähigkeit der Abwicklung ihrer Einrichtungen zum Opfer fielen. Hier ist in zu vielen Fällen nicht nur fahrlässig mit der Ressource Geist umgegangen worden, sondern auch Würde und Leben einzelner Wissenschaftler verletzt worden.« Er schloss mit den Worten: »Raffen wir uns auf, hier noch einmal – das Endliche im Blick und das Versöhnliche im Herzen – etwas Selbstverständliches zu tun.« In der Diskussion präzisierte er, was er damit meinte: »Lasst uns noch einmal gemeinsam über die Bücher gehen und gutzumachen suchen, was damals an persönlichem Unrecht geschah«. Ins Protokoll der Tagung fand dies keinen Eingang, doch hat er den Satz später noch einmal ausdrücklich bestätigt.[2]

Das von Mittelstraß damals Eingeforderte wurde bislang nicht geleistet, schon gar nicht »gemeinsam«. Weder gab es Entschuldigungen noch andere »symbolpolitische« Aktionen, von einer Unrechts-Anerkennung ganz zu schweigen. Ansätze zu praktischen Schlussfolgerungen oder gar Korrektur-Vorschläge sind bislang nicht auszumachen. Nirgends ist die Bereitschaft zu erkennen, zur Mitverantwortung für die nach der »Wende« offiziell betriebene Wissenschaftspolitik der Bundesregierung zu stehen. Es war eine Politik der Vernichtung von Wissenschaft und Wissenschafts-Ressourcen, eine Politik, die zur Verkehrung elementarer Grundsätze wissenschaftlichen Arbeitens geraten hat und die lauthals proklamierte »Freiheit der Wissenschaft« aufhob. Wurden die seinerzeitigen Einlassungen vielleicht doch nur zur Beruhigung eines eigenen schlechten Gewissens gemacht?

* * *

Wie auch immer: Angeregt durch den zitierten Satz ging der Autor dieses Bandes noch einmal »über« einen Teil seiner Veröffentlichungen. Vieles war in dieser Rückschau zu bedenken: Was waren Anlass und Ursachen des eigenen geschichtswissenschaftlichen Arbeitens, was sein Erkenntnisgewinn? Wie kam die Themenwahl aus der deutschen Geschichte im 20. Jahrhundert zustande, und weshalb beschäftigten ihn diese Themen über die Jahrzehnte hinweg? Wie ist das Verhältnis von tatsächlich Erbrachtem zu dem, was einer weitgehend als richtig eingeschätzten Politik geschuldet war? Und noch grundsätzlichere Fragen stellten sich: Wie ist eine sachlich-nüchterne, differenzierende und kritische Rückschau möglich? Sind ältere Texte zu geschichtlichen Themen heute noch in der Lage, über den historiographischen Aufschluss hinaus Nachdenklichkeit auszulösen? Können sie den Blick auf eine Gegenwart schärfen, in der völkisch-nationalistische Ideologie, rassistischer Hass und autoritäre Politik wieder bedrohlich in den Vordergrund rücken?

Man sagt: Willst du etwas Neues lernen, musst du alte Bücher lesen. Aus altem Wissen und neu Gelerntem können möglicherweise Wege gezeichnet werden, die in eine von Kriegen und Kriegsbereitschaft freie sowie in eine wahrhaft menschenwürdige Zukunft führen. Sinnvoll kann dies gerade in einer Zeit weltweit zunehmender Krisen und kriegerischer Aktionen sein, in einer Zeit der Wiederbelebung nationalistisch-rassistischer Vorurteile, in einer Zeit allgemeiner politischer Rechtswende.

Auch mit dem Blick auf Gegenwärtiges also veröffentlicht der sich als Faschismusforscher und bekennender Marxist verstehende Autor hier einige Texte erneut. Vieles, was er geschrieben und vorgetragen hat, erwuchs aus persönlich Erlebtem und Erfahrenem. Zeit seines bewussten Lebens beschäftigten ihn Fragen nach den Ursachen der beiden Weltkriege. Die letzten Wochen des zweiten verbrachte der damals Zehnjährige zitternd in einem Chemnitzer Bombenkeller. In einem dänischen Lager für Zivilinternierte erlebte er danach das folgenreiche Schicksal geteilter und zerbrochener Familien. Durch Erzählungen ehemaliger Buchenwald-Häftlinge und durch Andeutungen seines jungen Geschichtslehrers, die ihn nachdenklich stimmten, stieß er zur Geschichtsschreibung. In Streit geriet er u. a. mit einer Mitschülerin, die Hermann Görings Selbstmord als dessen letzte Heldentat preisen wollte. Alles verknüpfte sich mehr und mehr mit der Frage, in welchem Teil Deutschlands gründliche Abkehr von schlimmer Vergangenheit vollzogen wird, wo Sühne für bis dahin undenkbare Verbrechen gefordert, wo eine andere, eine friedliche Zukunft angestrebt wird.

Während des Studiums und der Promotion galt sein Interesse zunächst vorrangig jenen Frauen und Männern aus den Reihen der Arbeiterbewegung in Thüringen, die 1933/34 Errichtung und Stabilisierung des braunen Regimes bekämpften. Dafür standen aufschlussreiche Materialien der sie überwachenden und verurteilenden Instanzen zur Verfügung, weniger allerdings jene Quellen, die Einblick in strategische Auseinandersetzungen und taktisches Fehlverhalten der KPD-Führung geboten hätten.[3] Am Historischen Institut der Jenaer Friedrich-Schiller-Universität wurde aus dem jungen Assistenten der Hochschullehrer, der zeitweise Institutsdirektor war und sechs Jahre lang als Dekan der Gesellschaftswissenschaftlichen Fakultät wirkte.

Während der 1960er Jahre begann man in Jena, schwerpunktmäßig die Geschichte bürgerlicher Parteien zu untersuchen. Für ein zweibändiges Handbuch war ein Artikel über die NSDAP eingeplant, der letztlich deutlich umfangreicher geriet[4] und – wie BRD-Historiker in Gesprächen bemerkten – die erste deutschsprachige Darlegung zur Geschichte der NSDAP war. Auch als 1981 der Autor und sein langjähriger Historikerkollege und Weggefährte Kurt Pätzold den Band über die »Partei des Verbrechens« publizierten, gab es nichts Vergleichbares. Im Gegensatz zu Historikern jenseits der DDR-Grenze, die sich eher dem »Führer« widmeten und Hitler ausschlaggebende Triebkraft sowie alleinige Kausalität zuschrieben, war nach gesellschaftlichen Ursachen deutscher Macht- und Expansionsgelüste zu suchen, ein möglichst komplexes Bild des historischen Geschehens zu zeichnen und sich kritisch mit anderen Auffassungen auseinanderzusetzen[5] – ganz im Sinne des bekannten Diktums von Max Horkheimer, wonach, wer vom Kapitalismus nicht reden will, auch vom Faschismus schweigen soll.

* * *

Die in Jena betriebene Parteiengeschichtsforschung[6] widmete sich von Anfang an einem Problemfeld, das auch den Autor des Beitrages über die Deutsche Vaterlandspartei[7] beschäftigte: Mit dieser Partei hatte eine Organisation die politische Bühne betreten, die einerseits präfaschistische Ziele in einer neu zu schaffenden gesellschaftlichen Ordnung anstrebte und 1917/18 noch immer einen »deutschen Siegfrieden« statt einer Verständigung über ein allgemeines Kriegsende erreichen wollte, andererseits aber in der Lage war, dafür mehr als eine Million Mitglieder zu mobilisieren. Zu untersuchen war also die Gegensätzlichkeit der realen Ziele bürgerlicher[8] Parteien und den davon oftmals abweichenden Interessen ihrer Mitglieder und Wähler. Diskutiert wurde über das Verhältnis von Parteiführern und geführten Massen, über die Diskrepanz zwischen objektiven Gegebenheiten in kapitalistischen Wirtschafts- und Gesellschaftsordnungen einerseits und deren subjektiv-individuelle Erfassung andererseits.[9] Die Nationalsozialistische Deutsche Arbeiterpartei bezeichnete sich absichtsvoll als nationalsozialistisch, verbreitete jedoch von Anbeginn extrem nationalistisch-rassistische, antisozialistische und antidemokratische Ideen und verfolgte expansionistische Wunschvorstellungen. Alles in ihrer Ideologie und Programmatik diente den Weltmachtambitionen deutscher Eliten und zielte im Kern, da nicht anders zu verwirklichen, auf neue Kriege.

Die Parteiengeschichtsforschung beschäftigte sich auch mit den vielfältigen Erklärungsversuchen für die Wurzeln, Merkmale und Erscheinungsformen der neuen Phänomene am rechten Rand der Gesellschaft. Zahlreiche Theorien über den Faschismus galt es zu berücksichtigen, erdacht vor allem in jenen Kreisen, die sich von dieser neuen Bewegung nicht allein politisch, nein auch existenziell bedroht sahen. Sie wollten den damit verbundenen Gefahren begegnen, aktiv mit Wort und Tat. Sie verteidigten alle im Laufe der Zeit politischen Freiheiten, gebündelt in der parlamentarisch-demokratischen Verfassung der Weimarer Republik. Viele rangen ebenso um die Beseitigung von kriegsförderndem Militarismus und sozialer Ungerechtigkeit, andere um die Schaffung neuer, humaner sozialistischer Gesellschaftsverhältnisse. Ihr Ringen in den vierzehn Jahren der Weimarer Republik blieb schließlich erfolglos, setzte sich jedoch selbst unter größter Bedrängnis fort als Widerstand gegen Hitler und Krieg sowie als Suche nach einer demokratischen Gesellschafts-Alternative.

Erst in den 1960er Jahren, nach bitteren Erfahrungen – gesammelt unter dem Druck eines terroristischen Regimes, in der Totalität von Zerstörungswahn und rassistischem Völkermord während des Zweiten Weltkrieges, aber auch in den Hoch-Zeiten des lebensbedrohenden Kalten Krieges – veränderten sich in der Forschung Sichtweise und Untersuchungsintensität: Das Monstrum Faschismus sah sich aus einem Objekt vorwiegend politischer Auseinandersetzungen nun auch zu einem vornehmlich geschichtswissenschaftlich behandelten Thema erhoben. Von einem Prozess der Verwissenschaftlichung kann gesprochen werden, den der Münchener Historiker Martin Broszat als »Historisierung« verstanden wissen wollte. Jedoch: Selbst die zunehmend institutionell betriebene wissenschaftliche Erforschung des Faschismus erwuchs aus politischen Gegebenheiten und den entsprechenden geistigen Bedürfnissen. Woraus sich in gewisser Hinsicht für dieses Teilgebiet der Geschichtswissenschaft ein besonderes politisches Geprägtsein gegenüber anderen sozial- und geisteswissenschaftlichen Gebieten ergab.

Das erklärt nicht zuletzt jene große Unterschiedlichkeit des darauf bezogenen Forschens und Publizierens in den beiden deutschen Staaten. In der DDR entwickelte sich eine Interpretationslinie, die zeitgebunden als marxistisch-leninistisch bezeichnet wurde und mancherlei argen Restriktionen unterlag, sich aber am materialistisch-dialektischen Denken von Marx und Engels zu orientierten bemühte. In der Bundesrepublik gab es hingegen Deutungsvarianten, bei denen – in deutlichem Gegensatz zu anderen westlichen

Ländern – der schillernde Begriff des Nationalsozialismus den des Faschismus überdeckte. Über viele Jahrzehnte hinweg, mal stärker, mal schwächer, stand allein Hitler im Vordergrund. Dem konservativen Publizisten Joachim C. Fest galt er als ein alles in der Welt bewegendes Zentrum, ganz im Sinne der alten Denktradition: »Männer machen Geschichte«. Die These »Der Hitler war's«[10] bot zudem die willkommene Möglichkeit, Verantwortung und Schuld anderer zu verschleiern und zu leugnen.

Auch das behinderte den eigentlich unumgänglichen Blick auf die Rolle jenes Mannes, von dem der Autor 1966 schrieb, in den Arbeiten von DDR-Historikern sei seine Wirksamkeit auf die Massen noch nicht völlig geklärt.[11] Neben den gesellschaftlichen Wurzeln sei der subjektive Faktor zu berücksichtigen. Das zu betonen ergab sich nicht zuletzt aus der Notwendigkeit, erklären zu müssen, wie große Scharen von Mitgliedern und Wählern gewonnen und mit welchen Methoden Massen organisiert und gelenkt werden konnten. Zwar stand im Vordergrund die Suche nach den dazu verwendeten Mitteln, doch wurde in Jena anlässlich einer Tagung im Februar 1964 nach Vorträgen des Historikers Dieter Fricke und des Psychologen Hans Hiebsch auch diskutiert, was die Sozialpsychologie für das Herangehen an die Geschichte bürgerlicher Parteien beitragen könnte. Diese Diskussion endete leider unbefriedigend: Man verwies die Geschichtswissenschaft an die Soziologie, die es indessen hier als Wissenschaftsdisziplin noch nicht gab.

Erst nach und nach fanden Fragen zu den Einflusswirkungen von Klassen- und Schichtenzugehörigkeit, des sozialen Milieus sowie geistig-kultureller und religiöser Traditionen Eingang in die marxistische Faschismusforschung. Die These von einer grundsätzlich positiven Rolle der Volksmassen in der Geschichte erwies sich als Denk-Barriere. Nicht nur der schmale und doch anregende Band *Zur Psychologie der deutschen Faschisten*, den Dietfried Müller-Hegemann 1955 im thüringischen Greifenverlag publiziert hatte, wurde ignoriert – auch dass und wie Wilhelm Reich außerhalb aller Betrachtungen blieb, ist im Nachhinein unverständlich.[12]

Erst 1980 brach Kurt Pätzold mit einem Vortrag diesen Bann, in dem er die faschistische Manipulation des deutschen Volkes als ein offenes »Forschungsproblem« behandelte. Dabei benannte er auschlaggebende Faktoren: Einschüchternder Terror, weitgehend verinnerlichte nationalistische und rassistische Ideologie, Erfolgsbestechung durch eine anscheinend erfolgreiche Außenpolitik, durch Überwindung der großen Wirtschaftskrise und durch die Ermöglichung neuer Karrieren im Macht- und Militärapparat der Nazis. 2017 gab der Autor aus Pätzolds Nachlass den diese Faktoren ausführlich behandelnden Band *Gefolgschaft hinterm Hakenkreuz* heraus.

Wie bereits angedeutet: In der DDR gab es immer wieder zaghafte Annäherungsversuche an das Thema. Der Autor befasste sich relativ früh mit Hitler. Am Ende seines 1966 veröffentlichten Beitrages *Zur Herausbildung des Führerkultes der NSDAP* heißt es: »Von Anfang an wurde der faschistische Kult um Hitler bewusst und planmäßig als Mittel der politischen Massenbeeinflussung im Sinne der Verdummung der Massen, der Irreführung der Menschen und der Ablenkung von ihren ureigensten Interessen genutzt. So erfüllte nach Ansicht des Autors der Führerkult eine ähnliche objektive Funktion wie der faschistische Terror, wie die nationale und soziale Demagogie und andere Faktoren der nationalsozialistischen Politik und Ideologie. Mit diesen Ausführungen soll jedoch keineswegs der persönliche Anteil Hitlers geleugnet oder unterschätzt werden. Die bayerischen Reichswehroffiziere hatten durchaus einen guten Griff mit diesem Agenten getan. Sein persönliches Machtstreben, sein Ehrgeiz, seine Verantwortungslosigkeit, kurz seine sogenannte ›Dämonie‹ konnte sich auf dem Boden der gesellschaftlichen Kräfte, die in der Weimarer Republik das Lager der Ultras bildeten, voll entfalten, so dass schließlich das Wesen des Führerkults überwuchert und für die breite Masse bis zur Unkenntlichkeit entstellt wurde.«[13]

Dieser Text war als Diskussionsbeitrag zu einer Tagung der Deutschen Historiker-Gesellschaft gedacht, die im März 1965 unter dem Titel *Monopole und Staat in Deutschland 1917–1945* stattfand. Ihn vorzutragen gelang jedoch nicht. Erst nach längerer Zeit begann der Autor der offiziellen Begründung zu misstrauen, wonach die überbordende Anzahl der Beiträge zu Zeitmangel geführt habe. Was damals außerhalb Berlins nicht bekannt war: Die Tagung reihte sich ein in die am Zentralinstitut für Geschichte an der Akademie der Wissenschaften der DDR betriebenen Auseinandersetzungen um Auffassungen von Günter Paulus. Dessen Buch *Die zwölf Jahre des tausendjährigen Reiches. Streiflichter aus der Zeit der faschistischen Diktatur über Deutschland* erschien Ende 1965, wurde jedoch rasch aus dem Verkehr gezogen. Sein Verfasser musste nach einem Parteiverfahren das Institut verlassen. Ihm wurde u. a. auch vorgeworfen, das »Eigengewicht« Hitlers überhöht dargestellt zu haben. In der Tagung tauchte der Name Paulus schon nicht mehr auf. Der nicht zum Vortrag gelangte Text des Autors wurde jedoch im Tagungsprotokoll gedruckt, ebenso der von Joachim Petzold über die Rolle führender Wirtschaftsvertreter bei der Einleitung von Waffenstillstands- und Friedensverhandlungen am Ende des Ersten Weltkrieges.

Den Blick auch auf handelnde Personen zu lenken – das konnte nicht mehr übergangen werden, und was da auch immer für ein durchtriebenes Spiel um das Durchsetzen einer »richtigen Linie« angestellt worden sein mag[14] – an der Frage nach der Rolle des »Führers« kam die Geschichtswissenschaft der DDR nicht mehr vorbei. Angesprochen wurde diese 1979 auch vom Autor und Herbert Gottwald in einem Artikel für die *Zeitschrift für Geschichtswissenschaft*. Dieser thematisierte die Rolle der Führer bürgerlicher Parteien und machte zugleich das unverständlich-gegensätzliche Handhaben von Biographik deutlich: Für Frauen und Männer aus dem Widerstand wurden sehr wohl Lebensbeschreibungen verlangt, solche über bürgerliche Politiker indessen kaum, sieht man von den Arbeiten Wolfgang Ruges über Gustav Stresemann (1965), Paul von Hindenburg (1974) und Matthias Erzberger (1976) ab.

Das Hitler-Thema spielte natürlich für den von mir gemeinsam mit Kurt Pätzold verfassten Band *Hakenkreuz und Totenkopf. Partei des Verbrechens* (1981) eine Rolle, ebenso für den Band *Das Ende von Weimar. Das Monopolkapital und Hitler*, den Wolfgang Ruge 1983 vorlegte. In den 1970er und 1980er Jahren tauchte der Gedanke an eine Hitler-Biographie sogar in den zentralen Forschungsplänen des Rates für Geschichtswissenschaft auf. Zu einer Konkretisierung oder gar Realisierung kam es jedoch nie: Immer sollten andere Aufgaben dringlicher und vorrangiger sein – beispielsweise die geplante achtbändige Darstellung der Geschichte des deutschen Volkes. Dass Kurt Pätzold (der bereits 1977/78 Zuarbeiten für eine Schrift des DKP-Vorsitzenden Kurt Bachmann über Hitler geliefert hatte) und der Autor 1995 im Leipziger Militzke-Verlag eine bewusst als politisch charakterisierte Hitler-Biographie vorlegen konnten, beruhte – wie auch bei vielen anderen Publikationen nach 1989/90 – auf langen Vorarbeiten und Debatten.

Solche hatte es insbesondere im Rahmen des *Jenaer Faschismus-Kolloquiums* gegeben, das zwischen 1971 und 1990 jährlich stattfand und gut besucht war, obwohl es im offiziellen Betrieb der DDR-Geschichtswissenschaft kaum Beachtung fand. Neben den Jenaer Historikern boten viele andere DDR-Geschichtswissenschaftler, Philosophen, Juristen und Literaturwissenschaftler anregende Vorträge, u. a. Manfred Behrendt, Roswitha Berndt, Hiltrud Bradter, Werner Bramke, Dietmar Ebert, Dietrich Eichholtz, Lothar Elsner, Kurt Finker, Kurt Gossweiler, Wolfgang Keim, Reinhard Kühnl, Erhard Lange, Gerhard Lozek, Helmut Meier, Roland Meister, Christa Olschewski, Kurt Pätzold, Joachim Petzold, Gerhard Riege, Werner Röhr, Wolfgang Ruge, Karen Schönwälder, Anka Stephani und Dieter Strützel. Einige Ergebnisse fanden den Weg in die universitäre Schriftenreihe *Jenaer Beiträge zur Parteiengeschichte* oder in das *Bulletin des Arbeitskreises Zweiter Weltkrieg an der Akademie der Wissenschaften der DDR*. 1991 gab es eine einmalige Fortsetzung des Kolloquiums in Liverpool mit Beteiligten aus acht Ländern – es befasste sich mit den Wegen und Irrwegen marxistischer Faschismusforschungen.

Die Liste der in Jena behandelten Themen kann durchaus als eine Art Katalog betrachtet werden, der sowohl die zentralen Problemfelder unserer Bemühungen um eine komplexe Forschung als auch deren Schwachstellen erkennen lässt.[15] Der gern, zumeist aber leichtfertig erhobene Vorwurf, marxistisches Geschichtsdenken sei ökonomistisch und reduktionistisch, traf in dieser Verallgemeinerung nicht zu – erst recht nicht auf die in Jena betriebene Arbeit. Immer ging es um gesamtgesellschaftliche Ursachen, um jene vielgestaltig-komplexen Bedingungen, unter denen die NSDAP sich entfalten, größte politische Partei in der deutschen Geschichte werden, die Welt in einen neuen Krieg treiben und Massenverbrechen schlimmster Art begehen konnte. Als 1982 ein passendes Thema für die nächste Veranstaltung gesucht wurde, schrieb der Autor an den Marburger Politikwissenschaftler Reinhard Kühnl, dem er sowohl wissenschaftlich als auch kollegial und freundschaftlich verbunden war: »Deinem Vorschlag für das Vortragsthema möchte ich allerdings nicht gern zustimmen, da ich mich ja gerade darum bemühe, die etwas vereinfachende These von der Beziehung zwischen NSDAP und Industrie durch eine komplexe Einordnung der faschistischen Partei in die bürgerliche Gesellschaft zu erweitern.«

Um keinen Irrtum aufkommen zu lassen: Es ging nicht darum, die Auffassungen über den faschismusermöglichenden Boden gesellschaftlicher Verhältnisse sowie über die politische und finanzielle Unterstützung der NSDAP durch Großindustrielle anzuzweifeln, sondern um eine Erweiterung dieser grundsätzlich antikapitalistischen Sicht, um deren Vertiefung und Verbreiterung. Stets wurde dabei auch über den Massenanhang der Nazis geredet und betont: Er beruhte nicht in erster Linie auf schlichtem Unvermögen, der Manipulation entschlossen entgegen zu treten. Alle Manipulation der Bevölkerung durch Herrschende wäre vergeblich, würde es nicht auch die Bereitwilligkeit der Beherrschten geben, sich beeinflussen oder sogar »berauschen« zu lassen. Unbestreitbar bot ihr Massenanhang den Nazis eine wichtige Voraussetzung für ihren Erfolg. Er geriet zugleich zu einem Kennzeichen ihres Aufstiegs und ihrer Macht. Die braune Diktatur hätte ohne ihn nicht funktionieren können. Ohne die »willigen« Helfer wären kein totaler Krieg, keine barbarische Okkupationspolitik und erst recht kein Völkermord zu realisieren gewesen. Ohne sie hätte während des Zweiten Weltkrieges das System der rund 20.000 Zwangsarbeiterlager nicht geschaffen und genutzt werden können. Ohne sie wäre der Krieg nicht so sinnlos und opferreich bis fünf Minuten nach zwölf unterstützt worden.

Alle Faschismusforschungen sollten davon ausgehen, dass das damals massenhaft feststellbare »Alltagsbewusstsein« auch von weltanschaulich-ideologischen, geistig-moralischen, psychischen und mentalen Gegebenheiten geprägt war. Es gab eine weit verbreitete Gewaltakzeptanz. Viele hatten die nationalistisch-rassistisch und sich über andere Völker überhebende Metaphorik der »deutschen Volksgemeinschaft« verinnerlicht. Die nach dem Ende der Weltwirtschaftskrise erreichte sozialpolitische »Erfolgsbestechung« wurde dankbar akzeptiert, und es gab als lohnend fürs eigene Fortkommen betrachtete Integrationsangebote. Den demagogischen Kern aller Friedensbeteuerungen Hitlers konnte und wollte man nicht sehen, und nahezu sorglos wurden die außenpolitischen und militärischen Siege bis 1939 bzw. 1941/42 befürwortet. Unkritisches Wissen über die an Kriegen so reiche Geschichte der Menschheit nährte die Auffassung, diese seien unabwendbar und entsprächen der Natur des Menschen. Kriege wurden hingenommen, bestärkt auch durch manipulative Parolen wie die vom »süßen Tode auf dem Feld der Ehre«, von wiederherzustellender nationaler Ehre u. a. m. Hingenommen wurde auch, dass Menschen generell in Kriegen verrohen. Gerade im ersten weltweit mit riesigen Armeen geführten Krieg von 1914 bis 1918 waren Entmenschlichung, barbarische Handlungsbereitschaft und Gewaltakzeptanz zur Alltäglichkeit geraten. Das bot einen wirksamen Boden für jene Oberen des Reiches, die stets bemüht waren, die eigene Aggressivität zu tarnen und sich selbst als Opfer der Kräfte darzustellen, die künftige Kriege verhindern und eine andere, eine menschlichere Gesellschaft erstrebten. Die nach außen sehr diszipliniert auftretenden paramilitärischen Verbände der NSDAP erschienen in diesem Lichte als verlässlicher, teils sogar faszinierender Ordnungsfaktor, dessen abschreckender Charakter und seine Mobilisierungsfunktion sich als zweckmäßig erwiesen – für die Herrschenden, wohlgemerkt, nicht für die Beherrschten.

* * *

In den 1970er und 1980er Jahren erweiterten sich die Sichtweisen der Faschismusforscher sowohl in Ost- als auch in Westdeutschland. Gewisse Annäherungen vollzogen sich: in der BRD durch das produktive Anwachsen sozial- und gesellschaftsgeschichtlicher Analysen, in der DDR durch erkennbare Bemühungen, die vorgegebenen Grenzen einer 1935 (also lange vor dem Zweiten Weltkrieg und der nazifaschistischen Politik zur Ausrottung anderer Völker) formulierten Definition des Faschismus an der Macht aufzubrechen. Es gab sogar partnerschaftliche Gesprächsrunden und gemeinsame Projekte über die deutsch-deutsche Grenze hinweg. An einigen war der Autor beteiligt, so an den Tagungen von Historikern beider deutscher Staaten, die 1987 und 1989 von der Historischen Kommission des Parteivorstandes der SPD organisiert wurden[16], an dem – leider gescheiterten – Projekt einer gemeinsamen Publikation über den Weg der deutschen Eliten zum Zweiten Weltkrieg anlässlich des 50. Jahrestages seiner Entfesselung[17] und – als Mitautor – an dem von Erich Volkmann herausgegeben Band über das nazistische Russlandbild.[18] Die Chance weiterer gemeinsamer Debatten und Projekte wurde in der Folgezeit allerdings schmählich vertan.[19] Mit der rigorosen »Abwicklung« der DDR-Geschichtswissenschaft brachen alte Fronten neu auf. Eine partnerschaftliche oder gar friedliche Koexistenz passte nicht mehr in Theorie und Praxis von »Siegern«.

Viel Schmähendes und Verurteilendes wurde über die Historikerzunft der DDR geschrieben. Manches stammt aus der Zeit vor 1989/90, doch das meiste kam nach der »Wende« über sie. Diese führte zu einem tiefgreifenden Einschnitt in Leben und Arbeiten jener, die sich historisch-materialistischer Denkweise von Karl Marx und Friedrich Engels einerseits und antifaschistisch-demokratischer Gesinnung andererseits verpflichtet gefühlt hatten. Rasch florierte eine sich kritisch gebende, zumeist jedoch pauschal abwertende und generell die »Abwicklung« der DDR-Geschichtswissenschaft stützende Universitäts- und Wissenschaftsgeschichte, initiiert von neuen Machtträgern, gebunden an diverse politische Vorgaben, gefördert durch erhebliche Finanzmittel. Bislang kam es noch nicht zu wesentlichen Änderungen in dieser letztlich arg disqualifizierenden Sichtweise, auch wenn mitunter etwas differenzierter gewertet wird oder gar anerkennende Worte zu finden sind. Mit dem damals offiziell verkündeten Kurs auf eine Delegitimierung der DDR sollte auch marxistisches Geschichtsdenken ausgeschaltet werden. Dem entsprachen die Methoden des lautstarken Anprangerns und Brandmarkens. Das Vermeiden einer gesellschafts- und geschichtswissenschaftlichen Alternative in den neuen kapitalistischen Verhältnissen kann dabei als strategischer Vorsatz gelten. Geduldet wurde bestenfalls ein pluralistisches Nebeneinander in nicht-marxistischen Bereichen.

Die Geschichte der Übernahme der DDR in die Bundesrepublik – mitunter sogar mit dem historisch besetzten Begriff »Anschluss« versehen – ist noch nicht geschrieben, ebenso wenig wie die der diese Prozesse leitenden Institutionen. Und auch die Geschichte sowohl der dazu willig ihre Hand reichenden Wissenschaftler aus den alten Bundesländern als auch derjenigen DDR-Historiker, die in einem »Umsattlungseifer« (wie es Wolfgang Ruge nannte) oder sogar in »Selbstpreisgabe« (so formuliert von Werner Röhr) dazu beitrugen, harrt der Aufarbeitung. Was indessen bereits existiert, ist eine sorgfältige Dokumentation der Zerschlagung aller institutionellen Strukturen der DDR-Geschichtswissenschaft. Werner Röhr, auf dessen umfassende Kärrnerarbeit ein zweibändige Werk[20] zurückgeht, stellt darin vergleichend fest: Niemals hat es in der Geschichte der deutschen Historikerzunft einen solchen vollständigen Eingriff gegeben, weder 1933 noch 1945, ganz zu schweigen von 1918/19. Wer wissen will, wo und wie in der DDR über welche Themen geforscht wurde, was vorgelegt worden ist und was die neu installierten »Aufarbeitungs«-Besen unternommen haben, um nahezu alles restlos unter rasch ausgerollte Teppiche kehren zu können, der findet detailreich Auskunft in diesen Bänden. Sie enthalten auch eine kritische, in ihrer Klarheit und Tiefgründigkeit kaum zu überbietende Würdigung der Faschismusforschung in der DDR. Da erfolgt keine Beschönigung. Theorie-Blockaden, mangelnder internationaler Blick, Erkenntnisverbote, Resultatvorgaben sowie gewollte Irrtümer und mancherlei Dummheiten werden ausdrücklich benannt.

Der erfolgreichen Abschaffung marxistischer Forschungs- und Lehreinrichtungen in den frühen 1990er Jahren folgte binnen relativ kurzer Zeit eine mit gewissem Erstaunen registrierte Herausbildung einer neuen historischen Kultur, die mitunter sogar – die Realität allerdings beschönigend – als eine zweite Wissenschaftslandschaft in Ostdeutschland galt. Zwar hatten etliche alte Freundschaften und manche kollegiale Verbundenheit den brachialen Ereignissen nicht standgehalten, doch neues Einverständnis und gemeinsames Agieren »abgewickelter« Kolleginnen und Kollegen brachen sich Bahn. In diesem Prozess entstand 1992/93 auch das *Jenaer Forum für Bildung und Wissenschaft e. V.* – die heutige *Rosa-Luxemburg-Stiftung Thüringen e. V.* Ihre Gründungsmitglieder wollten sich nicht ins Private zurückziehen, sondern Antworten auf die bohrenden Fragen nach den Ursachen für das Scheitern einer Gesellschaftsordnung finden und mit anderen darüber nachdenken, welche gesellschaftlichen Alternativen es zum ungebremsten »Turbo«-Kapitalismus gibt. Zehn Jahre lang leitete der Autor, sich nunmehr als parteilosen Sozialisten verstehend, diesen Verein, und kann dabei auf eine Vielzahl an Publikationen sowie auf zahlreiche Veranstaltungen zurückblicken.

Hinzu kam eine aktive Beteiligung des Autors an den Bemühungen der *Berliner Gesellschaft für Faschismus und Weltkriegsforschung e. V.*, die auf Initiative von Dietrich Eichholtz, Kurt Pätzold, Werner Röhr und Martin Seckendorf ins Leben gerufen worden war. Auch Freunde aus den alten Ländern der BRD halfen, eine zeitweilige Schockstarre des Autors (hervorgerufen auch durch den Verlust von Arbeitsplatz und Wohnung sowie den Tod der Mutter) und andere Schwierigkeiten zu überwinden.

Folgt hier nun, so mag sich vielleicht manche Leserin und mancher Leser fragen, die Autobiographie eines DDR-Historikers? Nein. Es gibt solche bereits in größerer Zahl, sie bieten sowohl Gewichtiges und Bemerkenswertes als auch weniger Bedeutsames und Erhellendes.[21] Teils handelt es sich um detailreiche Lebensberichte und erzählte Lebenswunden, teils um zeitgeschichtliche Analysen, verknüpft mit selbst- oder auch unkritischen Aussagen, ebenso mit mancherlei Selbstrechtfertigung angeblich erzwungener Opportunität. Autobiographisches Schreiben ist von jeher auch mit dem schwer erfüllbaren Anspruch belastet, gleichzeitig Resultat subjektiver Erinnerung und objektives Abbild von Wirklichkeit sein zu wollen.

Ohne hier Sinn und Wert von Autobiographien abwerten zu wollen: Der Autor der hier versammelten Texte verweigert sich dem Beschreiben des eigenen Lebensweges. Besser: Er sieht sich dazu nicht in der Lage. Das Graben in Archiven aller Art schreckt mittlerweile einen alt Gewordenen ab. Es existieren keine Tagebücher oder sorgfältig geführte Kalender, auch wurde dem Erhalten vielfach ausgefüllter Formulare, des ausufernden Berichterstattungs-Unwesens oder des üblichen Schriftverkehrs wenig Aufmerksamkeit geschenkt. An Vieles kann sich der Autor zwar gut erinnern, doch zu groß erscheint ihm die Gefahr, aus heutiger Sicht zu selektieren oder gar, wenn auch unbeabsichtigt, Unangenehmes zu verdrängen. Vor allem aber: Er sah und sieht sich nicht als einen, dessen Darlegungen zu privatem Erleben und dienstlichem Tun weiter Erhellendes zu der bereits stark ausgeleuchteten Geschichte eines sozialistischen Staatsversuches auf deutschem Boden beitragen könnte. Er lebte willentlich als dessen Beteiligter und ebenso als agierender Teilnehmer des bekannten, oft genug mit Problemen und auch mit falschen Entscheidungen gefüllten Alltages. Über einen kleinen Erinnerungsbeitrag ging es nicht hinaus, den zu schreiben er als notwendig erachtete, weil 2004 als Teilnehmer zu offiziellem glückseligen Erinnern eingeladen.[22]

Es könnte indes sein, dass – neben dem Blick in allgemein zugängliche Veröffentlichungen (gemeint sind vor allem die gemeinsam mit Kurt Pätzold verfassten zur Geschichte der NSDAP, über Hitler, Heß und die in Nürnberg zum Tode verurteilten Naziführer sowie andere Bücher)[23] – gerade die Lektüre der im vorliegenden Band präsentierten Texte aus Konferenz-Protokollen, Sammelbänden, Zeitschriften und Zeitungen etwas von des Autors Biographie erhellt und zu vertieften Urteilen über sein Wirken führt. Was hier veröffentlicht wird, ist zudem von der Zunft älterer und jüngerer Historiker noch weniger als die Bücher zur Kenntnis genommen worden. Selten wurden jene Publikationen beachtet, die in der DDR oft in kleineren Schriftenreihen der Universitäten und anderer Einrichtungen erschienen, also unterhalb jener Ebene, für die sich sogenannte »Aufarbeiter« vorrangig interessierten.

Auch die zahlreich vorgelegten Artikel jener Autoren, die sich nach 1989/90 vom Wissenschaftsbetrieb ausgeschlossen sahen und lediglich in den begrenzten Veröffentlichungsmöglichkeiten linker Zirkel äußerten, finden selten die Aufmerksamkeit jener, die zwar ein Loblied auf die »Freiheit der Wissenschaft« singen, sich jedoch von einem exakten Umgang mit vorhandenen Ergebnissen fernhalten. Irgendwie scheint sich das Prinzip gewollter Nichtbeachtung durchgesetzt zu haben, aus welchen Motiven auch immer. Das gilt auch für Historiker, die sich kritisch mit dem Thema »Nationalsozialismus« befassen. Ein kleines Beispiel mag dies belegen: 2017 veröffentlichte der am Münchener Institut für Zeitgeschichte wirkende Magnus Brechtken ein exzellentes Werk über Albert Speer, das radikal sowohl mit der Selbstsicht von Hitlers Rüstungsminister als auch mit von Joachim C. Fest gezeichneten Bild eines verführten Schöngeistes und Fast-Tyrannenmörders bricht. Es enthält ein außerordentlich umfangreiches Literaturverzeichnis, das auch banalste Zeitungsartikel erfasst – so sie denn aus westdeutschen Gefilden stammen. Was fehlt, ist ein längerer Artikel, den Kurt Pätzold bereits 1999 in der Tageszeitung *junge Welt* publiziert hatte. Darin wurden die Legenden im bundesrepublikanischen Umgang mit Speer bereits ausführlich erhellt – 18 Jahre vor den Erkenntnissen des Münchner Autors.

»Was bleibt von der Geschichtswissenschaft der DDR?« fragte 2002 Stefan Berger in einem Artikel der *Zeitschrift für Geschichtswissenschaft*[24] angesichts des erneuten Wirksamwerdens historisch-materialistisch denkender Wissenschaftler im letzten Jahrzehnt des 20. Jahrhunderts. Er attestierte ihnen, Teil einer alternativen Geschichtsbetrachtung bzw. einer fortbestehenden »nachsozialistischen Subkultur« zu sein. Er bemerkte zwar deren inhaltliche Differenziertheit, suchte jedoch vor allem nach ihren übereinstimmenden Erscheinungsformen und Merkmalen. Solche sah er u.a. darin, dass »verbissen« am Selbstverständnis als Wissenschaftler festgehalten worden sei. Man betone, mit »wissenschaftlicher Nüchternheit« und »rationaler wissenschaftlicher Analyse« gearbeitet, sich der »historischen Wahrheit« verbunden gefühlt und danach gestrebt zu haben, »exaktes Wissen« zu produzieren. Viele seien in ein »traditionelles und ebenso positivistisches wie historisches Selbstverständnis« geflüchtet. Mit der ausführlichen Beschreibung, wie gearbeitet und aufgetreten wurde, geriet jedoch noch weiter in den Hintergrund, was tatsächlich erforscht und mit welchem tragfähigen Ergebnis publiziert worden ist.

Die von Berger formulierte Frage sollte wiederholt werden. Ob indessen heute die vom Autor 1994 ausgesprochene Warnung vor der fortdauernden Gefahr eines Wiederauflebens rechtsextremer Kräfte im wiedervereinigten Deutschland noch so einfach abgetan werden kann, wie bei Berger zu lesen ist, darf mit Fug und Recht bezweifelt werden. Nie wieder Krieg und Faschismus! – dieser demokratische Grundkonsens ist in der Gegenwart schon allzu brüchig geworden. 1977 schrieb der Autor des hier vorliegenden Bandes in einer thüringischen Zeitung[25] im Zusammenhang mit der regen Beschäftigung westdeutscher Medien mit dem »Führer«, dieser und seine Kumpane gehörten wohl in ein Panoptikum der Geschichte, der Weg in ein »Pantheon« bliebe ihnen jedoch sicher versperrt.

Von solcher Gewissheit darf heute sich niemand mehr leiten lassen. Die seit 1945 kontinuierlich vorhandenen und wirksamen rechten Ränder der bundesrepublikanischen Gesellschaft entfalten neue Zugkraft, erhalten auch aus der sogenannten Mitte der Gesellschaft beträchtlichen Zulauf und organisieren zunehmend Gewaltakte, auch Morde, die offiziell immer noch »Einzeltätern« zugeschrieben werden. Oft ähneln Vorgänge in Bundeswehr, Polizei, Verfassungsschutz, Verwaltung sowie an Universitäten und anderen Bildungseinrichtungen jenem Eisberg, dessen bedrohliche Ausmaße sich erst unter der Wasseroberfläche des Wassers zeigen. Auf ein vorgeblich bürgerlich-demokratisches und angeblich nicht-nationalsozialistisches Denken in der AfD zu vertrauen, erweist sich anwachsend als gefährlich und blauäugig. Beängstigend ist die unübersehbare Tatsache, dass frühere Bemühungen um ein »gemeinsames Haus Europa« sowie Ansätze weltweiter friedlicher Koexistenz zunehmend dem Streben nach erweiterter Aufrüstung und nach einem neuen Kalten Krieg weichen. Ja, sogar neue »heiße« Kriegsmöglichkeiten und der Einsatz moderner Atomwaffen werden planvoll erwogen. Vielfältige Beschönigung erfahren jene gesellschaftlichen Verhältnisse, auf deren Boden Kriege entstanden sind, zur Zeit geführt oder vorbereitet werden. Bedrohlich erscheint die Gegenwärtigkeit des Vergangenen, erschreckend, wie den Kriegen vor allem Naturhaftigkeit und Alternativlosigkeit unterstellt wird, umhüllt mit Phrasen von »Verantwortung«, die Deutschland in der Welt wahrzunehmen habe. Vergleiche zwischen den letzten Jahren der Weimarer Republik und heutiger Erscheinungen gewinnen trotz Beachtung genereller Unterschiede wieder an Gewicht – leider.

* * *

Ein gewisses Gran Hoffnung lässt den Autor erwarten, die vorliegenden Beiträge könnten Geleistetes und Unterlassenes, kontinuierlich vertretene Standpunkte und im Laufe der Zeit neu gewonnene Sichtweisen, Erweiterndes und Korrigierendes erkennen lassen. Dann wäre die Wahl des Titels »Lasst uns noch einmal über die Bücher gehen …« doch sinnvoll gewesen. Nicht zuletzt – wenn auch möglicherweise völlig unangemessen – sei an die bekannte Lessing-Sentenz erinnert: »Wer wird nicht einen Klopstock loben? Doch wird ihn jeder lesen? Nein. Wir wollen weniger erhoben und fleißiger gelesen sein.« Einzig ein Wort sollte anders lauten: *verurteilt* statt *erhoben*.

Um das Lesen zu erleichtern, sei noch angemerkt: So rasch die Entscheidung gefallen war, diesen Band in themengebundenen Teile zu gliedern, so schwierig gestaltete sich angesichts der notwendigen Vorgaben für den Umfang des Buches die Auswahl der Texte. Den Autor plagte die Qual der Wahl, was nicht allein der Vielzahl an Texten geschuldet war, sondern auch den Eigenarten ihres Entstehens in der DDR sowie danach den veränderten Publikationsmöglichkeiten jenseits des offiziell geförderten und medial in den Vordergrund gestellten Wissenschaftsbetriebes. Das veranlasste, an einigen Stellen auch auf andere zum Thema gehörende Texte zu verweisen. Am Gesamtbild vor allem der älteren Beiträge wurde nichts geändert. Gewisse Überschneidungen und Wiederholungen ließen sich nicht vermeiden, was man nachsehen möge. Zu jedem Beitrag gehört eine hinzugefügte Fußnote, die Erscheinungszeit und -ort benennt und – falls sinnvoll – auch einige Umstände des Entstehens erläutert. Druck- und andere unerhebliche Fehler wurden stillschweigend korrigiert.

Dank – an dieser Stelle sehr gern und nachdrücklich ausgesprochen – gebührt einigen Kolleginnen und Kollegen aus Marburg: Elke Rienhoff-Kühnl, Georg Fülberth, Frank Deppe u. a. m. Friedrich-Martin Balzer bot dem Autor unmittelbar nach der Wende fordernd und fördernd in gemeinschaftlicher Arbeit Wege aus den Desastern der Zeit. Stellvertretend für den Kreis derer, die unterstützend in der Rosa-Luxemburg-Stiftung sowie in anderen Vereinen wirkten, seien Vera Haney und Ludwig Elm aus Jena sowie, da unermüdlich hilfreich und anregend, Erika Schwarz (Rehfelde), Mario Keßler (Potsdam) und Sabine Pätzold (Berlin) genannt. Großer Dank gebührt Jürgen Harrer und Tammo Wetzel, die mit viel Geduld, Aufwand und Ratschlägen die Herstellung des Bandes im PapyRossa Verlag ermöglichten, ebenso der Rosa-Luxemburg-Stiftung Thüringen e. V., die das Projekt finanziell unterstützt hat.

Das Buch entstand nicht zuletzt in stillem und achtungsvollen Gedenken an Kolleginnen und Kollegen, die – wie Reinhard Kühnl und Kurt Pätzold – nicht mehr unter den Lebenden weilen. Posthum sei auch Dank der Ehefrau ausgesprochen. Ohne Bärbel – der Tod nahm sie viel zu früh zu sich – wäre es nicht möglich gewesen, neben dem normalen Alltags-Allerlei an der Universität und danach unter den veränderten Lebensumständen publizistisch tätig zu sein. Ihr wacher und stets kritischer Blick ergänzte hilfreich eine selbstlos gewährte Unterstützung. Dank gilt zudem der Tochter Dr. Ines Zekert, die oft Einblicke in alltägliche Denkstrukturen und -probleme jüngerer Menschen gewährte, sowie Marlene Schlothauer, die nunmehr an allen noch möglichen Bemühungen lebhaft Anteil nimmt.

Anmerkungen

1 Zu Abwicklung und Ausgrenzung der Wissenschaftselite der DDR siehe u.a. Stefan Bollinger, Ulrich van der Heyden und Mario Keßler (Hrsg.): Ausgrenzung oder Integration? Ostdeutsche Sozialwissenschaftler zwischen Isolierung und Selbstbehauptung, Berlin 2004; Arno Hecht: Die Wissenschaftselite Ostdeutschlands. Feindliche Übernahme oder Integration?, Leipzig 2002. Für das Folgende siehe Peer Pasternak: Politik als Besuch. Wissenschaftspolitischer Feldreport aus Berlin, Bielefeld [2]/2005, S. 172f.

2 Das Mittelstraß-Zitat wurde vom Autor bereits 2007 verwendet. Siehe seinen Beitrag: Die universitätsgeschichtlichen Bemühungen der Rosa-Luxemburg-Stiftung Thüringen e.V. – ein Rückblick. In: Hoffnungen – Enttäuschungen – Neue Erfahrungen. Deutsche Hochschullandschaft in der »Wende«. Das Beispiel Friedrich-Schiller-Universität Jena. Hrsg. von Manfred Weißbecker, Jena 2007, S. 271-280. Nach dem Zitat hieß es am Schluss: »Nun ja, das ist trefflich formuliert. Ob aber solch ehrenwertes Wort vielleicht auch an der sich feiernden Jenaer Universität [anlässlich des 450. Jahrestages ihrer Gründung, M.W.] fallen wird? Wir würden es nicht überhören ...«.

3 Siehe das auf der Dissertationsschrift beruhende Buch: Gegen Faschismus und Kriegsgefahr. Ein Beitrag zur Geschichte der KPD in Thüringen 1933–1935, Erfurt 1967.

4 Die bürgerlichen Parteien in Deutschland. Handbuch der Geschichte der bürgerlichen Parteien und anderer bürgerlicher Interessenorganisationen vom Vormärz bis zum Jahre 1945, B. II, Leipzig 1970, S. 384-437.

5 Entteufelung der braunen Barbarei. Zu einigen Tendenzen in der Geschichtsschreibung der BRD über Faschismus und faschistische Führer, Berlin 1975.

6 Zur Jenaer Parteiengeschichtsforschung siehe die Beiträge von Dieter Fricke, Michael Eckardt, Georg Fülberth und Manfred Weißbecker in der Zeitschrift *Beiträge zur Geschichte der Arbeiterbewegung*, H. 2/2007, S. 3-102.

7 Über die DVLP sowie über 22 andere Organisationen verfasste der Autor Beiträge im Lexikon zur Parteiengeschichte. Die bürgerlichen und kleinbürgerlichen Parteien und Verbände in Deutschland (1789–1945). In vier Bänden. Hrsg. von Dieter Fricke (Leiter des Herausgeberkollektivs), Werner Fritsch, Herbert Gottwald und Manfred Weißbecker, Leipzig 1981 bis 1985.

8 Dass es sich um eine problematische, weil summarische und nur als eine Art Oberbegriff verwendbare Kennzeichnung von Parteien handelt, stellte Dieter Fricke im Vorwort zum ersten Band des Lexikons zur Parteiengeschichte fest.

9 Siehe auch den Artikel des Autors: Extrem reaktionäre Organisationen des Imperialismus und werktätige Massen. In: *Zeitschrift für Geschichtswissenschaft*, H. 3/1977; ferner den gemeinsam mit Herbert Gottwald verfassten Artikel: Zur Rolle der Führer bürgerlicher Parteien. Biographische Aspekte in der Geschichte der politischen Parteien des deutschen Imperialismus von der Jahrhundertwende bis 1945. In: *Zeitschrift für Geschichtswissenschaft*, 1979, H. 4, S. 299-315.

10 Hannes Heer: Der Hitler war's. Die Befreiung der Deutschen von ihrer Vergangenheit, Berlin 2005.

11 Zur Herausbildung des Führerkults in der NSDAP. In: Monopole und Staat in Deutschland 1917-1945, Berlin 1966, S. 115-126.

12 Siehe u. a. Andreas Peglau: Unpolitische Wissenschaft? Wilhelm Reich und die Psychoanalyse im Nationalsozialismus, Gießen 2013; ders., Rechtsruck im 21. Jahrhundert. Wilhelm Reichs Massenpsychologie des Faschismus, NORA-Verlag 2017.

13 Zur Herausbildung des Führerkults, a. a. O., S. 124. Ebenda, S. 124.

14 Siehe u. a. Martin Sabrow: Geschichte als Herrschaftsdiskurs. Der Fall Günter Paulus. In: Berliner Debatte INITIAL, Nr. 4/5 – 1995.

15 Alle Daten, Themen und Vortragstitel des *Jenaer Faschismus-Kolloquiums* sowie daraus hervorgegangene Publikationen und Berichte sind in H. 2/2007 der Zeitschrift *Beiträge zur Geschichte der Arbeiter*bewegung dokumentiert.

16 Siehe Erben deutscher Geschichte. DDR – BRD. Protokolle einer historischen Begegnung. Hrsg. Susanne Miller/Malte Ristau, Reinbek bei Hamburg, Rowohlt 1988. Über die Tagungen berichtet Walter Schmidt ausführlich in seinen Erinnerungen auf den Seite 419-427 und 430-432.

17 Siehe Martin Broszat und Klaus Schwabe, Klaus (Hrsg.): Die deutschen Eliten und der Weg in den Zweiten Weltkrieg, München 1989; Als Pendant dazu: Der Weg deutscher Eliten in den zweiten Weltkrieg. Nachtrag zu einer verhinderten deutsch-deutschen Publikation. Hrsg. von Ludwig Nestler in Verbindung mit Paul Heider, Kurt Meier, Wolfgang Ruge, Wolfgang Schumann, Martin Seckendorf, Achim Thom, Manfred Weißbecker, Berlin 1990.

18 Siehe Das Russlandbild im Dritten Reich, hrsg. von Hans-Erich Volkmann, Köln u. a. 1994. Darin auf S. 9-54 der Beitrag des Autors: »Wenn hier Deutsche wohnten …« Beharrung und Veränderung im Russlandbild Hitlers und der NSDAP.

19 Siehe dazu den Beitrag: Verlorene Chancen – Nachbetrachtungen eines ostdeutschen Historikers. In: Reinhard Hübsch und Friedrich-Martin Balzer (Hrsg.): »Operation Mauerdurchlöcherung«. Robert Neumann und der deutsch-deutsche Dialog, Bonn 1994, S. 213-224.

20 Werner Röhr: Abwicklung. Das Ende der Geschichtswissenschaft der DDR, Bd.1: Analyse einer Zerstörung, Berlin 2011; Bd. 2: Analyse ausgewählter Forschungen, Übersichten, Register, Berlin 2012.

21 Siehe u. a. Günter Benser: Gedenkt ihrer mit Nachsicht, Berlin 2000; Reinhard Brühl: Stefan Doernberg: Fronteinsatz. Erinnerungen eines Rotarmisten, Historikers und Botschafters, Berlin 2004; Die Hoffnung bleibt. Erinnerungen eines Militärhistorikers, Potsdam 2018; Ludwig Elm: Geschichte eines Historikers. Erinnerungen aus drei deutschen Staaten, Köln 2018; Karl Heinz Jahnke: Gegen das Vergessen! Biographische Notizen. Forschungen zum Widerstand gegen die NS-Diktatur in Deutschland, Rostock 2008; Wolfgang Jakobeit: Von West nach Ost – und zurück. Autobiographisches eines Grenzgängers zwischen Tradition und Novation, Münster 2000; Fritz Klein: Drinnen und draußen. Ein Historiker in der DDR, Frankfurt a. M. 2000; Eckardt Mehls: Unzumutbar. Ein Leben in der DDR, Schkeuditz 1998; Eckard Müller-Mertens: Existenz zwischen den Fronten. Analytische Memoiren oder Report zur Weltanschauung und geistig-politischen Einstellung, Leipzig 2011; Ute Mohrmann: Ethnographie in der DDR. Rückblicke auf die Fachgeschichte; Kurt Pätzold: Die Geschichte kennt kein Pardon. Erinnerungen eines deutschen Historikers, Berlin2008; ders., Streitfall Geschichte, Berlin 2012; ders., Gefolgschaft unterm Hakenkreuz. Zwanzig Kapitel zu zwölf Jahren deutscher Geschichte. Bearbeitet von Manfred Weißbecker, Berlin 2017; Joachim Petzold: Parteinahme wofür? DDR-Historiker im Spannungsfeld von Politik und Wissenschaft, Potsdam 2000;

Wolfgang Ruge: Wolfgang: Berlin – Moskau – Sosswa. Stationen einer Emigration, Bonn 2003; ders., Gelobtes Land. Meine Jahre in Stalins Sowjetunion. Hrsg. von Eugen Ruge, Reinbek 2012; Peter Schäfer: »Schreiben Sie das auf, Herr Schäfer!« Erinnerungen eines Historikers an seine Universitäten in Berlin und Jena, Jena 2007; Walter Schmidt: Erinnerungen eines deutschen Historikers. Vom schlesischen Auras an der Oder übers vogtländische Greiz und thüringische Jena nach Berlin, Berlin 2018; Helmut Stoecker: Socialism with Deficits. An academic Life in the German Democratic Republic, Münster und Hamburg 2000. Zu einigen der genannten Memoiren siehe die Sammelrezension von Ulrich Ramm in: *Beiträge zur Geschichte der Arbeiterbewegung*, H. 2/2007, S. 167-172. Ein Beispiel allgemeiner Kritik liefert Christiane Lahusen: Zukunft am Ende. Autobiographische Sinnstiftungen von DDR-Geisteswissenschaftlern nach 1989, Bielefeld 2013.

22 Ich habe viel aus dem Scheitern der DDR gelernt. In: Menschen zur Wendezeit in Thüringen. Thillm-Materialien, H. 103, hrsg. vom Thüringer Institut für Lehrerfortbildung, Lehrplanentwicklung und Medien, Erfurt 2004, S. 206-211.

23 Adolf Hitler. Eine politische Biographie, Leipzig 1995; Stufen zum Galgen. Lebenswege vor den Nürnberger Urteilen. Mit Beiträgen von Peter Black, Dietrich Eichholtz, Werner Fischer, Gerhart Hass, Kurt Pätzold und Manfred Weißbecker, Leipzig 1996; Geschichte der NSDAP 1920–1945, Köln 1998; Rudolf Heß. Der Mann an Hitlers Seite, Leipzig 1999; Schlagwörter und Schlachtrufe. Aus zwei Jahrhunderten deutscher Geschichte, Bd. 1. und Bd. 2, Leipzig 2002; Kleines Lexikon historischer Schlagwörter, Leipzig 2005 (alle gemeinsam mit Kurt Pätzold verfasst oder herausgegeben. Ferner: Flucht nach Weimar 1918/1919, Berlin 1981; Gemeinsam mit Werner Fritsch und Reinhard Giersch: Macht und Ohnmacht der Weimarer Republik, Freiburg i. Br. und Berlin 1990; Gemeinsam mit Friedrich-Martin Balzer: Erwin Eckert/Emil Fuchs. Blick in den Abgrund. Das Ende der Weimarer Republik im Spiegel zeitgenössischer Berichte und Interpretationen. Hg. von Friedrich-Martin Balzer und Manfred Weißbecker. Mit Nachbetrachtungen von Georg Fülberth, Reinhard Kühnl, Gert Meyer, Kurt Pätzold und Wolfgang Ruge, Bonn 2002; Gefahr im Verzug. Miniaturen und Schlaglichter zur Geschichte der NSDAP, Jena 2005; Das Firmenschild: Nationaler Sozialismus. Der deutsche Faschismus und seine Partei, Köln 2011; Als digitalisierte Fassung in einer DVD: Lexikon zur Parteiengeschichte 1789 – 1845. Band I-IV. Die bürgerlichen Parteien und Verbände in Deutschland. Hrsg. von Dieter Fricke in Zusammenarbeit mit Manfred Weißbecker, Köln 2014; Weimarer Republik, Köln 2015.

24 H. 11/2002, S. 1016-1034.

25 »… aber ausgerechnet den?« Zur Aktualität einer Frage von 1941. In: Volkswacht, 12.11.1977.

Teil I

Weimarer Republik – Demokratie und Pforte zur Diktatur

Zur Entstehung der Verfassung von 1919 und des Weimarer Parteienstaates*

Wer in die Weimarer Republik und auf ihre Verfassung zurückschaut, befragt sowohl einen der widersprüchlichsten Abschnitte deutscher Geschichte im 20. Jahrhundert als auch Gegenwartsprobleme und die Chancen der Zukunft. Weimar – der Name hält bestimmte Erinnerungen und zielorientierte Traditionslinien wach, selbst wenn dies nur mit beschönigendem oder gar verfälschendem Blick in die Vergangenheit möglich ist. Hier am Ort wurde – um ein passendes Beispiel zu demonstrieren – am 6. Februar 1999 die Ausstellung »Wege nach Weimar. Auf der Suche nach der Einheit von Kunst und Politik« eröffnet, und das mit Pomp und politisch-historischem Gestus.[1] Kein Redner vergaß, die Eröffnung der Nationalversammlung und insbesondere die Rede Friedrich Eberts zu rühmen, die beide genau auf den Tag 80 Jahre zurücklagen.[2] In der die Ausstellung begründenden und vorbereitenden Kon-

---

* Veröffentlicht in: Alle Staatsgewalt geht vom Volke aus. Die Weimarer Verfassung von 1919. Anspruch, Ambivalenz, Erbe. Gedenkveranstaltung im Deutschen Nationaltheater in Weimar am 18. April 1999. Kolloquium in Weimar am 16. und 17. April 1999. Hrsg. von der Bundesstiftung Rosa Luxemburg und dem Jenaer Forum für Bildung und Wissenschaft, Berlin 1999, S. 156-172. Über die damalige Aktualität des Themas hatten Michael Schumann sowie der Verfasser des vorliegenden Beitrages im Vorwort (S. 2f.) geschrieben: »Massenarbeitslosigkeit, Umweltzerstörung, fremdenfeindliche Asylgesetzgebung, nahezu ungebremste Diktatur des Profitinteresses stehen in offenem Widerspruch zu den festgeschriebenen Verfassungsgrundsätzen von Menschenwürde, freier Entfaltung der Persönlichkeit, Meinungsfreiheit, Gleichberechtigung und der sozialen Verpflichtung des Eigentums. Die jüngste Verletzung des Grundgesetzes durch die Beteiligung Deutschlands an einem völkerrechtswidrigen Angriffskrieg ist in ihrer Tragweite vollständig noch gar nicht überschaubar. Mit freier Selbstbestimmung der Deutschen, wie sie die Verfassungspräambel zitiert, hat sie angesichts der großen Ablehnung des Krieges in der deutschen Bevölkerung nichts gemein. Angesichts der realen Bedrohung von elementaren Menschenrechten und der Stigmatisierung von Verteidigern der Verfassung als Verfassungsgegner ist der Blick in die Geschichte der Erarbeitung, Verabschiedung und des Scheiterns der Weimarer Reichsverfassung hilfreich für den Kampf um die Bewahrung und den Ausbau politischer und gesellschaftlicher Demokratie.«

zeption war indessen noch davon ausgegangen worden, sie habe ihre Pforten am 9. November 1998 zu öffnen.[3] Tatsächlich waren weder Wahl und Einberufung der Nationalversammlung noch die Konstitution der ersten deutschen Republik ohne die Revolution denkbar gewesen. Doch offensichtlich passt ein Gedenken am Tag der Novemberrevolution nicht in das offiziöse Geschichts- und Politikverständnis unserer Zeit. Nimmt man also das Ergebnis der Revolution zwar gern an, wünscht jedoch zugleich seine Ursache sowie den engen Zusammenhang von Revolution und Verfassungsfortschritt in den Orkus des Vergessens?

Es darf niemanden verwundern, wenn es den etablierten Parteien gegenwärtig wenig schicklich zu sein scheint, an die unmittelbare Vorgeschichte und an die Entstehung der Weimarer Verfassung zu erinnern. Zu offensichtlich wirkte, als es um die Ausarbeitung des Entwurfs dieser Verfassung ging und über ihn als Drucksache Nr. 59 zwischen dem 28. Februar und dem 18. Juni 1919 in 42 Sitzungen des 8. Ausschusses der Nationalversammlung debattiert wurde, noch der heiße Atem der Revolution. Jeder weiß: Die Verfassung, das wichtigste Resultat der vor 80 Jahren hier in Weimar tagenden Nationalversammlung, bedeutete einen gewichtigen Fortschritt gegenüber der des Kaiserreiches.[4] Dem Zeitgeist der Revolution war vor allem die Fixierung der politischen, aber auch einer ganzen Reihe sozialer Grundrechte des Volkes zu verdanken. Überhaupt scheint es gegenwärtig sehr sinnvoll zu sein, generell die demokratische Substanz der Weimarer Verfassung und die »Grundrechte und Grundpflichten der Deutschen« in Erinnerung zu rufen. In ihnen war vieles von dem verankert, was in den ersten Revolutionstagen hatte erkämpft werden können, einschließlich des Wahlrechts für Frauen. Fixiert war nunmehr vor allem die grundsätzliche Gleichheit aller vor dem Gesetz. Dazu gehörte insbesondere das Recht auf die Freiheit der Person (Artikel 114), das Recht auf Unverletzlichkeit der Wohnung (Artikel 115), das Postgeheimnis (Artikel 117), das Recht auf freie Meinungsäußerung (Artikel 118) und auf Versammlungsfreiheit (Artikel 123) sowie das Recht aller, sich zu einem »politischen, sozialpolitischen oder religiösen Zweck« frei in Vereinen und Gesellschaften zusammenzuschließen (Artikel 124). Auch die »Vereinigungsfreiheit zur Wahrung der Arbeits- und Wirtschaftsbedingungen« sollte für jedermann und für alle Berufe gewährleistet sein (Artikel 159). Die Unterstützung der Arbeitslosen, ein umfassendes Versicherungswesen sowie ein einheitliches Arbeitsrecht (Artikel 163, 161, 157) galten als erstrebenswertes Ziel. Die »Ordnung des Wirtschaftslebens« habe dem Ziele der »Gewährleistung eines menschenwürdigen Daseins für alle« zu dienen. (Artikel 151) Selbst der Rätegedanke war in die Verfassung aufgenommen worden. Im wortreichen Artikel 165 wurde den Arbeitern und Angestellten zugestanden, »gleichberechtigt und in Gemeinschaft mit den Unternehmern an der Regelung der Lohn- und Arbeitsbedingungen sowie an der gesamten wirtschaftlichen Entwicklung der produktiven Kräfte mitzuwirken«.

Ebenso enthielt die Weimarer Verfassung erstmalig den präjudizierenden Satz: »Die Staatsgewalt geht vom Volke aus.« Darin spiegelte sich das demokratische Prinzip der Volkssouveränität, das einst das Bürgertum in seinem Kampf gegen den Feudalabsolutismus und gegen die ausschließliche Souveränität der Fürsten auf seine Fahnen geschrieben hatte. Noch in der Verfassung von 1871 war das Volk nicht einmal einer Erwähnung für würdig befunden worden. Am zitierten ersten Satz der Weimarer Verfassung lässt sich jedoch bereits erkennen, wie die Abgeordneten der Nationalversammlung an dem von Hugo Preuß am 3. Januar 1919 vorgelegten und in der Sitzung des Rates der Volksbeauftragten vom 14. Januar 1919 mit Veränderungen bestätigten »Entwurf einer künftigen Reichsverfassung« umgegangen sind.[5] In diesem Text hatte der erwähnte erste Satz anders gelautet: »Alle Staatsgewalt liegt beim deutschen Volke.« Diese weiterreichende und radikalere, dem Prinzip der Volkssouveränität stärker entsprechende Formulierung konnte nicht durchgesetzt werden. Aber selbst gegen die abgeschwächte Variante, die von der Mehrheit der Abgeordneten bestätigt wurde und 1948 auch in das Grundgesetz der BRD aufgenommen wurde, meldeten insbesondere die Vertreter der großbürgerlich-katholischen Zentrumspartei und Vorläufer der heutigen »C«-Parteien noch Bedenken und Vorbehalte an. Selbst einige Abgeordnete der Deutschen Demokratischen Partei, der auch Preuß angehörte, verweigerten ihm die Zustimmung.

Es lohnt wohl auch in anderer Hinsicht, den ursprünglichen Entwurf näher anzuschauen und ihn mit dem verabschiedeten Text zu vergleichen. Dies kann helfen, Antwort auf die Frage zu finden, was wodurch und durch wen in die Weimarer Verfassung hineinkam bzw. was und auf wessen Drängen aus dem Entwurf herausfiel. Ebenso sind andere Abänderungen neben der bereits erwähnten deutlicheren Positionsbestimmung des Souveränitätsgrundsatzes[6] aufschlussreich. So sollte ursprünglich, wenn auch in kürzerer Fassung der zweite Teil der Verfassung an ihrem Anfang stehen, also jener Katalog an

Grundrechten des Volkes, auf den man sich heute so gern beruft. Die Regeln der Machtausübung wurden für wichtiger gehalten; ein Fehler, den auch die Schöpfer des Grundgesetzes vor 50 Jahren korrigiert sehen wollten. Zu untersuchen wäre ferner das dem Verlauf der revolutionären Kämpfe von 1918/19 angepasste Auf und Ab in der Bereitschaft der Nationalversammlung, sozialstaatliche Kriterien in der Verfassung zu verankern oder gar ein Sozialisierungsgesetz zu verabschieden.[7] Mit Nachdruck erklärte der sozialdemokratische Reichswirtschaftsminister Rudolf Wissell Anfang März 1919, als Generalstreiks und bewaffnete Zusammenstöße aufgeflammt waren, es gehe nicht allein darum, die »aufgehetzten Massen« zu beschwichtigen. Man könne die äußere Ordnung schon wieder herstellen«, wenn man militärische Mittel einsetze. Seine Furcht galt jedoch jenem Teil der aufbegehrenden Arbeiterschaft, welcher zwar Gewaltmaßnahmen verabscheue, nun aber »unsicher geworden« sei. Daher so seine Schlussfolgerung, gelte es, »den Arbeitern, die ruhig bleiben und zur Regierung halten wollen, ein Panier aufzurichten, sonst könne alles verloren sein.«[8]

Von größtem Gewicht war jedoch die Streichung des Artikels 107. Dieser hatte vorgesehen, dass die Grundrechte und Grundpflichten »Richtschnur und Schranke für die Gesetzgebung, die Verwaltung und die Rechtspflege im Reich und in den Ländern« bilden. Eine solche Festlegung hätte viel bedeutet, wäre mit ihr doch den demokratischen Rechten des Volkes eine unmittelbar verpflichtende und gesetzliche Kraft zugesprochen worden. Sie hätte von normativer Kraft für die Ausarbeitung von Gesetzen, für die Tätigkeit von Parlamenten, Regierungen, Reichspräsidenten und allen Verwaltungen (in denen ja noch immer die Beamten des Kaiserreiches saßen!) sein können. Mit ihr wäre eine direkte gerichtliche Überprüfbarkeit des Grundrechtsteils der Verfassung festgeschrieben worden. Doch dagegen liefen die bürgerlichen Parteien Sturm. Sie unternahmen alles, um es möglichst bei nicht einklagbaren Absichtserklärungen zu lassen und setzten in der Debatte der Nationalversammlung vom 11. und 15. Juli 1919 eine der folgenschwersten Entscheidungen durch.

Die damalige Auseinandersetzung um »107« galt im Kern der Frage, ob Grundrechte in eine Verfassung aufgenommen werden sollen oder nicht. Der Vertreter der Deutschen Volkspartei sprach sich scharf und ganz generell gegen Grundrechte als Verfassungsgegenstand aus[9], aus der Deutschen Demokratischen Partei tönte der Vorwurf, dieser Teil der Verfassung sei ganz und gar ein »interfraktionelles Parteiprogramm«, dem praktisch wahllos von jeder Seite deren spezielle Programmsätze beigefügt worden wären.[10] Ein sozialdemokratischer Redner hieb in die gleiche Kerbe und bezeichnete den Grundrechtsteil des Entwurfes als eine »Salatähnliche Komposition«.[11] Lediglich Oskar Cohn, der die Unabhängige Sozialdemokratische Partei im Verfassungsausschuss vertrat, wies auf die Notwendigkeit hin, der Verfassung zu einer »Wahrhaftigkeit« zu verhelfen, die in dem Sinne zu verstehen sei, dass Verfassungsanspruch und Verfassungswirklichkeit »miteinander in Einklang« zu stehen hätten.[12] Preuß rückte ebenfalls vom Artikel 107 ab, möglicherweise geleitet von dem auch von Abgeordneten der Zentrumspartei vertretenen Gedanken, damit den Grundrechtsteil für die zu verabschiedende Verfassung überhaupt erhalten zu können.[13]

Die SPD gab 1919 zugunsten der Regierungskoalition mit DDP und Zentrumspartei leider auch den Entwurfsartikel 107 preis. Daran erinnert heute kaum ein sozialdemokratischer Historiker mehr, selbst wenn darauf verwiesen werden könnte, dass sich davon im Artikel 20 des Grundgesetzes ein Teil wiederfindet und es hier heißt: »Die Gesetzgebung ist an die verfassungsmäßige Ordnung die vollziehende Gewalt und die Rechtsprechung sind an Gesetz und Recht gebunden.« Als kürzlich Susanne Miller in einer Gesprächsrunde des Radiosenders MDR-Kultur auf den Entwurf verwies, beklagte sie einzig und allein, die Sozialdemokratie habe die Abschaffung der Todesstrafe nicht durchsetzen können. Demgegenüber könnte ich mir gerade den Inhalt und die Geschichte des ursprünglichen Artikels 107 gut als einen geeigneten, nachdenklich stimmenden Gegensand heutiger Verfassungsdebatten vorstellen, deren Notwendigkeit sich vor allem aus dem Gegensatz zwischen völlig anzuerkennenden Verfassungsgrundsätzen und der sich wesentlich anders darstellenden Verfassungswirklichkeit ableitet. Zwar wurde die günstige Chance von 1990 vertan, doch muss das m. E. noch lange nicht bedeuten, dass Sozialistische, sozialdemokratische und andere Politiker untätig abwarten und sich mit den Mängeln des Bestehenden abfinden.

Zurück zum Weimarer Staat, den der SPD-Politiker Eduard David im Amte des Reichsinnenministers am 31. Juli 1919 als »die demokratischste Demokratie der Welt« pries.[14] Je gesicherter die Verhältnisse im Laufe der Zeit den ökonomisch und politisch Mächtigen erschienen, desto mehr attackierten und verletzten sie die Verfassungsgrundsätze. Dass manche Artikel der Verfassung auch dazu genutzt werden konnten, die in ihr enthaltene demokratische Substanz zu bekämpfen und schließlich zu vernichten, reflektiert deutlicher als alles andere, in welch hohem Maße die Weimarer Republik ein widerspruchsvolles Ergebnis sowohl der Novemberrevolution als auch des nach wie vor vorhandenen Einflusses monarchistisch-militaristischer, konservativer und völkisch-rassistischer Kräfte darstellte. Ihrer Herrschaftsform war sie im Wesentlichen zu einem parlamentarisch angelegten Staat mit ausgeprägten präsidialen Zügen geraten, ausgestattet mit einem Regierungssystem, in dem die Exekutivgewalt immer mehr in den Vordergrund der politischen Machtausübung drängte. Was übrigens in diesem Zusammenhang allzu oft vergessen wird: Es war nicht Hindenburg allein, der mit Hilfe des Ausnahme-Artikels 48 regierte – Friedrich Ebert wandte ihn auch in 146 Fällen an, nachdem er bereits am 14. Januar 1919 zugunsten einer »geschlossenen und kraftvollen Führung der Reichsgeschäfte« für das Präsidentenamt »gewisse Machtbefugnisse« gefordert und erklärt hatte, andernfalls nicht länger politisch tätig sein zu wollen.[15]

Die Geschichte der Weimarer Republik geriet daher in hohem Maße zu einer Geschichte von Einschränkungen demokratischer Willensbildungsprozesse und Verletzungen der Rechte jener Teile des Volkes, die nicht zu den ökonomisch und politisch Mächtigen gehörten und für die sich der Gleichheitsgrundsatz nicht mit Leben zu erfüllen vermochte. Dass dies zielorientiert, ja nahezu planmäßig durch die Rechtsparteien und deren Klientel erfolgte, sei hier ausdrücklich festgestellt. Aus der Fülle der Belege sei hier auf die Denkschrift »Die Rechtsparteien und das Rätesystem« verwiesen, die Max Hildebert Boehm erarbeitet und am 17. Februar 1919 an den DNVP-Politiker Kuno Graf von Westarp übersandt hat. In ihr hieß es u. a.: »Nachdem die Gefahr einer Verhinderung der Nationalversammlung behoben ist, drängt alles auf eine Klärung der taktischen Grundfrage, wie die Rechte sich in Zukunft in der Frage des Abbaus oder der Fortbildung des Rätesystems zu stellen habe. Hand in Hand geht damit die Frage der bürgerlichen Einheitsfront und damit der unüberbrückbaren Trennung der Rechten von den tragenden Kräften des Sozialismus. Meiner Überzeugung tut der Rechten nicht dringlicher not als die Einsicht, dass die Hauptfrontstellung der Rechten auf die Dauer gegen den bürgerlichen Demokratismus aus dem linksliberalen Lager gerichtet sein und dass unter dieser Parole ein Zusammenschluss einer größeren Rechten angebahnt werden muss – vorerst als taktischer Block, nicht als Einheitspartei [...] Eine überstürzte Einführung des Rätesystems bedeutet also, wie Spartakus ganz richtig sieht, einen gewaltigen Vorsprung, ja nahezu einen glatten Sieg des Proletariats. Diesen Sieg zu verhindern ist die Aufgabe der Nationalversammlung; die letztere trotzdem nicht zu einer Verewigung des überständigen westlerischen Parlamentarismus werden zu lassen, muss zumindest das geheime Leitziel auch der Rechtsparteien werden [...] Das Endziel, Mattsetzung des Parlamentarismus, kann heute an der Öffentlichkeit noch nicht erörtert werden, taktisch jedoch dürfen wir es keinen Augenblick aus dem Auge verlieren.«[16]

Die Verfassungswirklichkeit hatte schließlich mit den demokratischen Grundsätzen der Verfassung kaum noch etwas gemeinsam, allenfalls mit jenen verwaschenen, vieldeutigen und hintersinnigen Formulierungen, die von den bürgerlichen Parteien 1919 in sie hinein debattiert worden waren. Der Gedanke, das Volk sei der höchste Souverän, wurde rasch der Vorstellung geopfert, es gebe etwas »Höheres«, sei es nun das »Heil des Ganzen« oder, wie die Faschisten es nannten, die »Vorsehung«, oder wie heutzutage immer deutlicher zu erkennen ist, oberste Gerichte als Verkünder letzter Wahrheiten.

Einen besonderen Platz nahmen die politischen Parteien in der Verfassungswirklichkeit von Weimar ein. Gewiss, die Republik entstand als ein Parteienstaat, doch wage ich zu bezweifeln, dass sie auch als Parteiendemokratie charakterisiert werden darf, wie dies in der Literatur häufig getan wird.[17] Aber über die Auseinandersetzung mit der These von der Weimarer Parteiendemokratie hinaus möchte ich auch Bedenken gegen Auffassungen anmelden, die sozusagen Parteien und Demokratie grundsätzlich und von vornherein in eins setzen.

In der Weimarer Verfassung wurden die Parteien lediglich an einer Stelle und zudem in einem negativen Zusammenhang erwähnt. Lapidar hieß es im Artikel 130, Absatz 1: »Die Beamten sind Diener der Gesamtheit, nicht der Parteien.« Im dickleibigen, fünf Bände umfassenden »Handbuch der Politik«, das 1920 in dritter Auflage von Gerhard Anschütz u. a. m. herausgegeben worden ist, befassten sich ganze sechs Seiten mit dem Thema »Die Bedeutung der Parteien«. Aber auch hier war mehr von den Gefahren der »Parteiung« die Rede als von ihrer Funktion, ein Mittler zwischen Gesellschaft und Staat zu sein.[18] Heinrich Triepel bezeichnete die Parteien ganz und gar als eine »extrakonstitutionelle Erscheinung« und beschrieb sie als »dem Staatsorganismus fremde soziale Körper«. Auf der Gedenkmünze, die zur Erinnerung an die Wahl Hindenburgs zum Reichspräsidenten 1925 geprägt wurde, stand: »Für das Vaterland beide Hände, aber nichts für die Parteien«, was stark an Wilhelms II. Erklärung vom August 1914 erinnerte und die spätere Formel »Ein Volk, ein Reich, ein Führer« vorwegnahm, bei der es zusätzlich noch hätte heißen müssen: ... eine Partei«.[19]

Was in der Weimarer Verfassung fixiert worden ist, entsprach in keiner Weise der vor und vor allem in der Revolutionszeit enorm gewachsenen Rolle der politischen Parteien, weder ihrem zweifellos vorhandenen Potential zugunsten von Demokratie noch einer notwendigen Schranke gegenüber jenen Gefahren, die im Parteienwesen selbst für den Bestand demokratischer Verhältnisse liegen. Wer über ersteres spricht, vergisst gern das zweite. Gerade aber dieser Aspekt wurde mit dem Beginn parteistaatlicher Verhältnisse von Bedeutung, und das unabhängig davon, ob es sich jeweils um regierende oder opponierende, um große oder kleine, um bürgerliche oder proletarische Parteien handelte. Der Übergang zum Parlamentarismus und das allgemeine Wahlrecht hatten den Parteien eine monopolartige Stellung bei Auswahl und Steuerung der Abgeordneten beschert. Über ihre Fraktionen besaßen sie in Reichstag und Landtagen maßgeblichen Einfluss auf Gesetzgebung und Regierung. Mehr und mehr geriet auch die Verwaltung unter ihre Kontrolle. Ämterpatronage, Postenschacher, Korruption und andere undemokratische Erscheinungen griffen um sich. Zur Bewältigung dieser (hier nicht näher zu beschreibenden) parteistaatlichen Realität bot die Weimarer Verfassung keine Handhabe. Für Anhänger und Verteidiger der Republik wirkte sich dies äußerst negativ aus. Die Rechten und insbesondere die damaligen Rechtsextremen konnten Weimar im Zeichen eines konservativ-populistischen Antiparlamentarismus und Antidemokratismus bekämpfen, die ihr verhängnisvolles Gift auch aus den vermeintlichen Absagen an das »fremde«, vom Westen nach Deutschland verpflanzte Parteienwesen sogen. Der diskriminierende Begriff vom »System« schloss die Ablehnung der »Systemparteien« ein, denen Korruption und Egoismus wesenseigen seien, darüber hinaus ebenso die »volksgemeinschaftliche« Vorstellung, es könne einen Staat ohne Parteien oder die Herrschaft einer »Bewegung« bzw. einer »Partei über den Parteien« geben.

Parteien spiegeln seit ihrer Entstehung in der Mitte des vorigen Jahrhunderts die Interessen einzelner Teile der in besitzend oder unvermögend, reich oder arm, oben oder unten, jung oder alt und in Geschlechter gespaltenen Bevölkerung. Ihre Existenz beruht vorrangig auf dem grundlegenden Konkurrenz- und Klientelprinzip der bürgerlichen Gesellschaft. Zunehmend sehen sich die Parteien im Interesse der Ihnen wesenseigenen Machtorientierung veranlasst, sich ein auf Erweiterung ihres Einflusses bedachtes Image zu schaffen und zu stützen: Umfassender und übergreifender hat es zu sein als die unmittelbare, auffällig egoistische Klienteldienstbarkeit. Gerade in dieser Hinsicht unterlagen die Parteien 1918/19 in Deutschland nachhaltigen Wandlungsprozessen, wahrscheinlich sogar den umfassendsten, seit sie in Erscheinung getreten waren. Sie standen nun unter dem Druck in Bewegung geratener Massen, die sich politisierten und radikalisierten, die aus dem bestehenden Parteiengefüge auszubrechen drohten. Sie schufen – nahezu spontan, in unterschiedlichsten Formen und voller Unzulänglichkeiten – erstmalig andere Formen der Organisiertheit zugunsten bestimmter Interessen. Man könnte viel leicht von Korrektiven für die etablierten Parteien sprechen. Insbesondere die Arbeiter- und Soldatenräte, ansatzweise auch sogenannte Kulturräte und andere wiesen zeitweilig über die Grenzen hinaus, die den politischen Parteien – und hier nehme ich die Arbeiterparteien keinesfalls aus – nun einmal in der kapitalistischen Gesellschaft gesetzt sind. Eine der Bewegungsformen dieses Prozesses vollzog sich nicht zuletzt in der Herausbildung neuer Parteien und parteiähnlicher Organisationen.

Alle Erfahrungen besagen seither, dass Parteien und Demokratie in einem unaufhebbar erscheinenden Spannungsverhältnis zueinander stehen. Ihr Wirken für die Demokratie kann schädlich sein, wenn es nicht zwingend demokratischen, vom Parteienwesen unabhängigen Normen unterworfen und effektiv kontrolliert wird, wenn ihre parlamentarische Betätigung verabsolutiert und sie außerparlamentarische Bewegung negieren. Denn nicht allein aus den unterschiedlichen Interessen der Parteien und ihrer Klientelgruppen erwachsen Probleme für die Gesellschaft, sondern diese beruhen ebenso auf dem Wesen von Organisiertheit, das einen seit Beginn unseres Jahrhunderts beobachteten Trend zur Oligarchisierung und Bürokratisierung sich ausweitender Parteiapparate bedingt. Mit dem Blick zurück ist die Frage zu stellen, ob nicht vielleicht auch hierin einer der Gründe damaliger Hilflosigkeit und schließlichen Versagens antifaschistischer und nichtnationalsozialistischer Parteien lag? Zahlreiche Argumente aus deren Reihen erwiesen sich als null und nichtig – ich nenne nur den beschwichtigenden Satz: »Deutschland ist nicht Italien«. Bitter rächte sich jede Verniedlichung des Problems, jedes Kleinreden der Gefahren, jede Spekulation auf einen Zerfall, jede Hoffnung auf ein Auseinanderbrechen der NSDAP, jede letztlich aus allzu egoistischen

Gründen getroffene Entscheidung gegen antifaschistische Bündnisse und gemeinsame Aktionen aller vom Faschismus bedrohten Kräfte. Jedenfalls ›darf nie vergessen werden, dass aus dem Weimarer Parteienstaat, dem jegliche Grundlage für ein zur Demokratie befähigtes und rechtlich ausgestattetes Parteienwesen fehlte, nicht zuletzt eine Partei wie die NSDAP erwachsen konnte.[20] Wie recht hatte doch der religiöse Sozialist Emil Fuchs, als er 1932 warnte: »Ein Staat, der mit Parteielle und Vorurteilen misst, wird des aufsteigenden Unheils nicht Herr werden.«[21]

Der Blick in unsere Gegenwart und erst recht die Sorge um die Zukunft führt aus meiner Sicht nahezu zwangsläufig auch zur Frage nach der Zukunftsfähigkeit einzelner politischer Parteien bzw. nach der des gesamten Parteienwesens. Niemand kann daran zweifeln wollen, dass das Verhältnis insbesondere der maßgebenden und etablierten Parteien zur Gesellschaft ernsthaft gestört ist.[22] Die Dominanz des Eigeninteresses an Macht, Posten und Geld ist unübersehbar. Affären, Cliquenwirtschaft, Bereicherungsdrang, mangelnde Transparenz das sind nur einige Stichworte, die das Erscheinungsbild von Politikern und Parteien charakterisieren. Damit gewinnt aber die Frage zunehmende Bedeutung, welches Gewicht Deutschlands Linke der Forderung nach einer Reform des Parteienwesens beimessen sollten. In ihrem Denken für eine menschliche Zukunft sollten auch die Parteien und das Parteienwesen zur Disposition stehen. Gesellschaftskritik, die es nicht vermag, institutionelle Alternativen zu entwickeln, ist dazu verdammt, die moralisierende Position schöner Seelen von einer besseren Welt einzunehmen.[23] Dabei kann es nicht um die Abschaffung der Institution »politische Parteien« oder um ihr Aufgehen in einem Einparteiensystem gehen. Das Entwerfen von Politiksystemen, die das Ende von Parteienherrschaft zur Voraussetzung haben, führt ins Abseits. Wir werden auch weiterhin mit Parteien leben müssen.[24] Wohl aber muss über ihre Veränderung, ihre Befähigung, demokratisch zu handeln, intensiv nachgedacht werden. Jeder Wunsch nach mehr Demokratie setzt auch neue Messlatten für die Parteien voraus.

Natürlich kann keiner die Frage schlüssig beantworten oder gar ein Rezept dafür vorlegen, wie denn eigentlich die Parteien für die Zukunft beschaffen sein sollten. Der Zustand, dass sich zur Zeit niemand findet, der das Problem überhaupt zur Debatte stellt, hat jedoch nichts mit Demokratie zu tun. Kritiker wie Herbert von Arnim, das Ehepaar Erwin K. und Ute Scheuch, der frühere Bundespräsident Richard von Weizsäcker, die der FDP angehörende Hildegard Hamm-Brücher und einige andere sind einsame Rufer in der Wüste. Es mag auch sein, dass sie über das Ziel hinausschießen, wie ihnen das Ulrich von Alemann vorhält.[25] Dennoch – gerade ihre Kritik sollte allemal Anlass sein, nach Wegen zu suchen, wie die Analysen mit Reformideen zu verbinden sind. Ansonsten bliebe es bei jener so oft zu hörenden und jedes Nachdenken erstickenden These, es gehe nun einmal in einer demokratischen Gesellschaft nicht ohne Parteien. Nein, es geht überhaupt nicht gut mit diesen Parteien! Sie selbst sind es, die den Parlamentarismus und die Prinzipien der Gewaltenteilung konterkarieren. Und wer statt der Politiker die Bürger schelten will, sie seien nicht demokratisch genug gesinnt oder stünden passiv beiseite, kritisiert das Produkt der Verhältnisse und nicht so sehr diese selbst.[26]

Bereits 1911 stellte der Parteiensoziologe Robert Michels fest, dass die SPD, obwohl gerade sie demokratische Ziele auf ihre Fahnen geschrieben hatte, eine fortschreitende innerparteiliche Entdemokratisierung nicht bekämpfen konnte und ihre Führung diese nicht einmal bekämpfen wollte. Er sprach von den Wirkungen eines »ehernen Gesetzes der Oligarchie«, das seine Ursachen in der Parteiorganisation, im bürokratischen Apparat habe: »Wer Organisation sagt, sagt Tendenz zur Oligarchie [...] Mit zunehmender Organisation ist die Demokratie im Schwinden begriffen.« Ferner hieß es bei ihm: »Die Macht der Führer wächst im gleichen Maßstab wie die Organisation.« Und schließlich: »Die Organisation ist die Mutter der Herrschaft der Gewählten über die Wähler, der Beauftragten über die Arbeitgeber, der Delegierten über die Delegierenden.«[27] Politische Parteien, so wäre zu schlussfolgern, scheinen offensichtlich in organisationsstruktureller Hinsicht einander ähnlicher zu sein, als es die Gegensätzlichkeit ihrer Interessen und Ziele sowie ihre stets schönfärbenden Selbstdarstellungen vermuten lassen. Und sollte gar jenes pragmatische, von einer gewissen Resignation zeugende Konzept stimmen, das da besagt, einzelne Parteienoligarchien könne man nur mit anderen Oligarchien aushebeln?[28]

Angesichts der Unwilligkeit regierender Parteien, selbst geringfügigen Ansätzen einer Erweiterung innerparteilicher Strukturveränderungen Raum zu gewähren[29], angesichts wachsender Bemühungen, den Rechtsstaat über die Demokratie zu erheben, angesichts der Unfähigkeit, soziale Probleme zu lösen, und angesichts sich verstärkender konservativer Parlamentarismuskritik wäre es bereits ein Gewinn, wenn wenigsten die Politiker oppositioneller Parteien im Interesse hehrer Ideale – Demokratie, Gerechtigkeit, Menschenrechte, Frieden, Freiheit, Solidarität, Patriotismus, Naturerhaltung usw. – bewusst mit der Erkenntnis des Tatbestandes umzugehen bereit wären.[30] Nur so dürfte es eine einigermaßen aussichtsreiche Suche nach organisationsmäßig richtig fundierten Auswegen aus dem heutigen Dilemma geben. Auch derjenige, dem der Weg in eine künftig bessere Gesellschaft ohne Parteien nicht vorstellbar erscheint, sollte zumindest nach Korrektiven[31] suchen und anderweitigen demokratischen Formen politischer Willensbildung Raum in, neben und über den Parteien schaffen.

Insofern halte ich eine Auseinandersetzung mit dem, was als »Mythos von der Unentbehrlichkeit bestehender Parteien« benannt werden kann, für äußerst sinnvoll. Das existierende Parteienwesen ist eine historische Erscheinung und schon deshalb ständiger Veränderung unterworfen. Es entstand und entfaltete sich im Rahmen kapitalistischer Verhältnisse. Bisherige Alternativen, soweit sie überhaupt als solche betrachtet werden können, vermochten leider nicht, darüber hinaus zu weisen. Neues ist zu suchen. In diesem Sinne wäre z. B. zu fragen, ob Deutschland – wo so viele Reformen notwendig sind und so viele »Reformen« wie noch nie praktiziert werden – nicht auch ein neues Parteiengesetz braucht. Die 1994 erfolgte Novellierung des Parteiengesetzes aus dem Jahre 1967 ist unzureichend, weil sie den negativen Trends des Parteienwesens keinerlei Schranken wies.

Wie wäre es, in Volksbefragungen und Volksabstimmungen zu eruieren, was den Parteien eigentlich sein bzw. tun und lassen sollen? Bislang entscheiden darüber Abgeordnete von Parteien, die in ihren Mitgliederlisten nicht einmal fünf Prozent der wahlberechtigten Bürger verzeichnen können. Noch prekärer wird dies mit dem Wissen um die Tatsache, dass von den Mitgliedern der Parteien in Deutschland kaum 10 bis 15 Prozent sich aktiv in den Parteien betätigen. Einer Demokratie, in der das Volk der Souverän sein soll, auch einer Parteiendemokratie stünde allein daher wirklich gut zu Gesicht, die »restlichen« 95 Prozent der Wähler nicht nur alle vier Jahre einmal befragen zu wollen.

Gefordert sind neue Inhalte von Parteientätigkeit, neue Kontrollmöglichkeiten der Gesellschaft gegenüber den Parteien und vor allem eine neue Funktionsbestimmung für ein demokratieförderndes Wirken von Parteien in den Parlamenten. Die Praxis verstößt bekanntlich gegen so ziemlich alles, was an Demokratietheorien entwickelt worden ist. Parteien und Fraktionen haben den Parlamentarismus in eine Form gestutzt, die mit dem Grundsatz der Volksvertretung kaum noch etwas gemein hat. Alle geschichtlichen Erfahrungen sowie der nicht anders, denn als kritisch denkbare Blick auf die Parteien und das Parteienwesen in Deutschland besagen: Es scheint hohe Zeit zu sein, eine Reform des gegenwärtigen Parteienwesens einzufordern.[32]

Das aber hat für mich auch zur Konsequenz, dass jene Partei, die sich als demokratische und sozialistische Alternative versteht, für sich selbst ebenfalls nach alternativen Existenz- und Wirkungsformen zu suchen hat und sich bewusst sein sollte, dass ein lediglich pragmatisches Verharren in vorgegebenen parteistrukturellen Bahnen wenig Aussicht auf dauernden Erfolg zu bieten vermag.[33]

Anmerkungen

1 Siehe Jörg Völkerling, Von Idealismus zu Ideologie. Wege nach Weimar. Ausstellung zum Geist der Stadt. In: Neues Deutschland, 8.2.1999, S. II.
2 Bezeichnenderweise wurde nirgendwo erwähnt, dass am 6.2.1919 auch eine öffentliche Veranstaltung des »Deutschen Wirtschafts-Kongresses« in der Berliner Philharmonie stattfand. Curt Köhler, Geschäftsführer des »Hansa-Bundes für Gewerbe, Handel und Industrie« forderte hier in seinem Vortrag, der Deutsche Wirtschafts-Kongress, der sich am 16.12.1918 konstituiert hatte, müsse »Richtlinien für das künftige soziale Deutschland« schaffen. Zur Begründung führte er aus: »Wir haben uns gesagt, unter dem zukünftigen Wahlrecht bestehen die Wahlberechtigten aus 15 Millionen Männern und 19 Millionen Frauen. In diese Masse von Menschen muss plötzlich die Notwendigkeit des Fortbestehens, müssen die Zustände und die inneren Zusammenhänge unserer Volkswirtschaft hineingehämmert werden. Neben dieser Masse von Wählern steht nicht eine Obrigkeitsregierung, sondern eine Parlamentsregierung, die von der Mehrheit der Stimmen im Volke abhängig ist. Diese Dinge erkennen, heißt aber für uns auch Mittel und Organisationen zu schaffen, die im Leben stehend sich dazu berufen fühlen, in diese großen Massen die bitter notwendige wirtschaftliche Aufklärung zu bringen, um sie an die Volkswirtschaft heranzuziehen und ihnen zugleich das Verständnis für die Mitarbeit zu ermöglichen […] Wir wollen auf dem Kongress die großen Richtlinien, ich möchte fast sagen, die Wahlparolen formulieren, damit in diesen großen Schlagworten das deutsche Volk zur Mitarbeit an unseren wirtschaftlichen Dingen erzogen werden kann.« Bundesarchiv, Abt. R, Reichsinnenministerium, Film Nr. 16822, Bl. 22.
3 Konzept der Ministerin für Bundesangelegenheiten in der Staatskanzlei des Freistaates Thüringen, S. 3.
4 Siehe dazu u. a. Dieter Grimm: Die Bedeutung der Weimarer Verfassung in der deutschen Verfassungsgeschichte, Heidelberg, 2/1992.
5 Vorwiegend mit den staatsrechtlichen Fragestellungen befasst sich detailliert in seiner Dissertationsschrift Jasper Mauersberg: Ideen und Konzeption Hugo Preuß' für die Verfassung der deutschen Republik 1919 und ihrer Durchsetzung im Verfassungswerk von Weimar, Frankfurt a. M. u. a. 1991.

6 Siehe dazu auch: Macht und Ohnmacht der Weimarer Republik. Autorenkollektiv unter Leitung von Manfred Weißbecker, Berlin 1990, S. 41ff. Im Rahmen des vorliegenden Beitrages ist es nicht möglich, auf die eigentlich auch zu stellende Frage einzugehen, wie der Souveränitätsgrundsatz in den Verfassungen der DDR behandelt worden ist. Artikel 3 der Verfassung vom 7.10.1949 enthält auch die Formel »Alle Staatsgewalt geht vom Volke aus«. Die Übernahme des Satzes aus der Weimarer Verfassung erfolgte möglicherweise in Unkenntnis seiner Entstehungsgeschichte, wäre aber sicher auch im Zusammenhang mit anderen Artikeln zu sehen, die einer Realisierung des Prinzips der Volkssouveränität hätten dienen können. Die Entwicklung der DDR und ihrer Verfassungswirklichkeit setzten jedoch den Souveränitätsrechten des Volkes nicht nur enge Grenzen, sondern hoben sie in vieler Hinsicht sogar auf.

7 Zur zeitlichen Einordnung der Parole »Die Sozialisierung marschiert« siehe als jüngste Veröffentlichung Manfred Behrend: »Der Wandschirm, hinter dem nichts geschieht«. Bildung, Tätigkeit und Ende der ersten deutschen Sozialisierungskommission. In: Beiträge zur Geschichte der Arbeiterbewegung, H. 4/1998, S. 18-35, hier vor allem S. 29ff.

8 Zit. nach ebenda, S. 30.

9 Verhandlungen der verfassunggebenden Deutschen Nationalversammlung. Stenographische Berichte, Bd. 328, S. 1498.

10 Ebenda, S. 1500. Später sprach Carl Schmitt diffamierend von einem »dilatorischen Formelkompromiss«.

11 Ebenda, S. 1504.

12 Ebenda, S. 1505f. Die beachtliche Rolle Cohns in der Diskussion um die Justiziabilität der Grundrechte hebt in seiner Dissertationsschrift hervor Hans Beyersdorff: Die Staatstheorien in der verfassunggebenden Nationalversammlung, Kiel 1928, S. 47.

13 Siehe Friedrich Völtzer: Der Sozialstaatsgedanke in der Weimarer Reichsverfassung, Frankfurt a.M. 1992, S. 270ff.

14 Eduard Heilfron (Hrsg.): Die Deutsche Nationalversammlung im Jahr 1919 in ihrer Arbeit für den Aufbau des neuen deutschen Volksstaates, Berlin 1919, Bd. 7, S. 453.

15 Protokoll der Beratung vom 14.1.1919 in der Reichskanzlei. In: Die Regierung der Volksbeauftragten 1918/19. Zweiter Teil, eingeleitete von Erich Matthias, bearbeitet von Susanne Miller unter Mitarbeit von Heinrich Potthoff, Düsseldorf 1969, S. 240.

16 Bundesarchiv, Nachlass Westarp, Nr. 33, Bl. 65, 69 und 73.

17 Ich stimme hier überein mit Peter Lösche: Parteienstaat Bonn -Parteienstaat Weimar? Über die Rolle von Parteien in der parlamentarischen Demokratie. In: Eberhard Kolb und Walter Mühlhausen (Hrsg.): Demokratie in der Krise. Parteien im Verfassungssystem der Weimarer Republik, München l997, S. 14 1ff.

18 Wilhelm von Blume: Die Bedeutung der Parteien. In: Handbuch der Politik. Erster Band: Grundlagen der Politik. Hrsg. Von Gerhard Anschütz u.a., Berlin und Leipzig 1920, S. 346-351.

19 Es blieb einem Gauleiter der NSDAP vorbehalten, während des zweiten Weltkrieges und im Zusammenhang mit den Bestrebungen, ihn als »totalen Krieg« zu führen, auf diesen Zusammenhang aufmerksam zu machen. Er schrieb 1941: »In einem Jahre 1914 sprach der Kaiser das komische Wort: Er kenne keine Parteien mehr. Das war die Äußerung eines frommen Wunsches. Mit frommen Wünschen sind wir dann in diesen Krieg gegangen und standen am Ende vor der Vernichtung. Adolf

Hitler hat bereits schon Jahre vorher die Parteien vernichtet und beseitigt. Er hatte bereits, als er in diesen Krieg ging, keine Parteien mehr, sondern hatte ein deutsches Volk. Damals war es so, dass im Jahre 1918 der deutsche Soldat des Krieges sich seiner eigenen Heimat schämen musste; denn während er Gut und Blut zum Einsatz brachte, trieben in der Heimat Schieber, Schleichhändler, Kriegsgewinnler und Hamsterer ihr Werk. Während er für seine Nation sein Blut zum Einsatz brachte, verrieten in der Heimat sogenannte Regierungen ihr eigenes Volk. Heute ist es anders.« Rudolf Jordan: Wir und der Krieg. Gedanken aus Reden in diesem Krieg, Dessau 1941, S. 16f.

20 Ihre Ermöglichung führte nach 1933 zu einem umfassenden Organisationensystem, an dessen Spitze sie stand. Die einzelnen Gliederungen und angeschlossenen Verbände – gleich ob DAF, HJ, SA, SS u.a.m. – erfassten Millionen Deutsche und nahezu jeden Winkel der Gesellschaft. Wie keine andere deutsche Partei hatte die NSDAP nach 1933 einen bis dahin unbekannten, einen nicht für möglich gehaltenen flächendeckenden Grad individueller und gesellschaftlicher Organisiertheit der Bevölkerung erreicht. Sie war zum Träger einer »Organisationen«-Gesellschaft geworden, in der sich kaum einer – ob Arbeiter oder Gewerbetreibender, ob jung oder alt, Mann oder Frau usw. – dem Einfluss ihres breit gefächerten Systems sogenannter Gliederungen, angeschlossener Verbände und betreuter Organisationen entziehen konnte. Nimmt man allein die Tatsache zum Vergleich, dass bis 1933 jede gesellschaftliche Schicht oder Gruppe -Frauen, Kinder, Lehrer, Ärzte usw.- mehrere Organisationen entsprechend der politisch-ideologischen Grundströmungen in der deutschen Parteienlandschaft besaßen und zudem große Teile der Bevölkerung – z.B. fast die Hälfte derer, die statistisch zur Arbeiterklasse zählten – überhaupt keiner politischen oder gewerkschaftlichen Organisation angehörten, lässt sich leicht ermessen, zu welch enormer Schlagkraft die Organisiertheit der deutschen Faschisten führen konnte. Existenz und Wirken der NSDAP bedeuteten den Höhepunkt in der Geschichte jener Parteien, die im Unterschied zu den vorhergehenden Honoratioren- oder Wählervereinen, den Interessen- und Klientelparteien als Massenparteien oder nach Sigmund Neumanns Begriffsinstrumentarium aus den zwanziger Jahren als Mitgliederintegrationsparteien zu bezeichnen sind. Massen zu gewinnen, ohne ihre Lage und ihre Interessen in irgendeiner Weise zu berühren, konnte und kann übrigens keiner politischen Partei gelingen. Jede versucht es auf ihre Weise. Der NSDAP lag, wie sie es in völliger Übereinstimmung mit dem konservativen Publizisten Arthur Moeller van den Bruck formulierte, an einer »Nationalisierung« der deutschen Arbeiter, mithin an der Gewinnung einer vorwiegend proletarischen Massenbasis. Dies ließ von vornherein jede Verwendung sozialpolitischer oder gar »sozialistischer« Formeln als zweckbezogenes Mittel erscheinen. Das Wesen einer faschistischen Partei lässt sich an ihnen nicht erkennen, eher an ihrer Programmatik und an ihrem taktischen Verhalten. So verwundert es eben nicht, dass die NSDAP während der zwanziger Jahre ihren »Nationalsozialismus« besonders in stark industrialisierten Teilen Deutschlands -im Gegensatz zu ihrem bayerischen Stammland – als »nationalen Sozialismus« anbieten wollte. Dazu wurde zeitweise sogar eine »Arbeitsgemeinschaft der nord- und nordwestdeutschen Gauleiter« gegründet, die das 25-Punkte-Programm revidiert, zumindest aber ergänzt wissen wollten. Diese Gauleiter galten als »Linke« in der NSDAP, wurden jedoch bald von der Münchener Parteileitung zur Räson gerufen.

21 Emil Fuchs: Politik der Woche, 6.-13.2.1932. In: Der religiöse Sozialist. Den Text stellte mir dankenswerterweise Dr. Friedrich-Martin Balzer (Marburg) aus seinem Privatarchiv zur Verfügung.
22 Siehe Rolf Reissig: Sind die Parteien nur noch Papiertiger? In: Neues Deutschland, 27./28.5.1995, S. 1.
23 Siehe Michael Brie: Die Demokratisierung der Demokratie. In: Neues Deutschland, 3./4.8.1996, S. 10.
24 Reissig, a. a. O.
25 Ulrich von Alemann: Parteien, Reinbek bei Hamburg 1995, S. 97.
26 Im Grunde dient auch das Argument, die Weimarer Republik sei am »Mangel an Demokraten« gescheitert, einer die Parteien entlastenden »Bürgerschelte«. Siehe Manfred Weißbecker: Weimar 1919 – eine gute Verfassung, aber zu wenig Demokraten? Zu einem Jahrestag, der Fragen aufwirft. In: antifa, H. 4/1999, S. 17 ff.
27 Robert Michels: Zur Soziologie des Parteiwesens in der modernen Demokratie. Untersuchungen über die oligarchischen Tendenzen des Gruppenlebens (1911). Neu hrsg. von Werner Conze, Stuttgart 1969.
28 Joseph A. Schumpeter: Capitalism, Socialism and Demokracy, New York 1942. Zit. nach Jürgen Dittberner: Neuer Staat mit alten Parteien? Die deutschen Parteien nach der Wiedervereinigung, Opladen und Wiesbaden 1997, S. 19.
29 Siehe Stefan Schieren: Parteiinterne Mitgliederbefragungen: Ausstieg aus der Professionalität? In: Zeitschrift für Parlamentsfragen, H. 21/1996, S. 214 ff. Der Verfasser behauptet u. a., direkte Demokratie innerhalb der Parteien verursache mehr Probleme als sie löse und stelle damit sogar die von den Parteien erfolgreich getragene Demokratie der Bundesrepublik infrage. Kritisch äußerte sich dazu Bernd Becker: Wozu denn überhaupt Parteimitglieder? In: Ebenda, H. 4/1996, S. 712 ff.
30 Siehe dazu auch Manfred Weißbecker: Das gescheiterte Parteikonzept und der Weg »linker« Parteien in das 21. Jahrhundert. In: Die russische Revolution 1917 und die Linke auf dem Marsch in das 21. Jahrhundert, Leipzig 1998, S. 41-48.
31 Siehe Kunze, Der totale Parteienstaat, S. 206 ff.; siehe dazu auch Manfred Weißbecker: Paul Levi – Biographische und andere Gedanken zu seinem Weg zwischen den Parteien der deutschen Arbeiterbewegung (Schriften des Jenaer Forums für Bildung und Wissenschaft e. V.), Jena 1993, S. 21 f.
32 Siehe dazu auch Dittberner, S. 29.
33 Ausdrücklich sei hier auf die Beiträge von Birgit Klaubert und Kurt Ludwig in diesem Band verwiesen, die ähnliche Forderungen an die PDS stellen und Fragen zu deren weiterer Entwicklung als einer »Partei von unten« aufwerfen.

Nachkriegs-Katastrophe: Erinnerungspolitik 1918–1939*

»... uns hat der Krieg behütet für den Krieg«
Baldur von Schirach, 1929[1]

»Worte sind heute Schlachten: Richtige Worte gewonnene Schlachten, falsche Worte verlorene Schlachten.«[2] Dieses Zitat, allen Weltkriegskennern sicher geläufig, entstammt jener Denkschrift, die auszuarbeiten Erich Ludendorff gefordert hatte. Major Hans von Haeften, Chef eines Kriegspresseamtes, lieferte sie am 3. Juni des letzten Kriegsjahres ab. Ihr Inhalt schien neue Siegeshoffnung zu wecken.[3] Doch mit Worten den Krieg gewinnen – war das nur gesponnen, überzogen und situationsbedingter Suche nach irgendeiner wunderbaren Waffe geschuldet, die den kaum mehr zu erwartenden Sieg doch noch bringen könnte? Oder wollte da jemand lediglich seinem Amte und den Medien mehr Aufmerksamkeit und die Aura geschichtlicher Bedeutsamkeit verliehen sehen? Nein, der Major, später leitend im Reichsarchiv tätig und *spiritus rector* des amtlichen Weltkriegswerks, traf durchaus ins Schwarze! Seine Aussage, so bedeutungslos sie für das letzte Kriegsjahr gewesen sein mag, erwuchs aus der bis dahin betriebenen Kriegspropaganda[4] und erreichte ein brisantes Gewicht in jenen Jahren, die gleichermaßen eine Nachkriegs- und eine neue Vorkriegszeit darstellten.

Ja, wortgewaltige Erinnerungen an den Krieg prägten nach 1918 weitgehend das geistig-mentale Leben. Dazu seien hier einige ausgewählte Überlegungen vorgetragen. Sie betreffen die Voraussetzungen, die Inhalte sowie Formen und Entwicklungstendenzen im Verwenden »richtiger Erinnerungs-

* Überarbeitete und erweiterte Fassung eines Vortrages, den der Vf. am 11.6.2014 auf dem Internationalen Kolloquium »Vor 100 Jahren: Beginn des Ersten Weltkrieges. Ursachen und Wertungen« der Berliner Gesellschaft für Faschismus- und Weltkriegsforschung e. V. sowie der Berliner Freunde der Völker Russlands e. V. gehalten hat.

worte«, also solcher, die zu neuen, zu siegreichen Schlachten führen sollten. Mein Beitrag gilt insbesondere einer konservativ-nationalistischen Erinnerungspolitik, in deren Ergebnis bestimmte Denk- und Verhaltensmuster einerseits genutzt und befördert sowie andererseits zielbewusst geschaffen wurden.[5]

»Schüsse ins Gehirn«

Beginnen möchte ich jedoch mit allgemeineren Bemerkungen, die abseits von geschichtlichen Themen zu liegen scheinen und andere Wissenschaftsgebiete berühren. Was Menschen erleben, erfahren, fühlen und empfinden – alles das findet bekanntlich mehr oder weniger Raum in ihrem Gedächtnis, gerät zu einem Bestandteil ihrer Erinnerungen. Das Gehirn – modern gesprochen – speichert kleine Geschehnisse oder große Ereignisse, Belangloses oder Bedeutsames, Erfreuliches oder Erschreckendes. Menschen leben mit Erinnerungen. Ohne diese lässt sich das Leben in allen seinen Facetten kaum vorstellen. Nach Verarbeitung, Wertung und Abruf erwachsen aus ihnen schließlich Handlungen. Dabei zeigt sich, in welch hohem Maße Erinnerungen abhängig sind vom Eingebettetsein des Individuums in die Gesellschaft. Sie sind insofern Ausdruck und Ergebnis sozialer Prozesse.[6] In deren Rahmen wird in Vergangenes rekonstruiert, kategorisiert, verändert, reduziert oder gar neu produziert – alles stets in Kenntnis des jeweils Gegenwärtigen. Hinreichend Raum ist so geboten sowohl für gezielte Beeinflussung jedes Menschen als auch für dessen Bereitschaft, sich beeinflussen zu lassen.

Dies belegt jeder alltägliche Blick in den kapitalistischen Wirtschaftsbetrieb: Nicht ohne Grund gilt Werbung als sein unentbehrliches Schmiermittel. Ohne Reklame sei er nicht in Gang zu halten, heißt es. Und ebenso unverblümt wird gefordert, potentiellen Kunden geschäftstüchtig ins Gehirn – ich zitiere – zu »kriechen« und möglichst viele Menschen – ich zitiere erneut – mit »schnellen Schüssen ins Gehirn«[7] für den Erwerb eines bestimmten Produkts zu bewegen.[8] Reklame, Suggestion, Gehirnwäsche, Gleichschaltung, Seelenmassage usw. – so lauten landläufig verwendete Begriffe, mit denen zweckorientiertes mediales Dauerfeuer[9] und systematisch betriebene Manipulation umschrieben wird, in welchem Bereich des Lebens der Gesellschaft auch immer.

Um deren Wirksamkeit zu untersuchen, zu erklären und natürlich auch um sie verstärken zu können, wird seit langer Zeit intensiv auf dem Gebiet der »Hirnforschung« gearbeitet. Diese fragt, verkürzt gesagt, nach dem Funktionieren der Nervenzellen, nach den neuronalen Mechanismen des Denkens und zwischenmenschlicher Kommunikation. Gefragt wird auch danach, wie und wann im Hirn Gespeichertes abgerufen wird, was bei welchen Anlässen und unter welchen Voraussetzungen auftaucht oder schlicht vergessen wird, welche Erinnerungen wann andere verdrängen, überwölben oder ganz und gar umformen.[10] Einige Hirnforscher betonen die Macht des Unterbewusstseins und meinen, der Mensch sei dessen Marionette. Das Gehirn fungiere als Autopilot und alles sei durch »Verschaltungen« der Zellen determiniert. Man würde nur glauben, der Verstand sei es, der die Welt regiere. Das Hirn lasse indessen dem Menschen überhaupt keine Willensfreiheit zu. Und weil das so sei, müsse alles, was bislang als Moral, Verantwortung, Rechtsprechung usw. gefasst würde, neu geprüft werden.[11] Auf den Punkt gebracht lautet die These: »Keiner kann anders als er ist. Verschaltungen [also unbeeinflussbare Vorgänge im Hirn, M. W.] legen uns fest.«[12] Man müsse aufhören, von Freiheit zu reden und den »Mythos Intelligenz« ad acta legen.

Nach meiner Auffassung sollte sich auch der Historiker von Fragestellungen und Ergebnissen kognitions- und neurowissenschaftlicher Forschungen berührt sehen; wohl wissend um die Tatsache, dass es Menschen sind, die Geschichte »machen«, sowie berücksichtigend, dass dies stets unter bestimmten Voraussetzungen und Bedingungen geschieht.[13] Das Thema gehört natürlich auch in unsere Veranstaltung.[14]

Drei Gründe seien angeführt: Zum einen, weil in zahlreichen Geschichtsdarstellungen neuerdings verstärkt alle kausalen Aspekte dem »Raubtierinstinkt der menschlichen Natur« zugeschrieben[15], als »archaische« oder »ethnisch« begründete Gewalt beschrieben[16] sowie auf Fremdenhass und Feindbilder, auf Phobien und Angstvorstellungen zurückgeführt werden.[17]. Zum zweiten können viele Begriffe, mit denen das damalige Geschehen beschrieben wird, in die Irre führen: Da geht die Rede nur von Paranoia, von unglücklichen Verläufen, von Versagen, von Unfähigkeit und Leichtsinn, von Ängsten, die sich Bahn gebrochen hätten.[18] Und schließlich ähnelt die These, das menschliche Handeln sei entscheidend durch »Hirnkausalität« bedingt[19], arg den jüngst in die Welt gesetzten Behauptungen über die »Schlafwandler«, die 1914 im hektischen Hin und Her diplomatischer Schachzüge nervös agiert hätten und das Grauen des neuen Krieges nicht haben vorhersehen können. Blind und von Albträumen geplagt seien die Akteure gewesen.[20] In jeder Hinsicht werden so allenfalls auslösende Momente als Kriegsursache interpretiert, Kriege also auf unzulängliches Überlegen und Vorausschauen, auf empfindsames Reagieren und ängstliches Handeln zurückgeführt. Daraus könnte man ableiten, der Ausbruch des Ersten Weltkrieges sei einer Fehlfunktion des menschlichen Körpers geschuldet.

Den Handelnden wird letztlich Somnambulismus attestiert, der aus genetischer Disposition resultiert. Wäre tatsächlich von einer Krankheit zu sprechen, dann bedarf es nur eines Arztes und ist das Erhellen der Tatsache überflüssig, dass der Krieg aus gesellschaftlichen Verhältnissen, aus kapitalistischer Konkurrenz und imperialistischer Geostrategie resultierte. Was dennoch gegen »Schlafwandler« als Schuldspruch verkündet wird, trifft zudem alle Beteiligten und ist im Grunde keiner. Wie schön und passend für 100 Jahre danach Regierende: Von deutscher Hauptverantwortung für den Krieg brauche man demzufolge nicht mehr zu reden …

Wie es scheint, stößt dies indessen mehr und mehr auf Unverständnis und Kritik. »Hellwach« sei man in den Krieg marschiert, erklärte jüngst Adam Tooze in einer Besprechung des Buches von Jörn Leonhard »Die Büchse der Pandora«.[21] Wolfram Wette sprach vom »deutschen Willen zum Zukunftskrieg« sowie vom durchgängig fehlenden Willen zu einer Kriegsverhütung[22], Volker Ullrich vom Versuch konservativer Kräfte, eine »geschichtspolitische Weichenstellung« anzustreben, um erneut die in der Fischer-Debatte verlorene »Deutungshoheit über die deutsche Geschichte zurückzugewinnen«.[23] Die Deutschen hätten das Bedürfnis, sich geschichtspolitisch zu entlasten und würden darin von Clark bedient, meinte Lothar Machtan.[24]

Zu verweisen ist hier vor allem auf Kurt Pätzold oder auch auf Stefan Bollinger.[25] Ihre grundsätzliche Kritik erhellt, dass und wie sowohl mit aufgewärmten als auch mit neuen Thesen alte sowie neuerlich erkennbare Vorherrschafts-Ambitionen in ein mildes Licht getaucht werden. Im Grunde geht es auch gar nicht um den Krieg von 1914/18. Wird dessen Ausbruch gleichsam als Ergebnis zufälliger Umstände, ja als eine Art Betriebsunfall gewertet, dann braucht nach Ursachen und Schuld nicht mehr gefragt, dann können geschönte Bilder einer angeblich für Kriege generell unzuständigen Gesellschaft gemalt werden. Dann könnte von beiden Weltkriegen, zudem auch von dem bis 1989/90 existierenden Realsozialismus als einer Unterbrechung der Kontinuität demokratisch-kapitalistischer Verhältnisse gesprochen werden.[26] Und die Kriege der Gegenwart, welche Formen diese auch angenommen haben, sowie eine erneut ungeheuerliche Katastrophenpolitik sehen sich so ausgenommen von einer ansonsten angeblich erfolgreichen Geschichte westlichen Demokratie-Verständnisses. Das wiederum erlaubt verklärendes Geschwafel über die neue, die unbedingt und auch militärisch wahrzunehmende »deutsche Verantwortung« in allen Teilen der Welt. Um diese rechtfertigen zu können, darf dem Nachdenken über die Ursachen aktueller Politik und militärischer Aktionen sowie über deren reale Wurzeln kein Raum geboten werden. Zu moralischer Verworfenheit derjenigen, die mit militärischer Gewalt drohen und/oder solche – zumeist skrupellos – nutzen, tritt mit der Verschleierung der für 1914 verantwortlichen Profitinteressen, Großmachtbestrebungen und geopolitischen Strategien[27] eine verlogene Beschönigung heutiger Verhältnisse und neuer kriegerischer Politik hinzu.

»Urkatastrophe«

Gern wird gerade unter solchen Aspekten und dem Urteil des US-amerikanischen Diplomaten und Historikers George F. Kennan folgend vom Ersten Weltkrieg als der »Urkatastrophe« des 20. Jahrhunderts gesprochen. Auf der Hand liegt vor allem der direkte Zusammenhang zwischen Erstem und Zweitem Weltkrieg, ebenso – jedenfalls nach meiner Auffassung – der mit Kaltem Krieg und heutigen Militäraktionen. Nicht allein in der deutschen Gesellschaft offenbart sich das generelle Verschränktsein dieser Kriege mit allen großen wirtschaftlichen, politischen und sozialen Auseinandersetzungen des vergangenen Jahrhunderts und unserer Zeit. Dem Begriff, so zutreffend die außerordentlich weitreichenden, zerstörerischen und unmenschlichen Folgen damit gekennzeichnet sein mögen, haftet jedoch etwas Naturgesetzliches, etwas anscheinend nicht zu Erfassendes und die Kriegsursachen letztlich Verklärendes an. Vieles wird fast ausschließlich auf das Wirken einzelner Personen bezogen. Werden aber die Ursachen des Ersten Weltkrieges ausgeblendet, verschwinden ebenso kausale Zusammenhänge aus der Nachkriegsgeschichte. Die Kontinuität im Bestehen jener zu Kriegen führenden sozialökonomischen Verhältnisse imperialen Machtbestrebungen gerät so zur Nebensächlichkeit.

An dieser Stelle sei ein Exkurs gestattet: Alle Versuche, das Geschehen – gleich ob gewollt oder unbewusst – nebulös als etwas Naturhaftes, Zwanghaftes und Unerklärliches erscheinen zu lassen, betreffen nicht allein das sogenannte kurze 20. Jahrhundert. Mit Recht wird auch auf jene Zeit geschaut, die darauf folgend bereits verging. Weil wir um Wirksamkeit solcher Bemühungen und geschichtspolitischer Interpretationen wissen, wäre es sinnvoll, weit in die Geschichte zurückzuschauen. Beispielsweise auf die Tatsache, dass sich das dem 20. Jahrhundert Zugeordneten zugleich als eine spezielle Erscheinungsform der die gesamte Menschheitsgeschichte betreffenden Mutmaßung von der Existenz einer »Ursünde« betrachten lässt. Der Verstoß von Adam und Eva gegen das Gebot Gottes erfolgte – ausgerechnet und wie sinnhaft übrigens – mit dem Verzehr einer Frucht vom Baum der Erkenntnis. Christlicher Anthropologie entsprang der parallel verwendete Begriff von der »Erbsünde«, mit dem ein Hineingeborensein aller Nachkommen in eine Unheilsgeschichte begründet wird. Kein Mensch sei seit der notwendigen Vertreibung aus dem Paradies ohne Sünde, alles Leben von ihr geprägt. In diesem Sinne wird auch über eine Art von naturgegebener Kollektivschuld gesprochen, die zudem Bestrafung verdiene, selbst durch eine Sintflut, mit der Gott die von ihm geschaffenen Menschen von der Erde »vertilgen« wollte, wie es im Alten Testament heißt.[28] Von da aus reichen oft nur kleine Schritte hin zu jenen Phobien, die sich gegen ganze Gruppen von Menschen, gegen Völker und Staaten richten. Zwar ist das Wort vom »Erbfeind« aus der Mode geraten, doch die in ihm sich spiegelnden Denk- und Rechtfertigungsstrukturen sind es nicht.

Friedenssehnsucht und Kriegsdenken nach dem Ersten Weltkrieg
Auch die der »Urkatastrophe« folgenden und auf ihr beruhenden Katastrophen werden zumeist als menschlicher Natur entsprungen dargestellt. Bei meinen Überlegungen zu den Deutungen des Ersten Weltkrieges in den 20er und 30er Jahren des vorigen Jahrhunderts möchte ich allerdings den Blick weniger auf den Bereich der persönlichen Erinnerungen lenken, weder auf ihre individual-psychologischen Merkmale noch auf deren Verblassen und Verklären im Laufe der Zeiten. Schmerz und Trauer im individuellen Verarbeiten von Kriegserlebnissen sind nicht auszuklammern, doch entgegen allen rein psychohistorischen und anthropologischen Deutungen erlangten sie nach meiner Auffassung Geschichtswirksamkeit insbesondere durch eine richtungsweisende Überlagerung und verformende Färbung, durch eine bewusst betriebene, umfangreich organisierte und außerordentlich folgenreiche Erinnerungspolitik.

Ich bestreite keineswegs die Existenz eines spannungsreichen Verhältnisses zwischen individuellem Trauerbedürfnis einerseits und Einfluss nehmender Erinnerungspolitik andererseits, meine aber, dass, wenn es um Erfassung von Entwicklungslinien und um kausale Erklärung geschichtswirksamer Prozesse geht, es notwendig ist, den Blick mehr auf die geschichtspolitisch und propagandistisch instrumentalisierte Erinnerung an den Ersten Weltkrieg richten zu müssen, weniger auf die, welche dazu einen empfangsbereiten Boden abgaben.[29]

Geht es um diesen »Boden«, sollte niemand die Tatsache übersehen, dass unmittelbar nach dem Ersten Weltkrieg einem großen Teil der Deutschen das Wort »Nie wieder Krieg!« als Lebensmaxime galt und sie in den neuen parlamentarisch-demokratischen Strukturen an die Möglichkeit entweder einer Überwindung des Kapitalismus oder zumindest an die seiner Begrenzung glaubten. Bei vielen Deutschen, auch unter jenen, die vier Jahre zuvor mit Jubel in den Krieg gezogen waren, dominierte nun eine Stimmung des Aufbruchs. Lautstark, nachdrücklich und *unüberhörbar* erscholl der Ruf nach einer Vergesellschaftung der Produktionsmittel, nach Sozialisierung von Bergbau und Schwerindustrie, und damit nach einer weitgehenden Entmachtung von Großindustriellen und Großagrariern. Selbst bürgerlich-demokratische Kreise erklärten: »Die bisherige Gesellschaftsordnung hat uns in den Abgrund geführt [...] Nur die sozialistische Gesellschaft kann die Völker vor dem Verfall in die Barbarei retten.«[30] Tatsächlich hatte sich zunächst auf vielen Gebieten ein neuer Geist bemerkbar gemacht; dies auch im geistig-kulturelle Leben, das mannigfaltig die von Revolution und Weimarer Verfassung gebotenen Möglichkeiten nutzte, widerspiegelte und verteidigte, so den kritischen Vorkriegs- und Antikriegsgeist fortführend. Aufbruchsideen regten sich und erfassten Menschen aller Lebensbereiche – Künstler, Frauen, Jugendliche, Intellektuelle. In zahlreichen Werken von Schriftstellern, Malern, Baumeistern usw. fand die historische Dimension des Wandels bemerkenswerten Niederschlag. Strikte Ablehnung von Monarchie, Krieg, Militarismus, Deutschtümelei und imperiales Großmachtstreben verband sich mit vehement vorgetragenen Gedanken an eine Zeit notwendiger Veränderungen der Gesellschaft. Nachdrücklich wurde Menschheitserneuerung verlangt, Neues gesucht und erkundet, kreativ realisiert in Stilrichtungen, die als Expressionismus, Dadaismus, Kubismus, Neue Sachlichkeit u. ä. m. von künstlerischer Andersartigkeit und Radikalität zeugten. Glanzvolle Höhepunkte künstlerischen Schaffens jener Zeit gehören heute zur Weltkultur. Daher wird gern von den »goldenen zwanziger Jahren« gesprochen, auch wenn damit nur ein relativ kleiner Teil der Realität erfasst ist. Geistiger Neubeginn und Werke von hohem künstlerischen Wert existierten eben in einem begrenzten Rahmen, parallel zu einer sich zunehmend rasch ausbreitenden kommerzialisierten Massenkultur, in der sowohl die sogenannte »leichte Kost« als auch kriegsverherrlichende und nationalistische Literatur absolut vorherrschten.[31]

Letzteres ist vor allem für die Zeit ab 1928/29 zu konstatieren. Doch bereits in den ersten Jahren der Weimarer Republik hatte – auch in der Arbeiterklasse – ein beträchtlicher Stimmungsumschwung eingesetzt. Begeisterung über den Sturz der Monarchie und das Kriegsende sowie die Hoffnungen auf neue gesellschaftliche Verhältnisse wichen Ernüchterung und Enttäuschung. Da konnte die nationalistische, den Siegern des Weltkrieges alle Schuld aufladende Propaganda der Rechten auf einen fruchtbaren Boden fallen. Paul Levi, zeitweilig einer der KPD-Führer, warnte die Verteidiger der Republik davor, allein auf die Offiziere und deren Verhalten zu schauen und sprach von einer »Saat aus Drachenzähnen«, zielend auf ein »politisches Lumpenproletariat, das von jedem nehme, der gibt und jedem zu willen sei, der zahle«.[32]

Zu denen, die »zahlen« konnten, gehörten auch Weimars Militärs. Sie und ihre geistigen Kopfflechter empfanden es von Anfang an empörend, wie weit verbreitet die Vorstellung von einer Zukunft ohne Krieg unter der Bevölkerung war. Hans von Seeckt, Chef der Heeresleitung, bezeichnete ein solches »Friedensbedürfnis« und den Ruf »Nie wieder Krieg« schlicht als »töricht«.[33] Zwar ging von der Weimarer Republik kein Krieg aus[34], worauf zu verweisen in der heutigen Berliner Republik sehr sinnvoll ist. Hatte jedoch bis 1918 der Krieg vor allem als Fortsetzung von Politik gegolten, so wurde dieser nun direkt in die Politik hineingezogen. Jeglicher Friedenspolitik, selbst jenen Bemühungen, die mit den Stichworten Rapallo, Locarno, Völkerbund und Abrüstung angedeutet sein sollen, wurden mächtige Steine in den Weg gelegt – innenpolitische, rüstungswirtschaftliche, außenpolitische und geistige. Nach meiner Auffassung bestand – ich bleibe im gewählten Bild – einer der dicksten Brocken in zielorientierter Nutzung von menschlicher Trauer und Trost suchendem Gedenken an die Opfer des Krieges.

Konservative Grundorientierung Weimarer Erinnerungspolitik

Von Anfang an bemächtigten sich konservative Kreise des politischen Erinnerns an den Krieg, mehr noch an die Niederlage, alles aber vielgestaltig, umfassend und zielorientiert und gerichtet gegen alle menschlichen Friedensbedürfnisse. Nach meinem Dafürhalten lässt sich das Konzeptionelle ihrer damaligen Erinnerungspolitik hauptsächlich in vier Punkte fassen:

Erstens zeichneten sich in allen breit gefächerten, inszenierten, medial intensiv und demonstrativ unterstützten Darlegungen solche erinnerungspolitischen Argumentationsmuster ab, die zwar den Frieden als erstrebenswert priesen, gleichzeitig jedoch den Krieg generell als unabänderlichen Teil der Menschheitsgeschichte werteten[35] sowie die spezielle deutsche Kriegsniederlage – gleich ob direkt oder unterschwellig – mit der Frage verknüpften, wie in der Zukunft alles wettzumachen sei und was dafür in der Gesellschaft insgesamt und speziell auf den Gebieten Aufrüstung, Kriegführung und Kriegspsychologie unternommen werden sollte.[36] Dabei wandelte sich das Entsetzen über den Krieg rasch in eines über die unmittelbaren Kriegsfolgen.

Zweitens wurde konsequent eine Umwandlung von privatem Schmerz zu »stolzer Trauer«[37] betrieben. Dem diente ständiges Lobpreisen von Opferbereitschaft[38] und ein sich exzessiv steigernder Kult um die Opfer des Krieges, was einerseits Sakralisierung des soldatischen Todes und andererseits Säkularisierung des kirchlichen Märtyrer-Kultes bedeutete. Zunehmend wurden die auf den Schlachtfeldern Gefallenen, die Verwundeten und auch die Überlebenden zu »Helden« stilisiert. Auf dem damaligen »Schlachtfeld Erinnerung« – von dem der Theaterregisseur Hans-Werner Kroetzinger spricht[39] – verschoben sich deren Kennzeichen von Mut, Kühnheit und Tapferkeit hin zu Ausdauer, Beharrlichkeit, Treue und Gehorsam gegenüber den Befehlshabern sowie unerschütterliche Bereitschaft zur Pflichterfüllung, was man gern als »wahres« oder »echtes Heldentum« pries.[40] Im Kult um die toten »Helden« entfalteten sich – wie Sabine Behrenbeck in ihrer Arbeit über den der Nazis schreibt – destruktive Fantasien, die einer »Lizenz zum Töten« gleich kamen.[41] Darüber hinaus diente der Heldenkult als Folie für das fordernde Herausstellen messianischer »Erlöser« und für das Entfalten eines zunächst allgemeinen, später jedoch vor allem auf Hitler bezogenen Führer-Kultes.[42]

Drittens verstärkte sich die Mystifizierung des deutschen Soldatentums und dessen angeblich generell gegebener Überlegenheit über Menschen und Militärs anderer Länder. Generell stand im Vordergrund ein ausschließlich auf die eigene Nation bezogenes, sich mehr und mehr rassistisch färbendes Selbstbild: Der Deutsche als angeblich generell friedlicher, zu Kriegen stets nur gezwungener und kulturell, in Technik wie Wissenschaft allen anderen Völkern überlegener Mensch. Dieses Selbstbild hatte Existenz und Fortwirkung alter wie neuer Feindbilder zu legitimieren. Im Bild von den Fremden sahen sich diese auf eine niedere kulturgeschichtliche Stufe gesenkt, als schwach, niederträchtig und minderwertig charakterisiert. Aus biologistisch-rassistischen Denkstrukturen ergab sich später die Rechtfertigung des »Ausmerzens« von »unwertem Leben« sowie von »Untermenschen«, wie es in der Sprache der Faschisten hieß. Es erfolgte eine »Erziehung zum Krieg« – darin übrigens der Erziehung zum Krieg im Deutschen Kaiserreich vergleichbar[43], nur dass jetzt auch durch den Krieg, seine Darstellung, seine Deutung usw. »erzogen« werden sollte.

Schließlich bestand *viertens* die Erinnerungspolitik der damaligen Nachkriegszeit aus einer ausgesprochen nationalistisch-kriegerisch gefärbten und zudem religiöse Heilsvorstellungen nutzenden[44] Orientierung auf eine als ideal dargestellte Zukunft. Um diese erreichen zu können, sei es in erster Linie notwendig, entsprechend dem Modell der (fiktiven!) Schützengraben-Gemeinschaft in einer wahren deutschen »Volksgemeinschaft« alle Spaltung in Klassen und Parteien zu überwinden.

»Im Felde unbesiegt«

In dieser Art politischen Erinnerns an den Krieg setzte der sich fort. Realistisch-kritisch denkende Zeitgenossen erkannten das rasch. Heinrich Mann verglich die Rüstung des Kaiserreiches mit der Wiederaufrüstung der Republik und sprach von einer »Verschwörung des Staates mit den Konzernen, mit der Klasse der Verdiener« sowie von »Abneigung des regierenden Personals, irgendetwas unmittelbar mit dem Volk zu tun« haben zu wollen.[45] Bereits 1922 meinte der bekannte liberale Pazifist Hellmut von Gerlach, es sei in Deutschland zur entscheidenden Frage geworden: »Zurück zu 1914 oder los von 1914?«[46] Zwar wüssten auch die Rechten, dass Deutschland keinen Krieg führen könne: »Aber sie wollen den kriegerischen Geist im Volke aufrechterhalten oder, soweit er nicht mehr existiert, ihn wieder wachrufen. Sie predigen Hass und Hoffnung auf Revanche.«[47] Es war Kurt Tucholsky, der sich darüber mokierte, weshalb in Deutschland der an sich, wie man denken sollte, harmlose Segelflug als »ein stolzes Zeugnis deutschen Geistes« gepriesen werde. Er fragte, wozu müsse selbst in diese Betätigung »das Gift des Nationalismus hineingetragen« werde. Seine Antwort: »Weil in Deutschland keine Verdauungsstörung vor sich geht, ohne dass nicht einer dazu brüllt: ›Im Felde unbesiegt! Trotz allem!‹ […] Es ist übelste Wichtigmacherei, Nationalismus, geistige Aufrüstung an allen Ecken und Enden und Reklame für den nächsten Krieg.«[48] Damit hatte der Publizist benannt, was inhaltlich im Mittelpunkt aller Erinnerungspolitik der Weimarer Republik stand, also den Versuch, die eigene Unschuld am Krieg nachzuweisen bzw., da das nicht gelingen konnte, es durch ständige Wiederholung und variantenreiche Darbietung als glaubhaft erscheinen zu lassen.

Das begann sehr früh und stellte zugleich einen immanenten Bestandteil aller Versuche dar, die Novemberrevolution und die parlamentarisch-demokratisch verfasste Weimarer Republik gleichsam ungeschehen zu machen. Alles rankte sich um die Behauptung, die militärische Niederlage sei von meuternden Proletariern, hinterhältigen Juden, verantwortungslosen Pazifisten usw. verursacht worden. Das zu verbreiten leistete wirksame Schützenhilfe für jene, die mit Waffengewalt gegen die als »innere Feinde« diskreditierten Streikenden und um revolutionäre Ziele kämpfenden Arbeiter vorgingen, für jene, die vor politischen Morden nicht zurückschreckten und die von Anfang an Pläne für einen neuen Waffengang schmiedeten.

Nebenbei: Das, was in der Literatur zumeist als »Bürgerkrieg« bezeichnet wird, war in Wirklichkeit Krieg gegen die Bürger, gerichtet gegen deren Aufbegehren, gegen deren Willen, Monarchismus und Militarismus zu überwinden, gegen das Bestreben, friedliche Verhältnisse zu schaffen. Die ihn führten oder rechtfertigten, wollten sich nicht mit den Kriegsergebnis abfinden. Daher ließ sich auch im Streit um die Erinnerungspolitik der tiefe und alltäglich spürbare Riss erkennen, welcher die Gesellschaft der Weimarer Republik prägte. Der dem Verfassungswerk von Weimar zugrunde liegende Gedanke, das Volk sei der höchste Souverän, sah sich bald alten Vorstellungen geopfert. Wieder hieß es, es gebe etwas »Höheres«, etwas Darüberstehendes, für das Opfer zu bringen jeder bereit sein müsse, sei es nun das »Vaterland«, das verteidigungswürdige »Heil der Nation«, die Rettung einer bedrohten »Volksgemeinschaft« oder die »Vorsehung«, von der dann die deutschen Faschisten redeten.

An vorderster Stelle muss von der Dolchstoßlegende[49] gesprochen werden. Deren Grundlagen wurden bereits vor Beendigung des Krieges gelegt, als die obersten Militärs – von ihrem Versagen bewusst ablenkend – Zivilisten in die Verhandlungen um einen Waffenstillstand schickten. In der Obersten Heeresleitung erklärte Ludendorff am 1. Oktober 1918: »Ich habe aber Seine Majestät gebeten, jetzt auch diejenigen Kreise an die Regierung zu bringen, denen wir es in der Hauptsache zu verdanken haben, dass wir so weit gekommen sind. [...] Die sollen nun den Frieden schließen, der jetzt geschlossen werden muss. Sie sollen die Suppe jetzt essen, die sie uns eingebrockt haben.«[50] Der Sozialdemokrat Friedrich Ebert, die gescheiterte Burgfriedenspolitik im hastig geschlossenen nächtlichen Bündnis mit General Wilhelm Groener fortsetzend, tat ihnen den Gefallen: »Im Felde unbesiegt«, so begrüßte er im Dezember 1918 in Berlin heimkehrende Truppen; nicht ahnend, dass und wie er in den folgenden Jahren selbst hasserfüllter Dolchstoß-Attacken ausgesetzt sein wird.

Mit der Legende vom »Dolchstoß« ist indessen vor allem der Name Hindenburgs untrennbar verknüpft. Sein Auftreten vor dem »Untersuchungsausschuss für Schuldfragen« des Reichstages bot so etwas wie eine Initialzündung für deren massenhafte Verbreitung, bot Raum für erstrebte Glaubwürdigkeit, zumal er sich auf einen britischen General berief, dessen Dementi allerdings verschweigend. Durchaus wirkungsvoll assoziierte er die Legende mit der Ermordung des Helden aus dem Nibelungenlied: »Wie Siegfried unter dem hinterlistigen Speerwurf des grimmigen Hagen, so stürzte unsere ermattete Front; vergebens hatte sie versucht, aus dem versiegenden Quell der heimatlichen Kraft neues Leben zu trinken.«[51] Das aus allem abgeleitete moralische Urteil: feige, hinterhältig, vaterlandsverachtend, unehrenhaft usw.

Es steht heute außer Zweifel, was früh in der Geschichtswissenschaft der DDR dargestellt und in der westdeutschen lange Zeit keine Rolle gespielt hat: Die Dolchstoßlegende beinhaltete eine Geschichtsfälschung, sie diente dem Nimbus einer angeblichen Unbesiegbarkeit deutscher Militärs, wurde als Verschwörungsthese gehandhabt und zugleich in höchstem Maße antisemitisch aufgeladen. Im Staatsapparat waren eigene Ämter geschaffen worden, die einzig und allein auf ihr beruhende Propaganda betrieben und koordinierten. So hatte das Auswärtige Amt bereits Ende 1918 ein spezielles Büro eingerichtet, das seit 1919 als »Kriegsschuldreferat« fungierte und sich auch als »Zensur«-Behörde betätigte. Mit dem von ihm gesammelten Material suchte es, sowohl die Kriegsschuld Deutschlands und Österreichs zu leugnen als auch jenen Vorwürfen zu begegnen, Deutschland habe im Krieg das Völkerrecht missachtet. Das Räderwerk der Meinungslenkung lief auf Hochtouren.

Es lohnt an dieser Stelle ein kurzer Blick auf deutsche Historiker. Eine übergroße Mehrheit bediente beflissen den Mainstream. Nur wenige widersprachen, darunter vor allem Eckart Kehr, aber auch Hermann Kantorowicz und Arthur Rosenberg.[52] Sie stießen zumeist nicht so sehr auf kritische Gegenargumente, eher auf hasserfüllte Ablehnung. So diffamierte, um nur ein

Beispiel zu erwähnen, der konservative Gerhard Ritter Kehr als einen »für unsere Historie ganz gefährlichen ›Edelbolschewisten‹« und empfahl ihm, er solle doch »lieber gleich in Russland habilitieren«.[53] Wäre es nicht, nebenbei gesagt, lohnenswert, Traditionslinien solcher Geisteshaltung aufzuspüren?

Weit verbreitet: die »Kriegsschuldlüge«

Im Grunde darf die Dolchstoßlegende auch als eine Folie gelten, vor deren Hintergrund rasch nach dem Kriegsende es Bemühungen und Auseinandersetzungen um die Fürsorge für die Gräber deutscher Soldaten im Ausland gab. Dafür wurde Ende 1919 ein eigener Bund geschaffen, der »Volksbund Deutsche Kriegsgräberfürsorge« (VDK). Die Präsidentschaft übernahm Oberst Joseph Koeth, der 1918/19 für die Demobilisierung zuständig gewesen war und zugleich als ein führendes Mitglied im »Reichsverband der Deutschen Industrie« sowie bis 1930 auch als Vorsitzender der »Deutschen Weltwirtschaftlichen Gesellschaft« fungierte. Ihm folgte im Amt Pfarrer Fritz Siems, der den »Hass gegen den Erbfeind Frankreich« predigte und zugleich das Alte Testament zitierte: »Du sollst Deinen Freund lieben und Deinen Feind hassen, Auge um Auge, Zahn um Zahn.« Emmo Eulen, einer der Mitbegründer des VDK, nannte als Ziel seiner Organisation, es gelte, »die heldische Lebensauffassung im deutschen Volke wiederzuerwecken.« Später – da stand er schon den Nazis nahe – betonte er die Diskrepanz der Ziele des VDK zu den »art- und volksfremden Machthabern des Jahres 1919.« Mit Recht erklärten Politiker der Arbeiterparteien, das Gedenken an die Toten des Weltkrieges werde »missbraucht, um einen verderblichen Revanchegedanken zu wecken und wachzuhalten.«[54] Schaut man heute in offizielle Darstellungen dieses Bundes, wird man selbst den leisesten Hauch einer selbstkritischen Rückschau vermissen und alles als »Dienst am Frieden« dargestellt sehen.[55]

Erst 1926 führten die Bemühungen des VDK zur Einführung eines »Volkstrauertages«, der allerdings ohne eine gesamtstaatliche Regelung blieb. Eine Analyse der Redner und ihrer Ansprachen sowie der Gestaltung des jeweiligen »Ehrengedenkens« an die Gefallenen lässt – von wenigen Ausnahmen abgesehen – erkennen, dass Mitleid, Weinen, Trauern als unheroisch, als unvölkisch galt und regelrecht stigmatisiert wurde.[56] Dem Volkstrauertag sollte daher wenig Bestand beschieden sein: Im Februar 1934 erhielt er die Bezeichnung »Heldengedenktag«, wobei davon mitunter schon Mitte der 20er Jahre getönt worden ist.

Für die Erinnerungspolitik der Weimarer Republik erlangte zudem das Wirken jener Vielzahl an Organisationen große Bedeutung, die unmittelbar nationalistisch-revanchistische Propaganda gegen den Versailler Vertrag auf ihre Fahnen geschrieben hatten.[57] Bereits 1919 wurde der »Deutsche Schutzbund« geschaffen, dem 120 grenz- und auslandsdeutsche Verbände angehörten. Im Herbst 1920 entstanden der »Deutsche Ostbund«, der sich das Ziel setzte, vor allem im Osten Deutschlands Grenzen zu revidieren, und ebenso der »Bund der Saarvereine«. Am 22. November 1920 gründete die Regierung die halbstaatliche »Deutsche Stiftung« als zentrale Einrichtung zur Finanzierung und Koordinierung aller Deutschtums-Organisationen und -Institutionen in den Gebieten, die dem Versailler Vertrag entsprechend von Deutschland abgetrennt worden waren. Diese bemühte sich aktiv, vor allen in Polen eine chauvinistisch-revanchistische deutsche Bewegung, die sogenannte Irredenta zu schaffen. Im Frühjahr 1921 trat mit dem »Arbeitsausschuss Deutscher Verbände« ein neuer Dachverband in Erscheinung. Ihm gehörten zunächst etwa 500, später sogar fast 2000 einzelne Organisationen an, die sich alle propagandistisch mit dem Vertrag von Versailles und insbesondere mit dessen Artikel 231 befassten. Eines seiner Ziele bestand darin, die »deutsche Volksbewegung« für eine Revision des Versailler Vertrages zu einer »Weltbewegung« zu erweitern. Da passte es, dass 1924 Heinrich Schnee, der ehemalige kaiserliche Gouverneur der Kolonie Deutsch-Ostafrika und bald der NSDAP angehörig, die Präsidentschaft des Ausschusses übernahm. Ein kleines Detail sei am Rande erwähnt: Hans Draeger, seines Zeichens Geschäftsführer des Ausschusses, wurde 1933 Abteilungsleiter beim Wehrpolitischen Amt der NSDAP.

Stichwortartig sei noch auf weitere Erscheinungsformen politischer Erinnerungsarbeit in der Weimarer Republik verwiesen. Da wäre zu nennen:

- das Wirken von Kriegervereinen und paramilitärischen Verbänden, von denen u. a. der »Kyffhäuser-Bund« mit 2,5 Millionen und der »Stahlhelm-Bund der Frontsoldaten« mit fast einer halben Million Mitglieder erwähnt werden sollen.
- das weite Feld der Kriegerdenkmale[58],
- das vor allem unter Studenten grassierende Langemarck-Gedenken[59],
- die ungeheuer große Zahl von Publikationen aus der Generalstabs-Historiographie und sogenannter Regimentsgeschichten,
- die Tätigkeit der trotz aller Krisen stets finanziell geförderten Stuttgarter Weltkriegsbücherei[60],

- die Verbreitung der zu Beginn des Krieges entstandenen Frontliteratur und den literarischen Lobpreisungen des Soldatentums.[61] Letzterem dienten u.a. Werke von Gorch Fock, Hermann Löns und Walter Flex als im Ersten Weltkrieg gefallener Dichter, die weit verbreitet waren und deren Wirkung kaum zu überschätzen ist. Neben den Büchern von Werner Beumelburg, Edwin Erich Dwinger, Ernst Jünger, Franz Schauwecker, Georg Schmückle, Hans Zöberlein[62] gehörten auch sie in den letzten Weimarer Jahren zu einem bildungsbürgerlichen Kanon. In ihm manifestierte sich ein zeittypisches Kondensat aus nationalistischem Idealismus, sozialdarwinistisch-vitalistischer Kriegsbejahung, Sehnsucht nach Volkseinheit, bedingungsloser Hingabe des einzelnen für das Vaterland und opfermythischem Heldenkult.[63]
- Eigenständige und umfassende Kapitel wären ferner auch klerikaler Kriegsrechtfertigung und jenen Bemühungen zu widmen, den Krieg mit einer religiösen Aura zu versehen.[64] Ebenso darf die Unterrichtsgestaltung an den Schulen nicht unerwähnt bleiben. Der Krieg war noch nicht zu Ende, da veröffentliche der Altenburger Schuldirektor Christian Ufer ein Buch mit dem Titel: »Schulerziehung nach dem Krieg«. Aus ihm sei ein einziges Zitat angebracht: Die »Vorbereitung auf einen künftigen, hoffentlich in weiter Ferne liegenden Krieg […] muss unser ganzes Volkstum erfassen. […] Es gilt erneut und zweifellos in noch höherem Grade als schon bisher die Schaffung eines Volkes in Waffen, und ein ganz wesentlicher Teil an der Lösung dieser Aufgabe fällt unstreitig der Schulerziehung zu.«[65]

* * *

Die Hauptadressaten politischer Erinnerungsarbeit waren Jugendliche, sozusagen das »Menschenmaterial« eines künftigen Krieges.[66] Sowohl unter den männlichen, aber auch unter den weiblichen Jugendlichen sollte Bereitschaft zum Selbst-Opfer in weiteren Kriegen geweckt werden. Dazu trugen nicht zuletzt auch die Jugendverbände der meisten Parteien bei. Überschaut man dieses Feld, ergibt sich ein ernüchternder, zugleich erschreckender Gesamteindruck von Umfang und Wirkung zielorientiert betriebener Geschichtspolitik. Und es fällt auf, in welch hohem Maße nahezu alle Jugendorganisationen nationalistisch orientiert gewesen sind, keineswegs also nur die am rechten Rand der Gesellschaft angesiedelten. Ich verweise hier auf die Untersuchungen von Arndt Weinrich, der akribisch diverse zeitgenössische Zeitschriften,

Leitfäden, Veranstaltungsprogramme und -berichte ausgewertet hat. Demzufolge gab es ein intensives Helden- und Opfergedenken vor allem während der späten 1920er und frühen 1930er Jahre nicht nur in den rechten, sondern in allen bürgerlich-liberalen, christlichen und ansatzweise selbst in sozialdemokratischen Jugendorganisationen. Weinrich untersuchte das eingehend für die »Deutsche Freischar«, den »Großdeutschen Jugendbund«, den »Katholischen Jungmännerbund Deutschlands« und den sozialdemokratischen »Jungbanner« im »Reichsbanner Schwarz-Rot-Gold«, deren Führungen auch pazifistischen Überzeugungen auf unterer und mittlerer Verbandsebene entgegenwirkten. Bemerkenswert eindeutig sind die von ihm festgestellten Gemeinsamkeiten und Übereinstimmungen, die es in allen nationalistisch agierenden Jugendverbänden gegeben hat, so dass die Grenzen hin zu den Nazis und deren Jugendorganisation verschwammen.[67]

Die große Zahl der Schnittmengen zwischen rechtem und rechtsradikalem Kriegsgedenken berechtigt zu der Aussage, dass in dieser Hinsicht 1933 keine tiefgreifende Zäsur darstellt.[68] Vielmehr wurden schon vorher weitgehend die hauptsächlichen Elemente des Kriegs- und Heldengedenkens der Faschisten als konsensfähig betrachtet. Man könnte auch sagen, sie wurden nahezu als selbstverständlich hingenommen und für bündnispolitische Erwägungen genutzt. Dem darf, nein: muss für das braune Regime auf seinem Weg zum Zweiten Weltkrieg eine systemstabilisierende Wirkung zugesprochen werden. Dass die Jugendorganisationen der Nazis 1939 über 8,7 Millionen Mitglieder verfügten, lässt sich kaum allein mit einer rabiaten Gleichschaltungspolitik erklären.

Schon vor 1933 sah sich in NSDAP und HJ jedoch alles stärker betont, was als direkte Indoktrinierung und Mobilisierung für den Krieg der Zukunft oder als »kriegsadäquate Konditionierung«[69] zu bezeichnen ist. Den verlorenen Krieg galt es rückwirkend gewinnen zu wollen. Als des »Daseins Sinn« verkündete Baldur von Schirach 1929: »… uns hat der Krieg behütet für den Krieg!«[70] Zu dieser Zeit nutzte die NSDAP vor allem den 15. Jahrestag des Kriegsausbruches, um sich als die Bewahrerin der »ruhmreichen Traditionen des Weltkriegsheeres« zu empfehlen. Sie wetterte gegen den »Ausverkauf« der deutschen Jugend in den Reparationsverträgen, die von »kampfesmüden«, »feigen«, »verräterischen« Vätern akzeptiert worden seien. So mischte sie Generationenkonflikte in ihre totale Frontstellung gegen die Weimarer Republik.

Behütet für den Krieg – das hieß auch, der geistigen und mentalen Vorbereitung die körperliche »Ertüchtigung« folgen zu lassen, entsprechend einer nicht erst seit 1933 geltenden Devise, alles Denken und Handeln der künftigen Krieger so auszurichten, als ob ein neuer Krieg unmittelbar bevorstehe oder sogar schon da sei.[71] Und das alles in Friedenszeiten!

Versuch eines Fazits

Was hier an Fakten zu benennen, d.h. nur anzudeuten war, lässt sich kaum anders als eine verheerende Nachkriegs-Katastrophe bewerten. Die Erinnerungspolitik Weimarer Regierungen, rechter Parteien und die der Nazis stellte im Grunde ein Verbrechen dar, begangen vor allem an Jugendlichen und dienend neuerlichem friedlosen Bestreben. Sie schuf umfassend geistige und mentale Voraussetzungen sowohl für die Zerstörung der Republik[72] als auch für jenen Weg, der zur Entfesselung des Zweiten Weltkrieges führte. Es verbietet sich, in diesem Zusammenhang den in der Literatur oft zu findenden Begriff »Erinnerungskultur« verwenden oder sie in eine ohnehin diffuse Kategorie »Kulturgeschichte«[73] zwängen zu wollen.

Betrieben wurde eine »Erziehung zum Krieg« – darin übrigens der Erziehung zum Krieg im Deutschen Kaiserreich vergleichbar[74], nur dass jetzt auch durch den Krieg, seine Darstellung, seine Deutung usw. »erzogen« werden sollte. Dabei stand ein völkisch-nationalistisches »Selbstbild« der Deutschen im Vordergrund. In hohem Maße leiteten sich aus ihm »Feindbilder« ab.[75] Die Behauptung, dass diese sich hauptsächlich durch das Bild vom »Anderen« konstituieren[76] würden, halte ich für falsch, zumindest aber für unzulänglich und ablenkenden Schuldzuweisungen dienlich.

Weder »Versailles« noch »Moskau« führten zum 30. Januar 1933, wie in mancher Geschichtsdarstellung beteuert wird[77], um Großmachtinteressen und Vorherrschaftsbestrebungen deutscher Eliten ausklammern zu können. Werden diese jedoch benannt, dann könnte mit gewisser Berechtigung von einem dreißigjährigen Krieg gesprochen werden.[78] Möglicherweise wäre, nimmt man diesen Ansatz auf, sogar von einem inzwischen hundert Jahre währenden Krieg zu sprechen. Und ebenso von mindestens zwei Nachkriegs-Katastrophen, denn ungeachtet aller Unterschiede stößt man auf mancherlei Übereinstimmungen in den Denk- und Verhaltensweisen nach beiden Weltkriegen sowie nach dem Kalten Krieg.

Da dominierten jeweils zunächst die Freude über das Kriegsende, der

Schock über die Kriegsergebnisse, die sich eng mit Bereitschaft zur Veränderung gesellschaftlicher Verhältnisse verbanden. Da gab es jeweils offizielle Revisionsbestrebungen: Deutschland in den Grenzen von 1914 bzw. von 1937. Und wurde die Erinnerungspolitik der BRD nicht zunächst auch bestimmt von Generalstabshistoriographie mit Schuldzuweisung an andere, an den toten Hitler und allenfalls noch an Himmler und Goebbels? Wurden und werden da nicht ebenso die Opfer der Deutschen in den Vordergrund gestellt?[79] Erneut haben wir es gegenwärtig zu tun mit schrecklicher Rechtfertigung von Gewalt als Mittel zu Lösung politischer Krisen, mit forciertem Streben nach militärischen Einsätzen, verstärkter Aufrüstung u. ä. m. Verändert erscheinen nur die Parolen, die als Deckmantel Wirtschafts- und Machtinteressen verhüllen.

Bislang existieren kaum Vergleiche der Nachkriegszeiten. Angestellt wurden sie nur in der sogenannten historischen Friedensforschung der 80er und frühen 90er Jahre des vorigen Jahrhunderts.[80] Demgegenüber vermied Norbert Frei in seiner an sich recht imposanten Studie zur Vergangenheitspolitik der frühen BRD konsequent jeden Bezug zu der nach 1918.[81] Doch gerade das Erkennen von Kontinuität und Wandel im Umgang mit Kriegen, beides mit den »richtigen Worten« darzustellen – könnte vielleicht helfen, neue von Menschen gemachte und unmenschlichen Zielen dienende Katastrophen zu verhindern.

Eingangs zitierte ich, dass mit »richtigen« Worten Schlachten gewonnen oder verloren werden könnten. »Worte müssen rollen für den Krieg«, so titelte jüngst »Die Welt«.[82] Dies wäre abschließend zu ergänzen mit einer Feststellung Eric Hobsbawms. Die Geschichte, so sagte er, sei einsetzbar als eine gefährliche Waffe. Die Arbeitszimmer der Historiker könnten zu »Bombenfabriken« konvertieren.[83] Das gilt generell – auf jeden Fall aber für die hier behandelte Erinnerungspolitik, die weitgehend menschliches – oder sollte man besser sagen: unmenschliches – Verhalten steuerte, die kriegsfördernden Charakter trug. Sie kann nicht anders bezeichnet werden als eine verheerende Nachkriegskatastrophe. Und zugleich handelte es sich um eine Vorkriegs-Brandstiftung. Diese indessen missachtet und verletzt – wann auch immer, wo auch immer – alle Menschenrechte, und das allein verlangt, generell geächtet zu werden, wenn nicht sogar als straffähiges Verbrechen zu ahnden.

Anmerkungen

1 Baldur von Schirach: Die Feier der neuen Front (1929), S. 11.

2 Zit. nach Jeffrey Verhey: Der »Geist von 1914« und die Erfindung der Volksgemeinschaft (2000), S. 327.

3 Haeften hatte vorgeschlagen, einen politischen Sieg hinter den feindlichen Fronten durch aktive und über deutsche Ziele täuschende Propaganda zu erreichen. Die Westmächte sollten den Eindruck gewinnen, in Deutschland gäbe es eine starke Gruppe, die für einen Frieden der allgemeinen Verständigung wirke. Eine »Vergewaltigung der Randstaaten« sei nicht vorgesehen, allerdings seien die Annexionen im Osten »gegen die zerstörerischen Kräfte des Bolschewismus« erforderlich. Siehe Manfred Nebeling: Ludendorff. Diktator im Ersten Weltkrieg (2010), S. 426 ff.

4 Siehe Klaus-Jürgen Bremm: Propaganda im Ersten Weltkrieg (2013) sowie die Rezension dieses Buches durch Gerhard Engel in: JahrBuch für Forschungen zur Geschichte der Arbeiterbewegung, H. 2014/II, S. 245 ff. Siehe auch Tilman Krause: »Worte müssen rollen für den Krieg«. In: Die Welt, 23.1.2014. Darin heißt es u. a. »Dem Dienst an der Waffe steht der Dienst am Schreibtisch zur Seite. Und auch er ist Kriegsdienst.«

5 Zum Thema liegen zahlreiche Publikationen vor, die unterschiedliche Aspekte darstellen. Siehe u. a. Janina Fuge: Zwischen Kontroverse und Konsens. »Geschichtspolitik« als pluralistische Bewährungsprobe der deutschen Nachkriegsgesellschaft in der Weimarer Republik. In: Harald Schmidt (Hg.): Geschichtspolitik und kollektives Gedächtnis. Erinnerungskulturen in Theorie und Praxis (2009), S. 123-142; Ulrich Heinemann: Die verdrängte Niederlage (1984); Peter März: Nach der Urkatastrophe. Deutschland, Europa und der Erste Weltkrieg (2014); Bernd Ulrich: Die umkämpfte Erinnerung. Überlegungen zur Wahrnehmung des Ersten Weltkrieges in der Weimarer Republik. In: Kriegsende 1918. Hrsg. von Jörg Duppler und Gerhard P. Groß, München 1999. S 367-375; Kriegsbegeisterung und mentale Kriegsvorbereitung. Interdisziplinäre Studien. Hrsg. von Marcel van der Linden und Gottfried Mergner unter Mitarbeit von Herman de Lange (1991); Volker Ackermann: Nationale Totenfeiern in Deutschland. Von Wilhelm I. bis Franz Josef Strauß. Eine Studie zur politischen Semiotik (1990); Gerd Krumeich (Hg.): Nationalsozialismus und Erster Weltkrieg (2010); Der Erste Weltkrieg in der populären Erinnerungskultur. Hrsg. von Barbara Korte, Sylvia Paletschek und Wolfgang Hochbruck (2008); Alexandra Kaiser: Von Helden und Opfern. Eine Geschichte des Volkstrauertages (2010); Jost Dülffer und Gerd Krumeich (Hg.): Der verlorene Frieden. Politik und Kriegskultur nach 1918 (2002); Frank Reichherzer: »Alles ist Front!« Wehrwissenschaften in Deutschland und die Bellifizierung der Gesellschaft vom Ersten Weltkrieg bis in den Kalten Krieg (2011); Edgar Wolfrum: Geschichte als Waffe. Vom Kaiserreich bis zur Wiedervereinigung (2002); Arndt Weinrich: Der Weltkrieg als Erzieher. Jugend zwischen Weimarer Republik und Nationalsozialismus (2013); Manfred Weißbecker: Kriegsideologie und Friedensdemagogie in der NSDAP 1919–1933. In: Reinhard Kühnl und Karen Schönwälder (Hg.): Sie reden vom Frieden und rüsten zum Krieg (1986), S. 137-173; ders., Von Weltkrieg zu Weltkrieg: Die friedlose NSDAP. In: Ludwig Nestler (Hg.): Der Weg deutscher Eliten in den zweiten Weltkrieg. Nachtrag zu einer verhinderten deutsch-deutschen Publikation (1990), S. 327-381.

6 Maurice Halbwachs: Das Gedächtnis und seine sozialen Bedingungen (1985; erstmals 1925); ders., Entwurf einer Psychologie sozialer Klassen. Über die gesellschaftlichen Antriebe des Menschen (2001; erstmals 1938).

7 Siehe dazu u. a. Manfred Weißbecker: »Schüsse ins Gehirn – alte und neue Schlagwörter in unserer Zeit. In: Konservative Perspektiven im neoliberalen Zeitalter. Protokollband einer gemeinsamen Tagung von Rosa-Luxemburg-Stiftung Thüringen e. V. und Thüringer Verband VdN/BdA e. V. anlässlich des 70. Geburtstages von Prof. Dr. Ludwig Elm, durchgeführt am 25. September 2004 in Jena (2005), S. 45-53.

8 Zu den Belegen siehe ebenda.

9 Auf die Entwicklung von einzelnen »schnellen Schüssen ins Gehirn« hin zu einem medialen Dauerfeuer macht Rainer Gries aufmerksam. Siehe Thüringische Landeszeitung, 10.5.2014.

10 Wolfrum, Geschichte als Waffe, a. a. O., S. 6 f., bezeichnet das Vergessen als einen »Effekt des Erinnerns«. Er schreibt: »Vergessen schafft erst Raum für die Erinnerung an das, was wichtig ist – wobei das, was als wichtig erscheint, sich im Zeitverlauf ändern kann und vom gesellschaftlichen Kontext abhängig ist.«

11 Wolf Singer: Keiner kann anders als er ist. In: Frankfurter Allgemeine Zeitung, 8.1.2004, S. 33. Der TV-Sender 3sat widmete dem Thema »Mythos Intelligenz« Anfang April 2014 eine sogenannte Themenwoche.

12 Siehe Peter Zekert: Hirn oder Geist? Die Rolle der Medien im Streit um Hirnforschung, Menschenbild und Willensfreiheit. In: Sven Jaros (Hg.): Science: Who cares? Ein studentisches Kolleg fragt nach dem Wert von Wissenschaft für die Gesellschaft. Magdeburg und Leipzig 2010, S. 131-140. Der Bonner Philosoph Markus Gabriel schreibt: »Neuerdings sind es die Gehirne oder vielmehr bestimmte Gehirnareale, die sowohl das Bewusstsein als auch seinen bunten Umgebungsbilder erzeugen. Was bleibt, ist die Idee eines kognitiven Gefängnisses: ›als ob es tausend Stäbe gäbe und hinter tausend Stäben keine Welt‹ (Rilke). Dies gefiel schon Schopenhauer, der einer der Ersten war, die dem Gehirn die Funktion zuschrieben, die ›Welt als Vorstellung‹ hervorzuzaubern, an die sich die überlebenshungrigen Menschentiere dann in einer dauernden Lebensgeilheit verlieren. Heute soll es nicht mehr der metaphysische Weltwille sein, der unser Bewusstsein steuert, sondern das Gehirn, das sich wie ein fremdes Ich hinter unserem oberflächlichen Ich versteckt und mit der DNA kooperiert, die wiederum mit dem neuesten Über-Ich, der Evolution, im Verbunde steht.« Markus Gabriel: Wir Verblendeten In: Die Zeit, 5.6.2014, S. 50.

13 Siehe dazu den bekannten Brief von Friedrich Engels an Joseph Bloch vom 21.9.1890. In: MEW, Bd. 37 (1967), S. 462-465.

14 Zu verweisen ist darauf, dass die Marx-Engels-Stiftung am 24.5.2014 in Münster eine Tagung zum Thema »Manipulation oder kritische Wissenschaft? Zum Verhältnis von Hirnforschung, Psychologie und Menschenbild« durchgeführt hat. Siehe auch Georg Fülberth: Doppelter Boden der Marx-Renaissance. In: Marxistische Blätter H. 1/2014, S. 18-27. Siehe auch Dirk Baecker: Neurosoziologie. Ein Versuch (2014). Der Vf. bemüht sich, eine »soziologische Theorie des Gehirns« zu schaffen. Siehe dazu die Rezension von Michael Zander in »junge Welt«, 15.5.2014, S. 12.

15 Siehe das umfangreiche Kapitel über Selbst- und Gegenbilder bei Rainer Hering: Konstruierte Nation. Der Alldeutsche Verband 1890–1939 (2003). Den Hinweis auf dieses Kapitel erhielt der Vf. dankenswerterweise von Erich Hahn.

16 Siehe z. B. Wolfgang Höpken: Archaische Gewalt oder Vorboten des »totalen Krieges«? In: Ulf Brunnbauer, Andreas Helmedach und Stefan Troebst (Hg.): Schnittstellen. Gesellschaft, Nation, Konflikt und Erinnerung in Südosteuropa (2007).
17 Siehe Gunter Kesselring: Der Jugend von heute fehlt ein Feindbild: eine kritisch, hermeneutische Betrachtung aktueller Erziehung und das möglicherweise fehlende Feindbild neuer Generationen (2011).
18 Siehe z. B. Herfried Münkler: Und die Massen marschierten. Aus Angst vor dem »großen Krieg« rüsteten die europäischen Großmächte auf – und machten diesen überhaupt erst möglich. In: Der Tagesspiegel, 28.5.2014, S. 27.
19 Peter Janich: Menschen können Fahrrad fahren, nicht aber Hirne. In: Frankfurter Allgemeine Zeitung, 22.7.2008. Siehe auch das von diesem Philosophen 2009 veröffentlichte Buch »Die Sprache der Hirnforscher«.
20 Christopher Clark: Die Schlafwandler. Wie Europa in den Ersten Weltkrieg zog (2013).
21 Adam Tooze: Hellwach in den Krieg. Nun ist mit Jörn Leonhards Buch »Die Büchse der Pandora« endlich eine gesamteuropäische Darstellung des Ersten Weltkrieges erschienen. In: Die Zeit, 3.4.2014, S. 51.
22 Wolfram Wette: 1914: Der deutsche Wille zum Zukunftskrieg. In: Blätter für deutsche und internationale Politik, H. 1/2014, S. 41-53.
23 Volker Ullrich: Nun schlittern sie wieder. Mit Clark gegen Fischer: Deutschlands Konservative sehen Kaiser und Reich in der Kriegsschuldfrage endlich rehabilitiert. In: Die Zeit, 16.1.2014, S. 17.
24 Lothar Machtan, Rezension von: Christopher Clark, Die Schlafwandler. Wie Europa in den Ersten Weltkrieg zog, München 2013, in: sehepunkte 14 (2014), Nr. 1 [15.1.2014].
25 Kurt Pätzold: Ich begehr, nicht schuld zu sein. Auf der Schwelle eines neuen Gedenkjahres – Wer begann den Ersten Weltkrieg? In: neues deutschland, 11./12.1.2014, S. 25; ders., Im Sumpf. Zur Debatte um Kriegsursachen und Kriegsschuld vor dem 100. Jahrestag des Weltkrieg-Beginns. In: Z. Zeitschrift Marxistische Erneuerung, Nr. 98, Juni 2014, S. 81-93; Stefan Bollinger: So werden Kriege gemacht. Erster Weltkrieg zwischen Schlafwandeln und Profitgier. In: Disput, Dez. 2013, S. 34 ff.; ders., Weltbrand, »Urkatastrophe« und linke Scheidewege. Fragen an den »Großen Krieg« (2014).
26 Siehe dazu u. a.: http://geschichteundpolitik.wordpress.com/2014/03/22/also-doch-hineingeschlittert-anmerkungen-zur-aktuellen-debatte-uber-die-ursachen-des-ersten-weltkrieges-und-deren-geschichtspolitische-implikationen/
27 Mitunter wird der These vom »Hineinschlittern« in den Krieg und von »schlafwandlerischen« Kriegsursachen entgegengesetzt, die damaligen Akteure hätten einen »allgemeinen Krieg einkalkuliert«. Das wird verbunden mit der den Tatsachen widersprechenden Behauptung, dass Deutschland zu einer Weltmacht aufsteigen wollte, habe erst im Rahmen der Kriegszieldiskussionen in den ersten Wochen des Krieges an Bedeutung gewonnen. Siehe Rosalux. Journal der Rosa-Luxemburg-Stiftung, H.1/2014, S. 16.
28 Gott schickte bekanntlich auch die Sintflut, um zu strafen und die Menschen, die er geschaffen hatte, »zu vertilgen von der Erde«, wie es im Alten Testament heißt. Dass mit Noah ein Auserwählter allerdings Gnade findet Gnade, könnte durchaus auch als eine archaische Wurzel für elitäres »Führer«-Denken gedeutet werden.

29 Bernd Ulrich spricht in diesem Zusammenhang von einem »spannungsreichen Verhältnis, meint aber, die Formel sei zu einfach, »dass die in dem einen oder anderen Sinne bestimmte geschichtspolitische oder propagandistisch instrumentalisierte Erinnerung an den ›Großen Krieg‹ in ihrem Erfolg immer abhängig war [und ist] von den Bedürfnissen derer, die darauf eingeschworen werden sollten.« Bernd Ulrich: Die umkämpfte Erinnerung, a. a. O., S. 368 f. Hingegen spricht Wolfram Pyta von einem »überaus politikmächtigen kulturellen Resonanzboden, der die Ausgangslage für Hitler »dramatisch« verbessert habe. Wolfram Pyta: Die Privilegierung des Frontkämpfers gegenüber dem Feldmarschall. Zur Politikmächtigkeit literarischer Imagination des Ersten Weltkrieges in Deutschland. In: Politische Kultur und Medienwirklichkeiten in den 1920er Jahren. Hrsg. von Ute Daniel, Inge Marzolek, Wolfram Pyta und Thomas Welskop (2010), S. 165.

30 Mitteilungen des Bundes Neues Vaterland. Neue Folge, Nr. 1. Revolutionsnummer, November 1918, S. 7.

31 Es gehört leider zu irreführenden Annahmen, dass Literatur, der gegenwärtig hohe Qualität usw. bescheinigt wird, auch zum Zeitpunkt ihres Erscheinens allgemein anerkannt gewesen sei. Forschungen über Auflagenhöhen, zeitgenössische Rezensionen oder das Verschweigen in den Massenmedien stehen noch aus.

32 Siehe auch Manfred Weißbecker: Paul Levi – Biographische und andere Gedanken zu seinem Weg in die Parteien der deutschen Arbeiterbewegung (1993).

33 Zit. nach Otto-Ernst Schüddekopf: Das Heer und die Republik (1955), S. 160.

34 Wolfgang Ruge: Nachdenken über Weimar. In: Ehrenpromotion Wolfgang Ruge (1988), S. 11-20.

35 Weinrich (a. a. O., S. 66 f.) meint, kriegskritische und heroisierende Auffassungen hätten einander nicht ausgeschlossen, und erklärt, dass die weitgehende Kompatibilität von Kriegsverdammung und Glorifizierung soldatischer Opferbereitschaft »zum Signum der Weimarer Kultur« gehört habe.

36 Siehe u. a. Rüdiger Bergien: Die bellizistische Republik. Wehrkonsens und »Wehrhaftmachung« in Deutschland 1918–1933 (2012), der die Auffassung vertritt, dass auf dem Felde der Landesverteidigungspolitik der Zäsurcharakter des 30. Januar 1933 zu relativieren sei.

37 Der Begriff ist entlehnt einem Beitrag von Utz Jeggle in den »Tübinger Beiträgen zur Volkskultur« (1986), S. 242-259.

38 Bei einem Diözesantreffen der »Sturmschar des Katholischen Jungmännerverbandes Deutschlands« hieß es in der Rede des Generalpräses: »War der Krieg auch ein furchtbares Unheil, die Opferkraft der jungen Stürmer war etwas ungeheuer Großes und Herrliches! Darum brauchen wir Begeisterung in der Sturmschaft, aber keine schwulstige Wortbegeisterung – Opferkraft des Dienens, des Sichbescheidens, des Opfers an Zeit, des Opfers an Eigenwillen, des Opfers an eigener Lust – das alles ist ein Stück des Lebens opfern. [...] Sturmschar ist nur, wer in der Gemeinschaft steht und die Opfer der Gemeinschaft zu bringen bereit ist.« Zit. nach Weinrich, a. a. O., S. 103.

39 Peter Kümmel: Sarajevo, später. Wann begann der Erste Weltkrieg? Und ist er überhaupt vorbei? Der Theaterregisseur Hans-Werner Kroetzinger recherchiert in der bosnischen Hauptstadt für sein neues Stück »Schlachtfeld Erinnerung«. In: Die Zeit, 8.5.2014, S. 53.

40 »Vom echten Heldentum« – so betitelte der Jenaer Theologie-Professor Erich Fascher seine 1930 gehaltene Rede zum Totensonntag, in der er die »Liebe von Lan-

gemarck, die in den Herzen von Hoch und Niedrig, Jung und Alt glühte«, beschwor und von den Studenten »Zucht, Selbstkritik, Entsagung« forderte. (931), S. 4 ff.

41 Sabine Behrenbeck: Der Kult um die toten Helden. Nationalsozialistische Mythen, Riten und Symbole (²/2011), S. 548 f. Die Verfasserin konstatiert zwar, dass der Boden für eine bereitwillige Aufnahme der nationalsozialistischen Opfervorstellungen schon von anderen bereitet worden war, klammert dies jedoch völlig aus ihren Darlegungen aus.

42 Dieser Zusammenhang wird in der geschichtswissenschaftlichen Literatur selten dargestellt. Siehe u.a. Klaus Schreiner: Politischer Messianismus, Führergedanke und Führererwartung in der Weimarer Republik. In: Was ist Gesellschaftsgeschichte? Positionen, Themen, Analysen. Hrsg. von Manfred Hettling, Claudia Huerkamp, Paul Nolte und Hans-Walter Schmuhl (1991), S. 237-247; Manfred Weißbecker: Zur Herausbildung des Führerkults in der NSDAP. In: Monopole und Staat in Deutschland 1917–1945 (1966), S. 116-126; Manfred Weißbecker und Herbert Gottwald: Zur Rolle der Führer bürgerlicher Parteien. Biographische Aspekte in der Geschichte der politischen Parteien des deutschen Imperialismus von der Jahrhundertwende bis 1945. In: Zeitschrift für Geschichtswissenschaft, 1979, H. 4, S. 299-315.

43 Siehe u.a. Bruno Jannis Lilge: Erziehung zum Krieg im Deutschen Kaiserreich 1890–1914. (1997). Lilge definiert Erziehung zum Krieg als pädagogische Intention und Durchführung von Erziehung, um bei Kindern und Jugendlichen psychische und physische Kriegsbereitschaft und -fähigkeit herzustellen.

44 Behrenbeck untersucht zudem eingehend die religiösen Elemente des nationalsozialistischen Heldenkultes. Dieser habe auf religiöse Sinnbedürfnisse reagiert und kollektive Symbolformen bereitgestellt, um die religiösen Empfindungen zum Ausdruck bringen zu können. S. 19 f.

45 Heinrich Mann: Das Bekenntnis zum Übernationalen. In: ders., Der Hass. Deutsche Zeitgeschichte (zuerst 1933, hier 1983).

46 Hellmut von Gerlach: Die große Zeit der Lüge. Der Erste Weltkrieg und die deutsche Mentalität (1871–1921). Hrsg. von Helmut Donat und Adolf Wild. Mit einem Vorwort von Walter Fabian (1994), S. 143.

47 Ebenda, S. 179.

48 Die Weltbühne 27/1931.

49 Siehe Joachim Petzold: Die Dolchstoßlegende. Eine Geschichtsfälschung im Dienst des deutschen Imperialismus und Militarismus (1963); Boris Barth: Dolchstoßlegenden und politische Desintegration. Das Trauma der deutschen Niederlage im Ersten Weltkrieg 1914–1933 (2003); Kurt Pätzold: Im Felde unbesiegt, den Dolchstoß im Rücken. In: Kurt Pätzold und Manfred Weißbecker (Hg.): Schlagwörter und Schlachtrufe. Aus zwei Jahrhunderten deutscher Geschichte, Bd. 1, Leipzig 2002, S. 102-111.

50 Zit. nach Werner Maser: Friedrich Ebert (1987), S. 162.

51 von Hindenburg: Aus meinem Leben (1920), S. 403. Hier zit. nach Jesko von Hoegen: Der Held von Tannenberg. Genese und Funktion des Hindenburg-Mythos (2007), S. 253.

52 Zu Kehr gibt es bislang noch keine umfassende Biographie. Siehe hingegen Mario Keßler: Arthur Rosenberg. Ein Historiker im Zeitalter der Katastrophen (1889–1943), (2003).

53 Klaus Schwabe und Rolf Reichardt: Gerhard Ritter. Ein politischer Historiker in seinen Briefen (1984), S. 236 ff.

54 Zit. nach Jan-Henrik Meyer: Die Reden auf den zentralen Veranstaltungen zum Volkstrauertag bzw. Heldengedenktag 1922–1989. Wissenschaftliche Hausarbeit, Berlin 2001; Siehe auch Alexandra Kaiser: Von Helden und Opfern. Eine Geschichte des Volkstrauertages (2010).

55 So z. B. die Festschrift 1919–1969 Volksbund Deutsche Kriegsgräberfürsorge e. V. 50 Jahre Dienst am Menschen – Dienst am Frieden (1969).

56 Michael Geyer: Das Stigma der Gewalt und das Problem der nationalen Identität in Deutschland. In: Von der Aufgabe der Freiheit. Politische Verantwortung und bürgerliche Gesellschaft im 19. und 20. Jahrhundert. Festschrift für Hans Mommsen zum 5. November 1995 (1995), S. 682.

57 Siehe Lexikon zur Parteiengeschichte. Die bürgerlichen und kleinbürgerlichen Parteien und Verbände in Deutschland (1789–1945). In vier Bänden. Hrsg. von Dieter Fricke (Leiter des Herausgeberkollektivs), Werner Fritsch, Herbert Gottwald, Siegfried Schmidt und Manfred Weißbecker (1983–1986).

58 Peter Franz: Martialische Idole. Die Kriegerdenkmäler in Thüringen und ihre Botschaften (1999); Kurt Pätzold: Kriegerdenkmale in Deutschland. Eine kritische Untersuchung (2012).

59 Siehe dazu die umfangreiche Darstellung bei Weinrich, a. a. O., S. 245-312.

60 Siehe Gerhard Hirschfeld: Die Stuttgarter »Weltkriegsbücherei«. In: Der Erste Weltkrieg in der populären Erinnerungskultur. Hrsg. von Barbara Korte, Sylvia Paletschek und Wolfgang Hochbruck (2008), S. 47-57.

61 Siehe u. a. Karl Prümm: Die Literatur des soldatischen Nationalismus der 20er Jahre 1918–1933. Gruppenideologie und Epochenproblematik (1974).

62 Obgleich viele ihrer Romane bereits vor 1933 erschienen, wird von Historikern zumeist nur die Literatur im Nationalsozialismus benannt und werden Bücher angeführt, die zwischen 1933 und 1945 erschienen.

63 Weinrich, a. a. O., S. 76. – 1936 fand in Berlin ein »Treffen deutscher Kriegsdichter« statt. Siehe dazu: Werner Herden: »Das Treffen deutscher Kriegsdichter 1936 in Berlin«, in: Ursula Heukenkamp (Hg.): »Militärische und zivile Mentalität. Ein literaturkritischer Report« (1991).

64 Siehe Ria Blaicher: Gottes Strafgericht. Hirtenbriefe der deutschen Bischöfe während des Ersten Weltkrieges. In: Zeitschrift für Geschichtswissenschaft, H. 4/2014, S. 315-328. Da heißt es u. a.: »Nach dem Desaster des Weltkrieges hätten Katholiken [...] Richtlinien für eine künftige Friedenspolitik von ihren Oberhirten erwarten können. Dafür hätten grundsätzliche Fragen beantwortet werden müssen: Wie ist das Verhältnis von Machthabern und Kirche, von Individuum und Staatsmacht? Wann muss die Kirche dem Staat aus moralischen Gründen in die Schranken weisen? Wie muss die Kirche reagieren, wenn der eigene Staat aus Machtinteressen einen Krieg vorbereitet? Wie kann sich die Kirche gegen Ausbeutung von Individuen und Völkern zur Wehr setzen und wie Diskriminierung und Anfeindung anderer Menschen, Völker und Religionen in ihren Anfängen aufdecken und Zurückweisen?« Davon sei nach dem Ersten Weltkrieg jedoch nichts zu spüren gewesen (S. 328). Siehe auch Heinrich Fink: Kirche vor der Entscheidung. In: antifa. Magazin der VVN-BdA für antifaschistische Politik und Kultur, H. Mai/Juni 2014, S. 24.

65 Zit. nach Eberhard Demm: Zwischen Propaganda und Sozialfürsorge – Deutschlands Kinder im Krieg. In: ders., Ostpolitik und Propaganda im Ersten Weltkrieg (2002), S. 121. Siehe auch Christian Ufer: Im Wandel der Zeit 1856–1921 (1926).

66 Die folgenden Ausführungen stützen sich insbesondere auf das Buch von Arndt Weinrich: Der Weltkrieg als Erzieher. Jugend zwischen Weimarer Republik und Nationalsozialismus (2012).

67 Weinrich urteilt mit dem Blick auf den »Katholischen Jungmännerverband Deutschlands so: »Die Überhöhung der Kriegsgefallenen zu Opferhelden und die Verabsolutierung des Selbstopfers für ein nicht weiter definiertes Kollektiv im KJVD seit den späten 1920er Jahren führten nicht automatisch zu einer sich etwa im Eintritt in nationalsozialistische Organisationen niederschlagenden inneren Faschisierung der katholischen Jugend. Gleichwohl steckte der Gefallenenkult einen Raum von NS-kompatiblen Wert- und Normvorstellungen ab, der nach der ›Machtergreifung‹ und der öffentlich inszenierten Wiederherstellung der ›Ehre des deutschen Frontsoldaten‹ begünstigte, andererseits insbesondere durch die Erziehung zur Opferbereitschaft der vom Regime betriebenen Wehrhaftmachung der katholischen Jugend in die Hände arbeitete. [...] Die katholische Jugend und ihre Führung hatten nichts gemein mit den zum Zweiten Weltkrieg führenden aggressiven Revisionsabsichten des NS-Regimes hinsichtlich der Versailler Nachkriegsordnung. Doch die Schnittmengen im Weltkriegsgedenken, insbesondere das auch im KJVD forcierte opfermythische Heldengedenken, versperrten erst den Blick auf das Aggressionspotenzial des Dritten Reiches, dessen williger Vollstrecker die im katholischen Milieu nach wie vor hoch an-gesehene Wehrmacht war, und stellten dann, während des Zweiten Weltkrieges, eine Sinnorientierung bereit, die es erlaubte, den Kriegseinsatz der katholischen jungen Wehrmachtsoldaten zu legitimieren.« (S. 105).

68 Weinrich, a. a. O., S. 69, konstatiert, dass die »heroische Jugendkultur« spätestens seit den frühen 30er Jahren »wesentliche Elemente des Weltkriegsgedenkens der HJ nach 1933 bereits vorwegnahm.«

69 Weinrich, a. a. O., S. 127.

70 Baldur von Schirach: Die Feier der neuen Front (1929), S. 11.

71 So urteilte Lindlay Frazer über die Propaganda der NSDAP in seinem Buch: Kriegsschuld und Propaganda. Deutschland zwischen den zwei Weltkriegen (1947), S. 149.

72 Siehe dazu auch Winfried Speitkamp: Vom Ersten Weltkrieg zum Nationalsozialismus. In: Edgar Wolfrum (Hg.): Die Deutschen im 20. Jahrhundert (2004), S. 195-212.

73 Siehe dazu u. a. meine Besprechung des Bandes von Ernst Piper »Nacht über Europa. Kulturgeschichte des Ersten Weltkrieges«. In: neues deutschland, 30.5.2014, S. 16.

74 Siehe u.a. Bruno Jannis Lilge: Erziehung zum Krieg im Deutschen Kaiserreich 1890–1914. (1997).

75 Dazu gehört auch, die Feindbild-Propaganda der Feinde ins Feld zu führen. Dies erfolgt gegenwärtig in rechtsextremen Kreisen der BRD, die in der gegenwärtigen Rückschau auf den Ersten Weltkrieg gern auf ein »Gebet« verweisen, das zu Beginn der Sitzung des 65. Kongress der USA am 10. Januar 1918 von einer größeren Gruppe der Abgeordneten gesprochen worden sei: »Allmächtiger Gott! Unser himmlischer Vater! [...] Du weißt, dass wir in einem Kampf auf Leben und Tod stehen gegen eine der schändlichsten, gemeinsten, gierigsten, geizigsten, blutdürstigsten, geilsten und sündhaftesten Nationen, die je die Seiten der Geschichte geschändet haben. Du weißt, dass Deutschland aus den Augen der Menschheit genügend Trä-

nen gepresst hat, um ein neues Meer zu füllen, dass es genügend Blut vergossen hat, um jede Woge auf dem Ozean zu röten, dass es genügend Schreie und Stöhnen aus den Herzen von Männern, Frauen und Kindern gepresst hat, um daraus Gebirge aufzutürmen. [...] Wir bitten Dich, entblöße Deinen mächtigen Arm und schlage das mächtige Pack hungriger, wölfischer Hunnen zurück, von deren Fängen Blut und Schleim tropfen. Wir bitten Dich, lass die Sterne in ihren Bahnen und die Winde und Wogen gegen sie kämpfen [...] Und wenn alles vorüber ist, werden wir unsere Häupter entblößen und unser Antlitz zum Himmel erheben [...] Und Dir sei Lob und Preis immerdar, durch Jesus Christus. Amen.«

76 So in einer Rezension von Felix Wiedemann zu Felicity Rash: German Images of the Self and the Other. Nationalist, Colonialist and Anti-Semitic Discourses 1871–1918 (2012). In: Zeitschrift für Geschichtswissenschaft, H. 4/2014, S. 372.

77 Diese dem SPD-Politiker Otto Braun zugeschriebene und die Geschichte arg vereinfachende Formel lag z. B. der 2002 erschienenen Hitler-Biographie von Ralf-Georg Reuth zugrunde.

78 Wehler, Hans-Ulrich: Der zweite Dreißigjährige Krieg. Der Erste Weltkrieg als Auftakt und Vorbild für den Zweiten Weltkrieg. In: Spiegel Spezial, H. 1/2004: Die Ur-Katastrophe des 20. Jahrhunderts; siehe auch Gerhard Hirschfeld, Erster Weltkrieg – Zweiter Weltkrieg: Kriegserfahrungen in Deutschland. Neuere Ansätze und Überlegungen zu einem diachronen Vergleich, in: Zeitgeschichte-online, Thema: Fronterlebnis und Nachkriegsordnung. Wirkung und Wahrnehmung des Ersten Weltkriegs, Mai 2004 (http://www.zeitgeschichte-online.de/md=EWK-Hirschfeld); Bruno Thoß, Die Zeit der Weltkriege – Epochen als Erfahrungseinheit?, in: Bruno Thoß/Hans-Erich Volkmann (Hg.): Erster Weltkrieg – Zweiter Weltkrieg: ein Vergleich. Krieg, Kriegserlebnis, Kriegserfahrung in Deutschland, 1914–1945 (2002), S. 7-30; Fritz Stern: Der zweite Dreißigjährige Krieg in: Fritz Stern: Der Westen im 20. Jahrhundert. Selbstzerstörung, Wiederaufbau, Gefährdungen der Gegenwart (2008), S. 9-29.

79 Den neuesten Versuch, die Deutschen als Opfer der Verbrechen anderer Staaten hinzustellen, unternimmt Jörg Friedrich: 14/18. Der Weg nach Versailles (2014). Sven Felix Kellerhoff wählte für seine Besprechung dieses Buches (Die Welt, 6.5.2014) einen entsprechenden Titel: »Hunger 1914–1918. Die Blockade gegen Deutschland war ein Verbrechen«.

80 Siehe die Beiträge von Gottfried Niedhart, Wolfram Wette und Jost Dülffer in: Lernen aus dem Krieg? Deutsche Nachkriegszeiten 1918 und 1945. Beiträge zur historischen Friedensforschung. Hsrg. von Gottfried Niedhart und Dieter Riesenberger (1992).

81 Norbert Frei: Vergangenheitspolitik. Die Anfänge der Bundesrepublik und die NS-Vergangenheit (1999).

82 Tilman Krause: Worte müssen rollen für den Krieg. In: Die Welt, 27.5.2014. Der Vf. schildert das Auftreten kriegsbegeisterter Autoren während des Ersten Weltkrieges und schlussfolgert: »Dem Dienst an der Waffe steht der Dienst am Schreibtisch zur Seite. Und auch er ist Kriegsdienst.«

83 Eric Hobsbawm: Die Erfindung der Vergangenheit. In: Die Zeit, 9.9.1994; Siehe auch Wolfrum, Geschichte als Waffe, a. a. O.; Manfred Weißbecker: Geschichte als Waffe. Die Katastrophe nach 1918. Erinnerungspolitik, um den verlorenen Ersten Weltkrieg nachträglich zu gewinnen. In: junge Welt, 18.6.2014, S. 10 f.

»Partei? Ein übler Name! Verrufen, diskreditiert im Munde eines jeden ...«

Zur Kritik der NSDAP am deutschen Parteienwesen*

Unschwer und auf Anhieb lässt sich erkennen, aus wessen Vokabular jenes Zitat stammt, das den Titel meines Vortrages dekoriert.[1] Jeder hier im Raum kennt wohl auch den filmisch oft dokumentierten und besonders rabiat geratenen Ausbruch des NSDAP-Chefs vom 27. Juli 1932, als der sich auf einer Wahlkampfveranstaltung in Eberswalde zum Unwert politischer Parteien äußerte, über die Länge der Wahlzettel spottete und rigoros die Parteienvielfalt für alle Krisen der deutschen Gesellschaft verantwortlich machte. Erst jüngst konnte man dies wieder jener DVD entnehmen, die »Der Spiegel« seiner Ausgabe zum 30. Januar 1933 beigefügt hatte. Zu sehen und zu hören war da, wie der Mann ankündigte, er wolle intolerant, fanatisch, unbändig sowie rücksichtslos bis ins Grab hinein die 30 Parteien aus Deutschland hinausjagen.[2] In anderen Reden hieß es 35, 40 oder gar 50 – doch selbstverständlich spielte die exakte Zahl keine Rolle. Welche er auch anführte, stets ordnete er die Schuld an solcher Vielfalt und deren verheerenden Folgen den »Novemberverbrechern« zu, die in Deutschland 1918 zwar 25 Monarchien beseitigt, dafür aber scharenweise Parteien an ihre Stelle geschoben hätten: »Ein wüstes Gemengsel minderwertiger politischer Verbände und nicht wertvollerer Köpfe hat sich heute dorthin gesetzt, wo früher andere waren.«[3]

---

* Vortrag vor der Berliner Gesellschaft für Faschismus- und Weltkriegsforschung, Berlin, 20. Mai 2008. Er beruht auf bereits publizierten Texten und ergänzt vor allem den Artikel des Autors »Die Parteien sind in sich faul ...«. Zur Propaganda der NSDAP gegen das deutsche Parteienwesen und ihren Folgen. In: Sieben Jahrzehnte Erfahrung: 30. Januar 1933. Protokoll der Tagung »Erfahrung 30. Januar 1933. Gewalt, Terror und Krieg in der Sprache der Politik«, veranstaltet vom Thüringer Forum für Bildung und Wissenschaft e. V. am 24./25. Januar 2003 in Jena. Jena 2003, S. 83-93.

Zumeist werten Dokumentaristen wie auch Historiker diesen und ähnliche Auftritte als wahltaktische Manöver im Jahr vor der Machtübertragung an die NSDAP. Bislang wohl zu wenig beachtete ideologie- und politikgeschichtliche Tatsachen stehen dem jedoch gegenüber. Sie verlangen, wie ich meine, ein diese Auffassung zumindest erweiterndes, teils auch korrigierendes Nachdenken. Dass diese Partei andere Parteien kritisiert, beschimpft und angefeindet hat, darf selbstverständlich weder verwundern noch muss es zum Thema einer Analyse erhoben werden. Solches gehörte (und gehört!) gewissermaßen zu den »gewöhnlichen« und beständigen Erscheinungen des politischen Alltags, seit Parteien existieren und so lange sie bestehen werden.

Die NSDAP kritisierte andere Parteien indessen grundsätzlicher, gleichsam fundamentalistisch. Sie verkündete, bereits die Existenz von Parteien stelle ein Übel dar. Parteien seien undeutsch und jüdischen Ursprungs.[4] Damit war der radikal-nationalistische Grundton ihrer gesamten Kritik am Parteienwesen angeschlagen. Und diese betrachte ich als eine in sich zwar gegensätzliche, dennoch kontinuierlich wirksame Konstante nationalsozialistisch-rassistischer Politik und Ideologie. Parteienkritik übte die NSDAP im Laufe der Zeit stets, wenngleich unterschiedlich akzentuiert. Sie tauchte nach dem Verbot bzw. der Selbstauflösung aller anderen Parteien und dem »Gesetz zur Sicherung der Einheit von Partei und Staat« vom 1. Dezember 1933 allerdings nur noch in den üblichen »Parteierzählungen« zur sogenannten »Kampfzeit« auf. Vielleicht blieb deshalb das Thema, um das es mir heute geht, in der geschichtswissenschaftlichen Literatur unterbelichtet, zumal in ihr ohnehin die aus meiner Sicht irreführende These dominiert, die Partei habe im Dritten Reich zunehmend an Bedeutung verloren.

Nachdenken erfordert zugleich die Tatsache, dass – findet Parteienkritik als geschichtswirksamer Faktor in der Weimarer Republik überhaupt Erwähnung – allein auf die NSDAP als Quelle solchen Ungemachs verwiesen wird. Auch das lässt ein zu enges Blickfeld erkennen. Zu fragen wäre demgegenüber also nach Quellen und Inhalt, nach Funktion und Entwicklung sowie nach Verbreitung und Wirksamkeit parteienkritischer Auffassungen des deutschen Faschismus.

* * *

Ein Blick in die Frühgeschichte der NSDAP könnte bereits meine These von deren sowohl generell als auch kontinuierlich verwendeten Kritik des Parteienwesens belegen. Zu erinnern ist in diesem Zusammenhang zwingend an die Aufgabenstellung der von Karl Mayr geleiteten Dienststelle I b/P des Münchener Reichswehrgruppenkommandos. Diese organisierte ja nicht nur sogenannte Bildungskurse für Offiziere, Unteroffiziere und Mannschaften, ihr unterstand in der bayerischen Hauptstadt bekanntlich ebenso die Überwachung und Kontrolle von 49 Parteien und Organisationen. Der Reichswehr-»V-Mann« Hitler war es, der so beauftragt zur DAP stieß, übrigens zeitgleich mit seinem antisemitischen Bekenntnisbrief an Adolf Gemlich, um den ihn Mayr gebeten hatte und in dem in dem er den unverantwortlichen Einfluss »bestimmter Parteidogmen« konstatierte.[5] Den Militärs ging es keineswegs lediglich um eine Art Polizeiaufsicht über die zu observierenden Organisationen. Es war Fritz von Trützschler, Major a. D. und zugleich Mitglied der berüchtigten Thule-Gesellschaft, der nach der Zerschlagung der Münchener Räterepublik dem Chef des Gruppenkommandos Ziel und Weg beschrieb: »Das einzige, was heute in München sichtbar von Führung und Zielbewusstheit des Handelns zeugt, sind die militärischen Kommandos, die Maschinengewehre und der Stacheldraht. Das Militär in Ehren und aus dem Spiel hier. Aber kein vernünftiger Mensch und kein Offizier wird glauben, dass man auf die Dauer mit Stacheldraht und Maschinengewehren wird Politik machen können.« Es komme darauf an, »dass unter dem Schutze des Militärs jetzt seitens der Bürgerschaft etwas Bleibendes, Brauchbares, Wetterbeständiges aufgebaut wird. Wir müssen eine Macht schaffen, an der sowohl die bolschewistische Welle wie der Vernichtungswille unserer Feinde schließlich zu Schanden werden. Eine solche Macht lässt sich nicht von heute auf morgen schaffen, sie muss frühzeitig vorbereitet und aufgebaut werden.« Grundsätzlich bekannte er: »Wir wollen den Kapitalismus, und in kontrollierter Weise auch den Großkapitalismus erhalten, *aber wir wollen sein System auch auf die arbeitenden Klassen angewandt sehen.*«[6]

Gerade in parteipolitischer Hinsicht erschien vielen unter den damaligen Rechtsradikalen lediglich etwas Neues als brauchbar und beständig. Ein Autor der völkischen Zeitschrift »Neues Leben« kleidete dies in die Worte: »Wir müssen eine Partei zur Vernichtung des Parteiwesens bilden, die alles auszutilgen strebt, was die Volkseinheit zerreißt und an der Zerklüftung in Parteien schuld ist.«[7] Mit dem Blick auf solche Überlegungen und Zusammenhänge kann es absolut kein Zufall gewesen sein, dass Hitler gerade im zeitlichen Umfeld der eigentlichen Parteigründung – sie erfolgte am 24. Februar 1920 – mehrmals in den staatsbürgerlichen Fortbildungskursen der

Reichswehr Vorträge mit dem Thema »Die politischen Parteien und ihre Bedeutung« hielt.[8]

Unmittelbar danach, also in der Zeit des Kapp-Putsches und seiner Nachwirkungen, forderte die NSDAP die Beseitigung der »Parteiwirtschaft«. Manche Formulierungen Hitlers lassen sogar vermuten, dass er ein Zweiparteiensystem im Sinne hatte: Es dürfe, so hieß es, nur Parteien geben, in denen sich zum einen nur Deutsche und zum anderen nur Nicht-Deutsche sammeln sollten.[9] Kurz darauf widersprach er sich selbst und lehnte den »Parteikampf«, wie er sich bisher nach dem Motto »hie Proletarier, hie Bürger« abgespielt habe, kurzerhand ab, verbunden mit der Aussage, die NSDAP kenne keinen Parteikampf.[10] Auf den einleitenden Satz des Parteiprogramms kam er in dieser Zeit nicht zu sprechen, auf das indirekt angekündigte Versprechen also, die Partei würde sich selbst auflösen, wären ihre Ziele erreicht.

Deutlich lassen sich Zwiespältigkeit und Unsicherheit erkennen. Eine allgemeine Kritik am Parteienwesen, so sehr sie in das traditionelle radikalnationalistische und völkisch-rassistische Weltbild passte und wie sie später tatsächlich geübt worden ist, vertrug sich nicht mit dem in jenen Jahren vorrangig angestrebten Ziel, eine neue Organisation zu schaffen. Streit war also angesagt, und er rankte sich um die Verwendung des nach eigener Bekundung »geradezu schmutzig«[11] klingenden Wortes »Partei«. Dem entstammt auch jenes Zitat, das für den Titel meines Vortrages Verwendung fand. Ich entnahm es einer Rede Hitlers vom 13. August des Jahres 1920. Was da eine Verdammungsformel zu sein scheint, meinte Gegenteiliges und richtete sich gegen parteienfeindliche Auffassungen im Lager der Völkischen. Nur aus diesem ließ sich zunächst eine breitere Basis für die neue Partei rekrutieren, doch dieses Reservoir für die Mitgliedergewinnung war in hohem Maße zersplittert, unglaublich zerstritten und relativ lose in diversen Bünden, Vereinen, Orden, Zirkeln usw. organisiert. Allein in der Verdammung aller Ansätze demokratisch-parlamentarischer Verhältnisse als jüdisch und in maßloser rassistischer Hetze gegen die Juden stimmte man weitgehend überein.

In der genannten Veranstaltung erläuterte Hitler zunächst sehr ausführlich, langatmig und nahezu penetrant, weshalb man als Deutscher ein Antisemit sein müsse. Die im großen Festsaal des Münchener Hofbräuhauses Versammelten bedachten ihn dafür mit stürmischem Applaus. Sie folgten ihm schließlich auch in der Schlussfolgerung, dass es absolut notwendig sei, sich im Kampf gegen die Juden fest zusammen zu schließen. Das Betonen von Verrufenheit und Diskreditiertheit politischer Parteien enthielt demzufolge weniger eine Kritik am Parteienwesen, hingegen vielmehr eine Rechtfertigung der Tatsache, dass sich die neue Organisation den Namen »Partei« zugelegt hatte. Hitler spottete, völkische Kreise hätten sich »vollständig irre« gezeigt ob der Verwendung dieser Bezeichnung. Er bekrittelte auch jene Völkische, die meinen würden, man brauche gar keine Organisation, weil es genüge, dass sich »die wissenschaftliche Erkenntnis der Gefahr des Judentums allmählich« vertiefe, denn dann könne der einzelne auf Grund dieser Erkenntnis beginnen, »den Juden aus sich selbst zu entfernen«.[12]

Solche Auffassungen, die noch aus Vorkriegszeiten stammten[13], sowie den Gedanken, dass man dem Juden lediglich seine wirtschaftliche Kraft nehmen müsse, um eine heile Zukunft der Deutschen erreichen zu können, wies Hitler vehement zurück, nicht ohne alles zugleich als Idee zu verhöhnen, die von Juden selbst ausgestreut worden sei. Helfen könne einzig und allein eine »Organisation der Massen zur Durchführung dessen, was wir auf Grund unseres Erkennens für notwendig empfinden«. Wenn es nicht gelänge, »in die breiten Massen« einzudringen und sie zu organisieren, sei »alles vergeblich, dann wird es nie gelingen, unser Volk zu befreien.«[14] Die Formierung einer Partei galt also als Mittel zum Zweck – eine Auffassung, die keinerlei »nationalsozialistische« Spezifik spiegelt, die jedoch eher darauf verweist, dass es sich bei der NSDAP von vorn herein – ich überspitze bewusst – um einen stinknormalen Bestandteil des deutschen Parteienwesens gehandelt hat, nicht um etwas Aufgepfropftes oder gar Entgegengesetztes. Erst recht die Idee, es müsse ein Massenanhang gewonnen werden, kennzeichnete doch im Grunde das Bestreben aller Parteien, die sich während der Novemberrevolution ganz in diesem Sinne neue Namen zugelegt hatten, die nunmehr »Volksparteien« zu sein vorgaben und ihre Programme taktierend auf dieses Ziel ausrichteten.[15] Von Massenintegrationsparteien als einem neuen Typ politischer Parteien sprach damals nicht allein Sigmund Neumann.[16]

In Politik und Ideologie der NSDAP traten jedoch im Laufe der folgenden Jahre mehr und mehr traten andere Aspekte in den Vordergrund. An drei Beispielen und mit leider etwas längeren Zitaten seien diese benannt.

Das erste stammt aus dem »Völkischen Beobachter« vom 1. Januar 1921 und weist wohl erstmalig konkretere Ziele nationalsozialistischer Parteienkritik aus. Vor allem wurde diese sowohl mit sozialpolitisch-demagogischem als auch mit antiparlamentarischem Inhalt gefüllt. Darüber hinaus sollte wohl erstmalig der Platz skizziert werden, den die NSDAP mit ihrem grundsätzlichen Kampf gegen die Parteien der Linken einerseits sowie gegen die konkurrierenden bürgerlichen Parteien andererseits einzunehmen gedachte. Erstere geißelte Hitler als »Söldnertruppe des Judentums«, deren Zweck nicht etwa die »Befreiung des arbeitenden Volkes aus den Banden internationaler großkapitalistischer Ausplünderer« sei. Sie würden stattdessen die des letzten Restes nationaler wirtschaftlicher Selbständigkeit sowie die politische Unabhängigkeit und Freiheit der Völker vernichten wollen. Ihr Ziel bestünde im Zerstören der nationalen Wirtschaft und in der »Lähmung der Widerstandsfähigkeit des Volkes gegen internationale Ideen weltbürgerlicher Art und des unter dieser Flagge marschierenden Börsen- und Leihkapitals.« Als »Endziel« der linken Parteien nannte er »die Aufrichtung des jüdischen Weltstaates Jahwescher Prophezeiung.«[17]

Die Parteien der Rechten kamen kaum glimpflicher davon. Sie galten ihm als »Vorbereiter dieser Entwicklung« und würden in dieser Hinsicht nichts anderes als den »rechten Flügel der marxistischen Gruppen« darstellen. Sie seien »infolge der ihnen durch Juden eingeimpften sogenannten anständigen oder vornehmen ›Kampfart‹, das heißt auf deutsch feiger Schafsdummheit, die Lähmer und Behinderer der in ihren Reihen befindlichen nationalen Volksteile, darunter besonders jener kleinen Gruppen nationaler Energien, die sich auch heute noch im deutschen Studenten verkörpern und die richtig angesetzt das einzig wertvolle Kampfmittel gegen das Judentum wären.« Daraus leitete er ab, dass diese Parteien »geradezu als die gefährlichsten für das deutsche Volk« betrachtet werden müssten, denn sie würden sich als national bezeichnen und seien »es doch nur in dem Sinne, als sie den letzten Rest nationaler Entschlossenheit entmannen und im Sumpfe einer rein theoretischen Demokratie ersticken.«[18]

Je stärker die NSDAP als Partei auftreten konnte und im politischen Leben wahrgenommen wurde, desto mehr suchte sie nach neuen organisationstheoretischen Argumentationsmustern, dabei durchaus wieder auf traditionelle Parteien-Aversionen zurückgreifend. Sie versuchte, sowohl die Notwendigkeit ihrer Existenz als Partei nachzuweisen als auch gegen das »parteipolitische Strauchrittertum«[19] zu wettern. Im Bemühen, sich stärker von den anderen Parteien zu unterscheiden traten ausgesprochen taktierende Momente in den Vordergrund ihrer Parteienkritik. In Hitlers Kampf-Buch finden sich ganze Kapitel und Passagen, die einen Spagat zwischen völkischen Parteien-

Aversionen und eigener Organisiertheit als Partei bezeugen.[20] Der Verfasser berief sich dabei nun auf die Gegensätzlichkeit von »Weltanschauung« und Parteien. Weltanschauung dürfe nicht Partei werden, formulierte er alle Logik missachtend, Weltanschauung dürfe sich nicht mit der Rolle einer ›Partei neben anderen‹ begnügen«. Für sie sei »Unduldsamkeit« unbedingte Voraussetzung. Sie fordere »gebieterisch ihre eigene, ausschließliche und restlose Anerkennung sowie die vollkommene Umstellung des gesamten öffentlichen Lebens nach ihren Anschauungen. Sie könne ebenso »das gleichzeitige Weiterbestehen des früheren Zustandes nicht dulden.«[21]

Dies als das Wesen von Weltanschauung hervorhebend, charakterisierte Hitler übrigens zugleich die von der NSDAP verfolgten wirklichen Ziele: »Politische Parteien sind zu Kompromissen geneigt, Weltanschauungen niemals. Politische Parteien rechnen selbst mit Gegenspielern, Weltanschauungen proklamieren ihre Unfehlbarkeit. Auch politische Parteien haben ursprünglich fast immer die Absicht, zu alleiniger despotischer Herrschaft zu kommen, ein kleiner Trieb zu einer Weltanschauung steckt fast immer in ihnen. Jedoch schon die Engigkeit ihres Programms raubt ihnen den Heroismus, den eine Weltanschauung fordert. Die Konzilianz ihres Wollens führt ihnen die kleinen und schwächlichen Geister zu, mit denen man keine Kreuzzüge zu führen imstande ist. So bleiben sie meist schon frühzeitig in ihrer eigenen erbärmlichen Kleinheit stecken.«[22] Es ist keineswegs überinterpretiert, wenn ich sage, dass es im Kern also von vornherein um diktatorische Herrschaft und kriegerische Expansionsbestrebungen gegangen ist, wozu völlig passt, dass Hitler unmittelbar in diesem Zusammenhang den Mitgliedern der Partei ausdrücklich die Rolle von »Parteisoldaten« zugewiesen hat[23], ein Begriff, der später fortwährend verwendet worden ist.

Schließlich sei hier noch zitiert, was Hitler Anfang 1932 den in Düsseldorf versammelten Großindustriellen zu diesem Thema zu sagen hatte, als er ohne jeglichen rassistisch-antisemitischen Bezug das gesamte Parteienwesen attackierte: »Die bisherige Parteiwelt hat Deutschland zertrümmert, an ihr ist es zerbrochen. Es ist unsinnig zu glauben, dass die Faktoren, deren Existenz geschichtlich mit dem Verfall Deutschlands unzertrennlich verbunden sind, nun plötzlich die Faktoren des Wiederaufstiegs sein könnten. Jede Organisation wird nicht nur Träger eines bestimmten Geistes, sondern endlich sogar einer bestimmten Tradition. Wenn also zum Beispiel Verbände oder Parteien geradezu traditionell seit 60 Jahren vor dem Marxismus zurückgewichen sind, so glaube ich nicht, dass sie nach der furchtbarsten Niederlage plötzlich mit ihrer in Fleisch und Blut übergegangenen Tradition brechen werden und vom Rückzug zum Angriff übergehen, sondern ich glaube, dass der Rückzug sich fortsetzen wird [...] Zentrum und Sozialdemokratie, Marxismus und bürgerliche Parteien haben Deutschland vernichtet, haben unser Volk zerstört, unsere Macht gebrochen und unsere Wirtschaft zur Verelendung gebracht. Wir haben demgegenüber heute den unerbittlichen Entschluss, dieses System des Zerfalls und der Zerrissenheit zu überwinden und niederzuringen und anstelle der Begriffe Proletariat, Bürgertum, Arbeiter, Bauer, Angestellter, Städter, Handwerker, Beamter, Hausbesitzer, Katholik, Protestant wieder einer anderen Begriff zu setzen: Deutschland und das deutsche Volk!«[24]

Sehr drastisch gipfelte alles in der Forderung, die Parteien müssten »ausgejätet werden, ohne Rücksicht auf das Geschrei der einzelnen Interessenten.«[25] Natürlich waren stets nur die anderen Parteien gemeint, ohne auf den inneren Zwiespalt einzugehen, dass man ja selbst Partei war und eine glanzvolle parteienlose Zukunft durch eine Organisation verhieß, die eben Partei war. Auch aus diesem Grunde sprach man von sich selbst als »Bewegung«, wofür Alfred Rosenberg sich einer mystifizierenden Erklärung bediente: Die NSDAP sei als ein organischer Bestandteil der Gesellschaft zu sehen, aus dem Volk hervorgegangen und habe daher Anspruch auf das Volk in seiner Totalität. Die nationalsozialistische Bewegung müsse als etwas verstanden werden, was man nicht »ablehnen« könne, denn sie sei eine »Naturerscheinung [...] wie sie in der Geschichte der Völker nur sehr vereinzelt« vorkomme. Darüber hinaus nahm er eine naturgesetzliche Ewigkeit in Anspruch: »Sie ist vergleichbar mit den gewaltigen Eruptionen, die einst die Gebirge entstehen ließen, und die man nicht ›ablehnen‹ oder ›annehmen‹ kann; sie sind einfach da, und man hat sich mit ihnen abzufinden. Genau so ist es mit unserer Bewegung. Es mögen menschliche Unzulänglichkeiten dabei mitspielen, aber es ist hier etwas Ereignis geworden, das durch alle Jahrtausende bestehen wird.«[26]

Überschaut man alle Aussagen zum parteipolitischen Selbstverständnis der NSDAP, bestätigt sich, was hier bereits als Tendenz der Entwicklung dieser Partei benannt worden ist. Während der frühen 20er Jahren ging es ihr um die Schaffung und Stabilisierung der eigenen Partei. Da wurden die anderen Parteien mehr als Gegner oder als Konkurrenten betrachtet, die es kräftig zu diskreditieren galt. Von einer Überwindung des Parteienwesens wurde allenfalls geträumt. In der existenziellen Auseinandersetzung mit den völkischen

Gruppen sah sie sich zunächst regelrecht gezwungen, den Charakter ihrer Organisation als Partei zu verteidigen. Einer Ablehnung parteipolitischer Organisiertheit hielt sie die Notwendigkeit einer straffen organisatorischen Erfassung von entgegen. Diese stellte für sie die entscheidende »Voraussetzung für den Sieg« dar.[27] Dass man zugleich grundsätzlich anders sein und aus den »Gebrechen« des Parlamentarismus aussteigen sowie sich als die bessere Partei ausweisen wollte, war ein immanenter Bestandteil ihrer Ideologie, wurde aber in der Regel nicht besonders hervorgehoben. Nachdem ein eigenständiger Platz innerhalb des bestehenden Parteiensystems gewonnen war, trat die grundsätzliche Kritik am gesamten Parteienwesen stärker in Erscheinung. Die zunächst visionär angedeutete, dann offen verkündete Zielsetzung, das Parteienwesen zu zerschlagen, rückte in den Vordergrund, als sie mit einiger Aussicht auf Erfolg selbst Machtpositionen anzustreben beginnen konnte – dies nicht zuletzt dank hinreichender Förderung durch jene bürgerlichen Parteien, die auf deren »Juniorpartnerschaft« hofften und versessen waren.

* * *

Bevor hier nach den Wirkungen der nationalsozialistischen Parteienkritik gefragt wird, soll – nein: muss zunächst der Tatsache nachgegangen werden, dass es Aversionen gegen die politischen Parteien schon lange vor dem ersten Auftreten der NSDAP gegeben hat. Und es waren keineswegs allein völkische Kreise, die das Parteienwesen kritisierten und ablehnten. Die Palette der Aversionen erwies sich bereits im Kaiserreich als außerordentlich breit. Sie reichte von totalem Bannfluch bis zu Forderungen nach Überparteilichkeit, von Parteienprüderie bis zu Parteienverdrossenheit oder gelegentlichen Unmutsäußerungen, sie reichte vom Wunsch nach einer Reform des Parteienwesens bis zu zur besorgten Frage, ob von politischen Parteien überhaupt Zukunft gestaltet werden könne.

Gleichsam als Kostproben:

- »Das glücklichste Loos, das einer Partei fallen kann, ist – rasch unterzugehen nach vollständig erreichtem Zwecke [...] Der Parteikampf bedroht den Staat mit der Gefahr des Zerfalls, wenn er den Stand gegen den Stand, die Provinz gegen die Provinz zusammenschaart; ein gesundes Parteileben soll alle Stände, alle Landestheile gleichmäßig durchschneiden.« (*Heinrich von Treitschke: Parteien und Fractionen. In: Preußische Jahrbücher, hrsg.*

Von Heinrich von Treitschke und Wilhelm Wehrenpfennig, 27. Bd. Berlin 1871, S. 195f.)

- 1871 schrieb Karl Ludwig Aegidi an Heinrich von Treitschke über seine Hoffnung auf einen Zeitpunkt zu »einer vollständigen Umgestaltung des Parteiwesens, zur Bildung einer großen Partei der Deutschen Männer, entsprechend dem Volke in Waffen, und im Gegensatz zu den konservativen, liberalen, nationalliberalen, fortschrittlichen, demokratischen, sozialistischen alten Weibern und Greisen und dummen Jungen ...« (*In: Deutscher Liberalismus im Zeitalter Bismarcks. Eine politische Briefsammlung, Bd. 2. Hrsg. von Paul Wentzcke. Bonn und Leipzig 1926, S. 5)*
- »Die politischen Parteien sind der Verderb unserer Verfassung und der Verderb unserer Zukunft.« (*Otto von Bismarck am 8.5.1884 im Deutschen Reichstag)*
- Es sei bedauerlich, »bis zu welchem Maße von Unehrlichkeit und Vaterlandslosigkeit die politischen Parteien bei uns auf dem Wege des Parteihasses gelangen. Es mag Ähnliches anderswo vorgekommen sein, doch weiß ich kein Land, wo das allgemeine Nationalgefühl und die Liebe zum Gesamtvaterlande den Ausschreitungen der Parteienleidenschaft so geringe Hindernisse bereitet wie bei uns. [...] Kurz, wer würde anderswo als auf dem Gebiete politischer Parteikämpfe die Rolle eines gewissenlosen Verleumders bereitwillig übernehmen? Sobald man aber vor dem eigenen Gewissen und vor der Fraction sich damit decken kann, das man im Parteiinteresse auftritt, so gilt jede Gemeinheit für erlaubt oder doch für entschuldbar.« (*Otto von Bismarck: Gedanken und Erinnerungen (1898) Zit. nach der Taschenbuchausgabe Stuttgart 1919, S. 380 und 510)*
- »Parteien vergehen, aber das deutsche Volk muss weiterleben [...] In unserem deutschen Vaterlande ist die Zersplitterung der Parteien, die sich in blindem Egoismus auf Leben und Tod bekämpfen, so trostlos wie in keinem anderen Kulturstaat der Erde.« *(General August Keim auf einem Bismarck-Kommers am 2.4.1910. Zit. nach Walter Schmitz und Clemens Vollnhals (Hrsg.): Völkische Bewegung – konservative Revolution – Nationalsozialismus. Aspekte einer politischen Kultur. Dresden 2005, S. 33)*
- Geringschätzung der Parteien spricht auch aus den Worten von Hans Delbrück, der ja als ein entschiedener Kritiker der Wilhelminischen Zeit galt: »Unsere Parteien sind ideenlos, glaubenslos geworden, es sind bloß noch Verbände zur Verteidigung materieller Interessen [...] Das Leben ist aus

ihnen geflohen, sie werden gepflegt, angebetet, weil man nichts anderes hat. Man bildet sich noch ein, es seien Götzen, in Wirklichkeit sind es Fetische.« (*Zit. nach Annelise Thimme: Hans Delbrück als Kritiker der Wilhelminischen Epoche, Düsseldorf 1955, S. 22)*

- »In dem bevorstehenden Kampfe kenne ich in meinem Volke keine Parteien mehr. Es gibt unter uns nur noch Deutsche.« (*Wilhelm II.: Stenographische Berichte des Deutschen Reichstages 1914, Bd. 306, S. 2)*

Alle Äußerungen fußen auf einem ausgesprochen nationalistischen, antisozialistischem und antidemokratischen Politik- und Parteienverständnis. Aufgetaucht sind die gegen Existenz und Wirken von Parteien gerichteten Ideen nahezu zeitgleich mit deren Erscheinen auf der politischen Bühne. Sowohl Entstehung und Entwicklung als auch die Zurückweisung und Verurteilung politischer Parteien spiegeln das auf dem Konkurrenzprinzip beruhende Wesen bürgerlich-kapitalistischer Gesellschaft[28], konnten also auch als antikapitalistisch ausgegeben oder gedeutet werden. Parteien-Aversionen nahmen in dem Maße zu, wie sich die Bedeutung der Parteien ausweitete, auch in dem Maße, wie sich das Prinzip der Volkssouveränität durchzusetzen begann und die Massen stärker als geschichtswirksamer Faktor in Erscheinung traten. Der Erfolg von Parteien hing also mehr und mehr davon ab, sich aus Klientel- und Wahlvereinen zu großen Mitgliederparteien entfalten zu können. Um dies zu erreichen, sahen sich alle veranlasst, ihre jeweiligen partikularen Interessen Schritt für Schritt hintanzustellen. Das Unglück der Parteien habe eingesetzt, so urteilte beispielsweise Hannah Arendt, als diese sich des »Materialismus« ihrer Interessen zu »schämen« begannen und den Beweis antreten wollten, dass »die jeweiligen, besonderen Interessen einer Klasse oder Gruppe haargenau mit dem Gesamtinteresse der Nation oder gar dem Interesse der gesamten Menschheit übereinstimmten.« Deutlich sprach sie von »verlogenen Kombinationen engster Interessen und allgemeiner Weltanschauungen«, die nur scheinbar paradox seien, weil mit der Reflexion des Klassensystems in den Parteien diese dringend des Nationalismus, des volkstümlichen Ausdrucks gesamtnationaler Interessen« bedurft hätten.[29] In der Aufgabe, Kandidaten für die Wahlen zu nominieren, betrachtete sie als »den Generalnenner aller Parteien in gleich welchen Systemen.«[30]

Damit war der Zusammenhang zwischen dem parlamentarischen Parteiensystem und der Tatsache berührt, dass die Parteien »in der Volksmeinung mehr und mehr als eine kostspielige und eigentlich unnötige Institution« galten. Zugleich biete sich, so noch einmal Hannah Arendt, allen Gruppen, die »jenseits von Parteien- und Klasseninteressen« auftreten, eine »Chance echter Popularität«, ohne dass dadurch die Begrenztheit »überparteilicher« Ansprüche und anderer Parteienaversionen aufgehoben werden könnten: »Dass diese Gruppen dem Allgemeinwohl dienten und zur Führung der Staatsgeschäfte geeigneter sein würden als das parlamentarische Parteiensystem, war freilich nur ein Schein; sie alle verfolgten in Wahrheit nur das Ziel, ihr eigenes partikulares Interesse an die Stelle der vielen, widersprechenden Interessen der Klassengesellschaft zu setzen und in Form der Parteidiktatur die Macht, also den Staatsapparat zu ergreifen.«[31]

Es lohnt, diese Gedanken zu verfolgen und generell das Verhältnis von Parteien und Demokratie zu hinterfragen, zumal ja der Begriff »Parteiendemokratie« Konjunktur hat und alles Undemokratische lediglich sogenannten totalitären Parteien zugeschrieben wird. In der Tat hat aber in der Geschichte eine große Zahl politischer Parteien zumindest nichts dazu beigetragen, demokratische und friedliche oder gar gerechte Verhältnisse durchzusetzen. Im Gegenteil: Es gab antidemokratisch und antiparlamentarisch orientierte Auffassungen in Hülle und Fülle. Sie trugen wesentlich dazu bei, den Weg zu geradezu barbarisch-terroristischen Herrschaftsformen zu erleichtern, wenn nicht gar ihn für diese frei zu machen. Es gehört offensichtlich zu unseren historischen Erfahrungen, dass Gefahren für die Gesellschaft immer wieder auch aus Konzepten vermeintlicher Alternativen zu Existenz und Wirken politischer Parteien, zum Parteienwesen und zur Parteiendemokratie erwuchsen.

Vor allem die Geschichte der NSDAP belegt diese Feststellungen, betrieb ihre Führung doch einen enorm großen Aufwand, die eigene Organisation als »Bewegung«, als »Partei über den Parteien« sowie als »Überwinderin« des Parteienwesens darzustellen. Dessen negative Erscheinungsformen (Parteiegoismus, Selbsterhaltungstrieb, Beharrungsvermögen, Korruption und Futterkrippenwirtschaft usw.) waren unübersehbar. Vielen Deutschen schien das kritische Benennen der Gebrechen des bestehenden Parteienwesens vor allem während der letzten Jahre der Weimarer Republik überaus berechtigt zu sein, mochte auch mancher über Formen und Umfang des Auftretens der Hitler-Anhänger sich mokieren, an Überspitzung denken oder deren Parolen als »Leerformel« betrachten. Ich meine, dass die Antiparteien-Propaganda der NSDAP wesentlich zum Zustandekommen ihrer Millionengefolgschaft beigetragen hat, seit 1930 auch zur Mobilisierung bisheriger Nichtwählerscharen. Zu fragen wäre nur, *weshalb* ihre Delegitimierung des Parteienwesens so erfolgreich sein konnte?

Wesentlich war wohl vor allem, dass die NSDAP in ihrer Kritik am Parteiensystem, gebündelt im Begriff der »System«-Parteien, auf bereits früher verbreitete Denkmuster anderer politischer Kräfte von Parteienfeindlichkeit und angeblicher Überparteilichkeit[32] zurückgreifen konnte und dass sie mit ihrer Parteienkritik in der Weimarer Republik nicht allein stand. Zwischen 1918 und 1933 nahm das Thema unter den Nationalisten aller Couleur, nicht nur in der Ideenwelt der Völkischen und der Faschisten, sondern auch unter den Konservativen und teilweise auch bei den Liberalen breiten Raum ein. Im Ringen um die Gewinnung eines größeren Massenanhangs konnte die NSDAP also nicht nur die traditionellen, sondern auch alle zeitgenössische konservativ-nationale, monarchistische und antidemokratische Denkmodelle nutzen. Vordenker und Wegbereiter des Faschismus verbreiteten in Weimarer Zeiten parallel zur NSDAP ihre Auffassung, der zufolge Parteien überholt seien, modrig wie faulendes Aas usw. – ausführlich dargestellt durch Kurt Sontheimer in seiner Analyse des antidemokratischen Denkens in der Weimarer Republik.[33] Sie boten für Propaganda und Taktik der NSDAP ein erforderliches, wenn auch in sich nicht immer stimmiges Fundament. Zu erwähnen sind hier beispielsweise Ernst Jünger, der die Parteien generell als »Mauselöcher der Verantwortungslosigkeit« abwertete[34], Oswald Spengler, der den Cäsarismus der Parteimaschinen beklagte und von Ernst Bloch recht drastisch als »verhinderter Täter« charakterisiert worden ist[35], Moeller van den Bruck, der rasch Abstand nahm von seiner ursprünglichen Idee einer »dritten Partei« und an die Stelle sogenannter Parteibevormundung die Forderung setzte, »die Parteien von der Seite der Weltanschauung zu zertrümmern« und ein »dritten Reich« zu schaffen[36], Carl Schmitt, der die Parteien als Gefahr für die öffentliche Sicherheit und Ordnung diskreditierte, Edgar Julius Jung, der von einem »frommen Werk« sprach, würden die Parteien »mit Feuer und Schwert« ausgelöscht, Hans Zehrer, der nicht den Parteien, sondern den Bünden Zukunft verhieß, u. a. m.[37]

All das drang umfassend in die nationalsozialistische Gedankenwelt ein, und mitunter lässt es sich sogar bis in einzelne Formulierungen hinein belegen. Bekanntlich blieb es auch nicht bei den ideologischen Anleihen: Die später betriebene Bündnispolitik, bekannt unter den Schlagworten »Harzburger

Front« und »Kabinett der nationalen Konzentration«, beruhte ja ebenfalls auf konservativ-antidemokratischen Theorien und Schlagworten. In Wort und Tat trafen die deutschen Faschisten einen empfindlichen Nerv vieler Menschen. Ihre Parteien-Aversion fand Resonanz und Bestätigung. In dieser Hinsicht – und ganz im Unterschied zu ihren sozialpolitischen Verlautbarungen – bedurfte die nationalsozialistische Propaganda nur in geringem Maße demagogischer oder gar manipulativer Nachdrücklichkeit. Das Thema besaß Alltags-Attraktivität. Die Auswirkungen der real existierenden Schwächen des Parteienwesens und die Krise des Weimarer Parteiensystems waren überall und für alle unverkennbar.[38] Das Thema wirkte gleich einem Selbstläufer ebenso zugunsten der NSDAP wie die dieser Partei zur Verfügung stehenden politisch-rechtlichen und organisatorischen Möglichkeiten, welche der Weimarer Staat bekanntlich den rechten Gegnern der Republik reichlich angedeihen ließ.[39] Alle Parteien-Aversionen trugen damals wesentlich zu einer politischen Atmosphäre, moderner formuliert: zu einer politischen Kultur bei, die antidemokratisch-autoritärem Denken viel Spielraum bot, was nebenbei gesagt von Hannah Arendt als »prätotalitär« bezeichnet worden ist.[40]

Die strikte Ablehnung des Parteienwesens durch Verfechter der »konservativen Revolution« erlaubte der NSDAP zudem anfangs der dreißiger Jahre, d.h. analog zum eigenen »Aufstieg«, eine erhebliche Verschärfung ihrer radikalen und zugleich terroristisch untermalten Parteien-Aversionen. In den Vordergrund trat eine pausenlos und nachdrücklich betriebene Selbstdarstellung als erfolgreich aufstrebende, sich ständig vergrößernde und wählerstärkste Partei. Die Selbstüberhebung über alle anderen Parteien begleitete die Ankündigungen, man wolle das gesamte Parteienwesen vernichten, sobald man an die Macht gelangt sei. Wie auf anderen Politikfeldern auch vollzog die NSDAP hinsichtlich ihres Parteienverständnisses einen Radikalisierungsprozess, der nach 1933 in dem von ihr getragenen Einparteiensystem seine Fortsetzung fand.

Dennoch hätten Existenz und Umfang der Aversionen gegen die politischen Parteien allein nicht einen so gravierenden Wandel wie den von 1933 bewirken können. Ein weiterer und für das Thema meines Vortrages wohl besonders zu beachtender Wirkungsfaktor der nationalsozialistischen Parteien-Aversionen ergab sich aus der Koppelung von Parteienkritik und dem Anspruch, über das Parteienwesen hinaus weisen und eine angeblich reale Alternative bieten zu können. Die NSDAP formuliert dies in ihren durchaus wohlklingenden, aber dennoch irreführenden Parolen: »Volksgemeinschaft statt Klassenspaltung«, »Gemeinnutz statt Eigennutz«, »Brechung der Zinsknechtschaft«, »Du bist nichts, dein Volk ist alles« u. a. m. Es sei, wie Hitler einmal verkündete, anzustreben, dass »alle Stände, Gruppen und Parteien, so verschieden sie sein mögen, doch zur politischen Einheit zusammengefasst« werden müssten. Entscheidend sei das Gefühl aller, dass alle *»in erster Linie Deutsche sein müssen.«*[41] Menschen fremder Art und Herkunft, anderer körperlicher Beschaffenheit und auch anderer Gesinnung sprach dies jedes Existenzrecht ab.

* * *

Es sei mir an dieser Stelle ein Exkurs gestattet, denn der hier konstatierte enge Zusammenhang von radikalem Nationalismus und Kritik am Parteienwesen lässt sich auch erkennen, wenn nach den Partei-Auffassungen jener Kräfte gefragt wird, die sich als internationalistisch und selbstverständlich auch als antifaschistisch verstanden haben. Gab es also, so wäre zu fragen, Parteien-Aversionen auch unter Sozialdemokraten, Kommunisten, Gewerkschaftern und Vertretern anderer Richtungen der Arbeiterbewegung, also auch unter Organisationen, die auf dem Boden der kapitalistischen Wirtschafts- und Gesellschaftsverhältnisse entstanden sind und sich unter deren Bedingungen entwickelten?

Besonders interessant könnte die Analyse jener Kräfte sein, für die sich seit einiger Zeit der Begriff des Parteikommunismus eingebürgert hat.[42] Doch da muss wohl in erster Linie festgestellt werden, dass die KPD ihr Selbstbild vor allem in strikter Abgrenzung zur sozialdemokratischen Partei gewählt hat, was u. a. auch den verhängnisvollen Unsinn der Sozialfaschismus-These befördern half. Ihr Bild von sich selbst beruhte zugleich auf einer ebenso strikten Anlehnung an das sowjetische Modell, das als Diktatur des Proletariats ausgegeben wurde. Man wollte einerseits anders als die SPD und zugleich die »einzige Arbeiterpartei« sein, in dieser Hinsicht von avantgardistischer Selbstüberschätzung beherrscht. Ihre Kritik galt dem Weimarer Parteienstaat und seinen Funktionsdefiziten, was auch im innerparteilichen Dauerstreit um die Frage Ausdruck fand, ob und inwieweit dieser gegen Angriffe von rechts zu verteidigen sei oder nicht.

Die jüngst von Riccardo Bavaj vorgelegte Studie, angekündigt als ergänzendes Gegenstück zum Buch Kurt Sontheimers, sowie der von Mike

Schmeitzner herausgegebene Band »Totalitarismuskritik von links«[43] belegen hingegen Parteien-Aversionen bei einer Reihe linkskommunistisch-radikaler Gruppen. Letztere gaben sich sogar ausgesprochen parteienfeindlich, motiviert von konsequenter Ablehnung sowjetischer Verhältnisse und Kritik an der KPD. Kommunisten wie Heinrich Lauffenberg, Fritz Wolffheim und Karl Schröder[44] fanden in allen Jahren der Weimarer Republik starke Worte gegen die Kommunistische Partei Russlands bzw. der Sowjetunion und trafen damit die von Parteikommunisten beschönigte Realität. Ihr theoretischer Anspruch ging jedoch darüber hinaus, so z. B. der Otto Rühles in seiner 1920 formulierten These: »Die Organisation des kommunistischen Vortrupps der Revolution wird keine übliche Partei sein dürfen bei Strafe ihres Unterganges, bei Strafe der Wiederholung des Schicksals, dem jetzt die KPD verfällt. Die Zeit der Parteigründungen ist vorbei, weil die Zeit der politischen Parteien überhaupt vorbei ist.«[45]

* * *

Zurück zum Thema: Betrachtet man die Auswirkungen der Parteienfeindlichkeit faschistischer Kräfte, so lassen sich für die Jahre 1932/33 – im Unterschied zu den Veränderungen im deutschen Parteienwesen unmittelbar nach dem Ende des Ersten Weltkrieges – tiefer greifende Wandlungen feststellen. Rückten die Parteien während der deutschen Novemberrevolution – schlicht ausgedrückt – nur ein Stück nach »links« und bewahrten die Kontinuität des Parteienwesens, so gingen die meisten Parteien am Ende der Weimarer Republik gleich mehrere Schritte nach rechts, verbunden mit einer auffälligen Polarisierung der Parteienlager. Da gab es zahlreiche von Entdemokratisierung und neuen autoritären Führungsstrukturen gekennzeichnete Vorgänge in nahezu allen regierenden Parteien. Viele missachteten zunehmend die demokratisch-parlamentarischen Spielregeln der Weimarer Verfassung, gleich ob es sich um das auf Notverordnungen gestützte Regieren, um den Versuch eines verfassungswidrigen Umgehens der Reichspräsidentenwahlen, um den Staatsstreich vom 20. Juli 1932 in Preußen oder die umfangreichen Reichsreformpläne gehandelt hat, welche fadenscheinig als Verbesserung der Verfassung oder gar als Maßnahme zu deren Schutz ausgegeben wurden. Zugleich nahmen die mit paramilitärischen Mitteln geführten Auseinandersetzungen zwischen den Parteien außerordentlich zu, was den propagandistisch zur Schau getragenen politisch-moralischen Anspruch der Parteien ebenso konterkarierte wie es die Unfähigkeit zur Bewältigung der Wirtschaftskrise verdeutlichte.

Innerhalb des Parteienwesens verschoben sich alle Proportionen – teils erdrutschartig bei Wahlen, teils in schleichenden Prozessen. Die traditionell zwischen den Parteien bestehenden Beziehungsgeflechte unterlagen bedeutungsvoller Zerrüttung und fortschreitender Destabilisierung. Die Parteien der sogenannten Mitte erlebten einen gewaltigen Rückgang, nur das Zentrum und die Bayerische Volkspartei vermochten relativ stabil zu bleiben. Zwischen den beiden Arbeiterparteien entstand erstmalig ein relatives Gleichgewicht, das deren Vorstände zu euphorischer Überschätzung der jeweils eigenen Kraft und zu folgenreicher Unterschätzung des Potentials der NSDAP führte. Der Gedanke an ein sinnvolles, d.h. beide stärkendes Zusammengehen wiesen sie weit von sich. Eine ernsthaft zu nennende Gegenbewegung kam auch bei jenen Parteien nicht zustande, gegen die sich vorrangig alle faschistischen Bemühungen unter dem Schlagwort »Ausrottung des Marxismus« richteten.

Das Ergebnis der hier für die Zeit vor 1933 benannten Phänomene ist bekannt: Die an Radikalität und vermeintlicher Kompromisslosigkeit unübertroffene NSDAP vermochte, Schritt für Schritt alle anderen Parteien zu überwältigen und eine das Parteienwesen ins Extreme treibende sowie zugleich es konterkarierende Einparteienherrschaft zu errichten. Als das berüchtigte Gesetz vom 14. Juli 1933 erging – es war übrigens das erste Parteiengesetz in der deutschen Geschichte –, hieß es zur Begründung, die Neubildung von Parteien wäre ein »Verbrechen an Staat und Volk«.[46] Der faktischen Liquidierung des Parteienwesens folgte die Diktatur einer Partei sowie eine außerordentlich straff strukturierte »Organisationen«-Gesellschaft, die alle Bürger gleichsam von der Wiege bis zur Bahre erfasste und in hohem Maße dazu beitrug, das Regime bis zur Niederlage im Zweiten Weltkrieg stabil zu halten. Man könnte von einer gewissen Ironie der Geschichte sprechen, dass die Partei der »Überwinder« des Parteienwesens in der letzten beiden Jahren ihrer Herrschaft selbst in eine Krise geriet und schließlich mit dem 8. Mai 1945 unterging.[47]

* * *

Das Thema verlangt, und sicher will es nicht nur mir so erscheinen, einen Blick über die erste Hälfte des 20. Jahrhunderts hinaus. Zwar hatten da die Parteien-Aversionen ihren Höhepunkt erreicht, doch sind sie nach dem Zweiten Weltkrieg keineswegs in der Versenkung verschwunden. Aus meiner Sicht wird man ohnehin das 20. Jahrhundert nicht nur als das politischer Extreme, terroristischer Diktaturen und mörderischer Weltkriege bezeichnen dürfen. Zu reden ist wohl ebenfalls von einem Jahrhundert größter Dynamik des Parteienwesens und breitester Vielfalt der Parteiensysteme. Es gibt nichts an parteipolitischen Organisationsformen, die nicht praktiziert und, wie man vielleicht auch sagen könnte, die nicht »erprobt« worden wären. Kein Ereignis, kein Entwicklungsstrang des vergangenen Säkulums ist ohne sie zu erhellen. Jede Darstellung wäre unhistorisch, würde sie den außerordentlich großen und häufig sogar entscheidenden Einfluss von Parteien sowie sich wandelnder Parteiensysteme ausklammern. Daran hat sich auch nichts nach dem Eintritt ins 21. Jahrhundert geändert.

»Nein danke, ich bin parteilos glücklich«[48] – diese Worte legte vor kurzer Zeit ein thüringischer Karikaturist einem Mann in den Mund, der offensichtlich keiner Partei vertraut und sich deren Werbung verweigert. Die Parteien bieten ihm kleine Geschenken an: Fähnchen, Luftballons und Kugelschreiber, jedoch kein Konzept. Sie wollen ihn lediglich ködern. Sie buhlen um den Mann, dem jedoch ein Spaziergang mit seinem Hund wichtiger zu sein scheint. Parteien und deren Adressaten – also jene, die gewählt werden wollen und die, welche wählen sollen – stehen gleichermaßen in der Kritik. Dass der vom Zeichner gewählte Titel »Buhlende Parteienlandschaft« die Wortähnlichkeit zu den »blühenden Landschaften«[49] nutzt, die der ostdeutschen Bevölkerung versprochen worden sind, sei lediglich am Rande vermerkt.

Es steht fest: Die Parteien unterliegen gegenwärtig erneut arger Kritik.[50] In einer von der Konrad-Adenauer-Stiftung herausgegebenen Publikation heißt es sogar: »Die Partei ist heute die bestgehasste Erscheinung unseres öffentlichen Lebens.«[51] Solche drastischen Einschätzungen[52] münden nahezu zwangsläufig in die Frage, worin möglicherweise Analogien zu früheren Parteien-Aversionen bestehen und welche Unterschiede dennoch erkennbar sind.

In quantitativer Hinsicht scheint sich nichts geändert zu haben. Es wäre leicht, zahlreiche Belege für die eingangs zitierte Aussage vom vermeintlichen »Glück der Parteilosigkeit« anzuführen. Viele Beispiele bezeugen das eigentliche Problem, das da realiter – und wohl nicht nur für Deutschland – als ein zutiefst »unglücklicher« Zustand der Gesellschaft bezeichnet werden muss. Zahlreiche Befragungen und Untersuchungen weisen *Parteien*verdrossenheit und sinkende Akzeptanz der politischen Parteien als weit verbreitete Erscheinung aus. Parteien fällt es zunehmend schwer, neue Mitglieder und Nachwuchs für die zu besetzenden Funktionen zu rekrutieren.[53] Es wird ihrer Vergreisung gesprochen, auch davon, dass selbst die großen unter den Parteien kaum noch als Volksparteien gelten dürfen[54] und dass ihr Ende bevorstehen würde.[55]

Immer mehr Menschen empören sich über die von den Parteien praktizierte Verschleierung ihrer Ziele, häufig auch wegen des Missbrauchs ihrer errungenen Macht. Jeden zweiten Deutschen ängstigt die Unfähigkeit von Politikern[56], noch mehr empören sie sich über finanzielle Anmaßungen und Skandale. Nahezu 80 Prozent der Deutschen halten ihre Politiker für unehrlich[57], viele bezweifeln deren Problemlösungskompetenz. An Wahltagen findet all das Bestätigung durch erschreckend hohe Zahlen an Nichtwählern; diese könnten inzwischen – wären sie organisiert – als größte aller Parteien auftreten.[58] Beklagt werden die wachsende Ähnlichkeit der Programme, pragmatisch geprägtes Abweichen von diesen, die Nichterfüllung von Versprechungen usw. usf. Allein die Vielzahl und das Ausmaß solcher Erscheinungen lässt am politischen Horizont die Gefahr neuerlicher Verletzung demokratischer Herrschaftsprinzipien herauf ziehen.[59]

Anders als in quantitativer sieht es hingegen in qualitativer Hinsicht aus. Die Parteien unterliegen kaum noch totaler Negation, selbst in ausgesprochen nationalistischem und rechtsextremistischem Gruppen nicht, auch wenn die NPD von sich behauptet, »eine nationalistische Partei gegen alle anderen Parteien – also gegen die Parteien, die Ausländer, Randgruppen und dem internationalen Großkapital dienen, nicht aber den Deutschen« zu sein.[60] Unvergleichbar stark erweist sich die Erkenntnis, dass politische Parteien unentbehrlich für das Funktionieren des Staates geworden sind. Diese Tatsache sollte jedoch Debatten über notwendige Parteireformen und die Suche nach Alternativen nicht behindern, darf notwendige Parteireformen nicht verhindern. Jeder Versuch, Parteienverdrossenheit als eine im Grunde normale, stets vorhandene und zu negierende, als erfolglose oder gar zu nutzende Erscheinung[61] zu bewerten, leitet theoretisch wie praktisch in die Irre.[62] *Parteien*verdrossenheit führt nicht – wie leider oft verkannt wird – zu *Politik*verdrossenheit. Im Gegenteil: Abneigung und Widerwille gegen die Parteien bewirken eher Bereitschaft, politisch aktiv sein zu wollen, aktiv allerdings für eine *andere* Politik, zumeist für rechtsextremistische Konzepte, teils auch zu einem sich selbst regelrecht aufhebenden hilflosen Aktionismus. Daraus erwachsen generell Gefahren für demokratische Willensbildungsprozesse, an dem mitzuwirken in Deutschland das Grundgesetz die Parteien verpflichtet, die aber eine faktische Allgegenwärtigkeit und die angemaßte Omnipotenz etablierter Parteien aushöhlen und zu beseitigen drohen.[63]

Schaufelt die Gesellschaft sich – so möchte ich abschließend fragen – im Grunde nicht selbst ein Grab, wenn sie zu Parteien-Aversionen aller Art immer wieder und sozusagen alltäglich Anlass bietet? Auch wenn es sich oft nur um Stimmungen handelt, die benannten Problemfelder bedürfen dennoch sorgfältiger Beachtung. In Stimmungen verdichten sich Eindrücke, aus Eindrücken erwachsen Vorstellungen, aus diesen wiederum Konzepte und Interessen. Es wäre es verkehrt, sie nicht ernst zu nehmen. Denn: Stets gingen in der Geschichte alle Parteien-Aversionen einher mit bitterem Groll und Unmut, mit Verstimmung und Abscheu. Die Folgen ließen nicht auf sich warten. Dies kann – so denke ich, so befürchte ich – auch zukünftig der Fall sein, möglicherweise dank gegebener wissenschaftlich-technischer Voraussetzungen in Formen, die sich heute noch menschlicher Vorstellungskraft entziehen und die alles andere als das karikierte »Glück der Parteilosigkeit« mit sich bringen können.

Lässt sich also, so darf ich vielleicht abschließend fragen, das absolut negative Urteil der NSDAP über das Parteienwesen möglicherweise sogar als ein Menetekel verstehen? Zumindest sollte dieses Thema weder aus der Parteiengeschichte noch aus einer zukunftsorientierten Politik ausgeklammert werden. Und es wären geschichtswissenschaftlichen Debatten letztlich auch in neue politische Entscheidungen einzubeziehen.

Anmerkungen

1 Hitler in München am 13.8.1920. Zit. nach Eberhard Jäckel (Hg.): Hitler. Sämtliche Aufzeichnungen 1905–1924, Stuttgart 1980, (künftig zit. als: Jäckel), S. 199.
2 Der Text findet sich in: Hitler. Reden, Schriften, Anordnungen (künftig zit. als: Hitler-RSA), Bd. V/1, S. 274 ff. Von dieser Rede existiert ein Tonfilm. Siehe Aus einer Wahlrede Hitlers in Eberswalde, 27. Juli 1932. Adler-Film GmbH, Berlin 1932 (Filmedition G 29 des IWF, Göttingen 1957).
3 Rede vom 4.4.1932. In: Hitler-RSA V/1, S. 22.
4 Ebenda, V/1, S. 275.
5 Jäckel, S. 90.
6 Zit. nach Kurt Pätzold und Manfred Weißbecker: Geschichte der NSDAP 1920–1945, Köln 1998, S. 24.

7 Aus der völkischen Zeitschrift »Neues Leben«, Gilbhardt-Neblung 1919. Zit. nach: Völkische Organisationen. Parteien, Vereine, Verbände, Orden. Deutschvölkischer Katechismus, H. 11. Leipzig 1931, S. 65)

8 Zum Parteienthema referierte Hitler am 27.1., 30.1., 16.2. und am 25.2., über den Friedensvertrag von Versailles am 26.1., 31.1. und am 14.2.1920. Es fällt auf, dass zwar Reden bei der Reichswehr für die Zeit vor Hitlers Eintritt in die DAP nachgewiesen werden konnten, jedoch nicht für die Zeit zwischen September 1919 und dem 26.1.1920. Siehe Jäckel, S. 87 f. sowie S. 106-111.

9 Ebenda, S. 127 und 132.

10 Ebenda, S. 144.

11 Ebenda, S. 175.

12 Ebenda, S. 199.

13 So hieß es z. B. in einer Publikation: »Wir müssen in das niedrige Getriebe hässlicher brotneiderischer Sonderziele wieder eine sittliche Idee hineintragen: Das Evangelium der Mission unseres Volkstums, der Notwendigkeit der Unterordnung des Einzelnen unter das Ganze. […] Von diesem Gesichtspunkte aus betrachtet, wird sich der Nationalpolitiker heute gegenüber *allen* Parteien in einem Zustand der Ablehnung befinden müssen.« Die Partei der Zukunft. Von einem Deutschen [d. i. Ludwig Sevin]. Leipzig 1914, S. 85.

14 Ebenda, S. 199 f.

15 Siehe dazu Manfred Weißbecker (Leiter eines Autorenkollektivs): Macht und Ohnmacht der Weimarer Republik, Berlin 1990, S. 27 ff.

16 Siehe Sigmund Neumann: Die politischen Parteien in Deutschland, Berlin 1932.

17 Jäckel, S. 279.

18 Jäckel, S. 281.

19 Hitler, Mein Kampf, S. 425.

20 Hitler, Mein Kampf, S. 395: »Wenn irgendein Mensch einen kühnen Gedanken, dessen Verwirklichung im Interesse seiner Mitmenschen nützlich erscheint, zur praktischen Durchführung bringen will, so wird er sich zunächst Anhänger zu suchen haben, die bereit sind, für seine Absichten einzutreten. Und wenn diese Absicht nur darin bestünde, das zur Zeit bestehende Parteiwesen zu vernichten, die Zersplitterung zu beenden, so sind die Vertreter dieser Anschauung und Verkünder dieses Entschlusses eben selber Partei, so langen, bis nicht das Ziel errungen ist. Es ist Wortklauberei und Spiegelfechterei, wenn irgendein bezopfter völkischer Theoretiker, dessen praktische Erfolge im umgekehrten Verhältnis zu seiner Weisheit stehen, sich einbildet, den Charakter, den jede junge Bewegung als Partei besitzt, zu ändern durch eine Änderung ihrer Bezeichnung.«

21 Hitler, Mein Kampf, S. 506.

22 Ebenda, S. 507. Ähnlich äußerte sich Alfred Rosenberg: »Es versteht sich auch von selbst, dass es immer politisch wirkende Persönlichkeiten und Gruppen innerhalb eines Volkes geben wird und geben muss. Ein ›Volk von Brüdern‹ ist eine Utopie und nicht einmal eine schöne. Restlose Brüderschaft bedeutet Ausgleichung aller Wertgefälle, aller Spannungen, aller Lebensdynamik. Kampf bleibt auch hier stets der lebensbezeugende Funke. Aber alle diese Kämpfe sollen sich innerhalb *eines* Ideals abspielen, auf ihren Wert an *einem* Wertmesser geprüft werden: ob die gepredigten Gedanken, geforderten Maßnahmen geeignet sind, das deutsche Volkstum zu veredeln und zu stärken, die Rasse zu kräftigen, das Ehrbewusstsein

der Nation zu erhöhen. Politische Parteien, die bei ihrer Tätigkeit danach fragen, inwieweit etwa die internationale Klassensolidarität oder internationale Konfessionsinteressen gestärkt werden könnten, haben in einem deutschen Staat keine Daseinsberechtigung. Die Tätigkeit solcher volksfeindlichen Parteien in Vergangenheit und in der Gegenwart hat die Seele der Deutschen zernagt und zerrissen.« Alfred Rosenberg: Der Mythus des 20. Jahrhunderts. Eine Wertung der seelisch-geistigen Gestaltenkämpfe unserer Zeit (1930) Zit. nach der 63.-66. Aufl., München 1935, S. 544 f.)

23 Hitler, Mein Kampf, S. 509 f.

24 Rede Hitlers vor dem Industrie-Club in Düsseldorf, 26.1.1932; Hitler-RSA, Bd. IV/3, S. 103.

25 Hitler am 5.3.1932. Zit. nach Hitler-RSA, IV/3, S. 183. Ferner hieß es: »Der politische Wirrwarr der letzten 14 Jahre hat sich nunmehr so weit geklärt, dass heute *zwei Fronten um den Sieg ringen. Dort: Die Front des Parteideutschlands! Hier: Die Front des Volksdeutschlands der Zukunft!* [...] Drei Dutzend Parteien haben im November 1918 die Könige und Fürsten von einst abgelöst und sorgen jetzt selbst dafür, dass die deutsche Zersplitterung kein Ende nehme. Bauern und Städter, Arbeiter und Unternehmer, Handwerker und Angestellte, Beamte, Mittelständler, Hausbesitzer und Mieter usw., sie alle sind politisch organisiert, ihre Parteien wollen alle die Rettung ihrer Anhänger, versprechen dies wenigstens vor jeder Wahl feierlichst, und können doch alle zusammen die Katastrophe nicht verhindern.« Hitler: Mein Programm. Erklärung vom 2.4.1932. Zit. nach Hitler-RSA, Bd. IV/Teil 1, S. 3 f.

26 Alfred Rosenberg am 8.11.1934 vor dem NS-Studentenbund.

27 Dies betonte z. B. die thüringische Zeitung »Der Nationalsozialist. Kampfblatt der NSDAP« in ihrer Ausgabe 51/52 vom Dezember 1928 anlässlich des Erscheinens des zweiten Bandes von Hitlers »Mein Kampf«.

28 Zum einen ist damit der Gegensatz zwischen Adel, Bürgertum, Militär usw. einerseits und dem Proletariat andererseits gemeint, zugleich sind so auch die Gegensätze innerhalb der beiden Klassen zu erfassen. In welchem Maße die Parteien-Aversionen am Ende des 19. Jahrhunderts sich hauptsächlich gegen die aufstrebende und erstarkende Sozialdemokratie richtete, machte Bismarck deutlich, als er am 17. Mai 1893 erklärte: »Der Umstand, dass man jetzt die Sozialisten als eine politische Partei behandelt, als eine Macht im Lande, die man ernsthaft behandeln und mit der man rechnen muss, statt als Räuber und Diebe, die zermalmt werden müssen – das hat ihre Kraft und Bedeutung in hohem Grade gesteigert, ebenso wie die Beachtung, die man ihnen schenkt. Ich hätte das nie gestattet. Sie sind die Ratten im Lande und sollten vertilgt werden.« Zit. nach Heinrich von Poschinger: Neue Tischgespräche und Interviews, Bd. 1, ^{2}/1895, S. 233.

29 Hannah Arendt: Elemente und Ursprünge totaler Herrschaft. Ungekürzte Ausgabe. München und Zürich 1986, S. 406 ff.

30 Hannah Arendt: Über die Revolution. München 1974, S. 350.

31 Ebenda, S. 409 f.

32 Siehe Peter-Christian Witt: Konservatismus als »Überparteilichkeit«. Die Beamten der Reichskanzlei zwischen Kaiserreich und Weimarer Republik 1900–1933. In: Dirk Stegmann, Bernd-Jürgen Wendt, Peter-Christian Witt (Hrsg.): Deutscher Konservatismus im 19. und 20. Jahrhundert. Festschrift für Fritz Fischer zum 75. Geburtstag und 50. Doktorjubiläum. Bonn 1983, S. 231-280.

33 Siehe Kurt Sontheimer: Antidemokratisches Denken in der Weimarer Republik. Die politischen Ideen des deutschen Nationalismus zwischen 1918 und 1933. München 1962.
34 Zit. nach Ludwig Elm (Hrsg.): Falsche Propheten. Studien zum konservativ-demokratischen Denken im 19. und 20. Jahrhundert. Berlin [2]/1990, S. 283.
35 Diese Feststellung traf Bloch 1936 anlässlich des Todes von Spengler. Zugleich fragte er: »Wollte er Hitler werden, hat er ihn beneidet?«. Ernst Bloch: Spengler und Russland. In: Literarische Aufsätze (Gesamtausgabe, Bd. 9) Frankfurt a.M. 1965, S. 61.
36 Arthur Moeller van den Bruck: Das Dritte Reich. Hier zit. nach Sontheimer, a.a.O., S. 155.
37 Siehe dazu die entsprechenden Belege in Manfred Weißbecker: »Ich kenne keine Parteien mehr …« Konservative und nationalsozialistische Ansichten wider politische Parteien, Demokratie und Parlamentarismus vor 1933. In: Sieben Jahrzehnte Erfahrung: 30. Januar 1933, a.a.O., S. 94-109.
38 Bereits für das Jahr 1930 konstatierte Karl Dietrich Bracher, die Diskreditierung der Parteipolitik habe ein »Ausmaß und eine Schärfe der Überzeugungskraft erreicht, dass jede fühlbare Verschlechterung der Existenzbedingungen und des sozialen Prestiges, jede ernsthafte psychologische Belastung auch nach der kurzen Periode der Stabilisierung jenen verfassungsrechtlichen, wirtschaftspolitischen, ideologischen Argumenten praktische Durchschlagskraft verschaffen konnte, die den fortdauernden Zweifel oder gar der aggressiven Kritik an dieser Republik Raum und Rückhalt gaben.« Karl Dietrich Bracher: Die Auflösung der Weimarer Republik. Eine Studie zum Problem des Machtverfalls in der Demokratie. Düsseldorf [5]/1984, S. 259.
39 Siehe dazu u.a. Pätzold/Weißbecker, Geschichte der NSDAP 1920–1945. Köln 1998.
40 Arendt, Elemente und Ursprünge, a.a.O., S. 414.
41 Hitler in Lipperode am 12.1.1933. Zit. nach Hitler-RSA), Bd. IV, Teil 3. München 1997, S. 58.
42 Siehe dazu u.a. Klaus Kinner: Der deutsche Kommunismus. Selbstverständnis und Realität. Bd. 1. Die Weimarer Zeit. Berlin 1999.
43 Mike Schmeitzner (Hrsg.): Totalitarismuskritik von links. Deutsche Diskurse im 20. Jahrhundert (= Schriftenreihe des Hannah-Arendt-Institutes für Totalitarismusforschung, Bd. 34), Göttingen 2007.
44 Siehe Mike Schmeitzner: Brauner und roter Faschismus? Otto Rühles rätekommunistische Totalitarismustheorie. In: Ebenda, S. 205-227.
45 Otto Rühle: Die Revolution ist keine Parteisache! Berlin-Wilmersdorf 1920. Zit. nach Frits Kool: Die Linke gegen die Parteiherrschaft, Olten 1970, S. 334.
46 Das Kabinett erhielt am 12.7.1933 den Entwurf des Reichsinnenministers, der eine einzige Bestimmung enthielt: »Wer es unternimmt, politische Parteien neu zu bilden oder den organisatorischen Zusammenhalt einer aufgelösten politischen Partei aufrecht zu erhalten, wird als Hoch- und Landesverräter bestraft.« Dazu äußerte allein der Reichsjustizminister in der Ministerbesprechung vom 14.7. Bedenken. Sie betrafen jedoch nur den Zeitpunkt, durch den möglicherweise die »innere Überzeugungskraft« der Selbstauflösung der Parteien getrübt werde. Hitler wollte sich diesem Gedanken nicht verschließen und schlug vor, das Gesetz zu beschließen und es erst zu einem späteren Zeitpunkt zu veröffentlichen. Frick wies Gürtners

Argument als »nicht durchschlagend« zurück. Noch am selben Tag erfolgte die Ausfertigung des Gesetzes. Neben konkretisierten Strafbestimmungen enthielt sie noch folgende Bestimmung: »In Deutschland besteht als einzige politische Partei die Nationalsozialistische Deutsche Arbeiterpartei«. Akten der Reichskanzlei. Die Regierung Hitler, Teil I: 1933/34, Bd. 1, bearb. Von Karl-Heinz Minuth. Boppard am Rhein 1983, S. 661 f.

47 Siehe dazu Pätzold/Weißbecker, Geschichte der NSDAP, a. a. O., S. 486 ff.

48 Thüringische Landeszeitung, 21.8.2007, S. 2.

49 Siehe Siegfried Prokop: Blühende Landschaften. In: Kurt Pätzold und Manfred Weißbecker (Hrsg.): Kleines Lexikon historischer Schlagwörter. Leipzig 2005, S. 30 f.

50 Der wohl bekannteste Kritiker des heutigen Parteienwesens Herbert von Arnim sieht vor allem vier Strukturmängel: 1. die Bürgerferne und die Entmündigung des Volkes durch die Parteien; 2. die begrenzte Problemlösungskompetenz der Parteien; 3. die Aushöhlung des Grundsatzes von der Gewaltenteilung und die Entwicklung von Parteien zu einer Monopolmacht; 4. die Dominanz des Eigeninteresses und die wachsende Ausbeutung des Staates durch die Parteien.« Gegenwärtig stehe den Notwendigkeiten einer demokratischen Entwicklung der Gesellschaft äußerst hinderlich im Wege: das von Skandalen aller Art geprägte Erscheinungsbild insbesondere der sogenannten Großparteien, ihr unzulängliches konzeptionelles und personelles Angebot, der von ihnen bevorzugte karrieristische Berufspolitikertyp, die Schamlosigkeiten der Parteienfinanzierung, die mangelhafte innerparteiliche Willensbildung und die verkrusteten Strukturen der Parteiapparate. Kritik gilt der Tatsache, dass die Repräsentation der Gesellschaft durch regierende Parteien einer weitgehenden parteipolitischen »Kolonialisierung« der Öffentlichkeit gewichen ist.

51 Zit. nach Heinrich Oberreuter: Zur öffentlichen Funktion politischer Parteien. In: Welche Macht den Parteien? Hrsg. Von der Konrad-Adenauer-Stiftung 200, S. 12. Siehe auch Jürgen Dittberner: »Sind die Parteien noch zu retten? Die deutschen Parteien: Entwicklungen, Defizite und Reformmodelle. Berlin 2000, bes. S. 265-274.

52 Die der CSU nahestehende Hanns-Seidel-Stiftung lobte 2007 einen »Nachwuchsförderpreis für politische Publizistik« zum Thema »Haben die Volksparteien Zukunft?« aus. Die Ergebnisse wurden publiziert in: Politische Studien 414. Zweimonatsschrift für Politik und Zeitgeschehen, 58. Jg., Juli/August 2007, S. 15-39. Siehe auch Philip Zeschmann: Wege aus der Politiker- und Parteiverdrossenheit – Demokratie für ein Zivilgesellschaft. Sinzheim 2000.

53 Darüber klagte z. B. Jörg Schönbohm in einem Interview der Zeitung »Die Welt« vom 1.9.2007. S. 10. Seine Erklärung, die Jugend wolle heutzutage zwar Rechte wahrnehmen, aber keine Pflichten erfüllen, greift viel zu kurz.

54 Unter den CDU-Mitgliedern sind 68 % über 50 Jahre und 33 % sogar über 70 Jahre alt. Siehe Die Welt, 4.9.2007, S. 3.

55 Gegen die von anderen geäußerte These vom baldigen Ende der Parteien wendet sich Elmar Wiesendahl: Mitgliederparteien am Ende? Eine Kritik der Niedergangsdiskussion. Wiesbaden 2006. Nach seiner Auffassung läuft die weitere Entwicklung nicht auf Parteien ohne Mitglieder hinaus, sondern auf »Parteien mit immer weniger Mitgliedern«. (S. 173.)

56 Dies belegt eine Studie »Die Ängste der Deutschen 2007« der Wiesbadener R+V Versicherung. Zit. nach Die Welt, 7.9.2007, S. 4.

57 Belegt durch eine Gallup-Umfrage. Siehe Welt am Sonntag, 9.9.2007, S. 85.

58 Dazu äußerte sich Bundestagspräsident Norbert Lammert: »Wenn immer mehr Wähler von ihrem Wahlrecht keinen Gebrauch machen oder ihren Frust durch extremistisches Wahlverhalten ausdrücken, hat die Politik etwas falsch gemacht. In: Die Welt, 7.9.2007, S. 3.

59 Nachweise für die »nachlassende Vitalität des Parteienwesens in europäischen Ländern finden sich u.a. in Mathias Schmitz (Hrsg.): Politikversagen? Parteienverschleiß? Bürgerverdruss? Regensburg 1994. Siehe auch Josef Schmid und Udo Zolleis (Hrsg.): Zwischen Anarchie und Strategie. Der Erfolg von Parteiorganisationen, Wiesbaden 2005.

Für welche Zielsetzungen Parteienverdrossenheit zu nutzen ist, sei hier lediglich am Beispiel des für seine rechtskonservativen Ansichten bekannten Historikers Arnulf Baring verdeutlicht. Nach seiner Auffassung sei die Situation reif, gar überreif für einen Aufstand gleich dem der DDR-Bürger von 1989 gegen das »erstarrte Parteiensystem« der Bundesrepublik. Erläuternd schrieb er: »Es festigt sich im Lande die Überzeugung, dass unser Parteiensystem, in welcher Farbkombination auch immer, den heutigen Herausforderungen in keiner Weise gewachsen ist und daher von der Krise verschlungen werden wird, wenn es nicht die Kraft zur durchgreifenden Erneuerung findet. Wenn unsere Parteien weder programmatisch noch personell in der Lage sind, die Bevölkerung mit klaren Alternativen zu konfrontieren und damit Richtungsentscheidungen zu erzwingen, ist diese Republik am Ende.« Damit nicht genug: Es endete mit der Forderung, dass ebenfalls »die Verfassung auf den Prüfstand« müsse. Arnulf Baring: Bürger auf die Barrikaden! – Deutschland auf den Weg zu einer westlichen DDR. In: Frankfurter Allgemeine Zeitung, 19.11.2002, S. 33.

60 Siehe z.B. die Handreichung für die öffentliche Auseinandersetzung. Hrsg. vom Amt für Öffentlichkeitsarbeit der NPD (2006), S. 25.

61 Der Vf. wertet (dabei auch auf die frühen Untersuchungen von Robert Michels zurückgreifend) die genannten Erscheinungen als Krisenphänomene des Parteienstaates und nicht als notwendige oder gar sinnvolle Bestandteile einer stabilen, effizienten und funktionsfähigen Demokratie. Anders urteilt z.B. Elmar Wiesendahl: Parteien und Demokratie. Eine soziologische Analyse paradigmatischer Ansätze der Parteienforschung. Opladen 1980, S. 118-128.

62 Im Ansatz ist dies zu z.B. erkennen bei Hans-Joachim Veen: Die Entwicklung der Parteiensysteme in den postkommunistischen EU-Beitrittsländern. Eine vergleichende Analyse ihrer Errungenschaften und Defizite. In: Auslandsinformationen der Konrad-Adenauer-Stiftung, H. 7/2005, S. 28. Veen bewertet die Parteienverdrossenheit als einen Traditionellen Grundzug etablierter Parteidemokratien.

63 In der Literatur ist auch die These vertreten worden, dass die Allgegenwärtigkeit der Parteien zu einer »Kolonialisierung« der Gesellschaft führen würde und nicht zu deren demokratischer Gestaltung. Axel Bernd Kunze: Parteien zwischen Affären und Verantwortung. Anforderungen an eine Verantwortungsethik politischer Parteien aus christlich-sozialethischer Perspektive. Münster 2005, S. 183; Das Politikmonopol der Parteien wurde kritisch erörtert auch von Ina Gollnick in: Das Parlament, 23./30.12.2002, S. 2.

11. Oktober 1931: Harzburger Front – eine »Kriegserklärung«*

Was am heutigen Tag vor 80 Jahren in Bad Harzburg geschah, gehört zu jenen geschichtlich außerordentlich bedeutsamen Ereignissen, die deutlich und augenfällig zu erkennen geben, wer die Ergebnisse der Novemberrevolution zu revidieren versuchte, wer Schritt für Schritt das Ende der Weimarer Republik vorbereitete, wer also mit Fug und Recht als Totengräber eines parlamentarisch-demokratischen Regierungssystems zu bezeichnen ist.

Verfechter schlichter Extremismus-Theorien finden da schwerlich überzeugende Widerworte, zumal es Attacken nationalkonservativer Kreise gegen die neuen Verhältnisse – stets verknüpft mit Bemühungen um Wiederaufrüstung und Revanche für den 1918 verlorenen Krieg – von Anfang an gegeben hatte. Zwar scheiterten sie zumeist: der Kapp-Lüttwitz-Putsch im März 1920 oder das Hitlersche Unternehmen im November 1923. Die Ermordung sozialistischer und bürgerlich-demokratischer Politiker verhalf ebenfalls nicht zu erstrebtem Erfolg. Auch die nationalistisch geprägten Volksentscheide gegen den Young-Plan (1929) sowie gegen die sozialdemokratische geführte Regierung Preußens (1931) verfehlten ihr Ziel. Dennoch verschob sich in der Regel das politische Kräfteverhältnis ein wenig nach rechts, verfestigte sich jener Boden, auf dem alldeutsch-völkischer Nationalismus und schließlich der faschistisch-rassistische Ungeist triumphieren konnten.

Im Sommer 1931, mitten in einer Welle von Bankrotterklärungen großer Banken, startete die konservative *Deutschnationale Volkspartei* (DNVP) einen neuen Versuch, die vom Präsidialregime des Reichskanzlers Heinrich Brü-

* Veröffentlicht in der Zeitung »junge Welt« am 11.10.2011, S. 10 f.; ebenso unter dem Titel »Die Große Koalition der Rechten: Die Harzburger Front«, in: Ulrich Sander: Von Arisierung bis Zwangsarbeit. Verbrechen der Wirtschaft an Rhein und Ruhr 1933 bis 1945, Köln 2012, S. 28-39.

ning bereits eingeschränkten, jedoch noch vorhandenen parlamentarisch-demokratischen Regeln des Regierens vollends zu beseitigen. Alfred Hugenberg, seit 1928 Chef der Partei und in ihr mit »diktatorischen Vollmachten« ausgestattet, ergriff die Initiative und versuchte, alle im Reich wirkenden rechten Kräfte für ein großes, aufsehenerregendes Treffen zu mobilisieren. Nachdrücklich und vor allem in politisch beeindruckender Gemeinsamkeit sollte dieses vom Reichspräsidenten verlangen, Kanzler Heinrich Brüning zu entlassen.

Kurskorrektur nach rechts

Was damit bezweckt war, brachte eine Gruppe prominenter Industrieller zu dieser Zeit in einem Brief an Brüning auf den Punkt: »Man muss der Wirtschaft die Fesseln abnehmen und ihr das Wirtschaften nach den ewig gültigen ökonomischen Gesetzen wieder freigeben, damit sie ihre Kräfte entfalten kann.« Am 6. September schrieb Paul Reusch, Generaldirektor der Gutehoffnungshütte, an Ludwig Kastl, geschäftsführendes Präsidialmitglied des *Reichsverbandes der deutschen Industrie* (RDI), er sei der Meinung, dass Brüning die in ihn gesetzten Erwartungen nicht erfüllt hätte. Der Kanzler habe nicht den Mut aufgebracht, sich »von der Sozialdemokratie zu trennen« und den Einfluss der Gewerkschaften, auf die alles »Unheil« zurückzuführen sei, zu brechen. Daher müsse er von der Industrie »auf das allerschärfste bekämpft werden«. Wenige Wochen darauf, am 29. September, kritisierten elf der bedeutendsten Wirtschaftsverbände in einer »Gemeinsamen Erklärung« die »Inaktivität« der Regierung. Obgleich der RDI als wichtigster Industriellenverband sich nicht auf einen Generalangriff auf Brüning festlegen lassen wollte, schrumpfte sein diesem gebotenen Rückhalt zusehends. Wie andere Wirtschaftsverbände vertrat er auch die Meinung, es müsse Schluss gemacht werden mit einem »politisch diktierten Wirtschaftssystem«. Es dürfe keinerlei Kompromiss geben zu Ungunsten »individualistischen« Wirtschaftens. Daher wurde gefordert, die Ausgaben der öffentlichen Hand weiter umfassend abzubauen, das Tarif- und Schlichtungswesen zu »reformieren« und sich abzuwenden von einer »übertriebenen Ausweitung der Sozialversicherung« einschließlich der Arbeitslosenversicherung sowie von einer »Überspannung des Fürsorgeprinzips«.

Parallel und ganz im vorgegebenen Sinne inszenierte der *Alldeutsche Verband* eine Brief-Kampagne: Personen, auf deren Urteil der Reichspräsident großen Wert legte, schrieben diesem fordernd, er möge den Weg zu einer »nationalen Rechtsregierung« unter einem Kanzler Hugenberg freimachen. Zu den Absendern gehörten der westfälische Großgrundbesitzer Fürst zu Salm-Horstmar, der Vorsitzende des Reichslandbundes Graf von Kalckreuth, Prinz zu Schoenaich-Carolath als Sprecher schlesischer Magnaten, Emil Kirdorf als Senior der Ruhrindustriellen, Fritz Thyssen, Albert Vögler und Ernst Brandi von der Vereinigten Stahlwerke AG, dem größten deutschen Montantrust, Generaldirektor Fritz Springorum vom Hoesch-Konzern, Louis Ravené vom Eisengroßhandel, der Hamburger Werftenherr Rudolf Blohm u. a. m. In Harzburg hieß es dem entsprechend, die »nationale Opposition« stehe vor der Einleitung eines »Entscheidungskampfes«, denn es gelte nunmehr, das »heutige System« endgültig niederzuringen.

Ort und Termin des Treffens waren sehr bewusst gewählt: Das am Nordrand des Harzes gelegene Städtchen gehörte zum Freistaat Braunschweig, an dessen rechtsgerichteter Regierung sich seit kurzem auch Nazis beteiligen durften. Verbote oder Protestdemonstrationen schienen da nicht in Sicht oder wurden als leicht zu verhindern betrachtet. Die demonstrative Zurschaustellung eigener Macht sollte wenige Tage vor einer neuen Sitzung des Reichstages stattfinden, nachdem dieser ein halbes Jahr lang in eine Zwangspause geschickt worden war. DNVP und NSDAP planten, am 13. Oktober einen Misstrauensantrag gegen die Regierung stellen. Diesem sollte zuvor außerordentlicher Nachdruck und breite Popularität verliehen werden.

Brüning – noch von einer bourgeoisen Mehrheit gestützt sowie vom Vertrauen Hindenburgs getragen – konterte allerdings und bildete sein Kabinett am 9. Oktober um. Entlassen wurde Joseph Wirth, der sich schärfer als andere Minister gegen die Nazipartei gewandt und nicht viel vom Vorschlag des Reichswehrministers Wilhelm Groener für ein Verbot der KPD gehalten hatte. Doch ausgerechnet dem wurde das Amt des Innenministers übertragen, womit er über zwei der wichtigsten Machtinstrumente des Staates verfügte. Der Kanzler übernahm auch das Amt des Außenministers. Neuer Wirtschaftsminister wurde Hermann Warmbold, ein Vorstandsmitglied der IG Farbenindustrie AG, des größten europäischen Chemie-Unternehmens. Weitere Großindustrielle einzubinden misslang jedoch, so dass rechte Kreise die Neuformierung der Regierungsmannschaft als eine »Notlösung« bewerteten.

Generalangriff

Der das Harzburger Treffen vorbereitende Arbeitsausschuss hielt die Kabinettsumbildung für völlig unzureichend. Sein deutschnationales Mitglied, der Reichstagsabgeordnete Schmidt aus Hannover, erklärte in der Presse, man könne trotz dieser »Rechtsverlegung [...] in Ruhe zur Tagesordnung übergehen«. Im Klartext bedeutete dies, auf keinen Fall vom Kurs auf eine Radikallösung sowohl in der Innen- als auch in der Außenpolitik abgehen zu wollen. Pathetisch klang hingegen die Formulierung, das Treffen werde »lebendiger Ausdruck eines Kräftestromes« sein, der nicht aufgehalten werden könne. Stolz berichtete Schmidt von neuen Zusagen zur Teilnahme, wodurch sogar »die durch die Raumverhältnisse leider gezogenen Grenzen« weit überstiegen würden. Man wolle keine neuen Organisationsformen, auch keine neue »Arbeitsgemeinschaft« schaffen, sondern eine »geschlossenen Front«, die »nach einem einheitlichen Plan unter Ausschaltung aller Kompetenz- und Führerstreitigkeiten« als Grundlage der angestrebten neuen Regierung zu wirken habe. Man sprach von einer »politischen Gesinnungsgemeinschaft«, die alle Brücken zur Sozialdemokratie abbreche. Deren Politik des »kleineren Übels« sah man im Grunde schon für überflüssig und hinderlich an. Es sei »ein Ding der Unmöglichkeit, dass bewusst konservative Gruppen und Marxisten sich in der ›schöpferischen Synthese‹ Brünings zusammenfinden«, hieß es. Damit folgte man der Linie, die der RDI bei Beginn der Weltwirtschaftskrise vorgegeben hatte: Bruch jeglicher Zusammenarbeit mit SPD und Gewerkschaften.

Jene Intentionen, welche die NSDAP mit ihrer Beteiligung am Treffen der stockreaktionären Kreise verfolgte, benannte Joseph Goebbels am 9. Oktober im Berliner Sportpalast: Sinn der angekündigten Tagung in Bad Harzburg sei ein »grundlegender Systemwechsel« und die Bildung einer neuen Regierung, und in dieser werde seine Partei als größte Kraft in der »Widerstandsfront« für sich die Führung beanspruchen. Das Ziel heiße schärfste Opposition gegen die Regierung, endgültiger Sturz des Kabinetts und Machtübernahme durch die nationale »Aufmarschfront.« Offen bezeichnete er das Harzburger Treffen als »Kriegserklärung« an die Adresse der bestehenden Reichsregierung.

Im Vorfeld des Harzburger Treffens zeigte sich, dass einer ganzen Reihe von Großunternehmern und Großgrundbesitzern, Generälen der Reichswehr und Monarchisten die Entwicklung nach rechts weder schnell noch weit genug ging. Seit dem Frühjahr, verstärkt ab Sommer 1931 forderten sie eine abrupte Hinwendung zu einer autoritären Diktatur. Unter der Parole »Unternehmer an die Front!« verlangten sie von ihresgleichen auf allen Gebieten mehr politische Aktivitäten, um die Regierungspolitik rigoros auf ihren Kurs festlegen zu können. Ganz in diesem Sinne gestalteten sich die Verbindungen zwischen den NSDAP-Führern und Angehörigen des Finanz- und Industriekapitals, des großen Grundbesitzes und zur Militärkaste immer enger. So konnte die Partei nunmehr, anders als noch zur Zeit des Volksbegehrens gegen den Young-Plan, vollständig gleichberechtigt auftreten. Gleichsam geadelt durfte sich Hitler fühlen, als er unmittelbar vor seiner Fahrt nach Bad Harzburg erstmalig vom Reichspräsidenten zu einem Gespräch empfangen worden war.

Weder das terroristische Auftreten noch das rassistisch-antisemitische Gebaren der NSDAP und erst recht nicht ihre Mitwirkung an der »Harzburger Front« hinderten Großindustrielle, sich für diese zu engagieren. An den Beratungen und Kundgebungen des 11. Oktober beteiligten sich einige bekannte wie auch weniger prominente Generaldirektoren und Direktoren aus Bergbau und Hüttenwesen, der Kali- und der Werftindustrie; andere stimmten zwar mit den Ideen der Organisatoren überein, zeigten sich aber nicht bereit, dies auch öffentlich zu bekunden. Möglicherweise befürchteten sie, Brüning werde seine Drohung wahr machen und im Falle seines Sturzes pikante Details aus dem Innenleben von Großindustrie und Bankwesen publizieren. Vertreten waren ferner der ehemalige Präsident der Reichsbank Hjalmar Schacht und der Bankier Emil Georg von Stauß, die Generale Hans von Seeckt, Rüdiger Graf von der Goltz und Walther Freiherr von Lüttwitz, der Hohenzollernprinz Eitel Friedrich von Preußen sowie eine Reihe von Großagrariern und Funktionären des *Reichslandbundes*.

Heerschau der »nationalen Opposition«

So vorbereitet und werbetechnisch perfekt versammelte sich in Bad Harzburg die größte Schar der politischen Rechten, die man jemals öffentlich beisammen gesehen hatte. Das Treffen begann mit einer Kundgebung und der Parade mehrere paramilitärischer Formationen – 2000 Mann aus der SA und 3000 Stahlhelmer. Als erstere die Tribüne passiert hatten, verließ Hitler diese und nahm auch nicht am gemeinsamen Mittagessen teil. Am Nachmittag drängten sich die Teilnehmer im großen Saal des Harzburger Kurhauses dicht an dicht, wie die Presse berichtete. Auch in den benachbarten Räumen lauschten Hunderte Gäste den Tiraden der Redner. Im Hause habe ein geradezu lebensgefährliches Gewühl geherrscht, vor allem als die Führer von

DNVP und NSDAP den Saal betraten und dort von sich immer wiederholenden Rufen »Heil Hugenberg!« bzw. »Heil Hitler!« begrüßt wurden. Diese Ovationen hätten etwa zehn Minuten lang gedauert. Geredet wurde danach viel, wobei inhaltliche Unterschiede kaum zu erkennen waren, gleich ob da Hugenberg, Hitler, die *Stahlhelm*-Vorsitzenden Franz Seldte und Theodor Duesterberg, Graf Eberhard von Kalckreuth vom *Reichslandbund*, Schacht, der Vorsitzende des *Alldeutschen Verbandes* Heinrich Claß, und ein weiterer Graf, Joachim von der Goltz, der die *Vereinigung vaterländischer Verbände Deutschlands* führte, auftraten.

Allen in ihrer Kritik an Brüning regelrecht wetteifernden Rednern galt stürmischer Applaus. Den erhielt in hohem Maße Hitler, vor allem aber Schacht, der allein mit seinem unangekündigten Erscheinen und seinem Vortrag großes Aufsehen erregte. Nach seiner Aussage diene die deutsche Währung nur noch dazu, »die Illiquidität unserer Finanzinstitute und der öffentlichen Hand zu verbergen«. Es gelte, so bekannte er, »grundsätzliche« Fehler des Systems zu kritisieren, »anstatt bei den einzelnen Tatsachen unseres Elends zu verweilen«.

Die Entschließung, die feierlich in Harzburg angenommen und entsprechend bejubelt wurde, beschrieb apokalyptisch die Lage des Reiches. Die Regierungen und der Staatsapparat hätten versagt »gegenüber dem Blutterror des Marxismus, dem fortschreitenden Kulturbolschewismus und der Zerreißung der Nation durch den Klassenkampf«, sie hätten gegenüber dem Ausland eine »Politik der Unterwürfigkeit« betrieben und Deutschland politisch, wirtschaftlich und militärisch »entmannt«. Hindenburg wurde beschworen, »in letzter Stunde durch Berufung einer wirklich nationalen Regierung den rettenden Kurswechsel herbeizuführen: »Nur der starke nationale Staat kann das Leistungsprinzip in jeder Form verwirklichen und die zur Herbeiführung einer wahren Volksgemeinschaft notwendigen sozialen Maßnahmen durchführen.« Am Ende hieß es vielsagend: »Wir verlangen von allen Volksgenossen Pflichterfüllung und Opfer.«

Vom Kompagnon zum Favoriten

Die Schlachtordnung gegen die Weimarer Republik, gegen das Kabinett Brüning und die deutsche Arbeiterbewegung schien hergestellt, wenngleich noch nicht völlig geordnet. Denn nichts konnte eine Tatsache verdecken: NSDAP und DNVP hatten sich weder über Führung und Zusammensetzung des Kabinetts noch über dessen Programm geeinigt. Da aber weder die Konservativen noch die Nazis eine Chance sahen, auf eigene Faust voranzukommen, ließ sich absehen, dass über alle Meinungsverschiedenheiten hinweg sich die Verständigungsversuche wiederholen würden. Hitler und die Seinen waren auf dem besten Wege, in diesem gemeinsamen Konzert die erste Geige zu spielen, sich vom Juniorpartner und Kompagnon zum Favoriten zu mausern. Für die NSDAP sprach, dass sie über eine im Großen und Ganzen einheitliche Parteispitze verfügte und zunehmend einen Massenanhang aufbieten konnte, während Person und Politik Hugenbergs auch in der DNVP umstritten waren und deren Partei- und Wählerbasis stagnierte. Allerdings konnten die deutschnationalen Führer noch darauf vertrauen, in der deutschen Gesellschaft und quer durch alle Oberschichten als die politische Kraft zu gelten, deren Haltung zu Tradition, Macht, Eigentum, Privilegien keinem Zweifel unterlag, und dass sie nicht nur die älteren, sondern auch die vertrauteren Beziehungen zu Hindenburg und den Militärkreisen besaßen. Daher beanspruchten sie ehrgeizig und hochmütig die Führungsrolle. Sie glaubten, Hitler und seine Partei als ihre Hilfskräfte in Dienst nehmen zu können. Allerdings wiesen das Zustandekommen der zeitweiligen antirepublikanischen Einheitsfront am 11. Oktober 1931 stärker als jedes Ereignis vorher darauf hin, dass die äußersten Rechtskräfte sich energisch und mit wachsenden Erfolgsaussichten an die Regierung zu drängen verstanden.

Keine Woche war seit der Kundgebung in Harzburg vergangen, als in Braunschweig 100.000 SA-Leute aufmarschierten. Sie fielen in Arbeiterviertel ein, töteten drei Arbeiter und verletzten 70 schwer. Die blutige Demonstration unterstrich noch einmal den Führungsanspruch der NSDAP innerhalb Opposition. Aus dem Treffen in Harzburg, so erklärte ein Nazi-Führer in der Berliner »Neuen Welt«, könne nicht geschlossen werden, dass »Hitler mit Hugenberg Hand in Hand gehe«. Erneut wurden die angeblich grundlegenden Differenzen zwischen NSDAP und DNVP »auf sozialem Gebiete« hervorgekehrt und die eigene Partei als Kraft des Fortschritts hingestellt. Als deutschnationale Blätter die NSDAP-Führer der Untreue bezichtigten und Meldungen über Verhandlungen zwischen der NSDAP und dem Zentrum verbreiteten, dementierte Hitler dies nicht nur, sondern erklärte, das System werde durch die NSDAP und nicht durch die DNVP gestürzt werden. Wechselseitig beschuldigten sich die Harzburger Partner, am Zerfall der Front schuld zu sein.

Dennoch markierte das Treffen von Bad Harzburg eine neue Phase im Ringen der Reaktion um die Aufhebung sozialer und demokratische Rechte, um die Zerstörung der geltenden bürgerlich-demokratischen Verfassungsordnung. Trotz aller Konkurrenz untereinander (sie wird von einigen Geschichtsschreibern zu Unrecht, aber gern und mit entsprechenden Hintergedanken in den Vordergrund gehoben) verbündeten sich die großen Parteien der deutschen Rechten erneut und leiteten schließlich am 30. Januar 1933 als »Kabinett der nationalen Konzentration« den schrecklichsten Teil deutscher Geschichte ein.

»Im Gleichschritt zur Diktatur« – so lautet treffend der Titel einer Ausstellung, die seit Februar 2009 in der Wandelhalle des Bad Harzburger Kurbetriebes an den 11. Oktober 1931 erinnert. Sie wurde im Juli 2011 teilweise zerstört.[1]

Der Anhang zu diesem Artikel enthielt folgende Zitate:

Aus dem Artikel »Vor dem Bankrott«, verfasst von Heinz Pol und veröffentlicht in »Die Weltbühne« vom 9.12.1930: »Der Zusammenbruch der Demokratie in Deutschland geht mit einer Schnelligkeit vor sich, die im direkten Zusammenhang mit der Brüchigkeit des Systems steht: die Verfassung von Weimar, die Errungenschaften der Revolution, der sogenannte republikanische Gedanke – alle diese Dinge waren unmittelbar abhängig und lebten nur von der Gnade oder Uneinigkeit ihrer Gegner. Die Demokratie stirbt dahin, weder in Schönheit noch etwa unmerklich, sondern in aller Öffentlichkeit, auch von den Dümmsten bemerkt. Das Unheil, auf das man zwölf Jahre wartete – jetzt tritt es durch die Tür.«

Aus einem Brief des sächsische NSDAP-Gauleiters Martin Mutschmann an den Fabrikbesitzer Fritsche: »Lassen Sie sich doch nicht immer durch die Schlagworte ›Nieder mit dem Kapitalismus!‹, die wir auf unsere Plakate schreiben, verwirren. Diese Schlagworte sind notwendig. Sie müssen wissen, mit der Losung ›Deutschnational oder National‹ allein, würde es nie möglich sein, unser Ziel zu erreichen. Wir müssen die Sprache der verbitterten sozialistischen Arbeiter sprechen, sonst werden sich diese nie bei uns zu Hause fühlen. Aus diplomatischen Gründen können wir nicht mit unserem wirklichen Programm herauskommen, ohne dessen Durchführung von vornherein unmöglich zu machen.«

Aus einer Rede des Aufsichtsratsvorsitzenden der IG Farbenindustrie AG, Carl Duisburg, vor Mitgliedern der Industrie- und Handelskammer am 23.6.1931 in Düsseldorf: »Kommt nun ein Mann, der bewiesen hat, dass er keine Hemmungen hat, und der gesonnen ist, den Geist der Frontgeneration in friedlicher Befreiungsarbeit einzusetzen und zu verwirklichen, so muss diesem Mann auch unbedingt Folge geleistet werden.«

Aus einem Brief von Paul Reusch vom 4.10.1931: »Der Reichskanzler scheut den Kampf gegen die Massen und wird infolgedessen unterliegen.«

Aus der Rede Alfred Hugenbergs vom 11. Oktober 1931: »Was Arbeitslosigkeit der industriellen Völker heißt, weiß jetzt die ganze Erde. Ihr wird der erste große Kampf der regierenden Nationalen Opposition gelten. Die Arbeitslosigkeit hängt eng mit dem zweiten Weltkrieg zusammen, den ein irregeleitetes internationales Kapital heute gegen das nationale Kapital und die nationale Volkswirtschaft der ganzen Welt führt. Da der Brennpunkt diese Krieges Deutschland ist, kann die Erlösung von der Geißel der Arbeitslosigkeit nur von Deutschland aus kommen. Sie kann auch, da der andere treibende Grund der deutschen Arbeitslosigkeit der Marxismus ist, nur von den Gegnern des Marxismus, nur von der deutschen Nationalen Opposition kommen.«

Aus der Rede Hjalmar Schachts: »Ich überlasse es Ihnen zu urteilen, wohin ein marxistisches Gewerkschaftssystem zu klassifizieren ist, welches ohne Rücksicht auf den Erfolg der Wirtschaft seine Ansprüche mit politischen Mitteln durchzusetzen sucht. Es bedarf einer grundsätzlichen Umstellung in unserem Volke dahin gehend, dass jeder einzelne, wo immer im Produktionsprozess er steht, verantwortlich ist für den Erfolg des Ganzen. Wenn das Wort Demokratie überhaupt noch einen Sinn haben soll, so bedeutete es die Einordnung des einzelnen, Unternehmers wie Arbeiters, unter die große Forderung des Gemeinnutzes.«

Das Übermaß der Chancen für die Bourgeoisie führte 1933 zur Niederlage aller nichtfaschistischen Kräfte*

Weimarer Republik – Weimarer Verfassung – Weimarer Demokratie: das sind Begriffe, die wohl bei jedem politisch engagierten Historiker auf besonderes Interesse stoßen. Dies gilt für mich um so mehr, da ich nur zwanzig Kilometer von jenem namenspendenden Ort zu Hause bin und vielleicht auch deshalb, weil ich weiß, dass es um ein Haar heißen müsste: Jenaer Republik oder Nürnberger Verfassung, Kasseler Demokratie usw.[1] Die hauptstadtfeindliche Suche der damals Verantwortlichen nach einem passenden Ort für die Nationalversammlung und die schließliche Entscheidung für das – damals – geruhsame thüringische Residenzstädtchen haben viel mit dem zu tun, was unser heutiges Thema ausmacht. Die Wahl eines Tagungsortes fern von den Zentren der Novemberrevolution betraf bereits die Chancen, die dem in der Revolution, mit der Revolution und gegen die Revolution entstehenden Staat beschieden sein sollten. Die räumliche Entfernung der verfassunggebenden deutschen Nationalversammlung von Berlin war mehr als nur ein Symbol der Entfernung vom Streben der Arbeiter aus den unterschiedlichsten Richtungen nach einer Gesellschaft ohne Ausbeutung und Krieg. Sie war – wie es der

* Diesen Beitrag hielt der Vf. auf einer Tagung, die 1987 von der Historischen Kommission beim Parteivorstand der SPD zusammen mit Historikern aus der DDR durchgeführt wurde. Veröffentlicht in: Erben deutscher Geschichte. DDR – BRD. Protokolle einer historischen Begegnung. Hrsg. von Susanne Miller und Malte Ristau, Reinbek bei Hamburg 1988, S. 148-161, ergänzt durch weitere Bemerkungen auf S. 171-174 und S. 75. Die zweite gemeinsame Tagung fand im Mai 1989 in Berlin statt. Mit Walter Schmidt gab der Vf. heraus: Perspektive und Aktion. Erfahrungen deutscher Arbeiterbewegung. Protokoll eines Geschichtsforums über August Bebel und die Arbeiterbewegung an der Wende vom 19. zum 20. Jahrhundert sowie über Massenbewegungen und parlamentarische Demokratie in den ersten Jahren der Weimarer Republik (30./31. Mai 1989), Jena 1989, 104 S. Walter Schmidt berichtet über beide Tagungen ausführlich in seinen 2018 erschienenen Memoiren.

Jurist Karl Polak einmal in der Verfassungsdiskussion der DDR von 1949/50 bezeichnet hat – eine »Entfremdung des Volkes von der Verfassungsschöpfung« und damit »der erste Schritt der Entfremdung des Volkes von dieser Republik selbst …«[2]

Die Ortsbestimmung für die Nationalversammlung verriet in vielerlei Hinsicht Standortbestimmung für die Republik. Sie verdeutlichte, wem von den verschiedenen Kräften der klassengespaltenen Gesellschaft welche Chancen, Chancen in welchem Ausmaß und mit welchen Grenzen zugestanden werden sollten.

Langwierig, qualvoll und widersprüchlich vollzog sich seit dem Beginn der Novemberrevolution die Konstituierung der Weimarer Republik. Keiner der 276 Tage zwischen dem Sturz der Monarchie und der Unterzeichnung der Weimarer Verfassung lässt sich als Geburtstag dieses Staates in Anspruch nehmen. Die politischen und geistigen Väter dieses Staates bemühten sich zwar, einen Tag zum Feiertag der Republik zu erheben – jedoch vergeblich. Weder der 9. November noch der 19. Januar, weder der 6. Februar noch der 11. August ließen sich durchsetzen. Weder der große Revolutionstag noch der Tag, an dem die Wahlen zur Nationalversammlung stattfanden, weder der Tag des ersten Zusammentretens der neuen Konstituante noch der sogenannte Verfassungstag repräsentierten die Gründung der Weimarer Republik.

Demgegenüber lässt sich eindeutig terminieren, wann faschistische und rechtskonservative Kräfte aus Wirtschaft, Militär, Parteien und Bürokratie diesen Staat zerschlugen, mit dessen Existenz sie sich niemals abgefunden hatten und dem Chancen zu gewähren sie niemals bereit gewesen waren. Sie hatten dessen Scheitern in unterschiedlichster Art, jedoch von Anfang an erstrebt. Er war ihnen ein Dom im Auge, weil er nicht ausschließlich ihren Interessen Raum und Chancen bot.

Die Weimarer Republik existierte lediglich vierzehn Jahre – eine historisch kurze Frist. Sie beinhaltete keineswegs lediglich eine Leidensgeschichte. Noch weniger lässt sich ihr Scheitern als zwangsläufig und unumgänglich betrachten. Aber es gab solche Auffassungen; verständlicherweise. Nach der Zerschlagung der Weimarer Republik dominierte bei allen jenen Kräften, die mit ihr besiegt worden sind, die Suche nach neuen Strategien des antifaschistischen Kampfes. Mit Recht wurde dabei bis zur Novemberrevolution zurückgeschaut, zu Entscheidungen wie beispielsweise denen über die faktische Weiterführung des alten Staatsapparates u. ä. m. In der Weimarer Republik wurde vor allem die Vorgeschichte der faschistischen Barbarei gesehen. In diesem Sinne war die Losung »Nie wieder Faschismus und Krieg – kein Zurück zu Weimar« zu verstehen, unter der Kommunisten, Sozialdemokraten, Gewerkschafter und bürgerliche Humanisten nach 1933 Widerstand leisteten, mit der sie nach dem 8. Mai 1945 begannen, nicht nur die Erscheinungsformen des Faschismus, sondern auch seine Wurzeln zu beseitigen.

Je weiter wir uns heute von der Geschichte der Weimarer Republik entfernen und je größer der historische Abstand wird, desto stärker stellt sich jedoch die damalige Zeit auch als ein Teil der Vorgeschichte unserer Gegenwart dar. Die Chancen, die es in der Weimarer Republik für die Weiterentwicklung ihrer demokratischen Instrumentarien bis zu deren notwendiger dialektischer »Aufhebung« (Hegel) gab, wirkten und wirken weit über 1933 hinaus. Insofern sind für uns manche Erscheinungen und Prozesse, Ansatzpunkte und Teilaspekte aus der Geschichte der Weimarer Republik bedeutsamer, als es ihrem realen Gewicht in den Jahren 1918 bis 1933 entsprach. In ihnen deuteten sich politische und geistige Möglichkeiten eines anderen, eines weniger Opfer fordernden Geschichtsverlaufs an. In ihnen offenbarten sich gewisse Alternativen zum tatsächlichen Geschehen, die ohne schematische Vergleiche anstellen zu wollen-heute wesentlich größere Realisierungschancen und -notwendigkeiten aufweisen. Vor allem erschließen sich uns friedenspolitisch nutzbare Erfahrungen.

Solche Fragestellungen an die Geschichte der Weimarer Republik sind naturgemäß mehr mit ihren Anfängen als mit ihrem Ende verknüpft. In Abstimmung mit dem Beitrag Walter Wimmers sei daher hier etwas mehr auf die ersteren eingegangen, zumal eine Einschränkung des weiten Feldes, auf dem wir uns thematisch bewegen wollen, geboten scheint.

Ich sprach bereits von der Vielzahl der Geburtswehen des neuen Staates. In ihnen offenbarte sich das widersprüchliche Verhältnis, das die einzelnen in der Revolution agierenden und von ihr betroffenen Klassenkräfte zu ihm einnahmen. Wo es sich komplex in politischen Einfluss umsetzte, führte es zu unterschiedlichen Kennzeichen der Weimarer Republik, ja teilweise sogar zu januskköpfigen Eigenheiten und Widersprüchlichkeiten insbesondere in der Verfassung. Dennoch stellte die Weimarer Republik hinsichtlich ihres Charakters einen bürgerlichen Staat dar. Sein Klassencharakter war eindeutig bestimmt und entsprach dem prägenden Sieg der Konterrevolution über alle

Versuche, die Novemberrevolution zu einem Sieg sozialistischer Hoffnungen und Wünsche der Arbeiterklasse weiterzuführen. Aber sie spiegelte in sich eben auch ein Ergebnis der Novemberrevolution selbst, sie war ein Resultat des Drucks der demokratischen Massenbewegung.

Dieses gewisse, wenn auch keineswegs gleichrangig zu verstehende »sowohl-als-auch« in der Entstehung der Weimarer Republik bot allen Klassenkräften neue Bedingungen für ihren weiteren Kampf, wobei die Chancen von Beginn an sehr ungleich verteilt waren. In diesem »sowohl-als-auch« widerspiegelt sich, dass diejenigen, die ihre Macht über Krieg und Revolution hinweg zu retten verstanden hatten, die gewichtigen und weitreichenden Wandlungen im politischen, sozialen und geistigen Leben der Gesellschaft berücksichtigen und anerkennen mussten. Daher paarten sich bei ihnen vorsichtiges Taktieren und kompromissgewandte Anpassungsbereitschaft mit antirevolutionärer und massenfeindlicher Rigorosität. Das erste trat beispielsweise in den Verfassungsdiskussionen zutage, letzteres vor allem in der Gestaltung der Verfassungswirklichkeit, in der allzu häufigen Ausübung der politischen Macht entgegen der demokratischen Substanz der zweifellos hervorragend formulierten Artikel des zweiten Teils der Weimarer Verfassung.

Die Frage nach den Chancen der Weimarer Republik stellt sich für mich – und das wird hier keinen überraschen – nicht als eine Alternative für den revolutionären Weg zum Sozialismus, sondern als Chance eines evolutionären Weges im Rahmen des bestehenden Staates. In diesem Sinne war die Weimarer Republik kein Ausdruck eines zweiten oder dritten Weges. Vielmehr stellt sich für mich die Frage nach den Chancen gemäß dem eigenen Anspruch, gemäß der fixierten Normen, der verkündeten Ideale. Die Frage nach den Chancen der demokratischen Substanz von Weimar ist nicht zuletzt eine Frage nach dem bürgerlich-parlamentarischen Herrschaftssystem der Weimarer Republik, nach den Grundsätzen der Verfassung dieses Staates.

Tatsächlich stand das Grundsatzdokument von Weimar hinsichtlich seines bürgerlich-demokratischen Charakters durchaus gut da. Es brauchte in dieser Hinsicht den Vergleich zu den Verfassungstexten aus anderen bürgerlichen Ländern keineswegs zu scheuen. In den revolutionären Auseinandersetzungen geriet die Verfassung so gut, das heißt so demokratisch, wie der bürgerlichen Rechten die Kodifizierung demokratischer Rechte für die Massen abgerungen werden konnte. Unverkennbar manifestierte sich vor allem in den Grundrechten ein historischer Fortschritt, der für den notwendigen weiteren Kampf der Arbeiterbewegung von außerordentlich großer Bedeutung gewesen wäre, hätten sie durchgesetzt, erweitert und gesichert werden können. Die Verfassung bot Chancen für jene Kräfte, deren Anliegen nicht allein die Beibehaltung des Erreichten, sondern der Kampf für Demokratie und Sozialismus, für Frieden und Fortschritt war – ungeachtet ihrer Begrenztheiten und ihres dominierenden Widerspruchs zwischen den Ansätzen zu einem wirklichen bürgerlich-demokratischen Leben der Gesellschaft und pseudodemokratischen Exekutive-Befugnissen des Weimarer Staates.

Natürlich ist der Parlamentarismus der Weimarer Republik von bürgerlichen Parteien und Politikern nicht nur akzeptiert, sondern auch erstrebt worden. Deren Auseinandersetzung mit dem Wilhelminischen Obrigkeitsstaat und der Diktatur der Obersten Heeresleitung bereiteten ebenfalls den Boden für die Republik, wenngleich sie in ihr hauptsächlich die Chance einer erfolgreichen Spaltung der Arbeiterbewegung sowie der Integration einiger ihrer Teile in den bürgerlichen Staat sahen. Widerwillig hatte schon Reichskanzler Theobald von Bethmann Hollweg am 27. Februar 1917 in einer Reichstagssitzung von der Notwendigkeit einer »Neuordnung« gesprochen. Am Tage des Sieges der bürgerlich-demokratischen Revolution im zaristischen Russland erklärte er: »Überall, wo politische Rechte neu zu ordnen sein werden, da handelt es sich nicht darum, das Volk zu belohnen für das, was es getan hat – diese Vorstellung ist mir immer als geradezu entwürdigend erschienen –, sondern es handelt sich ausschließlich darum, den richtigen politischen und staatlichen Ausdruck für das zu finden, was dieses Volk ist.«[3]

Was aber *ist* das Volk, *was* soll es nach dem Willen der Herrschenden sein? *Wie* soll es von einer, von seiner Revolution ferngehalten werden? In *welcher* Weise lässt es sich so beeinflussen, dass es die bürgerliche Herrschaft nicht nur nicht bekämpft, sondern sich in sie einordnet, sie akzeptiert und sich mit ihr identifiziert? Diese generellen Fragen gewannen für die Bourgeoisie eine völlig neue Qualität, als mit den Revolutionen von 1917/18 die Ablösung der auf Ausbeutung und Unterdrückung beruhenden Gesellschaftsformation auf die Tagesordnung der Geschichte gestellt wurde.

Mit einem geschichtlichen Blick auf die große Revolution in Frankreich, auf die damals nicht verhinderten Auswirkungen dieser Revolution auf Deutschland, postulierte der führende Politiker der Deutschen Demokratischen Partei, Friedrich Naumann, in den Beratungen des Verfassungsausschusses der Nationalversammlung am 31. März 1919 mit Besorgnis: »Niemand von uns ist heute sicher, welchen Weg die bolschewistische Verfassung von Moskau aus nach Westen geht [...] Es ist leicht, das zu ignorieren, aber damit hat man nicht aus der Welt geschafft, dass schon heute diese Verfassung und die in ihr enthaltene politische Weltanschauung in unserem eigenen Volke und Vaterlande eine große wirkende Kraft hat. Wenn demgegenüber hier eine Verfassung geschaffen wird, die es nicht fertigbringt, sich *von einer anderen Grundidee aus* dem entgegenzustellen, dann ist das ein allzu schwacher Zusammenhalt des Staates, für den wir hier die Verfassung zurechtmachen.«[4]

Es wäre sehr interessant, am Beispiel der chancenbietenden Verfassungsdebatte darzustellen, wie Schritt für Schritt – vor allem nach dem Ende der Novemberrevolution – diese andere Grundidee durchgesetzt und gleichzeitig wieder abgebaut und zurückgenommen worden ist, was ursprünglich in den weiterreichenden demokratischen Intentionen einer ganzen Reihe der Verfassungsväter enthalten war. Allein die Streichung des Artikels 107 aus dem sogenannten vierten Entwurf war nahezu symbolisch. Dieser Artikel hatte vorgesehen, dass die Grundrechte und Grundpflichten »Richtschnur und Schranke für die Gesetzgebung, die Verwaltung und die Rechtspflege im Reich und in den Ländern« bilden. Auf diese Weise wäre den Grundrechten eine unmittelbar verpflichtende gesetzliche Kraft zugekommen. Die rechten Parteien erreichten die ersatzlose Aufhebung dieses Artikels, was erheblich dazu beitrug, die Grundrechte mehr oder weniger zu bloßen Absichtserklärungen werden zu lassen, zu einer »Aphorismen-Sammlung«, wie Vertreter der bürgerlichen Rechte damals spöttelten. Hier handelte es sich um einen Abbau der Verfassung, bevor sie noch angenommen worden war. Aber jeder Abbau der Verfassung – das wird man in so allgemeiner Form sagen können – richtete sich gegen die Chancen, die sich die antiimperialistische Massenbewegung in der Revolution hatte erkämpfen können.

Damit ist zugleich gesagt, dass auch im weiteren Verlauf die Chancen der Weimarer Republik dort lagen, wo es die Arbeiterbewegung und ihre Verbündeten verstanden, die Errungenschaften des Novembers 1918 zu verteidigen. Deren Schutz verlangte ein aktives, kontinuierliches und konsequentes Ringen um ihre Realisierung und um ihre Erweiterung, verlangte Einheitlichkeit und Partnerschaft aller Kräfte, die an einer weiteren Schwächung der reaktionärsten und aggressivsten Kreise, am wirksamen Kampf gegen die Wiederaufrüstung und gegen die Gefahr einer faschistischen Diktatur interessiert waren. Die Geschichte der Arbeiterparteien in der Weimarer Republik bietet dafür positive und negative Beweise, aus denen zu lernen notwendig und möglich ist, nicht zuletzt in solchen Gesprächen, wie dem von gestern und heute. Es gehört zu den tragischen Elementen der deutschen Geschichte, dass es den Herrschenden – auch mit Hilfe des Weimarer Staates und seines Chancenangebots für die Rechten – gelingen konnte, die Spaltung der Arbeiterklasse zu vertiefen. Daraus erwuchsen zusätzliche, potenzierte Chancen für jene bürgerlichen Kräfte, die eigentlich mit der Weimarer Republik nichts, zumindest nicht viel im Sinn hatten. In den rechtskonservativen und faschistischen Organisationen entfaltete sich daher ein neues Machtstreben, das sich nicht allein gegen alle Teile der Arbeiterbewegung richtete, das sich mehr und mehr gegen den bürgerlichen Parlamentarismus und alle demokratischen Elemente der Weimarer Gesellschaft erhob. Diese Kräfte nahmen schließlich die Errichtung einer terroristischen Diktatur und die Entfesselung eines neuen Weltkrieges von deutschem Boden aus in ihr Visier. Hierin sehe ich primär die Ursache des Scheiterns der Weimarer Republik. Allerdings ist damit keineswegs die geschichtliche Wirksamkeit anderer Faktoren geringschätzig abgetan, wie der marxistisch-leninistischen Faschismus-Forschung der DDR immer wieder mit dem klischeehaften Vorwurf unterstellt wird, sie verkürze die Erklärung des Faschismus auf eine grobschlächtige »Agenten-Theorie«.

Gerade mein differenziertes und differenzierendes Bild vom Faschismus und seinen vielfältigen Ursachen führt mich zu der These: Je geringer in der Weimarer Republik die Chancen der antimilitaristischen und antifaschistischen Kräfte gehalten, je stärker sie in der Wahrnehmung und Durchsetzung ihrer Ziele behindert wurden, desto mehr sah sich auch die Weimarer Republik ihren Zerstörern in wachsender Chancenlosigkeit und Ohnmacht ausgeliefert.

Mit dem Blick auf das Scheitern der Weimarer Republik wird sich daher wohl verallgemeinernd formulieren lassen: Das Übermaß der Chancen für die Bourgeoisie und an bürgerlicher Macht gegen die Arbeiterbewegung führte schließlich 1933 zur Niederlage aller nichtfaschistischen Kräfte. Deren Chancen hätten in ihrer Aufgabe gelegen, alle rechten Kräfte chancenlos werden zu lassen. Obwohl es dazu Chancen noch am 30. Januar gab – sie wurden versäumt.

An das Ende meiner Ausführungen gestatten Sie mir bitte ein Zitat von Hugo Preuß zu stellen. 1924 schrieb er, nicht ohne eine gewisse Resignation: »Schlimm ist es freilich, dass sich [...] das Schwergewicht sehr bedenklich nach rechts verschoben hat und der Einfluss von Anschauungen und Personen allzu stark geworden ist, die zwar gern in einer Regierung, auch in einer republikanischen sitzen, aber nur ungern in einer demokratischen Republik leben.« Fast prophetisch setzte er hinzu: Es werde sich zeigen, »dass eine Rückwärtsrevidierung der Verfassung von Weimar das nationale Dasein des deutschen Volkes und seine ganze wirtschaftliche Existenz in Frage stellt«.[5] Analog zur These von Kommunisten, Sozialdemokraten und auch eines Joseph Wirth »Der Feind steht rechts« kritisierte Preuß als Erbübel, Schwäche und Kurzsichtigkeit des deutschen Bürgertums, dass es leider dazu neige, »die Gefahren von links mit einem Vergrößerungsglase und aus Furcht vor diesen Gefahren die von rechts gar nicht zu sehen«[6]

Welche Chancen hätte es gegeben, wäre es gelungen, dies zur vorherrschenden Auffassung in der Weimarer Republik zu machen!

Anmerkungen

1 Siehe Manfred Weißbecker: Flucht nach Weimar 1918/1919. Illustriertes Historisches Heft, Nr. 25, Berlin 1981, S. 30 f.
2 Karl Polak: Die Weimarer Verfassung – ihre Errungenschaften und Mängel. In: Ders.: Zur Entwicklung der Arbeiter-und-Bauern-Macht. Reden und Aufsätze, Berlin 1968, S. 179.
3 Theobald von Bethmann Hollweg: Die Kanzlerrede vom 27. Februar, Berlin 1917, S. 10.
4 Berichte der Verfassunggebenden Deutschen Nationalversammlung 1919, Nr. 21. Bericht und Protokoll des Achten Ausschusses über den Entwurf einer Verfassung des Deutschen Reichs, Berlin 1920, S. 180 f.
5 Hugo Preuß: Um die Reichsverfassung von Weimar, Berlin 1924, S. 13 ff.
6 Ebenda, S. 72.

Die deutschen Eliten und der Weg in den Zweiten Weltkrieg*

Sammelbände zu besprechen ist stets und für jeden Autor ein ziemlich schwieriges Unterfangen. Nur selten kann es ihm gelingen, allen Beiträgen genügend Aufmerksamkeit zu widmen und den Verfassern in ihren jeweiligen Intentionen volle Gerechtigkeit des Urteils widerfahren zu lassen. Im Falle des vorliegenden Bandes scheint eine Rezension jedoch besonders kompliziert zu sein. Das sonst übliche Referieren, Loben und Kritisieren reicht keineswegs aus. Die sieben Beiträge von Martin Broszat, dem leider viel zu früh verstorbenen Münchner Historiker und einem der Initiatoren des Unternehmens, von Ludolf Herbst, Heinz Hürten, Peter Krüger, Klaus-Jürgen Müller, Klaus Schwabe und Hans-Erich Volkmann bieten mehr als nur neue Erkenntnisse und darauf aufbauende weitere Fragen. Der Band wollte eigentlich mehr bieten, durfte es allerdings nicht und geriet dadurch selbst zu einem Zeugnis erst jüngst vergangener Wissenschaftspolitik. Es muss also zunächst – und gerade von mir als einem Historiker aus der DDR, der noch dazu beteiligt sein sollte (und wollte!) – über die eigentümliche Vorgeschichte des Bandes gesprochen werden.

Das Werk ist bedauerlicherweise ein Torso geblieben. Martin Broszat hat in seinem Vorwort »Erfolg und Scheitern eines deutsch-deutschen Zeitgeschichts-Dialogs« alle Fakten und Ursachen korrekt beschrieben, die dazu geführt haben, dass in vorliegendem Band dem Leser weitere sieben Beiträge vorenthalten wurden. Herausgeber und Autoren hatten ursprünglich ein anderes Anliegen verfolgt, ein größeres, das – wäre es realisiert worden – gerade gegenwärtig als außerordentlich sinnvoll und wohl auch als wegweisend bezeichnet werden müsste. Geplant war, dass der Band gemeinsam mit Beiträ-

* Diese Rezension zum Buch »Die deutschen Eliten und der Weg in den Zweiten Weltkrieg«. Hrsg. v. Martin Broszat u. Klaus Schwabe. München 1989 erschien in der Deutschen Literaturzeitung H. 11/12, 1990, Sp. 884-889.

gen von DDR-Historikern gleichzeitig in beiden deutschen Staaten zum 50. Jahrestag der Entfesselung des zweiten Weltkrieges erscheint. Aus der Sicht jeweils zweier Autoren sollte der Frage nachgegangen werden, ob und inwieweit einzelne Elitegruppen der deutschen Gesellschaft in den zwanziger und dreißiger Jahren den Weg in den zweiten Weltkrieg zu verantworten oder mit zu verantworten haben. Neben der Naziführung – von allen Beteiligten verstanden als eine neue und direkt zum Krieg treibende Elite – galt die Frage dem jeweiligen Beitrag, den die sogenannten traditionellen Eliten, d.h. die großindustriellen Unternehmer, die Großagrarier, Militärs, Diplomaten, Akademiker und Kirchenführungen zur geistigen, materiellen und organisatorischen Vorbereitung bzw. zur Ermöglichung des 1939 beginnenden Krieges geleistet haben, eines Krieges, aus dem sich für die Deutschen, in West wie in Ost, eine drückende historische Erblast sowie eine besondere Verpflichtung zur Friedenssicherung in der heutigen Welt ergaben.

Der hier zu besprechende Band enthält die Antworten der am Projekt beteiligten bundesdeutschen Historiker. Jeder würde unmittelbar in dem Band selbst sicher gern vergleichen, Unterschiede und Gemeinsamkeiten aufspüren, Erkenntnisfortschritte hüben wie drüben auf ihre Tragfähigkeit prüfen wollen. Dies ist leider so nicht möglich. Eine wissenschaftsfeindliche, von den DDR-Autoren zwar mit Empörung aufgenommene, aber letztlich doch akzeptierte Entscheidung der ehemaligen Abteilung Wissenschaft im Zentralkomitee der SED verhinderte das Erscheinen des verlagsreifen Gesamtmanuskripts. Als offizielle Begründung diente das nahezu lächerliche und billige Taktik zu Strategie erhebende Argument, eine Gemeinschaftsarbeit von Historikern der DDR und der BRD würde das ohnehin gestörte Verhältnis zur sowjetischen Historiographie belasten. Verwiesen wurde auch auf einzelne kritische Wertungen in einigen Beiträgen der westdeutschen Historiker, die nicht in das Klischee einer von allen Problemen gereinigten Darstellung zur Geschichte der KPD passten.

Inzwischen sind die Beiträge der DDR-Autoren nach mehr als einem Jahr Verzug doch noch erschienen[1], so dass sich der Leser zwar verspätet, aber sicher nicht ohne Gewinn ein Bild über Kontroverses und Offenes, über Neues und Weiterführendes in der deutschen Zeitgeschichtsforschung machen kann. Der Vergleich zwischen unterschiedlichen Grundpositionen wird sich, dessen bin ich gewiss, als produktiv erweisen, nicht zuletzt deshalb, weil die DDR-Faschismusforschung schon seit langem nicht mehr als Ausdruck eines simplen ökonomistisch-mechanistischen Geschichtsverständnisses und einer bloßen »Agententheorie«-Entäußerung bezichtigt werden darf.

Auch ohne die Möglichkeit des unmittelbaren Vergleichs bietet der vorliegende Band eine Fülle neuer Einsichten und anregender Fragestellungen. Eines seiner wichtigsten Ergebnisse sehe ich darin, dass nun wohl kaum noch die Verantwortung für den Weg in den Krieg auf die unmittelbare Vorkriegspolitik in den dreißiger Jahren sowie auf die Person Hitlers beschränkt werden kann, wenn Geschichtsforschung und -deutung ernsthaft betrieben werden sollen. Die in den Beiträgen ausgebreitete Materialfülle spricht sehr deutlich für jene Thesen, die im Streit um die wohl immer aktuelle Frage: »Wie konnte es geschehen …?« das Moment der Kontinuität in den nationalistischen und revisionspolitischen Antworten aller traditionellen Eliten auf die Niederlage Deutschlands im Ersten Weltkrieg sowie auf den Versailler Friedensvertrag hervorheben. Hitler kann nicht für sich allein, ohne den gesellschaftlichen Hintergrund gesehen und bewertet werden. Möglicherweise offenbart sich in dieser Hinsicht sogar so etwas wie eine weitgehende Annäherung der seriösen Zeitgeschichtsforschung beider deutscher Staaten. So wie sich nach dem Urteil Martin Broszats in der Bundesrepublik während der zweiten Hälfte der sechziger Jahre eine Abkehr vom »Vorrang ideologie- und personenbezogener politischer Geschichtsschreibung […] bei der Erforschung des Nationalsozialismus und seiner bis in die Wilhelminische Zeit reichenden Voraussetzungen« (S. 9) vollzogen hat, so ist auch festzuhalten, dass sich in DDR-Publikationen differenziertere Urteile über Hitler und keinesfalls mehr solche Begriffe wie »Werkzeug« oder »Marionette in den Händen des Monopolkapitals« finden. Der Streit geht daher schon lange nicht mehr um die Frage, ob Hitler als der Alleinschuldige zu verurteilen ist oder nicht. Der Streit rankt sich vielmehr um die Frage, *wie* groß sein unbezweifelbarer persönlicher Anteil an der Verantwortung für den Zweiten Weltkrieg konkret und im einzelnen gewesen ist, in *welche* historische Zusammenhänge und Strukturen er einzuordnen ist und *worin* die Ermöglichung seines Wirkens bestand. Im übrigen kann auch festgestellt werden: Die Front des wissenschaftlichen Diskurses dazu verläuft keineswegs entlang der Fronten zwischen »marxistischer« und »bürgerlicher« Historiographie, sie geht mitten durch alle Denkrichtungen und Schulen hindurch; die sogenannten Intentionalisten oder Funktionalisten finden sich hüben wie drüben.

Von besonderem Belang dürften daher für beide Seiten die von Broszat eingebrachten Überlegungen zur »Rolle Hitlers auf der Grundlage der führerstaatlichen Struktur des NS-Regimes« im letzten Teil seines Beitrages sein. Broszat spricht – für mich überzeugend – von drei Faktoren, die sich als Elemente eines breiten Bedingungsgefüges gegenseitig *ergänzten* und *stützten*. Als solche sieht er erstens die alten, traditionellen Eliten, zweitens die neuen politischen Eliten des Nationalsozialismus und drittens den »Faktor« Hitler. Er hält es für wichtig, Hitlers Rolle nicht nur als einen »Personen-Faktor«, sondern »selbst als eine Struktur, zu begreifen und zur Darstellung zu bringen.« (S. 66) Darüber hinaus sieht Broszat in den führerstaatlichen Umstrukturierungen des nationalsozialistischen Regimes seit 1937/38 »zweifellos entscheidende institutionelle, prozedurale und machtpolitische Voraussetzungen dafür, dass Hitler sich bei seinen außenpolitischen Schritten in den Jahren vor Beginn des Zweiten Weltkrieges mehr und mehr von der Staats- und Parteiorganisation absetzte und mit Hilfe persönlicher Stäbe und ihm besonders ergebener Sonderbevollmächtigter und Sonderinstitutionen eine Form der verabsolutierten Führerherrschaft begründen konnte, die sich deutlich von der Struktur des nationalsozialistischen Regimes in den ersten Jahren nach 1933 unterschied.« (S. 70 f.)

Eine solche Sicht erlaubt, die Dynamik des Geschichtsprozesses, gleichsam die innere Logik der Entwicklung in dem hohen Maße zu berücksichtigen, das mir notwendig zu sein scheint. Ein einmal eingeschlagener Weg kann immer zu mehreren, d. h. aber auch zu extremen Lösungen führen, die außer Kontrolle geraten sind oder sogar zum Gegenteil des Beabsichtigten treiben. Wer nationalistisch dachte und handelte, wer im militärischen Debakel Deutschlands von 1918 und im Versailler Vertrag die Wurzel aller Übel sah, für den war also ohne Zweifel die Schwelle hin zu einer Anerkennung chauvinistisch und revanchistisch geprägter Politik der Naziführung niedriger als zu einer alternativen Position. Mit Recht spricht Klaus-Jürgen Müller in seinem Beitrag über die »Deutsche Militär-Elite in der Vorgeschichte des zweiten Weltkrieges« vom unaufhebbaren Dilemma, in das sich die Militärs hineinmanövriert hatten und das schließlich für sie nach 1933 lediglich die Alternative »funktionieren oder konspirieren« (S. 285) zuließ. Ähnlich sieht es wohl auch Peter Krüger, der seinem Beitrag über »Die Diplomaten und die Eskalation der Gewalt« den für 1936 verbürgten Ausspruch Bernhard Wilhelm von Bülows, Staatssekretär im Auswärtigen Amt, voranstellt: »Man lässt nicht sein Land im Stich, weil es eine schlechte Regierung hat.«

Während Hans-Erich Volkmann eindeutig vom »Revisions-und Expansionskurs« der deutschen Agrareliten spricht und nachweist, wie Konservative ihr agrarprogrammatisches Gedankengut der NSDAP »nachgerade angetragen« und die Politik der Naziführung »schließlich mitgetragen« haben (S. 375), läuft die Argumentation von Ludolf Herbst in seinem Beitrag »Der Krieg und die Unternehmensstrategie deutscher Industrie-Konzerne in der Zwischenkriegszeit« darauf hinaus, das Konzept der klassischen rheinisch-westfälischen Großindustrie zwar als expansionistisch zu bewerten, ihm jedoch jeden »militanten und schon gar [...] kriegerischen Sinn« abzusprechen (S. 102). Folgerichtig spricht Herbst von einem Prozess der »Einpassung der Großindustrie in die Kriegsvorbereitung« und davon, dass demgegenüber sich eine neue und äußerst dynamische nationalsozialistische Fraktion der Schwerindustrie als kriegsbereite »Partei-Wirtschaft« entwickelt habe. Dieser Ansatz – im Beitrag allerdings nicht weiter ausgeführt – wird die Diskussion um das Maß der Verantwortung von großindustriellen Unternehmern ganz sicher positiv befördern. Allein der Vergleich zu den von Dietrich Eichholtz in dem Band »Der Weg in den Krieg. Studien zur Geschichte der Vorkriegsjahre (1935/36 bis 1939)«[2] entwickelten Thesen würde sich bereits lohnen. Eichholtz bezeichnet die Analyse der expansiven Zielvorstellungen der Industriekonzerne, Großbanken usw. als »ein Forschungsdesiderat ersten Ranges« und erklärt eindeutig, dass Expansionsziele dann die Qualität von Kriegszielen hätten, »wenn der Krieg als Mittel ihrer Verwirklichung einkalkuliert und vorbereitet wird.«[3]

Alle Versuche zu differenzieren, nicht mehr vordergründig in rein individuellen oder grobschlächtigen Kollektivschuldzuweisungen steckenzubleiben und überflüssige Pauschalurteile zu vermeiden, sind m. E. nur zu begrüßen. Hinsichtlich einer vollständigen Behandlung des Themas Verantwortung der alten Eliten für den Weg in den Krieg befindet sich die Geschichtswissenschaft tatsächlich erst im Beginn einer jetzt auch durch die Einzeluntersuchungen des vorliegenden Bandes neu möglich gewordenen komplexen Analyse. Dabei werden Abstufungen und Entwicklungstendenzen historischer Verantwortung deutlich. Zwischen direkter Schuld und indirekter Mitschuld ist mehr als bisher zu unterscheiden. Das jeweilige Maß an Verstrickung in das faschistische Herrschaftssystem ist genauer zu bestimmen. Für den konkreten Verlauf der Geschichte bietet sich, wie Friedrich Engels in einem seiner Altersbriefe bemerkte, der Vergleich mit einer Resultante an, die sich aus einem Kräfteparallelogramm einer unendlichen Zahl von Faktoren ergibt. Jeder dieser Faktoren bewirkt also etwas für das Ganze, was nicht nur vom Ganzen her, sondern ebenso in seiner Spezifik erkannt werden muss. Jeder Faktor ermöglicht andere, selbst wenn er nicht zu den primär bedeutsamen Ursachensträngen gehört. Verantwortung und Mitschuld sind daher als Begriffe noch viel zu allgemein. Sie enthalten noch zu viele Undeutlichkeiten und interpretationsbedürftige Ansätze. Sie umfassen eigentlich eine viel breitere Palette von Begriffen wie Unterstützung, Begünstigung und Schützenhilfe oder bewusste Verletzung und leichtfertige Preisgabe eigener Positionen. Darunter wären ebenso risikovolle Ermunterung und fahrlässiges Gewährenlassen wie eine begrenzte Akzeptanz der Diktatur und die von Gewöhnung getragene Anpassung an ihren Kriegskurs zu verstehen. Hinsichtlich der Transformation ökonomischer Interessen in die Politik und Organisation des Nationalsozialismus schrieb ich in meinem ursprünglich für den vorliegenden Band erarbeiteten Artikel, dass sie sich insgesamt sowohl über direkte Forderungen und Initiativen, über materielle Förderung unterschiedlichster Art als auch über Beteiligung und ideelle Unterstützung, ja auch über widerspruchslose Duldung und Inkaufnahme der NSDAP, ihrer Führer und ihrer Eigenheiten« vollzogen habe. Das war zwar sehr grundsätzlich gemeint, hilft aber sicher auch nur bedingt weiter. Konkrete Forschungen sind erforderlich.

Bei künftigen Analysen von Mitschuld der Eliten an der Vorbereitung des Zweiten Weltkrieges wird sicher noch stärker verglichen werden müssen. Es liegt auf der Hand, dass Industrielle und Agrarier ein anderes Maß wie auch eine andere Art an Wirksamkeit zugunsten des von der Naziführung organisierten Weges in das Verderben einzubringen hatten als beispielsweise die vom Mitherausgeber Klaus Schwabe behandelten Hochschullehrer oder die von Heinz Hürten untersuchte katholische Kirche. Kriterium der jeweils anderen Maße konnte z. B. die jeweilige Nähe der einzelnen Eliten zu den politikentscheidenden Zentren der Macht sein. Diese ist doch wohl bei Militärs und Diplomaten deutlich größer gewesen als bei Industriellen oder Akademikern. Weniger hilfreich scheint mir demgegenüber zu sein, wenn einer in der Gesellschaft führenden Gruppe der Status als Elite für den Fall abgesprochen wird, dass sie sich nicht oder nicht mehr an den zentralen politischen Entscheidungen beteiligt sehen dürfte. Ein solches Spielen mit Begriffen verlagert die Probleme, beantwortet sie jedoch nicht.

Zu dem hier vorgeschlagenen Kriterium sollte aus meiner Sicht auch das in den Zeiten verhaftete allgemeine Denken gehören. Ich frage beispielsweise, ob damals nicht für alle Eliten die Kategorien von Aufrüstung und Krieg als eine Art gesellschaftlicher Normalität und geschichtlicher Selbstverständlichkeit galten. Zahlreiche Bedenken, wie sie Martin Broszat nicht zuletzt innerhalb der Naziführung festzustellen vermag, waren gegen konkrete Konstellationen und Kriegsrisiken gerichtet, gegen die Möglichkeit eines Zweifrontenkrieges, gegen Abweichungen von eigentlichen rüstungs-und bündnispolitischen Konzepten.

Nirgends fand der Krieg als solcher und überhaupt eine Verurteilung. Die bereits erwähnte Alternative »funktionieren oder konspirieren« fand stets eine letzten Endes nationalistische Lösung, die Peter Krüger in der Zusammenfassung seines Beitrages andeutet. Die Mehrheit der deutschen Diplomaten, so heißt es bei ihm, »war nicht bereit, die deutschen Ansprüche auf völlige Revision des Versailler Vertrages und auf neue nationale Größe zurückzustellen oder Einbußen an Macht zuzulassen [...] Es war diese Form des Nationalismus, diese besondere deutsche Tradition des deutschen Nationalstaats seit dem 19. Jahrhundert, die auch später den konservativen Widerstand [...] am stärksten behindert hat.« (S. 225)

Ich sprach eingangs von den besonderen Schwierigkeiten dieser Rezension. Zu ihnen gehört auch, dass ein Fazit zu ziehen nicht möglich ist. Es bleibt die Hoffnung auf die neugewonnenen Möglichkeiten der wissenschaftlichen Diskussion, es bleibt der Wunsch nach ihrer Fortsetzung und nach konstruktiven Ergebnissen.

Anmerkungen

1 Siehe: Der Weg deutscher Eliten in den zweiten Weltkrieg. Nachtrag zu einem verhinderten deutsch-deutschen Zeitgeschichtsdialog. Hrsg. von Ludwig Nestler, Berlin: Akademie-Verlag 1990.

2 Dietrich Eichholtz: Das Expansionsprogramm des deutschen Finanzkapitals am Vorabend des zweiten Weltkrieges, in: Der Weg in den Krieg. Studien zur Geschichte der Vorkriegsjahre (1935/36 bis 1939), hrsg. v. Dietrich Eichholtz u. Kurt Pätzold, Berlin: Akademie-Verlag 1989, S. 1-39.

3 Ebenda, S. 1.

Teil II

Die Partei des deutschen Faschismus

»... da ist ein guter Stahlhelm und die Faust das beste Mittel«*

Zu einigen Wurzeln und Entwicklungstendenzen des NSDAP-Terrors in der Weimarer Republik

Terror – ein Begriff, der auf den ersten Blick wenig an Gemeinsamkeit mit dem zu haben scheint, was der Titel der Gerhard Riege gewidmeten Publikation ausweist. Dennoch entschloss sich der Verfasser, den vorliegenden Beitrag[1] zur Ehrung eines Wissenschaftlers zur Verfügung zu stellen, dem er sich in der strikten Ablehnung allen Unrechts und in der konsequenten Auseinandersetzung mit dem persönlichkeitsdeformierenden Terror eng verbunden weiß.

In der bisherigen Geschichte der Menschheit gab es stets unzählige Varianten politischer Herrschaftssysteme. Von Land zu Land sowie von Periode zu Periode unterschieden sich die einzelnen Regierungsformen, der Staatsaufbau, die Gestaltung des Machtapparates, das Erscheinungsbild der jeweiligen staatlichen Institutionen oder der Parteien und Verbände. Die politischen Machtverhältnisse existieren selbst dort in einer außerordentlich »bunten Formverschiedenheit«, wo sie auf einer gleichen ökonomischen Basis beruhen.«[2] In ihrer Unterschiedlichkeit stellen sie jeweils ein konkretes Resultat von ökonomischen, politischen, rechtlichen und ideologischen Auseinander-

---

* Geringfügig überarbeiteter Vortrag, den der Vf. am 5. Mai 1989 in Princeton N. J./USA gehalten hat. Veröffentlicht in: Sozialistische Demokratie, Rechtsstaatlichkeit, Persönlichkeit und staatsbürgerliche Mitgestaltung (Wissenschaftliche Beiträge der Friedrich-Schiller-Universität Jena, 1990), Jena 1990, S. 93-107. Das Heft war Gerhard Riege gewidmet anlässlich seines 60. Geburtstags. Riege (1930–1992) vertrat an der Jenaer Universität das Fach Öffentliches Recht, genoss hohes Ansehen und gehörte für die PDS bis zu seinem Suizid dem Deutschen Bundestag an. Siehe: Erinnerungen an Gerhard Riege. Gedächtnisschrift. Hrsg von Manfred Weißbecker, Jena 1995. Siehe auch das Lebensbild zu Gerhard Riege in: Gelebte Ideen. Sozialisten in Thüringen. Biographische Skizzen. Hrsg. von Mario Hesselbarth, Eberhart Schulz und Manfred Weißbecker, Jena 2006, S. 353-362.

setzungen dar. Dabei spielen historische Traditionen ebenso eine große Rolle wie eigengesetzliche Entwicklungsprozesse nach bestimmten Entscheidungen, die im Kampf um die politische Macht getroffen worden sind.

Eine der auffälligsten und folgenreichsten Herrschaftsformen in unserem Jahrhundert war die des deutschen Faschismus. Dessen Partei befand sich zwar lediglich in dem historisch kurzen Zeitraum von zwölf Jahren an der Macht, aber sie prägte in hohem Maße die damalige Situation auf dem europäischen Kontinent sowie in vielen anderen Teilen der Welt. Sie ist auch Gegenstand der seit 1945 andauernden und sich gegenwärtig vertiefenden Auseinandersetzungen. die selbstverständlich nicht mit dem Federstrich irgendeines Politikers oder Historikers beendet werden können.

In der Faschismusforschung der DDR wird das Herrschaftssystem, das in Deutschland am 30. Januar 1933 errichtet und am 8. Mai 1945 von den Streitkräften der Anti-Hitler-Koalition militärisch zerschlagen wurde, als eine »offene terroristische Diktatur«, als ein »Regierungssystem des politischen Banditentums« und des staatlich organisierten Verbrechens bezeichnet. Wir sagen ferner, dass es sich um eine offene terroristische Diktatur im Interesse der »reaktionärsten, am meisten chauvinistischen, am meisten imperialistischen Elemente des Finanzkapitals« gehandelt hat.[3] Jedoch möchte ich hier auf diese strittige Frage des Klassencharakters sowie auf die vielfach anzutreffenden Fehlinterpretationen dieser marxistischen Grundthese nicht näher eingehen. Das Thema meines Beitrages fordert andere Fragen heraus. Solche Fragen, die den Terrorismus der NSDAP betreffen, lauten:

- Was unterscheidet den faschistischen Terror von der politischen Gewalt, wie sie in jedem Herrschaftssystem ausgeübt wird?
- Lassen sich die Unterschiede allein anhand der Kriterien Quantität und Intensität erfassen?
- Wo sind die sozialökonomischen Quellen und weitere politische, ideologische, rechtliche, geistig-moralische und auch psychologische Wurzeln des Terrors der NSDAP zu suchen?
- Wie bildete sich der faschistische Terror nach dem ersten Weltkrieg heraus?
- In welchen Formen trat der Terror der NSDAP in den einzelnen Etappen der Weimarer Republik in Erscheinung?
- Wie war er beschaffen, bevor er zum Staatsprinzip konstituiert wurde?
- Waren alle nationalsozialistischen Teilorganisationen in gleicher Weise vom terroristischen Wesen des Faschismus geprägt?

- In welchem Maße trugen die Gewaltandrohung und die brutale Gewaltausübung, der Veranstaltungsterror, der Straßenterror und letztlich auch der politische Mord zum Scheitern der Weimarer Republik bei?
- Worin bestehen die konkreten Wirkungsmechanismen terroristischer Aktionen auf die davon mittelbar oder unmittelbar betroffenen Menschen? War schon vor 1933 zu erkennen, dass die NSDAP nach einer offenen terroristischen Diktatur strebte?
- War zu erkennen, welche schlimmen Folgen dieser Terrorismus für das deutsche Volk und für viele andere Völker mit sich bringen würde?

Die letzte Frage lässt sich im Unterschied zu den anderen relativ leicht beantworten. Wir kennen aus der Geschichte der deutschen Arbeiterbewegung eine Fülle von grundsätzlichen Absagen an den Terror als eines untauglichen Mittels des eigenen Kampfes und der eigenen Propaganda.[4] Erst recht erhoben ihre Führer und Theoretiker ihre Stimme gegen jeden Versuch der Herrschenden, die Arbeiterbewegung gewaltsam zu unterdrücken. Wir kennen zahlreiche tiefgründige Analysen, Mahnungen und Warnungen. In vielen Reden und Schriften, Briefen und Dokumenten ist seit 1918 auf die drohenden Gefahren von rechts hingewiesen worden, mit terroristischen Mitteln die Novemberrevolution wieder rückgängig zu machen. Dafür sollen hier lediglich zwei Beispiele angeführt werden. Das erste stammt aus der deutschen Sozialdemokratie. Eduard Bernstein schrieb am 26. Juli 1924 einen in dieser Hinsicht besonders aufschlussreichen Brief an Karl Kautsky. Dabei stand er offensichtlich unter dem Eindruck der kurz zuvor stattgefundenen Wahlen, bei denen fast zwei Millionen Wähler für die Ersatzorganisationen bzw. für die Partner der offiziell verbotenen NSDAP votiert hatten und damit 32 Faschisten die Möglichkeit boten, ihre Politik im Reichstag zu vertreten. In diesem Brief hieß es: »Wir gehen dem Staatsstreich der Nationalisten entgegen […] Bekommen sie auch nur zeitweilig das Heft in die Hand, dann gibt es, das ist sicher, einen Terrorismus, wie ihn sich die meisten nicht träumen lassen. Kapp war ein Doktrinär, die aber diesmal obenauf kommen, sind skrupellose, brutale Schurken.«[5] Dieser Vergleich zwischen dem führenden Kopf des Putsches vom März 1920 und dem neuen »Nationalisten« ist in mehrerer Hinsicht aufschlussreich. Die soziale Zuordnung erscheint dabei ebenso eindeutig wie die Bestimmung des verbrecherischen Elements im Charakter der faschistischen Bewegung.

Das zweite Beispiel wähle ich aus dem Programm der KPD, das von Rosa Luxemburg formuliert und vom Gründungsparteitag am 31. Dezember 1918 bestätigt worden ist. Fast könnte man sagen, Rosa Luxemburg habe geahnt, was der Faschismus, von dem sie damals noch nichts wissen konnte, später einmal im einzelnen für das deutsche Volk bedeuten wird: »Alle herrschenden Klassen haben um ihre Vorrechte bis zuletzt mit zähester Energie gerungen. Die römischen Patrizier wie die mittelalterlichen Feudalbarone, die englischen Kavaliere wie die amerikanischen Sklavenhändler, die walachischen Bojaren wie die Lyoner Seidenfabrikanten – sie haben alle Ströme von Blut vergossen, sie sind über Leichen, Mord und Brand geschritten, sie haben Bürgerkrieg und Landesverrat angestiftet, um ihre Vorrechte und ihre Macht zu verteidigen. Die imperialistische Kapitalistenklasse überbietet als letzter Spross der Ausbeuterklasse die Brutalität, den unverhüllten Zynismus, die Niedertracht aller ihrer Vorgänger. Sie wird ihr Allerheiligstes, ihren Profit und ihr Vorrecht der Ausbeutung, mit Zähnen und mit Nageln, mit jenen Methoden der kalten Bosheit verteidigen, die sie in der ganzen Geschichte der Kolonialpolitik und in dem letzten Weltkrieg an den Tag gelegt hat. Sie wird Himmel und Hölle gegen das Proletariat in Bewegung setzen. Sie wird das Bauerntum gegen die Städte mobil machen, sie wird rückständige Arbeiterschichten gegen die sozialistische Avantgarde aufhetzen, sie wird mit Offizieren Metzeleien anstiften, sie wird jede sozialistische Maßnahme durch tausend Mittel der passiven Resistenz lahmzulegen suchen, sie wird der Revolution zwanzig Vendéen auf den Hals hetzen, sie wird den äußeren Feind, das Mordeisen der Clemenceau, Lloyd George und Wilson als Retter ins Land rufen – sie wird lieber das Land in einen rauchenden Trümmerhaufen verwandeln als freiwillig die Lohnsklaverei preisgeben.«[6] Auch zahlreiche Pazifisten, humanistische Schriftsteller und Künstler. Christen. demokratische Kräfte des Bürgertums und andere Antifaschisten erblickten von Anfang an im offenen und Schrecken verbreitenden Terror sowohl ein wesentliches Merkmal der NSDAP als auch ein spezifisches Kennzeichen ihres neuartigen Auftretens im politischen Alltagsleben der Weimarer Republik. Sie sahen in ihm ein bisher in diesem Umfang und in dieser Form noch unbekanntes Phänomen der Politik. ein neues und ungewöhnliches Mittel der politischen Auseinandersetzungen.

Das gewalttätige Erscheinungsbild der NSDAP konnte tatsächlich wohl von keinem übersehen werden. Offen und unverhüllt erhob die NSDAP von

Anfang an eine »tierische Bestialität« zum »Aktionsprinzip«[7]. das facettenreich auf jeder Stufe ihrer an Barbarei so reichen Geschichte zum Vorschein kam. Zunächst trat der Terror des NSDAP als rücksichtslose Gewaltanwendung in ihren eigenen Organisationen und Versammlungen auf. Er richtete sich gegen Personen, die kritische Fragen stellten oder andere Meinungen zum Ausdruck brachten. Jedoch lag darin allein noch keine größere Besonderheit. Nach dem ersten Weltkrieg zeigte sich eigentlich in allen politischen Auseinandersetzungen eine gegenüber früheren Zeiten gewachsene kämpferische Militanz und Intoleranz. Traditionelle humanistische Werte der bürgerlichen Gesellschaft schienen generell außer Kraft gesetzt zu sein. Der Kriegszustand bewirkte auch über den Krieg hinaus eine Entmenschlichung des alltäglichen Lebens. In ihm wurden Leben und Tod von vielen Menschen geringschätzig behandelt. Es wuchs die Gewöhnung an das scheinbar Unvermeidliche. das man vier Jahre lang Tag für Tag erlebt hatte. Gleichzeitig traten eine Idealisierung des Opfers und der Kult um die gefallenen Krieger in den Vordergrund.

Insofern ist George L. Mosse völlig zuzustimmen, wenn er für die damalige Zeit von einer allgemeinen »Brutalisierung der Politik«[8] spricht und erklärt: »Der Krieg wurde zum Bestimmungselement für das normale Leben.«[9] Mit Recht betont er jedoch gleichzeitig, dass es nicht nur eine allgemeine »Brutalisierung der Politik« gegeben habe, sondern dass dies gerade bei den rechten Parteien von der Deutschnationalen Volkspartei bis zur NSDAP festzustellen sei. Nach seiner Auffassung sind diese Parteien geradezu »das zwingendste Beispiel für den Prozess der Brutalisierung und der Einbeziehung des Krieges in das alltägliche Leben« gewesen.«[10] Ebenso wie Mosse betont auch Karl Dietrich Bracher die Tatsache, dass die »demonstrativsten Akte der Gewalt und der Philosophien des Terrors [...] aus dem nationalistischen Rechtsextremismus« kamen. Im Grunde rückt er auch von seiner allgemeinen totalitarismustheoretischen Sicht ab, wenn er weiter schreibt: »Es war das nationalistisch oder militaristisch motivierte und ideologisierte Gewaltdenken, das den Kampf gegen Rechtsstaat und Demokratie in der Weimarer Republik antrieb: Ihr Fanal waren die Morde am radikalen politischen Gegner, an Rosa Luxemburg und Karl Liebknecht (15.1.1919), aber auch an den Repräsentanten des demokratischen Systems – an Matthias Erzberger (26.8.1921) und Walther Rathenau (24.6.1922).«[11] Von Anfang an spielte auch das Ziel eine große Rolle, bereits gewonnene Mitglieder daran zu hindern, die NSDAP wieder zu verlassen. An »Abtrünnigen« wurde Rache geübt, in politischer Selbstjustiz die mittelalterliche Institution der Feme wiederbelebt: »Verräter verfallen der Feme« – unter diesem Motto wurden politische Gegner, unliebsame Mitwisser und Konkurrenten im Machtgerangel einzelner Organisationen ermordet. Wer auch immer davon betroffen sein mochte – Arbeiter, Juden oder eigene Anhänger – der NSDAP-Terror zielte stets bis zur allerletzten Stufe der Gewaltanwendung. 1922 formulierte die Hauptgeschäftsstelle der NSDAP in einer Anweisung an die Ortsgruppen, dass »Ruhestörer« in den Versammlungen so »mit Brachialgewalt zu behandeln« sind, dass ihnen die Lust dazu »ein für alle Mal vergeht.«[12]

Über die wachsende Verwendung von Gewalt als Mittel der deutschen Rechten zu ihren jeweiligen politischen Zwecken hinaus geriet die Gewalttätigkeit der NSDAP dieser Partei zum eigentlichen Ziel und Grundsatz. Diese Tatsache wurde zugleich zynisch gerechtfertigt und demagogisch verbrämt. Am 25. März 1923 erklärte Hitler bei einer Veranstaltung der SA, der ersten parteipolitischen Terrororganisation, die es in Deutschland überhaupt gab und die eine neue Entwicklungsstufe gegenüber den zahlreichen Freikorps, Einwohnerwehren und sonstigen paramilitärischen Bürgerkriegsgarden darstellte: »Alles, was den jungen Leuten heute gelernt«[13] wird, Bildung, Anstandslehre usw., ist dummes Zeug, wir brauchen heute eine tüchtiges nationalgesinntes Volk, um den Kampf gegen den inneren Feind siegreich aufnehmen zu können. Die Waffe des jungen Deutschen soll die Faust sein und nicht die Zunge. Das Reden wollen sie gereiften Männern, die mindestens über 30 Jahre alt sind, überlassen. Es wird bald eine Zeit kommen, in welcher die Parteikämpfe nicht mehr mit der Zunge, sondern mit der Faust geführt werden.«[14] Gegen die »Novemberverbrecher« – so bezeichnete er grundsätzlich diejenigen, die im November 1918 die Monarchie gestürzt und der Weimarer Republik zum Leben verholfen hatten – dürfte es »keine gedämpfte Vornehmheit, keine Kompromisse, keine Fleißzettel der Hochanständigkeit« geben. »Wo die geschliffenste Rede nichts mehr ausrichtet. da ist ein guter Stahlhelm und die Faust das beste Mittel.«[15]

Eine Analyse der Äußerungen aller Führer der NSDAP und vor allem des Buches »Mein Kampf« würde Beleg um Beleg dafür erbringen, dass im eigenen Terror das Allheilmittel gegen die »jüdisch-bolschewistische« Revolution, gegen alle Teile der Arbeiterbewegung, gegen die »unzuverlässigen« Pazifisten und gegen die »schlappen« Demokraten gesehen worden ist. In allen ihren Feinden sahen die Nazis Juden, und gleichermaßen in allen jüdischen Menschen ihre Feinde. Der politische Antisemitismus erweiterte sich zum rassistischen Terror. Schon frühzeitig wurde davon gesprochen, dass es gelte, den Marxismus zu vernichten und »das Gift außer und in uns auszumerzen.«[16] Am 6. April 1920, wenige Wochen nach dem gescheiterten Kapp-Putsch, verkündete Hitler seine »unerbittliche Entschlossenheit, das Übel an der Wurzel zu packen und mit Stumpf und Stiel auszurotten. Um unser Ziel zu erreichen, muss uns jedes Mittel recht sein, selbst wenn wir uns mit dem Teufel verbinden müssten.«[17]

Die strikte Anwendung des Prinzips »Diktat statt Diskussion«, die physische Ausschaltung von politisch-weltanschaulichen Gegnern und rassisch Andersartigen sowie die Ausrichtung aller Beteiligten auf eine einzige zentrale Autorität dominierten als prägende Merkmale bereits im Terror des frühen Faschismus. Sie nahmen in ihrem innerparteilichen Rahmen alles das vorweg, was in der späteren Massenorganisation der NSDAP und in den politischen Herrschaftsstrukturen des »Dritten Reiches« seinen grauenvollen Niederschlag fand.

Fragen wir nun nach den sozialen Quellen und geistigen Wurzeln der frühen faschistischen Gewalttätigkeit. Dabei ist als erstes wieder an den Krieg zu erinnern, der zunächst einen regelrechten Rausch von Barbarei und unmenschlicher Bereitschaft zum Massenmord hervorgebracht hatte. Die Niederlage Deutschlands entzog zusätzlich vielen professionellen Militärs und zahlreichen jungen Menschen, die nichts anderes als das Kriegshandwerk verstanden, fast jegliche soziale Existenzgrundlage und Statussicherheit. Mit besonderem Hass wandten sich diese Kreise gegen jene, die in ihren Augen schuldig waren am militärischen Debakel und an der Revolution. So fand das Potential der Konterrevolution 1919/20 reichlich Nahrung: sozial entwurzelte Offiziere, von Arbeitslosigkeit bedrohte Soldaten, Teile der Studentenschaft, stockreaktionäre Abenteurer und arbeitsscheue Landsknechte waren nur allzu gern bereit. ihren eigenen Unterhalt und Lebenssinn auf Gedeih und Verderb mit dem des deutschen Militarismus zu verknüpfen. Sie sogen begierig das in sich auf, was ihnen von extrem reaktionären Kräften suggeriert wurde. »Kampf bis aufs Messer« gegenüber allen revolutionären Organisationen und Persönlichkeiten forderte beispielsweise der gemeinsam mit Wolfgang Kapp putschende General Walther von Lüttwitz im März 1920.[18] Der einflussreiche Großindustrielle Hugo Stinnes hatte wenige Wochen vorher erklärt, es sei »das Zeichen einer wahren Demokratie, dass sie in Zeiten der Todesgefahr ihren Diktator findet [...] Wenn Deutschland anders handelt in der heutigen Lebensgefahr, wird es kaum wieder hochkommen.« Von der Reichsregierung forderte er: »Es muss gehandelt, nicht verhandelt werden«.[19]

Das gewalttätige Handeln gegen die deutsche Revolution von 1918/19 gebar den faschistischen Terrorismus. Dieser war ferner ein Ergebnis der politischen Wende nach rechts, die sich im Sommer 1920 nach dem Kapp-Putsch sowie im Zusammenhang mit den Reichstagswahlen vom 6. Juni vollzog. In der politischen Organisiertheit der Bourgeoisie verbreiteten und festigten sich die Rechtskräfte. In keinem anderen Jahr der Weimarer Republik entstanden so viele neue Verbände, in denen militaristisch-terroristisches und chauvinistisch-revanchistisches Gedankengut dominierte. Ich erwähne lediglich den *Jungdeutschen Orden*, die *Organisation Escherich*, die *Organisation Consul*, die *Organisation Kanzler*, den *Bayerischen* und den *Norddeutschen Ordnungsblock*, den *Deutschen Hochsch*ulring, den *Arbeitsausschuss Deutscher Verbände* und viele andere konservative, monarchistische, völkische und antisemitische Vereine mehr.[20]

Auch die offizielle Rechtsprechung der deutschen Justiz förderte den neuen Terrorismus. Ihre Rechtslastigkeit ist vielfach analysiert, beschrieben und in bitterer Satire dargestellt worden. Der bekannte Sozialdemokrat, Pazifist und Antifaschist Emil Julius Gumbel hat für die Jahre 1919 bis 1921 aus den damals zur Verfügung stehenden Quellen berechnet, dass 314 politische Morde von rechtsextremen Kräften an Arbeitern und linken Politikern begangen wurden. Die Mörder, sofern überhaupt gegen sie ermittelt und verhandelt worden ist, wurden einmal mit einer lebenslänglichen Haftstrafe, ansonsten mit insgesamt 31 Jahren und 3 Monaten Gefängnis bestraft.[21] Etwas mehr als zwei Monate Gefängnis betrug also die »Strafe« für einen Mord von rechts. Man kann auch sagen: Auf jeden zweiten Tag der Jahre 1919 und 1920 kam ein Mord von rechts, der ungesühnt blieb.[22] Demgegenüber verhängten deutsche Richter für 13 politische Mordtaten, die von linken Kräften begangen worden sind, 8 Todesurteile sowie 176 Jahre und 10 Monate Gefängnis.[23] Hierfür lässt sich kaum ein Durchschnitt errechnen, es sei denn, man setzt ein Todesurteil mit 30 Jahren Haft gleich. Der Durchschnitt würde dann 384 Monate Haft pro Mord betragen, und das Verhältnis zwischen beiden statistischen Angaben würde sich auf 1:164 belaufen.

Die von Gumbel überlieferten Zahlen machen noch etwas anderes deutlich. Sie beweisen, dass es sich um eine offensichtliche und bewusste Irreführung handelte, wenn der Terror von rechts mit der Notwendigkeit einer Abwehr des »roten Terrors« begründet wurde. Die Tatsachen sprechen eine andere Sprache. Die Novemberrevolution vollzog sich nämlich zunächst außerordentlich gewaltarm. Sie zählt zu den unblutigsten Revolutionen der Geschichte. Am 3. November starben acht Demonstranten, als ein Marineoffizier in Kiel auf sie schießen ließ. Am 9. November wurde in Berlin ein junger Kommunist vor der Maikäferkaserne erschossen. Blut begann in größerem Maße zu fließen, als am 7. Dezember ein erster Putschversuch gegen die Revolution stattfand und als die berüchtigten Plakate gegen die Spartakusgruppe auftauchten: »Schlagt ihre Führer tot! Tötet Liebknecht! Dann werdet ihr Frieden. Arbeit und Brot haben!«[24] Als konterrevolutionäre Truppen den sogenannten Weihnachtsputsch gegen die Volksmarinedivision organisierten und sich diese im Berliner Marstall verteidigte, gab es 67 Tote. Darunter befanden sich 11 Matrosen und 56 Angehörige der gegen sie eingesetzten Soldaten.

Beide Putschaktionen bildeten ein Fanal für die nunmehr beginnenden und sich rasch verstärkenden bewaffneten Auseinandersetzungen. In ihrem Verlauf sind bis zum Mai 1919 Tausende von Arbeitern brutal ermordet worden, die meisten in Berlin nach dem Generalstreik von Anfang März und in Bayern nach der Münchener Räterepublik vom Ende April.[25] Das Schreckgespenst des »roten Terrors« – von Hitler und den anderen Führern der NSDAP immer und immer wieder beschworen[26] – war in dieser Zeit wie auch danach weitgehend eine Erfindung derjenigen, die selbst kein anderes Mittel als das des Terrors kannten, um ihre Ziele – sowohl real als auch präventiv – gegen die Revolution, gegen die junge Weimarer Republik durchsetzen zu können. Die in diesem Zusammenhang häufig zitierten Lichtenberger Beamtenmorde stellten sich schon damals als ein Schwindel heraus.[27] Von 60 bis 150 Ermordeten war in der Presse die Rede. Tatsächlich waren zwei Kriminalbeamte ums Leben gekommen: einer in den bewaffneten Auseinandersetzungen, und über die Todesart des anderen konnte offiziell nichts festgestellt werden.[28] Die Aburteilung von sieben Mitgliedern der reaktionären Thule-Gesellschaft und weiterer drei Personen (bei denen Waffen und gefälschte Stempel von Institutionen der Räterepublik gefunden worden waren und die sich in anderer Weise gegen die Räterepublik betätigt hatten) durch ein in arger Bedrängnis handelndes Revolutionstribunal der Münchener Räterepublik erfuhr in der gesamten bürgerlichen Presse und erst recht in der nationalsozialistischen Propaganda als »Geiselmord« eine völlig unzulässige Überhöhung.[29] Im Übrigen gab es während der Räteherrschaft lediglich 12 politische Morde, die Rache forderte danach mindestens 505 Opfer.[30]

Fragen wir nun nach dem Entwicklungsprozess des Terrors in der Geschichte der NSDAP während der Weimarer Republik. Er wurde in unterschiedlicher Intensität angewandt. Dennoch war er für die NSDAP stets ein konstitutiver und ein immanent wirksamer Faktor. In jeder Etappe bildeten sich auch weitere Funktionsbereiche und neue Bestandteile des faschistischen Terrors heraus. Zweifellos handelte es sich beim Hitler-Putsch vom 8./9. November 1923 um einen seiner ersten Höhepunkte. In der Mitte der zwanziger Jahre ordnete die Führung der NSDAP den Terror ihrer Legalitätstaktik zu, ohne jedoch auf ihn und ihre Taktik eines zielorientierten Schürens von Spannungen völlig zu verzichten. Mit dem Beginn der Weltwirtschaftskrise und in der Phase ihres Aufstiegs trat er vorwiegend als Demonstrations- und Straßenterror in Erscheinung, wobei Planmäßigkeit und heimtückisch zu nennende Zielorientiertheit dominierten. Verbunden war dies häufig mit sogenannten Strafexpeditionen in solche Viertel der deutschen Großstädte, in denen vorwiegend Kommunisten und Sozialdemokraten wohnten. Diese hauptsächlichsten Erscheinungsformen des faschistischen Terrors wurden ergänzt und unterstützt von Gewaltakten und terrorähnlichen Radauszenen in den Parlamenten. Wie das Beispiel der im November 1931 bekannt gewordenen Boxheimer Dokumente belegt, gab es darüber hinaus auch sehr detaillierte Vorstellungen über die Anwendung terroristischer Herrschaftsmethoden nach einer Eroberung der politischen Macht durch die NSDAP. »In scharfen Konturen trat das blutige Bild hervor, das der faschistische Staat 14 Monate später bot.«[31] Der Verfasser der Boxheimer Dokumente, Werner Best, wird am 6. März 1933 zum Sonderkommissar für das Polizeiwesen in Hessen ernannt. Derjenige, der die Dokumente ans Licht der Öffentlichkeit brachte, starb am 17. Juli 1933 eines unnatürlichen Todes.

Insbesondere in den letzten Jahren der Weimarer Republik entwickelte sich der nationalsozialistische Terror sowohl in quantitativer als auch in qualitativer Hinsicht; 1930 forderte er fast ebenso viele Todesopfer wie in den Jahren 1924 bis 1929 zusammen[32], wobei sich die Zahlen der politischen Morde 1931 und 1932 jeweils fast verdoppelten.[33] Der faschistische Terror entfaltete sich mit einer Art innerer Logik und Zwangläufigkeit. Je erfolgreicher die

NSDAP war, desto mehr verstärkte sie auch ihren Terror, um noch größeren Einfluss auf das politische Leben erpressen, um ihre Gegner noch stärker und ungehinderter einschüchtern oder ausschalten zu können. So dehnte sich der Terror schon vor 1933 fast unermesslich aus. Es wuchsen jene Teilorganisationen der NSDAP, deren spezifische Aufgabenstellung vom Terror geprägt war. Das terroristische Kampfmittel fand funktionale Anwendung auf immer mehr Gebieten politisch-praktischer Tätigkeit. Erkennbar war schon damals, z.B. beim Mord von Potempa, dass mit dem des Terrors auch dessen irrationale und selbstzerstörerische Züge hervortraten.

Abschließend möchte ich noch folgenden Gedanken äußern: Das 1933 errichtete Herrschaftssystem, der Zweite Weltkrieg, der Holocaust und die 1944/45 ebenfalls beabsichtigte Preisgabe der Lebensgrundlagen des deutschen Volkes standen am Ende einer langen und hier nicht im einzelnen darzustellenden Kette des Terrors. Die einzelnen Glieder dieser Kette hatten sich stets ausgeweitet und verstärkt, um ihre jeweils situationsgebundene Funktion realisieren zu können. Auch zu ihrer eigene n Befestigung und zu ihrer legitimatorischen Rechtfertigung bedurfte diese Kette immer neue, immer stärkere und immer barbarischere Glieder. Ich denke vor allem an den Ausbau des KZ-Systems, an den 30. Juni 1934, an den Aufstieg der SS, an die Konzentration des Terrorapparates im Reichssicherheitshauptamt und nicht zuletzt an die »Aktion Gitter« nach dem 20. Juli 1944.

Vielleicht wäre es angebracht, für die gesamte Geschichte der NSDAP von 1919 bis 1945 von einem Prozess des ständigen Expandierens und einer ununterbrochenen Brutalisierung des Nazi-Terrors zu sprechen. Die Kontinuität des Terrors und seiner Steigerung wäre daher ebenfalls als wesentliches Merkmal zu bezeichnen. Obwohl sich diese Steigerung des faschistischen Terrors keineswegs linear vollzog und das quantitative Ausmaß der einzelnen terroristischen Aktionen unterschiedlich war, kann nicht von Diskontinuität, von Wandel oder von irgendeiner »Normalität«[34] des Terrors der NSDAP gesprochen werden. Diese Erkenntnis würde andere, bereits vielfach gezogene Lehren erhärten, die uns die Geschichte der NSDAP vermittelt: Jede antifaschistische Strategie muss bei den Wurzeln des Faschismus beginnen und möglichst bereits den Anfängen wehren. Sie darf dem faschistischen Terror auch nicht den kleinsten Erfolg einräumen, ihn in keiner Situation unterschätzen, soll er nicht doch seinen Zweck erreichen.[35]

Anmerkungen

1 Siehe auch Manfred Weißbecker: Die NSDAP – eine Massenpartei für den Krieg der Eliten. In: Deutscher Faschismus – Terror und Widerstand. Zur 2. Tagung der IREX-Unterkommission »Faschismus -Theorie und Praxis« von Historikern der USA und der DDR in Princeton, N.J., im Mai 1989. Beiträge der Historiker der DDR. Hrsg. von der Akademie für Gesellschaftswissenschaften beim Zentralkomitee der SED, Berlin 1989, S. 56-70.
2 Karl Marx: Kritik des Gothaer Programms. In: Karl Marx, Friedrich Engels, Werke, Bd. 19, Berlin 1971, S. 28; ders., Das Kapital. Kritik der Politischen Ökonomie, in: Ebenda, Bd. 25, Berlin 1964, S. 800.
3 Georgi Dimitroff: Die Offensive des Faschismus und die Aufgaben der Kommunistischen Internationale im Kampf für die Einheit der Arbeiterklasse gegen den Faschismus. 2. August 1935. In: VII. Weltkongress der Kommunistischen Internationale. Referate und Resolutionen, Berlin 1975, S. 93.
4 Siehe Iring Fetscher: Terrorismus und Reaktion. Mit einem Anhang: August Bebel, Attentate und Sozialdemokratie, Köln/Frankfurt a.M. ²/1977, S. 50ff.; Rosa Luxemburg formulierte für das Programm der KPD ebenfalls eine klare Absage an die terroristische Gewaltanwendung: »Die proletarische Revolution bedarf für ihre Ziele keines Terrors. Sie hasst und verabscheut den Meuchelmord. Sie bedarf dieser Kampfmittel nicht, weil sie nicht Individuen, sondern Institutionen bekämpft«. Protokoll des Gründungsparteitages der Kommunistischen Partei Deutschlands (30. Dezember 1918 – 1. Januar 1919), Berlin 1972, S. 317f.; Ähnlich äußerte sich Paul Levi gegen den Mord an Matthias Erzberger. Paul Levi: Zwischen Spartakus und Sozialdemokratie. Schriften, Aufsätze, Reden und Briefe, Frankfurt a.M. 1969, S. 232.
5 Zit. in Heinrich August Winkler: Die verdrängte Schuld. In: Die Zeit, Nr. 12 v. 17.3.1989, S. 50.
6 Protokoll des Gründungsparteitages der Kommunistischen Partei Deutschlands (30. Dezember 1918 – 1. Januar 1919), Berlin 1972, S. 318f.
7 Hans Günther: Der Herren eigner Geist. Die Ideologie des Nationalsozialismus. In: ders., Der Herren eigener Geist. Ausgewählte Schriften, Berlin/Weimar 1981, S. 78.
8 George L. Mosse: Der Erste Weltkrieg und die Brutalisierung der Politik. Betrachtungen über die politischen Rechte, den Rassismus und den deutschen Sonderweg. In: Demokratie und Diktatur. Geist und Gestalt politischer Herrschaft in Deutschland und Europa, hrsg. von Manfred Funke, Hans-Adolf Jacobsen, Hans-Helmuth Knütter und Hans-Peter Schwarz, Bonn 1987, S. 127ff.
9 Ebenda, S. 136.
10 Ebenda, S. 128. Siehe auch Jörg Stange: Zur Legitimation der Gewalt innerhalb der nationalsozialistischen Ideologie. Ein Beitrag zur Erklärung der Verfolgung und Vernichtung der Anderen im Nationalsozialismus, Frankfurt a.M. 1987.
11 Karl Dietrich Bracher: Geschichte und Gewalt. Zur Politik im 20. Jahrhundert, Berlin 1981, S. 107.
12 Zit. in Führer befiehl… Selbstzeugnisse aus der »Kampfzeit« der NSDAP. Dokumentation und Analyse, hrsg. von Albrecht Tyrell, Düsseldorf 1969, S. 43f.
13 So im Original.
14 Hitler. Sämtliche Aufzeichnungen 1905–1924. Hrsg. von Eberhard Jäckel zusammen mit Axel Kuhn, Stuttgart 1980, S. 848.

15 Ebenda, S. 849.
16 Ebenda, S. 123.
17 Ebenda, S. 120.
18 Zit. in: Arbeiterklasse siegt über Kapp und Lüttwitz, Berlin 1971, S. 10.
19 Zit. in Geschichte der deutschen Arbeiterbewegung, Bd. 3, Berlin 1966, S. 582.
20 Siehe Lexikon zur Parteiengeschichte. Die bürgerlichen und kleinbürgerlichen Parteien und Verbände in Deutschland (1789–1945). In vier Bänden. Hrsg. von Dieter Fricke (Leiter des Herausgeberkollektivs), Werner Fritsch, Herbert Gottwald, Siegfried Schmidt und Manfred Weißbecker, Leipzig 1983–1986.
21 Emil Julius Gumbel: Zwei Jahre Mord. Mit einem Vorwort von Prof. G.F. Nicolai, Berlin 1921, S. 52 f.
22 Ebenda, S. 54.
23 Ebenda.
24 Wolfgang Ruge: Revolutionstage November 1918, Berlin 1978, S. 36.
25 Bis heute sind die genauen Zahlen nicht ermittelt. Die hier vertretene These geht offensichtlich auch aus dem zeitgenössischen Fotomaterial hervor. Siehe Revolution und Fotografie Berlin 1918/19, Berlin 1989. In einer Rezension schrieb Sibylle Wirsing in der Frankfurter Allgemeinen Zeitung vom 22.2.1989: »Erst der Gegenschlag beschwor das Blutbad herauf.«
26 Hitler. Sämtliche Aufzeichnungen, S. 128 und pass im.
27 Siehe Ingo Materna: Der Vollzugsrat der Berliner Arbeiter- und Soldatenräte 1918/19, Berlin 1978, S. 207 f.
28 Gumbel, S. 15.
29 Siehe Hans Beyer: Die Revolution in Bayern 1918/19, Berlin 1982, S. 133 ff.
30 Gumbel, S. 36 f.
31 Kurt Pätzold/Manfred Weißbecker: Hakenkreuz und Totenkopf. Die Partei des Verbrechens, Berlin 1981, S. 151.
32 Siehe »Lasst Köpfe rollen« Faschistische Morde 1924–1931. Im Auftrage der Deutschen Liga für Menschenrechte e. V. dargestellt von E. J. Gumbel, Berlin 1921, S. 23: »Die von uns dargestellten politischen Morde sind nur ein Teilausschnitt aus einem umfangreichen Gebiet. Schon die tatsächliche Häufigkeit der Morde ist viel größer. Dazu kommen Hunderte von Leicht- und Schwerverletzten, die Zerstörungen von Versammlungslokalen, die täglichen Schlägereien, die Bedrohungen, unter denen wir alle leiden. Ordnet man diese Taten zeitlich, so erhält man folgende Tabelle: 1924 – 3, 1925 – 3, 1926 – 4, 1927 – 5, 1928 – 6,1929 – 4, 1930 – 20, Halbjahr 1931 - 18. Summe 63. Diese Zahlen verlaufen ungefähr parallel dem Anwachsen der nationalsozialistischen Bewegung, von 1924 bis 1929 sehr langsam, dann sprunghaft rasch. In diesen Bluttaten offenbart der Faschismus sein wahres Gesicht. Er zeigt dem deutschen Volk die Methoden, deren er sich bedienen wird, wenn er zur Macht kommen sollte.«
33 In der Literatur der DDR wird für 1930 von 77, für 1931 von 114 und für 1932 von 219 Opfern des faschistischen Mordterrors gesprochen. Siehe Kurt Pätzold: Sturm-Abteilung der Nationalsozialistischen Deutschen Arbeiterpartei (SA). In: Lexikon zur Parteiengeschichte, Bd. 4, Leipzig 1986, S. 162.
34 Siehe Sebastian Haffner: Anmerkungen zu Hitler, München [4]/1978, S. 37.
35 Iring Fetscher (S. 50 und 58) macht mit Recht darauf aufmerksam, dass »demokratische und sozialistische Bewegungen durch Terrorakte regelmäßig Schaden erleiden«, während sie umgekehrt »in der Tat häufig den gewünschten Zweck erreichen«.

Bemerkungen zu Grundelementen, Entwicklungstendenzen und Wirkungen der faschistischen Ideologie*

Nach der Errichtung der faschistischen Diktatur in Deutschland begann in den Reihen aller Antifaschisten eine lebhafte und mehr oder weniger gründliche Suche nach den Ursachen des 30. Januar 1933 und ihrer eigenen Niederlage. Der Kommunist Hans Günther, der 1935 in der Sowjetunion sein auch heute noch lesenswertes Buch unter dem Titel »Der Herren eigener Geist. Die Ideologie des Nationalsozialismus«[1] veröffentlichte, nannte dies die Suche nach jenem »Erreger«, der das Monopolkapital gezwungen habe, den Boden der bürgerlich-parlamentarischen Demokratie zu verlassen. Er polemisierte dabei nachdrücklich gegen »gewisse Theoretiker aus den Kreisen der falschen Marxisten«, die nach seiner Ansicht das Vordringen des Faschismus ausschließlich als »Vordringen des Finanzkapitals, seine zunehmende Macht und die sie begleitende Reaktion« charakterisierten. Seine Gegenthese lautete: »Als ob die Ökonomie des Kapitalismus mechanisch und automatisch einen veränderten politischen Zustand aus sich heraus erzeugen könnte! Wir wären Fatalisten, würden wir anerkennen, dass der Faschismus der ›selbstverständliche‹ oder ›entsprechende‹ Überbau des Monopolkapitalismus und also eine unvermeidliche Etappe der Entwicklung wäre«. Marx habe, so argumentierte Günther weiter, »nie etwas anderes behauptet, als dass die Ökonomie

* Bei diesem Beitrag handelte es sich um einleitende, zu Debatten auffordernde Bemerkungen bei der Eröffnung des 9. Jenaer Faschismus-Kolloquiums am 17. und 18. September 1979, das sich erstmals mit der nationalsozialistischen Ideologie deutscher Faschisten befasste. In: *Jenaer Beiträge zur Parteiengeschichte*, Nr. 45 (Februar 1981), S. 5-21. Zu Kolloquium und Schriftenreihe siehe das Heft 2/2007 der Zeitschrift *Beiträge zur Geschichte der Arbeiterbewegung*, S. 3-102. Zur Behandlung der Nazi-Ideologie durch DDR-Historiker siehe Werner Röhr: Abwicklung. Das Ende der Geschichtswissenschaft der DDR., Bd. 2: Analyse ausgewählter Forschungen. Übersichten, Register, Berlin 2012; S. 562 f.

des Kapitalismus die objektiven Voraussetzungen für bestimmte politische« – und wir können ergänzen: auch für ideologische Aktionen schafft.[2]

Ich stelle diese Aussage eines marxistischen Antifaschisten bewusst an den Beginn unseres diesjährigen Jenaer Faschismus-Kolloquiums, zu dem ich alle Gäste wieder recht herzlich begrüßen möchte.

Die meisten unter uns werden in der eingangs zitierten Aussage zugleich theoretische und wissenschaftlich-politische Grundpositionen widerspiegelt sehen, solche Positionen, die auch wir bei unseren Veranstaltungen 1975 zur Problematik der Funktionen und Wirkungen der faschistischen Ideologie und 1978 zum Verhältnis von Ökonomie und Politik, in gewisser Weise auch 1977 bei der Diskussion über die Rolle der Führer bürgerlicher Parteien übereinstimmend markiert haben. Dennoch handelt es sich um ein beinahe unerschöpfliches Diskussionsthema, vor allem dann, wenn es ins historische Detail geht und konkrete Aussagen, beispielsweise in den einzelnen Artikeln des geplanten vierbändigen Lexikons zur Geschichte der bürgerlichen Parteien und anderer bürgerlicher Interessenorganisationen, zu treffen sind. Das gilt sicher auch für den interessanten Beitrag von Joachim Petzold, den er hier zur Diskussion stellt. Für uns sind die von ihm aufgeworfenen Fragen besonders bei der Analyse der Entstehung der einzelnen Parteien und Verbände wichtig. Ganz zweifellos spielen in der Genesis der Organisationen ideologische Faktoren, die Wirkungen von allgemeinen Leitbildern aus »der Herren eigener Geist, den man den Geist der Zeiten heißt«[3], individueller Ehrgeiz, persönliches Machtstreben u. ä. m. eine größere Rolle als in der weiteren Entwicklung dieser Organisationen. Ferner sind die Wirkungsmöglichkeiten dieser Faktoren, die das Ökonomische nur letztlich und über viele Vermittlungsglieder widerspiegeln, in kleineren Organisationen von größerem Gewicht als in solchen, die bereits in einem solchen Maße an die Öffentlichkeit getreten sind, dass ihnen fördernde oder ablehnende Aufmerksamkeit der Herrschenden zuteil wird.

Joachim Petzold bezeichnet diese Tatsache mit solchen Formulierungen wie Widerspiegelung der »Grundbedürfnisse« in »eigentümlicher Weise«, selbst bis hin zu »systemabträglicher Eigenständigkeit«, und versucht so den Sinn auch des Blödsinns in der faschistischen Ideologie begreiflich werden zu lassen. Bereits das bietet Stoff in Hülle und Fülle für die Diskussion, deren vornehmste Aufgabe es sein dürfte, die übereinstimmend vertretenen Grundauffassungen zu erhärten und zu präzisieren, überzeugungskräftig darzustellen.

Die Bedeutung des Themas ist unverkennbar, handelt es sich doch in der Geschichtswissenschaft der DDR um ein auffälliges Desiderat. Auch ein sehnsüchtiger Blick des Historikers in die »Deutsche Zeitschrift für Philosophie« bleibt ergebnislos. Seit Wolfgang Heise[4] hat es eigentlich nur Teiluntersuchungen[5] zum Gehalt und Wesen einzelner Elemente der faschistischen Ideologie gegeben. Der entsprechende Abschnitt bei Bergner/Mocek ist, obwohl die meisten Aussagen nicht zu bestreiten sind, insgesamt unbefriedigend. Das materialreiche und breit angelegte Buch »Kritik der Ideologie des Neofaschismus« enthält einige mehr oder weniger pauschale Behauptungen, die wichtige Unterschiede zwischen der faschistischen bzw. neofaschistischen Ideologie und den anderen reaktionären Strömungen beinahe einebnen.[6]

Mit der Feststellung des Desiderats ist das Verdienst der zahlreichen Arbeiten nicht geschmälert, die sich mit Fragen der Verbreitung und der Wirkungsmöglichkeiten der faschistischen Ideologie befassen, die das bewusst organisierte Wechselspiel von Terror und ideologischer Beeinflussung sowie von Korruption und Organisation[7] analysieren und den Platz der Meinungsmanipulierung im System der faschistischen Diktatur charakterisieren.[8] In keiner Weise gilt die Kritik dem Beitrag Galkins, den ich für außerordentlich anregend halte.[9] Sicher werden wir an vielen Stellen unserer Diskussion auf seine Fragen und Problemstellungen zurückkommen. Schließlich möchte ich noch auf die gewichtigen Impulse verweisen, die von Joachim Petzolds letztem Buch[10] ausgegangen sind.

Noch zwingender als das weiße Feld in unserer Kritik der faschistischen Ideologie bewirkt die politische Aktualität, dass die Bedeutung des Themas fast nicht größer sein könnte. In einer Zeit, in der sich der ideologische Kampf zwischen den beiden gesellschaftlichen Systemen zuspitzt, in der ein noch nie dagewesener Kampf um die »Köpfe« der Menschen entbrannt ist, in der sich viele imperialistische Länder auch durch ihre geistige Rechtsentwicklung und durch eine vielfältig variierte Mobilisierung extrem reaktionärer Ideologien hervortun, um das Wettrüsten hochzupeitschen, in einer solchen Zeit kommt wohl gerade unserem Thema ein besonderer Rang zu.

Bestimmte Anforderungen an unsere Auseinandersetzung mit der faschistischen bzw. neofaschistischen Ideologie ergeben sich vor allem aus ihrer Gefährlichkeit, aus ihren Wirkungen, weniger aus ihren unmittelbaren Inhalten und ihrer theoretischen Substanz. Die Wirkungen der faschistischen Ideologie können nicht primär oder etwa allein aus der Ideologie selbst erklärt werden. Die große Diskrepanz zwischen den theoretischen Anspruch erhebenden konservativ-elitären und den demagogisch-utopischen, für die Massen gedachten Ideen[11] innerhalb der faschistischen Ideologie scheint gewissermaßen ein Spezifikum zu sein, das nicht in gleicher Weise für andere Strömungen der bürgerlichen Ideologie zutrifft.

Zweifellos ist die faschistische Ideologie in einem solchen Maße apriorisch, prinzipienlos, unlogisch und primitiv, so dass[12] zu ihrer Entlarvung eine theoretische Kritik nicht ausreicht oder der Gedanke überwiegt, man würde generell die Ideologie, die Weltanschauung, die Theorie diskreditieren, wollte man sie als solche überhaupt behandeln.[13] Galkin bezeichnet die Existenz apriorischer Grundsätze, die Unvereinbarkeit einzelner Postulate sowie den prinzipienlosen Wechsel der Losungen als wesentliche Merkmale der faschistischen Ideologie. Deshalb habe diese von Anfang an keinem jener Kriterien genügt, »denen nicht nur wissenschaftliche, sondern überhaupt jegliche mehr oder minder »in der konsequente Systeme ideologischer Ansichten entsprechen müssen. Daraus leitet er die Meinung ab, dass von einer Ideologie des Faschismus nur sehr bedingt die Rede sein könne.[14]

Jede Schlussfolgerung aber, eine theoretische Kritik an der faschistischen Ideologie sei daher überflüssig oder von völlig untergeordneter Bedeutung, wäre m. E. falsch und würde zu einer Unterschätzung des ideologischen Kampfes gegen den Faschismus führen. Die faschistische Ideologie stellte und stellt auch ein System politischer, ökonomischer, rechtlicher, pädagogischer, künstlerischer, moralischer u. a. Auffassungen dar, das bestimmte Klasseninteressen zum Ausdruck bringt und entsprechende Verhaltensnormen diktiert. In diesem Sinne würde bereits die Frage, ob es nicht besser sei, statt von der faschistischen Ideologie von der Ideologie der Faschisten bzw. der Neofaschisten zu sprechen, grundsätzliche Probleme aufwerfen. Ein solches Vorgehen würde sicherlich eine unzulässige Einengung bedeuten. Beides, die faschistische Ideologie und die Ideologie der Faschisten, muss nicht identisch sein. Die faschistische Ideologie stellt für mich den umfassenderen, zur richtigen Einbindung des faschistischen Ideengebäudes in die gesamte bürgerliche Ideologie zwingenden Begriff dar. Die faschistische Ideologie ist ein immanenter Bestandteil der bürgerlichen Ideologie in unserer Epoche und zugleich ein Ausdruck der allgemeinen Krise des Kapitalismus seit dem Beginn der Epoche des Übergangs von der bürgerlichen zu einer neuen Gesellschaftsordnung. Sie nimmt einen von uns möglichst exakt zu bestimmenden Platz in der bürgerlichen Ideologie ein. Daraus ergibt sich als wichtigste und generelle Frage die nach einer konkreten Darstellung der unvermeidlichen Zusammenhänge zwischen ihr und allen anderen Strömungen der bürgerlichen Ideologie. Die theoretische Kritik an der faschistischen Ideologie hat daher immer und in erster Linie Kritik an der bürgerlichen Ideologie zu sein.

In gewissem Unterschied zu anderen Strömungen der bürgerlichen Ideologie (Liberalismus, bürgerlichem Demokratismus, aber wohl auch zum Konservatismus) lässt sich bei einer Analyse der faschistischen Ideologie die theoretische Kritik nicht von der Kritik der Ideologie-Handhabung und -Anwendung trennen. In diesem Sinne lassen sich die Wirkungsmöglichkeiten der faschistischen Ideologie hauptsächlich aus ihrer Verwurzelung in der bürgerlichen Ideologie, aus ihrer Zugehörigkeit zu dieser, aus dem Zusammenspiel der Hauptströmungen der bürgerlichen Ideologie sowie aus deren Verbreitung erklären.

Hans Günther schrieb in seinem Buch: »Niemals hätten die Nazis mit ihrem Betrugsmanöver des ›deutschen Sozialismus‹ eine solche Massenwirkung erzielen können, wären dieselben Massen nicht zuvor von der Sozialdemokratie mit einer ganz ähnlichen Sorte von ›Sozialismus‹ betrogen worden! Ohne den ›Kriegssozialismus‹ und ›organisierten Kapitalismus‹ der Hilferding und Co. kein ›deutscher‹ Sozialismus von Goebbels und Konsorten!«[15] Natürlich: Die Anklänge an die Sozialfaschismustheorie[16] sind hier weder zu übersehen noch zu rechtfertigen. Ich halte es jedoch für verstehbar, dass bei einer Untersuchung der Ursachen von 1933 solche Gedanken auftauchen, wenn diese sich vorrangig auf Probleme und Schwächen der Arbeiterbewegung bezieht. Der allgemeine methodologische Ansatz ist jedoch völlig richtig und führt bei einer Analyse aller relevanten Faktoren zur These, dass es ohne das breite, in vieler Hinsicht ja auch recht solide Fundament der bürgerlichen Ideologie, ohne deren reaktionäre Strömungen und pseudowissenschaftliche Lehren, keine faschistische Ideologie gegeben hätte. Ohne die massenhafte Verbreitung der bürgerlichen Ideologie, auch bis in die Reihen der Arbeiterbewegung hinein, wäre keine entsprechende Basis für die Verbreitung der faschistischen Ideologie vorhanden gewesen.[17]

Wenn – als Randbemerkung sei dies hier eingefügt – Hans Günther zu kritisieren ist, dann wohl vor allem wegen der Möglichkeit, seine Formulierung, es seien dieselben Massen gewesen, die erst der Sozialdemokratie gefolgt und dann dem »deutschen Sozialismus« erlegen wären, falsch zu interpretieren.

Dies ist zu undifferenziert und eine Betrachtungsweise, wie sie ähnlich häufig für den August 1914 bzw. für den »Umschwung« der Massenstimmung zwischen Juli und August 1914 konstatiert wurde. Fritz Klein ist wohl zuzustimmen, wenn er meint, jene 500.000 Menschen, die im Juli 1914 noch an Anti-Kriegs-Demonstrationen teilnahmen, hätten nichts mit den kriegsbegeisterten Massen vom August zu schaffen und es habe sich um jeweils andere Teile der deutschen Bevölkerung gehandelt.

Mit den bisherigen Bemerkungen ist vielleicht die übergroße Breite des Themas unserer Beratung deutlich geworden. Wir sollten uns im Interesse der Ergiebigkeit unserer Diskussion jedoch auf einige Problemkreise beschränken. Dazu möchte ich neben der erwähnten Grundproblematik des Verhältnisses von Ökonomie, Politik und Ideologie im folgenden noch drei Vorschläge unterbreiten:

Erstens sollte das Problem behandelt werden, welche Grundelemente der bürgerlichen Ideologie zur faschistischen Ideologie gehören, wie deren Merkmale und Strukturen beschaffen sind und welche Konsequenzen sich daraus für die Formierung der Front aller Antifaschisten ergaben. Sicher werden wir unser Geschichtsbild nicht bereichern können, wenn wir bei der Frage stehen bleiben, welches denn die Grundelemente der faschistischen Ideologie gewesen bzw. heute sind. Die Forschung hat bisher wohl genügend Material über den militanten Antikommunismus nach innen und außen, über die terroristische Arbeiterfeindlichkeit, den Kult der Gewalt und des Krieges, den zum Chauvinismus potenzierten bürgerlichen Nationalismus, die pseudorevolutionäre, nach allen Seiten schillernde und hoffnungserweckende Sozialdemagogie[18] und nicht zuletzt auch über den Rassismus vorgelegt bzw. richtungsweisende Ansätze geliefert. Davon werden die Darstellungen zur Geschichte der einzelnen faschistischen Organisationen zweifellos profitieren können. Die Aussagekraft solcher Darstellungen hängt jedoch nicht allein von der richtigen Erfassung des Grundsätzlichen ab. Wir werden immer zu beachten haben, inwieweit die Spezifika der ideologischen Elemente der jeweiligen Partei oder des jeweiligen Verbandes erfasst sind. Welchen Sinn sollte es beispielsweise haben, wenn wir in den Artikeln über die DAF, SA oder die SS nur das gleiche wie in dem über die NSDAP schrieben? Die Fragestellung geht aber noch weiter. Die genannten Organisationen gehören zum deutschen Faschismus nationalsozialistischer Prägung. Im deutschen Faschismus gab es noch andere, z. T. auch sehr anders geartete Strömungen. Bei einer Darstellung zur Geschichte des Stahlhelms wird künftig mehr zu dessen ideologischer Plattform gesagt werden müssen; unzureichend ist sicher die Einschätzung, es habe »keinen Unterschied zu den Programmen der NSDAP und der SA« gegeben.[19]

Ferner scheint im Rahmen des ersten Problemkomplexes auch die Frage von Interesse zu sein, in welchem Verhältnis die Elemente der faschistischen Ideologie untereinander stehen, welche Widersprüche sich bei dem vielfachen Mit-, Neben- und Gegeneinander von teilweise sehr unterschiedlichen Theorien offenbaren. Dazu gehört die m. W. bisher weitgehend unbeantwortete Frage, wie sich die einzelnen Elemente durch ihre Einbindung in die faschistische Ideologie, durch die Wechselwirkungen mit deren anderen Bestandteilen in ihrer eigenen Substanz und in ihrer qualitativen Wertigkeit veränderten. Anders formuliert: Wie wurden sie von der Führungsclique der Nazis bzw. von einzelnen Nazigrößen entsprechend der konkreten innen- und außenpolitischen Situation und entsprechend den jeweiligen Bedürfnissen des faschistischen deutschen Imperialismus verändert? Oduev wendet sich m. E. mit Recht gegen solche Auffassungen, in denen dem Faschismus ein »eigenes Ideensystem« abgesprochen wird und dieses als »bloße mechanische Zusammenstellung oder populäre Wiedergabe« unterschiedlicher Elemente der bürgerlichen Ideologie bezeichnen. Für ihn besteht das Wesentliche im Übergang von bürgerlicher zu faschistischer Ideologie in der »Integration« und in der »Methode der Mythenschöpfung«.[20]

Die Notwendigkeit, sich dazu zu äußern, ergibt sich auch aus unserer Auseinandersetzung mit den wachsenden Tendenzen einer Rehabilitierung des Faschismus in der neonazistischen und konservativen Apologetik, im Rechtsentwicklungsprozess der DRD. Ich möchte dazu nur ein Beispiel aus jüngster Zeit anführen. Ende August d. J. publizierte Hans-Adolf Jacobsen einen Artikel über Karl Haushofer, der sich letztlich – wenn auch noch hinter vielen verbalen Einschränkungen versteckt – um die Auflösung des als vermeintlich charakterisierten »Gleichklangs« von Geopolitik und Weltanschauung der deutschen Faschisten bemüht. Zwischen Haushofer und den Nazis habe es »gravierende Unterschiede« gegeben, insbesondere in der »Ziel-Mittel-Relation«. Das ganze mündet in folgende Aussage: Haushofers »Endzielvorstellungen waren – sicherlich ja nach politischer Lage variierend und kühner prognostizierend – mit denen des Nationalsozialismus nicht identisch, mag es auch partielle Gemeinsamkeiten gegeben haben. Der Geopolitiker – dachte in den Kategorien traditioneller imperialistischer Machtpolitik«.[21] Die Trennung von Imperialismus und Faschismus ist offensichtlich!

So sehr wir alles tun wollen, um den Zusammenhang von Imperialismus und Faschismus auch auf ideologischem Gebiet nachzuweisen, so sehr liegt mir in diesem Zusammenhang aber auch die Frage am Herzen, ob wir unsere These nicht etwas differenzieren und präzisieren müssten, wonach es sich bei der faschistischen Ideologie nur bzw. lediglich um ein eklektisches Gemisch, um eine einfache Summe aller Strömungen der reaktionärsten bürgerlichen Ideologie handelt und es keinen originären und ideologiegeschichtlich selbständigen Beitrag der Faschisten gäbe.[22] Gerade durch die »Integration« und die »Vermischung«, um bei diesen Begriffen zu bleiben, vollzogen sich nach meiner Auffassung auch gewisse Veränderungen, die als qualitative zu sehen sind. Es wäre gut, wenn wir in unserer Diskussion an einzelnen Beispielen konkret die neue Qualität eines Bestandteile der bürgerlichen Ideologie, wenn dieser zu einem Element der faschistischen Ideologie geworden ist, behandeln würden. Sicherlich wird man zunächst und völlig richtig auf komparatistisch-quantitative Merkmale wie das der Steigerung, der Zuspitzung, der Potenzierung usw. verweisen können. Charakteristisch dürften aber auch solche Merkmale sein wie die Barbarisierung bzw. Enthumanisierung, die Kriminalisierung, der Übergang zu einem bedingungslos-abenteuerlichen und bis zur Forderung nach bereitwilliger Selbstaufgabe reichenden Aktivismus, die völlige Enthemmung gegenüber moralischen Skrupeln vor allem in ihrem mehr als doppelbödigem Verhältnis der Faschisten zu den Massen. Charakteristisch ist sicher vor allem die Mythologisierung, die irrationalistische Verschleierung imperialistischer Wirklichkeit.

Für unsere Diskussion möchte ich in diesem Zusammenhang auch die Frage aufwerfen, ob und inwieweit sich der Rassismus und Antisemitismus des deutschen Imperialismus in der Zeit bis 1918 und teilweise auch danach gerade durch die genannten qualitativen Merkmale vom Rassismus und Antisemitismus der Faschisten unterscheiden, allein schon durch ihre enge Verknüpfung mit dem militanten Antikommunismus nach innen und außen sowie mit dem Führer-Gefolgschafts-Prinzip. Über die Ergebnisse einer wechselseitigen Durchdringung der wichtigsten Elemente der faschistischen Ideologie zu sprechen, wird bestimmt der Vortrag von Kurt Pätzold genügend Anlass und Stoff bieten. Vielleicht können wir dabei auch die unterschiedlichsten Akzente in den Meinungen von ihm und Joachim Petzold, wie sie in der Diskussion während unserer Konservatismus-Konferenz deutlich wurden, weiter diskutieren. Zur Erinnerung: Kurt Pätzold sprach sich gegen Auffassungen aus, die die Unterschiede zwischen Konservatismus und Faschismus nivellieren und zu dem Motto passen würden, es sei alles schon einmal dagewesen.[23] Auf jeden Fall stoßen wir aber mit diesem Vortrag direkt zu der notwendigen Auseinandersetzung mit den neuesten Versuchen bürgerlicher Ideologen vor, im Zeichen von »Holocaust« eine Reduzierung des Faschismus und seiner Ideologie auf den Antisemitismus bzw. sogar nur auf die sog. Endlösung vorzunehmen.

Zweitens scheint in unserer Diskussion das Problem einer klaren begrifflichen und politisch praktischen Unterscheidung zwischen der faschistischen Ideologie und anderen reaktionären, vor allem den konservativen Strömungen der bürgerlichen Ideologie unumgänglich. Wenn ich es richtig sehe, so sind bisher die Gemeinsamkeiten von Konservatismus und Faschismus gründlicher und überzeugender herausgearbeitet worden als die Unterschiede zwischen ihnen.[24] Die notwendige Bestimmung der Unterschiede zwischen Faschismus und Konservatismus kann sich auf einige Argumente stützen, die nicht zuletzt auch auf unserer Konservatismus-Konferenz in Jena vom März d. J. vorgetragen worden sind: der Faschismus sei übersteigerter Konservatismus, er stehe nicht wie der Konservatismus auf dem Boden einer bürgerlich-parlamentarischen Ordnung, er sei Ergebnis einer Politisierung und Pragmatisierung konservativer Ideologie, er sei terroristisch, der Konservatismus dagegen nicht usw.

So richtig diese Einschätzungen im einzelnen auch sind, so sehr bedürfen sie m. E. noch der Einordnung in einer Darstellung des historischen Entwicklungsprozesses und der sich dabei jeweils verändernden Bedingungen. Sicher wird auch die Tatsache zu berücksichtigen sein, dass die Unterschiede zwischen Faschismus und Konservatismus im Bereich der Ideologie geringer sind als im Bereich von Politik und politischer Organisiertheit. Ferner dürfen wir nicht übersehen, dass sich diese Unterschiede in der Gegenwart durchaus anders darstellen als in den früheren Perioden der Geschichte des Imperialismus.

Drittens möchte ich auf einig Fragen verweisen, die eng mit dem historischen Entwicklungsprozess der faschistischem Ideologie sowie mit den einzelnen Entwicklungsetappen des frühen, des voll entfalteten, des geschlagenen und des angepassten Faschismus[25] zusammenhängen. Zu diskutieren wäre beispielsweise die These Galkins, wonach sich der hohe Grad an Stabilität sowie die Kontinuität in der Entwicklung des Faschismus von seinen Anfängen bis in die Gegenwart in dessen Ideologie »am deutlichsten verfolgen« lasse, weil das »Arsenal der für weite Kreise bestimmten sozialen und politischen Ideen […] relativ begrenzt« sei. Modifikationen hätten sich hauptsächlich auf »politischem Gebiet« vollzogen.[26] Weiter wäre über die von Reinhard Kühnl genannten Veränderungen in den Inhalten der gegenwärtigen faschistischen Ideologie, speziell in der Herrenrassenideologie, im Antisemitismus und im Pseudosozialismus zu diskutieren.

Insgesamt geht es mir bei diesem Komplex um die Grundlinien einer Darstellung der Geschichte der faschistischen Ideologie. Diese hätte mehr als die üblichen, in der Regel doch sehr statisch angelegten ideologiegeschichtlichen Untersuchungen zu sein und müsste alle Perioden in der Geschichte des Imperialismus unter einheitlichen, durchgängigen Aspekten erfassen.

Durch Joachim Petzold, aber auch durch andere Gesellschaftswissenschaftler, ist das Problem der präfaschistischen Ideologie aufgeworfen worden. Zu verweisen ist z. B. auf den Literaturhistoriker Claus Ritter und sein lesenswertes Buch »Start nach Utopolis. Eine Zukunfts-Nostalgie«[27], das sich auch mit vielen extrem reaktionären Auffassungen der gesellschaftlich-utopischen Literatur des Wilhelminischen Kaiserreiches beschäftigt. Ritter zieht folgendes Resümee: »Es ist nicht übertrieben zu sagen, dass vor 1914 im Deutschen Kaiserreich der Hohenzollern die nationale Variante des Faschismus bereits bis fast ins letzte Detail vorprogrammiert wurde. Würde man nach der utopischen Methode die Frage ›was wäre, wenn …‹ beantworten, könnte man behaupten, dass nach einem siegreich beendeten ersten Weltkrieg der ›nationalsozialistische‹ Staatsstreich mit einem Hohenzollern an der Spitze möglich und erfolgreich gewesen wäre. Man könnte behaupten, dass nur die verheerende Niederlage 1918 den drohenden faschistischen Putsch im Kaiserreich verhindert hat.« Ferner spricht Ritter von den »monarchofaschistischen« Entwürfen und Verheißungen des theoretisierenden Germanentums und erklärt: »Ihre Autoren waren schon vor 1914 die Schreibtischtäter des ›Tausendjährigen Reiches‹. Mit teutonischen Schlagworten begründeten sie in ihren Büchern die ›Wesentheit‹ zur ›völkischen Großtat‹ des ›Blutadels‹ eines kommenden ›Dritten Reiches‹. Jahrzehnte vor der ›deutschen Schicksalswende‹ führten sie die ›Blondrasse‹ in die künftige ›Blutsprache‹ ein und an die ›völkische Zukunft‹ heran«![28]

Eine solche Art und Weise der Geschichtsbetrachtung und speziell der Ideologiegeschichte geht zu weit und hätte – wollten wir ihr folgen – eigenartige Konsequenzen für die Darstellung solcher reaktionären Organisationen wie des Bundes der Landwirte und des Alldeutschen Verbandes. Extrem reaktionäre Theorien und pseudowissenschaftliche Lehren gab es natürlich nicht erst nach 1917, sondern in Hülle und Fülle auch schon in früheren Zeiten. Dennoch ist es falsch, beispielsweise den Sozialdarwinismus, den Malthusianismus, den Rassismus eines Gobineau oder extreme konservative Auffassungen des 19. Jahrhunderts für sich genommen als faschistisch zu bezeichnen. Ihre Funktion als Vorläufer, als Wegbereiter usw. ist unbestritten. Zu warnen ist jedoch vor voreiligen und in gewisser Weise ahistorischen Schlussfolgerungen. Der Faschismus erscheint zwar nach dem Ende des ersten Weltkrieges keineswegs wie ein göttliches Wesen aus dem Nichts, aber er gehört als Erscheinung in unsere Epoche und stellt eine Erscheinungsform des Imperialismus dar, der tief in der allgemeinen Krise steckt und dem der Sozialismus nicht mehr allein als Idee und Arbeiterbewegung im eigenen Lande gegenübersteht. Natürlich lässt sich die allgemeine Zugehörigkeit des Faschismus zu unserer Epoche nicht schematisch auf den Bereich der Ideologie übertragen, dieser ist aber auch nicht unabhängig davon zu sehen.

Ein besonderer Problemkomplex leitet sich aus der Frage ab, *wie* sich in einer bestimmten Phase der historischen Entwicklung und durch *welche* Kräfte eine Transformation aus den verschiedensten reaktionären »Ismen« in die faschistische Ideologie vollzieht. Vielleicht wäre es hier tatsächlich richtiger zu sagen: Transformation zunächst zur Ideologie der Faschisten, denn allein dadurch, dass Faschisten die einzelnen Theorien aufnehmen, wurden diese wohl noch nicht zur faschistischen Ideologie. Im Entwicklungsstadium der Transformation, das historisch durchaus nicht nur auf die Jahre unmittelbar nach dem ersten Weltkrieg zu beschränken ist, trifft zweifellos die Einschätzung, dass die faschistische Ideologie eklektischen Charakter trägt, noch weitgehend zu. Für die Untersuchung der einzelnen Phasen in der weiteren Entwicklung der faschistischen Ideologie bedarf es jedoch m. E. immer der Ergänzung durch die historische Dimension, die beispielsweise Togliatti in seinen »Lektionen über den Faschismus« anklingen lässt: »Nichts ähnelt mehr einem Chamäleon als die faschistische Ideologie. Wenn ihr die faschistische Ideologie betrachtet, verliert niemals das Ziel aus den Augen, das zu erreichen sich der Faschismus mit einer bestimmten Ideologie in einem bestimmten Augenblick vorgenommen hat«.[29]

Eine spezielle Situation im Entwicklungsprozess der faschistischen Ideologie ist durch Bedürfnisse geprägt, sich dem Untergang eines faschistischen Regimes unmittelbar entgegen zu stemmen. Wolfgang Schumann hat in seinen letzten ZfG-Artikeln indirekt, aber doch wohl unmissverständlich dazu aufgefordert, die ideologischen Aspekte der Antirevolutionsstrategie und der Strategie des ökonomischen Überlebens des deutschen Imperialismus in den Jahren 1944/45 eingehender als bisher zu erforschen.[30]

Die Notwendigkeit, sowohl vom eklektischen Charakter als auch von der historischen Entwicklung der faschistischen Ideologie auszugehen, gilt wohl auch für den gegenwärtigen Prozess der Herausbildung und der Entwicklung einer Ideologie des Neofaschismus. Sicher ist darunter mehr als nur die Rechtfertigung und Verherrlichung der faschistischen Erscheinungen in der 1945 abgeschlossenen Periode der allgemeinen Krise des Kapitalismus und auch mehr als die bloße Wiederaufnahme alter Leitbilder zu verstehen. Bei der Ideologie des Neofaschismus ist m. E. aber eine Besonderheit zu beachten. Diese ergibt sich aus der beinahe totalen Niederlage des Faschismus im Zweiten Weltkrieg und aus den Veränderungen im internationalen Kräfteverhältnis nach 1945. Sie muss dem Geschichtsbild einen unwahrscheinlich großen Raum geben, sich darauf konzentrieren und die Ausarbeitung eines eigenen gesellschaftspolitischen und weltanschaulichen Ideensystems vernachlässigen. Mit anderen Worten: Die Transformation von anderen reaktionären Ideologien in die neofaschistische Ideologie steht gegenwärtig nicht im Vordergrund. Dafür sollte unsere Aufmerksamkeit mehr jenen Prozessen gelten, die – z. B. in der Hitler-Welle – in umgekehrter Richtung vor sich gehen. Vieles von dem, was Neonazis in den 50er und 60er Jahren propagierten, stellt heute verbreitetes Gedankengut konservativer Kräfte dar!

Solche und andere Fragen einer Darstellung der geschichtlichen Entwicklung der faschistischen Ideologie richtig zu erkennen und zu beantworten, heißt heute einen Beitrag zur verstärkten Auseinandersetzung mit der imperialistischen Ideologie sowie zur konkreten Bestimmung der Rolle ideologischer Faktoren in der Geschichte der bürgerlichen Parteien und Verbände zu leisten. In diesem Sinne möchte ich unser Kolloquium eröffnen und ihm einen erfolgreichen Verlauf wünschen.

Anmerkungen

1 Moskau/Leningrad: Verlagsgenossenschaft ausländischer Arbeiter in der UdSSR, 1935, 226 S.
2 Ebenda, S. 36.
3 Goethe, Faust Erster Teil, in: Auswahl in drei Bänden, Bd. III, Leipzig 1952, S. 125.
4 Aufbruch in die Illusion. Zur Kritik der bürgerlichen Philosophie in Deutschland, Berlin 1964.
5 Vgl. als jüngstes Beispiel: Bürgerliche Staatsideologie. Hrsg. von der Akademie für Staats- und Rechtswissenschaft der DDR Potsdam-Babelsberg, Berlin 1979, S. 124-144.
6 Dieter Bergner und Reinhard Mocek: Bürgerliche Gesellschaftstheorien. Studien zu den weltanschaulichen Grundlagen und ideologischen Funktionen bürgerlicher Gesellschaftsauffassungen, Berlin 1976, 3. 284-290; Kritik der Ideologie des Neofaschismus, Berlin 1978, S. 38 f., 48 f. und passim.
7 Ernst Engelberg hat zur Erklärung der Massenwirksamkeit des deutschen Faschismus von der »unheiligen Dreieinigkeit von Demagogie, Terror und Erfolgsbestechung« gesprochen. (Beiträge zur Geschichte der Arbeiterbewegung 1975, H. 3, S. 539.) Weitere Überlegungen zu diesen Faktoren sollten berücksichtigen, dass der von den Faschisten erreichte hohe Grad der Erfassung der Bevölkerung in ihrem Organisationensystem sehr viel bewirkte, so dass künftig sogar von vier Faktoren zu sprechen wäre.
8 Vgl. den Beitrag von Kurt Pätzold in diesem Heft. Ferner Klaus Scheel: Meinungsmanipulierung im Faschismus. Die faschistische Propagandamaschinerie – Bestandteil des staatsmonopolistischen Herrschaftssystems in Nazideutschland, in: ZfG, H. 10/1969, S. 1283-1303.
9 A. A. Galkin: Die Ideologie des Faschismus und der Neofaschismus, in: Sowjetwissenschaft. Gesellschaftswissenschaftliche Beiträge 12/1975, S. 1269-1280.
10 Konservative Theoretiker des Faschismus. Jungkonservative Ideologen in der Weimarer Republik als geistige Wegbereiter der faschistischen Diktatur, Berlin 1978.
11 So A. A. Galkin, S. 1270.
12 Vgl. Dieter Bergner/Reinhard Mocek, S. 285.
13 Vgl. S. F. Oduev: Auf den Spuren Zarathustras. Der Einfluss Nietzsches auf die bürgerliche deutsche Philosophie, Berlin 1977, S. 201.
14 A. A. Galkin, S. 1270.
15 Hans Günther, Der Herren eigener Geist, S. 120.
16 Vgl. dazu Horst Schumacher: Der VII. Kongress der KI zu den Aufgaben und Möglichkeiten der sozialdemokratischen Bewegung im Kampf gegen Faschismus und Krieg, in: BzG, H. 1/1979, S. 44 ff.
17 Vgl. Frank Deppe, Georg Fülberth und Jürgen Harrer: Aktuelle Probleme der Geschichtsschreibung der Arbeiter- und Gewerkschaftsbewegung, in: Blätter für deutsche und internationale Politik, H. 4/1979, S. 492.
18 Wolfgang Heise, S. 319.
19 Bernhard Mahlke: Stahlhelm – Bund der Frontsoldaten, in: Die bürgerlichen Parteien in Deutschland. Handbuch der Geschichte der bürgerlichen Parteien und anderer bürgerlicher Interessenorganisationen vom Vormärz bis zum Jahre 1945, Bd. II, Leipzig 1970, S. 660.

20 F. Oduev, S. 201.

21 Hans-Adolf Jacobsen: »Kampf um Lebensraum«. Karl Haushofers »Geopolitik« und der Nationalsozialismus, in: Aus Politik und Zeitgeschichte. Beilage zur Wochenzeitung »Das Parlament«, B. 34-35/79 v. 25.8.1979, S. 27 f. Vgl. auch: Ders., Karl Haushofer – Leben und Werk. 2 Bände, Boppard am Rhein 1979.

22 In diesem Sinne z.B. Georg Mende in: Die deutsche Philosophie von 1917–1945, Berlin 1961, wo es auf S. 70 f. heißt: Die »hitlerfaschistische Ideologie [...] war im Grunde nur die Zusammenfassung des reaktionären ideellen Abhubs, der im Kampfe gegen Demokratie und Sozialismus von den reaktionären Klassen während des 19. und 20. Jahrhunderts produziert worden war. Sie war ein eklektischer Mischmasch, der bestenfalls in der Methode – der Verbindung von äußerster Willkür und Phantastik mit raffiniertester Propaganda -und Werbetechnik nach dem Motto »für jeden etwas« originell wäre, wenn diese Methode nicht aus der Werbepraxis des monopolkapitalistischen Geschäftslebens stammte«. Selten ist dagegen die Meinung zu finden, die Klaus Scheel, a. a. O., S. 1286, vertritt: »Die wichtigsten dieser Elemente, die den geistigen Inhalt der faschistischen Meinungsmanipulierung bestimmten, waren bereits lange vor dem Entstehen der Nazipartei entwickelt und propagiert worden. Nun allerdings wurden sie weiter modifiziert und in ihrem reaktionären Gehalt potenziert. Neu war auch ihre bewusste Zusammenfassung zu einem System, das nach der Errichtung der faschistischen Diktatur zur alleinherrschenden Staatsideologie erhoben wurde«.

23 Vgl. Lutz Fahlbusch: Bericht über die Diskussion im Arbeitskreis III, in: Jenaer Beiträge zur Parteiengeschichte, H. 44.

24 Vgl. z.B. Karl-Dieter Mühle: Neonazistische Aktivitäten in der BRD und Krise des staatsmonopolistischen Herrschaftssystems, in: IPW-Berichte, H. 7/1979, S. 5 f.

25 Vgl. Manfred Weißbecker: Zu einigen Ergebnissen, Problemen und Aufgaben der marxistisch-leninistischen Faschismusanalyse, in: Ludwig Elm, Manfred Weißbecker und Eberhard Fromm: Konservatismus – Faschismus – reaktionäres Erbe, Berlin 1979, S. 27.

26 A. A. Galkin, S. 1269.

27 Berlin 1978.

28 Ebenda, S. 288.

29 Palmiro Togliatti: Lektionen Ober den Faschismus, Frankfurt a. M. o. J., S. 15.

30 Vgl. Wolfgang Schumann, Politische Aspekte der Nachkriegsplanung des faschistischen deutschen Imperialismus in der Endphase des zweiten Weltkrieges. In: ZfG, H. 5/1979; ders., Die wirtschaftspolitische Überlebensstrategie des deutschen Imperialismus in der Endphase des zweiten Weltkrieges, in: ZfG, H. 6/1979.

Kriegsideologie und Friedensdemagogie in der NSDAP 1919–1933*

I.

Ganz sicher dachte Hitler nicht an einen Scherz, als er ausgerechnet am 1. April des Jahres 1939 beim Stapellauf des Schlachtschiffes »Tirpitz« in Wilhelmshaven verkündete, im September werde die NSDAP wieder einen Kongress durchführen, der als »Parteitag des Friedens«[1] in die Geschichte eingehen solle. Aufwendige Vorbereitungsarbeiten begannen, ebenso die üblichen, von Ehrgeiz und Missgunst geprägten Rangeleien der Nazi-Prominenz um die begehrten Einladungen und Plätze für die als besonders attraktiv geltenden Zusammenkünfte. Das für die Tage vom 4. bis 11. September erarbeitete Programm ließ jedoch die vorgegebene thematische Orientierung kaum erkennen; es unterschied sich wenig von dem der anderen alljährlichen Nürnberger Spektakelveranstaltungen mit ihren unzähligen Aufmärschen, Appellen, Paraden und Führerreden, sieht man eventuell davon ab, dass eine Ausstellung dem Thema »Frau und Mutter-Lebensquell des Volkes« gewidmet sein sollte.[2]

Es überraschte nach dem verhängnisvollen 1. September jenes Jahres allerdings wohl nur wenige Beteiligte, als dieses »Friedens«-Unternehmen stillschweigend in der Versenkung verschwand, als es den Befehlen zum Überfall auf Polen und damit zur Entfesselung des zweiten Weltkrieges wich. Ein »Parteitag des Krieges« – er hätte eher zu den eigentlichen Plänen der Naziführung gepasst – fand nicht statt. Der Begriff des Krieges wurde sogar bewusst gemieden, wie nicht nur aus der Weisung von Joseph Goebbels, seines Zeichens Reichsminister für Volksaufklärung und Propaganda, an die Presse des Deutschen Reiches hervorgeht: »Keine Überschriften, in denen das Wort Krieg enthalten ist! Nach der Rede des Führers schlagen wir nur zurück.«[3]

---

* Veröffentlicht in dem von Reinhard Kühnl und Karen Schönwälder herausgegebenen Band: Sie reden vom Frieden und rüsten zum Krieg. Friedensdemagogie und Kriegsvorbereitung in Geschichte und Gegenwart, Köln 1986, S. 137-173.

So las und hörte also jeder, dem antifaschistische Quellen nicht zugänglich waren, nur von einem »Abwehrschlag«, von notwendiger »Verteidigung« und vom »Gegenschlag«, zu dem die Reichsregierung, die nichts sehnlicher als den Frieden wünsche, leider gezwungen worden sei.[4]

Wer sich eingehend mit der langjährigen Vorbereitung des neuen Völkermordens und seiner Entfesselung durch den deutschen Faschismus beschäftigt, wird in der zeitlichen Übereinstimmung von vielfältigem demagogischem Missbrauch des Friedensbegriffes und der tatsächlichen Mobilisierung aller NSDAP-Organisationen für den Krieg[5] nicht das unbestimmbare Walten irgendeines beliebigen Zufalls er blicken können. Viel eher muss ihm die penetrante Wortwahl der deutschen Faschisten im Jahre 1939 nicht nur als wohlüberlegt, sondern letztlich auch als ein logischer und unvermeidlicher Bestandteil ihrer von Anfang an konsequent betriebenen Politik zur Vorbereitung eines neuen Revanche- und Eroberungskrieges erscheinen. Diese Politik war aufs engste mit einer »Weltanschauung« verknüpft worden, die nichts anderes als »ein Zweckprodukt, ein Präparat eigens für den Krieg« darstellte.[6] Es wäre jedoch zu kurzschlüssig, würde die faschistische Ideologie, ihrem Charakter nach insgesamt eine der schlimmsten Erscheinungsformen imperialistischer Kriegsideologie[7], isoliert von der Friedensdemagogie der deutschen Faschisten betrachtet. Die Nazis betrieben diese – was hier nachzuweisen sein wird – nicht erst, seit sie am 30. Januar 1933 an die Macht gebracht wurden und mit der direkten Vorbereitung eines neuen Völkermordens begannen. Mit Recht wiesen Antifaschisten damals auf den eklatanten Widerspruch hin, der zwischen den taktierenden »Friedensreden« von Hitler, Goebbels, Heß, Ley und der eigentlichen nationalsozialistischen Ideologie klaffte. Jede Schlussfolgerung, es habe vor 1933 »vom heutigen Friedensgeschwätz nicht die Spur« gegeben[8], übersah jedoch die Existenz friedensdemagogischer Elemente in der sich nach dem Ersten Weltkrieg entwickelnden »Weltanschauung« der Nazis.

Tatsächlich wird man sagen können, dass für die Propaganda der NSDAP in der gesamten Zeit zwischen den beiden Weltkriegen generell ein friedensfeindliches, kriegsförderndes und sich lediglich in den jeweiligen Akzentsetzungen veränderndes Mixtum compositum von Kriegsideologie und Friedensdemagogie charakteristisch war. Die Entwicklung dieser Partei des deutschen Faschismus wurde sowohl von einer mehr oder weniger unverhüllten Verherrlichung und Rechtfertigung des Krieges als auch von raffinierten Beteuerungen der eigenen Friedensliebe begleitet. Ihre Ideologie für den Krieg wurde mehrgleisig[9], aber dennoch – um im Bilde zu bleiben – »einspurig« und zielgerichtet verbreitet. Die als faschistische Herrschaftstechnik entwickelte Manipulation[10] der Massen stützte sich sogar ganz erheblich auch auf die Friedensdemagogie, ohne die in den ersten Jahren nach 1918 weder eine Rechtfertigung noch eine Verherrlichung des Krieges möglich war. Der faschistische Missbrauch des Friedensbegriffes zielte auf den Krieg, den die extrem reaktionären und aggressivsten Teile der herrschenden Klasse anstrebten und für den diese eine offen terroristische Diktatur ebenso wie eine Partei mit stabiler Massenbasis und ausgedehntem Manipulationsapparat benötigten. Jedes Streben nach Profitmaximierung und jeder neue Krieg hätten anderenfalls ihren Sinn für die deutsche Monopolbourgeoisie verloren, wenn nicht gleichzeitig gesichert werden konnte, das bürgerliche Gesellschafts- und Wirtschaftssystem am Ende des Krieges – gleich ob bei Sieg oder Niederlage – aufrechtzuerhalten und einen neuen 9. November 1918 zu verhindern.[11]

Wenn hier von faschistischer Kriegsideologie in der NSDAP gesprochen wird, ist vor allem das Denken der Naziführer über Krieg, politische Macht und Gewalt als eine den Kriegsvorbereitungen, der Kriegsentfesselung und der Kriegführung unmittelbar dienende Variante der bürgerlichen Ideologie gemeint. Ihre wesensbestimmenden Bestandteile sind

a) die offene Verherrlichung der »Macht des Schwertes«, militärischer Aktionen und der Vorbereitung, Auslösung und Führung eines ungerechten Krieges zur Eroberung neuen »Lebensraumes«, zur Unterjochung und »Ausrottung« anderer Völker;
b) die theoretische, juristische und moralisch-weltanschauliche Rechtfertigung des Einsatzes jeglicher militärischer Gewalt für die rücksichtslose Durchsetzung der weitgespannten Ziele extrem reaktionärer Kräfte;
c) die allgemeine Aufwertung des Krieges als einer angeblich naturbedingten, »ewigen« Erscheinung in der Geschichte der menschlichen Gesellschaft und ihres »Lebenskampfes«;
d) die damit verbundene Abwertung des Friedens und weiterer grundlegender Menschenrechte als Faktoren, die dem Krieg zu- oder sogar untergeordnet werden müssten;
e) die Rechtfertigung eines »Sieg«- und Gewaltfriedens über andere, als rassisch minderwertig diskreditierte Völker;
f) die Propagierung der angeblichen existentiellen Notwendigkeit eines Er-

folges um jeden Preis über die zu bekämpfenden und zu besiegenden Gegner;

g) die apologetische Verherrlichung und bigotte Glorifizierung des Krieges als existenzbedingende und -fördernde Möglichkeit zur »Bewährung« einer Idee, eines Staates, eines Führers usw.;

h) die totale Ablehnung der Existenz des eigenen Volkes unter anderen als den von der herrschenden Gruppe erstrebten Bedingungen.[12]

Kriegsideologie und Friedensdemagogie der Nazipartei stellten in allen ihren Erscheinungsformen eine logische Einheit zweier wesensadäquater, sich gegenseitig bedingender und ergänzender Elemente der faschistischen Politik und Ideologie dar. Die Kluft zwischen der Tat und dem Wort, zwischen den praktischen Kriegsvorbereitungen und den heuchlerischen Friedensbeteuerungen widerspiegelte die objektive Situation des deutschen Imperialismus in den 20er und 30er Jahren. Diese war in zunehmendem Maße – sowohl in der Weimarer Republik als auch in der Zeit der faschistischen Diktatur – von einem Grundwiderspruch zwischen den Profitinteressen der ökonomisch Herrschenden einerseits und den Lebensbedürfnissen der werktätigen Massen andererseits geprägt. In der Geschichte der NSDAP verkörperte sich ebenfalls dieser Widerspruch, und zwar außerordentlich deutlich.

Die Nazipartei präsentierte sich auch in dieser Hinsicht weder als eine abnorme Erscheinung noch als eine Ausnahme. Man wird beinahe zwangsläufig an den amerikanischen Philosophen John Dewey erinnert, der 1931 – das Problem verallgemeinernd und mit den Folgen waffentechnischer Entwicklungsprozesse verbindend – offen erklärte: »Je schauervoller ein unpersönlicher wissenschaftlicher Massenkrieg wird, um so notwendiger wird es, allgemein wirkende, ideale Beweggründe aufzufinden, die ihn rechtfertigen […] Je prosaischer die wirklichen Ursachen sind, um so nötiger ist es, erhabene Motive von glühenden Farben zu finden.«[13]

II.

Seit dem Ende des Ersten Weltkrieges, der in seiner Brutalität und in seinen Folgen alle vorhergehenden Kriege in den Schatten stellte, verlor die bis dahin nicht nur in Deutschland übliche und offen praktizierte Kriegsverherrlichung schlagartig und weitgehend an Massenwirksamkeit. Von nun an bedurfte jede imperialistische Kriegspolitik, ja selbst die der Faschisten, ständig einer auf Täuschung und ideologische Verstrickung der Massen bedachten Tarnung.

Die friedensdemagogische Umhüllung von aggressivem Denken und Handeln erfolgte in vielfältiger Variationsbreite. Diese reichte von Bedrohungslügen und Selbstverharmlosung bis zu chauvinistischer Kriegsschuldabwälzung und Rechtfertigung von »Verteidigungs«-Kriegen, von verbaler Verständigungsbereitschaft bis zur Theorie von der Rechtmäßigkeit eigener Präventivkriege.[14] Sie umfasste eine breite Palette skrupellos verwendeter »Sophismen«, mit deren Hilfe »das Geheimnis [...], in dem der Krieg geboren wird«, konstruiert und zugleich versucht wurde, die Menschen erneut in den Krieg »hineinzuziehen«. Es war bekanntlich W. I. Lenin, der vor den folgenschweren gesellschaftlichen Wirkungskräften solcher »Sophismen« sowie vor den Gefahren ihrer Unterschätzung warnte.[15]

Die militärische Niederlage von 1918 sowie die enormen Lasten im Gefolge des Krieges und des Versailler Friedensvertrages hatten die Friedenssehnsucht der Massen sprunghaft anschwellen lassen. Die totale Ablehnung des Krieges artikulierte sich am deutlichsten in der Novemberrevolution 1918/19 sowie in dem Bestreben der revolutionären deutschen Arbeiterbewegung, mit dem Sieg über den Krieg und mit dem Aufbau einer sozialistischen Gesellschaftsordnung zugleich alle Wurzeln des Krieges zu beseitigen. Es bildeten sich neue Grundlagen für eine breite Friedensbewegung heraus, in der objektiv (was sich leider zu oft im subjektiven Selbstverständnis der handelnden Kräfte nicht widerspiegelte!) kommunistische, sozialdemokratische, gewerkschaftliche, pazifistische, bürgerlich-demokratische und christlich gebundene Kräfte miteinander ein gemeinsames Ziel verfolgen konnten. Die Bourgeoisie, mit einiger Mühe und Not über die Novemberrevolution triumphierend, vermochte sich jedoch deren friedensfördernden Auswirkungen und gesellschaftsverändernden Impulsen nur wenig zu entziehen. Konservative Theoretiker wie Oswald Spengler, Arthur Moeller van den Bruck, Max Hildebert Boehm, Eduard Stadler u. a. beklagten die Tatsache, dass »ganze Klassen und Schichten der Bevölkerung des Krieges müde werden«.[16] Frieden und Sozialismus – das waren damals die wichtigsten Schlagworte, die das Sinnen und Trachten einer überwiegenden Mehrheit der deutschen Arbeiterklasse bestimmten. Allein die Forderung »Nie wieder Krieg« entsprach dem antimilitaristischen und pazifistischen Denken vieler Millionen Menschen.

Wollte die herrschende Klasse auch nur einigermaßen realistisch und sinnvoll an die Verwirklichung ihres Strebens nach einer Revision des Friedens von 1919 und an die Vorbereitung einer Revanche herangehen, sah sie sich unabweislich mit der Friedenssehnsucht der Massen konfrontiert. Jeder Gedanke eines neuen, künftigen »Griffs nach der Weltmacht« – und davon gab es mehr als genug[17] – stieß unmittelbar auf aktiven oder passiven Widerstand des vom Ersten Weltkrieg so arg betroffenen deutschen Volkes. Angesichts dieser Antikriegsstimmung und des wachsenden antimilitaristischen, antiimperialistischen Denkens unter den Massen verknüpften sich für die deutsche Bourgeoisie die außen- und innenpolitischen Ziele in einer qualitativ neuen Weise. Das Ringen um die Beseitigung jener Schranken, die der Friedensvertrag von Versailles ihrem Konkurrenzkampf gegen die imperialistischen Siegermächte auferlegt hatte, und der Kampf um die Wiederherstellung der Grenzen von 1914 sowie für die Erreichung jener Ziele, denen zuliebe ja der erste Weltkrieg »gewollt«[18] worden war, setzten eine erfolgreiche Bewältigung der inneren Probleme, insbesondere die »Entrevolutionierung« der Arbeiterklasse, die »Entpazifizierung« der Massen voraus.

Alle Militaristen und Politiker, die nach 1918 in Briefen, Gesprächen und Reden vor geladenen Gästen ihrer Auffassung vom notwendigen erneuten Streben nach einem »Platz an der Sonne« unverblümt Ausdruck verliehen, machten mehr oder weniger zähneknirschend auf den Primat der zunächst zu schaffenden innenpolitischen Voraussetzungen aufmerksam. Aus der unterschiedlichen Sicht auf die Zusammenhänge zwischen den außenpolitischen Zielsetzungen und den zu sichernden innenpolitischen Prämissen ergaben sich allerdings auch einige wesentliche Unterschiede in den Konzepten einzelner Gruppen oder Persönlichkeiten der deutschen Bourgeoisie. In ihrer Gesamtheit liefen diese Konzepte jedoch grundsätzlich darauf hinaus, schrittweise solche als entscheidend betrachteten Grundlagen auf wirtschaftlichem, politischem und militärischem Gebiet zu schaffen, die es dem Deutschen Reich ermöglichen sollten, wieder »Weltgeltung« zu erringen.

Der bekannte Soziologe und Gesellschaftstheoretiker Max Weber ging in diesem Zusammenhang am 24. November 1918 in einem sehr hohen Maß von der realen Situation aus. In einem Brief schrieb er: »Mit einer weltpolitischen Rolle Deutschlands ist es vorbei: die angelsächsische Weltherrschaft [...] ist Tatsache. Sie ist höchst unerfreulich, aber: viel Schlimmeres – die russische Knute! – haben wir abgewendet.« Im Interesse der Aufrechterhaltung einer bourgeoisen Klassenherrschaft in Deutschland war er bereit, die Aggressivität und den Expansionsdrang deutscher Imperialisten zu zügeln sowie die ihm realpolitisch notwendig erscheinende Anerkennung der Vorherrschaft eines imperialistischen Konkurrenten in der Welt zu propagieren: »Hoffentlich bleibt es dabei, dass sie (die Weltherrschaft des USA-Monopolkapitals, M. W.) nicht mit Russland geteilt wird. Dies ist für mich das Ziel unserer künftigen Weltpolitik; denn die russische Gefahr ist nur für jetzt, nicht für immer beschworen.«[19] Eine »Weltpolitik« als untergeordneter, zweit- oder sogar drittrangiger Partner der größten Macht des Imperialismus zu betreiben, auch um die siegreiche sozialistische Revolution in Sowjetrussland rückgängig machen zu können – das war der Kern dieser konzeptionellen Vorstellung Max Webers und anderer, die gleichzeitig auf innenpolitischem Gebiet den Übergang zu einer bürgerlich-parlamentarischen Herrschaftsform des deutschen Imperialismus befürworteten. Eine solche »Weltpolitik« musste sich zwangsläufig als bündnisfähig und erst recht als »friedfertig« darstellen. Es galt, aus der Not eine Tugend zu machen und letztere demonstrativ zu betonen. In diesem Sinne verfasste der *Deutsche Industrierat*, aus dem kurze Zeit später der *Reichsverband der Deutschen Industrie* als Spitzen- und Dachorganisation aller Monopolherren hervorging, am 8. Januar 1919 ein Rundschreiben, das darauf orientierte, »unseren Gegnern (zu) zeigen, dass wir [...], durch den Krieg belehrt, für die Zukunft allen uferlosen wirtschaftlichen Expansionsplänen entsagt haben«.[20]

Eine solche Absage an alle Eroberungs- und Weltmachtpläne war friedensdemagogisch und deklarativ. Sie beschränkte sich in zweierlei Hinsicht: Zum einen richtete sie sich lediglich an die Adresse der imperialistischen Großmächte, zum anderen ließ sie offen, für welchen Zeitraum sie gelten sollte. Auf jeden Fall wurde von den militaristischen Kreisen langfristig darauf Kurs genommen, schrittweise die Ergebnisse des Ersten Weltkrieges zu revidieren. Diese Orientierung – sie bestimmte in den Jahren der Weimarer Republik weitgehend die deutsche Außenpolitik, deren Protagonist Gustav Stresemann war – ging bereits aus dem Konzept Kurt von Schleichers hervor, das er als Mitarbeiter der Obersten Heeresleitung bei einer politischen Beratung im Generalstab am 20. Dezember 1918 verkündete. In drei Etappen sei vorzugehen: »Zunächst müsse man im Innern eine Regierungsgewalt wieder aufrichten, die sich durchzusetzen vermöge. Wenn der Soldat dabei helfe, könne das verhältnismäßig schnell gehen. Auf der Basis der wiederhergestellten Ordnung müsse man sodann zur Gesundung der Wirtschaft kommen. Erst auf den Schultern einer aus den Trümmern wieder aufgebauten Wirtschaft könne alsdann nach langen, mühevollen Jahren an die Wiedererrichtung der äußeren Macht herangegangen werden.« Auseinandersetzungen entwickelten sich nach dem Vortrag Schleichers unter den mitten in der Novemberrevolution beratschlagenden Militaristen lediglich über die Frage Hans von Seeckts, ob nicht die »Pflicht« bestünde, »die belassene Wehrmacht wenigstens so zu gestalten, dass man ein begehrenswerter Bundesgenosse für andere würde [...] Deutschland müsse so schnell als möglich wieder bündnisfähig sein.«[21]

Noch offener äußerte sich Wilhelm Groener auf einer Beratung der Obersten Heeresleitung am 19. und 20. Mai 1919. Wegen ihrer klaren Diktion und ihres entlarvenden Charakters soll hier die Einschätzung Groeners zur Situation, zu den alten und neuen Zielen sowie zu den Methoden deutscher »Machtpolitik« ausführlicher zitiert werden: »Wir sind ausgeschieden aus der Reihe der Großmächte. Wir sind verurteilt – auf wielange Zeit kann niemand vorhersagen –, die Rolle der Mächte zweiten Ranges zu spielen.« Dieser Zustand sei jedoch untragbar, man müsse ihm entgegenwirken und dabei ein »klar erkennbares Ziel vor den Augen« haben: »Wenn man um die Weltherrschaft kämpfen will, muss man dies von langer Hand her vorausschauend mit rücksichtsloser Konsequenz vorbereiten. Man darf nicht hin- und herschaukeln und Friedenspolitik treiben, sondern man muss restlos Machtpolitik treiben. Dazu gehört aber, dass der Grund und Boden, auf dem man steht, im Innern wie nach außen fest und unerschütterlich bleibt.« Mit einer kritischen Rückschau auf die deutsche Vorkriegspolitik schlussfolgerte Groener: »Wir haben unbewusst nach der Weltherrschaft gestrebt, ehe wir unsere Kontinentalstellung festgemacht haben [...] Von der norddeutschen Tiefebene ausgehend, muss ein neues deutsches Reich errichtet werden, zunächst (M. W.) auf der Stufe eines Staates zweiten Ranges. Wenn wir dies erreicht haben, haben wir schon viel gewonnen. Wir haben m. E. für unsere Zukunft alles gewonnen, wenn wir dann noch arbeiten und unsere Jugend die politischen Führer findet, die, den Forderungen der neuen Zeit Rechnung tragend, die alte törichte deutsche Parteibildung beseitigen [...] Dann sehe ich nicht ein, weshalb wir nicht wieder vorwärtskommen sollten, vor allem auch wirtschaftlich. Militärisch wird's so bald nicht gehen.«[22]

Diese Rede wurde in einer Zeit gehalten, in der mit der Niederschlagung der Münchener Räterepublik die Novemberrevolution abgeschlossen worden war und sich die herrschende Klasse in einer intensiven Diskussion über die von den Westmächten diktierten Bedingungen des Versailler Friedensvertrages befand. Sie stellte eine enge, dialektische Wechselbeziehung von Innen- und Außenpolitik in den Vordergrund. Sie enthielt darüber hinaus kein Wort des Verzichts auf einen zweiten militärischen »Griff nach der Weltmacht«, kein Wort von Frieden, Abrüstung oder Rüstungsbegrenzung. Groener konnte in internem Kreise auf jeden friedensdemagogischen Schnörkel verzichten und den Begriff der »Friedenspolitik« sogar völlig abwertend verwenden. Mit seinem chauvinistisch-revanchistischen Verständnis von »Machtpolitik« entsprach er völlig den tatsächlichen Forderungen jener deutschen Industriellen und Bankiers, Großagrarier und Militaristen, die in ihren zahlreichen Exposés, Denkschriften und Eingaben an die Regierung eine expansive Markterweiterung erwarteten und von ihren jeweiligen politischen Repräsentanten neue, besonders für die Rüstung wichtige Rohstoffquellen und Absatzgebiete verlangten. Sie attackierten alle von Anfang an den Versailler Vertrag und die Reparationsforderungen, sie orientierten auf eine mehr oder weniger totale Ausschaltung der revolutionären Arbeiterbewegung und strebten einen zumindest im wirtschaftlichen Bereich funktionierenden Zusammenschluss der Länder Mittel-, West- und Osteuropas unter deutscher, d.h. unter ihrer Führung an.

Erkennbar ist trotz aller Widersprüchlichkeiten und Divergenzen, trotz der Parallelitäten und Überschneidungen in den einzelnen Plänen – gleichsam als Resultante – eine eindeutige Entwicklungslinie: Mit dem Erstarken des imperialistischen Deutschlands in der Zeit der Weimarer Republik erhöhte sich Schritt für Schritt das Ausmaß der außenpolitischen Forderungen. Dem Ruf nach einem mitteleuropäischen Wirtschaftsblock folgte der Schrei nach einem noch größeren europäischen Wirtschaftsblock, den Forderungen nach einer Revision der Grenzen folgte schließlich auch die nach einer weitgehenden Deckungsgleichheit von wirtschaftspolitischen Einflussgebieten und deutschem Staatsgebiet. Logisch ergibt sich daraus, dass die früher geäußerten Positionen nicht als Alternativen der später formulierten und praktizierten bezeichnet werden können. Sie resultierten jeweils aus einer situationsgebundenen Taktik[23], deren Methode und Ziel von Gustav Stresemann – Reichsaußenminister und Friedensnobelpreisträger des Jahres 1927 – in einer Rede vor internem Kreis offen fixiert worden sind: »Es ist das Schicksal jedes Außenministers, dass er der öffentlichen Kritik, die an der auswärtigen Politik oft geübt wird, nie so entgegentreten kann, als wenn es sich um innere Fragen handelt; denn das Letzte zu sagen, was einer Aktion zugrunde liegt, würde vielleicht diese Aktion selbst stören«. Man dürfe »sich nicht auf den Standpunkt eines Kindes stellen, das für den Heiligen Abend einen Wunschzettel schreibt, in dem alles steht, was das Kind in den nächsten 15 Jahren braucht«.[24]

Für die Geschichtswissenschaft der DDR stellt es sich als eine nicht zu bestreitende Tatsache dar, dass die von den Führern des deutschen Faschismus propagierte Lebensraum- und Kriegszielpolitik – wenn auch oft in anderen Worten ausgedrückt – auf den ökonomischen und politischen Interessen des deutschen Imperialismus beruht. Hitler und andere faschistische Führer legten diese Interessen ihrer politischen Praxis zugrunde, sie verdeutlichten sie ebenfalls in ihren Äußerungen, die oft gerade wegen ihrer zugespitzten und skrupellosen Offenheit die eigentlichen konterrevolutionären und antisowjetischen Ziele des deutschen Imperialismus entlarvten. Es gab jedoch auch für die Faschisten keine Möglichkeit, auf die für alle Teile der herrschenden Klasse in Deutschland unabdingbare und unumgängliche Friedensdemagogie zu verzichten. Weder das »Junior-Programm« realistisch denkender Kreise der deutschen Bourgeoisie noch die weitgespannten Pläne der deutschen Faschisten ließen sich ohne eine solche Tarnung als angebliche Politik für den Frieden betreiben. Der Faschismus erwies sich also trotz seiner unverkennbaren und extrem reaktionären Kriegsideologie auch in dieser Hinsicht als ein Bestandteil des deutschen Imperialismus.

III.

Kriegsideologie und Friedensdemagogie der NSDAP bewegten sich in den Jahren der Weimarer Republik grundsätzlich in den von der herrschenden Klasse gewiesenen Bahnen. Sie zielten allerdings in einer sehr spezifischen, extrem reaktionär und extrem aggressiven Weise auf einen neuen Krieg und seine Ermöglichung. Daher standen außenpolitische Forderungen an der Spitze des faschistischen Parteiprogramms, ohne dass auch nur mit einem Wort auf die Frage eingegangen worden wäre, wie sie verwirklicht werden sollten. Die ersten drei der 25 Punkte verlangten den »Zusammenschluss aller Deutschen […] zu einem Großdeutschland«, die »Gleichberechtigung des deutschen Volkes gegenüber den anderen Nationen und Aufhebung der Friedensverträge von Versailles und St. Germain« sowie den Erwerb von »Land und Boden (Kolonien)«. In wenigen, nahezu lapidaren Sätzen machte die NSDAP die größten Gebietsansprüche des deutschen Imperialismus geltend, die niemals anders als durch Krieg realisiert werden konnten. In dieser aggressiven und chauvinistisch-revanchistischen Orientierung blieb kein Platz für eine Äußerung zum Friedenswunsch der Massen oder für die Verurteilung des Krieges. Der Punkt 12, ohne den die Programmschöpfer nicht auskamen, bezeichnete lediglich »die persönliche Bereicherung durch den Krieg« als ein »Verbrechen am Volke« und postulierte mit einem demagogischen Blick »auf die ungeheuren Opfer an Gut und Blut, die jeder Krieg vom Volke fordert, [...] restlose Einziehung der Kriegsgewinne«.[25]

Kennzeichnend für die Kriegsideologie und ihre faschistisch-demagogische Umhüllung ist in der Frühgeschichte der NSDAP ferner die weitgehende Übereinstimmung mit den propagandistischen Leitlinien, die innerhalb der Reichswehr sowie von den führenden Militaristen Hindenburg und Ludendorff im Rahmen ihrer Legenden vom »Dolchstoß« vertreten wurden.[26] Die nationalistische Verherrlichung der »Leistungen« des deutschen Heeres in den Schlachten des Ersten Weltkrieges führte stets zu der Aussage, der deutsche Soldat sei eigentlich »im Felde unbesiegt« geblieben und lediglich einem Verrat der Heimat, eben dem »Dolchstoß« in den Rücken des kämpfenden Heeres zum Opfer gefallen. So gehörte es auch zu den ständig wiederholten Behauptungen der NSDAP-Führer, dass die deutschen Armeen während des Krieges allen anderen Armeen überlegen gewesen wären. In einer seiner ersten Reden auf einer Versammlung der *Deutschen Arbeiterpartei* (DAP)[27] verband Hitler dies mit dem die mobilisierende Funktion dieser Legende entlarvenden Satz: »Doch die Erinnerung, dass wir vier Jahre alles leisteten, was eine Nation zu leisten imstande ist, ist zu groß, um sich erniedrigen zu lassen.«[28] Im April 1920 erklärte er dann sogar in den für ihn oft kennzeichnenden unlogischen und in sich widersprüchlichen Gedankenketten: »Heldenhaft hat unser Volk den Krieg gewonnen. Vier Jahre hat es bedurft, um unser Volk so weit zu vergiften, dass es sich dann selbst besiegte.« (HA, 123[**])

Im Verlauf der ersten Jahre seiner politischen Tätigkeit verfeinerte und präzisierte Hitler die Aussagen zu diesem Thema, wobei sich volksfeindliche, elitäre Gedanken verstärkten. In seiner Rede »Nieder mit den Novemberverbrechern« äußerte er am 11. Januar 1923: »Deutschland war unbesiegt vor der ganzen Welt; 26 Feindstaaten brachten es nicht fertig, Deutschland in vier Jahren auf die Knie zu zwingen. Erst durch die Novembertage von 1918, die Ehrlosmachung, deren fürchterlichster Akt der Dolchstoß in den Rücken des alten Heeres war, die Wehrlosmachung, die noch jedes ehrlos gewordenen Volkes Schicksal war, die Macht- und Rechtlosigkeit, die uns zum Gespött der

** Hier und im Folgenden wird die Abkürzung HA verwendet für den 1980 von Eberhard Jäckel herausgegebenen Band »Hitler. Sämtliche Aufzeichnungen 1905–1924«; das später verwendete Kürzel MK steht für Hitlers »Mein Kampf«.

ganzen feindlichen Welt erniedrigt, sind wir der völligen Versklavung verfallen«. Das Ende des Ersten Weltkrieges, das von den Massen herbeigesehnt und herbeigeführt worden war, galt ihm nur als Anlass, die Massen deshalb zu diskreditieren: »Ein Volk, das wie das deutsche nach dem 8. November 1918 seine Führer preisgibt, das es fertig bringt, seinen eigenen Führern die Achselklappen und Kokarden herunter zu reißen, gleichzeitig aber vor feindlichen Führern präsentiert, das seine große Vergangenheit von sich wirft wie wertlosen Ballast, ein solches Volk hat alle Voraussetzungen für einen inneren Zerfall geschaffen, hat uns für ewig unerfüllbare wirtschaftliche Lasten aufgebürdet, hat Deutschland zu einer Kolonie der Feindesstaaten herabgedrückt«. (HA, 781)

Gleichsam leitmotivisch kehrte er immer wieder und in unzähligen Variationen zu der Frage zurück, wer – wenn nicht die militärischen Gegner – über Deutschland gesiegt habe, um zu antworten: »Wir haben unsere bittere Not zum größten Teil selbst verschuldet.« (HA, 101) Und diese Argumentationslinie endete gewöhnlich in den bekannten wüsten Ausfällen gegen die »Novemberverbrecher von 1918« sowie in der Forderung, nunmehr sei eine »zweite« Revolution vorzubereiten, die sich gegen »die eigentlichen Urheber am Elend: gegen die Juden« zu richten habe und die – in der für den deutschen Faschismus typischen (hier nicht näher zu erläuternden) Koppelung von konterrevolutionärer und antisemitischer Ideologie -»mit dem Judenpack gründlich aufräumt«. (HA, 128)

Die frühe nationalsozialistische Variante im Miteinander von Kriegsideologie und Friedensdemagogie äußerte sich auch in den verschwommenen, substanz- und haltlosen Auslassungen über die Ursachen des Ersten Weltkrieges. Wenn solche Fragen berührt wurden, erfolgte dies stets im Rahmen regelrechter Kampagnen gegen die Verbreitung der historischen Wahrheit durch revolutionäre und auch durch pazifistische Kräfte.[29] »Die Schuld am Kriege trug weder der Kaiser noch der deutsche Militarismus. Kriege wird es geben, solange die Welt besteht [...] Die Urschuld der Kriege ist England.« (HA, 147) Der eigentliche Zweck des Krieges sei die »wirtschaftliche und politische Vernichtung Deutschlands« (HA, 268) gewesen, wobei sich Hitler meistens nebulös über eine »Naturnotwendigkeit« und darüber äußerte, dass es eben so kommen musste [...] (HA, 229). Selten ließ er sich auf eine Beweisführung ein, er schob alles stereotyp auf den Versailler Vertrag. Aus ihm leitete er den Kriegswillen und die Kriegsziele der Entente ab, die auch ihr Friedensdiktat gegenüber Deutschland bestimmen würden.

Dem Kriegsstreben der anderen stellte die nazistische Propaganda strikt die deutsche Friedensliebe gegenüber. 1919/20 verglich Hitler in diesem Zusammenhang daher immer wieder den Raubfrieden von Brest-Litowsk, den die Reichsleitung im März 1918 Sowjetrussland aufgezwungen hatte[30], mit dem Versailler Vertrag. Den ersteren behandelte er als ein wahres Musterbeispiel deutscher Friedens-Verständigung, empört darüber, dass er völlig ungerechtfertigt ein »Schandfrieden« genannt werde. (HA, 93) In einem Flugblatt der Nazipartei wurde hervorgehoben, in Brest-Litowsk sei die Waffenruhe bei Aufrechterhaltung der militärischen Stellungen vereinbart worden, während Deutschland sofort nach dem 11. November 1918 demobilisieren und die besetzten Gebiete habe räumen müssen. Im Unterschied zu Brest-Litowsk sei Versailles allein aus diesem Grunde kein »Friede der Versöhnung und Verständigung, sondern Friede der Gewalt und des Betruges.« (HA, 101 ff.) Der *Völkische Beobachter* vom 15. Mai 1920 berichtete über das Auftreten Hitlers in einer Versammlung des *Deutschvölkischen Schutz- und Trutzbundes*[31], in der er »klar und einleuchtend« nachgewiesen habe, »dass der Friede von Brest, dessen Härte Deutschland immer vorgeworfen wird, selbst von gewissen Deutschen, ein reiner Versöhnungsfriede (!, M. W.) war im Vergleich mit dem Schmachfrieden von Versailles. In Brest hatte Russland keine entehrenden Bedingungen zu unterschreiben, wurde ihm keine Lebensnotwendigkeit geraubt, während das Schanddokument von Versailles uns entehren und versklaven soll auf ewige Zeiten.« (HA, 140) Der knapp vier Druckseiten umfassende Text des Vertrages mit Sowjetrussland und jeder der einzelnen Artikel würden »Liebe (!, M. W.), Versöhnung und Verständigung« atmen, und alles sei von »deutscher Gutmütigkeit« geprägt. (HA, 149 u. 234)

Bei einer Reihe von Gelegenheiten, die sich allerdings in bescheidenen Grenzen hielten, ergänzte Hitler seine Reden auch mit allgemeinen Äußerungen gegen den Krieg als einer Erscheinung in der Geschichte der menschlichen Gesellschaft, in deren Gefolge stets »Hunger und Pest« aufgetreten seien und durch die die Völker »schwer heimgesucht« worden seien: »Politik ist grausam, der Krieg ist grausamer. Pestilenz, Hunger und Krieg sind drei unzertrennliche Faktoren.« Seine Schlussfolgerung lautete: »Die Sehnsucht nach Frieden ist begreiflich.« (HA, 221 ff.) In welchem chauvinistisch-antihumanistischen Sinne solche Äußerungen tatsächlich zu verstehen waren, verdeutlichte er in einem Artikel, der am 6. März 1921 im *Völkischen Beobachter* erschien: »Ja, ja, der Krieg war in seiner Art sicherlich ein ungeheuerliches

Erlebnis dieser Erde, aber noch wesentlich ungeheuerlicher ist die Art der Belügung und Begaunerung unseres Volkes seit Beendigung dieses Krieges.« (HA, 33 1) Diese Art allgemeinster Verurteilung des Krieges, so wenig sie auch am Wesen der faschistischen Kriegsideologie änderte, unterschied sich dennoch von jenen kriegsverherrlichenden Ergüssen z. B. in Ernst Jüngers Büchern »In Stahlgewittern« (1920) und »Der Kampf als inneres Erlebnis« (1922) und denen zahlreicher anderer konservativer Autoren, die regelrecht in Blutrausch und Kriegsdemagogie versanken.[32]

Es handelte sich offensichtlich auch um friedensdemagogische Elemente in der faschistischen Propaganda, wenn – verquickt mit antikapitalistischen Vokabeln – die Kriege und insbesondere der von 1914 bis 1918 als Ergebnis des Wirkens der jüdischen Menschen bezeichnet wurden. So sei der Erste Weltkrieg ein »Krieg des jüdischen Leihkapitals« gewesen, und seit den Zeiten des Alten Testaments hätten »die Juden immer nur Krieg geführt, um sich die Völker zinsbar zu machen, um andere für sich arbeiten zu lassen«. Generalisierend hieß es bei Hitler, der Jude »finanziert Kriege und macht in Revolution – kurz: er hat seine Hand überall im Spiele und beutet alle aus zu seinem Vorteil«. (HA, 689) Am 13. April 1923 veranstaltete die NSDAP im Münchener Zirkus Krone eine Großveranstaltung unter dem Titel »Weltjude und Weltbörse, die Urschuldigen am Weltkriege« (HA, 885), der stillschweigend die zunächst vertretene These von der »Urschuld Englands« korrigierte und das Krieg-Frieden-Problem in den faschistisch-rassistischen Antisemitismus einordnete.

Es ist auffällig, wie stark alle bisher genannten Elemente der frühen faschistischen Kriegsideologie und Friedensdemagogie während der Jahre 1921/22 und 1923 an den Rand der NSDAP-Propaganda gerieten. Natürlich verschwanden sie nicht, sie traten jedoch hinter die programmatischen und organisationspolitischen Fragen des Aufbaus und der Erweiterung der Nazipartei zurück. Vor allem überwogen jetzt die unmittelbaren und tagespolitisch akzentuierten Stellungnahmen zu den konkreten außen- und innenpolitischen Ereignissen jener Jahre. Hatte bis dahin alle Propaganda gegen Versailles in aktivistische Aufrufe gemündet, diesen Vertrag nicht zu unterzeichnen und nicht anzuerkennen, gegen ihn Sturm zu laufen und zu erklären, man befinde sich »in einem Zustand, den man zwar nicht mit Krieg bezeichnen kann, aber der auch gewiss nicht Friede ist« (HA, 143)[33], so verschärften sich jetzt durchweg die Beschimpfungen und die Verächtlichmachung der Reichsregierung. In einer »großen deutschen Festfeier zur Erinnerung an das deutsche Heer«, die von der NSDAP am 10. Mai 1922 durchgeführt wurde, rief Hitler emphatisch aus: »Es gab einmal ein deutsches Volk, das sich gegen eine ganze Welt heldenhaft verteidigt hat, ein Heldenvolk [...] Wir wollen heute nur eins: Aufwecken! Aufwecken zur Dankbarkeit! [...] Wir wollen nicht Friede und Einsicht und Eintracht, sondern Hass wecken! Hass gegen die Verbrecher, die den Tod unserer Helden umfälschten und noch heute unsere ›Führer‹ sind. Aufpeitschen wollen wir auch gegen die, die keine Nachsicht verdienen, die uns alle noch heute verkaufen und verraten, die uns heute zur Schlachtbank führen wollen; nicht zur Befreiung, sondern zum Ausbluten. Ein Schwert der Rache wollen wir schmieden«. (HA, 641)

IV.

Die erste, allerdings noch recht obskure und dilettantische Aktion des in diesem Geiste geschmiedeten »Hass- und Racheschwerts« fand am 8./9. November 1923 in München statt. Nach dem Scheitern des Ludendorff-Hitler-Putsches und mit dem Übergang von der putschistischen Taktik gegen die Weimarer Republik zu einer »Legalitäts-Taktik«[34] veränderte sich in der Periode der relativen Stabilisierung des Kapitalismus auch die Sicht der deutschen Faschisten auf die Krieg-Frieden-Problematik. Diese existierte für sie nur in ganz geringem Maße als ein allgemeines, weltanschaulich-theoretisches Problem. In ihren Überlegungen traten vielmehr solche Aspekte aus der Geschichte des Ersten Weltkrieges in den Vordergrund, die hauptsächlich Lehren und Schlussfolgerungen aus der Niederlage von 1918 für neue militärische Auseinandersetzungen und natürlich für deren siegreiche Gestaltung beinhalteten. Dass es in einer mehr oder weniger fernen Zukunft wieder zum Kriege kommen würde, galt als eine indirekt und immanent vorausgesetzte Selbstverständlichkeit. Friedensdemagogische Akzente wurden nunmehr in Politik und Propaganda der NSDAP anders, aber auch seltener als während der ersten Nachkriegsjahre gesetzt. Sie blieben jedoch immer spürbar.

Am sinnfälligsten trat der Versuch, den alten Krieg zugunsten eines neuen zu bewältigen, in Hitlers »Mein Kampf« zutage. Dieses Buch, das bis 1945 in nahezu 10 Millionen Exemplaren aufgelegt wurde[35], enthielt in teilweise wirrer Folge autobiographische, pseudophilosophische und historisch-politische Argumentationen zu den Zielen und Methoden der extrem reaktionären Kräfte des deutschen Imperialismus und Militarismus.[36] Eine Auswertung dieser zur »Beinahe-Bibel« hochstilisierten Kampfschrift des Naziführers unter dem Aspekt, um den es im vorliegenden Beitrag geht, ist bisher kaum erfolgt[37], jedoch aufschlussreich. Nicht zufällig und übereinstimmend mit der Flut militaristischer Erinnerungs- und Rechtfertigungsliteratur formulierte Hitler, die Frage nach den Ursachen des »deutschen Zusammenbruchs« sei von »ausschlaggebender Bedeutung, vor allem für eine politische Bewegung, deren Ziel ja eben die Überwindung der Niederlage sein soll«.[38]

Das gesamte Buch lässt zunächst einmal – fragt man nach Hitlers Stellung zu Krieg und Frieden – deutlich erkennen, in welchem hohen Maße die Friedenssehnsucht breiter Teile der Bevölkerung ebenso wie die Vorstellungen einiger Gruppen der herrschenden Klasse hinsichtlich einer realistischen Außenpolitik einen bevorzugten Gegenstand der faschistischen Polemik darstellten. Mehrere der 15 Kapitel befassen sich direkt mit der Niederlage Deutschlands im Ersten Weltkrieg. Eines der in dieser Hinsicht ausschlaggebendsten und zugleich umfangreichsten Kapitel trägt sogar den Titel »Ursachen des Zusammenbruchs«. Es wird organisch in dem über »Volk und Rasse« fortgeführt. Die letzten drei Kapitel (»Deutsche Bündnispolitik nach dem Kriege«, »Südorientierung oder Ostpolitik« und »Notwehr als Recht«) enthalten schließlich das Programm einer faschistischen Außen- und Kriegspolitik als Konsequenz aus allen anderen Darlegungen.

Immer wieder rieb sich Hitler am Begriff des Pazifismus, den er nicht als Ausdruck für eine politische Strömung, sondern nur als pejoratives Synonym für allgemeine Friedensliebe verwendete. Ein solcher Pazifismus sei aber nach seiner Vorstellung doch nur für den gut, der sich »zum alleinigen Herren dieser Erde macht«. In chauvinistisch-demagogischer Manier identifizierte Hitler »die Deutschen« in mehrfacher Hinsicht – scheinbar positiv, vor allem aber negativ – mit dem Pazifismus: »Wer [...] den Sieg des pazifistischen Gedankens in dieser Welt wirklich von Herzen wünschen wollte, müsste sich mit allen Mitteln für die Eroberung der Welt durch die Deutschen einsetzen; denn wenn es umgekehrt kommen sollte, würde sehr leicht mit dem letzten Deutschen auch der letzte Pazifist aussterben, da die andere Welt auf diesen natur- und vernunftwidrigen Unsinn kaum je so tief hereingefallen ist als leider unser eigenes Volk.« (MK, 315)

Ebenso hasserfüllt polemisierte der NSDAP-Führer gegen den als »Unsinn« verunglimpften Gedanken eines Teils der deutschen Bourgeoisie, die Welt einer »wirtschaftsfriedlichen Eroberung« (MK, 160) zu unterwerfen. Dabei ging es ihm nicht um das Ziel, das er selbstverständlich anerkannte, sondern nur um die Methode zur Erreichung eines solchen Zieles. Eroberung der Welt – ja, aber auf anderem Wege. Nicht nur das Friedensstreben und die pazifistische Gesinnung unter den Massen, auch ein Pazifismus in Gestalt des getarnten Machtstrebens der bürgerlichen Verständigungs- und Erfüllungspolitiker waren ihm zu tiefst verhasst. Daraus resultierte seine These, eine Eroberung der Welt für die Wirtschaft müsse und dürfe nicht durch die Wirtschaft, sondern nur durch die Politik und das Schwert erfolgen. Der deutschen Vorkriegspolitik unterstellte er, sie habe »der bisherigen Gewaltpolitik ein für allemal das Genick brechen« wollen und nicht genügend die Flottenrüstung gegen England unterstützt: »Das Gerede der ›wirtschaftsfriedlichen‹ Eroberung der Welt war wohl der größte Unsinn, der jemals zum leitenden Prinzip der Staatspolitik erhoben wurde.« Dem stellte er die britische Staatskunst gegenüber, die mit größter »Brutalität« die wirtschaftlichen Eroberungen Englands »mit dem Schwerte [...] vorbereitet und später verteidigt« habe. Am Beispiel verdeutlichte Hitler die für ihn einzig erfolgversprechende Methode: »England besaß immer die Rüstung, die es eben nötig hatte. Es kämpfte immer mit den Waffen, die der Erfolg verlangte. Es schlug sich mit Söldnern, solange Söldner genügten; es griff aber auch tief hinein in das wertvolle Blut der ganzen Nation, wenn nur mehr ein solches Opfer den Sieg bringen konnte; immer aber blieb die Entschlossenheit zum Kampf und die Zähigkeit wie rücksichtslose Führung desselben die gleiche.« (MK, 158)

Gegen wen auch immer gerichtet: Hitler malte jetzt eine regelrechte Schreckensvision vom Untergang der Menschheit »im ewigen Frieden« (MK, 149). Dies bedeutete eine totale Absage an den klassischen bürgerlichen Humanismus. Der NSDAP-Führer griff damit auch alle friedensfeindlichen Thesen feudaler und bürgerlicher Ideologen – von Johann Valentin Embser, Heinrich von Treitschke, Hellmuth von Moltke, Friedrich Nietzsche bis Carl Lüder und Erich Kaufmann – auf.[39] Die Abscheu vor den »Greueln eines ewigen Friedens«, die »notwendig die Erde zur Mördergrube und Hölle umschaffen« würden[40], spiegelte sich vielfach in der faschistischen Propaganda.[41] Vom Frieden wurde lediglich gesprochen, wenn er als beschönigende Chiffre chauvinistischen Macht- und Überlegenheitsstrebens des deutschen Imperialismus benutzt bzw. missbraucht werden konnte. Die faschistische Friedensdemagogie diente daher nun nichts anderem als der Schaffung neuer innenpolitischer Voraussetzungen für einen Krieg; später diente sie der Schaffung neuer außenpolitischer Bedingungen für die aktive Vorbereitung des Krieges und schließlich dessen Entfesselung.

Hitler richtete in »Mein Kampf« ganz bewusst den Blick auf den nächsten Krieg. In vier eng miteinander verflochtenen Komplexen zog er Schlussfolgerungen aus dem Ersten Weltkrieg bzw. aus der Niederlage von 1918. Diese betreffen

a) die Auswahl der Zielstellungen für einen neuen Krieg und ihre moralische Rechtfertigung;
b) die bündnispolitische Suche nach geeigneten Partnern unter den europäischen Mächten;
c) die Methoden zur Herstellung und Sicherung der erforderlichen innenpolitischen Voraussetzungen für die Außenpolitik des deutschen Imperialismus sowie
d) die Frage nach der eigenen Initiative und nach dem richtigen Zeitpunkt für die Entfesselung des Krieges.

Wortreich und die gleichen Gedanken mehrfach wiederholend sammelte Hitler in seiner Landsberger Haftzeit alle Argumente, die beweisen sollten, dass die Bourgeoisie vor dem Ersten Weltkrieg und in seinem Verlauf ein zu hohes Maß an »Ziellosigkeit in der deutschen Innen- und Außenpolitik«, an »Plan- und Gedankenlosigkeit« zu erkennen gegeben habe. Für die siegversprechende Leitung des Reiches fehlte »die nötige Unterlage einer bestimmten Weltanschauung sowie die notwendige Klarheit über die inneren Entwicklungsgesetze des politischen Lebens überhaupt.« (MK, 295 f.) Die einzig richtige Lösung der deutschen Probleme, die von Hitler häufig mit sozialimperialistischen Parolen versehen werden, sei durch den »Verzicht auf die Gewinnung neuen Bodens« verpasst worden«. (MK, 255) Die Zukunft der Nation könne jedoch »ohne neuen Grund und Boden« nicht sichergestellt werden: »Die Erwerbung von neuem Grund und Boden zur Ansiedlung der überlaufenden Volkszahl besitzt unendlich viele Vorzüge, besonders wenn man nicht die Gegenwart, sondern die Zukunft ins Auge fasst.« (MK, 149 u. 151)

In seiner Auseinandersetzung mit der Kolonialpolitik des früheren Deutschen Reiches argumentierte Hitler für Bodenraub in Europa und »im großen und ganzen nur auf Kosten Russlands«. Außereuropäische Kolonialpolitik sei nur »auf dem Wege eines schweren Kampfes durchzuführen gewesen […], der dann aber zweckmäßiger […] für Land im Heimatkontinent selbst ausgefochten« hätte werden müssen. (MK, 153 f.) Die Schlussfolgerungen sind bekannt und oft zitiert: »Wir stoppen den ewigen Germanenzug nach dem Süden und Westen Europas und weisen den Blick nach dem Land im Osten. Wir schließen endlich ab die Kolonial- und Handelspolitik der Vorkriegszeit und gehen über zur Bodenpolitik der Zukunft. Wenn wir aber heute in Europa von neuem Grund und Boden reden, können wir in erster Linie nur an Russland und die ihm untertanen Randstaaten denken. Das Schicksal selbst scheint uns hier einen Fingerzeig geben zu wollen. Indem es Russland dem Bolschewismus überantwortete, raubte es dem russischen Volke jene Intelligenz, die bisher dessen staatlichen Bestand herbeiführte und garantierte.« (MK, 742)

Damit war die Hauptstoßrichtung in einem neuen Krieg des deutschen Imperialismus und Militarismus vorgezeichnet. Sie galt der sozialistischen Sowjetunion, die nicht nur in geographischer Hinsicht, sondern vor allem als Staat mit einer neuen, den Weltfrieden als Ideal proklamierenden Gesellschaftsordnung das wichtigste Hindernis für jegliche Kriegspolitik und erst recht für den faschistischen Expansionismus darstellte. Noch deutlicher sah Hitler den Zusammenhang von Expansions- und Klassenkrieg in seinem »Zweiten Buch«, das er 1928 verfasste, allerdings nicht zu veröffentlichen wagte.[42] Unmissverständlich steuerte Hitler auch seinen Teil zur antisowjetischen Legende von der »Gefahr aus dem Osten« bei. Er sah einen Sieg des »panslawischen Gedankens gegen die bolschewistische jüdische Staatsidee« voraus und schlussfolgerte: »Indem dieser Staat keine irgendwie mehr verankerte staatserhaltende Oberschicht besitzen wird, wird er zu einer Quelle ewiger Unruhe und ewiger Unsicherheit werden. Ein gigantisches Landgebiet wird damit dem wechselvollsten Schicksal ausgeliefert sein, und statt einer Stabilisierung der Staatsverhältnisse auf der Erde wird eine Periode unruhevoller Veränderungen beginnen.« Das Ziel der deutschen Außenpolitik sei daher »dort zu suchen, wo es einzig und allein liegen kann: Raum im Osten.«[43] Der spätere Krieg gegen die UdSSR als einer »Zentralentscheidung« im Kampf um die Herrschaft über Europa, als der dominierenden Schlüsselfrage im Kriegszielprogramm des faschistischen deutschen Imperialismus und die späteren Parolen vom »Weltanschauungskrieg«, der den Einsatz jedes Mittels erfordere und rechtfertige, zeichneten sich bereits klar ab.

In die expansionistischen Forderungen nach »neuem Boden« integrierten sich bereits in der Mitte der 20er Jahre Vorstellungen über das Verhältnis zu den Völkern, die zur Zeit über diesen Boden verfügten. Der Boden, nicht die Menschen, sei zu »germanisieren«, so dass der europäische Kontinent »nach kaum hundert Jahren« durch 250 Millionen Deutsche besiedelt und beherrscht werde. (MK, 767) Wiederum in deutlicher Abgrenzung zu bestimmten Methoden, wie sie im Wilhelminischen Reich verwendet worden waren, wandte sich der Naziführer strikt gegen eine »rein sprachliche Eindeutschung«. (MK, 430) Man sei sich weder im Deutschen Reich noch in Österreich im geringsten darüber klar geworden, »dass Germanisation nur am Boden vorgenommen werden kann und niemals am Menschen.« (MK, 428) Die menschenfeindlichen Konsequenzen und die spätere Politik des Völkermordes erscheinen damit in ihren ersten Konturen. Allerdings wurden sie ebensowenig formuliert wie das zwangsläufige Ergebnis des Gierens nach fremdem Grund und Boden. Den Begriff des Krieges für die geplanten neuen militärischen Aktionen des deutschen Imperialismus mied Hitler, wo und wann er nur dazu in der Lage war. An beschönigenden Umschreibungen des tatsächlichen Sachverhaltes mangelte es ihm nicht: da ist die Rede von der »Faust«, die sich zu nehmen habe, was »der Güte verweigert wird« (MK, 152), da wird in »der ewig gleichmäßigen Anwendung der Gewalt« das allerwichtigste Mittel des Erfolges gesehen und »die Waffe der brutalen Gewalt« propagiert (MK, 188 f.), da ernten die völkischen Konkurrenten der NSDAP den Spott, sie würden nur mit »vorsorglich nachgemachten Blechschwertern in den Lüften herumfuchteln« und lediglich den »Kampf mit geistigen Waffen« predigen. (MK, 396) Weitere Belege dieser Art lassen sich dutzendfach ermitteln; von einer bezeichnenden Ausnahme wird später noch zu reden sein.

Das auf der Hand liegende Argument, jede Politik mit einer solchen Zielsetzung könne nur zu einem Krieg von noch größerem Ausmaß als dem von 1914 bis 1918 führen, umging Hitler. Ohne Rücksicht auf die geschichtliche Entwicklung der Grenzen und auf das Existenz- und Selbstbestimmungsrecht anderer Völker begründete er den Expansionismus der herrschenden Kreise Deutschlands zunächst mit Hilfe der Behauptung, es gebe »Grenzen des ewigen Rechtes«. Ein Staat, in dem pro Quadratkilometer die meisten und außerdem noch – aus chauvinistisch-rassistischer Sicht – die besten, wertvollsten und reinblütigsten Menschen leben, der habe einfach einen rechtlich begründeten Anspruch auf mehr Raum und dürfe sich davon nicht »abbringen lassen«. (MK, 152) Die offensichtliche Einfältigkeit einer sich auf das »ewige Recht« stützenden Argumentationslinie veranlasste den NSDAP-Führer wohl auch, bereits im zweiten Teil von »Mein Kampf« sich selbst zu widersprechen: kein Volk besitze »auf dieser Erde auch nur einen Quadratmeter Grund und Boden auf höheren Wunsch und laut höherem Recht«. (MK, 740) Auch in seinem »Zweiten Buch« ging er darauf nicht mehr ein. Hier hob er die Naturnotwendigkeit des »Lebenskampfes und das »Recht des Stärkeren« hervor. »Lebenskampf« – mit dieser sozialdarwinistischen Formel konnte der Krieg zum Normalzustand der menschlichen Gesellschaft erhoben, konnte die Unterscheidung von Kriegs- und Friedenspolitik tatsächlich als hinfällig betrachtet werden.[44]

Die sorgfältige Suche nach geeigneten Partnern unter den europäischen Mächten nahm in der faschistischen Kriegsideologie einen breiten Raum ein. In der Manier eines Biertischstrategen breitete sich Hitler in »Mein Kampf« umständlich und langatmig darüber aus, wie wenig zweckmäßig und wie falsch doch die Bündnispolitik des Deutschen Reiches vor dem Ersten Weltkrieg gewesen sei. Das Zusammengehen mit Österreich galt ihm als »ein wahrer Wahnsinn«. (MK, 157) Das »mögliche Bündnis mit England« sei einer Kolonial- und Handelspolitik geopfert worden, ohne sich dabei auf Russland zu stützen. (MK, 69 1) Für die Nachkriegszeit hielt er ein Bündnis mit England zur »Hemmung des maßlosen französischen Hegemonie-Triebes« für unumgänglich. (MK, 697) Da Frankreich »der unerbittliche Todfeind des deutschen Volkes ist und bleibt«, müsse man sich mit England, selbst wenn es gegen »Deutschland als Weltmacht« eingestellt sei, sowie mit Italien verbünden. (MK, 699 f. u. 755 ff.) Zugunsten eines Paktierens mit letzterem begab sich der Naziführer sogar in die nationalistischen Fallstricke seines Verzichts auf Forderungen nach einer Rückgabe Südtirols an Österreich. Er versuchte zwar diesen Verzicht in besonderer Vehemenz zu begründen und selbstverständlich auch antisemitisch zu deuten[45] – eine ganze Reihe konservativer Nationalisten und Revanchisten konnte ihm das jedoch bis in die ersten erfolgreichen Jahre des zweiten Weltkrieges hinein nicht verzeihen.[46]

Im Rahmen seiner bündnispolitischen Überlegungen sah Hitler im Verhältnis Deutschlands zur UdSSR »die vielleicht entscheidendste Angelegenheit der deutschen Außenpolitik überhaupt« und widmete ihm sogar ein Kapitel in »Mein Kampf«, vor allem um mit »Voreingenommenheiten« zahlreicher NSDAP-Mitglieder aufräumen zu können. (MK, 726) Auch gegen Bismarcks Russland-Politik gerichtet, verneinte er jede Möglichkeit eines Zusammengehens, da mit einer »Koalition von Krüppeln« nichts zu erreichen sei: »Das derzeitige, seiner germanischen Oberschicht entkleidete Russland ist, ganz abgesehen von den inneren Absichten seiner neuen Herren, kein Verbündeter für einen Freiheitskampf der deutschen Nation.« (MK, 747 f.) Über diesen Hauch eines anscheinend sachlichen Arguments stellte Hitler jedoch eine billige und blutrünstige antibolschewistische Agitation. Er unterstellte, die sowjetische Regierung denke gar nicht daran, »in ehrlicher Weise einen Bund einzugehen oder ihn gar zu halten. Man vergesse doch nie, dass die Regenten des heutigen Russlands blutbefleckte gemeine Verbrecher sind, dass es sich hier um einen Abschaum der Menschheit handelt, der, begünstigt durch die Verhältnisse in einer tragischen Stunde, einen großen Staat überrannte [...] Man schließt aber keinen Vertrag mit einem Partner, dessen einziges Interesse die Vernichtung des anderen ist.« Deutschland sei das »nächste große Kampfziel« des russischen Bolschewismus, der einen »Versuch des Judentums« darstelle, »sich die Weltherrschaft anzueignen«. Auf die Frage, wie man »dem deutschen Arbeiter den Bolschewismus als fluchwürdiges Menschheitsverbrechen klarmachen« wolle, wenn man »sich selbst mit den Organisationen dieser Ausgeburt der Hölle verbündet«, antwortete Hitler: »Der Kampf gegen die jüdische Weltbolschewisierung erfordert eine klare Einstellung zu Sowjetrussland. Man kann nicht den Teufel mit dem Beelzebub austreiben.« (MK, 750 ff.)

Das Interessante am Kapitel »Ostorientierung oder Ostpolitik« liegt aber weniger in der Argumentation, die keinerlei inhaltliche Überraschungen bietet, sondern in der Offenheit, in der hier direkt – allen üblichen friedensdemagogischen Schnörkeln widersprechend – die Notwendigkeit eines Krieges propagiert wurde.[47] Hitler untersuchte zahlreiche Aspekte eines Krieges von Deutschland und Russland gegen den Westen Europas, die militärisch/strategische Situation der UdSSR ebenso wie den Stand der sowjetischen Militärtechnik. Da bei entschlüpfte ihm eine generelle, die faschistische Bündnispolitik entlarvende Sentenz: »Man wende nun nicht ein, bei einem Bund mit Russland müsse nicht gleich an einen Krieg gedacht werden, oder wenn, könne man sich auf einen solchen gründlich vorbereiten. Nein, *ein Bündnis, dessen Ziel nicht die Absicht zu einem Krieg umfasst, ist sinn- und wertlos*. Bündnisse schließt man nur zum Kampf. Und mag die Auseinandersetzung im Augenblick des Abschlusses eines Bündnisvertrages in noch so weiter Ferne liegen, die Aussicht auf eine kriegerische Verwicklung ist nichtsdestoweniger die innere Veranlassung zu ihm.« (MK, 749)

Im gleichen Kapitel ließ er sich auch darüber aus, dass er die Wiederherstellung der Grenzen von 1914 allenfalls für ein Minimalziel deutscher Revanchebestrebungen halte. Es sei dies aber »ein politischer Unsinn von Ausmaßen und Folgen, die ihn als Verbrechen erscheinen lassen«. (MK, 736) Für die Grenzen Vorkriegsdeutschlands lohne es nicht, »erneut das Blut unseres Volkes einzusetzen«, was aber unvermeidlich sei. Wenn schon – so ließ er sich offener als in den übrigen Teilen des Buches vernehmen, allerdings auch hier unter Vermeidung des Kriegsbegriffs – die »deutsche Zukunft, so oder so, den höchsten Einsatz erfordert, muss man [...] um dieses Einsatzes willen ein dessen würdiges Ziel aufstellen und verfechten«.(MK, 738)

Wie ein roter Fader durchzieht »Mein Kampf« die (hier nicht ausführlich zu erörternde, da in der Literatur vielfach behandelte) Frage nach den geeignetsten Methoden zur Herstellung und Sicherung der für eine aggressive und expansionistische Kriegspolitik des deutschen Imperialismus erforderlichen innenpolitischen Voraussetzungen. Der »permanenten Kriegserklärung« an die Sowjetunion und an Frankreich[48] ging die des Bürgerkrieges an das deutsche Volk, an seine revolutionäre Arbeiterbewegung, an die Sozialdemokratie und alle friedliebenden Kräfte voraus. Aus der Kritik an den innenpolitischen »Halbheiten« des Kaiserreichs leitete Hitler einerseits die Notwendigkeit eines brutalen, terroristischen Kampfes gegen alle Gegner der Kriegspolitik und -ideologie des deutschen Imperialismus ab, andererseits auch die als entscheidend betrachtete Frage: »Wie erzeugen wir den Geist, der ein Volk befähigt, Waffen zu tragen?« Daran knüpfte er folgenden Gedanken an: »Wenn dieser Geist ein Volk beherrscht, findet der Wille tausend Wege, von denen jeder bei einer Waffe endet! [...] Begreift man aber, dass die Wiedererhebung der deutschen Nation eine Frage der Wiedergewinnung unseres politischen Selbsterhaltungswillens darstellt, so ist es auch klar, dass dem nicht genügt wird durch eine Gewinnung von an sich schon wenigstens dem Willen nach nationalen Elementen.« (MK, 365 f.) Ihm und anderen Naziführern stand dabei vor Augen, mit welcher Begeisterung große Teile der Deutschen im August 1914 in den Krieg gezogen waren. Den damaligen Hurrapatriotismus stilisierte Otto Strasser zur »Deutschen Revolution« hoch[49], während Alfred Rosenberg nach einer Synthese des »Baldur- und Siegfried-Mythus [...] mit dem Wesen des deutschen Soldaten von 1914« sowie nach einer heroischen »Losung« suchte, für die erneut »Millionen und aber Millionen [...] zum Opfertod bereit gemacht werden« könnten.[50]

Aufschlussreich für die »Lehren« und Schlussfolgerungen der deutschen Faschisten, die sie und ihr »Führer« aus der Niederlage des deutschen Imperialismus im Ersten Weltkrieg für die Vorbereitung eines neuen Krieges zogen, sind nicht zuletzt auch die Auslassungen über die Notwendigkeit eines Angriffskrieges sowie über die Wahl eines richtigen Zeitpunktes für die Entfesselung des Krieges. Die entscheidende Voraussetzung für das Kriegsergebnis liege im Angriff, nicht in der Verteidigung.[51] Dabei war von einer Verteidigung während der 20er Jahre niemals im Sinne von Abwehr einer unmittelbaren Bedrohung die Rede; dies tauchte erst später auf, als die faschistischen Kriegspläne konkrete Gestalt annahmen und nach konkreten friedensdemagogischen Floskeln gesucht wurde. 1924 gingen Hitlers Überlegungen zehn Jahre zurück: Die angeblich auf Erhaltung des Weltfriedens (!) bzw. auf das Hinausschieben des Krieges bedachte Politik Deutschlands und Österreichs sei damals ein »Fluch« gewesen, da man dadurch sowie durch den Zufall des Attentats von Sarajevo »gezwungen war, zu der ungünstigsten Stunde zu schlagen«. (MK, 175) Obwohl Probleme einer »Optischen Regie des Kriegsausbruches«[52] erst in der Zeit nach 1936 behandelt wurden, waren in gewisser Weise mit diesen Gedanken die Grundlinien einer solchen Regie benannt. Die deutschen Imperialisten und Militaristen wollten in der Krieg -Frieden-Frage das Heft in ihre Hände bekommen, Initiative und offensiven Geist pflegen sowie die Bereitschaft zum militärischen Abenteuer in jeder günstig erscheinenden Situation -bei militärischer Überlegenheit und erfolgversprechender politischer Konstellation – entwickeln.

Im »Zweiten Buch« polemisierte Hitler sogar ausführlich gegen die »Anti-Präventivkriegs-Friedensphilosophen«.[53] Dabei führte er auch eine Reihe geschichtlicher Beispiele an, für die er wiederum neue friedensdemagogische Akzente fand. Er behauptete unverfroren, »ein Präventivkrieg, der im Jahre 1904, als Russland in Ostasien gefesselt schien, Frankreich niedergeworfen hätte«, wäre leichter vor der Geschichte zu verantworten gewesen als der Erste Weltkrieg. Mehr oder weniger logisch ergab sich daraus die Kritik an Teilen der Reichswehrführung, denen angeblich als »schönstes Ideal« das unmilitärische Dasein als einer »republikanisch-demokratischen Parlamentswache« vorschwebe und die das Militär zur »Wach- und Schließgesellschaft international-pazifistischer Börseninteressen« geraten lassen würden. Stattdessen müsse die Reichswehr »ein Instrument des Krieges« sein: »Man kann keine Armee ausbilden, von hohem Eigenwert, wenn das Ziel ihrer Existenz nicht die Vorbereitung zum Kriege ist. Armeen zur Erhaltung des Friedens gibt es nicht, sondern nur zum siegreichen Durchfechten des Krieges.«[54] Wen wundert es, dass für den Krieg bis zum Sieg der »totale« Einsatz aller Mittel, »planmäßige Vorbereitung des Krieges« (MK, 691) und »schärfste Kampfesweise«

(MK, 195) gefordert wurden, was mit Fug und Recht von Hans Günther als Konstituierung von »Bestialität zum Aktionsprinzip« charakterisiert worden ist.[55]

V.

In der faschistischen Propaganda traten am Ende der 20er und Beginn der 30er Jahre, parallel zur steigenden Mitglieder- und Wählerzahl, die ursprünglichen friedensdemagogischen Akzente immer stärker in den Hintergrund.[56] Erst 1933, unmittelbar nach der Errichtung der faschistischen Diktatur, gewannen sie im propagandistischen Kalkül der Naziführung wieder an Boden; dies allerdings in einem erheblichen und erstaunlichen Ausmaß.[57] Diktiert von den Notwendigkeiten der innenpolitischen Absicherung[58] verging im Jahre 1933 seit der offiziellen Regierungserklärung keine Veranstaltung der Nazis, keine Rede Hitlers oder anderer Führer ohne weitschweifige Beteuerungen des eigenen Friedenswillens.[59] Den Höhepunkt stellt die Reichstagsrede Hitlers vom 17. Mai dar, mit deren Hilfe die Weltöffentlichkeit beruhigt und irregeführt werden sollte. Daher legte die Regierung auch großen Wert darauf, die sozialdemokratische Reichstagsfraktion (genauer: das, was von ihr angesichts des faschistischen Terrors übriggeblieben war!) für die Teilnahme an dieser Sitzung und für eine Zustimmung zur Regierungserklärung zu gewinnen.[60]

Eingangs seiner Rede nahm der Reichskanzler sogar, wenn auch vorsichtig, Abstand von den bisher lautstark erhobenen Forderungen nach einer raschen Revision des Versailler Vertrages. Er legte dar, was nach seiner Auffassung im Jahre 1919 ein echter, friedensstiftender, den »wirklichen Frieden« herbeiführender Friedensvertrag gewesen wäre. Er anerkannte die damalige Notwendigkeit einer »territoriale(n) Neugestaltung Europas«, verband sie jedoch mit der Forderung nach einer Deckungsgleichheit von Volks- und Staatsgrenzen sowie nach einer Gleichberechtigung aller Völker. Letzteres entsprach in keiner Weise der chauvinistisch-revanchistischen Ideologie der Faschisten, ebensowenig die Erklärung, »die nationalen Rechte auch der anderen Völker« respektieren zu wollen. Noch verlogener gestaltete sich eine Passage, die – aus dem Zusammenhang herausgegriffen -überraschen musste: »Kein neuer europäischer Krieg wäre in der Lage, an Stelle der unbefriedigenden Zustände von heute etwas Besseres zu setzen. Im Gegenteil, weder politisch noch wirtschaftlich könnte die Anwendung irgendeiner Gewalt in Europa eine günstigere Situation hervorrufen, als sie heute besteht. Selbst bei ausschlaggebendem Erfolg einer neuen europäischen Gewaltlösung würde als Endergebnis eine Vergrößerung der Störung des europäischen Gleichgewichts eintreten und damit so oder so der Keim für spätere neue Gegensätze und neue Verwicklungen gelegt werden. Neue Kriege, neue Unsicherheit und eine neue Wirtschaftsnot würden die Folge sein.«[61] Die deutsche Regierung sei überzeugt, dass es »heute nur eine große Aufgabe geben kann: den Frieden der Welt zu sichern [...] Deutschland denkt nicht an einen Angriff, sondern an seine Sicherheit.«[62]

War in den 20er Jahren der Kriegsbegriff weitgehend vermieden und schon gar nicht mit dem Ringen um die »deutsche Zukunft« in Zusammenhang gebracht worden, so wurde er nunmehr – auf der Grundlage der Behauptung über den eigenen »Friedenswillen« – in Verbindung mit der angeblich friedensgefährdenden Politik anderer Länder massiv verwendet. Die psychologisch-propagandistische Einstimmung der Massen auf den ins eigene Visier genommenen Krieg hatte ein neues Stadium erreicht. Dieser, die Kriegsschuldzuweisung prophylaktisch vorwegnehmenden Variante der faschistischen Friedensdemagogie – in der Propaganda der Nazis vielfältig variiert und ergänzt[63] – wurde eine Reihe drohender, unüberhörbarer Untertöne hinzugefügt. Hitler kündigte am 17. Mai indirekt auch den Austritt Deutschlands aus dem Völkerbund und den Boykott der internationalen Abrüstungskonferenz für den Fall an, dass keine Verständigung über die Abrüstung (sprich: über die deutsche Aufrüstung!) erreicht werden könne: »Das deutsche Volk besitzt aber heute genug Charakter, in einem solchen Falle [...] die dann einzig möglichen Konsequenzen zu ziehen.«[64]

Dass es sich bei diesen Konsequenzen nicht nur um den Austritt aus dem Völkerbund, sondern auch um den Übergang zu einer beschleunigten Aufrüstung und Kriegsvorbereitung handelte, machte Hitler wenige Tage nach der »Friedensrede« deutlich, als er an einem Manöver der Marine in Kiel teilnahm.[65] Gleichzeitig beschwor einer der faschistischen Gauleiter vor der 57. SS-Standarte in Meiningen das Bündnis von Reichswehr und Nazipartei und verkündete nach dem unentbehrlichen Satz, der Frieden sei das Köstlichste auf der Welt: »Unser Kampf ist noch nicht zu Ende, darf nicht zu Ende sein, denn die Frage des Lebens auf dieser Männererde wird nicht gelöst durch den, der die Ruhe und die satte Bequemlichkeit sich zum Lebensprinzip erhoben hat, sondern diese Frage löst nur der beste und härteste Mann, der jederzeit zur Tat bereit ist. Darum kennen wir nur den einen Ehrgeiz, die besten und härtesten Kämpfer unseres Volkes zu sein und zu bleiben.«[66] Deutlich zeichnete sich am politischen Horizont die »Pax germanica«, ein Frieden zu den Bedingungen des faschistischen deutschen Imperialismus, ein Frieden *gegen* die anderen Völker ab.

Die Hitlersche »Friedensrede« vom 17. Mai 1933 eröffnete eine ganze, bis in den Zweiten Weltkrieg reichende Serie so und ähnlich bezeichneter Dokumente. 1936 behauptete Hitler von sich selbst, kein Mann in der Welt habe mehr als er »von Frieden und für den Frieden geredet und gerungen«.[67] Tatsächlich gelang der Naziführung »ein einziges grandioses Täuschungsmanöver«[68], das die faschistische Rüstungspolitik und Kriegsvorbereitung in den 30er Jahren ständig begleitete. Vordergründig-agitatorisch, losgelöst von jeder Orientierungssuche nach sinngebenden Lebenswerten entleerte die faschistische Propaganda in zunehmendem Maße den Friedensbegriff, drängte sie die Friedenssehnsucht unter den Massen zurück. Es gelang der Naziführung, unter dem größten Teil der deutschen Bevölkerung nationalistische und großmachtchauvinistische Positionen zu verbreiten, denen zufolge der Frieden nur als Sicherheit für sich selbst, als zu rechtfertigende Unsicherheit der anderen Völker gelten dürfte. Frieden – das wurde zu einem Zustand degradiert, der nur noch als Friedensdiktat der vor Überlegenheit strotzenden Deutschen über alle anderen Nationen und Rassen denkbar sein sollte.[69]

Als Hitler jedoch in seiner geheimen Rede vom 10. November 1938 vor Vertretern der deutschen Presse den Übergang zu einer offeneren und offensiven Propaganda im Rahmen der faschistischen Kriegsvorbereitung verlangte und rückblickend erklärte, die Umstände hätten ihn gezwungen, »jahrzehntelang fast nur vom Frieden zu reden«[70], machte er sich wiederum einer demagogischen Täuschung schuldig. Die Geschichte der faschistischen Kriegsideologie und Friedensdemagogie der 20er Jahre weist eindeutig aus, dass in allen Phasen ihrer Entwicklung die Aufrüstung und die Militarisierung Deutschlands für einen neuen Krieg, für militärische Aktionen zur Eroberung der Vorherrschaft des deutschen Imperialismus in Europa und in der Welt gerechtfertigt und propagiert worden sind. Die deutschen Faschisten haben weder vor dem 10. November 1938 allein vom Frieden geredet, noch danach ausschließlich kriegsideologisch argumentiert.[71] Es vollzog sich lediglich ein erneuter Wandel in der Kombination beider Elemente der propagandistisch-psychologischen Vorbereitung der Massen auf jenen Krieg, den die Nazis schließlich unmittelbar vor dem geplanten »Reichsparteitag des Friedens« entfesselten.

Anmerkungen

1 Programmatische Bezeichnungen der NSDAP-Parteitage gab es seit der Errichtung der faschistischen Diktatur. Sie lauteten 1933 »Kongress des Sieges«, 1934 »Triumph des Willens«, 1935 »Parteitag der Freiheit«, 1936 »Parteitag der Ehre«, 1937 »Parteitag der Arbeit« und 1938 »Parteitag Großdeutschlands«.
2 Bundesarchiv Koblenz, NS 26/470.
3 Zit. nach Das Deutsche Reich und der Zweite Weltkrieg, Hrsg. vom Militärgeschichtlichen Forschungsamt, Bd. 1: Ursachen und Voraussetzungen der deutschen Regierungspolitik. Von Wilhelm Deist, Manfred Messerschmidt, Hans-Erich Volkmann und Wolfram Wette, Stuttgart 1979, S. 139.
4 Siehe Deutschland im zweiten Weltkrieg, Bd. 1: Vorbereitung, Entfesselung und Verlauf des Krieges bis zum 22. Juni 1941, Berlin (auch Köln) 1974, S. 170 f.
5 Siehe Laurenz Demps: Dokumente zur Funktion und Rolle der faschistischen Partei (NSDAP) bei der Vorbereitung des zweiten Weltkrieges (1937–1939). In: Bulletin des Arbeitskreises »zweiter Weltkrieg«, Nr. 3/4 – 1977, S. 52 ff.
6 Hans Günther: Der Herren eigener Geist. Ausgewählte Schriften. Hrsg. von Werner Röhr unter Mitarbeit von Simone Barck, Berlin/Weimar 1981, S. 91.
7 Siehe dazu: Zur imperialistischen Kriegsideologie, Berlin 1982, S. 8 ff.; Philosophie des Friedens im Kampf gegen die Ideologie des Krieges. Hrsg. von der Militärakademie »Friedrich Engels«, Berlin 1984, S. 166 f.
8 Günther: Der Herren eigener Geist, S. 87. Ähnlich auch Horst Kühne: Zur Friedensdemagogie des faschistischen deutschen Imperialismus bei der Vorbereitung und Entfesselung des zweiten Weltkrieges. In: Militärwesen. Zeitschrift für Militärpolitik und Militärtheorie, H. 10/1964, S. 1377 f.
9 Siehe das Deutsche Reich und der Zweite Weltkrieg, S. 30.
10 Siehe Günther Rose: Manipulation als imperialistische Herrschaftstechnik. In: Zeitschrift für Geschichtswissenschaft (künftig: ZfG), 3/1982, S. 195 ff.
11 Siehe Christa Olschewski, Laurenz Demps, Kurt Pätzold: Die Novemberrevolution als Trauma in der faschistischen Kriegsplanung. In: Wissenschaftliche Zeitschrift der Humboldt-Universität zu Berlin. Sprach- und Gesellschaftswissenschaftliche Reihe 1980, H. 3/4, S. 317 ff. Siehe auch Manfred Weißbecker: Bemerkungen zur Rolle der NSDAP im politischen Herrschaftssystem des faschistischen deutschen Imperialismus. In: Abendroth Forum. Marburger Gespräche aus Anlass des 70. Geburtstages von Wolfgang Abendroth. Hrsg. von Frank Deppe u. a., Marburg 1977, S. 366 f.
12 Siehe Manfred Weißbecker: Imperialistische Kriegsideologie und Friedensdemagogie – geschichtliche Erfahrungen und aktuelle Probleme. In: Pro pace mundi. Jenaer Gesellschaftswissenschaftler über Frieden und Friedenskampf. Wissenschaftliche Beiträge der Friedrich-Schiller-Universität Jena 1985, S. 115 ff.
13 John Dewey: Die menschliche Natur. Ihr Wesen und ihr Verhalten, Stuttgart/Berlin 1931, S. 117 f.
14 Zu den möglichen Varianten imperialistischer Friedensdemagogie in der Gegenwart siehe Weißbecker: Imperialistische Kriegsideologie und Friedensdemagogie, S. 124 f.
15 W. I. Lenin: Bemerkungen zu den Aufgaben unserer Delegation im Haag. In: Werke, Bd. 33, Berlin 1982, S. 434.

16 So z. B. Oswald Spengler: Preußentum und Sozialismus, München 1919. Zit. nach Günther, Der Herren eigener Geist, S. 94.

17 Siehe Weltherrschaft im Visier. Dokumente zu den Europa- und Weltherrschaftsplänen des deutschen Imperialismus von der Jahrhundertwende bis Mai 1945. Hrsg. und eingeleitet von Wolfgang Schumann und Ludwig Nestler unter Mitarbeit von Willibald Gutsche und Wolfgang Ruge, Berlin 1975; Europastrategien des deutschen Kapitals. Hrsg. von Reinhard Opitz, Köln 1977.

18 Siehe Willibald Gutsche: Der gewollte Krieg. Der deutsche Imperialismus und der Erste Weltkrieg, Köln 1984.

19 Zit. nach Werner Conze: Deutschlands weltpolitische Sonderstellung in den zwanziger Jahren. In: Vierteljahreshefte für Zeitgeschichte (künftig: VjZ), 2/1961, S. 166 f.

20 Zit. nach Weltherrschaft im Visier, a. a. O., S. 15.

21 Zit. nach Seeckt. Aus seinem Leben 1918–1936. Hrsg. von Friedrich von Rabenau, Leipzig 1940, S. 117 f.

22 Zit. nach Weltherrschaft im Visier, S. 165. Hervorhebungen vom Vf. Dieses Dokument widerlegt auch die These, Deutschland habe 1919 in seiner Friedenspolitik Züge echter Verständigungsbereitschaft gezeigt (siehe Leo Haupts: Deutsche Friedenspolitik 1918–1919. Eine Alternative zur Machtpolitik des Ersten Weltkrieges, Düsseldorf 1976, S. 41 3), sowie die Behauptung, das Deutsche Reich sei mehr an einer »Sicherheitspolitik« interessiert gewesen als an einem Revisionismus gegenüber dem Versailler Vertrag (Siehe Dietrich Geyer: Aufrüstung oder Sicherheit? Die Reichswehr in der Krise der Machtpolitik 1924–1936, Wiesbaden 1980, S. 1).

23 Siehe dazu den Beitrag von Wolfgang Ruge in diesem Band.

24 Gustav Stresemann. Rede vor der Arbeitsgemeinschaft Deutscher Landsmannschaften vom 14.12.1925. Zit. nach Weltherrschaft im Visier, S. 180 und 17.

25 Zit. nach Reinhard Kühnl: Der deutsche Faschismus in Quellen und Dokumenten, 2/1977, S. 105 ff.

26 Siehe vor allem dazu die Kapitel IV und V bei Kurt Gossweiler: Kapital, Reichswehr und NSDAP 1919–1924, Berlin 1982; Siehe auch Karl Nuß: Militär und Wiederaufrüstung in der Weimarer Republik, Zur politischen Rolle und Entwicklung der Reichswehr, Berlin 1977, S. 103 ff.; Joachim Petzold: Die Dolchstoßlegende. Eine Geschichtsfälschung im Dienst des deutschen Imperialismus und Militarismus, Berlin 1963.

27 Siehe Kurt Pätzold/Manfred Weißbecker: Hakenkreuz und Totenkopf. Die Partei des Verbrechens, Berlin, auch Köln (unter dem Titel: Geschichte der NSDAP 1920–1945) 1981, S. 14 ff.

28 Hitler. Sämtliche Aufzeichnungen 1905–1924. Hrsg. von Eberhard Jäckel zusammen mit Axel Kuhn, Stuttgart 1980, S. 97. Die Seitenangaben erfolgen künftig im Text in Klammern und verbunden mit dem Kürzel HA.

29 Siehe die entsprechende Erklärung Hitlers vom 13. 4. 1923. In: Ebenda, S. 886.

30 Siehe dazu Günter Rosenfeld: Sowjetrussland und Deutschland 1917 bis 1922, Berlin 1970.

31 Siehe Willi Krebs: Deutschvölkischer Schutz- und Trutzbund. In: Lexikon zur Parteiengeschichte. Die bürgerlichen und kleinbürgerlichen Parteien und Verbände in Deutschland (1789–1945). In vier Bänden. Hrsg. von Dieter Fricke (Leiter des Herausgeberkollektivs), Werner Fritsch, Herbert Gottwald, Siegfried Schmidt und Manfred Weiß (künftig: Lexikon zur Parteiengeschichte), Bd. 2, Leipzig (auch Köln) 1984.

32 Darauf macht auch Hans Günther, Der Herren eigener Geist, S. 84, aufmerksam. Siehe auch Joachim Petzold: Konservative Theoretiker des deutschen Faschismus. Jungkonservative Ideologen in der Weimarer Republik als geistige Wegbereiter der faschistischen Diktatur, Berlin 2/1982. Petzold konzentriert sich allerdings auf die konservative Sozialismusdemagogie und behandelt die Stellung der Jungkonservativen zur Krieg-Frieden-Problematik nur am Rande.

33 Am 17.8.1922 hieß es dazu rückblickend: »Wären wir damals bei Unterzeichnung des Friedensvertrages energisch vorgegangen, so hätten wir heute bessere Zustände.« HA, 682.

34 Siehe Pätzold/Weißbecker, S. 86 f.

35 Siehe Hermann Hammer: Die deutschen Ausgaben von Hitlers »Mein Kampf«. In: VjZ 2/1956, S. 161 ff.

36 Siehe Pätzold/Weißbecker, S. 46 ff.; Eine ausführliche Behandlung erfährt »Mein Kampf« bei Joachim Petzold: Die Demagogie des Hitlerfaschismus. Die politische Funktion der Naziideologie auf dem Wege zur faschistischen Diktatur, Berlin 1982, S. 164 ff. Siehe auch Werner Maser: Hitlers Mein Kampf. Entstehung, Aufbau, Stil, Änderung, Quellen, Quellenentwurf, komment. Auszüge, München/Esslingen 1966.

37 Selbstverständlich ist in keiner Interpretation das außenpolitische Programm Hitlers übergangen worden, das gewissermaßen den Kern der kriegsideologischen und friedensdemagogischen Positionen der NSDAP enthält.

38 Hier und im folgenden wird benutzt Adolf Hitler: Mein Kampf. Zwei Bände in einem Band. Ungekürzte Ausgabe. 390./394. Auflage, München 1939, S. 247. Hervorhebungen in der Regel vom Verfasser. Die Seitenangaben erfolgen künftig im Text in Klammern und verbunden mit dem Kürzel MK.

39 Siehe Manfred Weißbecker: Kriege in der Geschichte – Geschichte für den Frieden. In: Geschichte – Frieden – Wissenschaft. Beiträge zur Krieg-Frieden-Problematik in historischer Sicht. Wissenschaftliche Beiträge der Friedrich-Schiller-Universität Jena 1983, Jena 1983, S. 14 f.

40 Diese Worte Embsers von 1779 sind zit. nach Wilhelm Janssen: Friede. In: Geschichtliche Grundbegriffe. Historisches Lexikon zur politisch-sozialen Sprache in Deutschland. Hrsg. von Otto Brunner, Werner Conze und Reinhart Kosellek, Bd. 2 (EG), Stuttgart 1975, S. 576 ff.

41 Vergröbernd und zugespitzt erklärte z. B. der NSDAP-Gauleiter von Thüringen am 20.4.1933: »Nach der Revolution von 1918 glaubten die Toren, einer Menschheit verkünden zu können, dass nun der ewige Friede in Europa eingekehrt sei. Es kam kein Friede, es kam nur die Schmach für uns [...] Und mit den idealen Werten sanken auch die Güter der Nation in ein Nichts zusammen.« Fritz Sauckels Kampfreden. Dokumente aus der Zeit der Wende und des Aufbaus, Weimar 1934, S. 58.

42 Siehe Hitlers Zweites Buch. Ein Dokument aus dem Jahre 1928. Eingel. und komment. von Gerhard L. Weinberg, Stuttgart 1961.

43 Ebenda, S. 158 f.

44 Hitlers Zweites Buch, S. 46 ff.; Später folgte einmal die Erklärung, »dass das letzte Recht immer in der Macht liegt«. Adolf Hitlers Geheimrede vom 23. November 1937. Zit. nach Henry Picker: Hitlers Tischgespräche im Führerhauptquartier. Vollständig überarbeitete und erweiterte Neuausgabe mit bisher unbekannten Selbstzeugnissen Adolf Hitlers, Abbildungen, Augenzeugenberichten und Erläuterungen des Autors: Hitler, wie er wirklich war, Stuttgart 3/1976, S. 486.

45 MK, S. 707 ff.; Hitlers Zweites Buch, S. 176-212.

46 Siehe Manfred Weißbecker: Die nationalistisch-revanchistische »Deutschlandpolitik« in der Geschichte des deutschen Imperialismus. Thesen. In: Jenaer Beiträge zur Parteiengeschichte, Nr. 48 (Januar 1986) S. 6 ff.

47 Was in »Mein Kampf« noch die Ausnahme darstellte, dominierte in Hitlers zweitem Buch. In gleicher Weise verstärkte sich die negative Bewertung des Friedens. Eine »grundsätzlich friedliche Politik« werde zu einer »Geißel« und: »Während der Krieg im höchsten Fall einen Bruchteil der Gegenwart tötet, mordet er (der Frieden, M. W.) die Zukunft.« (Hitlers Zweites Buch, S. 50 und 48). Wahrscheinlich war auch dies ein Grund für die Nichtveröffentlichung, da sich ja gerade 1928 in Deutschland der antimilitaristische Kampf der Arbeiterbewegung und ihrer Verbündeten erheblich verstärkte.

48 Petzold, Die Demagogie des Hitlerfaschismus, S. 189.

49 Siehe Manfred Weißbecker: Kampfgemeinschaft Revolutionäre Nationalsozialisten. In: Lexikon zur Parteiengeschichte, Bd. 3, Leipzig (auch Köln) 1985, S. 172 ff.

50 Alfred Rosenberg: Der Mythus des 20. Jahrhunderts. Eine Wertung der seelisch-geistigen Gestaltenkämpfe unserer Zeit, München 1930, S. 685 und 698.

51 MK, 161 u. 300. Gerade an diesem Beispiel lässt sich sehr gut erkennen, wie sich Hitler in die militaristische Literatur zur Auswertung des Ersten Weltkrieges einordnete: Erich Ludendorff hatte 1922 (Kriegführung und Politik, S. 10) geschrieben, er könne der Ansicht von Clausewitz nicht zustimmen, »dass die verteidigende Form des Kriegführens an sich stärker als die angreifende ist«. Zum Zusammenhang zwischen den zahlreichen Rechtfertigungsschriften führender Militaristen und den Auffassungen Hitlers siehe auch Jutta Sywottek: Mobilmachung für den totalen Krieg. Die propagandistische Vorbereitung der deutschen Bevölkerung auf den Zweiten Weltkrieg, Opladen 1976, S. 19 ff.

52 Gerhard L. Weinberg: Deutschlands Wille zum Krieg. Die internationalen Beziehungen 1937–1939. In: Karl Dietrich Bracher/Manfred Funke/Hans-Adolf Jacobsen (Hrsg.): Nationalsozialistische Diktatur 1933–1945. Eine Bilanz, Düsseldorf 1983, S. 413.

53 Hitlers Zweites Buch, S. 108.

54 Ebenda, S. 11O f.

55 Günther, Der Herren eigener Geist, S. 78.

56 In der bekannten Rede vor dem Düsseldorfer Industrie-Klub, in der Hitler die Ausrottung des Marxismus und die Schaffung einer deutschen 8-Millionen-Armee forderte, tauchte der Friedensbegriff lediglich im Schlusssatz auf: Der »deutsche Wiederaufstieg« benötige »einen vollständig innerlich regenerierten deutschen Volkskörper […] unduldsam und unerbittlich gegen jeden […] und im übrigen zu Freundschaft und Frieden bereit mit jedem, der Freundschaft und Frieden will!« Vortrag Adolf Hitlers vor westdeutschen Wirtschaftlern im Industrie-Klub zu Düsseldorf am 27. Januar 1932, München 1932, S. 31.

57 Diese Tatsache berechtigt nicht zu der undifferenzierten Schlussfolgerung, erst seit 1933 habe die NSDAP-Führung ihren »Friedenswillen« beteuert. Siehe Hans-Adolf Jacobsen: Krieg in Weltanschauung und Praxis des Nationalsozialismus (1919–1945). In: Karl Dietrich Bracher/Manfred Funke/Hans-Adolf Jacobsen (Hrsg.): Nationalsozialistische Diktatur 1933–1945. Eine Bilanz, Düsseldorf 1983, S. 431.

58 Auf die Ursachen des verstärkten und neuartigen Hervortretens der faschistischen Friedensdemagogie kann hier nicht eingegangen werden.

59 Siehe die informative und detaillierte Übersicht in: Das Deutsche Reich und der Zweite Weltkrieg, S. 113 ff.

60 Siehe Autorenkollektiv unter Leitung von Heinz Niemann: Geschichte der deutschen Sozialdemokratie 1917 bis 1945, Berlin 1982, S. 335 ff.

61 Zit. nach Max Domarus: Hitler, Reden und Proklamationen 1932–1945. Komment. von einem deutschen Zeitgenossen. Bd. I, Erster Halbband, München 1965, S. 273. An die zitierte Passage schloss sich sofort der antikommunistische Hinweis an die Westmächte an, dass ein neuer Krieg in Europa zum »Zusammenbruch der heutigen Gesellschafts- und Staatsordnung« sowie zum »kommunistischen Chaos« führen würde.

62 Ebenda, S. 277. In seinem Interview mit dem englischen Korrespondenten Ward Price vom 5.8.1934 steigerte Hitler noch einmal diese Heuchdei: »Soweit es an Deutschland liegt, wird es keinen neuen Krieg geben [...] Es ist die Überzeugung der nationalsozialistischen Bewegung, dass Krieg niemand Nutzen bringt und nur Ruin zur Folge haben kann. Uns würde ein Krieg keinen Gewinn bringen. 1918 war für uns eine Lehre und eine Warnung [...] Wir werden bestimmt niemals wieder kämpfen außer in Notwehr.« Ebenda, S. 432.

63 So erklärte z. B. der NSDAP-Gauleiter von Thüringen am 16.5.1933: »Unser heißester Wunsch ist es, endlich in der Welt den Frieden zu bekommen. Nichts brauchen wir notwendiger, nichts ersehnen wir heißer für unsere Kinder, für unsere Heimat, für unser Volk, das so furchtbar schwer geprüft ist, als eben den Frieden.« Fritz Sauckels Kampfreden, S. 69.

64 Max Domarus, S. 278.

65 Kurze Zeit danach erging vom Goebbels-Ministerium allerdings die Anweisung, das Wort »Manöver« in der zu drosselnden Berichterstattung der Presse über die »kleinen Übungen« der Reichswehr nicht zu verwenden. Das Auswärtige Amt schrieb am 6.7.1933 der Inlandpropaganda vor: »Wer dem Gegner fahrlässig oder vorsätzlich Material für seine Propaganda und für die in Genf gegen Deutschland gerichtete Aktion liefert, d. h. wer innerdeutsche Vorgänge durch Bild, Schrift und Wort so darstellt, dass der Gegner [...] dadurch einen Vorwand finden kann, sich der eigenen Abrüstung zu entziehen, begeht Landesverrat«. Zit. nach NS-Presseanweisungen der Vorkriegszeit. Edition und Dokumentation, Bd. 1: 1933. Bearb. von Gabriele Toepser-Ziegert. Mit einem Vorwort von Fritz Sänger, München u. a. 1984, S. 98 f.

66 Fritz Sauckels Kampfreden, S. 72 ff.

67 Domarus, Bd. I, Zweiter Halbband, S. 614.

68 Das Deutsche Reich und der Zweite Weltkrieg, S. 113.

69 Bezeichnenderweise wurde in Bd. 4 der 8. Auflage von Meyers Lexikon, Leipzig 1938, Sp. 704 f. unter dem Stichwort »Frieden« lediglich formuliert, er sei »Gegensatz zu Krieg und Streit, Zustand der Ruhe und Ordnung«, ansonsten aber gleichbedeutend mit »Friedensschluss«, über den dann ausführlich referiert wurde.

70 Domarus, Bd. I, Zweiter Halbband, S. 974.

71 Eine Analyse allein der Reden und Aufsätze Goebbels verrät, dass es im Jahre 1939 zu einem regelrechten Höhepunkt der faschistischen Friedensdemagogie in allen ihren Varianten kam. Siehe Joseph Goebbels: Die Zeit ohne Beispiel. Reden und Aufsätze aus den Jahren 1939/40/41, München 1941, S. 39 ff., 47, 73 ff. und passim.

»Keine Massen loslassen. Dieses Volk muß noch durchgeknetet werden ...«

Historische und aktuelle Betrachtungen zu einer Forderung von Joseph Goebbels aus dem Jahr 1935*

Zwei Jahre nach der Errichtung ihrer Herrschaft in Deutschland durften sich die braunen Machthaber dieser durchaus sicher fühlen. Alle politischen Gegenkräfte waren ausgeschaltet, die meisten von ihnen saßen in Gefängnissen, Zuchthäusern und Konzentrationslagern, viele hatten sich zur Emigration entschlossen, andere sich in eine Art innere Emigration zurückgezogen. Zahlreiche Deutsche, die vor dem 30. Januar 1933 Gegner der NSDAP gewesen waren, hatten sich dem Regime angepasst, in dieses eingeordnet oder mitunter gar in den Dienst faschistischer Organisiertheit gestellt. Die drückenden Lasten der großen Weltwirtschaftskrise waren spürbar verringert worden. Hoffnungen auf eine Verbesserung des persönlichen Lebensstandards konnten sich auf den beginnenden Wirtschaftsaufstieg berufen, dessen militaristische Kehrseite – eine horrende Aufrüstung – unreflektiert hingenommen wurde. Eine Welle nationaler Euphorie hatte den größten Teil der Deutschen erfasst, aufgeputschte nationalistische Gefühle und um sich greifender chauvinistischer Überheblichkeitssinn führten zu einer breiten Akzeptanz der immer aggressiver werdenden Außenpolitik Hitlers. Und deren Erfolge vermochten wiederum korrumpierend zu wirken. Zudem war es

---

* Vortrag und Schlusswort, gehalten auf einer Tagung der Rosa-Luxemburg-Stiftung Thüringen e. V. Veröffentlicht in: 8. Mai 1945 – Von den Schwierigkeiten beim Umgang mit deutscher Geschichte. Protokollband einer Tagung der Rosa-Luxemburg-Stiftung Thüringen e. V. am 12. Februar 2005 anlässlich des 70. Geburtstages von Prof. Dr. Manfred Weißbecker, Jena 2005, S. 37-50. Der letzte Abschnitt des Beitrages stammt aus dem Schlusswort des Autors, das er am Ende der Tagung hielt und sich mit dem Verhältnis von Geschichte und Politik befasst. Das Heft enthält auch den Text der von Prof. Dr. Michael Wegner verfassten Laudatio. (S. 173-179)

der NSDAP im Sommer 1934 gelungen, die tiefe Krise innerhalb der eigenen Reihen dank eines terroristischen Befreiungsschlages zu überstehen.

Auf dieser Grundlage konnten die entscheidenden Weichen für den Weg zu einem neuen Krieg bereits 1935 gestellt werden.[1] An eine Erhebung der Massen gegen das Regime war nicht zu denken; Hoffnungen dieser Art hatten sich rasch zerschlagen und waren z. T. bitter bestraft worden. Widerstand und Opposition beschränkten sich auf kleinere, in tiefer Illegalität und noch dazu in ernsthaften inneren Auseinandersetzungen befindliche Gruppen. Sie befassten sich verständlicherweise vor allem mit der Frage nach den Ursachen des Erfolges der deutschen Faschisten, ebenso mit dem Versuch, die erlittene Niederlage und das Versagen der eigenen Politik zu analysieren. Infolge nach wie vor nicht zu überwindender parteienegoistischer Barrieren ihres politischen Denkens blieben sie weitgehend ohne jede Aussicht auf einen Sieg über den faschistischen Machtapparat. Von diesem sah sich die Masse der Deutschen gewonnen, ihm gegenüber fühlte sie sich zu einer Suche nach Alternativen weder in der Pflicht noch in der Lage.

Zu den zentralen Problemfeldern antifaschistischer Überlegungen gehörte seither – und gehört bis in die Gegenwart hinein – die Erklärung des Phänomens massenhafter Verhaltensweisen zu Gunsten des Faschismus.[2] Politische Unaufmerksamkeit, Kritiklosigkeit, Anpassungsbereitschaft und ähnliche Denk- und Verhaltensweisen eines großen Teiles der Deutschen zählten seinerzeit gewiss nicht zu den primären Ursachen des Schreckens, den der Faschismus in das Land brachte, wohl aber stellten sie Faktoren dar, die ihn zunächst als Bewegung ermöglicht und ihm schließlich zur Macht verholfen hatten. Mitte der 30er Jahre schienen sie nun dessen beschleunigten Marsch in den Krieg nahezu blindlings zu begleiten.

Herrschaft von Minderheiten über Mehrheiten, gleich ob unter diktatorischen, autokratischen, militärischen Regimes oder auch unter parlamentarisch-demokratischen Verhältnissen, wird von Mehrheiten mit getragen – in welcher Form auch immer. Die berechtigte Frage nach den gesellschaftlichen Grundlagen, die den Faschismus hervorgebracht, sowie nach jenen Kräften, die Hitler zur Macht verholfen hatten, sollte andere Fragen – darunter selbstverständlich auch die nach den dem »Führer« zujubelnden und ihn stützenden Massen – nicht überflüssig machen. Allerdings sind diese wohl in einer völlig anderen Weise zu stellen und zu beantworten, als dies jüngst Götz Aly mit seinen die faschistische Sozialpolitik verklärenden und nahezu idealisierenden

Thesen unter dem Titel »Der Holocaust geschah zum Vorteil aller Deutschen« getan hat.[3] Zweifellos hatten die sozialpolitischen Bestrebungen des braunen Regimes korrumpierende Folgen – 1942 bereits von Bertolt Brecht in seinem Gedicht »Und was bekam des Soldaten Weib?« festgestellt, später von Gisela May hervorragend und einprägsam gesungen. Ebenso unbezweifelbar wollten die Nazis mit ihrer Sozialpolitik und mehr noch mit ihrer Propaganda den Interessen großer Teile der von Inflation und Wirtschaftskrisen arg gebeutelten Bevölkerung entgegen kommen – doch selbst durch die Beute-Nutzung und -Gelüste eines Teils der Bevölkerung lassen sich die tatsächlichen Herrschaftsverhältnisse keineswegs von den Füßen auf den Kopf stellen.[4] Nach wie vor ist daher von den Triebkräften faschistischer Verbrechen zu reden, und nicht allein von denen, die von deren Ergebnissen nur zum geringsten Teil profitierten. Mit anderen Worten: Die bewusst betriebene und ebenso die indirekt wirksame soziale Korrumpierung eines großen Teiles der Massen bietet einen Zugang, nicht aber die Lösung des Problems. Weitere Faktoren sind in Betracht zu ziehen, darunter nicht zuletzt auch die Selbsteinschätzung der jeweiligen Situation durch die Führung der NSDAP.

* * *

In striktem Gegensatz, zu allem, was sie bis 1935 erreicht hatten, gab es unter den Führenden des Dritten Reiches keine Zufriedenheit mit dem erreichten (und für das Aufrechterhalten der Macht völlig ausreichenden) Stand der Massenbeeinflussung. Da wurden in der NSDAP eher größere und wesentlich weiter reichende Erwartungen ausgesprochen. Am Neujahrstag vertraute Joseph Goebbels seinem Tagebuch an, das neue Jahr müsse besser als das alte werden, denn dieses habe nur »Berge an Sorgen« gebracht. Eine verständliche Klage: viel Ärgernis und Verdruss hatte es für die Partei gegeben, die in eine ernsthafte Krise geraten war und zu spüren bekommen hatte, dass der eingeschlagene Kurs sich nicht so rasch wie erhofft und angestrebt durchsetzen ließ. Nun sollte das neue Jahr die »Wende« bringen, allerdings nicht irgendeine weitere Veränderung der Lage in ihrem Sinne schlechthin, sondern eine Wende zu einem »neuen Jahrhundert« bzw. sogar zu einem neuen »Jahrtausend deutscher Geschichte«. So äußerte sich Hitler am 11. Februar 1935 in Nürnberg, als er Julius Streicher zu dessen 50. Geburtstag gratulierte.[5]

Bereits die ersten Wochen und Monate des Jahres 1935 konnten die Nazis sehr zufrieden stellen. Voller Stolz blickte Goebbels auf das Abstimmungsergebnis vom 13. Januar und auf die »Rückkehr« des Saarlandes ins Deutsche Reich. Ungetrübt liest sich auch seine Hoffnung, Hitler werde es gelingen, die Engländer in ein »Bündnis zu holen«, schließlich sei das Kräfteverhältnis günstig: »... wir zu Lande, sie zur See überlegen, in der Luft gleich [...] wir können warten und rüsten.«[6] Von den Franzosen meinte er, sie »sollen schimpfen, wir rüsten«, und ergänzte mit einem Bezug zu der in Deutschland am 15. März wieder eingeführten allgemeinen Wehrpflicht: »Im Übrigen sollen Paris und London protestieren. Wir handeln ...«[7] Nur wenige Wochen nach dem Erfolg an der Saar und trotz allen Stolzes auf das bei Großkundgebungen »rasende« Volk, notierte Goebbels am 2. März unzufrieden in sein Tagebuch: »Alles hängt an seidenem Faden. Keine Massen loslassen. Dieses Volk muss noch durchgeknetet werden.«[8]

Dieses »Kneten« erfolgte sowohl durch die terroristische Unterdrückung, deren psychologischen Wirkungskräfte keineswegs zu unterschätzen sind, als auch mittels intensivster ideologischer Manipulation. In letzterer gewannen in dem Maße, wie das »Deutschtum« gepriesen wurde, die Feindbilder wachsenden Raum. Zugleich gerieten diese immer diffuser. Parallel zu den propagandistischen Aktionen gegen Nicht-Arier und Marxisten – in den Schlagwörtern vom »jüdischen Bolschewismus«[9] oder »bolschewistischen Judentum« gipfelnd – begann 1935 eine neue Phase in der Verwendung des alle nationalsozialistischen Feindbilder integrierenden Begriffes »Untermensch«. Der Kampf zwischen Menschen und Untermenschen sei eine »geschichtliche Regel«, verkündete Heinrich Himmler am 12. November 1935[10], und in einer auch in diesem Jahr herausgegebenen Schrift des SS-Hauptamtes beim Reichsführer SS hieß es: »Der Untermensch – jene biologisch scheinbar völlig gleichgeartete Naturschöpfung mit Händen, Füßen und einer Art von Gehirn, mit Augen und Mund, ist doch eine ganz andere, eine furchtbare Kreatur, ist nur ein Wurf zum Menschen hin, mit menschenähnlichen Gesichtszügen – geistig, seelisch jedoch tieferstehend als jedes Tier. Im Inneren dieses Menschen ein grausames Chaos wilder, hemmungsloser Leidenschaften: namenloser Zerstörungswille, primitivste Begierde, unverhüllteste Gemeinheit. Untermensch – sonst nichts!«[11]

Um in dem von Goebbels gewählten Bild zu bleiben: Es gab auch ein sozialpolitisch akzentuiertes »Kneten«. Am 12. Februar 1935, also exakt auf den Tag vor 70 Jahren schrieb Franz Seldte, jener konservative »Stahlhelm«-Gründer, der erst Monate nach seiner Berufung als Reichsarbeitsminister der

NSDAP beigetreten war, an Hitlers Staatssekretär Hans Heinrich Lammers einen Brief. Auf die unverkennbar zu aktualisierenden Bezüge will ich hier nicht eingehen, obgleich durchaus von einer Art epochenversetzter Parallelgeschichte zu reden wäre, ohne dabei die Regeln der offiziellen bundesdeutschen *political correctness* zu verletzen. Es hieß in diesem Schreiben fordernd: »Die Lohnbildung im deutschen Baugewerbe hat mit dem Jahr 1927 eine wirtschaftlich sehr bedenkliche Entwicklung genommen. Kleine Interessentengruppen auf Arbeitgeberseite haben damals die Löhne, ohne Rücksicht auf die Bedürfnisse der gesamten Wirtschaft und ohne Widerstand bei den Unternehmern zu finden, maßlos in die Höhe getrieben und dadurch die private Bautätigkeit zuletzt fast lahm gelegt. Diese übersteigerten Löhne, die sich wegen der Schlüsselstellung des Baugewerbes wirtschaftlich besonders verhängnisvoll auswirkten, wurden zwar in den letzten Jahren erheblich abgebaut. Aber es kann noch nicht die Rede davon sein, dass wir zur Zeit wirtschaftlich und sozial angemessene Bauarbeiterlöhne aufzuweisen haben.« An anderer Stelle fielen die Worte: »Am meisten überhöht sind noch die Baufacharbeiterlöhne in den östlichen Provinzen.«[12]

Nun, der mitunter als »Sozialist« und erfolgreicher Sozialpolitiker gepriesene Hitler billigte diese Überlegungen und stimmte ganz selbstverständlich auch den konkreten Schlussfolgerungen zu, die da besagten, um welche Beträge die angeblich überhöhten Löhne gesenkt werden sollten und wie dies am besten zu kaschieren sei. Allerdings waren die von Rudolf Heß eingeholten Stellungnahmen der Gauleiter durchweg negativ; alle rieten von einer Lohnsenkung ab.[13] Widerstand war befürchtet worden, ebenso ein weiteres Absinken des »Ansehens« der NSDAP. Ja, das Volk musste aus Sicht seiner faschistischen Herren eben immer noch »durchgeknetet« werden …

Doch wofür? Welche Ziele verbanden sich mit dieser Forderung des »Reichsministers für Volksaufklärung und Propaganda«? Erkenntnisse bieten auch in dieser Hinsicht dessen Eintragungen in sein Tagebuch während des Jahres 1935. So verfolgte er mit großer Aufmerksamkeit den Kurs der italienischen Faschisten auf einen Krieg gegen den unabhängigen afrikanischen Staat Äthiopien. Geriet Mussolini dabei des Öfteren in Schwierigkeiten, nahm Goebbels dies mitleidig zur Kenntnis. Groß fiel indessen im Oktober 1935 sein Jubel aus, als er erfahren hatte, dass Italien den Krieg begonnen hatte, noch dazu ohne eine Kriegserklärung: »Mit Bomben und Vormarsch. Die furchtbare Spannung der letzten Wochen hat sich gelöst. Die Kanonen donnern. Mussolini ist nicht zu beneiden. Aber ein Kerl ist er doch. Ein Mann in dieser männerarmen und entschlußlosen Zeit. Die Zeitungen bringen Extraausgaben. Krieg! Wir sind bereit! […] Italiens Krieg die große Sensation.«[14] Eine Woche darauf schrieb er: »Mussolini geht es schlecht. Die ganze antifaschistische Welt gegen ihn. Das müsste ein Grund für uns sein mehr auf seine Seite zu treten.«[15] Seine Haltung legte er noch einmal am 17. Oktober dar: »Wir müssen eine Kehrtwendung machen. Zu Italien hin! Wegen des Faschismus, der hier auf dem Spiele steht. Mussolini arg in Not. Deutsche Presse zu sehr Sentiments unterworfen. Die Volksmeinung ganz gegen Italien.«[16]

Aufschlussreich geriet ihm auch der Eintrag vom 19. Oktober 1935, in dem er eine interne Beratung Hitlers mit allen Ministern und vielen Militärs reflektierte: »Führer spricht über außenpolitische Lage. Er legt den ganzen Ernst dar. Mussolinis Lage verzweifelt. England wird uns in den Sanktionsplan einzubeziehen versuchen. Dann will Führer ein Vermittlungsangebot machen. Appell an die Weltöffentlichkeit. All das kommt 3 Jahre zu früh […] Im übrigen rüsten und bereit machen […] Kommt Krieg in Europa? Wenn ja, dann 3-4 Jahre zu früh für uns. Die Zukunft der Völker liegt nicht in der Neutralität, sondern in der Intervention. Wir müssen abwarten, und wenn es nicht anders geht, auch handeln.«[17]

Seine Sorge galt keineswegs der Erhaltung des Friedens, ihn bewegte lediglich die Frage, ob und wie es gelingen kann, einen richtigen Zeitpunkt für den neuerlichen Einsatz der deutschen Waffen zu finden.

Die forcierte Aufrüstung und der unleugbare Wille, einen neuen Krieg herbeizuführen (natürlich nur für den Fall, dass sich die potentiellen Gegner nicht freiwillig unterwerfen, womit jedoch in keiner Weise gerechnet werden konnte!), wurden Mitte der 30er Jahre noch hinter dem Schleier deutscher Friedensliebe verdeckt. In der Öffentlichkeit, bspw. anlässlich des zentralen Erntedankfestes auf dem Bückeberg, zeichnete Hitler ein geradezu idyllisches Bild von Deutschland, das friedlich inmitten einer Brandung von Konflikten liege und an solchen nicht teilhabe.[18] Diese Friedensdemagogie diente nicht allein der Tarnung gegenüber den später mit Krieg überzogenen Staaten, sondern ebenso als ein innenpolitisches Instrument der Systemstabilisierung.

»Vorzeitige Decouvrierung des imperialistischen Plans zur Welteroberung musste notwendig die Massenbasis der Diktatur schmälern, und umgekehrt: Die glaubhaft gemachte Absicht, Frieden zu wahren, sollte dem Regime helfen, sich die Kräfte zuzuführen, die ihm abwartend und misstrauisch gegenüber standen.«[19] Diese Selbsteinschätzung der Lage in Deutschland verrät – hier für das Jahr 1935 festgestellt – eine offensichtlich erhebliche Diskrepanz zwischen dem, was von den herrschenden Faschisten gewollt worden ist, und dem, was sie angesichts des als unzureichend eingeschätzten Standes ihrer Massenbeeinflussung verwirklichen zu können glaubten. Sie zweifelten nicht an der Regimetreue der Massen, wohl aber an deren Bereitschaft zu einem erneuten Waffengang. Das Problem sollte sich für sie erst etwas später lösen, und auch da lediglich während der ersten Jahre des Zweiten Weltkrieges.

* * *

Blickt man über das Jahr 1935 und auch über die 12 Jahre der NSDAP-Herrschaft in Deutschland hinaus, lässt sich relativ leicht feststellen, dass die Diskrepanz zwischen dem von Herrschenden Gewollten und dem durch Massen Geduldetem oder von diesen gar Ermöglichtem nach dem 8. Mai 1945 in keiner Weise aus der Welt gekommen ist. Die Unterschiedlichkeit der Interessen von Regierenden einerseits und Regierten andererseits bestand generell fort und existiert auch in unserer Zeit. Daher lassen sich durchaus Vergleiche zwischen gegenwärtigen Erscheinungen und denen der 30er und 40er Jahre anstellen, auch wenn sie in den Augen mancher Politiker gegen die offiziell gepflegte *political correctness* verstoßen. Analogien drängen sich auf, die für sich genommen nicht eine Identität behaupten. Völlig berechtigt darf von Assoziationen zu diesem Teil der deutschen Geschichte gesprochen werden, wenn strukturelle Übereinstimmungen mit gegenwärtigen Bemühungen sowohl um die Realisierung angeblich notwendiger neuer militärischer Ambitionen als auch zur Durchsetzung eines drastischen Sozialabbaus festzustellen sind.

Leider treffen oft auch jene Vergleiche zu, die den Widerstand gegen die Politik der Herrschenden betreffen. Ohne übersehen zu wollen, dass sich in vielen Teilen der Welt Unmut äußert und Protest artikuliert wird, muss – will man realistisch bestehende Kräfteverhältnisse einschätzen und dabei keiner Illusion unterliegen – auch gefragt werden, was aus jener Bewegung geworden ist, die sich im März des Jahres 2002 so machtvoll, am Ende indes vergeblich gegen die Kriegspläne der Bush-Administration für ihren Überfall auf den Irak wehrte? Was lehrt in dieser Hinsicht auch die Wiederwahl des Präsidenten der USA im November 2004? Der Blick auf die innere Situation der Bundesrepublik Deutschland erzwingt ähnliche Nachdenklichkeit: Zwar empören sich viele mit Recht über die »Agenda 2010« des Bundeskanzlers Gerhard

Schröder, die sich ja im Verhältnis zu früheren Zeiten mit nur geringfügig verändertem Wortschatz gegen angeblich zu hohe Löhne und Lohnnebenkosten richtet – doch was passiert? Zwar nehmen Angst, zynische Meinungsäußerungen und blanke Wut zu, doch hält sich aktiver Widerstand in Grenzen. Kürzlich stellte ein bekannter Jenaer Leserbriefschreiber im »Neuen Deutschland« mit bitter-sarkastischen Worten fest, bei den Montagsdemonstrationen gegen Hartz IV gingen lediglich wenige »Berufsrevolutionäre« auf die Straße, nicht aber die vielen vom gegenwärtigen Sozialabbau Betroffenen.[20]

Der Befund historischer wie auch politisch-aktueller Ereignisse lautet also oft: Diese wären ohne Realitätsverweigerung und Realitätsverlust bei allzu vielen Menschen, insbesondere bei den von neuen Kriegen, Sozialabbau und Ungerechtigkeit direkt Betroffenen, wahrscheinlich nicht möglich. Manipulation und Instrumentalisierung würden nicht funktionieren, wenn sich Manipulierte und Instrumentalisierte nicht benutzen ließen. Wissenschaftliche und politische Versuche, die Ursachen massenhaften Verhaltens zu Gunsten herrschender Parteien zu erklären, zielen zumeist in zwei einander entgegen gesetzte Richtungen: Die eine bürdet Verantwortung und Schuld jenen auf, die als ökonomisch Mächtige oder politisch Regierende die Massen beeinflussen, verführen, irreführen, lenken, instrumentalisieren, missbrauchen usw. usf. Die andere wähnt, alles Übel der Gesellschaft in einer anthropologisch gegebenen Beeinflussbarkeit, Verführbarkeit oder gar Unterordnungslust von Massen erblicken zu können.

Zu fragen wäre m. E. aber vor allem nach den geschichtlichen Voraussetzungen und Wirkungsbedingungen von Interessen, die zwar grundsätzlich divergieren, zeitweilig dennoch übereinstimmen können. Zu fragen wäre sowohl nach den wirtschaftlichen und politischen als auch nach den geistig-kulturellen, ideologischen und weltanschaulich-religiösen Grundlagen der Mechanismen ihres jeweiligen Zusammenspiels.

Gerade aus dieser Perspektive, die nicht zuletzt eine parteiengeschichtliche ist, halte ich einen Blick auf das gesamte 20. Jahrhundert für notwendig und aufschlussreich. Ich frage mich, ob dessen Charakterisierung als eines Säkulums der Weltkriege, als Zeitalter der Extreme oder als das der Auseinandersetzung zwischen Kapitalismus und Sozialismus hinreichend ist. Gern würde ich – trotz des kurzzeitigen Auf und Ab, trotz aller Wechsel von Erfolg und Misserfolg – die erkennbaren langfristigen Tendenzen in der Entwicklung von Massenbewegungen diskutiert sehen sowie auf dieser Grundlage die sich abzeichnenden Trends und den in unserer Gegenwart erreichten Stand problematisieren.

Nach langfristig wirksamen Entwicklungslinien in Massenbewegungen fragend, ist gewiss davon auszugehen, dass die erste Hälfte des 20. Jahrhunderts gegenüber voraus gegangenen Zeiten von einem qualitativ neuen Wirken der Massen *in* der Gesellschaft und *für* die Gesellschaft gekennzeichnet war. Viele der damaligen Zeitgenossen spürten den Wandel, begrüßten oder bedauerten ihn. Die Bühne der Geschichte biete den Massen nicht mehr die Rolle von Statisten, sondern von Hauptdarstellern, hieß es. Man sprach vom »Zeitalter der Massen«, das heraufgezogen sei. Als einer der ersten beschrieb Gustave Le Bon 1895 in seiner »Psychologie der Massen« das Wirken von Massen als eine »ozeanische Woge«, welche gleich einer elementaren Naturgewalt die »Zivilisation« zerstöre. Das Problem, vor dem die Eliten stünden, benannte er mit den Worten: »Die Massen sind so etwas wie die Sphinx der antiken Sage: man muss die Frage, die ihre Psychologie stellt, lösen oder darauf gefasst sein, von ihr verschlungen zu werden.«[21] Bei Ortega y Gasset war später vom »Aufstand der Massen« die Rede: Massen würden nun einmal lediglich mit Gewalt in alles eingreifen, und das sei »das schwerste Problem, das der heutigen Menschheit aufgegeben ist.«[22]

Die ausgeprägte antimilitaristische und antikapitalistische Orientierung im Verhalten großer Teile der Bevölkerung führte am Ende des Ersten Weltkrieges zum Sturz zahlreicher Dynastien, zur Herausbildung bürgerlich-demokratischer Republiken, zu Ansätzen einer internationalen Ächtung von Kriegen, aber auch zu einem ersten Versuch der Realisierung sozialistischer Ideen. Gekontert wurde dies von bürgerlichen Parteien gleichsam unter dem Motto, selbst Massen gegen Massen zu mobilisieren und zu organisieren. Im Grunde nahmen sie sich die erste Massenpartei der deutschen Geschichte, die Sozialdemokratie, zum Vorbild und schufen in Deutschland während der Jahrzehnten des Übergangs vom 19. zum 20. Jahrhundert zahlreiche bürgerliche Massenorganisationen, unmittelbar vor und nach 1918 auch solche, die sich selbst als »Volksparteien« bezeichneten.

Ein Beispiel sei wenigstens erwähnt: Als sich im Jahre 1904 der Reichsverband gegen die Sozialdemokratie konstituierte und seine Feldzüge gegen – ich zitiere aus dem Gründungsdokument – den »sozialdemokratischen Terrorismus« begann, formulierte er als seine Aufgabe, »alle nicht sozialdemokratisch gesinnten Staatsbürger in Stadt und Land ohne Unterschied der

Partei und Religion zum Kampf gegen die Sozialdemokratie zusammenzuschließen …«[23]

Eine Vielzahl anderer im letzten Jahrzehnt des 19. Jahrhunderts entstandener Verbände verfolgte gleiche Konzepte. Die erste bürgerliche Partei, die bewusst den Status einer Massenorganisation anstrebte und tatsächlich erreicht, war die sich in den letzten Jahren des Ersten Weltkrieges formierende Deutsche Vaterlandspartei. Sie setzte auf Nationalismus, Kriegsbereitschaft und Antisozialismus, was so direkt nicht von den in der Novemberrevolution neu formierten bürgerlichen Parteien übernommen werden konnte. Doch da war Raum entstanden für eine neue Strömung am rechten Rand der Gesellschaft, die dann zum absoluten Höhepunkt einer sich militarisierenden Massenpartei führte und alles andere regelrecht übertraf oder gar regelrecht überrollte. Niemals zuvor oder danach hat es eine so mitgliederstarke und die gesamte Gesellschaft mit einem einheitlichen Organisationen-System überziehende Partei gegeben wie die NSDAP.

1945 knüpften alle Parteien im Grunde direkt an die Entwicklungsstufe des deutschen Parteienwesens und an dessen Bemühungen um die Gewinnung von Mitgliedern und Wählern von 1932/33 an. Angestrebt wurden Vergrößerung durch Vereinigungs- und Konzentrationsbestrebungen, Mitgliederwerbung und neue politische Organisiertheit. In den drei westlichen Besatzungszonen erhöhten sich in den ersten Nachkriegsjahren die Zahlen der Parteienmitglieder, wobei die SPD doppelt so viel besaß wie alle anderen Parteien zusammen. Alle Parteien verloren ab Mitte der 50er Jahre erheblich Mitglieder, seit 1968 sogar kontinuierlich. Die Bewegung hin zu sogenannten Apparate- und Wahlorganisationsparteien scheint seitdem kaum aufzuhalten zu sein. Am konsequentesten bemühte sich die SED um die Schaffung und Formierung einer fest organisierten massenhaften Mitgliedschaft. Dass sie scheiterte, lag nicht zuletzt an ihrer Unfähigkeit und Unwilligkeit im Umgang mit den Massen. Der als demokratisch benannte Zentralismus ließ wahrlich alles, aber auch alles unberücksichtigt, was sich seit dem Beginn des 20. Jahrhunderts die Herrschenden an teils wissenschaftlich gesicherten, teils durch Verrechtlichungsprozesse, teils durch die völlig neuen medialen Möglichkeiten erschlossenen Erkenntnissen über die Beherrschbarkeit von Massen angeeignet hatten. Bar jeder klaren Sicht auf reale Interessen der Massen wurde Macht *durch* das Volk zwar proklamiert – Macht *über* das Volk hingegen praktiziert.[24]

Mit den Ereignissen von 1989/90 verloren dennoch alle Faktoren bürgerlich-kapitalistischer Massenbeeinflussung ihre »System«-Konkurrenz und erreichten einen höheren Wirkungsgrad. Das Ergebnis könnten langfristig wirksame Tendenzen einer Entpolitisierung und des organisationspolitischen Desinteresses sein. Politische Mitwirkungs- und Aktionsbereitschaft größerer Teile der Massen äußert sich seither zumeist nur in relativ kurzen Zeiträumen und an unterschiedlichen Orten. Mit dem Untergang des realen Sozialismus kam offensichtlich eine Art »langer Welle« in der Geschichte von Massenbewegungen zum Vorschein, die in einem direkten Gegensatz zu denen der ersten Hälfte des 20. Jahrhunderts stehen.[25]

Diese Überlegung mag – in parteiengeschichtlichem Lichte besehen – durchaus plausibel klingen. Zumindest wird durch die Feststellung von Tatsachen ein intensives Nachdenken der heutigen Linken darüber verlangt, wie ihren Programmen und Aktionen auch Erkenntnisse über wichtige Phänomene massenhafter Verhaltensweisen zugrunde gelegt werden müssen und können. Wenn allerdings Ideologen heutiger kapitalistischer Verhältnisse sich des Sieges allzu sicher fühlen und davon reden, dass Sozialisten niemals die Mehrheit der Bevölkerung für sich zu gewinnen in der Lage seien, dürften sie jedoch nur kurz- und allenfalls mittelfristige Trends im Auge haben. Mit einer dauerhaften Akzeptanz der Verhältnisse wird nicht zu rechnen sein, Resignation sowie das geduldige Ertragen offensichtlicher Ungerechtigkeiten und der wachsenden Schere zwischen Reichen und Armen waren oft endlich, wie der Blick in die Geschichte lehrt. Eine andere Welt – von vielen bereits jetzt ersehnt und gewünscht[26] – ist nicht nur nötig, sondern auch möglich …[27]

* * *

Vergleiche zwischen geschichtlichen und heutigen Erscheinungen, die auch im Rahmen der Tagung der Rosa-Luxemburg-Stiftung Thüringen e. V. zum Thema »8. Mai 1945 – Faschismus und Krieg als Gegenstand politischer Auseinandersetzungen« angestellt worden sind, vermögen zum einen das Verständnis für die wahrlich bedeutsamen geschichtlichen Vorgänge außerordentlich zu befördern,[28] sie verlangen zum anderen ebenso weitere Überlegungen zum Verhältnis zwischen Geschichte und Politik sowie zu Sinn und Zweck instrumentalisierender Geschichtspolitik. Darin möchte ich – dieses persönliche Wort sei hier aus gegebenen Anlass gestattet – auch ein neuerliches Nachdenken über ein Prinzip geschichtswissenschaftlichen Arbeitens eingeschlossen wissen, das zunächst engagierte liberale und demokratische Intellektuelle des deutschen Bürgertums in der ersten Hälfte des 19. Jahrhunderts vertreten hatten. Da hieß es: »Für Eures Volkes Zukunft nehmt Partei«[29], womit Parteinahme, mehr noch: Parteilichkeit gefordert und zugleich gerühmt worden war, eine Parteilichkeit gegen überlebte Zustände und für bessere Verhältnisse. Überlebtes existiert auch heute, Besseres tut dringend Not. Wird heute von Parteilichkeit gesprochen, gilt es natürlich, jede Verwechslung mit unkritischer Partei*ge*bundenheit oder gar parteiischem Pragmatismus zu vermeiden. Solche hat es gegeben und zu schmerzhaften Erfahrungen geführt, zu kritischem Nachdenken und gedanklicher Korrektur, wie bei vielen auch bei mir. Soll indessen deshalb das Prinzip einer Parteinahme für soziale Gerechtigkeit und Frieden in einer wahrhaft menschlichen Gesellschaft grundsätzlich zu negieren sein, noch dazu unter den Bedingungen zunehmenden Sozialabbaus und eines sich militarisierenden »Zeitgeistes«?

Die Tagung anlässlich meines 70. Geburtstages wird auch in dieser Hinsicht für mich unvergesslich sein. In den Dank schließe ich ein, Gesagtes vor allem als Ermunterung aufzufassen, auch künftig nicht abzulassen von dem, was ich als meine wissenschaftliche und politische Grundorientierung betrachte. Hineingeboren in die Vielzahl schrecklicher Ereignisse des 20. Jahrhunderts wollte ich deren Ursachen und innere Zusammenhänge erkunden helfen, darüber hinaus auch zu Erkenntnissen für erfolgreiche Veränderungen beitragen. Insofern bekenne ich gern, parteilich gewesen und auch heute parteilich zu sein, immer wenn es gegen Faschismus und Krieg sowie gegen soziale Ungerechtigkeit und unmenschliche Barbarei, aber auch gegen demokratiefeindliche Erscheinungen und Entwicklungstendenzen der bestehenden politischen Parteien bzw. des Parteienwesens geht, ganz im Sinne des bekannten Schwures der Überlebenden des Konzentrationslagers Buchenwald: »Nie wieder Krieg und Faschismus!«

Jeder weiß heute indessen, dass seit langem und erst recht in den letzten Jahren eher die Klage: »Was alles schon wieder möglich ist …« berechtigt ist. Da muss erneut in mancherlei Zusammenhängen von *Gefahren* die Rede sein, die wieder *im Verzug* sind und in unserer Zeit wieder in Betracht gezogen werden müssen; selbstverständlich weitsichtig, vorsorglich und auf jeden Fall verantwortungsbewusst. Gesprochen werden muss auch von *Kriegspfaden*, die bereits vor und unmittelbar nach dem 30. Januar 1933 begangen worden sind, lange bevor der Zweite Weltkrieg begann. Großmachtbesessene Kräfte heutiger Zeiten führen wieder Kriege, künden bedenkenlos weitere an, erkunden und produzieren zudem neue waffentechnische Systeme und verbreiten Rechtfertigungen für die Kriege des 21. Jahrhunderts, die allen Widerstand gegen neue militärische Abenteuer überwältigen sollen.

Beide Stichworte standen über Artikeln, in denen – Schlaglichtern und Miniaturen gleich – einzelne Ereignisse vor 70 Jahren erhellt werden sollten.[30] Dabei fiel der Blick weniger auf die großen Haupt- und Staatsaktionen. Die Aufmerksamkeit galt vielmehr solchen Gefahr drohenden Erscheinungen im alltäglichen Leben, die für jedermann wahrnehmbar gewesen sind; er galt relativ kleinen Geschehnissen am Rande des Weges, in denen sich dennoch Richtung und Ziel aller »großen« Politik spiegelten. Von den sogenannten Kleinigkeiten und nebensächlich anmutenden Ereignissen ausgehend sollte aufs Ganze geschaut werden. Mitunter lassen sich in nuce Zusammenhänge deutlicher als sonst erkennen und Keime späterer Entwicklungen entdecken. Ihre barbarische Politik der Verfolgung, Vertreibung und Vernichtung aller Andersdenkenden und Andersrassigen hatten die Nazis ebenso offen und ungeniert angekündigt wie die Verschiebung der Grenzen in Europa und die Gewinnung neuen »Lebensraumes«. Alles war unmöglich zu erreichen ohne Krieg und Genozid. Dennoch schreckten bspw. weder die national-konservativen Eliten Deutschlands davor zurück, den NSDAP-Faschisten zunächst jovial-hilfreich, später um Partnerschaft buhlend die Hand zu reichen. Aber es hielt auch nicht- und antifaschistische Kräfte keineswegs davon ab, den Streit untereinander für wichtiger als alles andere in der Welt zu halten.

Nur wenige warnten, und ihre Stimmen verhallten. Allzu viele folgten frag- und bedenkenlos den Braunen, zu viele reichten denen die Hand für ihre Mordtaten. Dies wiederum hielt zu viele nicht davon ab, nach dem Krieg zu behaupten, man habe es doch nicht wissen können. Nein, das Gegenteil trifft zu. Daher sollten Historiker sich immer wieder bemühen, eines bewusst zu machen: Aufmerksame Beobachtung und kritische Wahrnehmung der realen Verhältnisse in der Weimarer Republik und deren Entwicklungstrends ermöglichten durchaus einen realistischen Blick voraus auf das, was sich dann durchaus folgerichtig, in seiner Konkretheit eher zufällig am 30. Januar 1933 und am 1. September 1939 abgespielt hat. Ihr Fehlen bedeutete Realitätsverweigerung, diese führte zu Realitätsverlust und alles trug dazu bei, dass Abwendbares unabwendbar blieb – wie wir wissen, sogar bis fünf Minuten nach zwölf, was wiederum den 8. Mai 1945 bis auf den heutigen Tag zu einem der folgenreichsten und umstrittensten Tage des 20. Jahrhunderts geraten ließ.

Anmerkungen

1 Siehe den von Kurt Pätzold und Erika Schwarz herausgegebenen und dem Vf. gewidmeten Band »Europa vor dem Abgrund. Das Jahr 1935 – Eine nicht genutzte Chance«, Köln 2005 und darin insbesondere Pätzold, Kurt: Eine vertane Chance?, S. 9-33.

2 Dass dies unterschiedlich und gegensätzlich erfolgte, zu manchen Zeiten gar nicht, zu anderen wiederum ausschließlich im Vordergrund marxistischer Faschismusforschungen stand, kann hier nicht erörtert werden. Siehe dazu u. a. Manfred Weißbecker: Die Geschichte der NSDAP (1920–1945). Überlegungen zu Ergebnissen und Defiziten ihrer Erforschung, in: Sitzungsberichte der Leibniz-Sozietät, Bd. 35, Jg. 1999, H. 8, S. 31-48; ders.: »Die Parteien sind in sich faul …« Zur Propaganda der NSDAP gegen das deutsche Parteienwesen und ihre Folgen, in: Sieben Jahrzehnte Erfahrung: 30. Januar 1933, Protokoll der Tagung »Erfahrung 30. Januar 1933. Gewalt, Terror und Krieg in der Sprache der Politik«, veranstaltet vom Thüringer Forum für Bildung und Wissenschaft e. V. am 24./25. Januar 2003 in Jena, Jena 2003, S. 83-93.

3 Der Holocaust geschah zum Vorteil aller Deutschen. Interview mit Götz Aly, in: taz, 15. Januar 2005, S. 4 f. Das neue Buch von Götz Aly (»Hitlers Volksstaat. Raub, Rassenkrieg und nationaler Sozialismus«, Frankfurt a. M. 2005) lag dem Vf. noch nicht vor.

4 Rudolf Walther schrieb unter dem Titel »Prominenz auf Abwegen« dazu: »Aly […] unterscheidet nicht hinreichend genau zwischen der Verantwortung jener, die das Raubsystem europaweit durchsetzten und jenen, die an der Front oder zu Hause unbewusst davon profitierten. Statt einer klaren Verantwortungskette konstruiert er einen moralisch intonierten Kausalzusammenhang, der jeden deutschen Soldaten und jede Familie, die ein Paket bekam, heute wie verbrecherische Mitorganisatoren am Krieg und freiwillige Arisierungsgehilfen aussehen lässt. Diese Konstruktion kollektiver Täterschaft ist genauso abwegig wie ihr Gegenstück, die These, dass ein ganzes Volk verführt worden sei.« In: Freitag, Nr. 10, 11. März 2005, S. 1.

5 Zit. nach Max Domarus: Hitler. Reden und Proklamationen 1932–1945, Bd. I, Würzburg 1962, S. 481.

6 Die Tagebücher von Joseph Goebbels. Sämtliche Fragmente, hrsg. von Elke Fröhlich im Auftrag des Instituts für Zeitgeschichte und in Verbindung mit dem Bundesarchiv. Teil I: Aufzeichnungen 1924–1941, Bd. 2: 1.1.1931 – 31.12.1936, München u. a. 1987, S. 482 (27. Januar 1935). Nachfolgend zitiert als Tagebücher, Bd. 2.

7 Tagebücher, Bd. 2., 22. März 1935, S. 484 f.

8 Tagebücher, Bd. 2., S. 483 f. Am 1. August 1935 notiert Goebbels: »Im Garten allein spaziert. Und gegrübelt. Es ist alles so schwer und die Menschen sind so schlecht«, nachdem er zuvor über »Schweinereien in der Wirtschaftsabteilung des Gaues« geklagt hatte. (S. 498). Am 11. August 1935 reagierte er auf Mitteilungen über den »Korruptionsstall« im Berliner Gau, über »Schweinerei in der Ortskrankenkasse« u. a. m. mit den Worten: »Von allen Seiten unangenehme Nachrichten. Traurig und deprimiert …« (S. 501). Am 17. August hieß es lakonisch: »Volksstimmung nicht gut.« (S. 503; ähnlich auch am 25. August 1935, S. 507). Wenige Tage vor dem »Parteitag der Freiheit« äußerte er sich über die Zukunft der NSDAP – diese werde »nicht allzu rosig sein, wenn wir nicht mehr zusammenhalten.« (2. September 1935,

S. 509). »Unruhe im Volk« gestand er im Zusammenhang mit der Verkündung der judenfeindlichen Gesetze durch Hermann Göring auf dem Parteitag. Am 24 .Oktober hieß es: »Mehr ans Volk heran! Keine faulen Entschuldigungen! Kein Fett ansetzen!« (S. 531).

9 Kurt Pätzold: Jüdischer Bolschewismus, in: Kleines Lexikon historischer Schlagwörter, hrsg. von Kurt Pätzold und Manfred Weißbecker, Leipzig 2005, S. 171 f.

10 Zit. nach Cornelia Schmitz-Berning: Vokabular des Nationalsozialismus, Berlin u. a. 1998, S. 620.

11 Zit. nach Heinz Bergschicker: Deutsche Chronik 1933–1945. Ein Zeitbild der faschistischen Diktatur, Berlin 1981, S. 101.

12 Akten der Reichskanzlei. Hitler, Bd. II: 1934/35, bearb. von Friedrich Hartmannsgruber, München 1999, S. 360.

13 Siehe ebenda.

14 Tagebücher, Bd. 2, S. 523 (5. Oktober 1935).

15 Tagebücher, Bd. 2, S. 526 (13. Oktober 1935).

16 Tagebücher, Bd. 2, S. 528 (17. Oktober 1935).

17 Tagebücher, Bd. 2, S. 529 f. (19. Oktober 1935).

18 Völkischer Beobachter, 7. Oktober 1935.

19 Kurt Pätzold: »Faustisches Volk« oder Räuberhorde? Faschistische Politik und Propaganda 1933–1940, in: Kühnl, Reinhard/Schönwälder, Karen (Hrsg.): Sie reden vom Frieden und rüsten zum Krieg. Friedensdemagogie und Kriegsvorbereitung in Geschichte und Gegenwart, Köln 1986, S. 179.

20 Gregor Schwirtz, in: Neues Deutschland, 5. Januar 2005, S. 8.

21 Hier zit. nach Rüdiger Safransky: Und keiner ist er selbst. Gustave Le Bons Voraussagen über das Zeitalter der Massen, in: Frankfurter Allgemeine Zeitung, 1. September 1990.

22 Ortega y Gasset: Der Aufstand der Massen, S. 49.

23 Dieter Fricke: Reichsverband gegen die Sozialdemokratie 1904–1918, in: Lexikon zur Parteiengeschichte. Die bürgerlichen und kleinbürgerlichen Parteien und Verbände in Deutschland (1789–1945) in vier Bänden, hrsg. von Dieter Fricke (Leiter des Herausgeberkollektivs), Werner Fritsch, Herbert Gottwald, Siegfried Schmidt und Manfred Weißbecker, Bd. 4, Leipzig 1986, S. 68.

24 Siehe Siegfried Prokop: Plane mit, arbeite mit, regiere mit, in: Kleines Lexikon historischer Schlagwörter, a. a. O., S. 218 f.

25 Die jüngsten Erhebungen größerer Teile der Massen in einigen der früher zur UdSSR gehörenden Staaten wie Georgien, Ukraine und Kirgisien bedürfen noch eingehenderer Untersuchungen.

26 Siehe dazu auch: Kleines Lexikon, a. a. O., S. 99 f.

27 Siehe dazu auch den Beitrag von Reinhard Kühnl in diesem Band.

28 Siehe auch Manfred Weißbecker: Früher ja, heute nein?, in: Ossietzky. Zweiwochenschrift für Politik, Kultur, Wirtschaft, H. 5/2005, S. 175 ff.

29 So lautete auch der Titel eines von Dieter Fricke u. a. herausgegebenen Bandes mit dem Untertitel: Nichtproletarische Demokraten auf der Seite des Fortschritts. 1830–1945, Köln 1980.

30 Siehe Manfred Weißbecker: Gefahr im Verzug. Miniaturen und Schlaglichter zur Geschichte der NSDAP, Rosa-Luxemburg-Stiftung Thüringen e. V., Jena 2005.

»Die Partei als Rückgrat der inneren Front«

Mobilmachungspläne der NSDAP für den Krieg (1937 bis 1939)*

Mitten in der Mai-Krise 1938, die durch den provokatorischen Druck des faschistischen Deutschland auf die Tschechoslowakei hervorgerufen war und Europa an den Rand eines Krieges trieb, fiel in der Führung der NSDAP eine wichtige Entscheidung über die weitere Vorbereitung des riesigen faschistischen Organisationsgefüges auf den Krieg und über dessen Rolle im Kriegsverlauf. Am 16. Mai 1938 fixierte die »Abteilung Mobilmachung«, die bereits ein Jahr zuvor im Stab des Stellvertreters des Führers gebildet worden war, die streng vertraulichen »Arbeitspläne der Reichsleitung der NSDAP für den Einsatz der Partei und der angeschlossenen Verbände im A-Falle«. Diese Pläne und das auf ihrer Grundlage forciert erstellte umfangreiche Bündel von Weisungen, Richtlinien und Ablaufplänen für die M-Beauftragten der Gau- und Kreisleitungen, für die Ortsgruppenleiter sowie für die Gliederungen und angeschlossenen Verbände der Nazipartei bestimmten klar und detailliert den konkreten Platz und die wichtigsten Aufgaben des faschistischen Organisationsgefüges im Gesamtprozess der Vorbereitung des Aggressionskriegs. Sie legten ferner fest, welche Rolle den einzelnen faschistischen Organisationen im Kriege zufallen sollte.

Zunächst erfuhr nur ein ganz kleiner Kreis von Personen, die sich unmittelbar an der Kriegsplanung zu beteiligen hatten, von der Existenz dieser

* Verfasst mit Unterstützung durch Gert Noack. Erschienen in: Der Weg in den Krieg. Hrsg. von Dietrich Eichholtz und Kurt Pätzold, Berlin 1989, S. 67-90. Die beiden Dokumente des Anhangs (S. 84-90) sind hier nicht berücksichtigt: a) Anordnungen und Richtlinien der »Abteilung M« im Stab des Stellvertreters des Führers für den »Einsatz des Ortsgruppenleiters im Kriege« – undatiert, sowie b) Anordnungen und Richtlinien der »Abteilung M« im Stab des Stellvertreters des Führers für den »Einsatz des M-Beauftragten im Kriege« – undatiert (Bundesarchiv Koblenz, NS 6/146, Bl. 16 f. und Bl. 12)

Papiere. Erst am 23. September 1939, ach der Entfesselung des Zweiten Weltkrieges und dem militärischen Erfolg über Polen, erschien im »Völkischen Beobachter« ein Artikel unter der bezeichnenden Überschrift »Die Partei als Rückgrat der inneren Front«. Sein Autor, Reichsorganisationsleiter der Nazipartei und Leiter der Deutschen Arbeitsfront Robert Ley, gab bekannt, dass die NSDAP zwei Jahre zuvor mit ihren »Vorbereitungen für den Ernstfall« begonnen und sich »im Stab des Stellvertreters des Führers eine besondere Abteilung« geschaffen hatte, die »als Kopf« einer in »allen Gliederungen und Verbänden, Gauen, Kreisen und Ortsgruppen verankerte(n) Mob-Organisation« vorstand.[1] Zu den kriegsvorbereitenden Mobilisierungsaktionen der faschistischen Organisationen, insbesondere der SS, gehörte auch das, was Reinhard Heydrich zur gleichen Zeit schrieb. Offen forderte der Chef des neu eingerichteten Reichssicherheitshauptamtes, »die bereits durchgeführte totale Mobilmachung des deutschen Volkes zu ergänzen durch die Mobilisierung der Aufmerksamkeit der Volksgenossen zum Schutze des Reiches«[2], womit vor allem zu verstärkter Denunziation und extremer Spitzelei aufgerufen wurde. Beide, Ley und Heydrich, strapazierten den Vergleich mit dem Ende des Ersten Weltkrieges und hoben in schwülstigen Phrasen hervor, es müsse »heute und immerdar dem gesamten deutschen Volke wiederholt werden: ebenso wichtig wie der Kampf an der Front ist der Kampf in der Heimat, jener Kampf, der dem Aufbau und der Ausrichtung der inneren Front Deutschlands zu dienen hat.« Die »innere Front«, also die Front gegen Kriegsgegner und Kriegsunwillige, sei mit »der gleichen Präzision wie die militärische Front mobilisiert« und durch eine »Unsumme von Kleinarbeit« vorbereitet worden.[3]

Die Mobilmachung der Nazipartei, ihrer Gliederungen und angeschlossenen Verbände für den Krieg war mithin Bestandteil der Mobilmachung des deutschen Imperialismus. Sie erweiterte die militärische, wirtschaftliche, politische und ideologische Kriegsvorbereitung. Mit ihr fanden die bis dahin üblichen Formen und Wege der Mobilmachung diese sehr allgemein als »Umstellung des Landes auf die Erfordernisse des Krieges« mit dem »Übergang der Streitkräfte von der Friedens- auf die Kriegsstärke« als Kernstück verstanden[4] – eine wesentliche und den faschistischen Terrorismus stützende Ergänzung. Die vorliegende Studie soll sich sowohl mit den verbrecherischen Zielen als auch mit den politisch-ideologischen Inhalten der NSDAP-Mobilisierungspläne beschäftigen, deren Erarbeitung und schrittweise Vervollständigung in den Jahren 1937 bis 1939 erhellen und so dazu beitragen, die Rolle der Nazipartei, ihrer Gliederungen und angeschlossenen Verbände im faschistischen Machtmechanismus konkret zu erfassen.

1. Die Mobilmachungspläne der NSDAP als Gegenstand der Faschismusforschung

Die Geschichtswissenschaft der DDR widmete dieser Problematik bisher in einigen Monographien und kleineren Beiträgen eine mehr oder weniger große Aufmerksamkeit. Von der Tatsache ausgehend, dass sich die faschistische Blitzkriegsstrategie und die Mobilmachungsplanungen in der Geschichte des deutschen Imperialismus gegenseitig bedingten· und beeinflussten, legten zunächst Militärhistoriker aufschlussreiche Analysen zur Mobilmachung der imperialistischen deutschen Armeen vor. Ein besonderes Verdienst gebührt dabei Hermann Rahne, der die militärischen Mobilmachungspläne und -techniken in einer Längsschnittanalyse von der Mitte des 19. Jahrhunderts bis zur Entfesselung des Zweiten Weltkrieges untersuchte. Er gelangt zu wesentlichen, mitunter auch nur punktuellen Erkenntnissen über Funktion und Tätigkeit politischer Institutionen des staatsmonopolistischen Machtapparates bei der Mobilmachung für den Zweiten Weltkrieg.[5] Die Publikationen zum preußisch-deutschen Generalstab und zur inneren Funktion der faschistischen Wehrmacht[6] lieferten unter den spezifischen Gesichtspunkten der militärstrategischen Planung bzw. der Herrschaftssicherung wichtige Aufschlüsse zur Mobilmachungsplanung und -durchführung.

Die Konzentration auf die militärische Mobilmachung ist für die Zeit bis zum Ersten Weltkrieg und zum Teil auch noch für die der Weimarer Republik gerechtfertigt. Eine Analyse der faschistischen Mobilmachungsvorbereitungen erfordert eine Erweiterung des Blickfeldes, erfassten sie doch alle Bereiche der Gesellschaft. Indessen: die Funktionen der Nazipartei und des gesamten faschistischen Organisationsgefüges bei der langfristigen kriegsvorbereitenden Mobilmachung, die vollständige Militarisierung der Gesellschaft und die Rolle des gesamten Herrschaftssystems des faschistischen deutschen Imperialismus auf dem Weg in den Krieg bilden noch immer eine ungelöste Forschungsaufgabe.

Eine allgemeine, mehr das Grundsätzliche betonende Einschätzung der Mobilmachungspläne der NSDAP ist in der Darstellung zur Geschichte der NSDAP von Kurt Pätzold und Manfred Weißbecker gegeben worden.[7] Laurenz Demps[8] hat erstmals wichtige Quellen zur Rolle der NSDAP in der unmittelbaren Kriegsvorbereitung veröffentlicht und mit einer fundierten Einleitung versehen.[9] Demgegenüber sagen die Autoren des einschlägigen Bandes von »Deutschland im zweiten Weltkrieg« zu dieser Problematik nur wenig aus.[10] Die Forschungsprobleme resultieren vor allem aus der komplizierten Quellenlage. Die überlieferten Quellen erlauben zwar eine weitgehende Rekonstruktion der Pläne, die es innerhalb der NSDAP für den »A-Fall«[11] gab, schweigen aber nahezu ganz über den Prozess der Einbeziehung der NSDAP in die direkte Kriegsvorbereitung auf militärischem und wirtschaftlichem Gebiet. Ferner erlauben sie nur wenige Aussagen über die Realisierung der Mobilmachungspläne nach Kriegsbeginn.

In zahlreichen Publikationen der bürgerlichen Geschichtsschreibung werden die Mobilmachungspläne aus anderen Gründen ignoriert oder als unwichtig abgetan. In ihnen verschwindet die NSDAP mehr oder weniger vollständig hinter dem »Führer« und dessen Intentionen oder der Faschismus wird undifferenziert als »Massenbewegung« interpretiert. In dieser Sicht erscheint eine Behandlung der letztlich gegen das deutsche Volk gerichteten Mobilisierungspläne der NSDAP als überflüssig. Für Hans-Ulrich Thamer, von dem die jüngste zusammenfassende Darstellung der Jahre 1933 bis 1945 stammt, stellt sich der Weg in den Krieg lediglich als ein Problem der Militär- und Außenpolitik Hitlers dar. Ihm genügen wenige Sätze über deren Wechselwirkung zur Innenpolitik, die er zudem fast ausschließlich als Ausdruck polykratischer Bestrebungen einzelner faschistischer Führer begreift. Eine relativ kurze Erwähnung finden die Mobilisierungsaktionen der NSDAP bei Dietrich Orlow, der sie jedoch zu eng in die machtpolitischen Bemühungen von Rudolf Heß in seinem Amt als Stellvertreter des Führers einordnet, allerdings richtig auf die innere Widersprüchlichkeit der Nazipartei als politische Führungskraft und als »popular ombudsman« verweist. Auch Wolfram Wette, der sich mit »Ideologien, Propaganda und Innenpolitik als Voraussetzungen der Kriegspolitik des Dritten Reiches« befasst, geht nur kurz auf die Mobilisierungspläne der NSDAP ein.[12]

2. Der neue Krieg im totalen Kalkül der herrschenden Klasse

Obwohl die deutschen Faschisten erst 1943 offiziell erklärten, einen »totalen« Krieg führen zu wollen, weil angeblich nur so ein »totaler« Sieg möglich sei, stand bereits ihre Kriegsvorbereitung im Zeichen ihres Totalitätskonzepts.

Charakter und Inhalt dieses Konzepts entsprangen nicht dem Machtwillen einzelner faschistischer Führer, sondern wurzelten im Wesen des Faschismus und seinem Ziel, die Vorherrschaft über Europa und die Welt zu erringen. Im Mittelpunkt der Strategie des deutschen Imperialismus stand der Vernichtungsfeldzug gegen den ersten sozialistischen Staat sowie die Liquidierung der kommunistischen Weltbewegung. Der Krieg gegen die Sowjetunion wurde »zur letzten und entscheidenden Aufgabe der deutschen Politik erklärt«.[13]

Eine derart weitgreifende, extrem abenteuerliche Zielsetzung bedingte auch einen komplexeren Charakter und Inhalt der Kriegsvorbereitung, den Einsatz von neuen -faschistischen -Mitteln und Methoden. Die Totalität im faschistischen Kurs auf den Krieg entwickelte sich seit dem 30. Januar in einem Prozess von ständig steigender Intensität und mit qualitativen Einschnitten. Dieser Prozess verband sich mit Wandlungen sowohl im Wirtschaftssystem als auch bei den einzelnen institutionellen Trägern der Kriegsvorbereitung. Das widerspiegelten auch die Mobilmachungsplanungen im militärischen wie im zivilen Bereich sowie die dort festgeschriebenen jeweiligen Funktionen der NSDAP, ihrer Gliederungen und angeschlossenen Verbände.

Die geschichtlich beispiellose Einbeziehung einer bürgerlichen Partei in den direkten Kriegskurs geschah vor dem Hintergrund eines veränderten imperialistischen Kriegsdenkens seit 1918. Hatten die Mobilmachungsplanungen im Vorfeld des Ersten Weltkrieges fast ausschließlich die Armee betroffen, so entwickelten führende Militärs und Politiker nach Kriegsniederlage und Novemberrevolution auch neue Vorstellungen über Ausmaß, Inhalt und Funktion der Mobilmachung. Das grundlegende Postulat der deutschen Monopolbourgeoisie – »keine Wiederholung des 9. November 1918« – und das daraus abgeleitete Konzept dauerhafter Herrschaftsstabilisierung für die Vorbereitung eines neuen Krieges[14] durchzogen von nun an alle Mobilmachungspläne. Alle reaktionären Militärs, die über den zukünftigen Krieg nachdachten, maßen ihm komplexen und jeden Bereich von Staat und Gesellschaft durchdringenden Charakter bei.

Alle Vorbereitungen sollten so getroffen werden, dass eine revolutionäre Erhebung der Unterdrückten gegen den Krieg ausgeschlossen war. Dieser Geist sprach auch aus einer Rede, die Oberstleutnant Joachim v. Stülpnagel im Jahre 1924 vor Offizieren des Reichswehrministeriums hielt: »Der zukünftige Krieg bedingt von vornherein den Einsatz der ganzen Volkskraft, sei es im Kampf mit der Waffe, sei es in der Kriegsindustrie oder Lebensmittelversorgung, sei es im Stellungs-, Wege- und Rampenbau. Diktatorische Gesetze, strengste Zucht, höchste Ansprüche an die Führer jeden Grades sind selbstverständlich. Opfer müssen von jedem Volksgenossen gebracht werden.«[15]

Ein solch volksfeindlicher Mobilisierungs- und Kriegskurs ließ sich unter den innen- und außenpolitischen Bedingungen der Weimarer Republik allerdings nur planen. Realisiert wurde er nach der Errichtung der faschistischen Diktatur, und dies um so rascher, je weiter die Vorarbeiten der Reichswehrführung und der Präsidialkabinette gediehen waren. Schon 1930 war ein Referentenausschuss für die Reichsverteidigung gegründet worden, dem höhere Beamte kriegswichtiger Ministerien angehörten und dessen Ziel die einheitliche Ausrichtung des gesamten zivilen Staatsapparates auf den angestrebten Revanchekrieg unter Führung der Reichswehr war.[16] Den Vorsitz führte Oberst Wilhelm Keitel, zugleich »Chef der für alle Mobilmachungsfragen kompetenten Organisationsabteilung des Truppenamtes«[17]; unter seiner Leitung wurden noch vor 1933 die ersten Arbeitspläne einzelner Ministerien für den Kriegsfall aufgestellt.

Die mit der Machtübernahme durch die Faschisten erfolgende Wende zum Krieg war untrennbar mit dem neuen nazifaschistischen Organisationssystem verbunden, an dessen Spitze die NSDAP stand. Die Tatsache, dass die NSDAP bis 1937 in einigen Koordinierungsorganen für die Mobilmachungsplanung nicht direkt vertreten war[18] und dass sie auch im Reichsverteidigungsgesetz vom 21. Mai 1935 unerwähnt blieb, bedeutete nicht, dass die Nazipartei bei der Kriegsvorbereitung untätig war. Seit dem Erlass des Gesetzes über die »Einheit von Partei und Staat« vom 1. Dezember 1933 war ihre Führung an der Gesetzgebung, also auch an der Ausarbeitung des sogenannten Reichsverteidigungsgesetzes, beteiligt. Rudolf Heß gehörte dem Reichsverteidigungsrat als Mitglied an.

Die große Rolle, die die NSDAP in der Kriegsvorbereitung zu spielen vermochte, leitete sich aus ihrem Platz im faschistischen Herrschaftssystem ab.[19] Robert Ley plauderte offenherzig aus, dass Hitler die Nazipartei aus der »Erkenntnis« heraus geschaffen habe, ein moderner Krieg könne keineswegs »nur eine Angelegenheit der Soldaten« sein.[20] Mit dem Blick auf den Krieg entwickelte sich die NSDAP nach 1933 aus der anfänglichen Regierungspartei zur faschistischen Staatspartei Sie stellte eine Art von gesellschaftlicher und staatsmonopolistischer Dachorganisation dar und war zugleich zu einem Verbindungsglied zwischen den verschiedenen Bestandteilen des

Herrschaftssystems geworden. Ohne die NSDAP war dieses System als Ganzes nicht funktionstüchtig.

Nach 1933 gewannen die Machthaber durch die »Gleichschaltung«, die weitgehende Zentralisierung des bürgerlichen Organisationswesens sowie die vollständige Durchsetzung des antidemokratischen Führer-Gefolgschaft-Prinzips bis dahin unbekannte Möglichkeiten der Massenmanipulation, wobei sie sich auf Terror, reaktionärste Ideologie und soziale Korruption stützten. Damit erhöhten sich die innen- und außenpolitischen Potenzen des deutschen Imperialismus.[21] Dies bot dem Hitlerregime einen großen Spielraum und taktische Manövrierfähigkeit bei der Realisierung seiner Ziele, was allerdings auch mit neuen Widersprüchen und offenen Ungereimtheiten[22] verbunden war. Parallel zur Machterweiterung des Regimes beeinträchtigten unklare Strukturen seine Wirksamkeit, erhöhte sich die relative Eigenständigkeit im Wirken der einzelnen faschistischen Organisationen gegenüber anderen Bestandteilen des faschistischen Herrschaftssystems, veränderte sich auch das machtpolitische Gewicht einzelner Organisationen.

All das spiegelte sich auch in der Planung und Vorbereitung der Mobilmachung der NSDAP für den Krieg in den Jahren 1937 bis 1939 wider. Dabei traten die in der marxistischen Faschismusforschung bisher herausgearbeiteten wesentlichen Merkmale der nationalsozialistischen Organisationen deutlich hervor:

a) Die nationalsozialistischen Organisationen waren durch den hohen Grad ihrer Orientierung und Konzentration auf die Realisierung der allgemeinen Funktionen des Faschismus, seiner Machtsicherung und Machtexpansion gekennzeichnet. Jede Organisation fungierte in erster Linie als eine Bespitzelungs- und Verfolgungsinstanz, als ein politisch-soziales Kontrollorgan. Ihre Bedeutung für das Herrschaftssystem und für die Kriegsvorbereitung erlangten sie vor allem dadurch, dass sie die traditionellen gesetzlichen und moralischen Schranken der bürgerlichen Macht aufbrachen und durch sich bürokratisch perfektionierende Willkür ersetzten, womit sie Allgewalt und Alltäglichkeit des Regimes in den Lebensbedingungen der Menschen prägten.

b) Innerhalb des faschistischen Herrschaftssystems stellten die Organisationen der NSDAP ein stets einsatzbereites und rasch wandlungsfähiges Instrument dar, das zeitweilig die grundsätzliche Diskrepanz zwischen den weitgespannten annexionistischen Zielen des Hitlerregimes und deren unzureichenden Realisierungschancen überdecken konnte.

c) Angesichts der wachsenden Anforderungen des Herrschaftssystems (Machtsicherung, Kriegsvorbereitung, Kriegführung, Okkupationsapparat u. a. m.) erweiterten und radikalisierten sich die Kompetenzen zahlreicher nationalsozialistischer Organisationen.[23] Diese Tatsache stärkte und schwächte zugleich das faschistische Herrschaftssystem. Sie vertiefte den generell in der bürgerlichen Gesellschaft existierenden Dualismus von Parteien und Staat.

d) Das faschistische Organisationssystem widerspiegelte die mit der Errichtung der Hitlerdiktatur keineswegs beseitigte innere Widersprüchlichkeit der bürgerlichen Gesellschaft und der herrschenden Klasse. Dies führte auch zu Organisationspartikularismus und schuf Möglichkeiten, selbst einzelne Organisationen für Machtrivalitäten und persönliches Machtstreben zu nutzen.

e) Die 1935 fixierte Struktur des faschistischen Organisationssystems entstand als Ergebnis des Konsolidierungsprozesses der Diktatur und insbesondere im Verlauf der Auseinandersetzungen, die um den Platz des größten faschistischen Verbandes, der Deutschen Arbeitsfront, entstanden waren. Sie regelte insonderheit die rechtlichen und finanziellen Unterstellungsverhältnisse der einzelnen Organisationen. Die Zuordnung von sieben Organisationen zur NSDAP als deren Gliederungen, von acht weiteren Organisationen sechs von ihnen waren und blieben nach dem Bürgerlichen Gesetzbuch eingetragene Vereine – als »angeschlossene Verbände« der NSDAP sowie die später erfolgte Rubrizierung »betreute Organisationen«[24] war widersprüchlich und situationsgebunden[25]; obendrein förderte sie die häufig überbewerteten Kompetenzrangeleien.

Bei der Mobilisierung für den Krieg kamen den Mitgliedern der nationalsozialistischen Organisationen unabhängig von deren jeweiligen Spezifika im wesentlichen gleiche Funktionen zu. Sie hatten vor allem als »Herrenmenschen« die Kontrolle über das willfährige, gehorsame und eigenem verantwortungsbewussten Denken entfremdete Verhalten der »Volksgenossen« auszuüben, Nazigegner und Menschen nichtkonformer Gesinnung zu denunzieren sowie vielerlei über das normale Maß hinausgehende »Leistungen« zu vollbringen. Darüber hinaus sollten sie durch ihr alltägliches demonstratives Auftreten den Eindruck von Dynamik, Aktivität und Erfolg ihres Einsatzes erwecken, die Mehrheit der Bevölkerung auf diese Weise beeindrucken und auch einschüchtern sowie über die rasch erstarrten neuen Strukturen und die grundlegenden Schwächen des faschistischen Herrschaftssystems hinwegtäuschen. Sie hatten in gleicher Weise mobilisierender Vermittler und »vorbildlicher« Repräsentant der nationalsozialistischen Idee zu sein; insbesondere standen sie für plebiszitär angelegte Akklamationsakte zur. Verfügung. Schließlich wollte das Regime mit ihrer Hilfe die wachsenden personellen Anforderungen des faschistischen Repressiv- und Verwaltungsapparates, im Krieg auch diejenigen in den okkupierten Ländern, erfüllen.

3. Die unmittelbare Einbindung der NSDAP in den Apparat der Kriegsvorbereitung und -entfesselung

Leistete die Nazipartei in den ersten Jahren der faschistischen Diktatur ihren Beitrag zur Vorbereitung des Aggressionskrieges, ohne unmittelbar in den Planungs- und Koordinierungsinstanzen für die Mobilmachung vertreten zu sein, so änderte sich dies im Jahre 1937.[26] Das erste Dokument, welches Aufschluss über die angestrebte engere Einbindung der NSDAP in den Kriegskurs gibt, stammt vom 14. April 1937. In diesem von Wilhelm Keitel unterzeichneten Rundschreiben des Reichsverteidigungsausschusses, eines interministeriellen Koordinierungsorgans, dessen Ausfertigung einen Tag nach der 14. Sitzung dieses Gremiums erfolgte[27], wurde die Einsetzung des SS-Oberführers Burghardt als eines Referenten der NSDAP für die Reichsverteidigung im Stabe des Stellvertreters des Führers mitgeteilt. Aller Schriftverkehr der NSDAP und ihrer Gliederungen zu Fragen der Reichsverteidigung sollte über Burghardt geführt werden, wobei bezeichnenderweise der »Bereich des Reichsführers SS und Chefs der Deutschen Polizei« von vornherein ausgenommen wurde.[28]

Zugleich erfolgte eine genauere Bestimmung der Aufgaben der faschistischen Partei, die diese »in ständiger Zusammenarbeit der Organe von Staat und Partei im Rahmen des Reichsverteidigungsausschusses« zu leisten hatte. Dazu zählten – als »Elemente der totalen Kriegsführung« bezeichnet – die Betreuung des Volkes unter den Einwirkungen von Luftkrieg, Räumung und der allgemeinen Kriegslasten, seine Erziehung zu unbedingter Gefolgschaft und Opferbereitschaft, die Sorge um eine geschlossene Haltung und Stimmung des Volkes, die Volkswohlfahrt und die Sicherung einer gesunden sozialen Basis«[29] Zugleich wurde die Aufstellung eines »Arbeitsplanes (R. V.)« für die NSDAP veranlasst, offensichtlich als Zuarbeit zum Mobilmachungsbuch für die Zivilverwaltungen. Schon einen Tag später, am 15. April 1937, wurde die Mobilmachungsverfügung 1/37 für die NSDAP von einer Spezialabteilung im

Stab des Stellvertreters des Führers erlassen. Das verdeutlicht Intensität und Tempo, mit denen die Nazipartei die von den Wehrmachtsdienststellen geforderte detaillierte Mobilmachungsplanung in Angriff nahm.

Die ersten Arbeiten gingen offensichtlich noch von der Konzeption aus, der NSDAP vor allem propagandistische Funktionen zuzuweisen. In einem Schreiben des Referenten für die Landesverteidigung im Reichsministerium für Volksaufklärung und Propaganda vom 7. Mai 1937 an Jodl – damals Chef der Abteilung Landesverteidigung im Wehrmachtsamt – hieß es: »Die NSDAP bereitet ihre Mobilmachung nunmehr selbst vor. Der im Schreiben 103/35 gRs vom 17.10.1935 unter Abteilung II aufgeführte Apparat der Landesstellen wird von der Partei mobilgemacht [...] In Bezug auf Freistellung und Reklamation der Parteigenossen werden diese Parteistellen (Stab des Stellvertreters des Führers; Gauleitungen, die Vf.) jetzt direkt mit den Einsatzbehörden (der Wehrmacht, die Vf.) und Landesarbeitsämtern verkehren.«[30] Auch in der erwähnten Verfügung 1/37 wurde festgestellt, dass »bereits Vorarbeiten für die personelle Mobilmachung« innerhalb des Propagandaapparates[31] und zum Teil auch innerhalb der Partei geleistet worden seien.[32] In diesem Zusammenhang scheint außerdem bedeutsam zu sein, dass die sogenannten Landesstellen des Goebbels-Ministeriums bei den zivilen Luftschutzvorbereitungen – ein Gebiet, dem die NSDAP ab 1938 einen Großteil ihrer Weisungen widmete – schon seit 1935 propagandistisch tätig waren.[33]

Bei genauerer Betrachtung überrascht es keineswegs, dass das Propagandaministerium eine Vorreiterrolle gespielt und bereits einen zivilen Mobilmachungsapparat aufgebaut hatte, den die NSDAP nun in der Phase der unmittelbaren Vorbereitung des Krieges zu nutzen begann und entscheidend erweiterte. Bei der Ausgestaltung des faschistischen Herrschaftssystems gab es in den ersten Jahren nach 1933 tatsächlich auch Überlegungen, die Nazipartei wie eine traditionelle Regierungspartei fungieren zu lassen, sie nicht als Staatspartei auszubauen und als eine hauptsächlich der Propaganda dienende Organisation dem Goebbels-Ministerium zu unterstellen. Dieser Plan wurde nicht realisiert; dennoch übernahm das Reichsministerium für Volksaufklärung und Propaganda faktisch seit 1935 jene Aufgaben, die später der NSDAP übertragen wurden.[34] Das bezeugt den großen Stellenwert, den die faschistische Führung der Propaganda bei ihrer Herrschaftsausübung und Kriegsvorbereitung beimaß. Es erschien nur als logisch, dass 1935 das

Reichsministerium für Volksaufklärung und Propaganda in den Reichsverteidigungsausschuss aufgenommen wurde[35] und eigene Mobilmachungspläne vorbereitete. Als die NSDAP dann ihrerseits Mobilmachungspläne aufstellte, sollte sich zwischen beiden Organisationen eine effektive, wenn auch nicht konfliktfreie Arbeitsteilung entwickeln.[36]

Die Führung der Partei baute seit dem April 1937 einen eigenen vielgegliederten Mobilmachungsapparat auf. Beim Stab des Stellvertreters des Führers etablierte sich die »Abteilung M« als zentrales Koordinierungsorgan der NSDAP. Sie war faktisch den anderen Abteilungen des Stabes gleichgestellt, d. h. vor allem der von Helmut Friedrichs geleiteten Abteilung II »Innere Parteiangelegenheiten« sowie der von Walther Sommer, ab 1941 von Gerhard Klopfer geleiteten Abteilung III »Staatsrechtliche Fragen«. Mitunter wurde sie auch als Abteilung »II M« ausgewiesen.[37]

Die Leitung der »Abteilung M« übernahm SS-Oberführer Kurt Knoblauch, der offensichtlich als Folge seiner Zugehörigkeit zur Reichswehr relativ spät Mitglied der NSDAP (Mitgliedsnummer 2.750.158) und der SS (Mitgliedsnummer 266.653) geworden war. Knoblauch hatte eine steile SS-Karriere hinter sich. Am 12. April 1935 war er sofort zum Sturmbannführer und am 15. September des gleichen Jahres zum Obersturmbannführer ernannt worden. 1936 beförderte man ihn zum Standartenführer, 1937 zum Oberführer, 1939 zum Brigadeführer[38]

Die Abteilung M leitete Knoblauch bis zum Mai 1941. Dann setzte er sein verbrecherisches Wirken beim Aufbau des »Kommandostabes Reichsführer SS« fort, der einer verstärkten Organisierung und Koordinierung des Kampfes gegen die Partisanen in den okkupierten Gebieten dienen sollte.[39]

Die Quellen schweigen über das genaue Gründungsdatum der Abteilung M, aber sie arbeitete nachweislich seit April 1937 aktiv an der Vorbereitung der NSDAP auf den Krieg. Sie schuf einen Apparat, der die gleichen hierarchischen Strukturen wie die Nazipartei aufwies. Ihre Stützen waren die sogenannten Mob.-Beauftragten der Gauleitungen, Gliederungen und Verbände (siehe Tabelle 1), die ihrerseits wieder funktionierende bürokratische Apparate aufbauten, welche dann den Kreisleitungen bzw. den regionalen und lokalen Führungen der Gliederungen in Fragen der Mobilmachung zu befehlen hatten. In jedem Falle war die »M-Stelle [...] personell so stark zu besetzen, dass die Arbeiten nicht durch Personalmangel verzögert«[40] wurden.

Schon zu Beginn der forcierten Kriegsvorbereitung ging also die direkte

Einbeziehung der faschistischen Partei weit über das hinaus, was ursprünglich vom Reichsverteidigungsausschuss geplant worden war. Die Beziehungen zur Wehrmachtführung wurden seit 1937 wesentlich verstärkt und institutionalisiert. Der Geschäftsverteilungsplan der Abteilung Inland der Wehrmacht[41] weist für das Jahr 1937 mehrere Verbindungen zur NSDAP auf. Hauptmann G. Thomey – Leiter der Gruppe innerpolitische und allgemeine Angelegenheiten -wurde Verbindungsoffizier zu Heß. Ihm unterstellte Mitarbeiter vertraten die Gebiete »Verhältnis zur NSDAP, ihren Gliederungen und Verbänden« und »Richtlinien für die Zusammenarbeit mit K.d.F.«[42]

Es ist zu fragen, warum die Führung der Nazipartei gerade 1937 solche Anstrengungen für die Durchsetzung des Kriegskurses unternahm, welche Ursachen sie hatten und welche strategischen Zielsetzungen mit ihnen verbunden waren. Dabei scheint es nützlich zu sein, den von Willibald Gutsche und Fritz Klein mit Blick auf das Vorfeld des Ersten Weltkrieges entwickelten Begriff des Übergangs zu einer unmittelbaren Kriegsdisposition auch auf die Jahre 1937 bis 1939 anzuwenden. Beide Autoren charakterisieren damit eine spezielle Phase bzw. Stufe in der geschichtswirksamen Umsetzung der dem Imperialismus wesenseigenen Aggressivität. Zugleich ist damit der konkrete Prozess gemeint, in dessen Verlauf sich eine unmittelbare Bereitschaft zur Entfesselung von Kriegen herausbildet.[43] Mit der Errichtung der faschistischen Diktatur war der deutsche Imperialismus zwar einen wesentlichen Schritt in diese Richtung gegangen, seine Bereitschaft und Fähigkeit zu einem neuen Aggressionskrieg entstanden erst seit Mitte der dreißiger Jahre.

Zahlreiche Ereignisse verdeutlichten gerade 1937 den Übergang des faschistischen deutschen Imperialismus in eine unmittelbare Kriegsdisposition. Dies zeigte sich nicht nur in forcierter Aufrüstung -erinnert sei an den Vierjahresplan und an die bis 1939 größte Heereserhöhung von 596.000 auf 760.000 Mann[44] –, sondern auch in einer neuen Qualität der militärischen Mobilmachungspläne. Am 12. März 1937 wurde der neue »Mob.-Plan für das Heer« erlassen[45], der bis zur Entfesselung des Krieges gültig blieb. Bereits einen Monat später fanden die schon genannten Sitzungen statt und ergingen die erwähnten Erlasse und Verfügungen des Reichsverteidigungsausschusses und der NSDAP.

Die NSDAP bot sich keinesfalls nur als »zusätzlichen Faktor bei der Stabilisierung der innenpolitischen Verhältnisse im Hinterland«[46] an. Vielmehr wird man feststellen können, dass ohne sie und ihr Organisationsgefüge das faschistische Herrschaftssystem in seiner Gesamtheit nicht funktionierte, es dem deutschen Imperialismus nicht möglich gewesen wäre, einen »totalen« Krieg zu führen. Der ganze Komplex von Terror, sozialer Demagogie, Korruption und faschistischer Ideologie, den die Machthaber aufboten, um einen neuen 9. November zu verhindern, war nur mit Hilfe der NSDAP, in erheblichem Grade auch nur durch sie selbst zu realisieren. Insofern vollzog sich weniger eine »Aufwertung der faschistischen Partei«[47], sondern vielmehr eine Veränderung ihrer Funktionen und Tätigkeitsbereiche unter den sich verändernden Bedingungen der unmittelbaren Kriegsvorbereitung.

Als »Aufgaben der Partei im Kriegsfalle« wurden am 16. Mai 1938 im Rahmen der sogenannten Kennziffern 1 bis 14 bestimmt:

1 Haltung und Hebung der seelischen Widerstandsfähigkeit des Volkes im Kriege.

2 Seelische, sittliche und soziale Betreuung aller werktätigen deutschen Volksgenossen unter Mithilfe DAF., NSV., und NS-Frauenschaft.

3 Sicherung des sozialen Friedens in den Betrieben.

4 Politische und seelische Betreuung des Volkes bei Luftangriffen.

5 Abwendung der wirtschaftlichen, gesundheitlichen und seelischen Notstände unter Einsatz der bestehenden Hilfswerke und durch Mithilfe der Gliederungen und angeschlossenen Verbände.

6 Führung der Reichsdeutschen im Ausland in engster Zusammenarbeit mit dem Auswärtigen Amt.

7 Durchführung eines Kriegshilfswerkes für das deutsche Volk.

8 Unterstützung der Wehrmacht in der Verwundeten- und Krankenpflege durch NSV und NS-Frauenschaft.

9 Unterstützung der Wehrmacht bei dringlichen Maßnahmen durch Zurverfügungstellung von parteieigenen Einrichtungen und Stellung nicht wehrdienstpflichtiger Parteigenossen, Angehöriger der Gliederungen und angeschlossenen Verbände.

10 Mithilfe bei der Räumung feindbedrohter Gebiete.

11 Durchführung der Parteiräumung.

12 Betreuung der aus dem Räumungsgebiet zurückgezogenen Bevölkerung.

13 Betreuung der Bevölkerung im feindbesetzten Heimatgebiet.

14 Betreuung und politische Führung der Bevölkerung im besetzten Feindgebiet.«[48]

Trotz der demagogischen Sprachregelungen bieten diese Formulierungen wesentliche Aufschlüsse. Die Verantwortlichen rechneten offensichtlich zu diesem Zeitpunkt vor allem mit einem Krieg, der sich auf deutschem Boden abspielt. Dies mag der generell üblichen Friedensdemagogie der Naziführung geschuldet sein, es zeugt aber wohl eher von einer Überschätzung der Bereitschaft Großbritanniens und Frankreichs zur Abwehr der faschistischen Annexionspolitik. Veränderungen in einzelnen Verfügungen und Richtlinien, die vor allem im Jahre 1939 vorgenommen wurden, scheinen diese Annahme zu bestätigen.[49]

Die Aufgaben des faschistischen Organisationssystems sollten weit über kriegslastenmindernde und repressive Aspekte hinausgehen. Die einzelnen Organisationen hatten in ideologischer, personeller und materieller Hinsicht mobilisierend für den Krieg zu wirken. Generell waren die Mobilmachungspläne der NSDAP von vier strategischen Zielsetzungen durchzogen: Erstens vom Ziel einer totalen Militarisierung und Mobilisierung der Gesellschaft für den Krieg, zweitens von der Absicht zur Verhinderung jeden Widerstandes gegen die faschistische Kriegspolitik schon im Ansatz, drittens vom Bemühen, die Kriegslasten für größere Teile der deutschen Bevölkerung möglichst gering zu halten, und schließlich viertens – als unmittelbare Voraussetzung dafür – von dem von vielen Nazis auch persönlich erstrebten Ziel, die Arbeitsfähigkeit des Parteiapparates unter den Kriegsbedingungen und fern von den militärischen Fronten zu sichern.

Die Naziführung wandte damit für die Realisierung dieser Strategie neue Mittel und Methoden an. Die faschistische Partei erwies sich auch deshalb als eine »bürgerliche Partei neuen Typs«[50], weil sie erstmals in der Geschichte der bürgerlichen Parteien eine vollständige Militarisierung der Gesellschaft einschließlich ihrer eigenen Organisationen anstrebte und ihren ·gesamten Apparat auf die Bedürfnisse eines Aggressionskrieges ausrichtete. Die ersten Weisungen und Anordnungen der »Abteilung M« galten diesen Zielen, sie erhielten höchste Geheimhaltungsstufen, um unter allen Umständen eine »Kriegspsychose« zu vermeiden.[51]

Hand in Hand mit der Ausarbeitung der Mobilmachungspläne für die NSDAP erfolgten weitere Sicherungsmaßnahmen, die ein bezeichnendes Licht auf die Absichten und auf die Situation der Nazipartei vor dem Zweiten Weltkrieg werfen. Am 1. Juli 1938 erging ein von der »Abteilung M« ausgearbeitetes und von Rudolf Heß unterzeichnetes »Geheimes Material betr.

Abwehrmaßnahmen der NSDAP, ihrer Gliederungen und angeschlossenen Verbände«, das die »Zuverlässigkeit auch der kleinsten Parteidienststelle« forderte. Gleichzeitig wurde mitgeteilt, dass der »Reichsverteidigungsreferent der NSDAP und Leiter der Mob.-Abteilung« im Stab des Stellvertreters des Führers zugleich die Funktion eines Abwehrbeauftragten der Partei übernommen habe.[52] Dem folgten am 1. März 1939 »Richtlinien für die abwehrmäßige Überprüfung von Arbeitskräften bei Behörden und Dienststellen außerhalb der Wehrmacht.»[53]

Im Sommer 1938 arbeitete der Heß-Stab mit Nachdruck an einer präzisierten Fassung der »Disziplinarstrafordnung für die Politischen Leiter der NSDAP«. In diesem Zusammenhang äußerte sich der Reichsamtsleiter Albert Hoffmann über die Notwendigkeit, durch die Nazipartei auch Freiheitsstrafen verhängen zu können. Im Kriegsfalle komme man um eine derartige Maßnahme nicht herum. Seine aufschlussreiche Begründung lautete: »Die Ausstoßung disziplinloser Parteigenossen aus der Gemeinschaft der Partei wird in unruhigen Zeiten ungenügend sein, da diese Geister dann froh sind, wenn sie der Kontrolle der Partei nicht mehr unterstehen und freiweg meckern können. Eine Inhaftierung von Parteigenossen in staatlichen Strafanstalten kann natürlich in keinem Fall in Frage kommen, es können nur Arrestlokale verwandt werden, die in parteieigenem Besitz sind (z. B. in der SS-Verfügungstruppe)«.[54] Gleichzeitig wurde überlegt, im Interesse der faschistischen »Menschenführung« den Reichsnährstand und die Reichskulturkammer »in die Partei zu übernehmen« und zu entsprechenden Organisationen umzugestalten.[55]

Die »Abteilung M« übernahm schließlich im Rahmen der Sicherungsmaßnahmen für die Mobilmachung der NSDAP auch die Aufgabe, für deren »Selbstschutz« Sorge zu tragen. Knoblauch versandte am 29. Juli 1939 eine tags zuvor fixierte detaillierte »Anweisung für den Aufbau und die Durchführung des erweiterten Selbstschutzes und Selbstschuhes in den Dienststellen der NSDAP, ihrer Gliederungen und angeschlossenen Verbände«. Als sogenannte Selbstschutzreferenten bei den Gau- und Kreisleitungen der NSDAP waren hauptamtliche SA-Führer vorgesehen, die in enger Zusammenarbeit mit den Dienststellen des Reichsluftschutzbundes wirken sollten.[56]

4. Die »Arbeitspläne« der NSDAP für den A-Fall

Neben den hier nicht näher zu behandelnden Plänen für die materielle Mobilmachung der faschistischen Organisationen, bei denen es sich vor allem um die Sicherung der Verkehrs- und Nachrichtenmittel, der Grundstücke und Anlagen sowie der Ausrüstung der Nazipartei handelte[57], stand die personelle Handlungsfähigkeit des Parteiapparates im Vordergrund. Von den Vorstellungen eines totalen Krieges und also von besonders großen »Anforderungen an die Bevölkerung in der Heimat« ausgehend, leiteten die Nazioberen ab, dass die Partei »erst recht nicht in einem Kriege auf das bisher als selbstverständlich beanspruchte Recht der politischen Führung verzichten« dürfe. Um dies aber realisieren zu können, müsse sie »darauf bestehen, dass ihr diejenigen Männer, die zur Menschenführung in der Heimat und zur Betreuung der Volksgenossen nicht entbehrt werden können, vom Waffendienst für die Zeit ihres politischen Kriegsdienstes freigestellt werden.«[58]

Seit der ersten Mobilmachungsverfügung vom 15. April 1937 gehörte es zur Praxis aller Formationen und Institutionen der NSDAP, bei der »Abteilung M« sogenannte Unabkömmlichkeitsanträge einzureichen. Der erste Termin war der 1. Juni 1937, wobei Knoblauch anwies, dass die personelle Mobilmachung der Partei »stufenweise wie folgt vorgenommen wird: 1.) Gau- und Kreisleitung, 2.) Ortsgruppen und Stützpunkte, 3.) Gliederungen, angeschlossene Verbände usw.«[59] Es war vorgesehen, die Funktionäre vom Kreisleiter an aufwärts keinen Wehrdienst mehr ausüben zu lassen.

Eine Anordnung, die sich mit der »Sicherstellung« der Ortsgruppen im Kriegsfalle befasste, wurde erst am 1. Dezember 1937 erlassen.[60] Den Ortsgruppenleitern, »als denjenigen Politischen Leitern, die in engster Verbindung mit allen Volksgenossen stehen und im Kriege ein erhöhtes Maß an Verantwortung zu tragen haben«,[61] kam in den faschistischen Plänen eine besondere Bedeutung zu. (Siehe Anhang, a.) Es war der faschistischen Führungsspitze sehr wohl bewusst, dass die Wirkungen und Schrecken des Krieges den Alltag jeder einzelnen Familie betreffen würden. Das konnte gerade auf lokaler Ebene zu sozialen Protesten führen. Daher sollte ein arbeitsfähiger Parteiapparat vor Ort jeden Widerstandsversuch sofort erkennen und in Zusammenarbeit mit allen Terrororganen im Keim ersticken. Darüber hinaus war es gerade in den Ortsgruppen möglich, ein gewisses Gefühl der »Sorge« der Partei für ihre Mitglieder und Anhänger zu suggerieren.[62]

Aber schon in dieser Weisung wird die große Diskrepanz zwischen dem Streben nach der stärksten »inneren Front« und der Aufbietung eines Massenheeres sichtbar. Da Freistellungen in der Regel nur für die nicht von der Wehrmacht erfassten, d.h. für ältere NSDAP-Mitglieder beantragt werden durften, musste zusätzlich eine verstärkte ehrenamtliche Tätigkeit von Nazifunktionären verlangt werden. Insgesamt musste 1937 die Vorbereitung der Mobilmachung der Ortsgruppen »wegen der großen Zahl« der Befreiungsanträge vom Militärdienst noch zurückgestellt werden.[63]

Einen Ausweg aus dem Dilemma, das sich später als unüberwindbar herausstellte, sollte die nahezu minutiöse Planung des Einsatzes der NSDAP im Krieg bieten. Dem entsprachen die »Arbeitspläne der Reichsleitung der NSDAP für den Einsatz der Partei und der angeschlossenen Verbände im A-Falle«[64] vom 16. Mai 1938. Sie umfassten 41 Seiten und ergänzten in abgestimmter Weise das »Mobilmachungsbuch für die Zivilverwaltungen«, welches unter Leitung des OKW seit 1935 erstellt worden war.[65] Dieses Dokument, das als Ergebnis und Ausdruck der totalen Kriegsvorbereitung durch den faschistischen deutschen Imperialismus betrachtet werden kann, vereinte die Mobilmachungspapiere von 20 verschiedenen kriegswichtigen Institutionen des faschistischen Staates außerhalb der Wehrmacht. Es war als eine Art Rahmenprogramm gedacht, welches »die einheitliche Grundlage für die Durchführung der Mobilmachung« bildete.[66] Mit seiner Hilfe sollten die »Umstellung der Staatsführung und des Volkslebens auf die Notwendigkeiten der Kriegführung in politischer, sozialer und staatsrechtlicher Hinsicht und die Bereitstellung aller personellen und materiellen Kräfte des Volkes für die Kriegführung«[67] realisiert werden. Ein vollständiges Exemplar liegt der Forschung bis jetzt nicht vor. So ist nicht zu entscheiden, ob es jemals die beabsichtigte Fassung und Dreiteilung in »Arbeitspläne«, »Mob.-Buch« und »Mob.-Kalender«[68] gegeben hat. Seine Bedeutung lag wohl auch weniger darin, dass alle mit insgesamt 9500 Kennziffern bezeichneten Maßnahmen[69] durchgeführt werden sollten bzw. konnten. Wie Jodl vor den Nürnberger Richtern erklärte, sei es um eine Koordinierung der Mobilmachungsplanungen insbesondere mit dem militärischen Bereich unter Leitung des OKW gegangen.[70]

Die »Arbeitspläne« der NSDAP wurden zu einem nicht genau bekannten Zeitpunkt[71] in das »Mob.-Buch« unter den Kennziffern 9000 bis 9500 aufgenommen. Sie sollten »die einheitliche Grundlage für alle Mob.-Anordnungen« der NSDAP bilden und »der Parteiführung die Übersicht über Art und Umfang der Mobilmachungsmaßnahmen«[72] schaffen. Sie gliederten sich in »Vorzubereitende Maßnahmen«, »Aufgaben im Kriegsfall« und »Mitwirkung bei Maßnahmen anderer«, wobei sie neben der Bestimmung allgemeiner Aufgaben der NSDAP im Krieg und neben dem Arbeitsplan der Abteilung M auch die DAF, NSV, NSF, NSKOV sowie fast alle Hauptämter der Reichsleitung umfassten.[73] Das Dokument widerspiegelt direkt die schon skizzierte Strategie für den Einsatz der NSDAP bei der Vorbereitung und Führung des Aggressionskrieges, drückte mittelbar aber auch die Befürchtungen der NSDAP-Führung über die Wirkungen des Krieges auf die deutsche Bevölkerung und die daraus erwachsenden Gefahren für die eigene Herrschaft aus (Siehe Anhang, b).

Aus den »Arbeitsplänen« geht hervor, dass es für die Nazipartei als erstrangig galt, ihre faschistisch-militärische Ideologie in kriegsmobilisierender Weise zu verbreiten. Dabei sollte die Abt. M -deren federführende Rolle in allen Mobilmachungsplanungen mehrmals und ausdrücklich betont wurde – »Richtlinien über die Zusammenarbeit der Partei mit dem RPM (d.i. das Goebbels-Ministerium – die Vf.) insbesondere über die wehrpolitische Erziehung des Volkes aufstellen« und einen Aufruf »zum Einsatz der Partei im Kriegsfalle« entwerfen.[74] Außerdem hieß es, alle Dienststellen der NSDAP hätten ihre Vorbereitungsarbeiten »in engstem Einvernehmen mit der Abteilung M durchzuführen« und dieser »auf Wunsch zu jeder Zeit Einblick in den Stand der Vorbereitungsarbeiten zu geben.«[75]

Als weiterer Aufgabenbereich wurde die »Betreuung« der Bevölkerung fixiert. Die faschistische Führungsspitze plante die verheerenden Wirkungen des Krieges auf die Zivilbevölkerung ein und suchte ihnen mit einem sozialdemagogischen Konzept zu begegnen. Es sollte dazu beitragen, die Kriegslasten, die die Bevölkerung zu tragen hatte, in gewissem Umfang zu mindern, um so der Gefahr einer Herrschaftsdestabilisierung zu entgehen. Die »politische und seelische Betreuung des Volkes bei Luftangriffen«, »Durchführung eines Kriegshilfswerkes für das deutsche Volk«, der »Einsatz von KdF«[76] und weitere ähnliche Maßnahmen schlossen sich an Lehren an, die aus Erfahrungen mit dem Massenelend während des Ersten Weltkrieges gewonnen worden waren.

Die »Arbeitspläne« richteten sich ferner darauf, eine höchst effektive Rüstungsproduktion zu gewährleisten. Aus der Kennziffer 102 (»Sicherung des sozialen Friedens in den Betrieben«)[77] entwickelte sich nach 1938 ein ganzes Bündel von Aufgabenstellungen, mit denen der Deutschen Arbeitsfront ihr Platz im Krieg zugewiesen wurde. Am 25. Juni 1938 erging für sie eine spezielle Weisung.[78]

Die »Arbeitspläne« – deren Inhalt jegliche Friedensbeteuerungen faschistischer Politiker in jenen Jahren ad absurdum führen – bedeuten einen wichtigen Schritt bei der Vorbereitung der NSDAP auf den Krieg. Aber sie stellten noch keine konkreten Befehle an das Korps der Politischen Leiter dar. Diese wurden unmittelbar danach in einem umfangreichen Bündel von Richtlinien, Befehlen und Merkblättern formuliert. Darin flossen bereits die Mobilmachungserfahrungen bei der Annexion Österreichs und bei der Zerschlagung der Tschechoslowakei[79] ein, ebenso die weitere Ausformung der Kriegsstrategie.

Als Göring am 10. September 1939 ausrief, es gebe »nicht mehr nur einen Mobilmachungsbefehl für den Soldaten zwischen dem und dem Jahrgang, sondern einen Mobilmachungsbefehl für jeden Deutschen, sobald er 16 Jahre alt geworden ist, Mädchen wie Junge«[80], war dies zwar prahlerisch übertrieben – hatten es die Faschisten doch nicht einmal gewagt, die Frauenarbeitspflicht einzuführen -; doch für die NSDAP und für ihre Gliederungen und angeschlossenen Verbände traf es weitgehend zu.

Im Sommer 1939 hatte die NSDAP ihre Aktionen zur Freistellung von haupt- und nebenamtlichen Nazifunktionären vom Militärdienst abgeschlossen. Sie konnte unter anderem darauf verweisen, dass 18.630 Männer (9010 hauptamtlich und 9620 ehrenamtlich tätig) und 10.985 hauptamtlich tätige Frauen von der »Abteilung M« erfasst worden seien. Das war ein verhältnismäßig hoher Anteil, der in Wirklichkeit sogar noch größer war, da die faschistische Wehrmacht zunächst nicht alle zum Militärdienst einberief, die auf ihren Listen für die Mobilmachung standen. Zum Stichtag 1. Januar 1940 waren von den 1.231.104 haupt- und nebenamtlichen Politischen Leitern lediglich 243.471, d.h. 19,8 Prozent, von den 21.185 hauptamtlichen Politischen Leitern 7.283, d.h. 34,4 Prozent zur Wehrmacht eingezogen.[81]

In der Phase der Blitzkriege und leicht errungener Siege blieb der Apparat der Nazipartei weitgehend funktionstüchtig. Doch stellte sich alsbald heraus, dass die Freistellung von vielen politischen Leitern der NSDAP und anderen Nazifunktionären einem zweischneidigen Schwert glich. Gerade diejenigen Führer, welche die Stimmung der Zivilbevölkerung hochhalten und die Grundlagen für äußerste Kriegsmobilisierung schaffen sollten, gerieten in den Geruch, sich vor dem Kampf an der Front zu drücken. Solche Beurteilungen mussten die faschistische Führungsgruppe politisch umso ärger treffen, als gerade sie es gewesen war, die seit den Jahren der Weimarer Republik das »Frontkämpfertum« verherrlicht und den Schützengraben als den einzigen Platz charakterisiert hatte, an den ein wehrdiensttauglicher Mann im Kriege gehörte. Deshalb kam es der NSDAP-Führung durchaus recht, dass nach Kriegsausbruch auch höhergestellte Leiter in die Wehrmacht drängten und sich militärische Orden und Kriegsruhm erwerben wollten. Daher nahmen auch die Mitteilungen über den »Heldentod« von haupt- und nebenamtlichen Leitern von Nazi-Organisationen in der faschistischen Presse einen augenfälligen Platz ein. Mit den militärischen Dienstgraden und Meriten der Kriegstoten wurden stets die Stellungen genannt, die sie im Organisationsgefüge der NSDAP bekleidet hatten.

Mit dem Ende der Blitzkriege, in einer Situation, da die Nazi-Organisationen erst in vollem Ausmaß die vorgedachte Rolle einnehmen und über die kritische Lage hinweghelfen sollten, klafften die Vorkriegsmobilmachungspläne und die Kriegswirklichkeit dann immer mehr auseinander.

Anmerkungen

1 Völkischer Beobachter, 23. September 1939, S. 6. Ein ähnlicher Artikel von R. Ley erschien unter dem Titel »Die innere Front tut ihre Pflicht« auch in: Der Schulungsbrief Hrsg. Der Reichsorganisationsleiter, 9. Folge, 1939, S. 330ff. Er wurde in vollem Wortlaut aufgenommen in die Dokumentation von Laurenz Demps, Dokumente zur Funktion der faschistischen Partei (NSDAP) bei der Vorbereitung des Zweiten Weltkrieges (1937–1939), in: Bulletin des Arbeitskreises »Zweiter Weltkrieg«, 3/4/1977, S. 52ff.

2 Reinhard Heydrich: Der Volksmeldedienst Die Mobilmachung gegen Verrat und Denunziation, in: Der Schulungsbrief 9. Folge, 1939, S. 338f.

3 Robert Ley: Die innere Front, S. 330.

4 Wörterbuch zur deutschen Militärgeschichte, Bd. 2, Berlin 1985, S. 644.

5 Hermann Rahne: Mobilmachung. Militärische Mobilmachungsplanung und -technik in Preußen und im Deutschen Reich von Mitte des 19. Jahrhunderts bis zum Zweiten Weltkrieg, Berlin 1983.

6 Gerhard Förster/Heinz Helmert u.a.: Der preußisch-deutsche Generalstab 1640–1965. Zu seiner politischen Rolle in der Geschichte, Berlin 1966; Wolfgang Kern: Die innere Funktion der Wehrmacht 1933 bis 1939, Berlin 1979.

7 Kurt Pätzold/Manfred Weißbecker: Hakenkreuz und Totenkopf. Die Partei des Verbrechens, Berlin 1981, S. 289ff.

8 Siehe Demps, Dokumente.

9 Demps veröffentlicht folgende Dokumente: I. Aus dem Rundschreiben des Reichsverteidigungsausschusses vom 14.4.1937 mit der Weisung über die Einsetzung eines Referenten der NSDAP im Rahmen der Vorbereitung des Krieges (ZStA, Potsdam, Film 1757). 2. Aus dem Artikel von Robert Ley, Reichsorganisationsleiter der NSDAP, »Die innere Front tut ihre Pflicht« (Der Schulungsbrief, 9. Folge, 1939, S. 330 ff.), 3. Auszug aus der Zuarbeit der faschistischen Partei für das Mob-Buch der Zivilverwaltungen; Kennziffernverzeichnis vom 16.5.1938 (ZStA, Potsdam, Film 5581). 4. Anordnung 170/39 vom 15.9.1939. Hrsg. vom Stab des Stellvertreters des Führers, betr.: »Zusammenfassung aller Kräfte der Partei« (Verfügungen, Anordnungen und Bekanntgaben der Parteikanzlei, o. O., o. J. (München 1944), Bd. I, S. 32 f.). 5. Aus der Anordnung 173/39 der faschistischen Partei vom 18.9.1939 betr.: »Einsatz der NSDAP« (ZStA, Potsdam, Film 1668).

10 Deutschland im Zweiten Weltkrieg, Bd. I: Vorbereitung, Entfesselung und Verlauf des Krieges bis zum 22. Juni 1941, Leitung Gerhart Hass, Berlin 1974.

11 Am ergiebigsten ist in dieser Hinsicht der Bestand Partei-Kanzlei der NS DAP (NS 6) im BA, Koblenz. Das von Josef Henke erarbeitete und mit einer umfangreichen Einleitung versehene Findbuch zu diesem Bestand geht inhaltlich allerdings nicht auf die Mobilisierungspläne der NSDAP ein. Ähnlich auch Akten der Partei-Kanzlei der NSDAP. Rekonstruktion eines verlorengegangenen Bestandes. Regesten, München u. a. 1983.

12 Hans-Ulrich Thamer: Verführung und Gewalt. Deutschland 1933–1945 (Die Deutschen und ihre = Nation), Berlin (West) 1986, S. 676 f.; Dietrich Orlow: The History of the Nazi Party 1933–1945, Pittsburgh 1973, S. 260 f.; Das Deutsche Reich und der Zweite Weltkrieg. Hrsg. Militärgeschichtliches Forschungsamt. Bd. I: Ursachen und Voraussetzungen der deutschen Regierungspolitik. Von Wilhelm Deist, Manfred Messerschmidt u. a., Stuttgart 1979, S. 125.

13 Zit. nach Konzept für die Neuordnung der Welt. Die Kriegsziele des faschistischen deutschen Imperialismus im Zweiten Weltkrieg. Von einem Autorenkollektiv unter Leitung von Wolfgang Schumann, Berlin 1977, S. 24.

14 Siehe Christa Olschewski/Laurenz Demps/Kurt Pätzold: Die Novemberrevolution als Trauma der faschistischen Kriegsplanung. In: WZ der Humboldt-Universität Berlin. Gesellschafts- und Sprachwissenschaftliche Reihe, Jg. 29. 1980. H. 3/4, S. 317

15 Das Krisenjahr 1923. Militär und Innenpolitik 1922–1924. Bearb. von Heinz Hürten, Düsseldorf 1980, S. 271.

16 Rahne, S. 178

17 Ebenda, S. 179.

18 Vgl. Demps, Dokumente, S. 51.

19 Siehe dazu auch Manfred Weißbecker: Faschistische Organisationen in Deutschland und ihre Bedeutung für das Herrschaftssystem. In: Der deutsche Faschismus – Ergebnisse und Probleme seiner Erforschung. Protokoll eines Kolloquiums von Historikern der DDR und der USA, Berlin 26.-28. November 1987.

20 Ley, S. 330.

21 Siehe Manfred Weißbecker: Thesen zu Rolle und Funktion der NS DAP im staatsmonopolistischen Herrschaftssystem des faschistischen deutschen Imperialismus, in: Jenaer Beiträge zur Parteiengeschichte, Nr. 37/38 (Mai 1976), S. 13 f.

22 Tatsächlich war das Bild verwirrend, das die Vielfalt der nationalsozialistischen In-

stitutionen und Organisationen dem zeitgenössischen Beobachter bot. Selbst ein so logischer Denker wie Carl Schmitt vermochte sich nur formelhaft über die Rolle der NS DAP im faschistischen Herrschaftssystem zu äußern: »Partei und Staat sind unterschieden, aber nicht getrennt, verbunden, aber nicht verschmolzen.« (Carl Schmitt, Staat, Bewegung, Volk, Berlin 1934, S. 21)

23 Siehe dazu u.a. Reinhard Giersch: Zu Rolle und Funktion der Deutschen Arbeitsfront (DAF) im staatsmonopolistischen System der faschistischen Diktatur in Deutschland, in: Jenaer Beiträge zur Parteiengeschichte, Nr. 37/38 (Mai 1976), S. 40ff.; Hans-Otto Fleischer: Einige Bemerkungen zur besonderen Rolle der SS innerhalb des Systems der faschistischen Organisationen (1933–1945), in: Ebenda, S. 74ff.

24 Siehe Oskar Redelberger: Von der NS DAP betreute Organisationen – ein neues Rechtsgebilde, in: Deutsche Verwaltung 1939.

25 Darauf lief auch die zeitgenössische Einschätzung hinaus. Siehe u. B. Gottfried Neeße: Partei und Staat, Hamburg 1936, S. 41.

26 Siehe Weißbecker, Thesen, S. 28f.

27 Das Datum der 14. Sitzung des Reichsverteidigungsausschusses ist durch eine Tagebucheintragung Jodls bekannt, in: IMG, Bd. 28, S. 354.

28 Auch das Folgende nach Demps, Dokumente, S. 92.

29 Zit. nach Ebenda, S. 91.

30 BA, Koblenz, NS 6/355, Bl. 1.

31 Ebenda, Bl. 59.

32 Ebenda.

33 IMG, Bd. 36, S. 476, Dok. El-406.

34 Siehe Demps, Dokumente, S. 62 und das in Anm. 30 erwähnte Schreiben vom 7.5.1937.

35 Siehe IMG, Bd. 36, Dok. EC-405, S. 410ff.

36 Siehe »Arbeitspläne der Reichsleitung der NSDAP für den Einsatz der Partei und der angeschlossenen Verbände im A-Falle.« Hrsg. Abteilung M des Stabes des Stellvertreters des Führers. München, den 16. Mai 1938, in: BA, Koblenz, NS 6/379, Bl. 14 (Kennziffer 74).

37 Siehe Henke, S. XXVI.

38 Dienstaltersliste der Schutzstaffel der NSDAP, Stand vom 1. Dezember 1938, Berlin 1938, S. 20.

Tabelle 1: Mobilmachungsbeauftragte der NSDAP in den Gauleitungen, Hauptämtern der NSDAP-Reichsleitung sowie in den angeschlossenen Verbänden

1. Baden -Stellv. Gauleiter Röhn
2. Bayrische Ostmark – Stellv. Gauleiter Ruckdeschel
3. Berlin – Gauamtsleiter Petzold
4. Düsseldorf – Stellv. Gauleiter Overhues
5. Essen – Stellv. Gauleiter Schlessmann
6. Franken – Stellv. Gauleiter Holz
7. Halle-Merseburg – Stellv. Gauleiter Tesche
8. Hamburg -Stellv – Gauleiter Henningsen
9. Hessen-Nassau -Stellv. Gauleiter Linder
10. Kärnten – Stellv. Gauleiter Kutschera
11. Koblenz-Trier, Stellv. Gauleiter Neumann

12. Köln-Aachen – Gauamtsleiter Dr. Evertz
13. Kurhessen -Stellv. Gauleiter Solbrig
14. Magdeburg-Anhalt – Stellv. Gauleiter Trautmann
15. Mainfranken – Stellv. Gauleiter Kühnreich
16. Brandenburg – Stellv. Gauleiter Wegener
17. Mecklenburg – Gauamtsleiter Fitzner
18. München-Oberbayern – Gauamtsleiter Förtsch
19. Niederdonau – Stellv. Gauleiter Gerland
20. Oberdonau – Stellv. Gauleiter Eisenkolb
21. Ost-Hannover – Stellv. Gauleiter Peper
22. Ostpreußen – Stellv. Gauleiter Grossherr
23. Pommern – Geschäftsführer Eckhardt
24. Saarpfalz – Stellv. Gauleiter Leyser
25. Sachsen – ? – Kasprick
26. Salzburg – Stellv. Gauleiter Wintersteiger
27. Schlesien – Gauorganisationsleiter Bruno Müller
28. Schleswig-Holstein – Stellv. Gauleiter Sieh
29. Schwaben – Stellv. Gauleiter Traeg
30. Steiermark – Stellv. Gauleiter Dr. Portschy
31. Sudetenland – Stellv. Gauleiter – ?
32. Süd-Hannover-Braunschweig – Gauamtsleiter Nebelung
33. Thüringen – Stellv. Gauleiter Siekmeier
34. Tirol-Vorarlberg – Gauorganisationsleiter Braunsdorff
35. Weser-Ems – Stellv. Gauleiter Joel
36. Westfalen-Nord – Stellv. Gauleiter Stangier
37. Westfalen-Süd – Stellv. Gauleiter Vetter
38. Wien – ? – Erwin Richter
39. Württemberg-Hohenzollern – Gaugeschäftsleiter Baumert

***

1. Deutsche Arbeitsfront: Hauptamtsleiter Melchert
2. Hauptamt für Volkswohlfahrt: Reichsamtsleiter Wulff
3. NS-Frauenschaft: Abteilungsleiterin Frl. Kohnle
4. Reichsschatzmeister: Hauptdienstleiter Saupert
5. Reichsorganisationsleitung: Hauptamtsleiter Mehnert
6. NS-Kriegsopferversorgung: Reichshauptstellenleiter Neumann
7. Reichsleiter für die Presse: Hauptamtsleiter Dr. Rienhardt
8. Reichspressechef der NSDAP: Reichsamtsleiter Sündermann
9. Parteiamtliche Prüfungskommission zum Schutze des NS-Schrifttums: Hauptamtsleiter Hederich
10. Auslandsorganisation der NSDAP: SS-Standartenführer Cohrs
11. Oberstes Parteigericht: Parteirichter Koch-Schweißfurth
12. Kommission für Wirtschaftspolitik: Reichsamtsleiter Köhler
13. Beauftragter des Führers für die Überwachung der gesamten geistigen und weltanschaulichen Erziehung der NSDAP: Hauptamtsleiter Urban
14. Beauftragter für außenpolitische Fragen: Oberregierungsrat Böttger
15. Hauptamt für Volksgesundheit: Obergruppenführer Dr. Brauneck
16. Agrarpolitisches Amt der NSDAP: Hauptamtsleiter Backe

17. Außenpolitisches Amt der NSDAP: Reichshauptstellenleiter Malletke
18. Kanzlei des Führers der NSDAP: Reichsamtsleiter Jaensch
19. Hauptamt für Erzieher: Reichshauptstellenleiter Eybel
20. Hauptamt für Beamte: Reichshauptstellenleiter Wehling

39 Siehe Demps, Dokumente, S. 88.
40 »Arbeitspläne …«, Bl. 5.
41 Veröffentlicht bei Kern, S. 236 ff.
42 Zit. nach Ebenda, S. 237, siehe auch S. 106.
43 Willibald Gutsche: Zur Herausbildung der unmittelbaren Kriegsdisposition des deutschen Imperialismus im Sommer 1914, in: Militärgeschichte, 2/1984, S. 107 ff.
44 Siehe Rahne, S. 197.
45 Ebenda, S. 200.
46 Demps, Dokumente, S. 63.
47 Ebenda, S. 65.
48 »Arbeitspläne …«, Bl. 9 f.
49 BA, Koblenz, NS 6/335, Bl. 158-170. Aufschlussreich sind in dieser Hinsicht besonders die von Knoblauch am 2.6.1939 verschickten »Änderungen und Zusätze für die Merkblätter, Anordnungen und Richtlinien für den Einsatz der Partei im Kriegsfalle«. Die früher verwendete Formulierung »Verhalten bei plötzlichem feindlichem Einfall« fiel beispielsweise ersatzlos weg.
50 Zu diesem Begriff siehe Palmiro Togliatti: Lektionen über den Faschismus, Frankfurt a. M. 1973, S. 125 ff.
51 BA, Koblenz, NS 6/355, Bl. 75, Schreiben Knoblauchs an alle M.-Beauftragten vom 25.6.1938. Ergänzend hieß es: »Die weiblichen Personen sind besonders streng zu ermahnen.«
52 Ebenda, Bd. 454, Bl. 22 ff.
53 Ebenda, Bl. 26 f.
54 BA, Koblenz, NS 6/380, Bl. 66 und 139.
55 Ebenda, Bl. 141.
56 BA, Koblenz, NS 6/453, Bl. 7 ff.
57 Siehe dazu BA, Koblenz, NS 6/357 und 455.
58 Zit. nach Demps, Dokumente, S. 75.
59 BA, Koblenz, NS 6/355, Bl. 2, Schreiben Knoblauchs an die Mob.-Beauftragten der Gauleitungen vom 18.5.1937.
60 Ebenda, Bl. 60 f., Richtlinien über die personelle Mobilmachung der Partei: Verfügung Nr. 2/37, vom 1.12.1937.
61 Ebenda.
62 Mit dieser Frage beschäftigte sich besonders die Anordnung Nr. 3/37 vom 6.12.1937, die sich mit der personellen Sicherstellung der NSV befasste. In ihr hieß es: »Im Kriege werden der NSV im Rahmen der Gesamtaufgabe der Partei an Bedeutung und Tiefenwirkung wesentliche Arbeitsgebiete zufallen. Der personelle Bedarf ist daher sicherzustellen.« (Ebenda, Bl. 62 f.).
63 Ebenda, Bl. 60 f. und 91.
64 Siehe Anm. 34.
65 Siehe Demps, Dokumente, S. 81.
66 IMG, Bd. 36, S. 462, Dok. EC-406.

67 IMG, Bd. 27, S. 392, Dok. PS-1639.
68 Ebenda, Bd. 36, S. 462, Dok. EC-406.
69 Ebenda, Bd. 27, S. 401, Dok. PS-1639.
70 Ebenda, Bd. 15, S. 382.
71 Zwischen Mai 1938 und März 1939.
72 BA, Koblenz, NS 6/379, Bl. 4.
73 Ebenda, Bl. 3. Der Frage, welche der unzähligen faschistischen Organisationen von den Mobilmachungsplänen nicht erfasst worden sind, müsste noch einmal gesondert nachgegangen werden.
74 Ebenda, Bl. 13f.
75 Ebenda, Bl. 3.
76 Ebenda, Bl. 9 und 15.
77 Ebenda, Bl. 15.
78 BA, Koblenz, NS 6355, Bl. 65f.
79 BA, Koblenz, NS 6/356, Bl. 1. Siehe Brief von Knoblauch an SS-Brigadeführer Petri vom 29.11.1938. Darin wird von »gewisse(n) Vorkommnisse(n), die bei der Teilmobilmachung im Falle Tschecho-Slowakei zutage getreten sind«, gesprochen. Offensichtlich ging es dabei um das Verhältnis zwischen den Mobilmachungsplänen der NSDAP und der SS.
80 Zit. nach Günter Kaufmann: Das kommende Deutschland. Die Erziehung der Jugend im Reich Adolf Hitler, Berlin 1943, S. 56.
81 BA, Koblenz, NS 6/3 17, Bl. 4f., Zusammenstellung über den Mob-Personalbestand der NSDAP und ihrer angeschlossenen Verbände vom 16.5.1939. Aus dieser Quelle geht auch hervor, dass mit der Zahl von 29.615 durch die »Abteilung M« Erfassten nicht alle Nazifunktionäre gemeint sein konnten, die für die unmittelbaren Zwecke der NSDAP im Kriege mobilisiert worden sind. So ist u.a. von ca. 4000 Betriebsobmännern, Hauptbetriebszellenobmännern und Frauenwalterinnen ausgesagt, dass ihre Freistellung vom Militärdienst über die »Arbeitsämter und Betriebe« erfolgte. Außerdem hieß es: »Nicht eingeschlossen sind hierbei etwa 18.000 Fachkräfte der NSV und rund 2.000 Fachkräfte der NS-Frauenschaft, die ›blockiert‹ d.h. ohne besondere Sicherstellung nur für Zwecke im Mob-Fall zur Verfügung stehen.« BA, Koblenz, NS 6/3 17, Bl. 22.

Russophobie in der ideologischen Vorbereitung des Überfalls auf die UdSSR*

Viele Historiker – zumindest solche, die derartig bezeichnet werden können – wiesen unwiderlegbar nach, dass es sich bei dem vor 75 Jahren entfesselten Krieg gegen die UdSSR um ein *mixtum compositum* interessengeleiteter Pläne gehandelt hat. Diese bezweckten die Gewinnung von »Lebensraum«, sie galten der angestrebten Vorherrschaft des deutschen Faschismus auf dem europäischen Kontinent und der Gier nach deutscher Weltmachtstellung. In Russland sollte die »jüdisch-bolschewistische Führungsschicht«, sollten die Juden und ein großer Teil der slawischen Bevölkerung radikal dezimiert werden.[1] An diesem Ursachen-Komplex führt kein Weg vorbei. Dennoch frage ich – dem mir auferlegten Thema gemäß – im heutigen Rückblick auf die Vorgeschichte des 22. Juni 1941 zugleich nach der Rolle ideologischer und ebenso nach der geistig-mentaler Faktoren. Dass sie eine Rolle spielten, mag wie eine Binsenweisheit klingen, doch diese ist bislang wenig berücksichtigt geschweige denn umfassend erörtert worden. Ich wage indessen zu behaupten: Ohne eine Analyse solcher Aspekte lassen sich wesentliche Abläufe in der Vorbereitung auf den Krieg kaum erklären. Ohne sie finden wir übrigens auch in der Gegenwart keine Antwort auf die derzeit brennenden Fragen neuer Kriege.

---

* Vortrag für die Tagung der Berliner Gesellschaft für Faschismus und Weltkriegsforschung am 15.6.2016 in Berlin anlässlich des 75. Jahrestages des deutschen Überfalls auf die UdSSR. Er beruht vor allem auf dem Beitrag des Verfassers: »Wenn hier Deutsche wohnten ...«. Beharrung und Veränderung im Rußlandbild Hitlers und der NSDAP. In: Das Russlandbild im Dritten Reich. Hrsg. von Hans-Erich Volkmann, Böhlau Verlag, Köln, Weimar, Wien 1994, S. 9-54. Siehe auch seinen Beitrag: Fremden- und Feindbilder nach dem 30. Januar 1933 in Deutschland. In: 30. Januar 1933 – Kontinuitäten und Brüche. Wissenschaftliche Konferenz des »Helle Panke« e. V., des antifa Bund der Antifaschisten, des Gesellschaftswissenschaftlichen Forums e. V. und der Redaktion des »Neuen Deutschland« am 23./24. Januar 1993. Hrsg. »Helle Panke zur Förderung von Politik, Bildung und Kultur« e. V. (Berlin 1993), Teil II, S. 5-13.

Ohne sie erschließt sich zudem keine Erfolg versprechende Orientierung für ohnehin mühsame Versuche, bereits in Gang gesetzte militärische Abenteuer zu beenden oder solche zu verhindern. Zumindest größere Teile der Bevölkerung müssen seit dem Ende des 19. Jahrhunderts, seit proklamierter Volkssouveränität und praktiziertem Parlamentarismus – wie es so unschön im parteiischen Politsprech heißt – »mitgenommen« werden, um herrschen zu können, auch um Kriege vorbereiten und führen zu können. Massen in einem solchen Sinne zu beeinflussen, das gelang bekanntlich immer und immer wieder. Nicht zuletzt mit Hilfe der Medien, die sowohl Stimmungen erzeugen als ihnen auch entsprechen, die indessen oft genug als eine massenpsychologisch wirksame »Kriegswaffe« zu dienen vermochten und – ich ergänze – es immer noch vermögen.[2] Wie sagte schon Heinrich Heine: »Die Macht der Großen existiert zuvörderst in den Köpfen der Kleinen.«

Um Menschen »mitnehmen«, um dumpfe Massenloyalität[3] schaffen zu können, wurde (und wird!) ein enorm großer geistig-politischer Aufwand betrieben. Dazu gehört insbesondere die Konstruktion von Feindbildern, die den »Guten« die »Bösen« gegenüberstellen, die Menschen anderer Art und Lebensweise diskreditieren, ja sogar dämonisieren. Gern werden dafür sogenannte anthropologische Gesetzmäßigkeiten bemüht.

So verkündete Heinrich Himmler am 12. November 1935[4], der Kampf zwischen Menschen und »Untermenschen« sei eine »geschichtliche Regel«. In einer auch vor 80 Jahren herausgegebenen Schrift des SS-Hauptamtes beim Reichsführer SS hieß es erläuternd: »Der Untermensch – jene biologisch scheinbar völlig gleichgeartete Naturschöpfung mit Händen, Füßen und einer Art von Gehirn, mit Augen und Mund, ist doch eine ganz andere, eine furchtbare Kreatur, ist nur ein Wurf zum Menschen hin, mit menschenähnlichen Gesichtszügen – geistig, seelisch jedoch tieferstehend als jedes Tier. Im Inneren dieses Menschen ein grausames Chaos wilder, hemmungsloser Leidenschaften: namenloser Zerstörungswille, primitivste Begierde, unverhüllteste Gemeinheit. Untermensch – sonst nichts!«[5]

In diesem sich so schrecklich überbordenden Nationalismus und Rassismus entäußerte sich auch Russophobie. Diese betrachte ich als eine Erscheinungsform von allgemeiner Fremdenfeindlichkeit, die – entsprechend einer Definition des Sozialwissenschaftlers Wilhelm Heitmeyer – von ablehnender, ausgrenzender oder feindlicher Haltung geprägt ist gegenüber Personen oder Gruppen, die als andersartig gesehen werden. Das spezielle Beispiel, dem mein Thema gilt, verlangt also auch Generelles zu erörtern und von der Tatsache auszugehen, dass es Xenophobie schon lange in der deutschen Geschichte gegeben hat – in unterschiedlicher Ausformung und wechselnder Intensität. Sie bot stets ein bis zu offener Feindschaft und Gewaltbereitschaft reichendes und völlig negativ besetztes Bild. Dabei unterstellten russophobe Grundstimmungen den Russen, eigentlich allen Slawen einen naturgegebenen, also unveränderbaren Charakter. Nationale Eigenheiten erscheinen vorrangig als genetisch bedingt. Alles Russische, so wird behauptet, entstamme vor allem byzantinischer Orthodoxie und tatarischem Despotismus. Es verkörpere barbarisches Asiatentum. Zudem weise es eine generelle Bereitschaft zu tyrannischen Herrschaftsformen auf und führe kontinuierlich zu aggressiven Expansionsgelüsten, gerichtet gegen ein Europa, dem Russland nicht zugehöre.[6]

Russophobie tritt indessen nicht allein in ethnischem Gewande auf. Rassistisch-biologistische Argumentation und sozialpsychologisch-nationalistische Erklärungsmuster überlagern sich oft auch mit religiösen, vor allem christlichen Motiven. Und sie kommt ebenso in antikommunistischer bzw. einer sogenannten antitotalitären Gestalt daher. Bekanntlich trat aber an die Stelle der primär antikommunistisch geprägten Russophobie nach dem Zusammenbruch der UdSSR wieder das allgemeinere Feindbild Russland.[7]

Natürlich gehört zur Geschichte deutscher Russlandbilder – darauf ist hier ausdrücklich und nicht nur nebenbei zu verweisen – ebenso Gegenteiliges, was mit dem oftmals verwendeten Begriff Russophilie möglicherweise unzureichend benannt wird. Zwischen beiden gab es stets ein Hin und Her, wobei die eigenen Interessen im Vordergrund standen, auch wenn diese als Reaktion auf vermeintliche oder reale Aktionen russischer Politik dargestellt wurden. Viel Ambivalenz spiegelt sich selbst in viel gebrauchten Schlagworten, die oft genug zugleich Schlachtrufe waren.[8] Wer kennt nicht das Bild vom »russischen Bären«, in dem sich einerseits Anerkennung von kraftvoller Stärke paart mit einem nahezu liebevollen Hinweis auf das »Mütterchen Russland« und die »russische Seele«, das aber andererseits ebenso für x-beliebige Bedrohungsszenarien Angst und Furcht vor dem zähnefletschenden Untier zu bewirken vermag. Bekannt ist ebenso das Wort vom »Rätsel Russland«, ferner das auf asiatische Gefahren verweisende und im Grunde bereits rassistische Wort, dass, wenn man am Russen kratze, ein Tatar zu finden sei.[9] Ähnliches kann auch von den herablassenden Redewendungen »barbarisches Russland« oder dem »Koloss auf tönernen Füssen« bzw. von den abwertenden

Adjektiven »blindgläubig«, »primitiv«, »faul«, »schmutzig«, »verschlagen« und »trunksüchtig« gesagt werden.[10] Alles in allem: Es waren fatale Wirkungen, die sowohl im Dritten Reich als auch in der BRD das warnen sollende und Furcht verbreitende Wort von den Russen auslöste, die da »kommen« würden.

* * *

Welche Rolle die Russophobie für den Weg zum Krieg gegen die UdSSR gespielt hat, sei hier in der gebotenen Kürze in drei thesenartig formulierten Punkten angedeutet sowie durch einige Bemerkungen zu ihrem Wirken im Krieg ergänzt:

Eine *erste* These gilt der Tatsache, dass eine durchaus faschistisch zu nennende Russophobie nicht erst seit 1933, auch nicht erst seit der Gründung der NSDAP im Jahre 1920 festzustellen ist. Bekanntlich vollzog sich am Ende des 19. und zu Beginn des 20. Jahrhunderts eine rigorose Abkehr von Idealen der Verständigung und Zusammenarbeit mit Russland.[11] Sie machte die lange Tradition des regen Austausches und Miteinanders auf geistig-kultureller und wissenschaftlicher Ebene vergessen, drängte diese in den Hintergrund und verbannte sie aus dem »Zeitgeist«. Alles fiel im damaligen Deutschen Reich imperialistischen Bestrebungen und den Bemühungen kriegswilliger Eliten zum Opfer. Der angestrebte »Platz an der Sonne« ließ sich nur auf Kosten anderer erreichen, und der Spruch vom »deutschen Wesen«, an dem die Welt genesen solle, ließ einen völkischen, d.h. einen sich terroristisch und rassistisch färbenden Nationalismus erkennen, gerichtet insbesondere gen Osten.

Für die damalige Wende sei ein kleines, jedoch symbolträchtiges Beispiel benannt: Im ersten Jahr des Weltkrieges schuf ein deutscher Künstler eine Medaille, die den nackten Hindenburg mit erhobenem Schwert stehend über den darniederliegenden russischen Bären zeigt. Damit sah sich der Sieger in der Schlacht von Tannenberg als »Befreier Ostpreußens« glorifiziert, die Art der Darstellung ließ indessen auch den Willen zum Töten, zum Zerstören, zum Vernichten des russischen Bären, aber auch der anderen Konkurrenten erkennen. Auf millionenfach verbreiteten Ansichtskarten und Plakaten hieß es: »Jeder Brit ein Tritt« und »Jeder Stoß ein Franzos«, und nicht des Reimes wegen klang »Jeder Schuss ein Russ« ausnehmend martialisch.

Lange also vor Hitlers Einzug in die Politik ist eine sich faschisierende Russophobie erkennbar.[12] Als sich 1917/18 Gelegenheit bot, in Brest-Litowsk dem besiegten und revolutionserschütterten Russland einen Frieden zu diktieren, machten sich unter deutschen Militärs und Politikern außerordentlich expansionistische und zugleich menschenfeindlich- unbarmherzige Herrschaftsgelüste breit. Ludendorffs Pläne für das deutsche Friedensdiktat von 1917 umfassten sogar weit mehr als das schließlich in Brest Erreichte und zielten – ich wiederhole: vor Hitler also – auf ein deutsches Ostreich. Wäre sein Forderungskatalog durchsetzbar gewesen, hätte dies nach dem Urteil des Ludendorff-Biographen Manfred Nibelin nichts anderes »als die Errichtung der deutschen Herrschaft über Osteuropa« bedeutet.[13]

Die deutsche Ostpolitik jener Zeit offenbarte zudem noch anderes: Zum einen wurde die sowjetrussische Forderung nach einem Frieden ohne Annexionen mit der These unterlaufen, es sei kein Landraub, würden sich russische Gebiete »freiwillig« Europa anschließen; Entschuldigung – Europa heißt es ja heute, damals ging nur von einem Anschluss an das Deutsche Reich die Rede.[14] Ob aus eigenem Antrieb oder unter Zwang – für das Verhalten in den besetzten Ostgebieten gegenüber der Bevölkerung, insbesondere gegenüber den Juden, spielte dieser »Unterschied« übrigens keine Rolle. Was von deutschen Truppen in den damals als »Ober-Ost« bezeichneten Gebieten praktiziert worden ist – angestachelt auch durch antisemitische Äußerungen des deutschen Kaisers – gilt in vieler Hinsicht als ein »Vorspiel zum Holocaust«.[15]

Zum anderen und ebenso entlarvend lautete jene Begründung, mit denen 1917 Hindenburg die faktischen Annexionen rechtfertigte: Er sprach davon, sie seien notwendig, um »für den nächsten Krieg gegen Russland den Raum für die Bewegung des linken deutschen Flügels« sichern zu können.[16] In solcher Russophobie steckte mehr als das eigene Überlegenheitsgefühl, eher ein expansionistischer Sieges- und Herrschaftswillen, auf jeden Fall der Wille, sich die Ressourcen fremder Gebiete nutzbar zu machen, koste es was es wolle. Eingebettet sah sich der deutsche »Drang nach Osten« in eine weit verbreitete Vorstellung von einem immerwährenden feindlichen Gegensatz zwischen Slawen und Germanen sowie von einem »unvermeidlichen Endkampf« zwischen ihnen, den 1912 auch Wilhelm II. als »Rassenkampf« prophezeit hatte.[17]

Meine *zweite* These besagt: Russophobie basierte letztlich auf den Konzepten einer »Ostexpansion« deutscher Großkonzerne, deren Größenwahn bereits zu Beginn des 20. Jahrhunderts nach dem Urteil von Karsten Heinz Schönbach selbst das spätere Hitlerregime habe kaum noch übertreffen können.[18] Selbst jenen ins Rassistische gewendeten Antisemitismus gab es bereits im politischen Denken großer Unternehmer.[19] Ohne das russophobe Denken früher völkischer und konservativer Theoretiker ist auch Hitlers Russlandpolitik undenkbar. Insbesondere lässt sich das angedeutete Russlandbild preußisch-deutscher Militärs sich nicht anders als präfaschistisch, terroristisch und barbarisch-rassistisch charakterisieren. Daher verwundert es nicht, dass die NSDAP in den ersten Jahren ihrer Existenz den Vertrag von Brest-Litowsk als »vorbildlich« kennzeichnete. Solche Argumentation entsprang der Auffassung, man müsse hauptsächlich gegen das Versailler Diktat der Westmächte vorgehen. Daher konnten sich in der NSDAP kurzzeitig sogar sogenannte national-bolschewistische Stimmungen Gehör verschaffen. Es könne nicht oft genug betont werden, so tönte Joseph Goebbels Anfang 1926, dass »uns noch viel weniger mit dem westlichen Kapitalismus verbindet als mit dem östlichen Bolschewismus«. Russland sei »der uns von der Natur gegebene Bundesgenosse gegen die teuflische Versuchung und Korruption des Westens.« Gregor Strasser hatte da schon eine Debatte zum Thema »Russland und wir« eröffnet und für eine prorussische Einstellung seiner Partei die Parole ausgegeben: »Das deutsche Mitteleuropa – im Kampf gegen den Westen, mit vorläufiger Unterstützung des Ostens!« Aber man beachte: *Vorläufig*. Und es ging keineswegs nur um Mitteleuropa – denn so Goebbels im Originalton: »Ich bin Deutscher! Ich will, dass Deutschland die Welt ist.« Wohlgemerkt, das wurde Mitte der 20er Jahre formuliert.

Es war gerade das deutsche Groß- bzw. Weltmachtdenken, das wesentlich zum Ausbruch des Ersten Weltkrieges beigetragen hatte und auch nach der Niederlage in großen Teilen wirtschaftlicher, politischer sowie geistiger Eliten dominierte.[20] Es wirkte wegbereitend für die Nazis und bei diesen zu der fatalen Symbiose von »Lebensraum«-Gewinnungszielen und einer regelrechten Verteufelung Russlands. Das Bild von Russland, mit dessen Hilfe Hitler in dem langen Kapitel »Ostorientierung oder Ostpolitik« seines Kampf-Buches die Eroberung von Land im Osten rechtfertigte, ging von vorhandenen russophoben Vorstellungen aus, denen sich politische und ideologische Sichtweisen zuordneten wenn nicht gar unterordneten. Das von Hitler bereits in »Mein Kampf« sowie am 3. Februar 1933 vor deutschen Generälen formulierte Ziel einer Eroberung und Kolonialisierung des Landes der Russen durch die Deutschen, prägte schließlich nahezu alle Russlandbilder des deutschen Faschismus, unabhängig von allem taktierenden und zeitweise friedensdemagogischen Verhalten gegenüber der als »jüdisch-bolschewistisch« charakterisierten Sowjetunion.

Meine *dritte* These: Phobien gehen generell Hand in Hand mit politischem Aktionismus. Sie verlangen gleichsam kategorisch gewaltsames Handeln. Geforderte Abwehrreflexe paaren sich mit angebotenen Lösungswegen, die angeblich zu Erfolgen führen, würde man nur aktiv und konsequent genug handeln. So sprach Alfred Rosenberg, Chefideologe der Nazis, schon früh von Russland als einer Apfelsine, die zu verspeisen gelänge, würde sie in einzelne Teile zerlegt.

Ohne bereits den »Plan Barbarossa« oder den berüchtigten »Generalplan Ost«[21] im Auge gehabt zu haben, entfaltete sich seit Mitte der 20er Jahre das feindselige, rassistisch-militant und antibolschewistisch geprägte Russlandbild der Nazis als ein konstitutiver Bestandteil ihres künftigen Eroberungs- und Vernichtungskurses. Ihr antibolschewistischer Propagandakrieg der 1930er Jahre verknüpfte sich dann eng mit einer auf den Volkscharakter bezogenen pejorativen Argumentation. Da wurde von einer »rassisch-völkischen Bedingtheit der bolschewistischen Revolution« geredet. Da wurde behauptet, in Russland sei eine Vermischung von »nordisch bestimmte(m) Charakter« und »mongolisch-asiatischen Instinkten« vor sich gegangen, wodurch das Wesen des Russentums geprägt worden sei. Da hieß es, im Laufe der Zeit habe sich eine »Bastardisierung« der charakterschwach gewordenen Russen vollzogen. Und immer wieder tauchte auch das »Argument« auf, die Russen seien dank ihres »Zerstörerinstinkts« nicht zu staatenbildender Kraft in der Lage gewesen. Sie hätten also, um bedeutsam zu werden, einer Vorherrschaft von Normannen und Deutschen bedurft.

So absonderlich und abstrus dieser antibolschewistische Propagandakrieg auch gewesen sein mag, seine Inhalte drangen tief in die Köpfe der meisten Deutschen ein. Kritisches Nachfragen wurde rigoros unterbunden. Den Nazis gelang es, ihre von nationalistisch-rassistischer Selbstüberhebung und verbrecherischer Aggressivität gekennzeichneten Feindbilder gebetsmühlenartig massenwirksam zu machen. Sie schufen keine inhaltlich neue Russophobie, sondern verstärkten und vertieften die in den Köpfen bereits vorhandene. Da störten schließlich auch jene Verwirrungen und Dissonanzen nicht, die es in Deutschland rund zwei Jahre nach dem Abschluss des deutsch-sowjetischen Nichtangriffspaktes am 23. August 1939 gab. Von einem Tag zum anderen brach für Mitglieder und Anhänger der NSDAP zwar ein Weltbild zusammen, doch es wurde nicht durch ein anderes ersetzt. Goebbels notierte in sein Tagebuch, die Frage des Bolschewismus sei »im Augenblick von untergeordneter Bedeutung«, man sei in der Not und fresse »des Teufels Fliegen«. Rosenbergs Beamte mahnten im November 1939, es sei nicht nötig, antibolschewistische Literatur »voreilig aus dem Buchhandel zurückzuziehen oder sie sogar einstampfen zu lassen«. Arroganz und Selbstüberhebung ließen allerdings selbst in der Zeit der unmittelbaren Vorbereitung des Überfalls auf die UdSSR nicht einmal ansatzweise ein realitätsnahes Russlandbild zu. Forderungen nach »zuverlässiger« Berichterstattung sahen sich nach wie vor abgeblockt. Das, was im Dritten Reich als sogenannte »Sowjetforschung« betrieben wurde, verbaute der Naziführung selbst jeden einigermaßen realistischen Blick auf Russland. Manches sollte sich bekanntlich rächen. Hass macht eben blind!

Mit einigen Bemerkungen möchte ich *viertens* das Thema ergänzen und auf die Russophobie im Krieg schauen. Auf ihrer Grundlage entstanden »Beute«-Pläne in großer Zahl, hatte doch Hitler am 16. Juli 1941 erklärt, es komme nun darauf an, den »riesenhaften Kuchen handgerecht zu zerlegen, damit wir ihn erstens beherrschen, zweitens verwalten und drittens ausbeuten können.« Rosenberg, im November 1941 zum Reichsminister für die besetzten Ostgebiete ernannt, verwahrte sich gegen Vorstellungen, man führe einen Kreuzzug gegen den Bolschewismus und wolle die Russen von diesem befreien. Nein, man sei angetreten, »um deutsche Weltpolitik zu treiben« und werde »nicht mehr aus diesem Raum herausgehen«. Im Kampf gegen Russland, so erklärte Goebbels im Sommer 1942, handele es sich um einen »Krieg für Getreide und Brot, für einen vollgedeckten Frühstücks-, Mittags- und Abendtisch, [...] um Gummi, um Eisen und Erze«. Daran muss erinnert werden, weil davon Vieles – und wie ich meine Entscheidendes – hinter der offiziell gebräuchlichen Formel von »Hitlers Eroberungs- und Vernichtungskrieg« in gewünschtem Nebel zu verschwinden droht. Schließlich vernichtet jeder Krieg Menschen und zielt auf die Eroberung von Macht und Vorherrschaft.

Dementsprechend erwies sich das in den ersten Jahren des Krieges gegen die Sowjetunion verbreitete Russlandbild als ein in den allerschwärzesten Farben gemaltes. Es lag der großen Ausstellung mit dem Titel »Sowjetparadies« zugrunde und spiegelte sich in den veröffentlichten Feldpostbriefen aus dem Osten. Die faschistisch-rassistischen Deutungsmuster radikalisierten sich weiter. So verkündete der *Völkische Beobachter* am 19. Juli 1941, es gäbe keine »Russen im eigentlichen Sinne« mehr. Es sei mit dem »Sowjetmenschen« eine neue Rasse entstanden. Von Rosenberg stammt die Einschätzung, Deutschland »stehe die Steppe plus Slawe plus europäischer Technik gegenüber, der berittene Mongole und der motorisierte Untermensch«. In einem Schulungsmaterial der NSDAP hieß es, der Osten sei ganz und gar ein »Nährboden und Ausfallstor des Untermenschentums«. Dies schlug durch bis in jene Stammtischniveau ausweisende Unmenschlichkeit, die der Ausspruch eines Nazi-Kreisobmannes belegt: »Ich sehe jedenfalls ein unterernährtes rachitisches Russenkind lieber als ein gut genährtes gesundes, vollbusiges Russenweib.«

Indessen: Der Krieg dauerte länger als geplant. Es gab Niederlagen, Frontlinien mussten »begradigt« werden, zunehmend fehlten der Rüstungsindustrie Arbeitskräfte. Die allzu schlichten russlandpolitischen Negativ-Klischees mussten sich spätestens seit der verlorenen Schlacht um Stalingrad an der militärischen Realität messen lassen. Darüber hinaus hatten viele Deutsche entgegengesetzte Erfahrungen im Umgang mit sowjetischen Kriegsgefangenen und mit den nach Deutschland verschleppten Zwangsarbeitern gemacht. In der Führung der NSDAP brach ein intern geführter Streit aus. Neue Konzepte kamen zum Vorschein. Zwar sah sich alle Russophobie weiter gesteigert, doch neben dem strikten Beharren auf der totalen Ausplünderung der besetzten Gebiete und auf der Vernichtungspolitik gegenüber der russischen Bevölkerung wurde zugleich nach veränderten Sichtweisen gesucht. Denkschriften kursierten, deren Autoren die Frage aufwarfen, ob man die Russen nicht besser als »Helfer« gewinnen solle statt sie weiter als »Heloten« zu behandeln. Selbst innerhalb der Reichspropagandaleitung hieß es u. a., es dürfe nicht länger »von Sumpfmenschen, Barbaren, Bestien und Kolonialpolitik geredet werden«. Geplant war eine »Proklamation an die Ostvölker«. In Ihr sollte Anfang 1943 verkündet werden, Deutschland würde sich für eine »Gleichberechtigung der Ostvölker in der europäischen Völkerfamilie« einsetzen. Zu ihrer Veröffentlichung kam es jedoch nicht. Hitler bezeichnete in seiner Rede zum 10. Jahrestag seiner Erhebung zum Reichskanzler die Russen ganz im Stile der bislang geführten »Bestien«-Kampagne stattdessen als »Halbaffen auf Panzern«.

Als sich 1943/44 unter den Deutschen Zweifel am vorgegebenen Bild von den Russen häuften, wiedergegeben in den Berichten des Sicherheitsdienstes der SS, sah sich sogar Grundsätzliches der Nazi-Ideologie in Frage gestellt. Nun sollte, wie einige Nazis vorschlugen, nicht mehr gesagt werden: Russe gleich jüdischer Bolschewist, gleich Untermensch und Bestie. Man begann nach pragmatischen Lösungen zu suchen. So kam es allerdings es erst nach langem Zögern und Hinhalten zur Formierung der Wlassow-Armee, in der antikommunistische und nationalistisch denkende sowjetische Kriegsgefangene an die Seite von Wehrmacht und SS traten. Doch selbst in den kriegsbedingt als »nützlich« betrachteten Kollaborateuren sahen viele nach wie vor nur die politisch, geistig und rassisch minderwertigen »Heloten«.

* * *

Abschließend sei bitte noch erlaubt zu sagen, dass die Russlandbilder der Nazis zu einem Abschnitt der deutschen Geschichte gehören, der mit der Befreiung der Völker vom Joch faschistischer Herrschaft und Kriegführung endete, dass die Niederlage der Aggressoren zwar total geriet, doch eine totale Überwindung der hier behandelten Denkschemata bis heute noch nicht erfolgt zu sein scheint. Hasserfülltes und Verdammendes, auf jeden Fall Einseitiges lässt sich wieder vernehmen, Tag für Tag.[22]

Manches hat sich zwar im Laufe der Zeiten geändert, abgemildert und – wie manche meinen – sogar sogkultiviert, doch generell wäre immer zu berücksichtigen, dass das, was einmal in der Welt war, weiter existiert und wirkt, oft unterschwellig oder heuchlerisch überdeckt. Es lässt sich auch relativ leicht abermals an den Tag befördern. Die sogenannte Qualitätspresse und sogenannte »Alpha«-Journalisten spielen dabei eine wesentliche, kaum zu unterschätzende Rolle. Natürlich nicht allein sie: Medien machen Stimmungen, aber sie treffen auch auf solche. Meinungen werden verlangt, doch sie spiegeln auch vorhandenes Verlangen. Massenmedien ermöglichen indessen kollektive Ängste, lassen aus Angst vor Fremden Fremdenfeindlichkeit erwachsen und mobilisieren animalische Denk- und Verhaltensweisen. Schließlich kann selbst eine nur latent vorhandene Russophobie Wegbereiter-Funktionen aufweisen für eine Außenpolitik, die manche Kritiker bereits als einen faktisch geführten »Krieg gegen Russland« bezeichnen.[23] Der wieder entfachte Kalte Krieg wird durch militärische Kriegsspiele unmittelbar vor russischen Grenzen noch verstärkt. Man mag sich nicht ausmalen, wie so einer weltweiten Katastrophe Tür und Tor geöffnet werden könnte.

Nichts hebt daher die politisch-moralische Pflicht auf zu prüfen, *ob* und wenn ja *wie* sich Grundkonstanten russophober Auffassungen in heutiger Zeit entäußern, in welchen Varianten und Verschleierungen und wo auch immer. Und es sei als eine Erfahrung, gewonnen in jüngster Zeit, formuliert, dass Debatten dringend notwendig sind über das angeblich höchste Gut der Meinungsfreiheit, dessen offizielle, ja sogar höchstrichterliche Deutung alles zu erlauben und zu dulden scheint, was erwiesenermaßen selbst Kriegsvorbereitung und Kriege ermöglicht hat. Ich meine, es sollten endlich strikte Grenzen gesetzt werden für die Verbreitung rassistischer Behauptungen und fremdenfeindlicher Klischees. Zumindest sollte mit dem Blick zurück eindringlich vor jeder Verwendung tradierter Negativ-Klischees und ebenso vor realitätsfernen Bildern mit Verve und Vehemenz gewarnt werden.

Jede vernünftige politische Bildungsarbeit, verlangt auch von Historikern, würde ich sogar hauptsächlich daran messen wollen, wie sie die kritische Auseinandersetzung mit diesen betreibt und wie sie hilft, Wege zu einer konstruktiven und hoffentlich auch erfolgreichen Friedens- und Sicherheitspolitik zu finden. Denn deren Ziele können nicht ohne oder gar gegen Russland erreicht werden, nicht konfrontativ, sondern nur kooperativ und partnerschaftlich.[24]

Anmerkungen

1 Siehe Kurt Pätzold: Der Überfall. Der 22. Juni 1941: Ursachen, Pläne und Folgen, Berlin 2016; siehe auch Wigbert Benz: Kalkül und Ideologie – Das Hungervorhaben im »Unternehmen Barbarossa« 1941. In: Klaus Kremb (Hrsg.): Weltordnungskonzepte. Hoffnungen und Enttäuschungen des 20. Jahrhunderts, Schwalbach/Ts. 2010; ders., Der Hungerplan im »Unternehmen Barbarossa« 1941, Berlin 2011, S. 19-37, hier S. 19f.

2 Siehe Thymian Bussemer: Medien als Kriegswaffe. Eine Analyse der amerikanischen Militärpropaganda im Irak-Krieg. In: Aus Politik und Zeitgeschichte, Nr. 49/50 – 2003, S. 20-28; ders., Psychologie der Propaganda. In: Ebenda, Nr. 11 vom 12.3.2007, S. 19-25. Hier heißt es: »… Propagandabotschaften müssen stets so gestaltet sein, dass sie a) mit den Interessen und Zielen der Propagandisten in Einklang stehen, b) durch das Mediensystem freiwillig oder auf Grund von Zwang transportiert werden können und c) vom Publikum im Sinne der Propagandisten aufgenommen werden. Letzteres, die Akzeptanzfähigkeit der Botschaften bei ihren Empfängern, ist in der Propagandakommunikation der zentrale Punkt, der über Erfolg oder Misserfolg entscheidet. Überlegungen und Spekulationen auf Seiten der Propagandisten über die vermuteten Eigenschaften des Publikums und die psychologischen Faktoren des Wirkungsprozesses stehen so im Mittelpunkt jeder Reflexion über Propaganda.« Diese könne »nicht aus dem Nichts heraus agieren und völlig neue Themen auf der Agenda platzieren. Vielmehr muss sie an Stimmungen und Themen anknüpfen, diese bündeln und zuspitzen. Trifft diese Wirkungsvermutung zu, ist Propaganda nur noch zur Hälfte der Agent der sie betreibenden Gruppen. Zur anderen Hälfte wird sie zur Ausdrucksform von Bedürfnissen der Empfänger. Sie ist also ein Medium, in dem Interessen verhandelt werden, und sie kann nur Erfolg haben, wenn sie authen-

tische Interessen ›von unten‹ vertritt. Diese Reziprozität – die Antizipation von vorhandenen Interessen durch Propagandisten und die Akzeptanz und Weiterverbreitung der auf sie zugeschnittenen Propagandabotschaften durch die Rezipienten – ist nach heutigem Verständnis der eigentliche Kern der Propagandakommunikation. Das bedeutet, dass sie keine Inhalte doktrinär verordnen, sondern nur Bedeutungen verhandeln kann – im Guten wie im Schlechten.«

3 Feindbilder sind Instrumente einer »psychischen Herrschaftssicherung zur Herstellung einer Massenloyalität.« Siehe Hans Nicklas: Die politische Funktion von Feindbildern. Thesen zum subjektiven Faktor in der Politik. In: Gert Sommer und Johannes Becker (Hg.): Feindbilder im Dienste der Aufrüstung. Beiträge aus Psychologie und anderen Humanwissenschaften, Marburg 1992, S. 34.

4 Zit. nach Schmitz-Berning, Cornelia: Vokabular des Nationalsozialismus, Berlin u. a. 1998, S. 620.

5 Zit. nach Bergschicker, Heinz: Deutsche Chronik 1933–1945. Ein Zeitbild der faschistischen Diktatur, Berlin 1981, S. 101.

6 Zur Frage, ob Russland zu Europa gehöre, siehe die Sammlung von Texten aus dem 18., 19. und 20. Jahrhundert, herausgegeben von Dmitrij Tzschichzewskij: »Europa und Russland. Texte zum Problem des westeuropäischen und russischen Selbstverständnisses«, Darmstadt 1959.

7 Siehe Hannes Hofbauer: Feindbild Russland. Geschichte einer Dämonisierung, Wien 2016, S. 267. Siehe auch Stefan Bollinger: Über deutsche Hysterie und ihre Ursachen – Meinst du, die Russen wollen Krieg?, Berlin 2016.

8 Siehe Kurt Pätzold und Manfred Weißbecker (Hg.): Schlagwörter und Schlachtrufe. Aus zwei Jahrhunderten deutscher Geschichte, 2 Bände, Leipzig 2002; dieselben (Hg.): Kleines Lexikon historischer Schlagwörter, Leipzig 2005. Siehe auch Herbert Schui: Politische Mythen & elitäre Menschenfeindlichkeit. Halten Ruhe und Ordnung die Gesellschaft zusammen? Paderborn 2014.

9 Siehe Ekkehart Klug: Das »asiatische« Russland. Über die Entstehung eines europäischen Vorurteils. In: Historische Zeitschrift 245 (1987), S. 265-289.

10 Im »Seydlitz«, einem bekannten Geographie-Schullehrbuch, wurde 1908 geschrieben: »Die russischen Stämme sind Halbasiaten. Ihr Geist ist unselbständig, Wahrheitssinn wird durch blinden Glauben ersetzt, Forschungstrieb mangelt ihnen. Kriecherei, Bestechlichkeit, Unreinlichkeit sind echt asiatische Eigenschaften.« Zit. nach Hofbauer, a. a. O., S. 35.

11 Siehe dazu generell Hofbauer, a. a. O.

12 Das Folgende beruht unmittelbar auf meinem Artikel »›Wenn hier Deutsche wohnten …‹ Beharrung und Veränderung im Russlandbild Hitlers und der NSDAP«. In: Hans-Erich Volkmann (Hrsg.): Das Russlandbild im Dritten Reich, Köln u. a. 1994, S. 9-54.

13 Siehe Manfred Nibelin: Ludendorff. Diktator im Ersten Weltkrieg, München 2010, S. 364 f.

14 Siehe F. Nowak (Hrsg.): Die Aufzeichnungen des Generalmajors Max Hoffmann, Berlin 1929, Bd. 2, S. 200. Zit. nach Wolfgang Ruge: Deutschland von 1917 bis 1933, Berlin [3.]1978, S. 23.

15 Siehe den aufschlussreichen Artikel »Im Reich Ober Ost«. In: Die Zeit, 20.2.2014.

16 Zit. nach Ruge, a. a. O., S. 23; Ludendorff formulierte auch: »Deutschland braucht für eine gesicherte Zukunft ein russisches Hinterland, das uns bevorzugt und billig

mit den nötigen Rohstoffen beliefert, mit Erzen aus der Ukraine, Manganerzen aus dem Kaukasus, Asbest, Kupfer, Nickel, Zinn«. Zit. nach Gaby Krone: Vom Kiever Reich zum Kalten Krieg. Vorstellungen von Russen und Russland im Schulfunk nach 1945 beim Westdeutschen, Norddeutschen und Bayerischen Rundfunk sowie Radio Bremen. Diss. phil. Köln 1977, S. 108.

17 Siehe Fritz Fischer: Hitler war kein Betriebsunfall, München 1982, S. 177 f.; Wolfgang Wippermann sieht im Schlagwort von »Drang nach Osten« mehr eine Ideologie, denn eine Wirklichkeit. Siehe Der ›Deutsche Drang nach Osten‹. Ideologie und Wirklichkeit eines politischen Schlagwortes, Darmstadt 1981.

18 Karsten Heinz Schönbach: Die deutschen Konzerne und der Nationalsozialismus 1926–1943, Berlin 2015, S. 48.

19 Ebenda dazu sehr aufschlussreich S. 100-109.

20 Hans Grimm, Verfasser des bekannten Romans »Volk ohne Raum«, beschwor in der Weimarer Republik die Gefahr eines kulturell und rassenbiologisch nivellierenden Eindringens östlicher Völker in Deutschland und Europa. Auch andere völkisch-rassistische Schriftsteller, Publizisten und Universitätsprofessoren warnten vor einer bevorstehenden »Slawisierung« europäischer »Kulturvölker«, die damit der Gefahr einer »Entedelung« ausgesetzt seien. Zit. nach Thomas Vordermayer: Bildungsbürgertum und völkische Ideologie. Konstitution und gesellschaftliche Tiefenwirkung eines Netzwerks völkischer Autoren (1919–1959), Berlin/Boston 2016, S. 246 f.

21 Siehe Dietrich Eichholtz: Geschichte der deutschen Kriegswirtschaft 1939–1945, Berlin 1985, S. 430 ff.; Mechthild Rössler und Sabine Schleiermacher (Hrsg.): Der »Generalplan Ost«. Hauptlinien der nationalsozialistischen Planungs- und Vernichtungspolitik, Berlin 1993.

22 Siehe Wolfgang Geier in der Einleitung zu der von ihm herausgegebenen Publikation »Deutsche und Russen. Wahrnehmungen aus fünf Jahrhunderten«, Potsdam 2014.

23 Davon spricht Eugen Ruge: Der Krieg gegen Russland. In: Die Zeit, 8.5.2014, S. 44. Diese Einschätzung fortführend kann auch gesagt werden, er sei – nach den Feldzügen Napoleons und Hitlers – der dritte Versuch innerhalb von 200 Jahren, Russland militärisch zu überwältigen.

24 Siehe Wolfgang Schwarz: Russland und Europa: Wie weiter?. In: Das Blättchen. Zweiwochenschrift für Politik, Kunst und Wirtschaft, Nr. 6 / 14.3. 2016.

Machtabsicherungsmasse

Die NSDAP war mit der Entwicklung der Mitgliederzahlen stets unzufrieden – über Substanz und Wunschbilder der eigens angelegten Statistiken von 1935 und 1943*

Ungezählte geschichtswissenschaftliche, soziologische, politologische oder auch sozialpsychologische Untersuchungen – angestellt in West und Ost – belegen die ungeheuerliche Geschichtsmächtigkeit, die der deutsche Faschismus nicht zuletzt dank des Wirkens der NSDAP und eines von ihr total dominierten Systems politischer Organisiertheit zu erreichen in der Lage war. In der Tat ist zu fragen: Wann hat je eine Partei die Welt so in Flammen zu setzen vermocht, wann so systematisch Massenverbrechen und Völkermord organisieren können, wann den Menschen – auch den Deutschen selbst – solch unermessliches Leid und Unheil aufgebürdet? Rolle und Schuld ihrer Führungsclique sind bekannt, sie werden außer von neonazistischen inspirierten Hohlköpfen kaum bestritten, doch über das Maß der Verantwortung der Millionenschar ihrer Mitglieder existieren sehr unterschiedliche Auffassungen.

Zu den zentralen Problemfeldern antifaschistischer Überlegungen gehörte von Anfang an – und gehört auch gegenwärtig – der Versuch, das Phänomen massenhafter Verhaltensweisen zu Gunsten der braunen Barbarei zu erklären. Obgleich die festzustellende politische Unaufmerksamkeit, Kritiklosigkeit, Anpassungsbereitschaft sowie ähnliche Denk- und Verhaltensweisen eines großen Teiles der Deutschen gewiss nicht zu den primären Ursachen des Schreckens zählen, den der Faschismus mit sich brachte, sind in ihnen dennoch wesentliche Faktoren zu sehen, die nach dem Ersten Weltkrieg den Faschismus zunächst als Bewegung ermöglicht und ihm schließlich zur Macht verholfen hatten.

Herrschaft von Minderheiten über Mehrheiten, gleich ob unter diktatorischen, autokratischen, militärischen Regimes oder auch unter parlamenta-

---

* Veröffentlicht in der Tageszeitung »junge Welt« am 9./10.1.2010, S. 10 f.

risch-demokratischen Verhältnissen, wird von Mehrheiten mit getragen – in welcher Form auch immer. Die berechtigte Suche nach den gesellschaftlichen Grundlagen, die den Faschismus hervorgebracht, sowie nach jenen Kräften, die geschäftig Hitler zur Macht verholfen hatten, sollte andere Themen nicht überflüssig machen, darunter auch die Frage nach den jubelnden und das Regime stützenden Massen. Mit Recht wird da zunächst auf die Wirkungen des Furcht einflößenden Terrors verwiesen, auf die Wirkungen nationalistischer und friedensdemagogischer Parolen sowie auf die korrumpierenden sozialpolitischen Bestrebungen des braunen Regimes. Letztere hatte 1942 bereits Bertolt Brecht in seinem Gedicht »Und was bekam des Soldaten Weib?« festgestellt, später von Gisela May hervorragend und einprägsam gesungen. Ebenso wollten die Nazis mit ihrer Sozialpolitik und mehr noch mit ihrer Propaganda den Interessen großer Teile der von Inflation und Wirtschaftskrisen arg gebeutelten Bevölkerung entgegen kommen – doch selbst durch die Beute-Nutzung und -Gelüste eines Teils der Bevölkerung lassen sich die tatsächlichen Herrschaftsverhältnisse keineswegs von den Füßen auf den Kopf stellen. Nach wie vor ist daher von den Triebkräften faschistischer Verbrechen zu reden, und nicht allein von denen, die von deren Ergebnissen nur zum geringsten Teil profitierten. Mit anderen Worten: Die bewusst betriebene und ebenso die indirekt wirksame soziale Korrumpierung eines großen Teiles der Massen bietet einen Zugang, nicht aber die Lösung des Problems. Weitere Faktoren sind in Betracht zu ziehen, darunter nicht zuletzt auch der außerordentlich große Einfluss, den die NSDAP einschließlich aller ihrer Gliederungen und angeschlossenen Verbände ausübte. Um ihn soll es im Folgenden hauptsächlich gehen.

Erreichtes und Gewünschtes

Dieser organisationspolitische Faktor nahm in den taktischen Überlegungen der Nazi-Führer stets einen breiten Raum ein. Ihre eigene Einschätzung des jeweils erreichten Standes spricht Bände, auch weil diese oftmals kaum der realen Situation entsprachen, von Argwohn gegenüber dem Volk zeugten und stets auf ein anzustrebendes höheres Maß an Stabilität ihres Massenanhangs zielten. Mitte der 30er Jahre schien der größte Teil der Deutschen das Regime zu akzeptieren, doch ob er auch den beschleunigten Marsch in den Krieg billigen und wie gewünscht blindlings unterstützen würde, wurde bezweifelt. Bereits zwei Jahre nach der Errichtung ihrer Herrschaft in Deutschland durften sich die braunen Machthaber zwar durchaus sicher fühlen: Alle politischen Gegenkräfte waren ausgeschaltet, die meisten von ihnen saßen in Gefängnissen, Zuchthäusern und Konzentrationslagern, viele hatten sich zur Emigration entschlossen, andere sich in eine Art innere Emigration zurückgezogen. Zahlreiche Deutsche, die vor dem 30. Januar 1933 Gegner der NSDAP gewesen waren, hatten sich dem Regime angepasst, in dieses eingeordnet oder gar in den Dienst faschistischer Organisiertheit gestellt. Die drückenden Lasten der großen Weltwirtschaftskrise waren spürbar verringert worden. Hoffnungen auf eine Verbesserung des persönlichen Lebensstandards konnten sich auf den beginnenden Wirtschaftsaufstieg berufen, dessen militaristische Kehrseite – eine horrende Aufrüstung – unreflektiert hingenommen wurde. Eine Welle nationaler Euphorie hatte den größten Teil der Deutschen erfasst, aufgeputschte nationalistische Gefühle und um sich greifender chauvinistischer Überheblichkeitssinn führten zu einer breiten Akzeptanz der immer aggressiver werdenden Außenpolitik Hitlers. Und deren Erfolge vermochten wiederum korrumpierend zu wirken.

Zudem war es der NSDAP im Sommer 1934 gelungen, die tiefe Krise innerhalb der eigenen Reihen dank eines terroristischen Befreiungsschlages zu überstehen. Hoffnungen einzelner Antifaschisten auf eine Erhebung der Massen gegen das Regime hatten sich rasch zerschlagen und waren z. T. bitter bestraft worden. Widerstand und Opposition beschränkten sich auf kleinere, in tiefer Illegalität und noch dazu in ernsthaften inneren Auseinandersetzungen befindliche Gruppen. Man befasste sich verständlicherweise vor allem mit der Frage nach den Ursachen des Erfolges der deutschen Faschisten, ebenso mit dem Versuch, die erlittene Niederlage und das Versagen der eigenen Politik zu analysieren. Infolge nach wie vor nicht zu überwindender parteienegoistischer Barrieren ihres politischen Denkens blieben sie weitgehend ohne jede Aussicht auf einen Sieg über den faschistischen Machtapparat. Von diesem sah sich die Masse der Deutschen gewonnen, ihm gegenüber fühlte sie sich zu einer Suche nach Alternativen weder in der Pflicht noch in der Lage.

Auf dieser Grundlage konnten entscheidende Weichen für den Weg zu einem neuen Krieg gestellt werden. In deutlichem Gegensatz zu allem, was die Führenden des Dritten Reiches in den ersten Jahren ihrer Herrschaft bewirkt hatten, gab es unter ihnen dennoch keine Zufriedenheit mit dem erreichten (und für das Aufrechterhalten ihrer Macht völlig ausreichenden) Stand ihres Einflusses auf die Massen. Da wurden in der NSDAP deutlich größere und wesentlich weiter reichende Erwartungen ausgesprochen. So vertraute Joseph Goebbels am ersten Tag des Jahres 1935 seinem Tagebuch an, das neue Jahr müsse besser als das alte werden, denn dieses habe nur »Berge an Sorgen« gebracht. Eine durchaus verständliche Klage: Es hatte viel Ärgernis und Verdruss für die Partei gegeben, die zu spüren bekam, dass der eingeschlagene Kurs sich nicht so rasch wie erwünscht und angestrebt durchsetzen ließ. Nun sollte das neue Jahr – wie es Hitler am 11. Februar 1935 in Nürnberg formulierte, als er dem schamlos-extremen Antisemiten Julius Streicher zum 50. Geburtstag gratulierte – eine »Wende« bringen, allerdings nicht irgendeine weitere Veränderung der Lage schlechthin, sondern eine Wende zu einem »neuen Jahrhundert« bzw. sogar zu einem neuen »Jahrtausend deutscher Geschichte«.

Obgleich zu Beginn dieses Jahres die Nazis erfolgreich auf das Abstimmungsergebnis vom 13. Januar und auf die »Rückkehr« des Saarlandes ins Deutsche Reich, auch auf das bei Großkundgebungen »rasende« Volk blicken konnten, notierte Goebbels am 2. März unzufrieden in sein Tagebuch: »Alles hängt an seidenem Faden. Keine Massen loslassen. Dieses Volk muss noch durchgeknetet werden.«

Organisationspolitisches »Kneten«

Der NSDAP kam dabei eine zentrale Funktion zu, nachdem es ihr gelungen war, von einer der kleinsten Organisationen im deutschen Parteienspektrum der Weimarer Republik zur mitglieder- und wählerstärksten Partei zu werden, die es je in der deutschen Geschichte gegeben hat und wahrscheinlich in diesem Ausmaß nie wieder geben wird. Ihre Mitgliederkartei verzeichnete 55 Namen, als Hitler der Deutschen Arbeiterpartei beitrat, und 1943, bevor sie »kriegsbedingt« eingestellt wurde, rund 6,5 Millionen; am Ende dürften es mehr als acht Millionen gewesen sein. Der Apparat der NSDAP umfasste etwa eine Million hauptamtlicher und ehrenamtlicher Nazifunktionäre. Als völlig willenlose Beitragszahler und bloße Akklamations-Verfügungsmasse wird man die große Mehrheit der anderen NSDAP-Mitglieder nicht abtun können; zu groß war die ihr gewidmete Aufmerksamkeit der »Führer«, zu intensiv das Bestreben, eine Massenpartei zu schaffen und diese zu einer kampfstarken Truppe zu formieren.

Auch ihre Mitgliederscharen hatten der Machtsicherung sowie der Kriegsvorbereitung zu dienen. Das kam auch in der akribischen Buchführung über alle Mitglieder zum Vorschein. So wie die Wehrmacht sich auf eine »Stammrolle« zur Erfassung der wehrfähigen Männer stütze, müsse sich die Partei ihrer Mitglieder-Kartei bedienen. Die intensiv erarbeiteten quantitativen Analysen fanden erstmalig ihren umfangreichen Niederschlag in einer mehrbändigen offiziellen »Parteistatistik« mit dem Stand vom 1. Januar 1935. Drei Formulare mit 668 Fragen waren zuvor ausgegeben worden. Das Ergebnis wurde auf mehr als eintausend Seiten in DIN-A4-Format als Manuskript gedruckt, ohne die Angaben aus dem Saarland sowie die der Auslandsorganisation zu berücksichtigen. Als Herausgeber fungierte Robert Ley, in dessen Amt als Reichsorganisationsleiter der NSDAP es ein eigenes Amt für Statistik gab. Der erste Band befasste sich mit den »Parteigenossen«, der zweite mit den sogenannten Politischen Leitern, der dritte mit den Mitgliedern und Führenden der Partei-Gliederungen sowie mit dem Personal der nationalsozialistischen Ämter und Verbände. Ein eigener, später erschienener Band war der »Deutschen Arbeitsfront« gewidmet.

Der erste, hier vor allem zu untersuchende Band über die Parteimitglieder gliederte sich in elf Abschnitte und mündete in 14 »Vorschlägen«. Die Statistik erfasste insgesamt 2.493.890 Mitglieder in 32 Gauen, wobei 66 % erst nach dem 30. Januar 1933 in die NSDAP eingetreten waren. In den Gauen Sachsen, Kurmark, Groß-Berlin, Schlesien und Hessen-Nassau gab es die höchsten Zahlen, am Ende dieser Liste befanden sich die Gaue Danzig, Pfalz, Schwaben, Franken und Mainfranken. Für die »Schlussfolgerungen« spielte indessen die detaillierte Relation zwischen der Einwohnerzahl und den Parteimitgliedern eine ausschlaggebende Rolle. Insgesamt kamen auf ein Parteimitglied 26,4 Einwohner bzw. 18,7 Wahlberechtigte. Als erforderlich wurde die Neuaufnahme von 842.400 Mitgliedern bezeichnet, wobei jeder Gau eine konkrete Zahl zugewiesen bekam.

Die sozialstrukturellen Angaben bieten nur in geringem Maße Aussagekraft. Man sprach von 30,3 % Anteil der Arbeiter in der Partei, von 19,4 % Angestellten, 19 % Selbständigen, 12,4 % Beamten, 10,2 % Bauern, 3,2 % Sonstigen, 1,5 % Rentnern, 2,6 % Hausfrauen und 1,4 % Studenten. Die NSDAP konnte sich, legt man nur diese quantitativen Angaben und nicht das Parteiprogramm zugrunde, durchaus als eine Volkspartei verstehen. Auch als eine »junge« Partei: Nahezu zwei von drei Parteimitgliedern war zwischen 21 und 40 Jahren alt. Die Statistik offenbarte auch, dass 42,8 % der Parteigenossen als »Beitragszahler« eingestuft, also nicht als »aktiv« tätig angesehen worden sind. Auch hierfür wurde die Reihenfolge der Gaue errechnet: als die schlechtesten galten Köln-Aachen, Hamburg, Düsseldorf, Danzig und München-Oberbayern.

Der NSDAP-Reichsorganisationsleiter schlussfolgerte, dass grundsätzlich anstatt der realen 3,8 Prozent mindestens fünf Prozent der Einwohner Mitglied der Partei sein sollten. Dies werde aber, so meinte er, dennoch nicht ausreichen. Um alle Funktionen in den angeschlossenen Verbänden mit Parteigenossen besetzen zu können, daher sei der künftige Anteil auf zehn Prozent zu erhöhen; unmittelbar vor der Entfesselung des Krieges – im Mai 1939 – wurde dies zum Prinzip erhoben. In den »Vorschlägen« Leys zur Gewinnung weiterer Mitglieder spiegelt sich, was als sozialstrukturell problematisch angesehen worden ist: Es gehe weniger um die Aufnahme von Beamten und Selbständigen. »Arbeiter und Angestellte sind, sofern es sich um einwandfreie Personen handelt, mit erhöhter Energie als Parteimitglieder zu werben Es muss hier von dem Grundsatz abgegangen werden, demzufolge die in die Partei aufgenommen werden, die in die Partei kommen wollen.« Auch auf dem Land sei »dringend [...] Zuzug an Parteigenossen« erforderlich, obgleich – wie Untersuchungen des kanadischen Historikers Michael H. Kater belegen – der Anteil von Neuzugängen zur Partei auf dem Lande stets größer als in Groß- und Kleinstädten gewesen ist. Den Frauenanteil wollte Ley strikt auf fünf Prozent beschränken, was der Realität nicht entsprach, denn zwischen 1925 und 1945 waren fast 15 Prozent aller neuen Parteimitglieder Frauen. Eine andere, besonders gewichtige »Empfehlung« lautete schließlich, bei der »Neuauswahl von Führern« seien vor allem jüngere Jahrgänge zu bevorzugen. Man wollte die älteren Jahrgänge »durch weltanschaulich weniger vorbelastete Parteigenossen« ersetzt sehen. Ferner sollten nicht-aktive Parteimitglieder wegen »nachweislicher Interesselosigkeit und Lauheit« ausgeschlossen werden.

Datenerhebung im Krieg

Auch während des Krieges sprachen führende Nazis häufig von »Karteileichen« und beklagten, dass »die augenblickliche Parteigenossenschaft [...] noch keine aktivistische Kampfgruppe« darstelle. Mehrere Gauleiter forderten von Bormanns Partei-Kanzlei die Einführung einer neuen Disziplinar- und Strafordnung. Im Generalgouvernement Polen solle sogar eine völlige »Neubildung des Parteiapparates« erfolgen, da dieser hier nur noch »ein Nebeninstrument der staatlichen Verwaltung und eine Fahnenträger- und

Aufmarsch-Organisation« sei. Im Juni 1943 wurden alle »Mobilisierungs-Beauftragten« der NSDAP über die Handhabung der »Uk-Stellung« von Parteifunktionären instruiert; dabei erhielten sie unter anderem auch die Order, »besonders ins Auge springende politisch unzuverlässige Elemente« an die Front zu schicken. Etwas später hieß es dazu noch: »Wir haben [...] keinen Anlass, uns mit den Uk-Gestellten auch noch Miesmacher und Defaitisten in der politisch schon schwach genug besetzten Heimat zu erhalten.«

Tatsächlich wuchs die Unzufriedenheit der NSDAP-Führung mit den Geführten, je länger der Krieg dauerte. Bereits 1942 hatte Bormann eine Kampagne zur »Aktivierung der Partei« gestartet. In einer seiner unzähligen Anordnungen verlangte er im Dezember 1943 die entschiedene Fortsetzung der »begonnenen Aktivierungsmaßnahmen.« Ein halbes Jahr danach forderte er erneut von den Politischen Leitern auf mittlerer und höherer Ebene, »alle Ansätze von Schwäche und schwankender Haltung mit allen zur Verfügung stehenden Mitteln abzustellen«. Einer der 42 Gauleiter konkretisierte dies mit den bezeichnenden Worten: »Da wo mit den Mitteln der Aufklärung, Propaganda und Schulung Andersdenkende nicht zu belehren sind, ist das *Abstempeln zum Volksverräter und Wehrkraftzersetzer* das einzig beste Mittel, das stets die gewünschte Wirkung erzielt.« In einem Material des Schulungshauptamtes beim Reichsorganisationsleiter hieß es, angesichts der mehr als sieben Millionen Parteigenossen dürfe eigentlich die »schlechte Stimmung innerhalb des deutschen Volkes [...] unmöglich sein.«

Es war sicher kein Zufall, dass sich Robert Ley, seines Zeichens Reichsorganisationsleiter der NSDAP, gerade in den letzen Phasen des Zweiten Weltkrieges intensiv um eine exakte zahlenmäßige Übersicht über die Parteigenossen bemühte und Ende 1943 einen umfangreichen Bericht über »Einsatz und Bewährung der Parteigenossen im Wehr- und anderweitigen Kriegsdienst seit dem 1.9.1939 nach dem Stande vom 1.5.1943« vorlegte. Die Zahl der Mitglieder wurde mit 6.542.261 angegeben, wovon 226.726 gefallen, gestorben, vermisst bzw. in Gefangenschaft geraten seien. 40,3 Prozent aller Parteigenossen stünden zur Zeit im »Wehr- oder anderweitigen Kriegsdienst«. Das klingt nach einem hohen Anteil und sollte natürlich den Eindruck erwecken, die Partei sei vorbildlich, ehrenhaft usw. usf. Die Zahl wird jedoch erst nach einer Aufschlüsselung interessant: Diejenigen, die »Kriegsdienst« leisteten, also nicht direkt an der Front standen, machten nur 8,6 Prozent aus, dagegen standen in dem nicht näher definierten »Wehrdienst« 91,4 Prozent. Hinzu kam die bemerkenswerte Tatsache, dass die Hälfte der Parteimitglieder (3.277.482 = 50,1 %) bis dahin überhaupt keinen Wehr- oder Kriegsdienst geleistet hatte. Davon wiederum waren 1.035.715 (28,1 %, also fast ein Drittel!) Politische Leiter, die ihre Funktionen sowohl in der Partei als auch in den Gliederungen und angeschlossenen Verbänden ausübten.

Die NSDAP hatte also ihren »Wehr- und Kriegseinsatz« an der sogenannten »Heimatfront« zu absolvieren. Und: Sie führte Krieg im Innern als Voraussetzung des Krieges nach außen. Sie war also in vielfacher Hinsicht eine Kriegspartei. Sie erstrebte und entfesselte Kriege zur »Schaffung eines Großdeutschen Reiches aller Deutschen« – wie es in Punkt eins des Parteiprogramms hieß –, zur Gewinnung von »Lebensraum«, der anderen Völkern sowohl den Raum als auch das Leben raubte.

Instrument und Faustpfand

Dennoch blieb die NSDAP bis zum Schluss intakt und in ihrem Sinne voll funktionsfähig. Dies darf auch als Resultat aller Aktivitäten des umfassenden, bereits in der zweiten Hälfte der zwanziger Jahre sorgfältig vorbereiteten Organisationensystems gesehen werden, an dessen Spitze sie stand. Die einzelnen Gliederungen und angeschlossenen Verbände – gleich ob DAF, HJ, SA, SS u. a. m. – erfassten wiederum selbst Millionen Deutsche und nahezu jeden Winkel der Gesellschaft. Wie keine andere deutsche Partei hatte die NSDAP nach 1933 einen bis dahin unbekannten, einen nicht für möglich gehaltenen flächendeckenden Grad individueller und gesellschaftlicher Organisiertheit der Bevölkerung erreicht. Sie war zum Träger einer »Organisationen«-Gesellschaft geworden, in der sich kaum einer – ob Arbeiter oder Gewerbetreibender, ob jung oder alt, Mann oder Frau usw. – dem Einfluss ihres breit gefächerten Systems sogenannter Gliederungen, angeschlossener Verbände und betreuter Organisationen entziehen konnte. Nimmt man allein die Tatsache zum Vergleich, dass bis 1933 jede gesellschaftliche Schicht oder Gruppe – Frauen, Kinder, Lehrer, Ärzte usw. – mehrere Organisationen entsprechend der politisch-ideologischen Grundströmungen in der deutschen Parteienlandschaft besaßen und zudem große Teile der Bevölkerung – z. B. fast die Hälfte derer, die statistisch zur Arbeiterklasse zählten – überhaupt keiner politischen oder gewerkschaftlichen Organisation angehörten, lässt sich leicht ermessen, zu welch enormer Schlagkraft die Organisiertheit der deutschen Faschisten führen konnte.

Die Millionengefolgschaft der NSDAP stellte eine Voraussetzung des Erfolges der deutschen Faschisten dar und geriet zugleich zu einem ihrer wichtigsten Kennzeichen, obgleich sie zu keiner Zeit das Programm, den Kurs und das Ziel der Partei bestimmte – das tat ihre Führungsgruppe, in deren Kalkül jene Millionen Mitglieder und Wähler bereits vor 1933 ein unentbehrliches Instrument und Faustpfand im Kampf um die Staatsmacht dargestellt hatten. Dennoch: Das faschistische Regime hätte ohne sie nicht funktionieren können. Ohne die »willigen« Helfer insbesondere aus ihren Reihen wären kein totaler Krieg, keine barbarische Okkupationspolitik und erst recht kein Völkermord zu realisieren gewesen, ohne sie hätte während des Zweiten Weltkrieges das System der rund 20.000 Zwangsarbeiterlager nicht geschaffen werden können, ohne sie wären nicht die meisten Deutschen bereit gewesen, den Krieg so sinnlos und opferreich bis »fünf Minuten nach zwölf« zu unterstützen.

Teil III

»Führer« und Anhängerscharen

Zur Rolle der Führer bürgerlicher Parteien

Biographische Aspekte in der Geschichte der politischen Parteien des deutschen Imperialismus von der Jahrhundertwende bis 1945*

Die Geschichtswissenschaft der DDR hat dem biographischen Genre einige Aufmerksamkeit gewidmet, vor allem im Rahmen der Geschichte der deutschen und der internationalen Arbeiterbewegung. Zahlreiche Lebensbeschreibungen, biographisch-monographische Skizzen bzw. Selbstdarstellungen und Schilderungen persönlicher Entwicklungswege leisten Beiträge zur Verbreitung des marxistisch-leninistischen Geschichtsbildes[1], indem sie das Wechselspiel zwischen dem historisch handelnden Individuum und der vielschichtigen Gesellschaft, zwischen der historischen Persönlichkeit und dem Schöpfertum der Volksmassen zu einer lebendigen Synthese bringen. Sie erlauben ein Erfassen allgemeingeschichtlicher Zusammenhänge, in denen sich auch widerspiegelt, dass das Persönliche in der Geschichte keineswegs partikulär, dass das geschichtlich Notwendige keineswegs unpersönlich ist.[2] In ihnen wird nachgewiesen, wie die Leistungen revolutionärer Führer der Arbeiterbewegung fest im Klassenbewusstsein der Arbeiterklasse verwurzelt waren und sind, wie diese in erster Linie als Repräsentanten ihrer Klasse und darüber hinaus als Träger von Klassenhaltungen und -eigenschaften begriffen werden müssen.[3] Die Arbeiten auf biographischem Gebiet sind wichtig für

---

* Der Artikel wurde zusammen Herbert Gottwald verfasst und in der *Zeitschrift für Geschichtswissenschaft* (Heft 4/1979, S. 299-315) veröffentlicht. Er diente als Grundlage einer Debatte im *Jenaer Faschismus-Kolloquium* (27./28.9.1977) und als Beitrag zur Erarbeitung eines Konzepts für die geplante (zwischen 1981 bis 1985 erfolgte) Herausgabe des vierbändigen *Lexikons zur Parteiengeschichte*. Zu Kolloquium und Lexikon siehe die Beiträge von Michael Eckardt, Dieter Fricke, Georg Fülberth und Manfred Weißbecker in Heft 2/2007 der Zeitschrift *Beiträge zur Geschichte der Arbeiterbewegung* (S. 3-102). Auf den ZfG-Artikel wurde kaum reagiert, weitere Debatten zu den vor allem am Ende gestellten Fragen unterblieben.

die Vermittlung revolutionärer Traditionen. Die Darstellung des Lebens und Wirkens revolutionärer, dem historischen Fortschritt verpflichteter Vorbilder kann politische Einstellungen und Verhaltensweisen prägen. Auch einige adlige, bürgerliche, kleinbürgerliche, humanistische und antifaschistisch-demokratische Persönlichkeiten des 19. und 20. Jh. erfuhren biographische Darstellung.«[4] Arbeiten über Führer der herrschenden Klasse im Imperialismus hingegen sind, abgesehen von den Biographien W. Ruges[5], seltener.[6] Biographien über Bismarck, Hitler, bürgerliche Spitzenpolitiker des 20. Jh. liegen nicht vor. Damit korrespondiert, dass in zahlreichen monographischen und Gesamtdarstellungen die Rolle der politischen Führer der Bourgeoisie nicht deutlich herausgearbeitet wird und dass die Geschichtswissenschaft der DDR bisher über kein biographietheoretisches Werk verfügt.[7] Biographische Aspekte spielen auf Kolloquien und Konferenzen eine zu geringe Rolle.

Auch in der ideologischen Auseinandersetzung mit dem Imperialismus und seinen reaktionären Geschichtskonzeptionen nimmt das Biographische noch einen zu geringen Raum ein. So ist – um nur ein Beispiel zu nennen – der Versuch bürgerlicher Sozialgeschichtsschreiber bisher kaum beachtet worden, die Biographik als eine »unschuldige Gattung«[8] sowohl vor der weiteren Ausnutzung durch den konservativen Historismus zu bewahren als auch für eine »Individualisation sozialer Begebenheiten« zu retten[9]. G. Mann unterstellt, dass der marxistische Historismus mit seinem angeblichen »Grau in Grau soziologischer Analyse« und der »Trennung von Strukturen und Ereignissen« nicht in der Lage sei, politische Biographien mit darstellerischem Glanz und der »Freude am wirklichen Leben« entstehen zu lassen.[10] Es muss in diesem Zusammenhang der Hinweis genügen, dass biographische Arbeiten auch von Historikern der DDR diese These widerlegen. Im folgenden soll versucht werden, einige Überlegungen und Thesen – manche in hypothetischer Natur – zur Rolle der Führer bürgerlicher Parteien im imperialistischen Deutschland von der Jahrhundertwende bis 1945 zur Diskussion zu stellen.

Durch den dialektischen und historischen Materialismus sind Ursachen, Wesen und mögliche Ergebnisse des Wirkens politischer Führer der Bourgeoisie in ihren grundlegen Umrissen fixiert. Es bedarf jedoch noch weiterer Forschungen, Diskussionen und Erfahrungen, um zu konkreten und verallgemeinernden Darstellungen ihrer Rolle in der Geschichte des Imperialismus sowie in der Geschichte sowie in Geschichte der Klassenauseinandersetzung zwischen Imperialismus und Sozialismus gelangen zu können. Dabei sind zunächst die signifikanten Unterschiede im Auftreten und in der geschichtlichen Bedeutung von progressiven Persönlichkeiten auf der einen und von politischen Führern im Dienste der Reaktion der anderen Seite zugrunde zu legen. Das Handeln politischer Führer der Bourgeoisie und besonders der Monopolbourgeoisie steht grundsätzlich im Gegensatz zu den weltgeschichtlichen Entwicklungsgesetzen, ist daher gegen den Fortschritt und die objektiven Interessen der Volksmassen gerichtet. Es vermag den Kampf der unterdrückten Klassen und die Durchsetzung des gesellschaftlichen Fortschritts zeitweilig zu hemmen, ohne diesen aber generell aufhalten zu können. Wohl vermag es, Einfluss auf folgenschwere Ereignisse wie Raubkriege, Konterrevolutionen und gesellschaftliche Stagnation zu nehmen, die von der reaktionären Klasse hervorgerufen werden, jedoch zeigt sich darin in keiner Weise eine Rolle als Triebkraft oder gar als Schöpfer der Geschichte.[11]

Auch die fähigsten und einflussreichsten Repräsentanten der bürgerlichen Klasse sind prinzipiell nicht in der Lage, weder die Totalität einer geschichtlichen Epoche zu erfassen noch zu umfassenden Einsichten in Wesen und Wirkungsweise der objektiven gesellschaftlichen Entwicklungsgesetze zu gelangen und zur Grundlage ihres Handelns zu machen. Die Führer der Bourgeoisie werden in ihren Denk- und Handlungsweisen durch die Existenzbedingungen ihrer Klasse bestimmt und teilen damit deren soziale Erkenntnisgrenzen. Die Entfaltungsmöglichkeiten für individuelle Eigenschaften und Talente sind klassen- und systembedingt. Wie jeder revolutionäre Arbeiterführer als Repräsentant seiner Klasse in der Regel die besten und typischen Eigenschaften des Proletariats verkörpert, so repräsentiert jede Führerfigur der Bourgeoisie im wesentlichen Klassenhaltungen und -eigenschaften dieser Ausbeuterklasse und trägt deren ökonomisch, politisch, sozial, ideologisch und kulturell bedingte Züge. Bürgerliche Führerpersönlichkeiten sind durch Erziehung, Zeit- und Lebensumstände gleichsam in soziale und politische Strukturen hineingewachsen, sie sind – bewusst oder unbewusst – Bindungen eingegangen, innerhalb deren Grenzen es lediglich eine »Freiheit des Handelns« gibt.[12] Dies muss ebenso wie die Tatsache berücksichtigt werden, dass der Antagonismus der Klassenpositionen von Ausbeutern und Ausgebeuteten sieh im Antagonismus der Klassenpositionen auch der jeweiligen Repräsentanten von Ausbeutern und Ausgebeuteten widerspiegelt. Das prägt das Wechselverhältnis z. B. von bürgerlichen Parteiführern und werktätigen

Massen. Bei aller Beachtung der Dialektik von Notwendigkeit und Zufall widerspiegeln sieh die Ziele und Grundstrukturen des Imperialismus in den bürgerlichen Führern, und zwar sowohl auf der Ebene der individuellen Neigungen und Fähigkeiten als auch auf der Ebene von deren quasisymbolischer Nutzung für bestimmte Ziele und Prozesse. Ruge hat darauf verwiesen, dass es zum Arsenal jeder bürgerlichen Propaganda gehört, bestimmte Namen herauszustellen bzw. zu »vermarkten« und mit beliebig verwendbaren Legenden zu verknüpfen.[13] Galt z. B. Moltke d. J. als Symbol der »unbesiegbaren deutschen Militärmaschine«, so Schlieffen als Protagonist einer »überlegenen Militärstrategie« des deutschen Imperialismus[14], Stresemann als Symbolfigur »unermüdlicher Friedenspolitik«, und Ludwig Erhard wurde mit der Legende eines »Vaters des Wirtschaftswunders« umgeben. Unter diesem Aspekt ist auch eine Analyse der gegenwärtigen Propagandawelle über Hitler und andere Führer des Faschismus in der BRD nicht nur aufschlussreich, sondern dringend notwendig.[15]

Wenn allgemein nach der Rolle der parteipolitischen Führer des Imperialismus in der Epoche des Übergangs vom Kapitalismus zum Sozialismus sowie nach dem gesellschaftlichen Rahmen ihrer biographischen Darstellung gefragt wird, müssen vorrangig solche Faktoren berücksichtigt werden, die mit der Herausbildung und der Entfaltung der allgemeinen Krise des Kapitalismus zusammenhängen. Die Vertiefung der Widersprüche im System der Kapitalherrschaft sowie der wachsende Gegensatz zwischen der Monopolbourgeoisie und den werktätigen Massen des Volkes erschütterten die Macht des Imperialismus und Militarismus. Sie riefen aber auch neue objektive Bedürfnisse der herrschenden Klasse hervor, diese Widersprüche dennoch zu ihren Gunsten zu lösen und den Niedergang der kapitalistischen Gesellschaftsformation aufzuhalten, und dies nicht zuletzt mit Hilfe neuer Herrschafts- und Führungsmethoden, neuer politischer Führertypen und neuer persönlicher Qualitäten von Führern. Auf politischer Ebene trat die mit dem Übergang zum Imperialismus unlösbar verbundene Wende zur »Reaktion auf der ganzen Linie«[16] noch deutlicher zutage als in der Ökonomie.[17] Die Konzentration und Zentralisation von Produktion und Kapital verstärkten die Tendenz zur Zentralisierung der politischen Exekutivgewalt, die sich hauptsächlich gegen das Streben der Volksmassen richtet, die eigenen Geschicke selbst bestimmen zu können und nicht länger von der Leitung der Gesellschaft und des Staates ausgeschlossen zu sein.

Die neue Qualität der »politischen Führung« einer zum Untergang verurteilten Ausbeuterklasse kam in vielfacher Weise – und nicht erst als Erscheinung innerhalb des deutschen Faschismus zum Vorschein. So erklärte 1909 Hugo Preuß: »Es gibt in unserem öffentlichen Leben vielleicht nur einen Punkt, über den eine vollkommene Einstimmigkeit herrscht, und das ist der verblüffende Mangel an politischen Führern großen Stils in Deutschland.«[18] Dies meinte auch Max Weber, als er im Sommer 1917 schrieb: »Der Wille zur Ohnmacht im Innern [...] ist mit dem ›Willen zur Macht‹ in der Welt [...] nicht zu vereinigen.«[19] Der einflussreichste bürgerliche Soziologe seiner Zeit, der wie Preuß dem im Dezember 1918 gegründeten Ausschuss zur Vorbereitung einer Verfassung der Weimarer Republik angehörte, bemühte sich während der großen Auseinandersetzungen zwischen Revolution und Konterrevolution, »Führungsverhältnisse« sowie die Begriffe »Macht« und »Herrschaft« neu zu bestimmen und ihren eigentlichen Inhalt aus dem klassenmäßig bestimmten Rahmen zu lösen.[20] Macht und Herrschaft erscheinen bei ihm – losgelöst von allen ihren sozialen Grundlagen – lediglich als Funktion von Normen und Institutionen – sie werden völlig individualisiert und damit in ein vorwiegend anthropologisch und sozialpsychologisch zu analysierendes Problem umgewandelt.[21] In seinen idealtypischen Bestimmungen der Herrschaft weist Weber neben dem rationalen (institutionellen) und dem traditionalen Typ auch der sog. charismatischen Herrschaft grundsätzliche »Legitimitätsgeltung« zu. Diese werde im Gegensatz zu den anderen von einem »Führer« getragen und beruhe »auf der außeralltäglichen Hingabe an die Heiligkeit oder die Heldenkraft oder die Vorbildlichkeit einer Person und der durch sie offenbarten und geschaffenen Ordnungen.[22]

Die in solchen Überlegungen reflektierten Bedürfnisse der deutschen Monopolbourgeoisie, die mit dem Beginn der allgemeinen Krise des Kapitalismus, mit dem Übergang von der Monarchie zur bürgerlich-parlamentarischen Republik und dem Abwehrkampf der Arbeiterklasse gegen eine Rücknahme der sozialen und politischen Errungenschaften der Novemberrevolution entstanden waren, bildeten für Weber keinen Gegensatz zur bürgerlichen Demokratie: »In der Demokratie wählt das Volk seinen Führer, dem es vertraut. Dann sagt der Gewählte: ›Nun haltet den Mund und pariert.‹ Volk und Parteien dürfen ihm nicht mehr hineinreden.«[23] Mit dieser Auffassung von einer »plebiszitären Demokratie«, die dem Reichspräsidenten der Weimarer Republik ein größeres Gewicht als dem Parlament zubilligte, und von der Rolle des persönlichen Charismas erfolgreicher plebiszitärer Politiker konstruiert Weber eine Nahtstelle zwischen den beiden Herrschaftsmethoden der Bourgeoisie.[24]

Diese Elemente aus dem Gesamtwerk Webers erfreuen sich in der Gegenwart der besonderen Aufmerksamkeit imperialistischer Politologen und Soziologen. So ist für D. Goetze die Schaffung des Begriffs der »charismatischen Herrschaft« einer der »wichtigsten Beiträge Max Webers zur soziologischen Theorie«. Weiter heißt es: »Dieser Begriff und der theoretische Hintergrund haben sich als außerordentlich wertvolle Mittel zur Analysen von sozialen und politischen Bewegungen erwiesen und sind für das Verständnis bestimmter Phänomene nahezu unentbehrlich geworden.«[25] F.W. Stallberg bestätigt vor allem unter Hinweis auf die Arbeiten des amerikanischen Soziologen R.E. Tucker, dass »am Ausbau des Charisma-Konzeptes und seiner Anwendbarkeit auf moderne Fälle politischer Führung gearbeitet wird«. Eine der Veränderungen soll darin bestehen, dass Webers »schrankenloses System von Gehorsamsanspruch und -bereitschaft« nun in seiner »Autoritätsbeziehung variabler« gestaltet werden soll.[26] In seinem Aufsatz über die »plebiszitäre Führerdemokratie« bei Max Weber gesteht W. Mommsen ein, dass Webers »elitistische Auffassung vom Wesen des politischen Führers [...] sich jedenfalls nicht *bruchlos* mit der klassischen demokratischen Lehre verträgt«, dass die »Stellung des Führers eine spezifische Überhöhung« erfuhr und die »Frage der Legitimität des materiellen Verfassungssystems als solche hinter der Rolle des Führers ganz zurücktritt.« Mommsen hält die Frage nach der Möglichkeit einer Umdeutung der Webersehen »Führerdemokratie« im autoritären Sinne für legitim, da ein »autoritärer Zug der Theorie Max Webers« sichtbar sei. Er will aber letztlich nicht in Frage stellen, »dass der Begriff der ›plebiszitären Führerdemokratie‹ seiner Intention nach durchaus demokratischen Charakter« besitze. Mommsen plädiert für »personalistische Formen demokratischer Herrschaftsausführung«, die angeblich »gegenüber inneren Krisen« weniger anfällig seien.[27]

Große Teile der herrschenden Klasse erklärten sich sowohl die militärische Niederlage des deutschen Imperialismus und Militarismus im ersten Weltkrieg als auch die Novemberrevolution aus einem angeblichen Versagen ihrer politischen Führer. Diese seien »willenlose, charakterschwache, unsichere, zagende Leisetreter, keine Männer der Tat« gewesen.[28] Der Münchener Nervenarzt Julius R. Roßbach, von dem Hitler offensichtlich viele Gedankengänge übernommen hat[29], erklärte dazu in einem Vortrag am 29. Januar 1919: »Das ewige Schwanken, das ständige Hin- und Hertaumeln der Reichsleitung in den Kriegszielfragen, bald Machtpolitik, bald wieder Verständigung, verhinderten es, dem Volke das eine *unbedingte Ziel* immer wieder zu geben und zu erhalten, den unbeugsamen Willen zum *Sieg*: ein *Ziel* unabänderlich, so wie der Polarstern ewig an der gleichen Stelle leuchtet.«[30]

Der vielfache »Schrei« nach neuen politischen Führern[31] war mit elitärer Volks- und Massenfeindlichkeit verbunden. Es galt solchen Führern der Bourgeoisie, die sich in der Beherrschung der revolutionierten werktätigen Massen zu »bewähren«[32] vermögen, sich gegen die Massen durchsetzen können und »den leidenschaftlichen Willen besitzen, dem Wort einst die Tat folgen zu lassen«.[33] Bei Roßbach liest sich dies so: »*Die Massenseele zeigt sich intellektuell tiefstehend, von einer überwertigen Idee beherrscht, weibisch, primitiv, wandelbar, launisch, höchst suggestibel, von ihrer Macht und Kraft überzeugt, automatisch handelnd, von starken Affekten geleitet, unwiderstehlich, barbarisch, grausam, zu allen Taten zu bewegen, von der gemeinsten, rohesten, lüsternsten bis zu den edelsten. Ihr erfolgreicher Führer muss ein harter Willensmensch sein. Nur der unerbittliche Wille zwingt Völkermassen* [...] *Hoffentlich erwächst dem deutschen Volk nun ein Führer.*«[34]

In der Zeit der Weimarer Republik fühlten sich viele bürgerliche Politiker und Militärs dazu berufen, ein solcher »Führer« zu sein. Mit dem Beginn der Weltwirtschaftskrise, die den Widerspruch zwischen den Profit- und Herrschaftsinteressen der Monopole und den Lebensinteressen der Volksmassen zuspitzte, zu Labilitätserscheinungen im zentralen Machtmechanismus führte und die Tendenzen zum Abbau der bürgerlich-parlamentarischen Herrschaftsform verstärkte, erreichte der »Ruf nach einem machtvollen Führer«[35] eine neue Dimension. Imperialistische Ideologen deklarierten die Führerfrage als das »inhaltsreichste und folgenschwerste Problem in unserer deutschen Wirrsal«[36] und verfälschten die Bestrebungen maßgebender Kreise des Monopolkapitals zur Errichtung eines offen diktatorischen Regimes zur Unterdrückung der Volksmassen in einen »vieltausendstimmigen Chor deutscher Herzen nach dem einen Mann aus ›Millionen‹, dem es beschieden sei, das Volk in seinen Tiefen aufzuwühlen zu gemeinsamer Gefolgschaft auf der Bahn zum Wiederaufstieg«.[37] In zunehmendem Maße lehnten alle bürgerlichen Organisationen mehr oder weniger konsequent den Typ des sog. Honoratiorenpolitikers an ihrer Spitze ab, wobei dies von den extrem reaktionären Kräften eng mit ihren Vorwürfen an die »bloß debattierenden Parlamentarier«, an die »ängstlichen«, weil auf die rechten Sozialdemokraten Rücksicht nehmenden Liberalen sowie an die »korrupten Bonzen« verknüpft wurde. Nicht nur die NSDAP bemühte sich darum, in ihren eigenen Reihen die Disziplin zu festigen, den angestrebten Gehorsam ihrer Mitglieder zu erzwingen und die Autorität ihres Parteiführers zu verstärken. Offen bekannte die Bayerische Volkspartei 1929: »Alle Welt ruft nach Führung. Für die politischen Parteien ist das Führerproblem zum zentralen Problem geworden.«[38] Bereits 1928 ließ Carl Cremer, Reichstagsabgeordneter der Deutschen Volkspartei, keine Zweifel darüber, dass die »Führerkrise« zu einer »Gefahr für das politische Leben der Nation« geworden sei.[39] Das »faschistische Führertum« und der aufwendige Kult um die »Führer«, was bürgerliche Historiker als allein dem Faschismus wesenseigene Strukturelemente betrachten,[40] sind organisch mit der bürgerlichen Gesellschafts- und Wirtschaftsordnung, mit dem Imperialismus und der allgemeinen Krise des Kapitalismus verknüpft.

* * *

Wenn konkret nach der Rolle von Führern bürgerlicher Parteien im imperialistischen Deutschland wie nach der Spezifik der Gestaltung und Zielstellung der Biographie eines bürgerlichen Politikers gefragt wird, dann ist davon auszugehen, dass diese nicht nur die grundsätzlichen Klasseninteressen und die historische Defensivposition des Imperialismus widerspiegeln muss, sondern auch seine situationsbedingten strategischen und taktischen Zielsetzungen[41] sowie die wesentlichen Merkmale, »Vorzüge« und Mängel des politischen Herrschaftssystems und des darin eingebetteten Parteiensystems. Jede konkrete Erscheinungsform der politischen Organisiertheit der Monopolbourgeoisie verlangt spezifische Formen der »Führung« im Mechanismus der Monopoldiktatur; Führung ist ein unabdingbares, notwendig vorhandenes und insofern auch normales Korrelat einer zielgerichteten Assoziation. Indem einzelne Personen oder ganze Gruppen hervortreten und sich an die Spitze von Bewegungen, Aktionen und Organisationen stellen, widerspiegeln und erfüllen sie ein objektives Erfordernis. »Keine einzige Klasse in der Geschichte«, stellte Lenin fest, »ist zur Herrschaft gelangt, ohne ihre eigenen politischen Führer [...] hervorgebracht zu haben, die fähig waren, die Bewegung zu organisieren und zu leiten.«[42] Jede bürgerliche Partei verfügt daher auch an ihrer Spitze über einen Kreis von unterschiedlichen, insgesamt aber relativ gleichrangigen, gleich bedeutsamen Leitern bzw. Führern. Dies sind, so Lenin, die »autoritativsten, einflussreichsten, erfahrensten, auf die verantwortungsvollsten Posten gestellten Personen«.[43] Die herausragenden Individuen an der Spitze bürgerlicher Parteien sind in der Regel besonders befähigte, aber auch besonders herausgestellte Personen. Die Ursachen ihrer »Herausstellung« liegen im Bereich der Wechselbeziehungen von objektiven Bedürfnissen, entsprechenden Situationen und subjektiven Fähigkeiten (Talente); sie sind im Zusammenhang mit den jeweiligen Herrschaftsmethoden des Imperialismus zu sehen und für jeden Einzelfall konkret zu untersuchen.[44]

Nicht jede bürgerliche Partei muss unter ihren Führern auch absolut herausragende Personen besitzen, also *den* Führer der Partei, der sich über den immer vorhandenen Kreis relativ gleichrangiger Führer erhebt oder sogar an deren Stelle tritt. Für die Bismarck-Zeit würde die Bezeichnung als außerordentlich wirksamer bürgerlicher Parteipolitiker auf den Zentrumsführer Ludwig Windthorst und mit Abstrichen für Karl Wilhelm Rudolf v. Bennigsen und Eugen Richter zutreffen, für die Weimarer Zeit auf Gustav Stresemann, Alfred Hugenberg und Adolf Hitler.[45] Dies soll keine »Rangliste« darstellen, vielmehr interessieren die kausalen Aspekte für das Auftreten und für den Handlungsspielraum qualitativ unter schiedlicher Personen an der Spitze der Parteien des Imperialismus. Dazu gehört die bereits angedeutete Tatsache, dass jede bürgerliche Partei die Führer hat, die die Existenzbedingungen der herrschenden Klassen erlauben bzw. erfordern. Hier gilt, was Karl Marx unter Berufung auf den französischen Aufklärer Helvetius formulierte: »Jede Gesellschaftsepoche braucht ihre großen Männer, und wenn sie dieselben einmal nicht findet, erfindet sie sie.«[46] Jede bürgerliche Partei hat darüber hinaus im Prinzip aber auch die ihrem Wesen und ihrer eigenen Zielsetzung adäquaten Führer. So bemerkte bereits Franz Mehring zu der Erscheinung, dass in der Zentrumspartei »einem Führer von ausgeprägter Persönlichkeit, wie Windthorst ihn darstellte, ein »Führer von so verwaschener Individualität wie Lieber« gefolgt sei, dass »die Führer einer Partei nicht dieser ihr Wesen aufprägen, sondern umgekehrt, dass jede Partei sich die Führer erzeugt, die sie braucht«. Weiter erklärte Mehring: »Nicht weil Windthorst ihr Führer war, trieb das Zentrum zu Windthorsts Zeit eine gescheitere Politik als zu Liebers Zeit, sondern als die Partei eine gescheitere Politik trieb, brauchte sie einen Führer wie Windthorst, während sie im letzten Jahrzehnt sich an einem Lieber genügen lassen konnte, ja in ihm ihr eigentliches Wesen verkörpert sah.«[47]

Trotz aller Bedeutung der Führer für ihre Parteien lässt sich also der Satz, dass jede bürgerliche Partei im Prinzip die ihr adäquaten Führer besitzt, nicht umkehren. Es gibt keine Partei *der* Führer oder *für* den Führer. Es gibt keine »Führer«-Partei im Sinne der verbreiteten bürgerlichen These von der NSDAP als »Führer«- bzw. »Hitlerpartei«. So herausragend die Person Hitlers auch war, sie verlangt zur grundsätzlichen Erfassung ihrer geschichtlichen Rolle im Prinzip methodologisch und biographisch-theoretisch nichts anderes als das, was auch etwa zu der von Stresemann oder Hugenberg erforderlich ist.

So wie die faschistische Diktatur organisch aus anderen Herrschaftsformen des Imperialismus hervorgegangen war und die NSDAP – trotz aller ihrer Spezifik – die Grundzüge des bürgerlichen Parteienwesens bis zur extrem reaktionären Konsequenz geführt hat[48] besteht auch ein enger, organischer Zusammenhang zwischen den unterschiedlichen Formen der politischen Führung und den Führern der Monopolbourgeoisie. In dieser Hinsicht brachte der Faschismus ebenfalls die reaktionärste Konsequenz einer im Wesen des Kapitalismus immanent enthaltenen und angelegten Erscheinung hervor. Alexander Abusch bezeichnete 1934, gestützt auf Marx[49], das faschistische Prinzip der politischen Führung als »eine Herrschaftsmethode«, die das kapitalistische »Ausbeutungs- und Abhängigkeitsverhältnis auf die Spitze treibt.« Es sei »nur der politische Abklatsch des zur äußersten Brutalität entwickelten Ausbeutungsverhältnisses im kapitalistischen Reproduktionsprozess.«[50] Außerdem bedeutete das faschistische Führerprinzip (bedingungslose Autorität oben nach unten und absoluter Gehorsam von unten nach oben; Beseitigung aller Elemente einer wie auch immer gearteten Mitwirkung der werktätigen Massen an der an der Leitung von Gesellschaft und Staat; Beseitigung der in den bürgerlichen Parteien vorhandenen formalen innerparteilichen Demokratie; terroristische Durchsetzung der monopolbourgeoisen Interessen und demagogische Gleichsetzung dieser Interessen mit denen der Ausgebeuteten und Unterdrückten) eine Übertragung des militärischen Führer-Gefolgschafts-Prinzips und damit eines wichtigen Aspekts der inneren Funktion des Militarismus auf das gesellschaftliche Leben schlechthin.

Diese objektiven Zusammenhänge werden von der bürgerlichen Geschichtsschreibung geleugnet und nicht nur von den konservativen Ideologen, für die sich der Faschismus geradezu als eine »zeitweilige Übereignung der deutschen Geschichte an Hitler«[51] und der oberste faschistische Führer als die »mediale Drehscheibe« des Geschehens in Deutschland zwischen 1933 und 1945[52] darstellen. Auch Historiker, die sieh der sog. Sozialgeschichtsschreibung verpflichtet fühlen, greifen zu irrationalen Erklärungsmodellen. So versucht H. A. Winkler, die strategischen Ziele des deutschen Faschismus – darunter versteht er den Antimarxismus, den Antisemitismus und die Eroberung von Lebensraum – von ihren klassenmäßigen Wurzeln zu lösen, indem er behauptet: »Die Autonomie des nationalsozialistischen Führungskerns – in letzter Instanz: Hitlers selbst – bei der Festsetzung der säkularen Endziele ist unbestreitbar.«[53] Der Autonomie-Begriff wird von vielen bürgerlichen Historikern vor allem auf die Entstehung der faschistischen Partei angewandt, um eine »von direkt kapitalistischer Urheberschaft«[54] freie, eigengesetzliche und letzten Endes psychologisierende Deutung zu ermöglichen.

Für die notwendige Untersuchung des Zusammenhangs, der Wechselbeziehungen zwischen der jeweiligen imperialistischen Herrschaftsform und den entsprechenden Typ von Führern bürgerlicher Parteien ist auffällig, dass solche autoritativ-diktatorischen Typen wie Hugenberg und Hitler an der Spitze der jeweils reaktionärsten Rechtsparteien standen, während sich solche führenden Politiker wie Friedrich Naumann in der Deutschen Demokratischen Partei und Wilhelm Marx in der Zentrumspartei in hohem Maße den Entscheidungen der führenden Gremien unterordneten. Als sich Carl Friedrich v. Siemens und Hjalmar Schacht in der Führung der DDP nicht durchsetzen konnten, verließen sie 1924 bzw. 1926 die Partei. Das lässt möglicherweise den Schluss zu, dass eine bürgerliche Partei in dem Maße autoritäre und besonders herausgestellte Führer braucht, je reaktionärer ihr Programm ist und je weiter rechts sie steht. Das bedeutet nicht, dass die Führer der reaktionärsten Parteien zugleich auch herausragende, besonders befähigte Personen sein müssen. Zumindest ist offensichtlich, dass die autoritär-faschistische Herrschaftsform mit ihrer extremen Zentralisierung der Macht, mit der terroristischen Disziplinierung der Massen, mit dem »Führer-Kult« und der Volksgemeinschaftsdemagogie einen anderen, massenwirksameren und zugleich autoritäreren Führertyp verlangt als die bürgerlich-parlamentarische Herrschaftsform mit den ihr adäquaten Formen der Bindung der Massen, an den imperialistischen Machtmechanismus.

Diesen Zusammenhang sowie die Tatsache, dass die Führungsschicht der bürgerlichen Parteien – wenn auch mit unterschiedlichem Anteil – die für den deutschen Imperialismus entscheidenden Aufgaben nach 1918 mit Erfolg gelöst hatte, verkannten die rechtsextremen Kritiker mit ihrer besonders in der Zeit des Übergangs von der Periode der relativen Stabilisierung des Kapitalismus zur Periode der Weltwirtschaftskrise erhobenen Klage über den »Führungsmangel«[55] bzw. über die mangelnde Qualität der Führer des Weimarer Staates. So kam der Historiker A. Wahl zu der Auffassung, dass »in der parlamentarischen Demokratie [...] fast ausnahmslos nur Mittelmäßigkeit in die Führerstellen« käme, ja, er meinte sogar, dass »der elementarische Parlamentarismus eine instinktive Scheu vor der bedeutenden Persönlichkeit« hab.[56] Für die völkisch-chauvinistische« Deutsche Industriellenvereinigung« lag eine der zentralen Schwächen des Weimarer Staates gerade darin, dass »in der Führerkreation und in der Schaffung von Zucht- und Erziehungsformen für die staatsführende Schicht das parlamentarisch-demokratische System versagt« habe[57] Der deutschnationale Reichstagsabgeordnete Friedrich Lent reihte sich in diese Gedankenkette ein, wenn er meinte, dass im Parlamentarismus, »um die Führung eines großen Mannes durchzusetzen, nur die Wahl zwischen besonderer Ermächtigung oder Revolution, also zwischen freiwilliger der erzwungener Beseitigung des Systems«[58] bleibe. Diese rechtsextreme »Führererwartung« ließ von vornherein keinen Zweifel daran, dass ihr Ruf nach dem »starken Mann« nicht nur auf die Zerschlagung der revolutionären Arbeiterbewegung zielte, sondern gleichzeitig auch eine Kampfansage an das bürgerlich-parlamentarische System bedeutet: stand für sie doch die »Idee der Demokratie [...] mit der Idee des Führertums in Widerspruch. Die Wirklichkeit der Demokratie zeigt keine Führerpersönlichkeit und keine Möglichkeiten, solche zu verwirklichen.«[59]

Auf das Problem des »Führermangels« wirkt auch die Krise des politischen Machtsystems und der bürgerlichen Ideologie ein. Diese zwingt die herrschende Klasse zu häufigerem »Auswechslung« abgenutzter, d.h. für die Beeinflussung der werktätigen Massen unwirksam gewordener Methoden und Konzeptionen. Das ist zwangsläufig auch mit dem »Wechsel« bzw. dem »Ersetzen« von Personen sowie mit der Suche nach geeigneten neuen Führern, aber in der Regel mit keinen größeren, an die Substanz gehenden Komplikationen für die jeweilige Partei verbunden.[60] Allerdings kann der Abtritt dominierender Führerpersönlichkeiten (noch dazu unter den Bedingungen einer auf den »Führer« zugeschnittenen Herrschaftsmethodik) mit größeren Risiken für die betreffende Partei verbunden sein; sei es, dass sich mehrere potentielle Anwärter um die Führungsfunktion streiten (so nach dem Tode Gustav Stresemanns und nach dem Abtreten Konrad Adenauers) oder dass latente krisenhafte Erscheinungen nun offener zutage treten, wie nach dem Tode Windthorsts. Als der im März 1891 verstarb, gab der spätere Reichskanzler Georg von Hertling seiner Ratlosigkeit in einem Privatbrief Ausdruck: »So hat uns also der schwerste Schlag getroffen! Obwohl man ihm seit Jahren entgegensehen musste, hat er uns dennoch völlig unvorbereitet überrascht. Was werden wird, kann niemand sagen.«[61]

Es käme einer Personalisierung der bürgerlichen Parteiengeschichte gleich, wenn die Ursachen der krisenhaften Prozesse im Zentrum beim Übergang zum Imperialismus im Fehlen einer herausragenden Führerpersönlichkeit gesucht würden, doch es bleibt unbestritten, dass sich dieser Aspekt zusätzlich verschärfend auswirkte. K. Bachem macht in seiner Zentrumsgeschichte aus der Not eine Tugend, wenn er für das Zentrum des 20. Jahrhunderts das Fehlen eines »einzelnen überragenden« Führers konstatiert, zugleich aber darauf verweist, dass die Partei »eine ganze Reihe von Mitgliedern (besaß), welche treffliche Führungseigenschaften aufwiesen. Wenn diese zusammenhielten und sich untereinander verständigten, war das Nichtvorhandensein eines allgemein anerkannten Einzelführers zu verschmerzen.«[62] Die hier anklingende Arbeitsteilung innerhalb der Führungsgremien bürgerlicher Parteien spiegelt Entwicklungsprozesse wider, die mit der Ablösung der sog. Honoratiorenparteien durch straff geleitete große »Massenparteien«, mit den vielfältigen Anforderungen der Parlamentsarbeit, mit der Anleitung der zahlreichen Hilfs-, Frauen- und Jugendorganisationen der jeweiligen Partei in Zusammenhang stehen. Das vielfältige Beziehungsgeflecht zwischen dem im Vordergrund stehenden nominellen oder faktischen Parteiführer und dem mehr im Verborgenen arbeitenden Führungsgremium, von dem vielfach die entscheidenden strategischen Impulse ausgehen und in denen die Interessen der herrschenden Klasse direkt reflektiert werden, gehört zu den am wenigsten erforschten Problemkreisen in der Geschichtsschreibung über die bürgerlichen Parteien.

Einen richtungsbestimmenden und objektiv determinierten Rahmen für die Entfaltung der individuellen Wirksamkeit von Parteiführern bildet die relativ starke historische Kontinuität in der Gesamtstruktur des bürgerlichen Parteienwesens. In der Regel sind die Auswirkungen der persönlichen Fähigkeiten und Eigenschaften auf alle Parteien und deren Platz in der Gesellschaft zeitlich (z.B. von Wahl zu Wahl) und institutionell (von Satzungen, Geschäftsordnung usw.) begrenzt.[63] Bei der Gründung politischer Organisationen spielen die Führer in der Regel eine größere Rolle als im weiteren Entwicklungsprozess dieser Organisationen, besonders wenn diese bereits eine gewisse gesellschaftliche Größe darstellen.[64] Aus der individuellen und subjektiven Widerspiegelung objektiver Bedürfnisse, Gesetzmäßigkeiten und Trends werden unter dem Zwang der Bewährung und des Erfolgs zunehmend verobjektivierte Faktoren, die für die jeweilige Organisation mehr und mehr den Charakter objektiver Anforderungen annehmen. Die Führer bürgerlicher Parteien sind für diese Anforderungen und deren Entwicklung im Rahmen der Realisierung ihres »gesellschaftlichen Auftrags« von großer Bedeutung, wobei es im einzelnen unterschiedliche Alternativmöglichkeiten gibt.

Ferner ist die Tatsache zu beachten, dass eine wichtige Aufgabe der bürgerlichen Parteien in der Auswahl, Erziehung und Erprobung von Führern im Dienste des Monopolkapitals besteht. Diese Kader müssen aus der eigenen Klasse, aber auch aus anderen Klassen und Schichten gewonnen werden. Die Organisierung von »Karrieren« gehört daher zum täglichen Geschäft und erhält spätestens seit der Weimarer Republik durch die Gründung von Parteischulen, Hochschulen für politische Bildung usw. systematischen Charakter. Der im faschistischen deutschen Imperialismus besonders starke Führerbedarf und -verschleiß war bedingt durch den Zwang zum ständigen Ausbau und zur Vervollkommnung des riesigen Organisationsapparates, aber auch generell durch die dem Faschismus wesenseigenen Existenzbedingungen. Die Faschisten gaben der Frage des Führernachwuchses einen gewichtigen Stellenwert. Nach Konstantin Hierl mussten die »oberen und obersten Führer [...] besonders darauf bedacht sein, junge Führer von überragendem Persönlichkeitswert und besonderer Begabung ausfindig zu machen, ihre weitere Entwicklung zu fördern und ihnen bei Bewährung den Weg nach oben zu ebnen. Die Auslese, die in bewegten, revolutionären Zeiten der Kampf vollzieht, muss in ruhigeren Zeitläufen die auf große Ziele gerichtete Personalleitung vollziehen.«[65]

* * *

Im Zusammenhang mit den hier behandelten Problemen erhebt sich notwendigerweise die Frage, durch welche *individuellen* Fähigkeiten, Denkweisen und Handlungen Führer einer Partei sich aus ihrer Organisation und oft auch ihrer Klasse herausheben und ihrer exponierten Stellung gerecht werden. Die primäre Rolle kommt jenen Fähigkeiten und Eigenschaften zu, die eine frühere und tiefere Erkenntnis der allgemeinen Interessen der herrschenden Klasse ermöglichen, als sie das Gros der Parteimitglieder besitzt. Solche Führer haben die Fähigkeit sich vorzustellen, was in konkreten oder künftigen Situationen mit Zielstrebigkeit und Entschlossenheit getan werden muss, um die grundlegenden Interessen der Ausbeuterklasse gegen die unterdrückten Werktätigen, insbesondere gegen die Arbeiterklasse, staatlich-rechtlich, politisch, ideologisch oder organisatorisch durchsetzen zu können. Diese »Weitsicht« hebt sich von der Interessenvertretung allein bestimmter Gruppen und Fraktionen der herrschenden Klasse ab. So sprach der alldeutsche Expansions- und Annexionspolitiker Hugenberg bereits 1914 die Befürchtung aus: »Die Arbeiter, die aus dem Krieg zurückkommen, werden mit großen Ansprüchen an die Arbeitgeber herantreten, weil der Wandel gewisser Arbeiterkreise in Bezug auf ihre nationalen Anschauungen (Unterstützung der Kriegsanstrengungen) noch keineswegs die sozialen Gegensätze beseitigt hat.« Als Lösung dachte er zunächst an eine weitherzige Lohnpolitik im Ergebnis eines großen Zuwachses an »Gebiet und wirtschaftlicher Kraft«.[66] Die Niederlage des deutschen Imperialismus ließ jedoch eine solche Variante nicht zu; das Medienmonopol Hugenbergs in den zwanziger Jahren diente deshalb auch dazu, mit Hilfe umfangreicher Manipulationsmechanismen diese »sozialen Gegensätze« zu verschleiern.

Bürgerliche Parteiführer zeichnen sich in ihrer Individualität weiterhin dadurch aus, das sie besser als andere in der Lage sind, den Platz der von ihnen vertretenen Klassen- und Gruppeninteressen im Klassenkampf, im Kräfteverhältnis der Klassen, im politischen Machtmechanismus und im Konkurrenzkampf zu bestimmen. Sie vermögen, gesellschaftliche Entwicklungsprozesse zwar nicht grundsätzlich, aber zumindest in einem solchen Umfang zu erkennen, der eine fördernde oder eine hemmende Einflussnahme ermöglicht. Sie sind fähig, dahingehend auf die objektiven Verhältnisse einzuwirken, dass die fortschrittlichen Klassenkräfte an der Verwirklichung ihrer Ziele zeitweise gehindert werden. Politische Führer der Bourgeoisie heben sich auch dadurch von der Masse der Angehörigen der herrschenden Klasse ab – soweit dies nicht arbeitsteilig bedingt ist –, dass sie sich in den taktischen Formen und Mitteln des Klassenkampfes besser auskennen. Sie verstehen es, in veränderter Situation die Formen und Mittel unverzüglich zu wechseln und die Kräfte umzugruppieren. Sie vermögen darüber hinaus, strategisch zu denken, d.h. über den unmittelbaren Tageskampf hinaus Aufgaben zu formulieren.

Bismarck etwa war in der Lage, die »strategischen Hauptziele von den taktischen Methoden und von diesen wieder die wechselnden taktischen Manöver und Kunstmittel, kurz das Konstante vom Variablen, das Übergeordnete vom Untergeordneten zu unterscheiden«.[67]

In engem Zusammenhang mit diesen Fähigkeiten, die die politischen Führer aus ihrer Klasse herausheben, steht auch ihre deutlich formulierte und erkennbare »Kampfkraft« gegen die progressiven Kräfte. So zeichnen sich die Führungskräfte dadurch aus, dass sie rechtzeitig und kaltblütig die objektiven und subjektiven Schwächen der Kräfte ihres Klassengegners, der Arbeiterklasse und aller fortschrittlichen Werktätigen, zu nutzen verstehen. Beispielsweise begannen einzelne bürgerliche Politiker relativ frühzeitig die Anfänge des Opportunismus in der deutschen Arbeiterbewegung in neue strategische Konzeptionen zur Niederhaltung der Arbeiterklasse einzuarbeiten und die Spaltung der Arbeiterklasse zielgerichtet zu fördern.

Das Bestreben der fähigsten Führer der Bourgeoisie geht in der Regel dahin, in ihrem Verhältnis zu den werktätigen Massen eine solche Stellung zu beziehen, die der Stabilisierung und der Sicherung bürgerlicher Klassenherrschaft dient. Sie müssen deshalb fähig sein, einen bedeutenden Beitrag zur politischen Organisiertheit der herrschenden Klasse zu leisten.[68] Eine der letzten größeren politischen Aktionen von Windthorst in der klerikalen Geschichtsschreibung häufig als sein »Testament« ausgegeben war die Gründung des »Volksvereins für das katholische Deutschland«, der in den Jahren vor dem ersten Weltkrieg zumindest in den katholischen Gebieten der Ausbreitung der sozialistischen Arbeiterbewegung hartnäckigen Widerstand leistete. Die vielfältigen organisatorischen Aktivitäten von Stresemann und Hugenberg weisen in die gleiche Richtung.

Mit dem Übergang zum Imperialismus gewinnt ein wichtiges Merkmal bourgeoiser »Führerqualifikation« wachsende Bedeutung: die Fähigkeit zur politischen und ideologischen Manipulation der Massen. Im 19. Jh. erfassten die bürgerlichen Parteien vor allem die Angehörigen der eigenen Klasse, um diese für das Funktionieren des Staates als des wichtigsten Instruments ihrer Klassenherrschaft zu organisieren und zu mobilisieren. Der im Gefolge des Übergangs zum Imperialismus wachsende Widerspruch zwischen der kleinen Schicht ökonomisch-politischer Machtträger und der breiten Masse der Werktätigen führte zu einer neuen Qualität im Verhältnis zwischen Staat und herrschender Klasse sowie zwischen Staat und Gesellschaft. Angesichts der Tatsache, dass die Schaffung eines breiten Systems manipulierter Massenbeeinflussung für den Imperialismus zu einer Existenzfrage[69] und die Integrationsfähigkeit des bürgerlichen Parteienwesens gegenüber den Massen für die Monopolbourgeoisie zu einem ausschlaggebenden Faktor geworden war, konnten politische Führer der Bourgeoisie und ihrer Parteien im allgemeinen nur solche Persönlichkeiten sein, die auch die Voraussetzungen dafür mitbrachten, auf größere Teile der Massen zu wirken.

Die wachsende Konzentration der Führerfunktion auf die Aufgaben der Massenbindung und -manipulation spiegelte sich bereits in den vielfältigen Überlegungen bürgerlicher Ideologen und Parteipolitiker wider, die zunächst während der Novemberrevolution, dann aber auch vor allem am Ende der Weimarer Republik angestellt worden sind. Kaum eine bürgerliche Partei hat sich nicht mit diesem Aspekt des sog. Führerproblems beschäftigt. In Fortführung von Max Weber definierte der Soziologe Leopold von Wiese 1933 den Führungsbegriff so: »Führung im weiteren Sinne ist dann festzustellen, wenn von einem oder mehreren Menschen der Wille anderer Menschen, Menschenmassen oder Menschengruppen in einem Maße beeinflusst wird, dass ihr Tun und Lassen mehr oder weniger als Folge dieses Einflusses anzusehen ist.«[70] Die Bindung von »Gemeinschaft« an »Führertum« wurde im autoritären Sinne verstanden, denn – so hieß es in einer jungkonservativen Schrift – »eine Führung, die sich nur auf das Vertrauen der Massen stützt, ein Regiment, das den Regierten nicht *gegenübertritt*, sondern sie *vertritt*, auf geheimnisvolle Weise mit ihnen eins ist, hat nur uneigentliche Legitimität«[71].

Die angebliche Notwendigkeit autoritären »Führertums« wurde hauptsächlich mit politischen Erfordernissen, aber auch mit pseudowissenschaftlichen Argumenten gerechtfertigt. In der militärtheoretischen Zeitschrift »Wissen und Wehr« wurde 1930 auf einen sog. Unterordnungstrieb hingewiesen, der unter den »sozialen Trieben [...] für den Feldherrn und Politiker seine besondere Bedeutung« habe. Er verlange seiner Natur nach »nach Betätigung«, nach »Unterordnung unter leitende politische Ideen«. Der Beitrag gipfelte in der Feststellung: »Unbezähmbar ist im Menschen das Verlangen nach Führung. Der Staat muss nur lernen, dem Unterordnungstrieb des Menschen diejenigen Werte zu geben, die die Zeitumstände verlangen.«[72]

Der faschistische deutsche Imperialismus, der die höchste und umfassendste Form der direkten und einheitlichen organisatorischen Bindung von Massen an ein Regime war und der alle seine Möglichkeiten intensiv nutzte, sich Gehör und Einfluss unter den Massen zu schaffen, widmete dem Führerkriterium der »Volksgemeinschaft und Volksverbundenheit«[73] besondere Aufmerksamkeit. Der sog. Reichsarbeitsführer Konstantin Hierl formulierte dies folgendermaßen: »Führen heißt: eine Gefolgschaft an ein vorgeschriebenes Ziel zu bringen, also bestimmte Leistungen mit ihr erzielen [...] Der Führer muss seiner Gefolgschaft den Weg zum Ziel weisen und sie auf diesem Wege mit sich reißen. Dazu muss er Macht besitzen über ihren Willen [...] Damit die Gefolgschaft dem Führer auf dem von ihm gewiesenen Weg folgen kann, muss er ständig erzieherisch auf sie einwirken.«[74]

Der persönliche Anteil, den die Führer der bürgerlichen Parteien vor 1933 und die Führer der NSDAP vor und zur Zeit der faschistischen Diktatur an der Disziplinierung und Mobilisierung großer Teile der Massen hatten, ist nicht gering zu veranschlagen. Dabei geht es nicht nur um die direkte parteipolitische Erfassung von werktätigen Massen, die freilich nicht überschätzt werden darf[75], sondern auch um die von den Parteiführungen gelenkten Hilfs- und Nebenorganisationen bzw. Vereinigungen, die nur mittelbar mit der »Mutterpartei« verbunden sind.[76]

* * *

Untersuchungen zur Rolle der Führer politischer Parteien im Imperialismus bestätigen die Richtigkeit der marxistisch-leninistischen Theorie und die Erkenntnis Plechanows, dass »Persönlichkeit kraft der gegebenen Besonderheiten ihres Charakters die Geschicke der Gesellschaft beeinflussen können«, die Möglichkeiten dieser Beeinflussung und ihr Ausmaß aber »durch die Organisation der Gesellschaft, durch das Wechselverhältnis ihrer Kräfte bestimmt« sind. »Die persönlichen Besonderheiten der führenden Personen bestimmen das individuelle Gepräge der historischen Ereignisse, und das Element des Zufälligen [...] spielt stets eine gewisse Rolle im Verlauf dieser Ereignisse, deren Richtung in letzter Instanz bestimmt wird durch die sogenannten allgemeinen Ursachen, d. h. in Wirklichkeit durch die Entwicklung der Produktivkräfte und die gegenseitigen Beziehungen der Menschen im gesellschaftlich-ökonomischen Prozess der Produktion.«[77]

Der extreme Gedanke Friedrich Nietzsches, dass ein Volk »der Umschweif der Natur ist, um zu sechs, sieben großen Männern zu kommen«[78], ist für das gegenwärtige bürgerliche Geschichtsdenken nicht typisch; zahlreiche Beispiele bestätigen jedoch, dass wesentliche Richtungen der bürgerlichen Geschichtsschreibung nach wie vor dem Heroenkult eines Thomas Carlyle[79] verhaftet sind. Solche Historiker sind unfähig, der sozialen und ökonomischen Determiniertheit, der auch die großen Persönlichkeiten unterliegen, Rechnung zu tragen. Insofern ist die Stagnation und die Krise in der bürgerlichen Biographik Teil der Krise der bürgerlichen Historiographie überhaupt.[80]

Marxistisch-leninistische Forschungen und Darstellungen zur Rolle bürgerlicher Parteiführer können dazu beitragen, tiefer in das Wesen des Imperialismus einzudringen und grundlegende Prozesse und Ereignisse der Geschichte des deutschen Volkes im 20. Jh. besser in ihrer Dialektik zu erfassen. »Wer die Gegenkräfte kaum oder gar nicht wahrnimmt, gerät zu Fehleinschätzungen nicht allein im Objektiven, sondern auch im Subjektiven.«[81] In Biographien bürgerlicher Führer kann der Klassengegner der Arbeiterklasse dann konkret fassbar werden, wenn er in seinen individuellen Wesenszügen und »mit derben rembrandtschen Farben«[82] geschildert wird.

Neben den hier angedeuteten Fragen scheinen für künftige biographische Forschungen über politische Führer der Bourgeoisie u. a. weitere Probleme untersuchenswert, wie die Relation von Notwendigem und Zufälligem in der Existenz und Wirksamkeit unterschiedlicher Typen von politischen Führern der Bourgeoisie; das Problem der »optischen Täuschung«, da gegenüber den tatsächlichen Führern viele potentielle Kräfte nicht »aus der Möglichkeit in die Wirklichkeit übergegangen« sind[83]; Risiko und Risikobereitschaft beim Wechsel politischer Führer der Bourgeoisie in Abhängigkeit von tatsächlicher und subjektiv erfasster Situation; die einen Führer auszeichnenden Charaktereigenschaften und deren konkreter Wirkung in jeder Etappe ihrer Entwicklung; Knotenpunkte von Persönlichkeitsentwicklung und gesellschaftlichen Konfliktsituationen; Vergleich politischer Führer der Bourgeoisie und ihrer Wirksamkeit; die Rolle von Führungsgremien in den bürgerlichen Parteien; die spezifischen Quellen, die zum Erfassen der tatsächlichen Rolle eines bürgerlichen Parteiführers heranzuziehen sind.

Anmerkungen

1 Vgl. bibliographische Angaben bei A. Laschitza, Franz Mehring – ein Lehrmeister der marxistischen Biographik, in: Beiträge zur Geschichte der Arbeiterbewegung, 1976, H. 1, S. 65; vgl. auch die Rubrik »Biographische Skizze« in der Zeitschrift »Beiträge zu Geschichte der Arbeiterbewegung«.

2 Vgl. H. Wessel: Marginalien zur MEGA nebst Randglossen über alte und neue »Marxologen«, Berlin 1977, S. 43.
3 Marxistisch-leninistisches Geschichtsbild und Weltanschauung der Arbeiterklasse, Berlin 1975, S. 131.
4 In dem Bd. »Männer der Revolution von 1848«; vgl. ferner die umfangreichen Biographien über Robert Blum (S. Schmidt), Claus Graf Schenk v. Stauffenberg (K. Finker), Pater Josef Metzger (K. Drobisch).
5 Über Gustav Stresemann, Paul von Hindenburg, Matthias Erzberger.
6 Zu nennen sind die Biographien über Theobald v. Bethmann Hollweg (W. Gutsche), Charles de Gaulle (G. Fuchs und H. Henseke) und Alfred Hugenberg (G. Honigmann).
7 Einen ersten Ansatz stellt der in Anm. 1 erwähnte Beitrag dar.
8 J. Oelkers: Biographik-Überlegungen zu einer unschuldigen Gattung, in: Neue Politische Literatur; 1974, H. 3.
9 So z. B. H. Soell: Fritz Erler. Eine politische Biographie, Bd. II, (West)Berlin/Bonn-Bad Godesberg 1976, S. 1003.
10 G. Mann: Pro domo oder Gedanken über Geschichtsschreibung, in: Neue Rundschau. 1972, Nr. 2, S. 230 f. Vgl. dazu E. Engelberg: Ereignis, Struktur und Entwicklung in der Geschichte, in: 1975, H. 6, S. 620 (abgedr. in: Probleme der geschichtswissenschaftlichen Erkenntnis. Hrsg. von E. Engelberg/W. Küttler, Berlin 1977, S. 17 f.).
11 Vgl. dazu R. Barthel: Klassenwiderspruch und historischer Fortsehritt. In: Probleme der geschichtswissenschaftlichen Erkenntnis.
12 Engelberg, Ereignis, Struktur und Entwicklung, S. 620 f.
13 W. Ruge: Hindenburg. Porträt eines Militaristen, Berlin 1974, S. 9 f.
14 Vgl. auch H. Otto: Schlieffen und der Generalstab. Der preußisch-deutsche Generalstab unter der Leitung des Generals v. Schlieffen 1891–1905, Berlin 1966, S. 217 ff.
15 Vgl. z. B. die groteske Kennzeichnung von Goebbels als nahezu faustische Symbolfigur eines allgemeinen »deutschen Schicksals« bei A. v. Manikowsky: Goebbels. Was der Mann neben Hitler dachte, was er tat – und wie er sich in seinen geheimen Tagebüchern enthüllt, in: Stern, 1977, Nr. 35.
16 W. I. Lenin, Werke, Berlin 1955 ff., Bd. 22, S. 922.
17 Vgl. Die allgemeine Krise des Kapitalismus. Triebkräfte und Erscheinungsformen in der Gegenwart, Berlin 1976, S. 26.
18 Hugo Preuß: Recht und Freiheit. Aus vierzig Jahren deutscher Politik und Geschichte. Hrsg. von E. Preuß, Hildesheim 1964, S. 551.
19 Max Weber: Parlament und Regierung im neugeordnete Deutschland, in: ders., Gesammelte politische Schriften, München 1921, S. 259.
20 Macht bedeutet nach Weber »jede Chance innerhalb einer sozialen Beziehung (das kann die zwischen Lehrer und Schüler, Eltern und Kinder, Vorarbeiter und Arbeiter genauso sein wie die zwischen Herrschenden und Beherrschten, zwischen Kapitalist und Arbeitern, M. W. / H. G.) den eigenen Willen auch gegen Widerstreben durchzusetzen, gleich viel worauf diese Chance beruht«. Herrschaft heißt für ihn die »Chance, für einen Befehl bestimmten Inhalts bei angebbaren Personen Gehorsam zu finden« (M. Weber: Wirtschaft und Gesellschaft. Grundriss der Sozialökonomik, III. Abt., Tübingen 1922, S. 28).

21 Vgl. G. Haney: Die Demokratie. Wahrheit, Illusionen und Verfälschungen, Berlin 1971, S. 135 f.; J. Streisand, Max Weber: Politik, Soziologie und Geschichtsschreibung. In: Die bürgerliche deutsche Geschichtsschreibung von der Reichseinigung von oben bis zur Befreiung Deutschlands vom Faschismus. Hrsg. J. Streisand, Berlin 1965, S. 179 ff.

22 Weber, Wirtschaft und Gesellschaft, S. 124.

23 Zit. nach Streisand, S 183.

24 Über Grundprobleme imperialistischer Herrschaftsmethodik vgl. W. Gutsche, Einleitung, in: Herrschaftsmethoden des deutschen Imperialismus 1897/98 bis 1917. Dokumente zur innen- und außenpolitischen Strategie und Taktik der herrschenden Klasse des Deutschen Reiches, Berlin 1977.

25 D. Goetze: Einige Bemerkungen zu einer soziologischen Theorie charismatischer politischer Führerschaft. In: Die Dritte Welt. Vierteljahresschrift zum wirtschaftlichen, kulturellen, sozialen und politischen Wandel, 1972, Nr. 3, S. 315.

26 F. W. Stallberg: Herrschaft und Legitimität. Untersuchung zur Anwendung und Anwendbarkeit zentraler Kategorien Max Webers, Meisenheim am Glan 1975, S. 241, 234. Näher untersucht werden soll u. a. die »Befestigung von Charisma an die Existenz politischer Bewegungen«, die »Entstehungsgründe charismatisch geführter Bewegungen« und die »Genesis der Führer und Anhänger-Beziehungen« (ebenda, S. 235).

27 W. Mommsen: Die »plebiszitäre Führerdemokratie« bei Max Weber. In: Kölner Zeitschrift für Soziologie und Sozialpsychologie, 1963, H. 2, S. 299 (erneut abgedr. in: W. Mommsen: Max Weber. Gesellschaft, Politik und Geschichte, Frankfurt a. M. 1974).

28 J. R. Roßbach: Die Massenseele. Psychologische Betrachtungen über die Entstehung der Volks- (Massen-) Bewegungen (Revolutionen), München 1919, S. 31.

29 Vgl. A. Tyrell: Vom »Trommler« zum »Führer«. Der Wandel von Hitlers Selbstverständnis zwischen 1919 und 1924 und die Entwicklung der NSDAP, München 1975, S. 54 ff.

30 Roßbach, S. 26.

31 Der Jungkonservative Johannes Meru schrieb 1920 noch ganz unter dem Eindruck der Novemberrevolution: »Die Gewalten der Selbstvernichtung werden sich nicht von selbst regulieren, und auch mit allen Phrasen von Ruhe, Ordnung und Arbeit wird nichts erreicht werden, wenn nicht das Willenszentrum der Gesamtheit eine Stärkung erfährt. Dieses Zentrum liegt im Führerhirn. Nur Menschen mit Führergeist können Deutschland aus der bestehenden Not retten« (J. Meru: Wer soll unser Führer sein? Berlin 1920, S. 2).

32 »Über die Geltung des Charisa entscheidet die durch die *Bewährung* [...] gesicherte freie, aus Hingabe an Offenbarung, Heldenverehrung, Vertrauen zum Führer geborene *Anerkennung* durch die Beherrschten.« Die Qualität eines Führers objektiv zu bewerten sei völlig gleichgültig, es komme allein darauf an, »wie sie tatsächlich von den charismatisch Beherrschten, den ›Anhängern‹ bewertet wird« (Weber, Wirtschaft und Gesellschaft, S. 140).

33 Hitler (zit. nach: Tyrell, S. 220).

34 Roßbach, S. 31. Wie sich der Vf. den »harten Willensmenschen« vorstellte, geht aus seinen Vorschlägen über die Art des Auftretens imperialistischer Führer zur Manipulation der Massen hervor: »Der Redner und Lenker der Massen oder eines

Volkes muss, da das Volk dauernd nur durch übermäßige Erregung in seiner Gefolgschaft bleibt, immerwährend ohne Ablassen mit den *allerstärksten* Äußerungen Missbrauch treiben [...] Die Massenführer und Völkerführer müssen immer maßlos übertreiben, in einem fort das Gleiche wiederholen, ihren Ton der Rede immer in der gleichen Weise stimmen, ohne Ermüdung, niemals einen Beweis bringen, sondern stets nur in wilden Reden sich überschwenglich und volkstümlich ergehen« (ebenda, S. 15).

35 E. Schott: Der Ruf nach dem Führer, in: Der Türmer. Monatsschrift für Gemüt und Geist, 1930, H. 5, S. 429.

36 Ebenda, S. 430.

37 Ebenda.

38 Zit. nach K. Schönhoven: Die Bayerische Volkspartei 1924–1932. Beiträge zur Geschichte des Parlamentarismus und der politischen Parteien, Bd. 46, Düsseldorf 1972, S. 60.

39 C. Cremer: Führerkrise, in: Wille und Weg. Eine politische Halbmonatsschrift, 1928, H. 13, S. 291.

40 Vgl. z. B. R. Vierhaus: Faschistisches Führertum. Ein Beitrag zur Phänomenologie des europäischen Faschismus, in: Hist. Z., Bd. 198 (1964), H. 3, S. 61 ff.

41 Vgl. dazu den Vortrag Wilhelm Groeners vor Offizieren der Obersten Heeresleitung am 19. Mai 1919, in: Weltherrschaft im Visier. Dokumente zu den Europa- und Weltherrschaftsplänen des deutschen Imperialismus von der Jahrhundertwende bis Mai 1945. Hrsg. und eingeleitet v. W. Schumann, L. Nestler unter Mitarbeit v. W. Gutsche/W. Ruge, Berlin 1975, S. 165.

42 Lenin, Werke, Bd. 31, S. 26.

43 Ebenda, Bd. 4, S. 369 f., 284.

44 In diesem Zusammenhang kann die Rolle »mittelmäßiger politischer Führer negiert werden, »die ihren Aufstieg auf die Oberfläche des politischen Lebens zufälligen Umständen zu verdanken hatten« und »in der Regel Spielball der Ereignisse sind« (W. Kelle/M. Kowalson: Der historische Materialismus. Abriss der marxistischen Gesellschaftstheorie, Moskau 1975, S. 346).

45 Im wirtschaftlichen und politischen Verbändesystem der herrschenden Klasse wäre etwa auf Henry Axel Bueck für die ersten Jahrzehnte des »Centralverbandes deutscher Industrieller«, auf Heinrich Claß für den »Alldeutschen Verband«, Stresemann im »Verband sächsischer Industrieller« und das Gespann Gustav Roesicke/Frhr. Conrad v. Wangenheim im »Bund der Landwirte« zu verweisen.

46 K. Marx/F. Engels, Werke, Berlin 1956 ff. (MEW), Bd. 7, S. 63.

47 F. Mehring: Das große Kesseltreiben, in: ders., Politische Publizistik 1891 bis 1904, Berlin 1972, S. 455.

48 Vgl. M. Weißbecker: Thesen zur Rolle und Funktion der NSDAP im staatsmonopolistischen Herrschaftssystem des faschistischen deutschen Imperialismus, in: Jenaer Beiträge zur Parteiengeschichte, 1976, Nr. 37/38, S. 14; ders., Bemerkungen zur Rolle der NSDAP im politischen Herrschaftssystem des faschistischen deutschen Imperialismus. in: Abendroth-Forum. Marburger Gespräche aus Anlass des Geburtstages von Wolfgang Abendroth. Hrsg. F. Deppe u. a., Marburg 1977, S. 366 ff.

49 »Der Kapitalist ist nicht Kapitalist, weil er industrieller Leiter ist, sondern er wird industrieller Befehlshaber, weil er Kapitalist ist. Der Oberbefehl in der Industrie

wird Attribut des Kapitals, wie zur Feudalzeit der Oberbefehl in Krieg und Gericht Attribut des Grundeigentums war« (MEW, Bd. 23, S. 352).

50 A. Abusch: »Führer« und Führer. Über das faschistische »Führerprinzip«, die Rolle der Persönlichkeit und den revolutionären Arbeiterführer Ernst Thälmann, in: ders., Begegnungen und Gestalten. Beiträge zur Geschichte der Arbeiterbewegung und der Literatur 1933 bis 1971. Schriften, Bd. IV, Berlin 1971, S. 145.

51 E. Lämmert, in: Germanistik – eine deutsche Wissenschaft, Frankfurt a. M. 1967, S. 21.

52 M. Broszat: Der Staat Hitlers. Grundlegung der Entwicklung seiner inneren Verfassung, München 1969, S. 35.

53 H. A. Winkler: Mittelstandsbewegung oder Volkspartei? Zur sozialen Basis der NSDAP, in: Faschismus als soziale Bewegung. Deutschland und Italien im Vergleich. Hrsg. W. Schieder, Hamburg 1967, S. 112.

54 E. Hennig: Bürgerliche Gesellschaft und Faschismus in Deutschland. Ein Forschungsbericht, Frankfurt a. M. 1977, S. 146, 249.

55 H. Bechly: Die Führerfrage im neuen Deutschland. Schriftenreihe des Deutschnationalen Handlungsgehilfenverbandes, 2., Nr. 17, Hamburg 1930, S. 7.

56 A. Wahl: Vom Führertum in der Geschichte, Bad Langensalza 1928, S. 17.

57 W. Heinrich: Staatsform und Führerauslese, in: Nationalwirtschaft. Blätter für organischen Wirtschaftsaufbau, 1929/30, H. 5/6, S. 507.

58 F. Lent: Parlamentarismus und Führertum, Bad Langensalza 1929, S. 10.

59 J. Binder: Führerauslese in der Demokratie, Berlin 1929, S. 31.

60 Das gilt z. B. für den Übergang von Carl Petersen zu Erich Koch-Weser in der DDP 1924, von Ernst Scholz zu Eduard Dingeldey in der DVP 1930 oder von Friedrich Winckler zu Kuno Graf Westarp in der DNVP 1926.

61 Georg v. Hertling an Hermann Cardauns, 21. 3. 1891, in: Bundesarchiv Koblenz, Nachlass Cardauns, Bd. 1, Bl. 51. Ähnlich auch Adolf Kirchhoff: »Dass die Tage der Einheit des Zentrums gezählt sind, fürchte ich auch. Windthorst ist alles gewesen, darum sind eben die anderen nichts. Es gehe wie bei der tüchtigen Hausfrau zu, die der Dienerschaft alles vortue und letztere deshalb verwöhne und unfähig mache« (Adolf Kirchhoff an Georg Kopp. 19.3.1891, in: Archivum archidieczjalne w Wroclawiu, Nachlass Kardinal Kopp, Nr. 73, unfol.).

62 K. Bachem: Vorgeschichte, Geschichte und Politik der Deutschen Zentrumspartei, Bd. 6, Köln 1929, S. 145.

63 Vgl. in diesem Zusammenhang die Erklärung des englischen Soziologen Scipio Sighele: »Je geringer die Regelmäßigkeit und Legitimität der Wahl des Führers ist, umso größer ist seine Autorität« (zit. nach: C. Geyer: Führer und Masse in der Demokratie, Berlin 1926, S. 64).

64 Auf diesen Zusammenhang macht auch Geyer, S. 35 aufmerksam.

65 K. Hierl: Gedanken über Erziehen und Führen, Berlin 1944, S. 15.

66 Zit. nach G. Honigmann: Kapitalverbrechen oder der Fall des Geheimrats Hugenberg, Berlin 1976, S. 103.

67 E. Engelberg: Rezension zu A. Palmer: Bismarck – Eine Biographie, Düsseldorf 1976, in ZfG, 1979, H. 5, S. 972.

68 Diese Seite bürgerlicher Führungstätigkeit wird bereits von der »führungswissenschaftlichen« Literatur in der Weimarer Republik hervorgehoben. So betont Leopold Engelhart, dass Führer selbst ein Organisator sein (muss) […] Weil der Führer

Organisator ist, muss ihm auch die Art und Weise der organisatorischen Arbeit geläufig sein. Er ist wie ein Meister an der Orgel, der weiß, welche Register warum er sie zieht« (L. Engelhart: Führertum. Gedanken an alle, die Führer sind oder die es werden wollen, München 1932, S. 77, 79).

69 Vgl. M. Weißbecker: Extremreaktionäre Organisationen des Imperialismus und werktätige Massen, in: ZfG, 1977, H. 3, S. 287).

70 L. v. Wiese: System der allgemeinen Soziologie, München/Leipzig 1933, S. 265; vgl. auch W. Vleugels: Die Massen, München 1930, S. 43; Engelhart, S. 10 f.

71 H. Bogner: Die Bildung der politischen Elite, Oldenburg 1932, S. 10.

72 E. Jäger: Der Unterordnungstrieb in seiner Bedeutung für die Führung von Heer und Volk, in: Wissen und Wehr, 1930, H. 10, S. 600 f., 612.

73 W. Löbsack: Von den Pflichten und Aufgaben des politischen Führers. Schriften der Adolf-HitlerSchule. Landesführerschule Deutscher Osten, Danzig, H. 4, Danzig 1935, S. 23.

74 Hierl, S. 6 f.

75 Vgl. Weißbecker, Extremreaktionäre Organisationen, S. 289.

76 So war Wilhelm Marx, von 1921 bis 1928 Vorsitzender der Zentrumspartei, gleichzeitig auch Führer der katholischen Schulorganisation, die mehrere Hunderttausende von Mitgliedern umfasste, während die Zentrumsführer Karl Trimborn und Adolf Gröber jahrzehntelang dem Vorstand des »Volksvereins für das katholische Deutschland« angehörten und zu den eifrigsten Agitatoren dieses Vereins gehörten.

77 G. W. Plechanow: Über die Rolle der Persönlichkeit in der Geschichte, Berlin 1951, S. 33 f., 46.

78 F. Nietzsche: Jenseits von Gut und Böse, in: Nietzsches Werke, Bd. VII, Stuttgart 1921, S. 102.

79 Für Carlyle war die Weltgeschichte »im Grunde genommen die Geschichte der großen Menschen, die hier gewirkt haben« (Th. Carlyle: Über Helden, Heldenverehrung und das Heldentümliche in der Geschichte, in: ders., Ausgewählte Werke, Bd. 9, Leipzig 1895, S. 1).

80 Vgl. Laschitza, S. 64. Vgl. auch Mann, S. 230.

81 Engelberg, Rezension zu Palmer, S. 973.

82 MEW, Bd. 7, S. 266.

83 Plechanow, S. 41.

»Schüsse ins Gehirn«

Alte und neue Schlagwörter in unserer Zeit*

Wie viele andere äußerte sich jüngst auch Georg Belitz, ein Mann der Kirche, voller Empörung über die wachsende Diskrepanz zwischen den Gewinnen der Banken und Konzerne einerseits und dem radikalen sozialpolitischen Vorgehen der deutschen Eliten andererseits, die sich- wie er schreibt – durch ihren »neoliberalen Klassenkampf von oben« an der Bevölkerung versündigen. Aber ebenso fragte er: »Warum schweigen die Lämmer?«[1] Nun, von einem völligen »Schweigen« kann zwar in unseren Tagen keineswegs die Rede sein, dennoch halte ich diese Frage für berechtigt. Unübersehbar beteiligt sich nur eine Minderheit der von den Übeln neuer Gesetze Betroffenen an Demonstrationen, ebenso auffallend sind die schrumpfenden, aber immer noch stattlichen Anteile der großen etablierten Parteien an den Wählerstimmen auf Bundes- und Länderebene. »Gegenüber der öffentlichen Propaganda der marktradikalen Ideologie und dem Kostenmythos des Neoliberalismus gibt es in Deutschland keine wirksame Gegenöffentlichkeit mehr«, stellt Belitz skeptisch fest. Ist indessen auch richtig, was er als Ursache anführt? Er verweist auf »eine imposante Gehirnwäsche«, der die deutsche Bevölkerung »seit Jahr und Tag unterzogen worden ist und deren Resultate jetzt unübersehbar sind.« Zudem hätten die Medien sich einer »freiwilligen Gleichschaltung« unterzogen.[2]

Unter den Aspekten meines Themas ist dem zuzustimmen, denn tatsächlich erleben flotte Sprüche, Redewendungen, Stereotype und ähnliches mehr eine erstaunliche Hochkonjunktur, und dies nicht allein im Vorfeld von Wahlen oder anderen Entscheidungen. Woche für Woche quellen unsere Briefkästen über, erhält jeder Haushalt eine Unmenge zumeist farbiger, mit ge-

---

* Vortrag, gehalten am 25.9.2004 in einer Veranstaltung der Rosa-Luxemburg-Stiftung Thüringen e. V. in Jena. Veröffentlicht in: Marxistische Blätter, H. 6/2004, S. 45-50.

schönten Bildern versehener Faltblätter, Zettel und Zeitungen. Jährlich sieht der durchschnittliche Fernsehkonsument rund 40 000 Werbespots und noch einmal das Doppelte an Plakaten und Inseraten.[3] Rund 360 000 Menschen sollen allein in Deutschland in der Werbebranche tätig sein. Das Erfinden immer neuer Schlagwörter und entsprechender Bilder nimmt einen erheblichen Platz im kapitalistischen Wirtschaften und Handeln ein. Werbung sei deren »Motor«, heißt es, oder -durchaus zweideutig das notwendige »Schmiermittel«, um alles in Gang zu halten, auch wenn manche Werbeformel, manches Plakat oder mancher Spot völlig absurd oder gar idiotisch daher kommt und völlig unsinnig erscheinen mag. Doch offensichtlich macht selbst das Unsinnigste sich bezahlt: gilt es doch zunächst, Aufmerksamkeit zu erregen, von den Produkten der Konkurrenz abzulenken, schließlich eigenständiges Denken zu betäuben, sodass Anderes oder gar Gegenteiliges dort kaum noch Platz finden kann. Es gelte, so hat es Hans Domizlaff formuliert, in das »Gehirn der Massen« zu kriechen, auf das Einfluss zu nehmen sei.[4] Drastischer vergleicht ein anderer Marketingtheoretiker, Werner Kroeber-Riel, werbende Bilder mit »schnellen Schüssen ins Gehirn«.[5] Und deren Botschaft lautet stets so schlicht wie einfach: »Kaufe mich ...!« oder auch: »Wähle mich ...!«

Von ersterem soll hier weniger die Rede sein, eher davon, dass Inhalte und Charakter der Firmenwerbung weithin den Zustand der heutigen Gesellschaft in ihrer Gesamtheit spiegeln, gleich ob es sich um die Politik von Regierungen, Parteien und Verbänden, um Problemfelder von Bildung und Wissenschaft, von Literatur und Kunst, von Sport und Massenmedien oder auch um »verordnete« Erinnerungsbilder handelt. Im Tun und Lassen der Werbeprofis offenbart sich durchaus eine Art Sündenkatalog kapitalistischer Verhältnisse, in denen zunehmend alle öffentlichen Debatten einer regelrechten »Verschlagwortung« unterliegen.[6] Was sich in dieser Hinsicht auf dem Gebiet der Politik abspielt, ist nichts anderes als das in der Wirtschaft, besitzt jedoch möglicherweise größere Reich- und Tragweite. Daher sollte besonders nach jenen Faktoren gefragt werden, die historisch-politischen Schlagwörtern erhebliche Wirkungen ermöglichen und zu gesellschaftspolitisch relevanten Ergebnissen führen.

Während sich für die Produktwerbung bereits eigenständige Wissenschaftsgebiete entfaltet haben und selbst akademische Bildungseinrichtungen in solche Richtung gedrängt sehen, verharrt die systematische Erforschung von Wirkungsmechanismen politischer Werbung auf unbefriedigendem

Stand. Zwar liefern Politik- und Geschichtswissenschaft, Soziologie und Wahlforschung, Psychologie und selbst die Hirnforschung diverse Einsichten, doch mangelt es in der Tat an eingehenden Untersuchungen zur Werbung als Ursache politischen Verhaltens. Empirische Untersuchungen bieten nur vage Urteile. So formulierte der Mainzer Publizistikwissenschaftler Hans Mathias Kepplinger als Faustregel, eine Partei könne auf Grund einer durchgehend »positiven Berichterstattung« (wahrlich eine schöne Umschreibung jener Realität, die da sehr sinnvoll »Campaigning« genannt wird!)innerhalb von sechs Monaten rund zwei Prozent Anhänger gewinnen bzw. umgekehrt verlieren.[7] Auch wenn ich die Ergebnisse der Bemühungen von Kurt Pätzold und mir um die historischen Schlagwörter überschaue, komme ich zu keinem aussagekräftigen Ergebnis. Nur in wenigen Fällen sind in den 114 Texten der zwei Bände »Schlagwörter und Schlachtrufe. Aus zwei Jahrhunderten deutscher Geschichte«[8] konkrete Angaben zu den Wirkungen enthalten, auch nicht in den 193 Beiträgen des »Kleinen Lexikons historischer Schlagwörter«[9], das zu Beginn des nächsten Jahres erscheinen wird und für das ich – wie kann es anders sein – hier nebenbei werbe …

Selbstverständlich will sich keiner dem Diktat politischer Werbung unterwerfen, dennoch passiert eben dieses einem großen Teil der Bevölkerung, und zwar Tag für Tag. Wer sich dennoch falschen Freund- oder Feindbildern[10] verweigern sowie den eigenen Kopf zu kritischem und widerständigem Denken bewahren will, der sollte auch die Erfolgschancen und die Wirkungsmöglichkeiten von politischer Wort- und Bildwerbung analysieren. Es genügt meines Erachtens nicht, allein die allemal erkennbaren Manipulationsabsichten und die Zielfunktionen zu benennen, obgleich diese selbstverständlich auch Auskunft über wichtige Bestandteile des ganzen Bündels von Wirkungsfaktoren geben. Wenn aber vor allem letztere untersucht werden sollen, haben wir zunächst eine Tatsache festzuhalten, welche gerade von linken Kritikern mitunter leichtfertig übersehen wird:

Wie in der Reklame für Wirtschaftsprodukte gilt auch für die der Politik ein gewisses, mitunter sogar relativ hohes Maß an Realitätsbezogenheit. Der Adressat muss Übereinstimmungen zwischen dem Angebot und seinem Wollen erkennen, er muss gewissermaßen an die Aufrichtigkeit des Werbenden und dessen Anspruchsversprechen glauben können. Das Bestreben, etwas verkaufen zu wollen, von dem man in erster Linie erwartet, dass es Profit bringt, stützt sich also durchaus auf Interessen, Bedürfnisse und Wünsche großer Teile der Umworbenen. Anders formuliert: Ohne jeglichen positiven Bezug zur Wahrheit bleibt Werbung wirkungslos. Heuchelei, Betrug und Lüge sind zwar immer mit im Spiel, indessen auf Anhieb kaum zu erkennen, geschweige denn zu durchschauen.

Was ich damit meine, lässt ein Blick auf zwei der erfolgreichsten Losungen der Nationalsozialisten erkennen. Diese lauteten »Gemeinnutz geht vor Eigennutz« und »Volksgemeinschaft«. In ihnen war nichts originär faschistisch. Erstere berief sich sowohl auf uralte germanische Traditionen als auch auf ein ganz allgemeines Gerechtigkeitsgefühl im Spannungsfeld von Individuum und Gesellschaft. Und die zweite bediente sehr soziale und ebenso zutiefst menschliche Empfindungen: Brüderlichkeit und Solidarität, Hilfsbereitschaft und Anteilnahme. Welch eine unsoziale und menschenfeindliche Praxis die Nazis daraus gemacht haben, ist bekannt und immer wieder in Erinnerung zu rufen; auch das eigentlich sehr humanistisch-schöne Wort »suum cuique« (»Jedem das Seine«) ließen sie zur berüchtigten Eingangsformel in deutschen Konzentrationslagern verkommen. Selbst Lügenmeister Joseph Goebbels wusste, dass ein mixtum compositum aus halber Wahrheit und halber Lüge wirksamer ist als eine Lüge schlechthin. Vielleicht kannte auch er den Lichtenberg, der da schon vor rund 200 Jahren gemeint hatte: »Die gefährlichste Unwahrheit ist die Wahrheit mäßig entstellt.«

Zu lernen wäre also, Wahrheit und Lüge gleichsam als ein Geschwisterpaar zu verstehen[11], das sowohl gut gekleidet als auch verkleidet, selten – um im Bild zu bleiben – völlig nackt daher kommt.[12] Es bedient sich diverser Mittel, deren Palette riesig groß ist und nicht allein von peinlicher Verniedlichung zu völliger Überzeichnung, von schamloser Diffamierung und absichtlichem Weglassen zu unzulässigem Verändern des Sinns alltäglich gebrauchter Begriffe reicht.[13] Dass dafür die Sprache zahllose Möglichkeiten bietet, ist immer wieder zu erleben. Für zielgerichtete Worterfindungen und gelenkten Bedeutungswandel lassen sich Beispiele zahlreich finden. Es scheint zu stimmen, wenn der Satiriker Ernst Röhl meint: »Die Sprache meint es gut mit den Lügnern«[14] Sie bietet durchaus Möglichkeiten für eine ins Unermessliche reichende Tarnung und Camouflage, für extensive Erweiterung und fortwährende Übersteigerungen. Letzteres lässt sich wiederum am deutschen Faschismus ablesen. Da gab es ja schon jenen Hang, von dem Victor Klemperer im LTI-Kapitel »Der Fluch des Superlativs« meinte, dass »anhaltendes Übertreiben zwangsläufig zu immer weiterem Verstärken des Übertreibens« führe und dies Abstumpfung und Skepsis bewirke, der wiederum mit übersteigerten Formeln begegnet wird. Da denkt heute mancher wohl sofort an das bekannte Wort des hessischen Ministerpräsidenten Roland Koch von »brutalstmöglicher« Aufklärung, oder auch an die organisierte Suche nach dem schönsten Wort, nach dem Kanon der allerbesten Bücher, nach den schönsten Super-Schönheitsköniginnen usw., was alles einher geht mit zunehmender Verarmung der Sprache.

Neben solchen sprachpolitischen Aspekten[15] wären indessen aus der Sicht des Historikers vor allem der gesellschaftliche Kontext und der zeitliche Rahmen zu untersuchen, in denen bestimmte Schlagwörter hauptsächlich Verwendung finden und ihre Kommunikationskraft entfalten. Von daher wären vielleicht auch folgende gegenwärtig sich abzeichnende Entwicklungstrends in den Inhalten politischer Schlagwörter zu markieren:

So können wir *erstens* feststellen, dass auf früher häufig verwendete Losungen in jüngster Zeit gern und konsequent verzichtet wird, beispielsweise auf: »Eigentum verpflichtet«. Die künftige EU-Verfassung kennt im Gegensatz zum Text des deutschen Grundgesetzes keine Formel mehr, die als soziale Verpflichtung des Eigentums anzusehen wäre. Stattdessen wird suggeriert, die Gesellschaft sei verpflichtet, dem Eigentümer zu dienen, weil angeblich nur dies Arbeitsplätze erhalte bzw. neue schaffe. Stattdessen wird die »unternehmerische Freiheit« in den Rang eines europäischen Verfassungsgrundsatzes erhoben. Wer spricht heute noch wie in den Siebzigerjahren von einer »Humanisierung der Arbeitswelt«? Wer unter den Regierenden fordert »Wohlstand für alle«? Auch das – von Ludwig Elm so treffend erhellte Schlagwort »Mehr Demokratie wagen«[16] findet sich in den Massenmedien nicht mehr, stattdessen wird und das sogar in verfassungswidriger Weise vom Bundespräsidenten sozialer Ungleichheit das Wort geredet. Andere Ursachen führten dazu, dass zur Zeit gern auf das Unwort »Kollateralschaden« verzichtet wird, das 1999 im NATO-Krieg gegen Jugoslawien verwendet worden ist; zu offensichtlich klaffte da die Lücke zwischen dem Anspruch chirurgisch exakter Militärschläge und der inhumanen Leichtigkeit, mit der Opfer an Menschenleben hingenommen worden sind.[17]

Zweitens tauchen aus der Versenkung manche Redewendungen auf, von denen lange Zeit gehofft werden konnte, sie seien endgültig überholt. Ihre erneute Verwendung charakterisiert wohl am deutlichsten die neoliberale Ellenbogengesellschaft: Wieder wird, vor allem als Rechtfertigung neuer Krieg auf das »Recht des Stärkerem« gepocht und wird die »Stärke des Rechts« ungeniert in Frage gestellt. Eine Partei warb in Brandenburg jüngst auch mit dem Spruch »Harte Zeiten brauchen starke Führung«.[18] Im sogenannten Krieg gegen den internationalen Terrorismus wird de facto »Kampf ums Dasein« betrieben. Zum Schlagwort »Der Zweck heiligt die Mittel« lieferte hier in Thüringen der Vorsitzende der »Stiftung Ettersberg zur vergleichenden Erforschung europäischer Diktaturen und ihrer Überwindung« ein erschreckendes Beispiel: In einer Auseinandersetzung um das in Jena geplante Denkmal zur »Erinnerung an die Opfer der kommunistischen Diktatur« hielt er Kritikern den Satz entgegen: »Entscheidend ist der Zweck, und das ist ein guter.«[19] Und als es im öffentlichen Streit um die Schwarzgelder der CDU ging, wagte Helmut Kohl gar, seine Kritiker als »vaterlandslose Gesellen« zu beschimpfen.

Überhaupt rankt sich viel ums Geld. Oft und allzu oft unwidersprochen ist das Wort von den »leeren Kassen« zu hören sowie davon, dass sich etwas »rechnen« müsse. Verbunden wird dies mit verwaschenen Parolen, die letztlich auf eine weitere Entsolidarisierung zielen. An die Adresse der Arbeitslosen und Sozialhilfebedürftigen richtet sich der Spruch: »Wer nichts leistet, kann auch nichts bekommen«. Das Anzeigenblatt »Hallo Jena« verstieg sich am 18. September diesen Jahres zu dem Aufmacher« Wenn jeder an sich denkt, wird keiner vergessen«. Egoismus also ein Solidaritätsprinzip? Sicher ist es kein Zufall, dass von den »leeren Kassen« niemals bei den Ausgaben für militärische Aktionen und neue Kriege die Rede ist. Krieg ist scheinbar nie teuer genug, der Friede immer, urteilt lakonisch der katholische Theologe Eugen Drewermann.[20] Sind wir, so muss man sich wohl fragen, noch weit entfernt von neuerlicher Verwendung des Satzes, dass der Friede nur ein Traum und noch dazu kein schöner sei, oder von einer Lobpreisung des Heldentodes? Manches Wort, manche Diktion zielt doch bereits in eine Richtung, die da früher mit dem Spruch verziert worden ist, es sei süß und ehrenvoll fürs Vaterland zu sterben. Im Auge habe ich dabei auch Betrachtungen, die im jüngsten Heft der Zeitschrift »Geschichte in Wissenschaft und Unterricht« zur herrschaftsstabilisierenden Funktion der Gladiatorenkämpfe in der römischen Kaiserzeit angestellt worden sind. Ihr Titel lautete: »Schöne Wunde, verachteter Tod«.[21]

Drittens scheint in unserer Zeit neben wieder belebten alten und neuen Schlagwörtern zunehmend auch eine andere Kategorie von Sprüchen und Parolen an Bedeutung für den Alltag zu gewinnen: Mit demonstrativ zur Schau gestellter Selbstverständlichkeit verkünden Werbeprofis aller Unternehmen eine Fülle von Leerformeln und Plattitüden. Es will mir so erscheinen, als solle und könne der Leser oder Betrachter dazu gebracht werden, sich nicht länger andere, vernünftige Dinge durch den Kopf gehen zu lassen. Solche Orientierung für das alltägliche Denken der Menschen bieten wirtschaftliche und auch die politische Werbung in großer Zahl, mitunter durchaus recht pfiffig und witzig formuliert und mit Anglizismen durchsetzt.[22]

Eine lange Liste solcher »Leerformeln« wäre anzuführen:

- Was zählt ist die Zukunft (Listen to the future; Create your future)
- Erfolg kommt nicht von ungefähr (See the possibility; Think what's possible)
- Kluge Köpfe treffen kluge Entscheidungen (Innovation delivered)
- Jetzt kommt's darauf an (Be yourself; You can do more)
- Starten Sie durch (Create your success)
- Setzen Sie auf Nummer Sicher (It's all natural)
- Qualität entscheidet (Always the best)
- Wir halten gern, was wir versprechen (We take it personally)[23]

Schaut man sich die Einschaltquoten sogenannter TV-Comedians an, von deren Niveau sich die Media-Markt-Parole »Ich bin doch nicht blöd« sogar noch abzuheben vermag, bestätigt sich auch die Wirksamkeit des letztlich der Machterhaltung und Herrschaftssicherung dienenden Strebens nach geistiger Leere, nach Herabsetzung und Entwürdigung aller wesentlichen Sinnfragen unseres Lebens. Die mit alten und neuen Schlagwörtern vor allem transportierten Botschaften sind von konservativ-neoliberalem Zuschnitt. Sie suggerieren, die gegenwärtige Krise würde keine andere Lösung verlangen als die von den Regierenden vorgeschlagene. Andere Lösungen seien grundsätzlich nicht möglich. Das was jeweils beschlossen wird, soll als alternativlos gelten. »Es ist eben so«, erfährt der, der fragt. Wozu ein regierender Kanzler bekanntlich gern sein »Basta!« hinzufügt.

Da wird aber nicht nur suggeriert, die Verhältnisse seien eben so, sondern auch gemeint, der Mensch lasse sich nicht ändern. Dabei zeigen viele der anthropologisierenden Beschreibungen lediglich, wie man den Menschen gern haben würde: So postulierte jüngst ein Autor der Wochenzeitung »Das Parlament«, Menschen seien nichts anderes als »affektive Instinkttiere«, weshalb Abschied vom »rationalen Wählen« genommen werden müsse.[24] Beim

FDP-Wahlkampfberater Pieter Schnell liest sich das so: »Wahlen gewinnt man bei der Masse, die nur noch fähig ist, Schlagzeilen zu lesen. Fundierte Positionierung und langsame Entwicklung von Politik hat heute kaum noch Chancen, weil Verona Feldbusch nun einmal sexyer ist als Willy Brandt.«[25] Da wird aber auch zu einer Lebensmaxime erhoben: »Wer sich besser verkaufen kann, hat die Nase vorn.«[26] Selbstverständlich: Die Menschen sind keineswegs nur ahnungslose Unschuldslämmer, die von teuflischen Lügnern verführt werden müssen[27]; nicht zuletzt wissen gerade marxistische Denker, wohin die vormalige Schönrederei über die »Rolle der Volksmassen« geführt hat. Doch selbst diese Erfahrung darf niemanden davon abhalten, nach den Ursachen der Denkstrukturen und der Verhaltensmuster großer Teile der Massen zu suchen. Wer das Motto der Film-Werbebranche kennt, das da lautet: »Pack die Zuschauer an der Gurgel und lass sie nicht mehr los!«[28], sollte sich indessen stets mehr über die »Macher als über die »Gemachten« empören.

Unübersehbar und zunehmend wird die von neoliberalem Zeitgeist geprägte politische Werbung von Diskreditierung der Umworbenen begleitet. Der zumeist absichtlich Verdummte wird zusätzlich verspottet, wie nicht zuletzt der in seinem Zynismus kaum zu überbietende Satz beweist: »Wer glaubt, was Politiker vor Wahlen versprechen, ist selber schuld.« Dem folgt oft die lapidare und von der wohl umfassendsten Glaubwürdigkeitskrise der letzten Jahrhunderte kündende Feststellung: »Keiner glaubt wirklich keinem mehr.«[29] Das programmatische Wort heutiger demokratischer Sozialisten, das da »Eine andere Welt ist möglich« lautet, sollte daher auch das Anliegen umfassen, verhindern zu wollen, was konservativen Ideologen und neoliberalen Politikern vorschwebt: die Konstruktion eines *homo politicus* als synthetisches Produkt gezielter Marketingstrategie und -taktik.

Anmerkungen

1 Georg Belitz: Gehirnwäsche. In: Amos. Kritische Blätter aus dem Ruhrgebiet/Transparent. Zeitschrift für die kritische Masse in der Rheinischen Kirche, H. 3/2003, S. 5f.
2 Ebenda.
3 Zukunft der Werbung. Werbung der Zukunft. Das gemeinsame Supplement zum Deutschen Werbekongress 2003 von w&w, Süddeutsche Zeitung, media&marketing und der Kontakter, S. 4.
4 Hans Domizlaff: Ethik im Werbefach. Festvortrag zum zehnjährigen Bestehen der Werbefachschule Hamburg am 14. September 1956, S. 13f. Zit. nach Rainer Gries:

Produkte als Medien. Kulturgeschichte der Produktkommunikation in der Bundesrepublik und der DDR, Leipzig 2003, S. 119.

5 Werner Kroeber-Riel: Bildkommunikation. Imagerystrategien für die Werbung, München 1995, S. 53. Die Internationale Fachtagung für politische Kommunikation, die am 29./30. 11. 2004 in Berlin stattfindet, ist u. a. auch das Thema »Geröntgte Köpfe« vorgesehen.

6 Gunnar Decker: Die Schlagwörter-Schlacht. In: Neues Deutschland, 10. 4. 2003, S. 10.

7 Zit. nach Robert Luchs: Wer sich besser verkaufen kann, hat die Nase vorn. Die Macht der bewegten Bilder. Werden Wahlen im Fernsehen entschieden? In: Das Parlament, 13.9.2004, S. 3.

8 Leipzig 2002.

9 Leipzig 2005.

10 Am Beispiel der früheren sozialistischen Länder befassen sich damit Silke Satjukow und Rainer Gries (Hg.): Unsere Feinde. Konstruktionen des Anderen im Sozialismus, Leipzig 2004. Siehe auch den Beitrag der Herausgeber »Seid wachsam! Feindbilder in sozialistischen Gesellschaften«. In: Deutschland Archiv, H. 5/2004, S. 845-854.

11 Siehe u. a. Oscar Wilde: Über den Verfall des Lügens; Steffen Dietzsch: Kleine Kulturgeschichte der Lüge; Hannah Arendt: Wahrheit und Lüge in der Politik (1972), Ernst Röhl: Der große Bluff. In: Neues Deutschland, 22.7.2003, S. 8.

12 Welche Umstände und Wirkungen Letzteres ermöglichen ist dargelegt in: Thomas Frank, Albrecht Koschorke u. a.: Des Kaisers neue Kleider. Über das Imaginäre politischer Herrschaft. Texte, Bilder, Lektüren, Frankfurt a. M. 2002.

13 Dieter Langer: George W. Bushs »Falschwörterbuch«. In: Neues Deutschland, 26.8.2004, S. 16.

14 Ernst Röhl: Der große Bluff. In: Neues Deutschland, 22.7.2003, S. 8.

15 Siehe dazu auch Eva Petermann-Graubner: Vom Umgang mit Sprache und Medien. In: Marxistische Blätter, H. 2/2004, S. 91-96.

16 Siehe Ludwig Elm: Mehr Demokratie wagen. In: Schlagwörter und Schlachtrufe, a. a. O., Bd. 2, S. 44-50.

17 Siehe Georg Fülberth: Kollateralschaden. In: Ebenda, S. 136-142.

18 Zit. nach Neues Deutschland, 21.9.2004, S. 6.

19 Zit. nach Thüringische Landeszeitung, 16.6.2003.

20 Eugen Drewermann: Gehorsam ist Geistesstörung. In: Neues Deutschland, 25./26.3.2000, S. 1.

21 Uwe Walter: »Schöne Wunde, verachteter Tod«. Zur Funktion der Gladiatorenkämpfe in der römischen Kaiserzeit. In: Geschichte in Wissenschaft und Unterricht, H. 9/2004, S. 513-520.

22 Kay Tangermann: Werbung – der Milliardenpoker, München 2003, begründet dies auf S. 225 mit dem Satz: »Wenn wir hier in Deutschland etwas nicht mehr genau verstehen, neigen wir dazu, es dann wenigstens in Englisch auszudrücken.«

23 Die Beispiele finden sich in: Ebenda.

24 Luchs, a. a. O.

25 Zit. nach Oliver Heilwagen: Die Verführung des Wählers. In: Das Parlament, 14.6.2004, S. 7.

26 Luchs, a. a. O.

27 So formuliert es Petermann-Graubner, a. a. O., S. 92.

28 So lautete ein Ratschlag des Filmproduzenten Billy Wilder an seine Drehbuchautoren. Den Satz wiederholt Tangemann (a. a. O., S. 313) in seinen Empfehlungen an Werbefachleute (»Wie überzeuge ich eine Million?«) und verband dies mit der Empfehlung, dran zu bleiben »wie ein Hund am Bein des Briefträgers«.

29 So äußerte sich z. B. Bernd Kauffmann in der »Thüringischen Landeszeitung« vom 5.4.2003. Er schrieb ferner: »Die zeitgenössischen Desaster und Konflikte gründen allesamt in einem massiven Verlust an Vertrauen. Kaum eine krisenhafte Zuspitzung, die sich nicht ihrem innersten Motiv nach als Bruch eines vorbestehenden, verlässlich gefügten Vertrauensverhältnisses beschreiben ließe. Selten zuvor wurde sowohl der Glaube an die Verlässlichkeit der Verantwortung tragenden Akteure als auch jener an die Gestaltbarkeit der Verhältnisse so nachhaltig erschüttert wie gegenwärtig. Von niemandem mehr, so scheint es, wird dem Kartell der zuverlässig Ratlosen derzeit noch Vertrauenskredit eingeräumt, da die Lebenslüge, welche es eint, allzu offensichtlich ist: nämlich um keinen Preis die Ratlosigkeit offenkundig werden zu lassen. Es scheint, dass sich die Gesellschaft durch ihre globale Individualisierung und Singularisierung auf den Weg begeben hat, jene soziale Grundbindung zu verlassen, die das Vertrauen erst bewirkt.«

Was für ein Hitler-Bild haben die Deutschen heute?

Notwendige Replik auf Fest und Co.*

Der Name des kürzlich verstorbenen Mitherausgebers der »Frankfurter Allgemeinen Zeitung« Joachim C. Fest wurde 1973 und in den folgenden Jahren weit über die Grenzen der Bundesrepublik Deutschland hinaus bekannt. Das rührte vor allem von seinem Buch »Hitler. Eine Biographie« her, das ein Weltbestseller geworden war. Seinem Erscheinen ging in der Zeitschrift »Stern« ein Vorabdruck in 29 Folgen voraus. Durch keine andere seiner vielen Äußerungen in Büchern, Artikeln und Filmen hat der Publizist eine annähend große Wirkung erzielt. Stärker noch als dieses Werk erregte der 1977 in deutsche und ausländische Kinos gelangte Film »Hitler. Eine Karriere« die Gemüter. Er verschärfte den Streit, den das Buch ausgelöst hatte. Die bundesdeutsche Filmbewertungsstelle bedachte den Bilderstreifen nach einer Kampfabstimmung (zwei gegen zwei) mit dem seiner Verbreitung förderlichen Prädikat »besonders wertvoll«. Während der (West-)Berliner Festspiele gestartet, wurde er Schulen empfohlen, von Lehrern abgelehnt oder nur unter Vorbehalt als für den Unterricht geeignet angesehen. Wie lässt sich da Kritik an Fests Hitlerbild als »billiger linker Reflex« abtun?[1]

Als der Film in die Kinos kam, hatte die Auflage der Biographie 500.000 Exemplare erreicht. Wie viele Käufer die 1200 Seiten des Wälzers gelesen haben, bleibt im Dunkeln. Die 100.000 Besucher, die in jeder der ersten Wochen seiner Aufführung den Film sahen, bekamen den Extrakt. Die wenigsten kannten Erwin Leisers Dokumentarfilm »Mein Kampf«, der 1960 in deutschen Kinos gezeigt worden war, und kaum jemand hatte Michail Romms »Der gewöhnliche Faschismus« von 1965 gesehen, den die ARD drei Jahre

* Der zusammen mit Kurt Pätzold verfasste Beitrag erschien in der Zeitung »Neues Deutschland« am 2./3.12.2006, S. 19.

später – mit einer Vorrede Eugen Kogons – ausstrahlte. Während Leisers Film mit Bildern über die Untaten beginnt, setzt der Fests mit Paraden und Aufmärschen ein. Daran und an weiteren Passagen hätte Goebbels Freude haben können, denn distanzierende Kommentare, an denen es nicht fehlt, können mit der Wucht des Materials der braunen Propagandakompanien nicht konkurrieren. Wim Wenders sprach von »einem unfassbaren Leichtsinn«, diese Reklame als »Kern der Sache« auszugeben, seine einzige Empfehlung sei, nicht in den Film zu gehen. Hermann Graml, Mitarbeiter im Münchener Zeitgeschichtsinstitut, nannte den Film »überflüssig«. Andere, schärfer noch, sprachen von einem »gefährlichen Film«. Leiser konstatierte: »Die historischen und sozialen Zusammenhänge, die diese Kariere ermöglichten, werden nicht genannt.«

Diese und weitere Einwände erhoben nicht Personen, denen es angeblich noch immer schwer gefallen wäre, »Größe und Konservatismus als Attribute der Qualität« anzuerkennen. Sie sind weder »billiger linker Reflex« noch »Kalkül« zu nennen und als Praxis denunzierbar, die dem eben Verstorbenen »den abwertenden Stempel des Anrüchigen« aufdrücke.[2] So lässt sich aber über ein Werk und seinen Einfluss hinweg schreiben und die Anschlussfrage meiden, was davon drei Jahrzehnte später fortwirkt. Es heißt, im Sinne Fests argumentieren, wenn der Autor Tags darauf von Auschwitz schreibt, es sei »das Unerklärlichste dieses Jahrhunderts, das unerklärlich bleibt trotz aller Einsichten in politische, sozialökonomische Strukturen« und das Großverbrechen damit ins Dunkel des vorgeblich Unerkennbaren taucht. Da wären wir wieder bei den Ausflüchten, die jene bald nach Kriegsende drucken ließen, welche die Wahrheit fürchten mussten.

Fest, der 1963 16 biographische Aufsätze, »Profile einer totalitären Herrschaft« vorgelegt hatte, ließ 1969 seinen Fernsehfilm »Adolf Hitler – Versuch eines Porträts« folgen. Was ihn auch angestoßen haben mag, sich an die Biographie des Mannes zu setzen, das Buch war in eine politische Auseinandersetzung hineingeschrieben. Spät, Ende der sechziger Jahre, kam in der Bundesrepublik eine Diskussion über das Wesen der faschistischen Diktatur in Gang, die ihren kräftigsten Impuls von Angehörigen jener Generation erhielt, die als die 68er bezeichnet wird. Die zumeist jungen, studierenden Leute besaßen keine eigenen Erfahrungen mit der Diktatur, wohl aber genügte ihnen die vorherrschende Deutung »Hitlerzeit« nicht. Auch innerhalb der Historiker-Zunft, nicht getragen von deren herausragenden Köpfen, jedoch von Angehörigen der ersten Historikergruppe, die nach Kriegsende in der Bundesrepublik ausgebildet worden war und zumeist der Wehrmacht oder anderen Naziformationen noch angehört hatten, regten sich Bestrebungen, das hochgradig vereinfachte Bild der Naziherrschaft zu korrigieren, das Parteigänger und Mitmacher befriedigte, aber in keiner Weise eine kritische Analyse darstellte.

Es charakterisiert die Gedenkartikel bürgerlicher Zeitungen anlässlich des Todes von Fest, dass davon keine Rede ist. Ein »Schöngeist« sei verblichen, schrieb die »Stuttgarter Zeitung« und bezeichnete dessen Hitler-Biographie als »Standard setzend«. Und entgegen aller Kritik sowie darauf spekulierend, dass ihre Leser sie entweder vergessen oder von ihr nie gehört haben, hieß es: »Wer, wenn nicht Fest hat das Reich in seinem verbrecherischen Wesen entlarvt.« Als hätten das nicht – eben war an den 60. Jahrestag des Ereignisses zu denken – Juristen der vier Mächte im Prozess gegen Göring u. a. getan. Als wäre Fest nicht gerade, und zwar vor allem mit Bezug auf den seinem Buch folgenden Films angegriffen worden, weil er von Untaten einen zu schwachen und marginalisierten Bericht gegeben hatte. Geistesverwandte Redaktionen hielten sich ebenfalls mit Klartext zurück; ein monatelang diskutiertes Buch, ein umstrittener Film, ungenannte akademische Kritiker, auch von Neid geleitet, eine Debatte, geführt nicht um der Sache willen usw.

Das ließe sich hinnehmen, würde der seinerzeitige Streit, ein Teil der Hitler-Welle in der Bundesrepublik, einzig noch historiographisches Interesse beanspruchen können, hätten seine Gegenstände und Themen sich erledigt. Das Dritte Reich, so die Gesamtaussage Fests, der in Bildern den Mythos Volksgemeinschaft ausbreitet, war ein Regime für die Massen und von ihnen getragen, nur kam dann das Jahr 1939 und »Hitlers Krieg«. Das war keine Neuverfälschung, doch niemand hat das Zerrbild- das sich jüngst wieder bei Götz Aly lesen ließ – so wortreich, elegant glaubhaft zu machen versucht, Hitlers verhunzte Psyche als Quelle alles Unheils. Dabei beanspruchte Fest in immer neuen Variationen, »sachlich, rational, und unvoreingenommen« vorgegangen zu sein, um die »schwer entschlüsselbare Korrespondenz« zwischen dem »Mann und der Epoche«, der »Person und der Zeit« zu erhellen. In Wahrheit hat er die Figur weit aus der Gesellschaft gerückt, weg vor allem von den kursbestimmenden Eliten, hinein ins Zeitlose. Wem das nicht selbst aufgefallen war, der hätte es der Zeitung »Der Arbeitgeber« entnehmen können, die den Film »unangreifbar« nannte, ihn als gelungenen Schlag gegen die Linksintellektuellen begrüßte und als besten Geschichtsunterricht für Schüler empfahl. Nach dem Urteil von »Die Welt« befand sich das Opus auf der Höhe der Wissenschaft. Selbst in »Bild am Sonntag« hingegen, dem Sympathien mit diesen Intellektuellen unverdächtigen Blatt, wurde Fest entgegnet: »[...] ohne Hilfe des Großkapitals und der Militärs wäre Hitler nicht geworden, was er wurde.« Das richtete sich gegen den Kommentar des Autors, Hitler sei »weder käuflich, noch im Bunde mit dem Großkapital« gewesen. Diese Aussage entsprach exakt dem Dementi, das Hitler selbst Anfang Januar 1933 in die Nazizeitung »Völkischer Beobachter« rücken ließ, nachdem Späher ihm auf die Spur seines Treffens mit Franz von Papen im Hause des Kölner Bankiers Kurt von Schröder gekommen waren.

Fest führte hinter Nürnberg zurück, wo die Rolle von Wirtschaftsführern bei der Errichtung der faschistischen Herrschaft, deren Befestigung, auf dem Weg in den Krieg und in der Phase der Eroberungen gerichtsnotorisch gemacht worden war. Eine Arbeit, die in drei Prozessen gegen Eigentümer und Manager des Flick-, Krupp- und IG-Farben-Konzerns von US-amerikanischen Juristen fortgesetzt wurde. So viele Figuren Fest im Film auch vorführte, Hjalmar Schacht, Bankier, mehrjähriger Wirtschaftsminister und Generalbevollmächtigter für die Aufrüstung ließ er nicht auftreten. Fest agierte nicht, wie ihm oberflächliche Kritik nachsagte, als Hitlers Weißwäscher, wohl aber als Weißwäscher der bürgerlichen Gesellschaft. Dass er vor einer Wiederholung faschistischen Unheils warnen wollte, sollte ihm niemand absprechen. Was aber ist eine Warnung wert, die Gefahren und deren Quellen falsch bezeichnet, in Hitler eine »anthropologische Möglichkeit« erblickt und nicht eine Möglichkeit der kapitalistischen Gesellschaft? »Mythen und Legenden« würden geboten, schrieb »Die Zeit«, gerichtet gegen jene, die dem Film aufklärerisches Verdienst zumaßen. In diese Kategorien gehört Hitlers Zuordnung zu den Revolutionären, während er eine Bewegung führte, welche die Gegenrevolution des Jahres 1919 vollendete und auch Resultate bürgerlicher Revolutionen des 18. und 19. Jahrhunderts liquidierte. Kurzum: Fests Hitlerbild war Rückschritt und Barrikade auf dem langwierigen Weg, den Platz des Mannes in der deutschen Gesellschaft und ihrer Geschichte sicher zu verorten. Der Weg ist bei weitem nicht zurückgelegt und weiter werden auf ihm Hindernisse getürmt. Davon zeugen ein auch nur flüchtiger Blick auf den Büchermarkt, nicht anders der Film »Der Untergang«, der fern der Gesellschaft einen verbunkerten Greis vorführt, einzig auf Personen fixierte, Nebensächliches ausbreitende Fernsehprogramme, Sprachbilder wie die von der »Wohlfühldiktatur« und vom »Volksstaat«. Vieles davon findet sich schon in Fests Sicht auf den Führer als einer »allesbewegende(n), unwiderstehliche(n) Kraft«: Hitlerismus statt Faschismus, Hitler als entlastender Sündenbock. Und obendrein nichts anderes als ein Missverständnis der Geschichte: Je mehr, so schrieb »Fest über Fest« 1990, er sich mit dem Thema befasst habe, desto »unbegreiflicher« sei ihm geworden, was da geschehen war: »[...] ein Aufstieg und Machtgewinn der ordinärsten Mittelmäßigkeit, die nicht einmal die Rechtfertigung durch eine große Leidenschaft für sich in Anspruch nehmen konnte, sondern ganz überwiegend von kleinen Egoismen, Affekten und Verstiegenheiten bewegt war, auch keiner übergreifenden Idee folgte, so dass am Ende alles, Krieg, Verbrechen und Weltherrschaftsphantasien den Charakter eines schrecklichen und dummen Missverständnisses annahm.« Da lässt Lichtenberg grüßen: Mit größerer Majestät hat nie ein Verstand stillgestanden.

Diese Betrachtungsweise befand sich – übrigens in West und Ost – in Widerspruch zu aller professionellen Geschichtsforschung, deren Reichweite in die Gesellschaft der Bundesrepublik freilich gering war. Wenn alle mitmachen: ich nicht, sei die vom Vater übernommene Devise Fests gewesen. Eine Selbsttäuschung. Bei der Verkürzung des deutschen Faschismus auf den Hitler, sodann dessen Platzierung in ein reduziertes, politische Bedürfnisse befriedigendes Zeitbild, hat der Publizist nichts erfunden, sondern »mitgemacht«. Sein Buch über Hitler, später auch das über Albert Speer waren im Hauptstrom bundesdeutscher Geschichtspolitik ein Verstärker. Dem ordnete sich auch ein, dass Fest, womit er den Historikerstreit der 80er Jahre anstieß, Ernst Nolte Gelegenheit gab, mit dem Versuch hervorzutreten, den Ursprung des Massenmordes an den europäischen Juden nach Sowjetrussland zu exportieren. Auch das ist nicht aufgegeben, so in der Umkehrung jenes bekannten Diktums von Max Horkheimer, die fordert, nicht mehr solle vom Faschismus sprechen, wer nicht auch vom Kommunismus reden wolle. Hannes Heer ist zuzustimmen: Es gibt heute ein »Rollback zum Hitlerbild der 50er Jahre« und so muss in diesem Falle, so ermüdend es anmuten mag, auf alten Schlachtfeldern weiter gefochten werden.

Anmerkungen

1 So Hans-Dieter Schütt in der Zeitung »Neues Deutschland« vom 13.9.2006.
2 Ebenda.

»Wir können alle Lust unterdrücken ...«

Briefe aus dem Alltag brauner Schwestern im Zweiten Weltkrieg*

»Die Hauptaufgabe der NS-Schwester ist der Dienst als Gemeindeschwester und Trägerin der nationalsozialistischen Volkswohlfahrt.«
Der Volks-Brockhaus, Leipzig, 9. Aufl. 1941, S. 487

Im Frühjahr 1941 vereinbarten neun Mädchen, nachdem sie gemeinsam einen Kurs an der Reichsschwestern-Schule im thüringischen Städtchen Ilmenau absolviert hatten und in ein sogenanntes praktisches Jahr entlassen worden waren, sich regelmäßig zu schreiben. Die Siebzehn- und Achtzehnjährigen wollten einander Nachricht über die Einsatzorte und ihre berufliche Tätigkeit, über alle Erlebnisse und Gedanken in ihrem neuen Lebensabschnitt geben. Ihre freundschaftlichen Beziehungen, zu denen sie während ihrer Ilmenauer Ausbildungszeit – sie währte vom 1. Oktober 1939 bis zum 1. April 1941 – offensichtlich gefunden hatten, sollten fortgesetzt werden. In den Briefwechsel, für den sie die Form eines Rundbriefes wählten, sollte auch jene NS-Jungschwesternführerin einbezogen werden, von der sie betreut worden waren. Zu ihr blickten sie achtungsvoll empor, und liebevoll galt ihnen die ältere Frau als »Mutti«.

Das »Unser Rundbrief« genannte Dokument – dem Vf. aus Privatbesitz zur Verfügung gestellt[1] – erlaubt einen tiefen, erhellenden und zugleich erschütternden Einblick in eine ereignisreiche Zeit. In ihm tritt ein durchaus menschliches, auf den eigenen Alltag bezogenes Denken in Erscheinung, zu-

---

* Veröffentlicht in Manfred Weißbecker und Reinhard Kühnl (Hrsg.): Rassismus – Faschismus – Antifaschismus. Forschungen und Betrachtungen. Gewidmet Kurt Pätzold zum 70. Geburtstag, Köln 2000, S. 164-177.

gleich aber eine unzulängliche Urteilsfähigkeit von Menschen, die mit ihrem Beruf eine zutiefst humanistische Aufgabe verbunden sahen, aber dennoch völlig entgegengesetzt über Krieg und Rassen sowie über die »deutsche« und die eigene Zukunft in Osteuropa meditierten. Der Inhalt dieser Briefe fordert den Historiker heraus; wer sich – und gerade Kurt Pätzold hat dies wie kaum ein anderer unter den DDR-Historikern getan – auf die Suche nach den vielgestaltigen Ursachen des übermäßig großen Einflusses der NSDAP auf die Deutschen begeben hat, wird diesen Texten viel entnehmen und sein Bild von den Anhängern des hitlerfaschistischen Regimes erweitern können.

Im einzelnen handelt es sich um 38 zwischen dem 18. April 1941 und dem 7. Juli 1942 von Hand geschriebene Briefe. Sie füllen ein schwarz gebundenes Heft im Format DIN A5 mit 182 Seiten. Verfasst wurden sie von Adelheid A., Ingeburg B., Ulla C., Veronika D., Ingelore E., Christina F., Anna G., Lieselotte H. und Gerlinde I.[2] Von Erika K. stammen vier dieser Briefe, in denen die NS-Jungschwesternführerin politisch-ideologische Orientierung bot und stets als Erzieherin auftrat.[3]

Die zahlreichen Rückblicke auf die Jahre 1939 und 1940, von denen es in den Briefen der Mädchen nur so wimmelt, lassen die Schule und ihren dort verbrachten Lebensabschnitt in einem verklärten Licht erscheinen: »Ilmenau ist alles […] Ilmenau, wir werden Dich nicht vergessen«, hieß es gleich zu Beginn.[4] In ihrer Rückschau wird dem Krieg, der ja bereits in dieser Zeit weit über die deutschen Grenzen hinaus geführt und zahlreiche Opfer gefordert hatte, kein Platz eingeräumt. Auch zum Bund Deutscher Mädel (BDM), dem die jungen Schwestern selbstverständlich angehörten, tauchte in ihren Äußerungen nichts auf; nur einmal wird die Notwendigkeit einer Ummeldung erwähnt.[5] Bei aller Politikferne spiegelt sich aber in dem, was für mitteilenswert gehalten wurde, ein alltägliches, ja geradezu selbstverständliches Denken in politischen und ideologischen Bahnen wider, die das Regime ihnen gewiesen hatte und das schließlich nach dem Überfall auf die UdSSR zu schrecklichen Aussagen führen sollte.

* * *

Von Adelheid A. scheint die Initiative der Aktion ausgegangen zu sein. Sie verfasste das Vorwort, Bestimmungen zu Terminen und Festlegungen zur Reihenfolge, in der die Beteiligten schreiben sollten. Das Ganze stellte sie unter den Wahlspruch »Meine Ehre heißt Treue!« Diese offizielle Parole der

SS gleichsam »privatisierend«, hieß es zunächst, wenngleich mit unverkennbar drohendem Unterton: »Wer den Rundbrief vernachlässigt oder gar verlässt, wird untreu seinem Versprechen und, was noch schwerer wiegt, untreu der Kameradschaft.« Ihre Briefe verstanden die jungen Frauen als »Band [...], das alle vereint und in seinem Lauf zusammenhält [...] In jeder Runde kommt der Brief einmal nach Ilmenau. In allen Kümmernissen und trüben Stunden wird uns von dort Rat und Hilfe werden.«[6]

Indessen geht bereits aus dem ersten Brief, den Adelheid A. am 18. April 1941 begann – aber ebenso aus Briefstellen anderer Verfasserinnen – hervor, in welchem Maße die SS direkt verherrlicht wurde und die Wahl ihrer Leitgedanken für den geplanten Briefwechsel politisch bedingt war. Sie stellte ihrem Schreiben ein »Wort unserer Lernzeit« voran, das da gelautet habe: »Es gibt nur eine Parole, die allen im Herzen brennt. Es gibt nur eine Parole, zu der sich jeder bekennt: Gehorsam und Treue! Die Treue ist das Mark der Ehre! Unser Glaube, unsere Liebe, unserer Hände Arbeit: Deutschland, für Dich! Wenn einer von uns müde wird, der andere für ihn wacht. Wenn einer von uns zweifeln wollt, der andere gläubig lacht. Wenn einer von uns fallen sollt, der andere steht für zwei, denn jedem Kämpfer gibt ein Gott den Kameraden bei.«[7]

Die Briefschreiberinnen teilten zunächst einander mit, an welchen Einsatzort und in welches Krankenhaus sie gekommen waren und was sie dort angetroffen hatten. Sie beurteilten mehr oder weniger sachlich ihre neue Unterkunft, die Ärzte und anderen Schwestern, die Patienten und überhaupt alle Probleme, mit denen sie sich beschäftigten. Sie lobten oder beklagten die Voraussetzungen und Bedingungen ihrer Arbeitsplätze, sprachen von unterschiedlichsten persönlichen Erlebnissen und ihren Eindrücken, hofften auf gegenseitige Ermunterung und Zuspruch. Großes gegenseitiges Vertrauen sprach aus ihren Zeilen ebenso wie eine totale, von jeglicher kritischen Befragung freie Verinnerlichung faschistisch-rassistischer Parolen.

Die ersten Briefe enthalten vor allem zahlreiche Klagen darüber, wie wenig die neuen Arbeitsplätze den Idealen entsprachen, mit denen sie in die rauhe Wirklichkeit entlassen worden waren. Man sei in den Kliniken nicht erwartet, unzureichend begrüßt worden und habe nur eine »öde, schmutzige Bude« zugewiesen bekommen. »O, du Traum vom Vollschwesternzimmer, wo bist du nur geblieben [...] Ich glaubte vergehen zu müssen, es nicht einen Tag aushalten zu können. Furchtbar! Am liebsten wäre ich wieder gegangen«.

Gerade von einem Krankenhaus in Weimar als der Hauptstadt des Gaues Thüringen, wohin Adelheid A. versetzt worden war, habe sie einen »Präsentierteller« erwartet, aber »das Gegenteil könnte ich jetzt eher behaupten.« Von den Schwestern seien nur drei »ganz nett [...] alles andere ist mies, eher Ausschuss als Auslese [...] Die Oberfrau ist falsch, ich hasse sie wie kaum jemanden, obwohl sie mir noch nichts getan hat.« Am 20. April fügte sie dem Brief noch die Nachricht an, dass sie sich auf ein Konzert freue, denn Musik »hilft immer«; danach schloss sie unvermittelt: »Lang lebe unser Führer! Heil Hitler!«[8]

Aus Gera berichtete Ingeburg B. ebenfalls von schlechter Unterbringung und unzureichendem Empfang, darüber hinaus von Ungeziefer und ihr äußerst missfallenden Patienten. Über letztere ließ sie sich voller Empörung und Abscheu aus – sie würden zu 90 % »aus der Unterwelt stammen«. Einige von ihnen seien Zuchthäusler und würden den Aufenthalt im Krankenhaus als eine »Kur« nutzen. Schließlich berichtete sie: »Eine ganz berüchtigte frühere Kommunistenführerin ist mit da (Fräulein, 3 Kinder). In ein KZ-Lager gehört sie. Ich habe ihr gehörig die Meinung gesagt, weil sie sich ganz ausfällig über den Staat äußerte. Und so was bekommt noch Kinderzulage, dieses Pack.«[9]

Veronika D. und Ingelore E. äußerten sich entsetzt über die Verhältnisse, die sie im sächsischen Riesa angetroffen hatten. Ihnen ging es ebenfalls vorwiegend um ihre Quartiere und die allgemeinen Arbeitsbedingungen. Aber auch in anderer Hinsicht beobachteten sie einen Gegensatz zwischen Ideal und Realität: Erstere vermisste vor allem bei den anderen Schwestern den Idealismus, den sie in Thüringen kennen gelernt habe. Man könne sich hier nur »schwer im Schwesternkreis einleben«.[10] Eine andere teilte etwas später sogar mit, dass in ihrem Einsatzort, der Stadt des KdF-Wagens, »ein großer Teil junger Schwestern [...] alles anstellt, um aus der NS-Schwesternschaft rauszukommen.« Die in Ilmenau gelernte Parole »Ausharren und Durchhalten« sei zudem kaum zu verwirklichen, denn »es wird uns ja so gar nichts geboten.« Nur in Braunschweig könne man einkaufen oder ins Kino gehen, doch das liege zu weit weg.[11] Aus Masserberg, wohin Anna G. Anfang 1942 versetzt wurde, teilte sie entrüstet mit, dass es »hier und in der ganzen Umgebung nicht einmal ein Kino oder wenigstens ein Kaffee« gebe. Spöttisch setzte sie hinzu, dass es viel schlimmer in Polen auch nicht sein könne.[12]

Auf diese Mischung aus privaten Enttäuschungen und politisch deutbaren Zweifeln reagierte die NS-Jungschwesternführerin Erika K. bereits am

16. Juni 1941. Ihren Text kennzeichnen Verwunderung, Enttäuschung und Empörung. Allerdings vermied sie, vordergründig zu argumentieren und suchte vielmehr, familiär und missionarisch-erzieherisch auf ihre früheren Schützlinge einzuwirken. Allgemeine Wertvorstellungen paarten sich mit ausgesprochen nationalsozialistischen Gedankengängen. Man müsse sich doch nun einmal in jeder Situation mit aller Kraft »einsetzen und durchhalten.« Ihr ging es um das, was sie als »Moral« der NS-Schwesternschaft bezeichnete und in der Feststellung gipfelte, dass das zu loben sei, »was hart mache.« Fordernde Selbstverständlichkeit für den Kriegseinsatz – so lassen sich ihre Äußerungen charakterisieren. Frau K. scheute jedoch auch nicht vor Beschimpfung, Einschüchterung und Drohungen zurück; wer den vorgegebenen Idealen nicht entsprach, machte sich verdächtig, ein Feind des nationalsozialistischen Staates und Adolf Hitlers zu sein.[13]

Erika K. war augenscheinlich bereits seit mehreren Jahren als nationalsozialistische Schwester tätig gewesen. Aus den vorhandenen Unterlagen ist jedoch nicht zu entnehmen, ob sie vor dem 30. Januar 1933 den damals bestehenden Vereinigungen »Braune Schwestern« oder »Rote Hakenkreuzschwestern« angehört hatte. Auf jeden Fall war sie Mitglied der Nationalsozialistischen Volkswohlfahrt (NSV), der aufgrund einer Anordnung des »Führer-Stellvertreters« Rudolf Heß vom 5. Januar 1934 auch die »Schwesternschaft der NSV« zugeordnet worden war.[14] Dass diese sich als Konkurrentin kirchlicher Diakonie verstand, spielte für sie wohl eine untergeordnete Rolle. Sie nahm kaum Abstand von einigen der vorwiegend christlich geprägten Mustern der Schwesternarbeit. So berief sich Erika K. keineswegs zufällig auf Gott, als sie ihren Elevinnen die Leviten las. Indessen stand für sie die »wahre Volksgemeinschaft« der Deutschen absolut im Vordergrund, nicht das humanistische Anliegen, die Leiden der Kranken zu lindern und Leben retten zu helfen, gleich welcher Nationalität oder »Rasse« der jeweilig Betreute auch sein mochte. Die nationalsozialistischen Schwestern sollten in Ausübung »ihres Berufes am kranken Volksgenossen« dazu beitragen, wie 1943 für den Reichsbund Deutscher Schwestern dessen Oberin Moser formulierte, ihre Kraft »am deutschen Menschen« zu verströmen, wohl wissend, dass »das augenblicklich lebende deutsche Volk nur vorübergehender Träger des ewigen Lebensstromes ist, der aus der Unendlichkeit kommt und nach unserem Willen in die Ewigkeit fließen soll als Ausdruck biologischer Unsterblichkeit.«[15] In diesem Sinne wurde von den Mitgliedern der NS-Schwesternschaft verlangt, »nachweislich auf dem Boden der nationalsozialistischen Weltanschauung« zu stehen und »arischer Abstammung« zu sein.[16]

In den vorliegenden Briefen ist kaum etwas von jenen generellen ideologischen und organisationspolitischen Zielsetzungen zu erkennen, die in den Stäben der NSV und der NS-Schwesternschaft debattiert oder in Statuten oder Konzepten fixiert wurden. Pflege wurde da als »Kampf im volkspolitischen Interesse« verstanden. Sie dürfe kein »Ergebnis persönlicher Mitleidsregungen der Pflegeperson« oder gar von »Weltflucht« sein: »Wer die Welt verlässt und in Mitleid für diejenigen vergeht, denen das irdische Leben schwer gemacht wird, besitzt jedoch nicht die erforderliche klare geistige Einstellung zum unabdingbaren Werte des Lebens. Wer aber das Leben an sich nicht bejaht, ist – bei allem anerkennenswerten Opfermut in der Berufsausbildung – doch nicht voll und ganz dazu fähig, so um jedes Leben zu kämpfen, wie es notwendig ist, um Deutschland vor dem Volkstode, der ihm schon von seinen Gegnern vorhergesagt ist, zu schützen. [...] Der Schutz der deutschen Volkskraft, die Erbgesundheits-Lehre und die Förderung der körperlich und geistig Hochwertigen im Rahmen der planmäßigen Aufartungspolitik können nur aus voller Überzeugung von Menschen durchgeführt und angewandt werden, die sich die glücklichste Gestaltung der diesseitigen Zukunft des deutschen Volkes bewusst zur Lebensaufgabe setzen.«[17] Noch deutlicher hatte Joseph Goebbels auf dem Reichsparteitag der NSDAP im September 1938 die Motive des Regimes benannt: »... wir müssen ein gesundes Volk besitzen (sic!), um uns in der Welt durchsetzen zu können.«[18] Intern hatte er schon Monate zuvor, im Bunde mit Hermann Göring, darauf aufmerksam gemacht, dass »im Falle eines Krieges eine große Zahl ausgebildeter Schwestern lebenswichtig ist.«[19]

* * *

Als der Krieg bereits zwei Jahre andauerte, wurden die NS-Schwesternschaft und der Reichsbund der Freien Schwestern und Pflegerinnen e.V. am 19. Juli 1941 zum Nationalsozialistischen Reichsbund Deutscher Schwestern zusammengefasst und zu einer von der NSDAP betreuten Berufsorganisation der deutschen Schwestern deklariert. Auch diese Veränderung ging an den jungen Schwestern, deren Briefe hier vorgestellt werden, nahezu spurlos vorüber.

Anders verhielt es sich dagegen, als das faschistische Deutschland am 22. Juni 1941 die UdSSR mit Krieg überzog. Alle Nachrichten von diesem neuen Kriegsschauplatz wurden nicht nur interessiert und aufmerksam zur Kenntnis genommen, sondern zugleich mit Betrachtungen zur eigenen individuellen Situation verknüpft. Man verfüge jetzt über ein Radio und habe »das jüngste Geschehen miterleben« können, hieß es in einem Brief von Christina F. am 24. Juni 1941. Diesem folgte die Aussage: »Was sind wir doch klein in dem großen Geschehen. Wiederum ist jeder nötig an seinem Platz.«[20] In ihrem Brief vom 1. Juli 1941 notierte Adelheid A., die damit die zweite Runde dieser Briefschreiberei eröffnete, etwas wehmütig, aber ganz und gar erfüllt von der historischen Größe dieser Situation Gedanken, die sowohl in die politische als auch in eine andere, betont individuelle Richtung wiesen: »Das Radio geht ganz leis: Sei gepriesen, du lauschige Nacht [...] Angesichts unserer kämpfenden Soldaten ist es schlecht und klein, an das Leben (oder an den Frieden) zu denken. Aber bei der Musik kommen die Gedanken, die Erinnerungen und die Sehnsucht. Wir sind doch noch so jung und haben auch ein Recht auf das Leben.«

Es blieb bei solchen Andeutungen. Darüber hinaus ist dem Text zu entnehmen, wie sich die Verfasserin gleichsam selbst ertappt fühlte und nach Gegenargumenten suchte: »Doch, wir können alle Lust unterdrücken ...« Sie sprach damit von ihrer Bereitschaft, auf alles, was ihr im privaten Bereich wichtig war, im Interesse des faschistischen Regimes und seiner Kriegführung zu verzichten. Mit dem Blick auf diesen Krieg nahm sie sich selbst völlig zurück: »Wie spannend waren doch die letzten Wochen und Tage wieder. Zuerst der 22.6. – wenn wir es wohl auch geahnt, so war es doch eine Überraschung, dass es so bald mit Russland anfing. Und es ist gut, dass es so gekommen ist. Wie der Führer doch alles so im richtigen Moment trifft [...] Wie stolz sind wir doch auf unsere Wehrmacht, auf unsern Führer, der uns mit der Wehrmacht alles erkämpft und ein neues Deutschland wiedergibt. Wie klein sind wir doch hier gegen unsere Soldaten draußen. Ich möchte jetzt in einem Feldlazarett arbeiten, Tag und Nacht. Alles andere kommt mir im Moment fast unwichtig vor und ist es doch nicht. Denn die innere Front muss stehen. Und so tun wir unsere Pflicht an dem Platze, auf den wir gestellt sind.«

In den Gedankengängen von Adelheid A. gab es keinerlei Spur, die dem Argument, Deutschland müsse sich verteidigen und führe einen Präventivkrieg, entsprochen hätten: »Die erste Wochenschau aus Russland sah ich auch schon, den Beginn der Kämpfe. Furchtbar, mit welchem Pack unsere Soldaten kämpfen müssen, wie Idioten, Juden, so richtige Heckenschützen.« In gleicher Weise hoffnungs- und erwartungsvoll fügte sie hinzu: »Die Meldungen sagen schon, wie ihnen der Kampf gegen uns bekommt.«

Während bei zahlreichen Deutschen zweifelnde Fragen aufkamen, ob es nicht ein zu großes Unterfangen sei, Russland bekriegen und besiegen zu wollen, sah keine der zehn Krankenschwestern besorgt in die Zukunft. Adelheid A. schrieb im Gegenteil, sie glaube nicht, dass »der Krieg durch den Russland-Feldzug sehr verlängert« werde. Von ihrem Bruder berichtete sie stolz, er wolle ja auch noch nach Russland gehen und sei jetzt in Deutschland zur Ausbildung. Außerdem sei er »tropenverwendungsfähig«, hatte er ihr vermeldet, vielleicht in der Hoffnung, auch einmal in einer der von Deutschland zu erobernden Kolonien eingesetzt zu werden. Die Schwester verband diese Information mit einer Frage, die viel über ihre nationalistische Gedankenwelt verrät, in der deutsche Expansions- und Okkupationspolitik gleichsam zur Selbstverständlichkeit zählte: »Und wohin gehen wir? In die Kolonien oder als Ostlandsiedler an die Wolga? Die Männer lernen doch jetzt schon das Land kennen, können uns dann gleich guten Rat erteilen, wenn wir unser Werk beginnen. B.V.P.[21] und Ostlandsiedlung, mit dem dazugehörigen und ebenso bereitwilligen Partner, – ist das dann richtig? – Erfolg der Erziehung und Weltanschauung. Ingeburg, du sagst: nach dem Motiv SS. Also weiterhin danach. Betr. Hummelnest[22] hast Du auch recht, es wimmelt hier nur so. Sonntags sind sämtliche Busse aus der Buchenwaldrichtung mit SS SS SS besetzt, Betriebsausflug der Hummeln. – Jedenfalls melde ich mich doch mal wieder nach dem Osten, und zwar nach dem 1.4.42. Da ist meine Gastrolle in der Gauhauptstadt beendet.«[23]

Ingeburg B. befand ebenfalls, dass die Zukunft der Reiches, aber auch ihre eigene im Osten liegen werde und fragte die anderen direkt: »Wer siedelt mit?!« Man könne ja erst einmal als NS-Schwester dort »die Nase reinstecken« und später dann »ganz erhaben als Vorbild dienen. […] Ran an den Speck, nicht gleich abhauen. Umsonst will ich nicht in Ilmenau gewesen sein.«[24] Gespannt wurde darauf gewartet, wer denn nun als erste »gen Osten rutschen« würde. Diese müsse für die anderen dort »selbstverständlich einen Platz reservieren.«[25] Später schrieb Ingelore E., sie habe einen neuen Arbeitsplatz erhalten, doch der liege leider nicht im Osten: »Aber was nicht jetzt ist, kann ja nach dem Krieg noch werden.«[26]

Eine der jungen Frauen verfasste für den »Rundbrief« ein Gedicht über die »Hummeln«, das die anderen als gut gelungen betrachteten und u. a. folgende Zeilen enthielt: »Das Ostland ruft uns ganz gewiß – / Gern rückt man an zu dem Komiss. / Beim Aufbau wollen wir mit ran / Und zeigen, was man leisten kann. / Sieht man im Osten sich mal um, / Hört man schon wieder das Gebrumm. / Es sind nicht Heinkel, Stuka-Flieger, / Nein, dies' mal sinds die Hummeln wieder. / Und wieder ist die Aufgabe / Erst recht im Osten B.V.P. / Doch damit auch klappt der Laden, / Muss man den rechten Partner haben. / Damit in Zukunft, wärs doch der Fall, / Auch fest und stark der östliche Wall.«

* * *

Selbstverständlich wollten die jungen Frauen nicht nur arbeiten, sondern auch etwas erleben und sich vergnügen. Ebenso lag ihnen der Gedanke an eine Verlobung oder gar an Heirat sehr nahe. Insbesondere betrachteten sie die »Hummeln« als geeignete Partner, die schwarzgewandeten Männer aus SS-Einheiten, darunter auch die von Buchenwald. Ihnen war das Konzentrationslager bei Weimar bekannt, und dennoch setzten sie ihre eigenen Aufgaben als »braune« Schwestern schlicht und ohne jedes Bedenken mit denen der »schwarzen« Hummeln im Lager gleich.[27]

Als sich Anna G. verlobte und auch andere mehr als zuvor über Eheschließungen nachdachten, sah Erika K. ihre Aufgabe darin, davor zu warnen, so »bald ins Ehejoch zu steigen und der Schwesternschaft untreu« zu werden. Gerade jetzt im Kriege stehe man »im Ehrendienst an unserem Volke« und müsse »im Geiste des Führers« arbeiten: »Also denkt immer erst noch mal an unsere eigentliche Losung! Damit will ich nicht sagen, dass auch nur eine von Euch mal nicht heiraten sollte – nein – Mütter sollt Ihr alle werden – Mütter mit eigenen Söhnen und Töchtern. Ehe aber das vielbesprochene Heirats-Problem für Euch geklärt ist, bitte ich Euch, alle Eure mütterlichen Kräfte, die nun einmal naturgebunden in jedem weiblichen Wesen ruhen, vorerst zum Wohle der Volksgesundheit auf's Höchste zu entfalten und in diese von uns nur ideal gesehenen Ehrendienste einzusetzen.«[28]

Am 18. Dezember 1941 formulierte Ingeburg B., inzwischen von Gera nach Eisenach versetzt, unter dem Eindruck der deutschen Kriegserklärung an die USA: »Der zweite Weltkrieg, ja in diesem Ausmaß und an Bedeutung ist wohl bis jetzt kein Krieg in der Geschichte gewesen. Wir sind die Jugend, Garanten der Zukunft, jeder weiß, wir haben es nicht leicht. Doch die Gegenwart fordert den ganzen Menschen, Menschen mit Kraft, Energie, Idealismus. Für den Endsieg, der eine Neuordnung Europas, ja vielleicht der Welt bedeutet, sind wir verantwortlich.« In diesem Zusammenhang bedauerte B., dass ausgerechnet die besten Helden ihr Leben opfern und eine Lücke in die Schar der deutschen Kämpfer reißen würden; von Mölders[29] und Udet[30] war die Rede. Ihre Schlussfolgerung liest sich so: »Unsere feldgrauen Kämpfer streben den toten Helden in ihren Taten nach. Der Sieg wird unser sein. Unsere besten Wünsche begleiten die tapferen Soldaten im Osten. Sie geben ihr alles, ihr Höchstes für uns. Heil! Ihnen eine glückliche Heimkehr. Liebe Kameradinnen! Ihr glaubt ja gar nicht, ich habe einen Idealismus in mir, dass ich manchmal denke, es zersprengt mich.«[31]

Es scheint in diesem Falle weniger problematisch zu sein, dass sich junge Menschen an überaus schwer erscheinenden Aufgaben messen wollten, eher muss zu bedenken sein, dass in keiner Hinsicht und auch nicht einmal andeutungsweise nach dem Charakter dieser Aufgabenstellungen gefragt worden ist. Die Zukunft erschien ihnen als eine der Deutschen und für Deutsche. Menschen anderer Völker fielen aus dem Raster heraus, obwohl es gerade für Krankenschwestern keinen Unterschied machen sollte, ob sie ihre Hilfe einem Deutschen, Polen, Russen usw. angedeihen lassen.

Dennoch erschien dem Regime eine Haltung suspekt, die trotz einer nahezu völligen Verinnerlichung faschistischer Parolen persönliche Interessen – die »Lust« am Leben und eigene Ansprüche an dieses nicht aufgab. Als die jungen Krankenschwestern auch 1942 nicht aufhörten, ab und zu in ihren Briefen zu klagen, bediente sich Erika K. einer neuen Variante ihrer Argumentation. Sie äußerte sich in ihrem Brief vom 4. Juli 1942 zum Thema »Heldentum«, an das sie denken müsse, wenn im Rundfunk eine »Sondermeldung« kommt. Da wisse sie genau, »dass es sich nicht um Gedanken-Konstruktionen, sondern um soldatisches Heldentum handelt, um ›Ehrendienst an unserem Volke – im Geiste unseres Führers!‹ Wenn sich die Soldaten in ihrem heldenmütigen Einsatz zu sportlichen Höchstleistungen in ihrem Siegeswillen hinreißen lassen und dann im Kampf für das Volk ihre Gesundheit außer Acht lassen, Schäden für das ganze Leben davon tragen, so ist das Heldentum, das wir nicht hoch genug einschätzen können.«

Ein solches aufopferungsvolles Heldentum verlangte Erika K. auch von ihren ehemaligen Schülerinnen. Sie appellierte an diese, sich ja richtig zu verhalten, weil sonst auch sie selbst Nachteile zu erwarten habe. Voller Erregung – sie ist vor allem an den ungelenken Formulierungen abzulesen, die in ihren anderen Briefen kaum auftauchen – berichtete sie von »politischer Überprüfung in Ilmenau« und dem Druck, der auf sie ausgeübt wurde, als sich einige ihrer Zöglinge nicht in gewünschtem Maße regimekonform verhalten hatten und dies nach Ilmenau gemeldet worden war: »Einige von Euch haben schon selbst erfahren, dass ich noch jetzt, nachdem Ihr schon über ein Jahr in einer anderen Arbeit steht – nicht mehr meine Schülerinnen seid – dass ich aber noch heute für meine Beurteilung, die ich ¼ Jahr vor dem Examen hier abgab, noch heute verantwortlich gemacht werde, verantwortlich für die dienstlichen Leistungen wie für die haltungsmäßigen Angelegenheiten. Ich war dieserhalb erst letzte Woche noch mal wieder um Euch beschäftigt und danach hieß es nicht: ›Jeder blamiere sich so viel er kann!‹ Sondern wenn man mir zu den heutigen Dingen meine damaligen ›guten‹ Beurteilungen entgegenhält, so will ich Euch sagen: ›Jeder blamiere mich so viel er kann!‹« Dann fügte sie noch hinzu: »Also, Kinder, auch wenn Ihr die Grenzen des Gaues Thüringen hinter Euch gebracht habt, kommt alles wieder an uns zurück. ›Ehre ist Zwang genug‹, denkt bei dem Wort auch mal an mich! Darf ich immer stolz auf Euch sein! Eure Schwester Erika.«[32]

* * *

Über den weiteren Weg der neun Krankenschwestern und ihrer Ausbilderin ist nichts bekannt. Es lässt sich jedoch ein Gedankenexperiment wagen, denn wo auch immer Ärzte tätig waren, standen ihnen Schwestern zur Seite. Das gilt in gleicher Weise für jene Mediziner, die Verbrechen begingen, obgleich sie ihr Berufsethos zu anderem verpflichtete. Auch ihnen dienten Krankenschwestern. So lässt sich fragen: Hätte sich eine der Briefschreiberinnen vielleicht geweigert, an der Seite ihrer Vorgesetzten mitzuwirken an der Vernichtung »lebensunwerten« Lebens, an der Ausrottung von »Untermenschen« und als »minderwertig« diskreditierter Völker?[33] Hätte sich eine von ihnen aufgelehnt, wenn sie in die Lage gekommen wäre, sich an den »Euthanasie«-Aktionen beteiligen zu müssen? Oder hätten sich diese Schwestern beispielsweise gegen den Gynäkologen Carl Clauberg gestellt, der von 1942 bis 1944 in Auschwitz ätzende Substanzen in die Gebärmutter unbetäubter Frauen einspritzen ließ, um seine Methode einer Massensterilisation ohne Operation zu erproben?[34]

Solche Fragen zu stellen heißt wohl zugleich, sie verneinen zu müssen. Insofern geben die vorliegenden, Privates und Ideologisches miteinander vermengenden Briefe auch Aufschluss über das, was Menschen in Deutschland dazu gebracht hat, Verbrechen nicht als Verbrechen zu erkennen, diese weitgehend und stillschweigend zu dulden oder sogar aktiv zu unterstützen. Die Schwestern, deren Briefe zufällig erhalten geblieben sind, übten ihre berufliche Pflichten nicht nur in einem streng strukturierten Handlungsrahmen aus, in dem Freiräume für persönliche Entscheidungsmöglichkeiten aufs Äußerste begrenzt waren, nein, von ihnen waren Grundpositionen faschistisch-rassistischer und rassenhygienische Ideologie willig auf- und angenommen worden.

Anhang: Aus dem Brief von Edith F. vom 16. Juni 1941

Und nun, meine lieben Mädel, Kinder! Erinnert Euch beim Lesen meiner Zeilen der Worte von unserer geliebten und verehrten Oberin Schnarre: wie es auch sei in der neuen Arbeit: »Mit aller Kraft einsetzen und durchhalten!«

Und nun zu Euren Briefen: Habt Ihr alle nur so wenig seelische Kraft, dass der Idealismus, der hier den ganzen Kurs beseelte und der von Eurer Umgebung noch heute nicht ohne Neid betont, ja der sogar bewundert wurde und deshalb schon in den Neuen fortlebt, weil die Patienten davon erzählten – die Konkurrenz anerkennend darüber spricht – habt Ihr keine Kraft oder nicht mehr den Willen, Euch über den lächerlichen neuen Alltag hinwegzusetzen? Ihr hattet Euch nach Polen gewünscht, überlegt bitte – nach Polen – was wäre das geworden, wenn Ihr jetzt schon zagentlich durch die neue Umgebung schleicht! Besonders Christina ist nach den ersten Briefen nur voller Ansprüche an die neue Arbeit gegangen. Nach acht Tagen kommen hier Klagebriefe an mit einer hässlichen Kritik über die neue Umgebung. Wenn ich noch einmal solchen Brief bekomme, kommt derselbe sofort zurück. Die Schilderungen der ersten vier Ausländer waren ja natürlich, trotzdem hätte Riesa es nicht nötig gehabt, in dieser Form an das Krankenhaus zu schreiben! Ich kenne das Haus in Weimar und betone, dass die Schilderungen zu recht waren und ich weiß von Frau Oberin, dass es in Gera wirklich in Ingeburgs Baracke gewimmelt hat usw. Nur Schwester Frieda hat mir das Haus in Riesa genau so hingemalt, wie Ihr beiden es tut. Aber nun ist Christina in ein ganz neues, im »Pavillonsystem« erbautes Haus gekommen und sie schildert immer die Baracken von wüsten Sandhaufen umgeben – innen aber ganz modern eingerichtet und in ihrem Zimmer fehlen selbst die Polstersessel nicht. – Kinder, wenn ein Haus erst am 1.4.41 eröffnet ist, können doch die Sandhaufen der kleinen Christina wegen doch nicht verschwinden. Wer weiß, was diese Sandhaufen später für Dich, liebe Christina, nicht alles Schöne bedeuten!? Und dann diese Kritik an den Schwestern und der Oberschwester – Kinder – ich weiß nicht, wie lange ich hier noch NS-Schwester bin – aber Ihr wisst, dass ich es mit Leib und Seele war und muss mir nun anhören, dass eine von Euch nach acht Tagen in der neuen Arbeit sagt: »O, Moral der NS-Schwesternschaft, wohin bist du entschwunden!«

Als ich nach Ilmenau kam – als NS-Jungschwesternführerin – empfingen mich die trostlosen, halbzerfallenen Wiesel'schen Gemäuer, mit Dreckhaufen in den Räumen, beißendem Gewimmel in den Betten, wackelndem Inventar ohne auch nur eine abschließbare Gelegenheit für uns alle, umgeben von wirtschaftlich und moralisch defekten Wesen, an deren Hungertuch ich für hundert Mark im Monat notgedrungen mit nagen musste, weil sich zunächst absolut keine andere Möglichkeit bot. Und die Möglichkeit, die ich uns allen in Ilmenau inzwischen schaffte, unser schlichtes, schönes Heim, hat auch heute für mich, trotz langer Dienstjahre nur dicke, harte Holzstühle! Meinen Idealismus hat mir weder die Zeit der Arbeitslosigkeit noch irgendwelche Unannehmlichkeit in den Privatpflegen; weder der Kampf der Gemeindearbeit noch der Ärger in der Erziehungsarbeit (die mir keinen Kummer ersparte) genommen. […] Meine Mädel, ich habe Euch so lieb und erspare mir nicht den Vorwurf, Euch verwöhnt zu haben, in gewissen Dingen; aber ich glaubte Euch alle trotzdem für das Leben draußen reif und stark gemacht zu haben; denn ich habe Euch nie nur das Schöne, sondern immer auch das Schwere unseres eigenen Berufslebens geschildert und betont, dass gerade das Schwerere das Schönste war, weil es mich hart machte. Kinder, ich hab auch für Euch ringen und kämpfen müssen und viel Verantwortung für Euch getragen, auch für Dich, liebe Christina, habe ich Deine gesundheitlichen Mängel, die den ganzen Beruf in Frage stellten, ganz allein auf meine Schultern genommen und weiß, dass vielleicht schon bald Rückfragen kommen. Nicht Dr. Bettenhäuser hat die Gewähr übernommen – er hat das angeforderte Gutachten nie gemacht – sondern mich nur in meinem Wollen unterstützt. Und nun habt Ihr das Examen und macht Ansprüche und vor allem übt Ihr als jüngste Mitglieder Kritik an der eigenen Schwesternschaft.

»Keinem wird's gegeben, ohne zu ringen!« Das war die Losung für Euer weiteres Tun und Handeln, liebe Kameradinnen. Und lauter ernste und gute Wünsche Eurer Führerin begleiten Euch alle, wo Ihr auch seid! Habt Ihr die Bildberichte vom Balkan gesehen, stellt sie Euch noch einmal vor Augen und lasst die Begriffe Kampf und Opfer einmal ganz ernst werden vor Eurer Seele und seid dann dem Herrgott dankbar für all das Schöne, das Euch alle bestimmt auch umgibt. Ich sehe eben vor mir (Dienstag, den 17.6.41) unsere gefüllten Blumenkästen. Bald werden die roten Himmelsröschen wieder blühen und manche kleine Vase füllen! Und wir werden wieder wandern, dass es eine Lust ist! Leider war das bisher kaum möglich, weil 1. der Wettergott komisch plant und 2. weil die Stimmung hier oft noch komischer war. Die Jungen sahen in den ersten Wochen die Alten leider genau so, wie die Alten die neue Umgebung sahen. Sie sind jetzt gut darüber hin. Helga meldete mir heute, ohne Erschütterung ihres seelischen Gleichgewichts, den 4. Exitus in ihrer Nachtwache. [...]

Auf ein Wiedersehen freue ich mich mächtig, aber gelt, nur in der Ilmenauer Prägung! Ihr wart doch immer mein Stolz und draußen sollt Ihr meine Freude und Ehre sein und ich weiß, dass es Heimweh war, was aber nun wohl seine letzte Sprache gesprochen hat, weil Ihr inzwischen die alten Kräfte angesetzt und schon viel Schönes erlebt habt!? Gelobt sei, was da hart macht! Immer Eure Schwester Erika.

Anmerkungen

1 Dank gebührt insbesondere Dr. Max Wolkowicz, der die Briefe auf einem zu entrümpelnden Dachboden fand und ihren Wert als Quelle vertiefender geschichtswissenschaftlicher Untersuchungen erkannte.
2 Da es im vorliegenden Beitrag weniger um die individuellen Schicksale geht, wurden die Namen der Briefschreiberinnen verändert. In den Zitaten aus ihren Texten sind orthographische und grammatikalische Fehler stillschweigend korrigiert. Landläufige Abkürzungen wurden aufgelöst.
3 Die Briefe datieren vom 16.6.1941, 30.09-2.10.1941, 27.2.1942 und 4.7.1942.
4 Unser Rundbrief, S. 3.
5 Brief vom 16.6.1941. In: Ebenda, S. 41.
6 Unser Rundbrief, S. 2.
7 Ebenda, S. 7 f.
8 Brief vom 18.4.1941. In: Ebenda, S. 9-17.
9 Brief vom 29.4.1941. In: Ebenda, S. 18-23.
10 Briefe vom 1.-5.5., 9.5. und 17.5.1941. In: Ebenda, S. 23-32.
11 Brief vom 24.6.1941. In Ebenda, S. 59 f. Ergänzend schrieb Christina F.: »Dass man gleich nach der ersten Enttäuschung die Flügel hängen lässt, begreife ich nicht. Ich meine, für's erste war ich auch erledigt. Aber unterkriegen lass ich mich nicht! Dafür komme ich ja aus Ilmenau! Und wenn wir alle gehen wollten, nur weil es nicht so ist, wie wir es uns dachten, könnte es ja auch nie so werden. Also bleibt es bei unserer Parole: Ausharren und Durchhalten!«

12 Brief vom 1.3.1942. In: Ebenda, S. 153 f.
13 Siehe den Auszug aus dem Brief vom 16.6.1941 (In: Ebenda, S. 41-53) am Ende dieses Beitrages.
14 Abgedruckt als Dokument Nr. 114 in Herwart Vorländer: Die NSV. Darstellung und Dokumentation einer nationalsozialistischen Organisation, Boppard 1988, S. 305. Die offizielle Bezeichnung lautete seit dem 17.5.1934: NS-Schwesternschaft. Siehe ebenda, S. 309.
15 Zit. nach Vorländer, Die NSV, S. 403.
16 Richtlinien für die Schwesternschaft der NSV. In: Ebenda, S. 307.
17 Warum Ausbau der NS-Schwesternschaft? In: Nationalsozialistischer Volksdienst 1937/38, S. 95 f. Zit. nach Vorländer, Die NSV, S. 311 f.
18 Zit. nach ebenda, S. 369.
19 Zit. nach ebenda, S. 110.
20 Brief vom 24.6.1941. In: Unser Rundbrief, S. 60.
21 Mit diesem Kürzel meinten die Briefschreiberinnen »Bevölkerungspolitik«.
22 Die jungen Frauen bezeichneten SS-Männer als »Hummeln«.
23 Brief vom 1.7.1941. In: Ebenda, S. 61-73.
24 Brief vom 13.7.1941. In: Ebenda, S. 77.
25 Brief vom 22.1.1942. In: Ebenda, S. 139.
26 Brief vom 4.2.1942. In Ebenda, S. 149.
27 Das Gedicht »Die Hummeln« ist dem »Rundbrief« als Anhang beigefügt worden.
28 Brief vom 30.9.1941. In: Ebenda, S. 101 f.
29 Der Jagdflieger Werner Mölders, um den sich in besonderem Maße Heldenkult entfaltet hatte, war am 21.11.1941 abgestürzt.
30 Generaloberst Ernst Udet, den Hitler und Göring für das Scheitern des Luftkrieges gegen Großbritannien verantwortlich machten, hatte sich am 18.11.1941 das Leben genommen. Sein Tod wurde in der Presse als Unfall dargestellt.
31 Brief vom 18.12.1941. In: Ebenda, S. 134 f.
32 Brief vom 4.7.1942. In: Ebenda, S. 170 ff.
33 Aus der reichhaltigen Literatur sei hier lediglich verwiesen auf. Medizin unterm Hakenkreuz. Hrsg. von Achim Thom und Genadij Ivanovic Caregorodcev, Berlin 1989; Birgit Breiding: Die braunen Schwestern. Ideologie – Struktur – Funktion einer nationalsozialistischen Elite, Stuttgart 1998.
34 Zu diesem hier als Beispiel angeführten Fall siehe Wolfgang Benz: Ärzte als Verbrecher. Zum Jahrestag der Prozesse in Nürnberg. In: Freitag, 25.10.1996, S. 3.

»Gefolgschaft hinterm Hakenkreuz«

Ein aufschlussreiches und anregendes Buch*

Viele hier im Saal werden möglicherweise bereits in das Buch geschaut, vielleicht auch sich festgelesen haben. Auf eine der üblichen Buchvorstellungen kann also durchaus verzichtet werden. Eher soll nach den »roten Fäden«, d.h. nach den Konstanten im Buch sowie nach den erbrachten Leistungen und vor allem nach den Anregungen gefragt werden, die uns Kurt mit seinem Text hinterlassen hat. In diesem Sinne erlaube ich mir, hier einige Überlegungen vorzutragen, die mir beim redaktionellen Arbeiten und danach in den Sinn kamen.

Mich beeindruckte das konsequente materialistisch-dialektische Darstellen und Deuten gesellschaftlicher Zusammenhänge für das, was als Manipulation von oben sowie als Manipulierbarkeit von Massen, als Zurichtung einer Gefolgschaft und ein ihr dienlicher Gefolgschaftswille zu bezeichnen ist. Entgegen früherer Bescheidenheit in linkem Nachdenken über Ideelles wird hier Emotionen, Apathie, Ängsten, Gewohnheiten, Dummheiten usw. usf. breiter Raum geboten. Da ist auch von zahlreichen Karrieristen und Postenjägern die Rede, von Ehrgeizlingen und opportunistische Überläufern, die sich beeilten, gefällige Musterschüler und Nutznießer des neuen Regimes zu sein. »Märzgefallene« nannte man sie damals, sechs Jahrzehnte später übrigens »Wendehälse«.

Kurt Pätzold verband die Unterschätzung solcher Erscheinungen mit Kritik, ja auch mit Selbstkritik an unzureichender theoretischer Arbeit, die zu Fehlurteilen und Realitätsverlust geführt hat. Aber: In streitbarem Gegensatz

---

* Vortrag anlässlich der Vorstellung des Buches von Kurt Pätzold »Gefolgschaft hinterm Hakenkreuz. 20 Kapitel zu 12 Jahren deutscher Geschichte« (Berlin 2017) am 16. August 2017 in den Räumen der »jungen Welt« in Berlin. Pätzold war 2016 verstorben und hatte ein unfertiges Manuskript hinterlassen, das der Autor für die Veröffentlichung bearbeitete.

zu anderen, von ihm herzlich gern Angegriffenen verliert er sich nicht in gängigen Deutungen, die im schlechten Wesen des Menschen, in seiner Natur also allein oder vordergründig entscheidende Ursachen seines Denkens und Verhaltens erkennen wollen.

Pätzolds Vorgehen erscheint auch deshalb als sinnvoll, weil solche Theorien durchaus politisches Gewicht entfalten: »Ein Gespenst geht heute um in der westlichen Welt. Ein Gespenst des wütenden und unberechenbaren Volkes«, schrieb jüngst eine Publizistin.[1] Hingegen fand der mit so viel Glanz und Gloria verabschiedete Ex-Bundespräsident deutlichere Worte: Er erklärte vor zwei Jahren am 22. Juni in einem Gespräch, ausgestrahlt von der ARD: »Nicht die Eliten sind das Problem, die Bevölkerungen sind im Moment das Problem.« Möglicherweise ist Herrn Gauck nicht zu unterstellen, auch an die Geschichte zwischen 1933 und 1945 gedacht zu haben. Er hätte jedoch Anleihe aufnehmen können bei jenen Historikern, Soziologen, Philosophen, die da strikt behaupten, es sei lediglich dann von Faschismus sprechen, wenn dieser als Massenbewegung daherkomme, von den Massen getragen und akzeptiert werde. Oder erklären, die Massen seine die entscheidende »Triebkraft« der Dritten Reiches gewesen. Wie hingegen Pätzold den Faschismus in die gespaltene Gesellschaft einordnet, gab er – angelehnt an die bekannte Formulierung des VII. Weltkongresses der Kommunistischen Internationale – mit seinem Definitionsversuch deutlich zu erkennen: »Der Faschismus an der Macht ist eine terroristische Diktatur, deren Hauptinteressent und Hauptnutznießer Gruppen des Finanzkapitals sind.«[2]

Diese gesellschaftliche Kausalität erscheint im Buch immer wieder auch als eine geschichtliche. Alle Erscheinungen finden sich eingeordnet in jeweilige Situationen sowie in die Wirksamkeit mittelfristig und langfristig vorhandener Faktoren. Letzteres wird besonders deutlich, wenn es um den Rassismus, speziell um den Antisemitismus der Nazis geht. Es versteht sich wie von selbst, dass da oftmals auf Jahrhunderte alte Praktiken der Kirchen verwiesen wird.

Zu den Konstanten gehört insbesondere Kurt Pätzolds Auffassung von der verheerenden Rolle des Nationalismus. Dieser erscheint selbst wenig dargestellt, darf aber als Grundlage für alle der behandelten Stimmungen gelten. Der Vf. nutzte das allgemein Bekannte als eine wesentliche Bedingung z. B. für die breite Zustimmung, welche die vom neuen Regime lautstark erklärte Absicht erhielt, endlich alte, angeblich mit dem deutschen Wesen unvereinbare Zustände überwinden zu wollen. Wir wissen, dass diese gewiss schlimm waren, vor allem während der Weltwirtschaftskrise und unter den autoritären Präsidial-Regierungen. Sie wurden jedoch in rechtspopulistischer Manier in noch schlimmeren, alles überzeichnenden Horrorbildern dargestellt.

Der Nationalismus sah sich auch genutzt als Erklärungshintergrund für die von vielen Deutschen gehegte Hoffnung, die neue und zugleich neuartige Partei werde den alten Parteien-Wirrwarr sowie den praktizierten Parteien-Egoismus zugunsten eines neuen Gemeinschaftsgefühls überwinden. Geglaubt wurde insbesondere der Behauptung, mit einer grundlegenden Erneuerung politischen Regierens könne ein richtiger Ausweg aus der Deutschland ja besonders hart treffenden Weltwirtschaftskrise gefunden werden.

Es zählt für mich zu Kurt Pätzolds Leistungen, die richtigen Fragen bzw. die Fragen richtig gestellt zu haben, darunter die nach den Strategien und Taktiken, die von den Nazi-Führern zur Beherrschung und Lenkung der Massen eingesetzt worden sind, darunter ebenso die, weshalb Millionen Frauen und Männer, Alte und Junge, ein von Anbeginn verbrecherisches Regime gestützt haben, weshalb sie halfen, Pläne zu verwirklichen, die über ihre nahen und fernen Nachbarn und schließlich auch über sie selbst Leiden und Sterben ohne Beispiel brachte? Und dies obwohl es erhebliche Friedenswünsche gab, obwohl Hoffnungen auf Kriegsvermeidung oder Kriegsbeendigung immer spürbar waren, die allerdings das Regime nicht erschütterten und von den Kriegswilligen erfolgreich übergangen oder sogar genutzt werden konnten.

Mit Bedacht hatte sich Kurt Pätzold entschieden, sein letztes Manuskript in eine hohe Zahl von Kapiteln zu gliedern. Er wollte jedes der 12 Jahre bzw. jeden Entwicklungsabschnitt möglichst genau durchmustern. 20 Kapitel sind es geworden – man könnte auch von 20 Antwortbündeln reden. Dargestellt werden einzelne, aber auch komplexe und ineinander übergehende Faktoren situativer, wirtschaftlicher, ideologischer, manipulativer und psychosozialer Art. Es finden sich zudem viele Anregungen zu weiterer Suche nach den vielgestaltigen, miteinander verschränkten Bindekräften zwischen Regime und Gefolgschaft, zur Wirkungsmächtigkeit von Gefühlen und Stimmungen, zur Wechselwirkung von Eigen-Liebe und Fremden-Hass, zum polarisierendem Freund-Feind-Denken sowie nach der Notwendigkeit von gemeinschaftlicher und ebenso von individueller Verantwortung.

Gegen alle hitlerzentristische Vereinfachung der Geschichte formuliert Pätzold knapp, aber deutlich und treffend: Dieser »Führer« war nicht denkbar ohne Himmler und Heydrich. Der Nazi-Terror führte zu Angst und Disziplinierung, zu Anpassungs- und Unterwerfungsdruck, worauf insbesondere die Arbeiterparteien nicht angemessen vorbereitet gewesen seien. Aber: Die Mehrheit der Deutschen sah sich selbst nicht von Verfolgung, KZ-Haft oder Ermordung bedroht. Im Gegenteil: Weithin wurde der Anwendung strikter Gewalt zugestimmt. So ungeheuerlich dies auch erscheinen mag, es existierte auch da eine gedankliche Übereinstimmung zwischen der Führung und großen Teilen der Massen. Oder – wie es Erich Fromm 1941 formulierte – einen Gleichklang autoritärer Charakterstrukturen von Führern und Geführten.

Mit Recht spricht Pätzold von einer Doppelrolle des Terrors. Von diesem sei eben nicht nur Abschreckung ausgegangen sei, er habe auch gewinnende Wirkung ausgeübt. Für die Wirksamkeit propagierter Feindbilder, realer oder solcher, die sogenannte »Sündenböcke« betrafen, bot sich damit Grund-Legendes für die Entfaltung eines auf beliebige Ziele ausrichtbaren Kampfeswillen und eines beträchtlichen Zerstörungspotentials.

Ausführlich setzt sich Pätzold auch mit dem falschen Bild von einem »bedrückt« lebenden Volk auseinander. Er zitiert u. a. den NS-Jubel-Dichter Will Vesper, der 1938 verkündete: »Es ist wieder höchste Lust, ein Deutscher zu sein« und damit der allgemeinen Stimmung Ausdruck verlieh, einem Ergebnis intensiver Pflege und Vertiefung patriotischer Stimmungen durch Literatur, Filme, Feiern usw. Bekanntlich enthielten von den zwischen 1933 und 1945 gedrehten Filmen lediglich fünf Prozent einen rein politischen oder rassistischen Inhalt – doch überall war, leger ausgedrückt, Propaganda drin. Alles zielte auf eine Flucht aus der Wirklichkeit, alles schuf oder bestätigte Illusionen, deren Dauerhaftigkeit in der »Rumpelkammer« des kollektiven Gedächtnis ja bis in die Gegenwart reicht.

* * *

Ganz gewiss wird Pätzolds Buch Anregungen bieten, über die Rolle der Massen in der Zeit danach und auch davor zu grübeln. Denn das Thema »Manipulation und Manipulierbarkeit der Massen« ist beileibe nicht allein an den Faschismus in Italien und Deutschland zu knüpfen. Im Gegenteil: Erst jüngst fragte der Vorsitzende des Paritätischen Wohlfahrtsverbandes bei einer Debatte im Berliner Karl-Liebknecht-Haus: »Wie konnte eine ökonomische Ideologie wie die des Neoliberalismus derart populär, derart erfolgreich im Sinne von durchsetzungsstark werden? Und wie kann es sein, dass eine ganz breite Mehrheit in der Bevölkerung sich permanent gegen ihre eigenen Interessen verhält?«

Das Thema indessen ist zugleich uralt. Viele befassten sich in vergangenen Jahrhunderten bereits mit diesen Fragen. »Wie ticken die Massen?« – das ist zwar neumodisch formuliert, doch die Frage nach einem möglichen Zugriff auf das menschliche Innenleben und das daraus resultierende Verhalten, gleich ob bewusst oder unbewusst, gab es in jeder Klassengesellschaft. Beeinflussen-Wollen, Verführung, Manipulation haben eine lange Geschichte. Nimmt man beispielsweise Bezug auf die Rhetorik eines Aristoteles (384-322 v. Chr.), so zeigt sich durchaus, dass es bei dieser keineswegs allein um die Kunst des »schönen Redens« ging. Über rationale und logische Argumente sollten Gefühle, Stimmungen, Leidenschaften usw. davon angesprochen werden. Zu nennen wäre in der länger zurückliegenden Geschichte vieles, darunter auf jeden Fall auch die kirchlichen Dogmen mit dem Versprechen himmlischen Friedens oder der Androhung höllischer Qualen für den Fall botmäßigen oder unfügsamen Verhaltens. Zu nennen wären die Herrschaftsprinzipien eines Niccolò Machiavelli (1469–1527). Des Menschen Triebkraft bestehe in ewiger Unzufriedenheit, Maßlosigkeit, Habsucht und unersättlichem Ehrgeiz. Daraus sei zu schlussfolgern, dass – die Menschen an sich »schlecht« seien, ihr Herrscher keinen moralischen Werten folgen müsse und der Zweck alle Mittel heilige, das Lügen[3] eingeschlossen. Andererseits dachte bereits im Jahre 1550 der französische Jurist Étienne de La Boétie über die »freiwillige Knechtschaft« nach und stellte seinen Lesern die rhetorische Frage: »Wie kommt er [der Tyrann, M. W.] zur Macht über euch, wenn nicht durch euch selbst? Wie würde er wagen, euch zu verfolgen, wenn ihr nicht einverstanden wärt?«

Mich regte Pätzolds auf die 12 schlimmsten Jahre der deutschen Geschichte gerichteter Blick dazu an, seinem wiederholt verwendeten Argument nachzugehen, die Nazis hätten sich auf Voraufgehendes und Vorgänger stützen können, zu solchen Rückgriffen an. Auch zum Nachdenken über die Tatsache, dass alles neues und erhebliches Gewicht gewann nach der französischen Revolution und erst recht in den Zeiten des Übergangs vom 19. zum 20. Jahrhundert. Aus einer Menge von Menschen wurde die eine Eigendynamik entwickelnde Masse. Ihre Wirksamkeit und ihre Rolle erreichten für das gesellschaftliche Geschehen eine neue Qualität – bedingt durch Konzentration und Zentralisation der Produktion, durch das enorme Anwachsen der Bevölkerungszahlen, durch die Formierung politischer Parteien und den Kampf um die Durchsetzung des Parlamentarismus, durch das Erstarken der Arbeiterbewegung und die sich vertiefenden Klassengegensätze sowie, diese durchaus überlagernd, als Folge der alle Bereiche des Lebens erfassenden Gegensätze, also zwischen den Geschlechtern, zwischen Jüngeren und Älteren, Stadt- und Landbewohnern, Gläubigen unterschiedlicher Konfessionen u.a.m.

Keineswegs zufällig wird am Ende des 19. Jahrhunderts begonnen, auch mit den Mitteln der Wissenschaft nach Möglichkeiten zu suchen, um der Massen Herr bleiben oder wieder Herr werden zu können. Dazu trugen – und das sei nicht nur nebenbei angemerkt – auch rein ökonomische Intentionen bei: Es gab neue Erfordernisse und neue Möglichkeiten für die Entfaltung von Reklame und Lockmittel aller Art, dies zunächst für den Absatz von Waren, zunehmend auch für die Politik. Massenmedien traten auf den Plan – Zeitungen und Illustrierte sowie Radio und Film. Werbung galt nun als notwendiges »Schmiermittel« im kapitalistischen Wirtschaften und Handel. Darin macht sich bis heute oftmals selbst das Unsinnigste bezahlt, um Aufmerksamkeit zu erregen, um von den Produkten der Konkurrenz abzulenken und eigenständiges Denken zu betäuben. Es gelte, so hat es einmal der Zeitungswissenschaftler Hans Domizlaff formuliert, in das »Gehirn der Massen« zu kriechen.[4] Drastischer verglich ein anderer Marketingtheoretiker, Werner Kroebel-Riel, werbende Bilder mit »schnellen Schüssen ins Gehirn«.[5] In der US-amerikanischen Film-Werbebranche lautet das Motto »Pack die Zuschauer an der Gurgel und lasse sie nicht mehr los!«[6] Die Botschaft lautet stets schlicht und einfach: »Kaufe mich …!«, »Schau auf mich …!« oder eben auch »Wähle mich …! und »Schließe dich mir an …«[7]

Intensiv befassten sich konservative Denker im 19. Jahrhundert mit diesem Blick von oben auf die Massen. 1895 war es vor allem Gustave Le Bon (1841–1931), der mit seinem Buch »Psychologie der Massen« den Herrschenden konkrete Ratschläge lieferte. Die Kenntnis dessen, was in den Köpfen der Massen vor sich gehe, sei »heute das letzte Hilfsmittel für den Staatsmann«.[8] Verachtung, Herabsetzung und Beleidigung der Massen dominieren in seinem Buch. Der Mensch, wenn er »Glied einer Masse« ist, steige »mehrere Stufen von der Leiter der Kultur hinab. Als einzelner war er vielleicht ein gebildetes Individuum, in der Masse ist er ein Triebwesen, also ein Barbar.«[9] Es heißt auch bei ihm: »Bei der Aufzählung der Faktoren, die imstande sind, die

Menschenseele zu erregen, könnten wir uns die Erwähnung der Vernunft ersparen, wenn man nicht den negativen Wert ihres Einflusses aufzeigen müsste.«[10] Ratschläge galten direkt denen, die Wahlen gewinnen wollen: »Den gegnerischen Bewerber [...] muss man zu vernichten (!, M. W.) suchen, indem man durch Behauptung, Wiederholung und Übertragung zu beweisen sucht, er sei der ärgste Schuft, von dem jeder wisse, dass er etliche Verbrechen begangen habe. Selbstredend ist es unnötig, etwas vorbringen zu wollen, was einem Beweis ähnelt. (!, M. W.) Ist der Gegner ein schlechter Kenner der Massenpsychologie, so wird er sich durch Beweise zu rechtfertigen suchen, anstatt auf verleumderischen Behauptungen einfach mit anderen ebenso verleumderischen zu antworten, und wird dann keine Aussicht auf Sieg haben.«[11]

Das geriet in der Beschreibung durchaus realitätsnah, in der Deutungsart jedoch die Massen verteufelnd und vor ihnen nachdrücklich warnend. Dies setzte sich vielfach fort, darunter in den bekannten Aussagen zur Gefahr einer »Vermassung«, die das Ende aller Kultur bedeuten würde. Zu denken wäre etwa an das Buch »Der Aufstand der Massen« von Ortega y Gasset (1883–1955), das 1930 in Spanien erschien und große Verbreitung fand. Die Massen, so heißt es bei ihm, seien nicht imstande zu regieren, und sie dürfen dies auch nicht, sonst käme es zu einer »Hyperdemokratie« sowie zu existenziellen Krisen von Völkern, Nationen und Kulturen. Und er warnt: »Wenn die Masse selbständig handelt, tut sie es nur auf eine Art: Sie lyncht.«

Der französische Soziologe Serge Moscovici (1925–2014) verglich die Masse mit einem sozialen Tier, das sich von der Leine gerissen habe.[12] Masse sei gleich Mob, der gewalttätig auf die Straße geht, der streikt, Tumulte entfesselt und revoltiert. In seinem Buch »Das Zeitalter der Massen« führte er den Aufstieg von Diktatoren auf das Verlangen der Massen nach »Führern« zurück.

Ich erspare mir weitere Beispiele und ebenso Zitate, die nahezu wortgleich in Tageszeitungen oder via TV zu lesen und zu hören sind. Und ganz gewiss wird es auch jedem, der Pätzolds Buch schon in der Hand hatte, wie mir gegangen sein: Alles liest sich in furchtbarer Aktualität.

Dabei gerät manch ein in die Versenkung geschwundener Autor, manch eine Debatte in den Reihen der deutschen Arbeiterbewegung wieder in unser Blickfeld. Da wurde beispielsweise zu Beginn des 20. Jahrhunderts von Sozialdemokraten nach Kombinationsmöglichkeiten von Marxismus und Psychologie gesucht. Vor allem zwei Themenkreise dienten als Ausgangspunkt: Zum einen die Debatten in der SPD zum Massenstreik, zum anderen – aber in direktem Zusammenhang damit – die Notwendigkeit, in diese die wachsende Zahl der in Gewerkschaften organisierten Arbeiter sowie darüber hinaus auch die politisch unorganisierten Teile der Klasse einzubeziehen bzw. deren überwiegend ja spontan erfolgende Beteiligung an den Streiks zu erklären.

Karl Kautsky blickte 1914 in einer Bilanz der Massenstreikdiskussionen auf jene Teile der Massen, die »sich gelegentlich, durch bestimmte Veranlassungen getrieben, zur Bekämpfung bestimmter sie bedrückender Faktoren« zusammenfinden würden. »Organisierte Gruppen können in ihr vorkommen, werden ganz selten fehlen, machen aber nicht ihren Hauptbestandteil aus.«[13] Er verneinte auch Auffassungen, eine fortschreitende Organisierung des Proletariats mache die Aktionen unorganisierter Arbeiter unnötig. Da solche Massenaktionen unberechenbar seien und sich aus solcher Unberechenbarkeit kaum Möglichkeiten eines Erfolges ergeben, können sie »sowohl reaktionär wie revolutionär sein.«[14]

Die Debatten – vereinfacht gesagt – um Marx plus Freud setzten sich verstärkt nach dem Ersten Weltkrieg und den Revolutionen von 1918/19 fort.[15] Dies sowohl in durchaus offener Form in Sowjetrussland und der frühen UdSSR als auch dort, wo sozialistische Revolutionsversuche scheiterten. Dabei waren ja Diskrepanzen zwischen Interessen der Arbeiterklasse einerseits und deren Verhaltensweisen andererseits zutage getreten, speziell von denen der politisch nicht organisierten Arbeiter. Deutlicher als zuvor sah sich nun das Nachdenken über die Massen immer enger, auch immer grundsätzlicher mit Analysen kapitalistischer Wirtschafts- und Gesellschaftsverhältnisse verknüpft, zugleich auch mit dem weiteren Streben nach positiv veränderten gesellschaftlichen Verhältnissen.

Es waren vor allem Linkssozialisten, die weiter nach Übereinstimmungen von Psychoanalyse und Marxismus suchten. Ich erwähne hier nur drei von ihnen, denen m. E. früher zu Unrecht vorgeworfen worden ist, sie würden die Niederlagen der Arbeiterbewegung »psychologisieren.« So setzte sich Siegfried Bernfeld (1892–1953), ein Psychoanalytiker, der als Begründer der modernen Jugendforschung gilt, 1926 in der Zeitschrift »Der sozialistische Arzt« mit den »materialistischen Grundlagen« der Denkweisen im Marxismus und in der Psychoanalyse auseinander.[16] In Thüringen, insbesondere an der Heimvolkshochschule Gera-Tinz, suchte Anna Siemsen (1884–1958) nach den »psychologischen Voraussetzungen des Sozialismus und sprach von der Notwendigkeit, mit deren Hilfe die »Unreife des Proletariats« zu überwinden. Dabei ging es ihr vorrangig um die Faktoren »Intelligenz, Disziplin und Organisationstalent«. In diesen drei Punkten sah sie psychologische Vorbedingungen einer sozialistischen Herrschaft.[17] Von Otto Jenssen (1883–1963) stammt ein Artikel, betitelt »Zur Psychologie der Masse«, in dem er Übereinstimmungen und Differenzen zwischen Kautsky und Freud untersuchte.[18] Nach seiner Auffassung vermindere sich in den Zeiten eines sogenannten friedlichen Klassenkampfes »die Kraft der sozialen Triebe«. Es verschärfe sich hingegen der »Gegensatz zwischen persönlichen Interessen und allgemeinen Klasseninteressen.« Interessant ist auch seine Warnung, dass man sich hüten müsse, bei aller Berücksichtigung der »Psychologie der unorganisierten Massen [...] in sich selbst [gemeint ist die Partei, M. W.] das Vaterverhältnis zwischen Führer und Masse zu überspannen und die Organisation zu einer modernen Horde zu machen.«[19]

Wenn ich von Autoren sprach, die vergessen wurden, denke ich auch an Wilhelm Reich und sein 1933 veröffentlichtes Buch »Die Massenpsychologie des Faschismus«. Vielleicht erinnert sich mancher hier auch an die Rezension der Reich-Biographie von Andreas Peglau, die im »neuen deutschland« erschien sowie an den reißerischen Artikel von Carsten Prien »Fickt euch frei«. Auch Götz Eisenberg kam an Reich nicht vorbei, als er jüngst in der »jungen Welt« (22. und 23.7.2017) über die »Dunkelkammern des Ichs« schrieb.

Reichs Thesen zum Verhältnis von Sexualunterdrückung und anzustrebender Sexualökonomie (zu verstehen als Einheit von Lust und Liebe) waren Ausdruck einer weitgehenden Überschätzung der befreienden Kraft von »orgiastischer Potenz« und dem, was er mit dem Begriff »Genitalität« bezeichnete. Natürlich vermag dies nicht als Motor des Kampfes gegen soziale Unterdrückung und wirtschaftliche Ausbeutung zu wirken. Seine psychologischen Thesen gerieten daher bald in Vergessenheit.

An sie muss nicht erinnert werden, wohl aber könnte man von einem methodologischen und politischem Erbe sprechen, das er hinterließ und das es zu nutzen gilt. Gestützt auf Marx stellte er fest, dass die Menschen ihren »Seinsverhältnissen« auf doppelte Art unterliegen, zum einen »direkt der unmittelbaren Einwirkung ihrer ökonomischen und sozialen Lage« und zum anderen »indirekt vermittels der ideologischen Struktur der Gesellschaft.« Dann heißt es weiter bei ihm, dass ihr Denken und Handeln ebenso widerspruchsvoll seien wie die Gesellschaft, der es entspringen würde. Verändere die gesellschaftliche Ideologie die psychische Struktur der Menschen, so verändere sich ihr Handeln, und widerspruchsvoll handelnde Menschen würden zu materieller Kraft. Hinzu komme die Tatsache, dass die psychischen Strukturen sich immer langsamer entwickeln als die technischen Produktivkräfte. Ihr Zurückbleiben löse unweigerlich Konflikte mit der Realität durch ein Verharrenwollen in der »Tradition« aus.

Reichs Tragik bestand darin, dass er trotz einer eindeutigen antifaschistischen Gesinnung weder in seiner theoretischen Konzeption noch in seinem politischen Programm den Erfordernissen seiner Zeit gerecht werden konnte. Zu erinnern wäre jedoch an seine Kapitalismus- und Faschismuskritik wie auch an seinen Vorwurf, die linken Parteien hätten 1933 versagt, weil sie den Faschismus, also eine neue Erscheinung des 20. Jahrhunderts »mit Begriffen zu fassen versucht hätten, die dem 19. Jahrhundert entsprachen.«[20] Dem folgte die Kritik, der Marxismus hätte sich in den 20er Jahren eingeschränkt mit Fragen von Wirtschaft und Politik befasst, demgegenüber den subjektiven Faktor der Geschichte, die Ideologie der Massen, in ihrer Entwicklung und in ihren Widersprüchen weder aufmerksam verfolgt noch erfasst. Er habe es vor allem unterlassen, seine »eigene Methode des dialektischen Materialismus immer neu anzuwenden, immer lebendig zu erhalten, jede neue gesellschaftliche Erscheinung mit dieser Methode neu zu erfassen.« Linke Politiker seien derart in politische Alltagskämpfe verstrickt, dass sie »die von Marx und Engels überlieferten Grundsätze lebendiger Lebensanschauung nicht weiterentwickelten.«[21] Auffällig ist die Übereinstimmung mit Aussagen, die in den Referaten Georgi Dimitroffs auf dem VII. Weltkongress der Kommunistischen Internationale von 1935 zu finden sind.«

* * *

Unvermittelt führen also viele Anregungen Kurt Pätzolds direkt in aktuelle Debatten hinein, die sich allerdings weniger mit den Massen, eher mehr mit dem Individuum und seiner Beziehung zur Gesellschaft abmühen. Ich verweise, um nur ein Beispiel zu nennen, auf Michel Foucault (1926–1984) und seinem Begriff von der »Regierung in Dir«. Das meint, es würde zunehmend ein Ineinanderfließen von »Fremdführung« und »Selbstführung« geben. Aus den von außen gesteuerten Erwartungen würden immer mehr innere Vorhaben. Dies stelle einen Prozess dar, der einer »Selbstformation« gleich komme. Nach meiner Ansicht könnte auch von einem »gesollten Wollen« gesprochen werden. Dazu mag, wie das Patrick Schreiner in seinem Buch »Warum Menschen sowas mitmachen. Achtzehn Sichtweisen auf das Leben im Neoliberalismus« (Köln 2017) erfolgreich demonstriert, ein Blick genügen in das Bildungswesen, in die vielfältige Ratgeberliteratur, in die Management-Trainingsangebote, in die aufblühende Esoterik, in diverse Fernsehformate und Seifenopern sowie auf Konsum-Orientierungen und Lifestyle-Empfehlungen.

Tatsächlich ist heute zu konstatieren, dass es in zunehmendem Maße eine bewusste oder unbewusste Verinnerlichung gegebener Normen gibt, dass diese sich im Wunsch nach »Selbstoptimierung« niederschlägt und zu entsprechender Selbstdarstellung führt. Um bestehen zu können, so heißt es, müsse man an sich selbst arbeiten, sich selbst optimieren, sich selbst zu effektiver Leistung befähigen. Der Gedanke wäre erweiterbar: Mit solcher Selbstformation verlagert sich ebenso die Kontrolle des Verhaltens von oben, sozusagen der primäre Ausgangsfaktor, sich gleichsam in die Menschen hinein. Heute sei das »Self-Tracking« in Mode gekommen, die digitale Selbst-Überwachung, von der Simon Schaupp meint, sie werde mit einer Leidenschaft betrieben, die »jeden Blockwart alt aussehen« lasse.[22]

Die so entstehende Individualisierung und Emotionalisierung geht Hand in Hand mit einer Entpolitisierung. Folgerichtig gerät einerseits die Macht der Apparate-Beherrscher in einen hilfreichen Nebel ihrer Anonymität. Andererseits verändert sich das Bild vom Menschen, denn es kann sich auch der Typ eines neuen Untertanen entfalten, verhöhnt als »pflegeleicht, kreuzbrav, treudoof.«

»Wie ticken die Menschen?« Was bringt sie dazu, »mitzumachen«, übrigens gleich in welcher Gefolgschaft auch immer? Natürlich muss es bei der Suche nach Antworten um das anscheinend unergründliche Individuum gehen, doch diese bleibt ergebnislos oder gar irritierend, wenn keine Gesellschafts- und Herrschaftsanalyse betrieben wird.

Daher will ich mit der Hoffnung schließen, dass sich andere, jüngere und gesellschaftskritische Autoren finden, die ebenso gründlich wie Kurt Pätzold nach gebündelten Antworten zur Geschichte der deutschen Staaten nach dem Zweiten Weltkrieg suchen. Bündel also, die einzelne, aber auch komplexe und ineinander übergehende Faktoren aller Art erfassen, seien es solche, die jeweiligen Situationen entsprechen oder wirtschaftlichen, ideologischen, psychosozialen oder auch allein manipulativen Gründen entspringen. Mit ihrer Hilfe lassen sich die vielgestaltigen, miteinander verschränkten Bindekräfte erkennen, die es zwischen »Oben« und »Unten«, zwischen Herrschenden und Beherrschten gibt und die ein riesiges Potential menschlicher Verführbarkeit ebenso benötigen wie ermöglichen.

Was ein Gleichklang von Manipulation und Manipulierbarkeit zu bewirken in der Lage war, demonstrierten Gläubigkeit und Hingabe gleichsam im Exzess, als es – wie in Pätzolds Buch gezeigt – jenen außergewöhnlich hohen Grad an Kooperation und Kollaboration der meisten Deutschen mit dem braunen Regime gab. Muss daher nicht gefragt werden, wohin uns die Zukunft angesichts der neuen und wesentlich besseren Voraussetzungen massenpsychologisch wirksamer Instrumentarien noch führen könnte?

Erschreckende Abgründe tun sich da für mich auf. Zumal wir in der an überzeugungsstarker Theorie ja so arm gewordenen Linken bislang keine Antwort gefunden haben auf die Frage, wie Menschen zu bewussterem Handeln bewegt und zum Übersteigen der Grenzen ihrer Verführbarkeit veranlasst werden können? Das schließt das Problem ein, wie mit den Verführbaren umzugehen ist? Ganz gewiss sind die dem Bestehenden willig Folgenden nicht als ahnungslose Unschuldslämmer abzutun. Individuelle Verantwortung ist daher gefordert, und sollte erreichbar sein sowohl mit geduldiger Aufklärung über die gesellschaftliche Ursachen von Denkstrukturen und Verhaltensmustern der Menschen als auch über ihren sozial geprägten Charakter. Um die Suche nach und um die Verbreitung von Erklärungen für die Wirkungsmächtigkeit von Emotionen und Stimmungen, von Zufriedenheit ebenso wie von Wut-Bürgerlichkeit kommt jedenfalls keine Wissenschaft, keine Politik herum.

Anmerkungen

1 Antonia Grunenberg: Die Lüge als System. Hannah Arendt und die Krise der Demokratie. In: Blätter für deutsche und internationale Politik, H. 6/2017, S. 72.

2 Kurt Pätzold: Faschismus-Diagnosen, Berlin 2015, S. 28.

3 Machiavelli preist die Lüge als Mittel, Herrschaft zu behaupten: »Ein Herrscher braucht also alle die vorgenannten guten Eigenschaften nicht in der Wirklichkeit zu besitzen. Doch muss er sich den Anschein geben, als ob er sie besäße. Ja, ich wage zu behaupten, dass sie schädlich sind, wenn man sie besitzt und stets von Ihnen Gebrauch macht und dass sie nützlich sind, wenn man sich nur den Anschein gibt, sie zu besitzen.« Siehe auch Antonia Grunenberg: Die Lüge als System. Hannah Arendt und die Krise der Demokratie. In: Blätter für deutsche und internationale Politik, H. 6/2017, S. 63-72.

4 Hans Domizlaff: Ethik im Werbefach. Festvortrag zum zehnjährigen Bestehen der Werbefachschule Hamburg am 14. September 1956, S. 13 f. Zitiert nach Rainer Gries: Produkte als Medien. Kulturgeschichte der Produktkommunikation in der Bundesrepublik und der DDR, Leipzig 2003, S. 119.
5 Werner Kroeber-Riel: Bildkommunikation. Imagerystrategien für die Werbung, München 1995, S. 53.
6 So lautete ein Ratschlag des Filmproduzenten Billy Wilder an seine Drehbuchautoren.
7 Siehe auch meinen Beitrag »Schüsse ins Gehirn« – alte und neue Schlagwörter in unserer Zeit. In: Marxistische Blätter, H. 6/2004, S. 45-51.
8 Zit. nach Le Bon, Psychologie der Massen, Stuttgart 1964, S. 6.
9 Ebenda, S. 17.
10 Ebenda, S. 80.
11 Ebenda, S. 129.
12 Serge Moscovivi: Das Zeitalter der Massen. Eine historische Abhandlung über die Massenpsychologie. Mit einem Nachwort von Carl Friedrich Graumann, München und Wien 1984, S. 13.
13 Karl Kautsky: Der politische Massenstreik. Ein Beitrag zur Geschichte der Massenstreikdiskussionen innerhalb der deutschen Sozialdemokratie, Berlin 1914, S. 256.
14 Siehe dazu auch Otto Jenssen: Zur Psychologie der Masse. In: Der lebendige Marxismus. Festgabe zum 70. Geburtstag von Karl Kautsky, hrsg. von Otto Jenssen, Jena 1924, S. 589-604-
15 Aus der Fülle der Publikationen seien hier erwähnt: Sigmund Freud: Massenpsychologie und Ich-Analyse, Leipzig, Wien und Zürich, 1921.
16 Siegfried Bernfeld: Sozialismus und Psychoanalyse. In: Der sozialistische Arzt. Vierteljahreszeitschrift des »Vereins sozialistischer Ärzte«. 2. Jg. (1926), Heft 2-3 (November), S. 15-22.
17 Anna Siemsen: Psychologische Voraussetzungen des Sozialismus. In: Otto Jenssen (Hrsg.): Der lebendige Marxismus. Festgabe zum 70. Geburtstag von Karl Kautsky, Jena 2024, S. 383-393. Auf S. 391 heißt es: »Menschliche Erkenntnis, menschliche Wertungen, menschliches Wollen ist klassen- oder allgemeiner gesellschaftsbedingt, aber Art und Stärke der Reaktion des einzelnen auf die äußeren Einwirkungen der gegeben Gesellschaft sind in ihnen selbst veranlagt.«
18 Otto Jenssen: Zur Psychologie der Masse. Kautsky und Freud. In: Ebenda, S. 589-604.
19 Ebenda, S. 603. Zu Siemsen und Jenssen siehe auch: Gelebte Ideen. Sozialisten in Thüringen. Biographische Skizzen. Hrsg. von Mario Hesselbarth, Eberhart Schulz und Manfred Weißbecker, Jena 2006, S. 408-413 und 243-251.
20 Wilhelm Reich: Die Massenpsychologie des Faschismus (1933), Frankfurt a. M. 1983, S. 21.
21 Ebenda, S. 29 f.
22 Simon Schaupp: Digitale Selbstüberwachung. Self-Tracking im kybernetischen Kapitalismus, Heidelberg 2016, S. 136.

Teil IV

Das »braune Thüringen«

Wegweiser zu den Stätten der Verfolgung und des Widerstandes in Thüringen 1933–1945 | Einleitung*

Das in der Mitte Deutschlands gelegene Thüringen wird gern besucht. Hier kreuzen sich Wege aus allen Himmelsrichtungen, Besucher aus Fern und aus Nah erfreuen sich der lieblich-reizvollen Landschaft und ebenso der Gastfreundschaft seiner Einwohner. Eine »Klassikerstraße« führt rund 300 Kilometer durch das Bundesland. Wer sie benutzt, begegnet vielfältigen Zeugnisse großartiger und weltweit bekannter Literatur, Kunst und Wissenschaft. An zahlreichen Gebäuden verkünden Tafeln: Hier lebten und wirkten Goethe oder Schiller, aber auch Bach, Cranach, Fichte, Hegel, Herder, Gropius, Klee, Klopstock, Liszt, Luther, Musäus, Nietzsche, Schelling, Schütz, van de Velde, Wieland und viele, viele andere Meister ihres Faches. Oder – so ist desgleichen zu lesen: Hier fanden wichtige Tagungen statt, sei es die der Deutschen Nationalversammlung des Jahres 1919 im Weimarer Theater oder seien es die programmatischen Tagungen der Sozialdemokratie in Eisenach, Gotha und Erfurt. Wo auch immer: Es ist Geschichte pur, die den Betrachter regelrecht überfällt.

Während Thüringen unter den 16 Ländern der deutschen Bundesrepublik – gemessen an der Bevölkerungszahl und Größe des Territoriums – zu den kleineren gehört, lässt sich Gleiches kaum von seinem kulturhistorischen Rang sagen. Mit dem Land verbindet sich eine national wie international bedeutsame Geistes- und Kulturgeschichte. Die klangvollen Namen seiner

---

* Veröffentlicht als Einleitung zu: Heimatgeschichtlicher Wegweiser zu Stätten des Widerstandes und der Verfolgung 1933–1945, Bd. 8: Thüringen. Hrsg. vom Thüringer Verband der Verfolgten des Naziregimes – Bund der Antifaschisten und dem Studienkreis deutscher Widerstand 1933–1945. Redaktion: Ursula Krause-Schmitt und Heinz Koch. VAS – Verlag für akademische Schriften, Frankfurt a. M. 2003, S. 4-10.

Burgen und Schlösser, seiner berühmten Parks und Museen, altehrwürdiger Klöster und Kirchen sowie traditionsverbundene Städte und anrührende Gedenkstätten üben große Anziehungskraft aus.

Von Thüringen ist indessen ebenso unweigerlich zu sprechen, richtet sich der rückschauende Blick sich auf das ehemalige Konzentrationslager Buchenwald und seine zahlreichen Außenkommandos, auf das sogenannte Gauforum der NSDAP in Weimar, die unterirdischen Werkstätten der Raketenindustrie in der Nähe Nordhausens oder diverse Waffenschmieden der Gustloff-Werke. Vielerorts machen Gedenktafeln auf die Opfer der Todesmärsche aufmerksam, auf jene sinnlosen Evakuierungsmaßnahmen aus den thüringischen Konzentrationslagern während der letzten Tage des Zweiten Weltkrieges. In vielen Orten sind Straßen nach Verfolgten und Gegnern des Naziregimes benannt oder Stelen zu Ehren von Widerstandskämpfern errichtet worden. Fällt der Name des NSDAP-Gauleiters und Reichsstatthalters Fritz Sauckel, gerät zudem die schamlose Ausbeutung der Zwangsarbeiter während des Zweiten Weltkrieges in Erinnerung, denn er war für deren »Beschaffung« seit seiner Ernennung zu Hitlers »Generalbevollmächtigten für den Arbeitseinsatz« im März 1942 zuständig. Unabwendbar muss von Thüringen auch als einer Region gesprochen werden, die am Ende der 20er und zu Beginn der 30er Jahre des vergangenen Jahrhunderts einen herausragenden Platz in der Vorgeschichte des Dritten Reiches einnahm. Schließlich war es dieses Land, in dem 1930/31 erstmalig Wilhelm Frick – der Putschist von 1923 und spätere Reichsinnenminister – antidemokratische, rassistische und menschenfeindliche Diktaturmethoden erproben konnte und in dem die diktatorische Herrschaft der nationalsozialistischen Partei nicht erst am 30. Januar 1933, sondern bereits im August 1932 begann.

An grausiges Geschehen ist zu erinnern: Da wurden Menschen ge- und verjagt, inhaftiert und gefoltert oder ermordet, nur weil sie anderer »Rasse«, anderen Glaubens, anderer Lebensart und anderer politischer Gesinnung gewesen sind; da wurden »fremdvölkische« Arbeitskräfte skrupellos ausgebeutet, um einen Krieg um deutscher Weltmachtpläne willen führen zu können. Wer heute diesen Teil deutscher Geschichte betrachtet, für den kann kein Weg an Thüringen vorbei führen. Notwendigerweise wird seither immer und immer wieder gefragt, wie es geschehen konnte, welche allgemeinen Ursachen und welche thüringischen Besonderheiten halfen, diesen Weg einzuschlagen und bis zum bitteren Ende zu gehen. Zugleich wird auch danach gefragt, wer sich dem Nationalsozialismus widersetzte und andere politische Ideale verfocht, deswegen verfolgt oder gar ermordet worden ist. Denn selbst in jener Zeit bestätigte sich das Wort des Dichters Friedrich Hölderlin: »Wo aber Gefahr ist, wächst das Rettende auch«. Insofern gehören Verfolgung und Widerstand untrennbar zusammen, auch wenn sie nicht gleichen Umfang besaßen, sich auf unterschiedlichsten Ebenen vollzogen und kaum Identität in den Formen aufwiesen.

Die terroristische Politik der NSDAP forderte eine Vielzahl von Menschengruppen heraus: sie richtete sich in politischer Hinsicht gegen Kommunisten und Sozialdemokraten, Gewerkschafter und Genossenschafter, Pazifisten und bürgerliche Demokraten, gläubige Christen, Liberale und Konservative, je selbst gegen Widersacher aus den eigenen Reihen, in »rassischer« Hinsicht gegen jüdische Bürger, Sinti und Roma, überhaupt gegen alle als »fremdvölkisch« diskreditierten Nicht-Arier. In eugenischer und rassenhygienischer Hinsicht meinte die NSDAP, »lebensunwertes Leben« vernichten zu sollen. In allem kam ein absoluter Totalitätsanspruch nationalsozialistischer Politik und Ideologie zum Vorschein, aus dem Verfolgungsziele und -praktiken erwuchsen.

Widerstand – das bedeutete in erster Linie Reagieren auf den Faschismus, insbesondere auf seine Politik des Verfolgens, Verjagens und Vernichtens anders denkender und andersartiger Menschen. Er konnte, musste sich aber nicht grundsätzlich gegen das diktatorische Regime richten. Zumeist vollzog er sich partiell, unterschiedlichen Interessen und Zielen gemäß, sowie in vielfältiger Art und Weise: im Protest gegen Inhaftierungen und Misshandlungen, in Aktionen gegen die Verfolgung, Deportation und Ermordung der Juden, im Verweigern denunziatorischer Forderungen, im Selbstbehauptungs- und Überlebenskampf unter den Bedingungen von Zuchthäusern und Konzentrationslagern, im Widerstand gegen Verbrechen in den annektierten und okkupierten Gebieten, in Mitmenschlichkeit gegenüber Kriegsgefangenen und Zwangsarbeitern, im Engagement für die Rettung kranker und behinderter Menschen, in der Auflehnung gegen die blinde Zerstörungswut und Morde, die einer sinnlosen Verzögerung der unabwendbaren Kriegsniederlage dienten, in konspirativen und bewaffneten Unternehmungen, in aktiver Vorbereitung auf die Zeit nach dem Ende von Hitlers Herrschaft und Krieg. Widerständig zeigte sich im Grunde ebenfalls, wer nicht bereit war, vom Regime über Bord geworfene humanistische Prinzipien aufzugeben, wer diese für sich selbst bewahrte und ihnen gemäß zu leben versuchte, wer sich passiv verhielt oder resistent blieb gegenüber nazistischer Indoktrination.

Widerstand stieß generell auf Verfolgung, diese führte jedoch häufig nicht zu ihm. Allzu viele Deutsche duldeten, unterstützten oder beteiligten sich an der Verfolgung, allzu wenige leisteten Widerstand. Umso höher ist dessen geschichtliche Leistung derer zu bewerten, die widerstanden, um so ernsthafter das ehrende und mahnende Gedenken an seine Opfer zu betreiben, um so notwendiger, Widerständlern und Opfern einen herausragenden Platz in heutiger und künftiger deutscher Erinnerungskultur einzuräumen. Dies gilt selbstverständlich auch für das thüringische Land, für seine Städte und Gemeinden. Verfolgung und Widerstand widerspiegelten hier sowohl ihre allgemeinen, ihre nationalstaatlich bedingten Grundlagen als auch eine Reihe spezifisch lokaler Erscheinungsformen und regionaler Merkmale.

Das Land im Vorfeld von Diktatur und Krieg

Thüringen – vielfach als »Herz« Deutschlands oder in jüngster Zeit als dessen »starke Mitte« bezeichnet – existierte in seiner langen Geschichte nur selten als staatliche Einheit. Im Gegenteil: Stets waren politische Vielfalt ebenso wie wirtschaftliche Mannigfaltigkeit auffällige Kennzeichen des Landes. Die Unterschiedlichkeit der Lebensbedingungen seiner Einwohner und ebenso die ihrer feudal und kapitalistisch, in politischer Hinsicht vor allem kleinstaatlich geprägten Strukturen konnte kaum größer sein. Einerseits bestimmten kleine Residenzstädtchen mit ihren reichhaltigen kulturhistorischen Traditionen das Erscheinungsbild, andererseits gab es mit der Industrialisierung gewachsene größere Städte, gelegen vor allem an der Ost-West-Achse des Thüringer Beckens. Dessen Mitte aber, d.h. die einzige thüringische Großstadt Erfurt (1920 mit 134.000 Einwohnern), ihre Umgebung wie auch Teile Süd- und Ostthüringens und das Eichsfeld gehörten bis in den Zweiten Weltkrieg hinein zum Land Preußen. Nirgendwo existierte ein Industrierevier, vergleichbar etwa dem Ruhrgebiet oder den Wirtschaftszentren Berlin und Hamburg oder dem während des Ersten Weltkrieges entstandenen mitteldeutschen Chemie-Komplex um Leuna und Bitterfeld. Großbetriebe von nationalem Rang hatten sich hier während der ersten beiden Jahrzehnte des 20. Jahrhunderts kaum angesiedelt, sieht man von den Jenaer Zeiss- und Schottbetrieben, den Eisenacher Autowerken und den Suhler Simson-Werken ab.

Fast überall dominierten Handwerk sowie kleinere und mittlere Betriebe. Doch auch das hob sich mit seinen Produktionsbedingungen noch weit ab von denen ländlicher Regionen, insbesondere jenen des Thüringer Waldes, des Eichsfeldes und der Rhön. Hier litten Landwirtschaft und Heimindustrie in besonderem Maße unter den gravierenden Folgen des Ersten Weltkrieges, der Hyperinflation von 1922/23, der seit 1927 anhaltenden Agrarkrise und der 1929 einsetzenden katastrophalen Weltwirtschaftskrise.

Dem Wirtschaftsgefälle entsprachen auch sozialstrukturelle und politische Unterschiede. In den größeren Städten machte nicht allein das städtische Bildungsbürgertum von sich reden, hier gab es auch traditionelle Hochburgen der Sozialdemokratie und der Kommunisten, während in den agrarisch-preußischen Teilen der Region eher konservative und nationalliberale Kräfte dominierten. Obgleich das Bildungsbürgertum oft den Kern liberaler Milieus darstellte, geriet es im Laufe der Zeit mehr und mehr unter den Einfluss nationalistischer sowie völkisch-rassistischer Literaten und Publizisten, die in Thüringen teilweise bereits vor dem Ersten Weltkrieg eine ihnen sehr wohlgesonnene Heimstätte gefunden hatten. Angesichts des drohenden Verlustes ökonomischer Sicherheit, angesichts wachsender Arbeitslosigkeit und Gehaltseinbußen zeigten sich große Teile des Bürgertums und der Beamtenschaft der demokratischen Verfassung des Weimarer Staates überwiegend feindlich gesonnen. Politische Entliberalisierung und Radikalisierung schritten während der zwanziger Jahre rasch voran und machten Platz für die um sich greifenden Parolen und Praktiken der NSDAP.

Als sich die thüringischen Kleinstaaten am 1. Mai 1920 – dank Novemberrevolution und Republikgründung – zum Land Thüringen zusammen geschlossen hatten, entwickelten sich die wirtschaftlichen und sozialen Verhältnisse in seinen zehn Stadt- und 15 Landkreisen mit etwa 1,6 Millionen Einwohnern (1925) nahezu analog zu denen aller anderen Länder der Weimarer Republik. Dennoch traten auch zu dieser Zeit regionale Besonderheiten in Erscheinung, vor allem in politischer Hinsicht. Seit Mitte der zwanziger Jahre und insbesondere in der Zeit der Weltwirtschaftskrise nahmen spezifische Kennzeichen sogar erheblich zu. Vor allem auf ihrer Grundlage geriet schließlich Thüringen zeitweise zu dem, was als »Experimentierfeld« und Rolle eines »Vorreiters« für das schließlich am 30. Januar 1933 errichteten Herrschaftsregimes des deutschen Faschismus zu kennzeichnen ist, aber auch zu jenem nationalsozialistischen »Mustergau«, den seine Führungselite als

»Schutz- und Trutzgau des Führers« pries und der gewichtige Positionen sowohl innerhalb des Herrschaftsapparates von Partei und Staat als auch in der Rüstungswirtschaft des Reiches während des Zweiten Weltkrieges einnahm.

Schritte ins Dritte Reich

Gravierende Ereignisse charakterisieren den Weg des Landes Thüringen ins Dritte Reich. Mit jedem wurden entscheidende Schritte zu Gunsten des Nationalsozialismus gegangen. Während der Kapp-Lüttwitz-Putsch im März 1920 noch abgewehrt werden konnte, erstarkte mit jedem Wendepunkt thüringischer Geschichte zwischen 1923/24 und 1932 die NSDAP. Diese durfte das Land – neben Bayern, wo sie entstanden war – bald als eine ihrer Hochburgen betrachten. Von verhängnisvoll tiefgreifender Wirkung erwies sich jene militärische Exekutive, die 1923 von der Reichsregierung gegen Thüringen verhängt worden war: Am 8. November marschierten Truppen der Reichswehr vor dem Landtag in Weimar auf und erzwangen den Rücktritt der Kommunisten in der demokratisch zustande gekommenen und verfassungsmäßig legitimierten Regierung aus Vertretern der SPD und der KPD. Den Landtagswahlen vom 10. Februar 1924 – gewonnen vom Thüringer Ordnungsbund (TOB), einem Zusammenschluss mehrerer bürgerlicher Parteien, die dennoch nicht über eine parlamentarische Mehrheit verfügten – folgte ein erheblicher Kurswechsel in der Landespolitik. Konservative und antirepublikanische Kräfte setzten einen massiven Abbau jener demokratischen Reformen und Institutionen durch, die in den frühen 20er Jahren geschaffen worden waren. Vieles von dem, was zuvor – beispielsweise im Bildungsbereich und in der Sozialpolitik – von den vorhergehenden sozialdemokratisch geführten Regierungen hatte realisiert werden können, wurde abgeschwächt oder völlig zurückgenommen. Von nun an beruhte alles auf diskreditierenden Wertungen sozialdemokratischer und sozialistischer Politik, auf nationalistisch motivierten Feindbildern und Ängste weckendem Antibolschewismus. Während den regierenden Parteien die NSDAP lediglich als »Phantom« galt wurde dem »roten Thüringen« der frühen zwanziger Jahre unterstellt, lediglich eine allgemeine Rechtsunsicherheit und Störung der öffentlichen Ordnung bewirkt zu haben. Zerrüttet seien die Finanzen, das Wirtschaftslebens, das Beamtentum und die Schule. Als »Bilanz« wies die Deutschnationale Volkspartei (DNVP) für Thüringen aus: »Der Marxismus ist nur fähig zu zerstören, unfähig zu staatserhaltender Arbeit.«

Wie weitläufig der Begriff »Marxismus« gefasst worden ist, geht nicht zuletzt aus den konservativen kulturpolitischen Aktivitäten hervor: Bekanntlich waren es konservative Kreise, die das der Moderne verpflichtete Bauhaus aus Weimar vertrieben. Selbst antisemitischen Aktionen stimmten sie zu, wie die Affäre Walter Loeb zeigte; der Präsident der Thüringischen Staatsbank wurde entlassen, weil mit den Völkischen auch zahlreiche Konservative der Meinung waren, man könne keinen Juden an der Spitze eines deutschen Bankinstituts dulden. Dabei handelte es sich um einen Skandal, der bereits alle rechtsextremen Argumentations- und Handlungsmuster erkennen ließ: unhaltbare Korruptionsvorwürfe, erpresserische Demagogie, gezielte Indiskretionen, Drohungen u. ä. m.

Die in Thüringen agierenden politischen Parteien polarisierten sich in zwei »Lager«; auf der einen Seite befanden sich die beiden Arbeiterparteien, die in den frühen zwanziger Jahren zwar vielfach eine gemeinsame Sprache gefunden hatten, nun indessen kaum noch zu gemeinsamen Aktionen fähig waren – auf der anderen Seite Parteien der sogenannten Mitte und die ausgesprochen rechtsorientierten Parteien. Letztere schreckten nicht davor zurück, die völkisch-rassistischen und nationalsozialistischen Kräfte in ihre Ambitionen zu integrieren. Die NSDAP konnte sich hier – anders als z. B. in Sachsen – auf das völkisch-antisemitische und antisozialistische Ressentiment größerer Teile des Bürgertums und der Agrarverbände stützen. Was die seit 1928 von Alfred Hugenberg geführte DNVP erst im Ringen gegen die Annahme des Young-Planes sowie um den Sturz des Brüning-Kabinetts praktizierte und als »Harzburger Front« in die Geschichte einging, wurde in Thüringen bereits seit der Mitte der zwanziger Jahre erprobt. So erfolgte 1924 die Bildung der neuen Landesregierung mit Unterstützung des in Thüringen für die verbotene NSDAP wirkenden Völkisch-Sozialen Blocks. Der TOB hatte diesem erhebliche Zugeständnisse gemacht, um eigene weitgehend antirepublikanische Konzepte durchsetzen und uneingeschränkter als in den ersten Nachkriegsjahren herrschen zu können.

Ein solcher Kurs kam den Belangen der NSDAP weit entgegen. So wurde Anfang März 1924 ihr Verbot aufgehoben, ebenso das Redeverbot für Hitler. In keinem anderen Land des damaligen Deutschen Reiches wäre es dieser Organisation möglich gewesen, ihren ersten Parteitag nach der Wiedergründung der Partei durchzuführen. In seinem Vorfeld, am 10. Juni 1926, brachte die Fraktion der NSDAP Gesetzentwürfe in den Landtag ein, die den Ausschluss von Juden aus öffentlichen Ämtern, ihre Nichtzulassung als Ärzte, Notare, Vieh- und Getreidehändler, Studenten und Schüler sowie die »Ausweisung von Ostjuden aus dem Freistaat Thüringen und die Beschlagnahme ihres Vermögens« zum Gegenstand hatten. Als Jude sollte jeder gelten, der »in der großväterlichen Geschlechterfolge (Generation) noch Blutsverwandte hatte, die sich zum mosaischen Glauben bekannten, egal ob sie heute getauft sind oder nicht.«[1] Zwar fanden die Anträge keine Zustimmung des Parlaments, dennoch muss verwundern, dass es so gut wie keine Auseinandersetzung mit den rassistisch-antisemitischen Vorstößen der NSDAP gegeben hat; daher klingen die später – nach dem Zweiten Weltkrieg – vorgebrachten Erklärungen wenig glaubhaft, man hätte ja nicht wissen können, was Hitler im Sinne gehabt habe.

Auf dem eingeschlagenen Weg ließen sich in Thüringen während der zwanziger Jahre keine stabilen Verhältnisse erreichen. Politische Krisen und Regierungswechsel häuften sich; letztere erfolgten allein zwischen April 1927 und Oktober 1929 dreimal. Das Ergebnis der Landtagswahlen von 1929 markierte abermals eine einschneidende Zäsur: Die NSDAP konnte ihren Stimmenanteil von 4,5 % auf 11,3 % erhöhen, die bürgerlichen Parteien hatten Verluste bis zu 16 % hinzunehmen. Letztere verfügten im neuen Landesparlament über 23 Mandate, die beiden Arbeiterparteien über 24. Angesichts dieser Pattsituation erwuchsen den Rechten keinerlei Bedenken, ihre Regierungspositionen mit Hilfe der Rechtsradikalen zu gewinnen. So kam es erstmals in Deutschland zu einer Landesregierung, an der sich die NSDAP beteiligen durfte. Die sechs Abgeordneten dieser Partei wurden zum Zünglein an der Waage. Sich ihrer »Unentbehrlichkeit« für bürgerliche Parteien und deren strikten Kurs gegen die Sozialdemokratie bewusst, stellten sie erhebliche Forderungen, die das tatsächliche Kräfteverhältnis weit übertrafen. Befangen in einer mehr oder weniger grundsätzlichen Ablehnung der Weimarer Republik und bemüht, deren Träger als Verantwortliche der krisenhaften Wirtschaftsentwicklung erscheinen zu lassen, wollten die rechten bürgerlichen Parteien keine andere Möglichkeit sehen als das Bündnis mit der NSDAP. Die nationalsozialistischen Ideen und Konzepte lagen ihnen näher als jede Aktion zur Verteidigung der Weimarer Demokratie.

Selbstverständlich nutzte die NSDAP die ihr bereitwillig gebotenen Chancen. Das »Modell der Machtergreifung« war geschaffen, nun ging sie daran, Thüringen zu einem regionalen Experimentierfeld diktatorischer Regierungspraxis zu nutzen. Während seiner Regierungszeit setzte Frick, wo und wann es ihm möglich war, nationalsozialistische Interessen in Landespolitik um. Vorrangig verfolgte er das Ziel, möglichst viele Stellen der thüringischen Polizei mit Nationalsozialisten zu besetzen. Ebenso nahm er Einfluss auf den Bildungsbereich, wovon vor allem die Einführung von »Schulgebeten« mit eindeutig nationalsozialistischem Inhalt kündete. Zu dem, was alles erste Vorstellungen von Machtgebrauch und Machtmissbrauch des kommenden neuen Reiches ermöglichte, gehörten auch der Erlass »Wider die Negerkultur für deutsches Volkstum«, Zensurmaßnahmen gegen das Buch und den Film »Im Westen nichts Neues« des Pazifisten Erich Maria Remarque, die Entfernung »dekadenter« Gemälde aus Weimarer Museen oder die Errichtung eines Lehrstuhls für Sozialanthropologie für Rasseforscher Hans F. K. Günther an der Jenaer Universität. Frick versuchte zudem, Hitler im Sommer 1930 zum Gendarmeriewachtmeister von Hildburghausen zu ernennen und dadurch den Staatenlosen zu einem deutschen Staatsbürger zu machen.

Als sich am 1. April 1931 die an der Regierung beteiligte Deutsche Volkspartei (DVP) veranlasst sah, den von KPD und SPD gestellten Misstrauensantrag gegen Frick zu unterstützen und seinen Sturz herbeizuführen, wurde offenbar, wes Geistes Kind der führende Thüringer Landbund (TLB) war. Sein Vorsitzender stellte fest, die Nazis hätten mit ihrem Kampf gegen die jüdische Bankwelt nur erreicht, dass das Geld ins Ausland geflossen sei, und wehklagte: »Die Juden haben wir aber hier behalten.«[2] Von Distanziertheit zum rassistischen Antisemitismus der NSDAP keine Spur; die »Störung« im Koalitionsverhältnis zwischen rechtsbürgerlichen Parteien und der NSDAP sollte eine Episode bleiben …

Schließlich folgte den am 31. Juli 1932 stattfindenden Neuwahlen zum Landtag ein weiterer bedeutsamer Schritt in der Rechtsentwicklung des Landes Thüringen. Aus ihnen ging die NSDAP mit beträchtlichen Gewinnen hervor. Sie erhielt 42,5 % der Stimmen und damit 6.5 Prozentpunkte mehr als im Reich. Gauleiter Fritz Sauckel – dieses Amt hatte er seit 1927 inne – wurde Vorsitzender Staatsminister einer nahezu reinen nationalsozialistischen Landesregierung; lediglich ein Mitglied des Landbundes gehörte ihr noch als Staatsrat an. Diese neue Obrigkeit des Landes verletzte brutal alle Regeln des Parlamentarismus. Sie begann, die Weimarer Demokratie völlig abzubauen. Offen kündigte sie »die Brechung jeglichen Widerstandes« an, da immer noch »ein Teil der Bevölkerung die Schicksalsstunde des thüringischen Volkes in parteipolitischer Verranntheit« nicht erkennen wolle.[3] Mit Sauckel trat ein regsamer, draufgängerischer und bedingungslos gehorsamer, von ausgeprägten Herrschaftsinteressen geleiteter und alle Grenzen des Humanismus missachtender Führungskader seiner Partei an die Spitze des Landes, der sich in seinem Amt als fähiger Organisator und geschickter Taktiker erwies. Zudem bemühte er sich erfolgreich, nützliche Fäden zu entscheidenden Machtträgern zu spinnen und seinen eigenen regionalen Wirkungskreis erheblich auszubauen. Bedenkenlos, ohne jegliches Unrechtsbewusstsein, aber mit zunehmenden Erfolg praktizierte er in Thüringen den organisierten Staatsterrorismus.

Verfolgung im thüringischen »Mustergau«

Als am 30. Januar 1933 Reichspräsident Hindenburg den »Führer« der NSDAP zum Reichskanzler berief, konnte sich die NSDAP auf das in Thüringen erprobte »Modell« und die hier gesammelten Erfahrungen stützen. Nach der Verabschiedung des Ermächtigungsgesetzes vom 24. März 1933 durch eine Reichstagsmehrheit, zu der alle bürgerlichen Parteien gehörten, verschwanden auch in Thüringen die letzten Reste demokratischer und föderativer Verfasstheit. Der Landtag wurde zunächst gleichgeschaltet, später löste er sich selbst auf. Hitler ernannte Sauckel zum »Reichsstatthalter« in Thüringen, dem Landesverwaltung und Landesjustiz unterstanden. Zahlreiche Ämter wurden in Außenstellen der Berliner Ministerien umgewandelt. Das Land verlor auch sein Recht, Ausgaben und Einnahmen selbst zu verwalten.

Alle Maßnahmen zur Befestigung ihrer Macht betrieben die thüringischen Nationalsozialisten mit äußerster Brutalität. Politische Gegner wurden ohne ordentliche Gerichtsverfahren in »Schutzhaft« genommen, rassische und religiöse Minderheiten von Anfang an erbarmungslos verfolgt. Von 1933 bis 1936 fanden allein am Oberlandesgericht in Jena und am Sondergericht Weimar 4.314 Verfahren statt, von denen vier Fünftel sogenannte staatsfeindliche Äußerungen betrafen. Widerstand und oppositionelle Regungen durfte es nicht geben, sie sind brutal im Keim erstickt worden. Die Polizei erhielt in den ersten Monaten Unterstützung durch 592 SA- und 1.185 SS-Angehörige.[4] Versammlungs- und Kundgebungsverbote ergingen meist früher als im Reich, was Sauckel als Beweis für die »Vorbildlichkeit der thüringischen Gesetzgebung« preisen ließ.[5] Schon Ende Februar 1933 errichteten sie in Nohra bei Weimar ein provisorisches Konzentrationslager – das erste im nationalsozialistischen Deutschland. In »Schutzhaft« kam hier ein großer Teil der 400 verhafteten Kommunisten. Später entstand ein Lager in Bad Sulza. Mit dem Argument, dass Thüringen im Falle eines Krieges besonders von »staatsfeindlichen« Elementen heimgesucht werden würde, erging an Heinrich Himmler als Reichsführer der SS die dringende Bitte, eine größere SS-Einheit nach Weimar zu verlegen und ab 1937 das berüchtigte Konzentrationslager Buchenwald bei Weimar einzurichten.

Innerhalb der NSDAP nahm der thüringische Gau unter allen territorialen Struktureinheiten Deutschlands einen der vorderen Plätze ein. Hier gab es, wie aus der parteiamtlichen Statistik vom 1. Januar 1935 hervorgeht, 94.979 Parteimitglieder. Von ihnen waren 62,0 % erst nach dem 30. Januar 1933 der Partei beigetreten, was von der außerordentlich großen Schar sogenannter »Märzgefallener« Zeugt. Erwartungsvolle Zustimmung zum neuen Regime und opportunistische Motive dürften dabei dominiert haben. Allerdings wurden 40,3 % aller Mitglieder als »nicht-aktiv« ausgewiesen. Sie zahlten also nur ihren Beitrag und nahmen keine Funktionen wahr. Obgleich Thüringen in dieser Hinsicht den 19. Platz unter den 33 Gauen belegte, lag man immer noch unter dem Reichsdurchschnitt. Unter allen Gauen stand Thüringen hinsichtlich der Zahl an Mitgliedern jedoch an achter Stelle. Auf 24,5 Einwohner kam ein »Pg«, was den zehnten Rang in der Rangliste bedeutete.[6]

Das nationalsozialistische Thüringen erwies sich rasch auch als eine »Hochburg« faschistischer Rassenpolitik. Bereits am 15. Juli 1933 entstand das »Landesamt für Rassewesen«, zu dessen Leiter Karl Astel berufen wurde. Dieses Amt erfasste binnen kurzer Zeit in 466.600 Akten eines »erbbiologischen Archivs« fast jeden dritten Einwohner Thüringens. Es führte bis 1935 mehr als 170 Kurse mit 10.948 Teilnehmern in den »Thüringischen Staatsschulen für Führertum und Politik« in Egendorf und Bad Berka durch. Eine von ihm organisierte und in zahlreichen Städten Thüringens gezeigte Ausstellung stellte das »thüringische Rassewesen« sowie die »Mittel und Wege zur rassehygienischen Aufartung« dar.[7] Astel nahm 1934 Platz auf dem Lehrstuhl für »Menschliche Züchtungslehre und Vererbungsforschung« an der Jenaer Universität, die er zu einer SS-Universität machen wollte und deren Rektor er 1939 wurde. In Deutschland galt die Jenaer Hochschule neben Gießen rasch als das Zentrum nationalsozialistischer Rassenhygiene und Medizin. Der Gauleiter forderte 1938, es müsse alles »ausgemerzt« werden, was »heute noch als Summe unsagbaren Leides in Krüppelheimen oder Irrenhäusern und als Ausgeburt menschlicher Zügellosigkeit der Vergangenheit ein jämmerliches Leben fristet«.[8]

Die NSDAP nutzte Thüringen häufig als Schauplatz großer Heerschauen und pompöser Selbstdarstellungen des Regimes. Anlässe boten dazu Gauparteitage, Leistungsschauen, erste Spatenstiche zu Neubauten u. ä. m. Gefeiert wurde z. B. im August 1933 der erste Jahrestag nationalsozialistischer Regierungstätigkeit in Thüringen, dann der 10. Jahrestag des Parteitages vom Juli 1926, der 10. Jahrestag von Sauckels Ernennung zum Gauleiter im September 1937 und 1938 die Einweihung des umgebauten Hotels »Elephant«, das Hitler häufig besucht hatte und daher in den Rang einer Kultstätte des Nationalsozialismus erhoben werden sollte. Von »historischen Feiertagen« war da die Rede, ebenso davon, dass mit ihnen der Gau Thüringen »im Interesse der Weltöffentlichkeit« stehe.[9]

Thüringische »Vorbildlichkeit« kam auch in der schamlosen »Arisierung« jüdischen Eigentums zum Vorschein. Noch bevor im Reich diese nach dem Pogrom vom 9. November 1938 offiziell betrieben wurde, war sie hier in die Wege geleitet und insbesondere mit dem Aufbau eines neuen Rüstungskonzerns verbunden worden. Finessenreich nutzte Sauckel eine Forderung des Verbandes der Suhler Gewehrfabrikanten e. V. vom 17. Juni 1933, Heeresaufträge nicht nur an die in jüdischem Besitz befindliche Firma Simson Suhl, sondern an andere thüringische Waffenfabriken zu geben. Prompt wurde durch die Staatsanwaltschaft Meiningen ein Verfahren gegen die Familie Simson wegen angeblicher »schwerer Übervorteilungen des Reiches« eingeleitet. Der groß angekündigte Prozess endete zwar 1936 in einer Sackgasse und musste mangels ausreichender Beweise ergebnislos abgeschlossen werden, jedoch wurde mit Unterstützung des Reichskriegsministeriums und Hitlers Wirtschaftsberater Wilhelm Keppler die emigrierte Familie Simson gezwungen, eine Schuld von 9,75 Millionen RM anzuerkennen und auf ihr mit 8 Millionen RM völlig unterbewertetes Werk zu verzichten.[10] Dieses erhielt am 28. November 1935 die Berlin-Suhler Waffen- und Fahrzeugwerke Simson & Co übereignet, die bereits im Februar 1934 mit Hilfe des Heereswaffenamtes sowie der Preußischen und der Thüringischen Staatsregierung als Kommanditgesellschaft gegründet worden war und in der Sauckel als Eigentümer galt. Aus ihr ging »Wilhelm-Gustloff-Stiftung« hervor, was den Reichsstatthalter veranlasste, am 30. November 1935 stolz zu erklären: »Damit sind die Juden aus diesem wichtigen Rüstungsunternehmen endgültig und restlos ausgeschieden …«[11] Innerhalb von drei Jahren verdreifachte sich die Zahl der in den Stiftungsbetrieben Suhl, Schmiedefeld, Weimar, Meuselwitz, Hirtenberg (Österreich) u.a. Beschäftigten. Der Umsatz an Militärwaffen stieg um das Fünffache. Faktisch zu einem Großunternehmer neuen Zuschnitts avanciert, gelang es Sauckel 1944, die Industriestiftung »Gustloff-Werke« noch um die Flugzeugwerke Oschersleben zu vergrößern und eine Betriebsgruppe REIMAHG (Kürzel für: Reichsmarschall Hermann Göring) zu schaffen, durch die in hektisch ausgebauten unterirdischen Anlagen bei Kahla eine Serienproduktion des strahlgetriebenen Jagdflugzeuges Me 262 angestrebt wurde.

Als der Zweite Weltkrieg vom Zaun gebrochen, noch mehr als die UdSSR überfallen worden war, zerstoben anfängliche Hoffnungen auf einen raschen und leichten Sieg. Dies führte im »Mustergau« nicht nur zu verstärktem Terrorismus gegenüber Regime- und Kriegsgegnern, sondern auch zum Versuch, die NSDAP-Organisationen zu festigen und für die Erfordernisse der Raubzüge zu stabilisieren. Zum Vorschein kam dies in der zunehmenden Verfolgung christlich-humanistisch denkender Menschen und nicht zuletzt in neuerlichen antikirchlichen Bestrebungen. Die Gauleitung der NSDAP wandte sich im Juli 1941 mit einen streng vertraulichen Brief an die »Hoheitsträger« des Gaues Thüringen, um sie mit hehren, wenngleich außerordentlich demagogischen Rechtfertigungen für den »Kampf gegen den Bolschewismus« zu rüsten. Alle Funktionäre der Partei wurden strikt aufgefordert, aus der Kirche auszutreten; man dürfe über den Juden und ihren Handlangern nicht »die verantwortlichen Hohepriester der christlichen Weltkirchen […] vergessen«. Wie die Fürsten hätten auch die Priester »Deutschland immer wieder an seine Feinde verraten […], unter dem Deckmantel christlicher Moral das deutsche Volk beleidigt, es in seiner Menschenwürde immer wieder in Predigten und im Beichtstuhl herabgesetzt und dadurch innerlich gedemütigt und schließlich zermürbt.« Was unter »Menschenwürde« verstanden wurde, belegt die Aussage: Ein Funktionär der NSDAP dürfe »keine andere Bindung besitzen als die zu seinem Führer und zu seiner Partei. Er und seine Familie müssen […] sich als Angehörige des Trutzgaues Thüringen im Herzen Deutschlands von allen kirchlichen, konfessionellen Bindungen um seiner Aufgabe am deutschen Volke willen frei machen.«[12]

Thüringens Gewicht im Machtsystem des Reiches nahm zu, als sich die Zeit der militärischen Siege dem Ende zuneigte und Hitler den thüringischen Gauleiter und Reichsstatthalter am 21. März 1942 zum »Generalbevollmächtigten für den Arbeitseinsatz« (GBA) ernannte. In dessen Zuständigkeit lag damit einer der krisenanfälligsten und ausschlaggebenden Bereiche der deutschen Kriegswirtschaft, denn nach dem Scheitern der »Blitzkriegs«-Strategie und den großen personellen Verlusten der Wehrmacht sah sich das Regime ganz akut vor die unlösbare Frage gestellt, wie der außerordentlich verschärften Arbeitskräftesituation weiterhin beizukommen wäre: Es galt eine doppelte Zielstellung zu realisieren, d.h. sowohl mit neuen Soldaten die von argen personellen Verlusten betroffene Wehrmacht aufzufüllen, was vor allem die Rüstungsindustrie belasten musste, als auch neue Arbeitskräfte für die Rüstung zu gewinnen, damit den deutschen Truppen ausreichend Kriegsgerät zur Verfügung gestellt werden konnte. Der GBA übernahm den Tätigkeitsbereich der aufgelösten Geschäftsgruppe Arbeitseinsatz beim Beauftragten für den Vierjahresplan, aber auch Zuständigkeiten des Reichsarbeitsministeriums. Ihm wurde das Recht zugestanden, in seinem Bereich eine eigenverantwortliche Personalpolitik zu betreiben, wobei der Thüringer sofort alle anderen Gauleiter zu seinen Beauftragten ernannte. Mit deren Hilfe sollte die Tätigkeit der staatlichen Institutionen effektiviert und zugleich noch weiter unter die Kontrolle der NSDAP gebracht werden.

Der »Menschenkommissar« organisierte in den drei Jahren seiner Tätigkeit die Verschleppung von nahezu sechs Millionen Zwangsarbeitern aus allen besetzten Gebieten Europas nach Deutschland. Allein in der Zeit vom 1. April bis zum 1. Dezember 1942 »beschaffte« er 2.749.652 ausländische Arbeitskräfte, vor allem aus den besetzten Gebieten der UdSSR. Dies half nicht zuletzt, seine Hausmacht in Thüringen zu stärken. Rüstungsindustrie und Wirtschaft profitierten in Thüringen außerordentlich von diesem anfänglich erfolgreichen »Krieg der Arbeit«. Ende 1942 befanden sich im Gau rund 150.000 Zwangsarbeiter, für die fast 400 Lager eingerichtet worden waren. Jeder fünfte unter den Beschäftigten bzw. sogar jeder vierte unter den männlichen Beschäftigten war ein Ausländer.[13] Über die Situation der Zwangsarbeiter und die hohe Todesrate in den Arbeitslagern redete kaum jemand. Umso mehr ist nach dem Krieg darüber gesprochen worden, dass eine »anständige« Behandlung der Zwangsarbeiter gefordert und gehandhabt worden sei. Um der Bewältigung des Arbeitskräfteproblems willen benannte der GBA gelegentlich biologisch und psychisch bedingte Schranken eines profitablen Ausbeutungsprozesses benannt: »Kriegsgefangene und fremdländische Arbeiter müssen so ernährt, untergebracht und behandelt werden, dass sie bei denkbar sparsamstem Einsatz die größtmögliche Leistung hervorbringen [...] Ich bitte, dabei zu bedenken, dass auch eine Maschine nur das zu leisten vermag, was ich ihr an Treibstoff, Schmieröl und Pflege zur Verfügung stelle. Wie viel Voraussetzungen mehr aber muss ich beim Menschen, *auch wenn er primitiver Art und Rasse ist*, gegenüber einer Maschine berücksichtigen.«[14] Die Leitung des Arbeitseinsatzes sei weder von »Sentimentalität noch von Romantik« geprägt, nur die »kalte Vernunft« gebiete eine pflegliche Behandlung der ausländischen Arbeiter.[15] Sauckel durfte es nicht um das Prinzip »Vernichtung durch Arbeit« gehen, doch ließ er sich stets von den unmenschlichen, aus Nationalismus und Rassismus erwachsenden Auffassungen leiten, die in ihrem Wesen bereits unverantwortlich waren und mit dem schrankenlosen Versuch ihrer Realisierung zu immer größeren Verbrechen führten.

So groß die unmittelbaren rüstungswirtschaftlichen Leistungen zu sein schienen – die Politik der zwangsweisen Deportation ausländischer Arbeitskräfte nach Deutschland und deren Ausbeutung musste letztlich scheitern. Sie konnte, trotz der Tatsache, dass die deutsche Rüstungsindustrie ihr einen enormen Wachstumsschub verdankte, die Niederlage im Zweiten Weltkrieg nicht abwenden. Das faschistische Zwangsarbeitersystem schob das Ende des Krieges lediglich hinaus und vergrößerte dadurch die unermesslichen Leiden und die Zahl der Opfer. Dadurch erhöhte sich auch des thüringischen Gauleiters (in Nürnberg nicht verhandeltes) Schuldkonto auch gegenüber den Deutschen, in deren Namen zu handeln er stets vortäuschte.

Im Unterschied zu anderen Regionen Deutschlands wurde in der thüringischen NSDAP auch offen über die »Endlösung der Judenfrage« gesprochen. Ohne diesen Begriff direkt zu verwenden, lassen Sauckels Reden und Briefe eindeutig erkennen, dass er um seinen Inhalt wusste und ihn billigte, ja sogar regelrecht seine Verwirklichung forderte. Von den Hoheitsträgern der NSDAP Thüringens verlangte er, zu Beginn des Jahres 1944 in allen Ortsgruppen und Betrieben Appelle durchzuführen. Dabei sollten alle Parteimitglieder u.a. sieben Bekenntnisse ablegen, so zu Hitler, zur Wehrmacht, zur nationalsozialistischen Weltanschauung, zur deutschen Volksgemeinschaft, zum »Kampf gegen das Verbrechertum Churchills, Roosevelts, Stalins und des Judentums«. Wörtlich hieß es in seiner Rede vom 31. Dezember 1943: »Der Punkt 6 kann (in den bevorstehenden Veranstaltungen, M.W.) kurz aber kategorisch behandelt werden. In Punkt 6 *bekennen wir uns zur totalen Vernichtung des Judentums in Europa. Das müssen wir nun endlich unserem*

Volke sagen, rückhaltlos und offen. Die Vernichtung des Judentums ist die Voraussetzung dafür, dieser mörderischen Rasse weltgeschichtlich das Handwerk zu legen. Erbarmen ist falsch […] wir wollen Erbarmen haben mit unserem Volke und den anständigen arischen Völkern. Deshalb muss das Judentum, damit das nicht wieder passiert, ausgerottet werden mit Weib und Kind, wenigstens dort, wo wir die Waffen haben. Es ist ein Bekenntnis, um endlich einmal den Mörder innerhalb der Menschheit auszurotten, wenigstens bei uns.«[16] (Hervorh. d. Vf.)

In dem Maße, wie der Zweite Weltkrieg nach Deutschland zurückkehrte, erhöhte sich die rüstungswirtschaftliche und militärstrategische Bedeutung Thüringens. Das Land in der Mitte des schrumpfenden »Großdeutschen Reiches« schien den braunen Machthabern für den Bau unterirdischer Produktionsstätten und verdeckter Depots in nahezu einzigartiger Weise geeignet, um kriegswichtige Industriezweige aufzunehmen. Zahlreiche neue Kasernenkomplexe, Truppenübungsplätze und Anlagen der Luftwaffe wurden gebaut. Militärische Neubauten entstanden in der Nähe der Städte Altenburg, Eisenach, Erfurt, Gotha, Jena, Nordhausen, Ohrdruf, Saalfeld und Weimar. Unter rücksichtslosestem Einsatz von Zwangsarbeitern wurde Ersatz geschaffen für jene Rüstungsanlagen, die in anderen Teilen Deutschlands zerbombt worden waren. Mehrere Bauten dienten der Entwicklung und Herstellung neuer Waffensysteme. Diese Geheimprojekte betrafen strahlgetriebene Jagdflugzeuge, Raketen und Flügelbomben, Versuche zur Uranspaltung u.a.m. Unterirdische Anlagen in Thüringen hatten Wertsachen, Gold und Kulturgüter aufzunehmen, die der NS-Staat zum Überleben nutzen wollte; allein in den Gruben von Merkers wurden 95 % des Goldbestandes der Reichsbank eingelagert. Doch Thüringen sollte nicht nur der »Schatz-Tresor« Deutschlands werden, hier ließen sich darüber hinaus auch einige Führungsstäbe der Wehrmacht und andere zentrale Dienststellen des Reiches nieder. Am Ende des Krieges waren sie in 25 thüringischen Orten stationiert; so residierte ein Teil der Reichskanzlei im Oberhofer Golfhotel, die Parteikanzlei Martin Bormanns in Stadtroda. Das Oberkommando der Wehrmacht verlegte sein Hauptquartier in den Raum »Olga« bei Ohrdruf, wo Häftlinge des Konzentrationslagers S(ondervorhaben) III zu schuften hatten. Vermutlich sollte im Jonastal das letzte Führerhauptquartier Hitlers entstehen.

Noch in völlig aussichtsloser Lage ergingen in Thüringen flammende Aufrufe an den »Deutschen Volkssturm«, heldenhaft bis zur letzten Patrone und zum letzten Atemzug zu kämpfen. Alle thüringischen Städte sollten bis zum Äußersten verteidigt und auf keinen Fall übergeben werden. So erlebte Thüringen die letzten Kriegsjahre und das Ende der Diktatur in spezifischer Weise. Sie war zum einen durch die geographische Lage gekennzeichnet, zum anderen vor allem durch die wahnsinnige Absicht, das Land »bis zum letzten Atemzug« zu verteidigen und alles barbarisch zerstören zu wollen, was den Truppen der Anti-Hitler-Koalition und der deutschen Bevölkerung in einer Nachkriegszeit ohne Hitler und NSDAP hätte dienen können. Von den braunen Machthabern war Thüringen als Zentrum eines militärisch geschlagenen Rest-Reiches ausersehen; hier hofften sie immer noch, dem Ansturm der Truppen des Gegners standhalten zu können. Die amerikanischen Truppen betrachteten Thüringen auch deshalb als ein Gebiet, das es in besonderem Tempo zu besetzen galt. Obgleich ihnen dies gelang, fiel dennoch die Bilanz der vorangegangen zwei Jahrzehnte für Thüringen schrecklich aus.

Widerstand – sinnstiftend für Gegenwart und Zukunft

Die Beiträge des vorliegenden Bandes – sie gliedern sich nach den heutigen Verwaltungsgebieten des Freistaates Thüringen – beschreiben detailliert, wo und wie Menschen anderer, nicht-nationalsozialistischer Gesinnung und Art durch das braune Regime ausgegrenzt und verfolgt worden sind, wo und von wem Widerstand geleistet werden konnte. Neues Material ist erschlossen worden und gibt Zeugnis von dem, was in den Kreisen, Städten, und Orten Thüringens während der zwölf Jahre Faschismus und Krieg geschehen ist. Unser Wissen um diesen Teil der Vergangenheit erscheint beträchtlich ausgeweitet. Mit Fug und Recht darf von einer gelungenen Rekonstruktion vergangener Aktionen sowie ihnen zugrunde liegender Denk- und Verhaltensweisen gesprochen werden, was ein weiteres Suchen nach lokal- und regionalgeschichtlichen Ereignissen erleichtert wird. Dass dieses auch erforderlich sein wird, ist Herausgebern und Autoren bewusst. Manche Lücke konnte nicht geschlossen werden. Sie fordern daher auf, das von ihnen Geschaffene zu vervollständigen und zu ergänzen, aber auch zu präzisieren und wo nötig zu korrigieren.

Umfangreiche, gesicherte und konkrete Kenntnisse – sie haben als ausschlaggebende Voraussetzung des notwendigen Gedenkens und sinnvoller, sinnstiftender Erinnerung zu gelten. Erst auf ihrer Grundlage lässt sich ein historisch-wahrhaftiges Bild der politischen, sozialen und geistigen Auseinandersetzung mit Hitlerdiktatur und Zweitem Weltkrieg zeichnen, erst auf solchem Fundament gelingt es, auch das hohe Maß von individueller Selbstbehauptung und menschlichem Verhalten unter unmenschlichen Bedingungen zu erhellen. Viele der bisher von Geschichtswissenschaftlern getroffenen Wertungen finden mit diesem »Wegweiser« Bestätigung, zudem Beleg und Ergänzung in einem. Deutlich werden einerseits die Vielfalt und der Ideenreichtum widerständigen Verhaltens, andererseits auch die schwer zu messenden und teils kaum vorhandenen unmittelbaren Wirkungen des Widerstandes sowie sein insgesamt zu geringer Anteil am Verlauf der Geschichte zwischen 1933 und 1945, der folgerichtig auch die Notwendigkeit seiner eigenen Befreiung durch die militärische Niederlage Deutschlands gegen die Armeen der Anti-Hitler-Koalition bedingte. Dessen ungeachtet tritt in allen Teilen dieses »Wegweisers zu den Stätten der Verfolgung und des Widerstandes in Thüringen 1933–1945« das eindrucksvolle Bemühen einzelner Personen und kleinerer Gruppen um Einflussnahme und Veränderung der Verhältnisse vor Ort und im Land achtungsvoll in Erscheinung.

Verfolgung und Widerstand – sie gehören heute und künftig zu den Grundbestandteilen der Erinnerungskultur in Deutschland. Wer auf sie zurück blickt, sollte sie in ihren Voraussetzungen, in ihrer Entwicklung und Entfaltung und zugleich auch in ihren Konsequenzen sehen. Ein Wegweiser zu den Plätzen, auf denen sie geschahen, darf daher auch als ein Zeichen verstanden werden, das endgültig aus »brauner« Vergangenheit heraus zu führen vermag und das weitere Anstrengungen zugunsten solcher politisch-moralischen Verhältnisse befördert, die an den Schwur der um ihre Freiheit kämpfenden und am 11. April 1945 befreiten Häftlinge des Konzentrationslager Buchenwald anknüpfen: »Nie wieder Krieg, nie wieder Faschismus!«

Anmerkungen

1 Denkschrift über die Tätigkeit der Fraktion der Nationalsozialistischen Deutschen Arbeiterpartei im Thüringer Landtage 1924/1927. Hrsg. von Willy Marschler, Weimar o. J.

2 Zit. nach Guido Dressel: Der Thüringer Landbund – agrarischer Berufsverband als politische Partei in Thüringen 1919–1933, Erfurt 1998, S. 45.

3 Martin Schulze: Nationalsozialistische Regierungstätigkeit in Thüringen 1932/33, Weimar 1933, S. 6.

4 Unverfroren behauptete Sauckel indessen während der Verhandlungen des Nürnberger Gerichtshofes, in seinem Gau seien politische Gegner »weder behelligt noch beeinträchtigt« worden und hier hätten auch keine Judenverfolgungen stattgefunden. In: Internationales Militärtribunal (IMT), Bd. XIV, S. 671 und 676.

5 Der Nationalsozialist, 30.5.1933. Siehe auch Martin Schulze: Nationalsozialistische Regierungstätigkeit in Thüringen 1932 bis 1935, Weimar 1936.

6 Parteistatistik. Stand 1. Januar 1935 (ohne Saargebiet). Bd. I: Parteimitglieder. Hrsg.: Der Reichsorganisationsleiter der NSDAP, S. 26 ff. und S. 45.

7 Martin Schulze: Nationalsozialistische Regierungstätigkeit in Thüringen 1932–1935, Weimar 1935, S. 6 f.

8 Bekenntnis zum Kinderreichtum der Tüchtigen. Rede des Gauleiters und Reichsstatthalters Fritz Sauckel am 26. Juni 1938 in Weimar. Hrsg. vom Gauorganisationsamt der NSDAP Gau Thüringen, Weimar o. J., S. 17 f.

9 Die Pflicht, H. 6/1936, S. 91.

10 Erich Buchmann: Von der jüdischen Firma Simson zur Nationalsozialistischen Industriestiftung Gustloff-Werke, Erfurt 1944, S. 14 f.

11 Thüringisches Hauptstaatsarchiv Weimar (künftig: ThHStAW), Reichsstatthalter, Bd. 16-17, Bl. 59.

12 ThHStAW, Reichsstatthalter, Bd. 188, Bl. 54 ff.

13 Bericht von Gauschulungsleiter Kurt Schößler, den Sauckel zum Gaubeauftragten für den Arbeitseinsatz ernannt hatte, vom Februar 1943. In: ThHStAW, Reichsstatthalter, Bd. 491, Bl. 204 ff.

14 Fritz Sauckel: Das Programm des Arbeitseinsatzes (o. O., 1942), S. 17 f. Hervorhebung durch den Vf.

15 ThHStAW, Reichsstatthalter, Bd. 491, Bl. 209 und 211.

16 ThHStAW, Reichsstatthalter, Bd. 191, B. 476 f.; Solche Auslassungen hielten ihn nach dem Kriege nicht davon ab, im Brustton der Überzeugung zu erklären, er habe keinerlei Kenntnis von der »Endlösung« gehabt und diese sei sogar seinen »Interessen vollkommen zuwider« gewesen. IMT, Bd. XV, S. 53.

Argumente und Attacken konservativer Abgeordneter im II. Thüringer Landtag gegen die Frölich-Regierung (1921-23)*

Es mag verwundern, wenn mein Beitrag zu einer Tagung über die demokratisch-sozialistischen Reformprojekte thüringischer Politiker nicht unmittelbar von diesen handeln soll, sondern von den bürgerlichen Parteien und ihrem Auftreten im Thüringen der frühen zwanziger Jahre. Veranlasst sehe ich mich zu diesem Thema durch die Tatsache, dass mitunter in Kreisen deutscher Linker es geradezu verpönt ist, über den eigenen Nabel hinauszuschauen und manche von ihnen den Streit untereinander für weitaus weltbewegender halten als jeden Versuch, gesamtgesellschaftliche Konstellationen verstehen zu wollen. Leider wird allzu oft vergessen, in welcher Welt man lebt und unter welchen Bedingungen eigene Politik tatsächlich zu betreiben ist. Ein alter und leider keineswegs überwundener Fehler, wie sich immer wieder mal zeigt …

Von der bilanzverheißenden Diskriminierungsparole »Das ganze Land kam auf den Hund …« ist hier bereits gesprochen worden.[1] Mit ihr trat der am 30. Dezember 1923 gegründete Thüringer Ordnungsbund in Erscheinung, ein Sammelbecken der bürgerlichen Parteien in Thüringen, das unter konservativer Führung antisozialistische Einheitsfront praktizierte und auch von der DDP unterstützt worden ist. Am deutlichsten äußerte sich die DNVP über die angeblichen Folgen der Frölich-Regierung: »Allgemeine Rechtsunsicherheit, Störung der öffentlichen Sicherheit, Zerrüttung der Finanzen, des Wirtschaftslebens, des Beamtentums, der Schule. Das »rote Thüringen« ist im Reich und im Ausland verschrien. Bilanz: Der Marxismus ist nur fähig zu zerstören, unfähig zu staatserhaltender Arbeit.«[2]

* Vortrag, veröffentlicht in: Rot-rote Gespenster in Thüringen. Demokratisch-sozialistische Reformpolitik einst und heute. Protokoll einer Tagung vom 12./13. September 2003 in Weimar, Jena 2004, S. 29-46.

Solche in Schlagworte gekleidete Behauptungen prägten den gegen SPD und KPD gerichteten Wahlkampf, der Ende 1923 und Anfang 1924 nach dem Sturz der sozialdemokratischen Regierung und unter den Bedingungen einer faktischen Machtausübung durch die Reichswehr über die Bühne ging. Sie könnten vielleicht als Antwort, als Reaktion auf die Politik von SPD, USPD und KPD verstanden werden, wäre da nicht zugleich festzustellen, dass alle Argumente bürgerlicher Parteien über die sogenannte Einseitigkeit und Unfähigkeit sozialistischer Regierungstätigkeit bereits vor dem Amtsantritt der Regierung Frölich existierten und ihre antirepublikanisch-antisozialistische Propaganda dominierten. Noch war überhaupt nichts geschehen, was über Maßnahmen zum Schutz der Weimarer Republik und zu einer wohlfahrtsstaatlichen Sicherung der Lebenslage hinaus gereicht hätte, noch hatte sich nicht einmal das durchsetzen lassen, was einst die Bourgeoisie in der großen französischen Revolution auf ihre Fahnen geschrieben hatte, da sahen die konservativen und liberalen Gegner der neuen thüringischen Regierung bereits die »Brandfackel« gegen das Bürgertum geworfen und die »Lebensfähigkeit Thüringens ernstlich in Frage gestellt«.[3]

Übereinstimmend zeterten in den ersten Sitzungen des neuen Landtages am 7. und 8. Oktober 1921 alle Fraktionen des Thüringer Landbundes (TLB), der Deutschen Volkspartei (DVP), der Deutschnationalen Volkspartei (DNVP) und auch der Deutschen Demokratischen Partei (DDP), die in der ersten Thüringer Regierung mit den Mehrheitssozialdemokraten koaliert hatte, nunmehr trete eine »einseitige Klassenregierung« ihr Amt an. Die neue Regierung trage »von vornherein den Stempel eines einseitigen Parteiregiments«. Die ganze Gesetzgebung werde sich »allein auf die geringe sozialistische Zufallsmehrheit« von 1700 Wählerstimmen stützen.[4] Scharfmacherisch und gravierendes Demokratie-Unverständnis enthüllend kündigte der deutschnationale Abgeordnete Friedrich von Eichel-Streiber an, im Kampf gegen die Frölich-Regierung »alle Konsequenzen ziehen« zu wollen, was den an Kapp und Lüttwitz erinnernden Zwischenruf »Neuer Putsch« bewirkte und zugleich einen der sozialdemokratischen Abgeordneten veranlasste, mahnend an eine frühere Erklärung der DNVP zu erinnern, die da gelautet hatte: »Wenn wir auch nur mit einer Stimme Mehrheit hier erscheinen, werden wir die Regierung übernehmen.«[5]

Solche Art Vorverurteilung und substanzloser Beschimpfung, die nichts gemein hatte mit parlamentarischer Kommunikationskultur, orientierte sich an Mustern aus alten Zeiten, in denen jeder Sozialist von vornherein als »Vaterlandsverräter« beschimpft worden war. Man kenne zwar noch nichts, verurteile aber bereits – so charakterisierte der sozialdemokratische Fraktionsvorsitzende Paul Kieß die Methode der thüringischen Landtagsopposition.[6] Immer wieder enthielten die Reden ihrer Vertreter schlimme pejorative Wertungen, z. B. »Parlamentsabsolutismus«[7], »Pygmäenpolitik« und »Totengräberpolitik.«[8] Auch darin zeigte sich, in welch geringem Maße die rechten Parteien bereit waren, sich inhaltlich auf die neuen demokratisch-parlamentarisch verfassten Verhältnisse einzustellen. Emil Herfurth (Oberlehrer am Weimarer Realgymnasium, Wortführer der DNVP-Fraktion, Führungskraft im Jungdeutschen Orden und später Mitglied der NSDAP) brüstete sich sogar, er sei »von des parlamentarischen Gedankens Blässe noch nicht genügend angekränkelt«.[9] Dazu passten durchaus auch die deutschvölkisch-antisemitischen Töne seiner Auftritte außerhalb des Parlaments; Herfurth arbeitete maßgeblich an der »Mitteldeutschen Zeitung« mit, in der es einmal hieß: »Wenn der Nichtsozialist einst aufwacht, wird er tot sein (sic! M. W.), und der Schwarm der Sinowjew Apfelbaum, Breitscheid, Freund, Hermann, Brandenstein, Freudental und wie sie alle heißen, die Größen in Thüringen, für die es kein deutsches Vaterland gibt, ist über ihn hinweg gegangen.«[10] Gemeint, obgleich nicht genannt, war auch August Frölich.

Nach wie vor hingen die Deutschnationalen sowie die Fraktionen der DVP und des Thüringer Landbundes altem obrigkeitsstaatlichen Denken an. Für letzteren traten vor allem Erwin Baum, Ernst Höfer, Erich Mackeldey, Erich Wernick in Erscheinung, für die DVP Theodor Bauer und Georg Witzmann. Trotz ihrer offiziellen Bekundungen, auf dem Boden der Weimarer Verfassung zu stehen – das Scheitern des Kapp-Putsches stand ihnen deutlich vor Augen –, ließen sie immer wieder Verachtung und Hass auf die Novemberrevolution, auf die Republik und die proletarischen Parteien erkennen. Mit der Erinnerung an die gute alte Zeit instrumentalisierten sie die verflossenen Verhältnisse für ihr Vorgehen. Auf die Weimarer Verfassung wurde immer nur dann Bezug genommen, wenn sie darin eine Möglichkeit sahen, in Thüringen wirtschafts-, sozial- und bildungspolitische Maßnahmen verzögern oder ganz und gar zu blockieren. Das galt auch für ihre Sicht auf die Beziehungen zwischen dem Land und dem Reich.[11] Mitunter wurde vordergründig nur die »Eile« gerügt, mit der die Regierung Gesetze beschließen lassen wolle, oder sybillinisch gemeint, man müsse einen Gesetzesvorschlag von vornherein ablehnen, da man sich »über die wahren Gründe der Vorlage im klaren sei.«[12] Es verwundert nicht, dass solche Argumente besonders in den schulpolitischen Debatten auftauchten, worüber in der Tagung ja noch im einzelnen zu hören und zu diskutieren sein wird.[13]

Der unabhängige Sozialdemokrat Bruno Bieligk beschrieb am 7. Oktober 1921 die Grenzen der Regierungsziele wie auch die der Opposition. Es könne keine Rede davon sein, in Thüringen schon in der nächsten Zeit und ohne Rücksicht auf das, was im Reich vorgehe, das »Wirtschaftsleben umzugestalten zu einer sozialistischen Wirtschaftsorganisation«. Daraus ergebe sich jedoch nicht, die Hände ruhig in den Schoß zu legen. Indessen müsse vor allem wegen der »politischen Ereignissen der letzten Wochen (er spielte damit auf die Ermordung Erzbergers am 26. August 1921 an, M. W.) [...] die Konsequenz gezogen werden, dass durch eine sozialistische Regierung in Thüringen das verhindert wird, was Sie (nach rechts), meine Herren, und Ihre politischen Freunde gewünscht haben, nämlich der Anschluss an das reaktionäre Kahr-Bayern[14], wo Sie eine einseitige Klassenpolitik getrieben haben, die tatsächlich in nichts überboten werden kann. Es ist sehr bezeichnend, dass Sie zu ›Klassenpolitik‹ und ›Klassenherrschaft‹ immer dann sprechen, wenn es sich darum handelt, dass die Arbeiterschaft ihre Kräfte voll und ganz einsetzt für die Erreichung ihrer Ziele und Zwecke; wenn Sie aber irgendwo in der Lage sind, Ihre Klassenherrschaft aufzurichten, auch äußerlich sichtbar brutal durchzuführen, haben Sie nie den geringsten Skrupel getragen, das auch zu tun.« Bieligk verwies noch einmal und mit großer Weitsicht auf Bayern, wo sich nach seiner Auffassung eine politische Methode zur Bekämpfung der Arbeiterklasse herausgebildet habe, für die man »eine parlamentarische Bezeichnung nicht finden kann.«[15]

Zumeist gingen die bürgerlichen Parteien in konfrontativer Parlamentstaktik gegen einzelne Gesetzesvorlagen und Maßnahmen der Frölich-Regierung vor. Dies zeigte sich bereits wenige Tage nach deren Arbeitsbeginn. Den Anlass bot eine Festlegung vom 25. Oktober 1921, der zufolge der Bußtag nicht als schulfreier Feiertag begangen und der 9. November als neuer Feiertag eingeführt werden sollte.[16] Der gewählte Weg einer Notverordnung durfte als legitim gelten[17], entsprach er doch der Landesverfassung und ebenso dem Artikel 48 der Reichsverfassung, dennoch war er äußerst ungeschickt gewählt. Verfassungsrechtliche Bedenken konnten ins Spiel gebracht werden. Beide Entscheidungen wurden aber vor allem als Ausdruck eines neuen »Kulturkampfes«, als »Religionsfeindlichkeit« und »Entchristlichung« hingestellt. Nichts davon traf wirklich zu. Alle Kritik schoss weit über die realen Gegebenheiten hinaus. Nur in zwei der sieben Gründungsstaaten Thüringens hatte zuvor der Bußtag einen offiziellen Feiertag dargestellt. Von ihrer Kampagne gegen Volksbildungsminister Greil ließen die Konservativen und Liberalen Parlamentarier selbst nach dessen Einwurf nicht ab, doch völlig ruhig gewesen zu sein, als das weimarische Kultusministerium unter Leitung des DDP-Mitglieds Arnold Paulssen am 19. September 1919 eine Verordnung mit fast demselben Wortlaut hatte ergehen lassen.[18] Unübersehbar richtete sich aller Widerspruch vorrangig gegen den Versuch, den Revolutionstag 9. November 1918 zu würdigen. Dieses Datum biete keinen Grund zum Feiern, tönte es unisono. Er sei ein »schwarzer Tag der Geschichte«.[19] Unter seinen Gegnern verhallte das Argument Frölichs, ohne diesen Tag gäbe es keine Republik.[20]

Alle Auseinandersetzungen rankten sich tatsächlich um die Frage: Republik ja oder nein – auch wenn es mitunter die Opponierenden so dargestellt haben, als ginge es ihnen lediglich um eine bessere Ausgestaltung bzw. um eine Reform der republikanischen Verhältnisse. Dies zeigte sich vor allem im Frühjahr und Sommer des Jahres 1922, als überall die mörderischen Attacken gegen Repräsentanten des Weimarer Staates zunahmen und alles antidemokratisch-antirepublikanische Bestreben im Attentat auf Walther Rathenau am 24. Juni kulminierte. Heute gilt unter Historikern als selbstverständlich, dass die junge Weimarer Republik geschützt werden musste. Damals geriet diese Tatsache allerdings zum polarisierenden Dreh- und Angelpunkt der Auseinandersetzungen zwischen den beiden politischen Lagern in Thüringen, bald aber auch zu einem Streitgegenstand zwischen den Arbeiterparteien. Das muss keineswegs als außergewöhnlich gelten: Situation und Verhältnisse waren neuartig, kompliziert und immens widersprüchlich. Jedes politische Konzept hatte sowohl die positiven als auch die negativen Nachwirkungen des Kapp-Lüttwitz-Putsches zu berücksichtigen, ferner die zahlreichen politischen Morde, die nahezu alle auf das Konto rechtsextremer Freikorps und anderer paramilitärischer Verbände gingen, sowie den beginnenden Aufstieg faschistischer Organisationen, unter denen die NSDAP zunächst nur eine von vielen darstellte.[21]

Der Streit betraf in erster Linie den Aufbau proletarischer Hundertschaften. Dass sie in der Literatur häufig und ausschließlich als Garden kommunistischer Revolutionsvorbereitung dargestellt werden, ist bekannt[22], weniger jedoch, dass ihre Entstehung zunächst dem Bestreben zum Schutz und zur Erhaltung der Republik entsprang und durchaus dem allgemeinen Zeitgeist jener Jahre entsprach. Bekanntlich schufen sich nach dem Ersten Weltkrieg alle Parteien, voran die rechten, eigenständige paramilitärische Formationen. Sie tarnten nur notdürftig deren innenpolitische Funktion mit dem Verweis auf den Versailler Vertrag und die darin fixierte Begrenzung der Reichswehr auf ein Hunderttausend-Mann-Heer, das gegen Bedrohungen durch Feinde aus Ost und West als unzureichend bemannt und gerüstet angesehen wurde. Zu nennen wäre da vor allem der »Stahlhelm. Bund der Frontsoldaten«, stramm deutschnational ausgerichtet und eng verbunden mit den putschbereiten Teilen der Reichswehr, deren Führung alles andere als republikfreundlich gesonnen war. Ebenso waren die »Orgesch« und der »Jungdeutsche Orden« für ihre rechtsextremen Konzepte, für ihre terroristisch zu nennenden Methoden und auch für ihren Antisemitismus bekannt. Führende Köpfe des letzteren saßen auch im Landesparlament.[23] In Thüringen kam die Existenz eines außerordentlich umfangreichen völkisch-antisemitischen Netzwerkes hinzu.[24] Hermann Brill sprach gar von einem »deutsch-völkischen Verbrechertum«, gegen das die schärfsten Maßnahmen erforderlich seien.[25]

Allerdings wurde der berühmte Satz von Reichskanzler Wirth »Der Feind steht rechts!«[26] in den thüringischen Landtagsdebatten nicht verwendet. In der Sicht auf die Notwendigkeit des Republikschutzes und des Kampfes gegen die mehr und mehr in Erscheinung tretenden frühfaschistischen Attacken gab es dennoch kaum Zwiespalt zwischen der Frölich-Regierung und den sie tolerierenden Kommunisten um Albin Tenner, Theodor Neubauer, Richard Zimmermann. Deren Führung wollte es indessen bald so erscheinen, als schlage die Sozialdemokratie falsche Wege in diesem Kampf ein und wähle unzulängliche Mittel. Jede Variante in der sozialdemokratischen Verteidigung proletarischer Interessen deuteten sie als Verrat an diesen, als Ausdruck einer »verschleierten Koalitionspolitik«. Die Sozialdemokraten reagierten: »Ihr seid nicht verhandlungsfähig.«[27] Die Partner verstärkten ihr gegenseitiges Misstrauen und offensichtlich auch das generell bei keiner Partei zu verurteilenden Bestreben, sich selbst von den anderen abzusetzen und das eigene Profil heraus zu kehren. Hinzu kam, dass in den Reihen der Kommunisten während des Sommers und im Herbst 1923, als sich die wirtschaftliche Situation außerordentlich verstärkte, die Inflation extreme Ausmaße anzunehmen begann und die Arbeitslosigkeit von 3,5 Prozent auf über 25 Prozent stieg, die

Hoffnung auf einen »deutschen Oktober« breit machte. Das führte wiederum über die durchaus berechtigten Forderungen zum Schutz der Republik und deren demokratischer Ausgestaltung hinaus und rief unangemessene, ja irreale und verhängnisvolle Abweichungen vom Konzept der Arbeiterregierungen hervor. Tiefe Gräben taten sich auf[28], obgleich sie sich dann im Oktober 1923 als überwindbar erweisen sollten.[29]

Unabhängig davon, wie das Auftreten der Kommunisten im einzelnen zu bewerten ist – es bleibt festzuhalten, dass mit dem maßlos überzogenen Konkurrenzverhalten von KPD und SPD die bürgerlichen Parteien eine – modern gesprochen – für sie eine außerordentlich günstige »Steilvorlage« geboten bekamen. Sie gingen in die Offensive, was zunächst in einer an das Reichsinnenministerium gerichteten Denkschrift gipfelte. Sie stammte vom 16. Mai 1923 und listete alles auf, was den Unterzeichnern an den »gegenwärtigen politischen Verhältnissen in Thüringen« nicht gefiel.[30] Da wurde beispielsweise ernsthaft beklagt, dass Staatsminister Karl Hermann im Landtag am 9. Februar 1923 eine angeblich »unangemessene Urteilsschelte« zu der in der Tat blamablen Aufhebung des Verbots des Jungdeutschen Ordens durch den Staatsgerichtshof vorgetragen habe. In Wirklichkeit hatte Hermann dies vor dem Landtag als »die größte politische Ohrfeige« während seiner eineinhalb Jahre Amtszeit bezeichnet und vor einem weiteren Anwachsen rechter Organisationen im Schatten des Richterspruches gewarnt. Ferner wurde moniert, in den thüringischen Schulen seien Lieder und Gedichte als reaktionär bezeichnet und verboten worden. Im Zentrum der Monita stand aber, dass »Leute ganz einseitiger Linksorientierung« als Beamte eingestellt worden seien. So hieß es, die Politik der Regierung ziele darauf, die Beamten »immer mehr zu gefügigen Werkzeugen der herrschenden sozialistischen Parteien« zu machen. In der Linie dieser Entwicklung liege es, dass die thüringische Regierung ihren Beamten den sogenannten Beamtenrevers vorgelegt habe. Gefordert war darin, dass diese eine Erklärung darüber abgeben sollten, ob sie nach Inkrafttreten der Reichsverfassung einer der im Lande verbotenen Vereinigung »Deutschvölkischer Schutz- und Trutzbund«, »Deutschvölkische Jugend«, »Bund der Aufrechten«, »Alldeutscher Verband«, »Verband nationalgesinnter Solldaten«, »Stahlhelm. Bund der Frontsoldaten«, »Germanenorden«, »Nationalsozialistische Deutsche Arbeiterpartei« oder einer anderen Vereinigung angehört haben oder noch angehören, die an die Stelle einer verbotenen Vereinigung getreten ist oder monarchistische und antirepublikanische Ziele verfolgt. Auch in der Debatte über den »Jungdeutschen Orden« hieß es, die neuen Vorschriften seien »für die Beamten eine schwere Gewissensbedrückung.«[31]

Die Einschätzung, man müsse es als »Gewissensbedrückung« betrachten, würde eine Zugehörigkeit zu den sorgfältig aufgelisteten Organisationen des damaligen Rechtsextremismus bekannt werden müssen, entbehrt nicht sehr pikanter Aspekte, geraten die weitere Entwicklung in Deutschland oder auch aktuelle personalpolitische Praktiken in den Blick. Ehrenrettung für offenen und verdeckten Antirepublikanismus -das wäre sicher der passendere Begriff gewesen. Es handelte sich daher um eine bewusste Verschleierung der realen Situation, als Herfurth Ende Mai 1923 im Landtag zu behaupten wagte: »Eine Putschgefahr von rechts hat in Thüringen niemals bestanden und wird in Zukunft auch nicht bestehen.«[32] Zumindest bedeutete dies eine fahrlässige Unterstützung für alle, die zurück zur Monarchie oder vorwärts in eine anders geartete Führer-Diktatur gehen wollten. Aus heutiger Sicht wird in der Literatur mit Recht von »leichtgewichtigen Anschuldigungen« der Denkschrift gesprochen.[33] Gerade darin lässt sich aber in dieser erkennen, dass eine zweckorientierte Verteufelung der Frölich-Regierung betrieben wurde und dies nicht deren Fehlern und Schwächen galt, sondern hauptsächlich ihrem Grundanliegen, das in der Verteidigung der Revolutionsergebnisse von 1918/19 und in den Bemühungen um diese sichernde demokratisch-sozialistische Reformprojekte bestand.[34]

Es gelang den bürgerlichen Parteien, die Gegensätze zwischen Sozialdemokraten und Kommunisten zu vertiefen. Sie rieben sich die Hände über den »Bruderkampf zwischen Rot und Knallrot«. In diesen wolle man, so erklärte z.B. Eichel-Streiber am 31. Mai 1923 im Namen aller Fraktionen der bürgerlichen Parteien, nicht eingreifen. Man verließ sogar einige Sitzungen des Landtages, bei denen es sich nach ihrer Auffassung nur um »Theaterdonnerkrach«[35] handeln würde; es gehe nicht an, das »Agitationsbedürfnis von Desperadopolitikern« zu unterstützen.[36] Schließlich wurde, leider auch dank Beihilfe der KPD-Fraktion, der Frölich-Regierung mehrheitlich das Misstrauen ausgesprochen und diese zum Rücktritt am 11. September 1923 gezwungen. Das Staatsministerium amtierte weiter, begleitet allerdings von neuerlichen Verhandlungen zwischen den thüringischen Sozialdemokraten und Kommunisten, die zum Eintritt der letzteren am 16. Oktober 1923 führen sollten.

August Frölich ließ seine Beweggründe deutlich erkennen, als er am 17. Oktober 1923 dem Landtag seine Regierungserklärung vortrug. Darin hieß es einleitend: »Die neugebildete thüringische Regierung ist, wie die sächsische, eine Regierung der republikanischen und proletarischen Verteidigung, ihr Ziel die Abwehr der ungeheuren Gefahren, welche die Existenz der thüringischen wie der gesamten deutschen Republik und sogar das nackte Leben der werktätigen Bevölkerung täglich drohender bestürmen. Es ist kein Zweifel mehr, dass die offenen und verkappten Faszisten in Bayern und Norddeutschland mit allen ihren legalen und illegalen Maßnahmen, mit ihren gesamten wirtschaftlichen und militärischen Kampfesrüstungen nicht nur die sozialistischen Parteien, sondern alle proletarischen Schichten und Republikaner, das gesamte werktätige Volk Deutschlands in seinem Lebensnerv bedrohen. In der gemeinsamen Losung aller faszistischen Richtungen ›Nieder mit dem Marxismus‹ ist das Signal zur endgültigen Niederwerfung und Versklavung aller Werktätigen bereits gegeben, die ersten Schritte zu seiner Ausführung traten in Bayern wie im Reiche schon sichtbar hervor. [...] Die vor einigen Jahren geschickt verborgene Gesinnung eines schrankenlosen Herrenmenschentums wird erneut proklamiert. [...] Die Kreise des deutschen Volkes, die bis vor wenigen Jahren die politische Alleinherrschaft innehatten, streben erneut diese Alleinherrschaft an. Sie gehen zum offenen Angriff gegen die republikanische Staatsform über. Die der Republik vorenthaltenen Steuern sind dazu benutzt worden, eine bewaffnete Organisation aufzubauen, die der Republik den Todesstoß versetzen soll.«[37]

Wie berechtigt dies war, offenbarte eine Erklärung des Vorstandes des Thüringer Landbundes vom 4. November 1923. In ihr hieß es: »Mit Neid blickt das Thüringer Landvolk auf die geordneten Verhältnissen im Nachbarlande Bayern, und erwartet dass unter allen Umständen mit großer Schärfe auch in Thüringen für Ordnung gesorgt wird.« Zudem hieß es, die Beunruhigung »wegen militärischer Vorgänge in Nordbayern« bestehe höchstens bei der Regierung und bei ihren Funktionären.«[38] Ähnliches hatte beispielsweise die »Eisenacher Tageszeitung« schon am 16. Oktober 1923 geschrieben und gemeint, die Aufregung über die »bösen Hitlerleute« an der Südgrenze Thüringens sei nur Propaganda für die »roten Hundertschaften« und gegen die Autorität des Reichswehrkommandos.[39] Am 23. November ließ Arno Neumann, der im Landtag für die DVP sprach, auch erkennen, dass es seiner Partei keineswegs nur darum ging, den Kommunisten einen Platz in der Regierung verwehren zu wollen, weil dies den »Selbstmord eines Staates« bedeutet. Er rief in den Saal: »Wir reden von den Kommunisten, *vorläufig* nicht von den Sozialdemokraten.«[40]

Diese Argumentation hatte nichts zu tun mit der beliebten, weil beliebig verwendbaren totalitarismustheoretischen Formel, die Republik hätte sowohl gegen die Angriffe von rechts als auch gegen die von links verteidigt werden müssen. Auch das beschwichtigende, nach 1945 oft geäußerte Argument greift nicht, man sei einer wie auch immer gearteten und zu erklärenden Unterschätzung der Gefährdung des Weimarer Staates durch seine rechten und rechtsextremen Gegner erlegen.[41] Nein, dazu waren die politischen und geistigen Übereinstimmungen zwischen Konservativen und Rechtsextremen zu groß, selbst wenn taktische Belange auch Konfliktpotentiale enthielten. Wie aber soll man es bewerten, wenn in heutiger offiziell geförderter Geschichtsschreibung ebenfalls zahlreiche von der eigenen Verantwortung entlastende und zugleich damalige gegen demokratisch-sozialistische Bemühungen gerichtete Argumente der bürgerlichen Parteien erneut aufgegriffen und fortgeführt werden? Wie kann erklärt werden, dass häufig die sich 1922/23 in Deutschland enorm verstärkenden antirepublikanischen Entwicklungstendenzen völlig unterbelichtet bleiben und der Konflikt zwischen Bayern und dem Reich weitgehend herunter gespielt wird, wie die Tatsache, dass man dem von den Nazis geplanten »Marsch auf Berlin« völlig anders gegenüber steht als den sozialpolitischen und antifaschistischen Bemühungen der Arbeiterregierungen in Sachsen und Thüringen? Da wird schlicht und einfach mit zweierlei Maß gemessen, da werden reale Vorgänge interessenorientiert vereinseitigt und erneut den Kriterien konservativer Geschichtspolitik unterworfen.

Verdrängt wird ebenso die Tatsache, dass liberale und konservative Parteien sowohl unwillig als auch unfähig gewesen sind, Politik über den Tellerrand ihrer unmittelbaren Interessen hinaus zu betreiben. Auf die Vorhaltungen des Konservativen Eichel-Streiber, eine Beteiligung von Kommunisten an einer Regierung würde sich grundsätzlich verbieten und sei zumindest politisch unklug, selbst wenn es formal möglich sei, reagierte August Frölich am 16. Oktober 1923. Er halte es in der Tat für »politisch klüger«, mit den Kommunisten eine Regierung zu bilden als mit den Deutschnationalen.[42] In der tags darauf folgenden Debatte unterstrich Paul Kieß namens der SPD-Fraktion dieses Argument und wandte sich direkt an die bürgerlichen Landtagsabgeordneten: »In dieser Situation des Klassenkampfes ist sie (die regierungsbereite KPD, M. W.) die beste Waffe, die wir in der Hand haben und dass sie eine Waffe darstellt, (ist, M. W.) Ihre schwächste Position!«[43] In diesem Zusammenhang argumentierte Kieß auch auf mehrfach geäußerte Drohungen konservativer Politiker, dass sie, kämen sie wieder an die Macht, mit den sozialdemokratische Beamten »aufräumen« würden. Nahezu prophetisch klingen seine Worte: »… in dem Augenblick, wo Sie die Macht haben, werden Sie erklären, dass jeder sozialdemokratische Beamte nichts gelernt hat und ihn hinauswerfen. Sie werden für jeden Hinauswurf einen Deckmantel finden. Darin sind Sie uns über, sachliche Attrappen haben Sie immer! Sie werden einen Wandschirm besitzen, wie Stinnes für seine maßlosen Bereicherungen, wie auch der Aufzug der schwarzen Reichswehr schließlich eines Wandschirmes bedurft hat, den Sie in der nationalen Abwehr an der Ruhr ganz richtig gefunden haben. Sie sind niemals verlegen um einen Vorwand, der Dinge harmlos erscheinen lässt, die Sie zu verbergen wünschen.«[44]

So kam es schließlich auch. Beinahe alle Reformen wurden von dem am 10. Februar 1924 gewählten III. Thüringer Landtag und von der neuen Regierung rückgängig gemacht. Als erstes wurden am 3. März 1924 die proletarischen Hundertschaften aufgelöst und verboten. Am gleichen Tag erfolgte die Aufhebung des Verbotes der NSDAP und der Deutschvölkischen Freiheitspartei. Damit setzte sie mehr als nur ein Zeichen von symbolischem Wert, und es handelte sich auch um mehr als nur um ein Dankeschön für die Unterstützung, die ihr die neuen Abgeordnete des »Völkisch-Sozialen Blocks« boten. Bezeichnenderweise fügte man sich ohne jede Debatte und ohne jedes Anzeichen von Skrupeln bei der Regierungsbildung dem Diktum Arthur Dinters, des Verfassers mehrerer antisemitischer Romane und Chef der thüringischen Nazi-Organisation, der die Unterstützung der Faschisten für die neue Regierung davon abhängig machte, dass in diese nur »rein arische Männer« aufgenommen werden dürften[45], was die DDP, obwohl dem Thüringer Ordnungsbund zugehörig, ausschloss und ein sogenanntes Kabinett der Fachleute erzwang.

In welchem Geist sich die Konservativen nun ans Werk machten, verriet der Wahlaufruf der DNVP vom Frühjahr 1924. In Ihm hieß es, man wolle endlich frei sein von »äußerer Fremdherrschaft«, frei vom Marxismus und »frei von dem mit dem Marxismus allzeit verbündeten Judentum!« Der Aufruf schloss mit der Parole »ein Volk, ein Reich, ein Kaiser«[46]

Es ist bekannt, was dem in Deutschland nur wenige Jahre später folgte …[47]

Anmerkungen

1 Siehe den Beitrag des Vf. in diesem Band: Am Beginn unserer Debatte, S. 7.
2 Zwei Jahre roter Parteidiktatur in Thüringen. Materialien zur Landtagswahl. Zusammengestellt von der Deutschnationalen Landtagsfraktion (als Manuskript gedruckt, nur an Vertrauensmänner der DNVP auszuliefern), Weimar o. J., S. 5. Ähnlich auch: Der III. Landtag von Thüringen (nach dem Stande vom 1. Januar 1927). Materialien zur Landtagswahl, zusammengestellt von der deutschnationalen Landtagsfraktion, Erfurt 1927.
3 Zit. nach Manfred Overesch: Hermann Brill. Ein Kämpfer gegen Hitler und Ulbricht, Bonn 1992, S. 70.
4 Stenographische Berichte über die Sitzungen des II. Landtags von Thüringen. Bd. I: Von der 1. bis zur 40. Sitzung (6. Oktober 1921 bis 2. Februar 1922) [künftig: Sten. Berichte, Bd. I], Weimar o. J., S. 10.
5 Sten.Berichte, Bd. I, S. 12.
6 Sten.Berichte, Bd. I, S. 176.
7 So urteilte der bekannte Staatsrechtler Otto Koellreutter: Das parlamentarische System in den deutschen Landesverfassungen, Tübingen 1921.
8 Sten.Berichte, Bd. I, S. 236.
9 Sten.Berichte, Bd. I, S. 256.
10 Zit. nach Stenographische Berichte über die Sitzungen des II. Landtags von Thüringen, Bd. III. Von der 86. bis zur 128. Sitzung (17. Juni bis 20. Dezember 1922) [künftig: Sten.Berichte, Bd. III, Weimar o. J., S. 2648.
11 Sten.Berichte, Bd. I, S. 723 f.
12 Sten.Berichte, Bd. I, S. 768.
13 Siehe Beitrag von Paul Mitzenheim in diesem Band: Die Greilsche Schulreform 1921 bis 1923 – wesentliche Ergebnisse und Schlussfolgerungen. S. 81 ff.
14 Gustav Ritter von Kahr fungierte in den Jahren 1921/22 bayerischer Ministerpräsident und war bestrebt, den Freistaat Bayern als nationalkonservative »Ordnungszelle« auszubauen. Wiederholt provozierte er Konflikte zwischen Bayern und der Reichsregierung. Für seine Ziele unterstützte er auch die NSDAP.
15 Sten.Berichte, Bd. I, S. 12.
16 Bezeichnenderweise gehörte es zu den ersten Aktionen der Reichswehrführung nach ihrem Einmarsch in Thüringen, dass General Hasse am 17.11.1923 anordnete, der Buß- und Bettag sei wieder schulfrei. ThHStA Weimar, Präsidialabteilung 86/1, Mitteilung vom 19.11.1923. Den Hinweis auf diese Tatsache verdanke ich Michael Kellner, der mir Einblick in sein unveröffentlichtes Manuskript einer Biographie Karl Hermanns ermöglichte.
17 In der gesamten Zeit vom 7.10.1921 bis zum 21.2.1924 erließ die Landesregierung insgesamt 46 Notverordnungen auf Grund des § 33 der thüringischen Landesverfassung, was als undemokratisch verstanden werden kann, in der damaligen Zeit jedoch überall im Reich gang und gäbe war.
18 Sten.Berichte, Bd. I, S. 232.
19 Sten.Berichte, Bd. I, S. 249 und 259.
20 Sten.Berichte, Bd. I, S. 265.
21 Zu den einzelnen Organisationen siehe Lexikon zur Parteiengeschichte. Die bürgerlichen und kleinbürgerlichen Parteien und Verbände in Deutschland (1789–1945).

In vier Bänden. Hrsg. von Dieter Fricke (Leiter des Herausgeberkollektivs), Werner Fritsch, Herbert Gottwald, Siegfried Schmidt und Manfred Weißbecker, Leipzig 1983–1986.

22 Allerdings urteilt der bekannte Historiker Heinrich August Winkler die proletarischen Hundertschaften als ebenso wenig reichsfeindlich und illegitim wie die im Oktober 1923 erfolgte Regierungsbeteiligung der KPD. Heinrich August Winkler: Von der Revolution zur Stabilisierung. Arbeiter und Arbeiterbewegung in der Weimarer Republik 1918 bis 1924, Berlin und Bonn 1985, S. 224.

23 Detaillierte geschichtswissenschaftliche Untersuchungen fehlen dazu leider noch.

24 Siehe dazu vor allem Justus. H. Ulbricht: Kulturrevolution von rechts. Das völkische Netzwerk 1900–1930. In: Nationalsozialismus in Thüringen. Hrsg. von Detlev Heiden und Gunther Mai, Weimar u. a. 1995, S. 29-48.

25 Sten.Berichte, Bd. III, S. 2678.

26 Siehe Manfred Weißbecker: Der Feind steht rechts. In: Kurt Pätzold/Manfred Weißbecker (Hg.): Schlagwörter und Schlachtrufe. Aus zwei Jahrhunderten deutscher Geschichte, Bd. 1., Leipzig 2002, S. 30-36.

27 Der Vorwurf einer Verhandlungsunfähigkeit tauchte nach der Rede Tenners vom 28.3.1923 auf, in der er formuliert hatte: »Wir haben im Reich die große Bewegung der Faszisten. Wir sehen die Tatsache, dass die Nationalsozialisten loszuschlagen drohen, dass die geheimen Organisationen jetzt ihre wahren Absichten enthüllen. Wir haben auch in Thüringen allerlei Wahrnehmungen darüber gemacht. Hier muss festgestellt werden, dass alle unsere Mahnungen und Verhandlungsversuche fehlgeschlagen sind.« Stenographische Berichte über die Sitzungen des II. Landtags von Thüringen, Bd. IV. Von der 129. bis zur 178. Sitzung (16. Januar bis 30. Mai 1923) [künftig: Sten.Berichte, Bd. IV], Weimar o. J., S. 4560 f.

28 Zwei Publikationen zeugen in zugespitzter Weise davon: Koalitionspolitik oder Arbeiterregierung? Hrsg. vom Bezirksvorstand der KPD Großthüringen, Weimar o. J.; Sozialdemokratie und Regierung in Thüringen. September 1921 bis Juni 1923. Hrsg. von der Vereinigten Sozialdemokratischen Partei Bezirksverband Großthüringen, Jena o. J.

29 Frölich hielt die Zusammenarbeit von SPD und KPD für unerlässlich und formulierte, worin er die praktischen Voraussetzungen sah: »Die Politik ist die Kunst des Möglichen, auch bei den Kommunisten, und wenn wir alles das tun wollten, Herr Abgeordneter Neubauer, was ihr von uns fordert, dann müssten wir doch zu euch in die Partei eintreten. Ihr könnt doch nicht von uns verlangen, dass wir glatt eure Politik machen, etwas anderes wäre es nicht. Wir gehen so weit, wie wir es nach unseren Parteigrundsätzen und wie wir es verantworten können der Allgemeinheit gegenüber den Forderungen, die ihr uns stellt. Da ist die Grenze gezogen, und wenn ihr mehr verlangt, dann geht es über das, was von einem gewissenhaften Menschen verlangt werden kann, hinaus. Ihr trommelt nun ständig auf euren Forderungen herum, die ihr gestellt habt, die wir nicht erfüllen können, wollen wir nicht schließlich an uns selbst irre werden oder wollen wir nicht den Bankrott ankündigen. Dazu bin ich, dazu ist meine Partei, sind meine Ministerkollegen nicht bereit. Also müssen wir uns schon verständigen, wenn wir gemeinschaftlich arbeiten wollen. Jeder muss an seinem Teile einen Pflock zurückstecken. Jeder muss die Interessen, die wir zu wahren gemeinschaftlich notwendig haben, so vertreten, wie es nach Lage der beiderseitigen Ansichten möglich ist.« Sten.Berichte, Bd. V., S. 5003.

30 Dazu bemerkte Frölich am 3.8.1923: »In der Eingabe wird geradezu dem Herrn Reichsinnenminister gegenüber ein Klagelied angestimmt, dass der Thüringer Landtag sich erlaubt, mit seiner verfassungsmäßigen Mehrheit Gesetze zu beschließen. Etwas Ähnliches von Eingabe – die wir der Öffentlichkeit zuggängig machen werden – dürfte von Mitgliedern einer gesetzgebenden Körperschaft noch nicht ausgegangen sein. Der Weg der vielen Worte in der Eingabe ist der: Die Thüringer Gesetzgebung wäre richtig, wenn sie nicht von sozialistisch-kommunistischen Mehrheit ausginge, die Regierung wäre gut, und richtig besetzt, wenn sie nicht von Sozialdemokraten, sondern von den Parteien der Opposition besetzt wäre. Als neuester Angreifer gegen Thüringen tritt der Verband der der Mitteldeutschen Industrie e. V. in Weimar auf den Plan.« Sten.Berichte Bd. V, S. 5283.

31 Sten.Berichte Bd. IV, S. 3981; Über den Jungdeutschen Orden wurde im Thüringer Landtag ausführlich am 5.7.1923 debattiert. Siehe Sten.Berichte, Bd. III, S. 2859-2855. Den an konkreten Beispielen belegten Vorwürfen antworteten die Betroffenen in der Regel mit dem Verweis auf die Satzung des Verbandes sowie auf die zwischen den Konservativen und Völkischen bestehenden Differenzen. Insbesondere Herfurth bagatellisierte seine Rolle im Jungdeutschen Orden und dessen militant-antidemokratischen Ziele. Diese benannte allerdings der Hochmeister des Jungdeutschen Ordens, Arthur Mahraun, der deutlich, als er am 6.6.1925 auf einer Kundgebung in Leipzig von seiner Hoffnung sprach, dass sein Verband in Deutschland »einen ähnlichen Sieg erringen möge wie die Fascisten in Italien«. Zit. nach Kurt Finker: Jungdeutscher Orden. In. Lexikon zur Parteiengeschichte, Bd. 3, Leipzig 1985, S. 141; siehe auch Klaus Hornung: Der Jungdeutsche Orden, Düsseldorf 1958.

32 Sten.Berichte, Bd. V, S. 4955.

33 Jochen Grass: Studien zur Politik der bürgerlichen Parteien Thüringens in der Weimarer Zeit 1920–1932. Ein Beitrag zur Landesgeschichte, Hamburg 1997, S. 100 f.

34 Zu generellen Problemen des Verhältnisses zwischen Konservatismus und Faschismus ist besonders auf die Publikationen von Ludwig Elm zu verweisen. Siehe u. a. seine jüngste Schrift: Konservatismus und rechter Extremismus in der Bundesrepublik Deutschland, Essen 2003.

35 Sten.Berichte, Bd. V, S. 5006 f.

36 Sten.Berichte, Bd. V, S. 5074.

37 Stenographische Berichte über die Sitzungen des II. Landtages von Thüringen, Bd. V (31. Mai bis 14. Dezember 1923) [künftig: Sten.Berichte, Bd. IV], Weimar o. J., S. 5487 f.

38 Eisenacher Zeitung, 7.11.1923.

39 Eisenacher Zeitung, 16.10.1923. Diesen und den vorangegangen Beleg verdankt der Vf. ebenfalls Michael Kellner.

40 Sten.Berichte, Bd. V, S. 5733. Hervorhebung durch den Vf.

41 Ein Beispiel für diese Deutung lieferte jüngst der Historiker Klaus Hildebrand in seinem Buch »Das vergangene Reich. Deutsche Außenpolitik von Bismarck bis Hitler« (Berlin 1999, S. 670). Er schreibt: »Bis weit in die dreißiger Jahre hinein kam es zu einem antagonistischen Zusammenwirken (sie!) zwischen den Kräften des Bestehenden und der Gewalt der Revolutionäre [...] Allerdings: Wie radikal und umfassend Hitlers historische Vision tatsächlich war, konnte 1933 kaum jemand unter seinen Partnern und Kontrahenten, nicht zuletzt im Bereich der internatio-

nalen Politik, erkennen [...] Wer konnte schon ahnen oder wollte daran glauben, dass Hitler frontal, wenn auch auf teilweise verschlungenen Pfaden, und grundsätzlich, wenn auch mit zeitweiligen Kompromissen, gegen die vorwaltende Tendenz der Geschichte schlechthin, gegen die bürgerliche Vernunft und gegen den rationalen Geschichtsplan der westlichen Zivilisation aufbegehrte und ihr ebenso wie der kommunistischen Gegenwelt ein für allemal das Ende bereiten wollte?«.

42 Sten.Berichte, Bd. V, S. 5559 f.

43 Sten.Berichte, Bd. V, S. 5501.

44 Ebenda.

45 Siehe Donald R. Tracey: Der Aufstieg der NSDAP bis 1930. In: Nationalsozialismus in Thüringen. Hrsg. von Detlev Heiden und Gunther Mai, Weimar u. a. 1995, S. 53.

46 Führer durch den Reichsparteitag der Deutschnationalen Volkspartei in Hamburg vom 30. März bis 2. April 1924, Berlin 1924, S. 13 f.

47 Zur weiteren Entwicklung in Thüringen siehe auch Manfred Weißbecker: Einleitung. In: Heimatgeschichtlicher Wegweiser zu Stätten des Widerstandes und der Verfolgung 1933–1945 in Thüringen, Frankfurt a. M. 2003, S. 4-10; ders., Die NSDAP in Thüringen. Vom Experiment zum »Schutz-und Trutzgau des Führers«. In: Das braune Herz Deutschlands? Rechtsextremismus in Thüringen. Hrsg. von Jens-F. Dwars und Mathias Günther, Jena 2001, S. 61-99.

Auf dem Weg zur Macht

Die »Kommunalpolitik« der NSDAP am Beispiel Thüringen*

Ein analytischer Blick auf gegenwärtige Bedrohungen der Demokratie durch Neonazis muss mit jenem auf die Szenerie von gestern gekoppelt werden. Natürlich kann und wird es eine schlichte Wiederholung nicht geben, wohl aber lassen sich trotz aller zeitbedingten Unterschiede mit großer Wahrscheinlichkeit gewisse Übereinstimmungen, strukturelle Parallelen sowie neuerliche Notlagen erkennen. Ferner sind jene begünstigenden Entfaltungsbedingungen zu benennen, welche die Vorgänger heutiger Nazis vorfanden, als sie vom Rand der Gesellschaft in deren Mitte hinein gezogen wurden. Ebenso aufschlussreich dürfte das Bild jener Entwicklungsschritte sein, die in der Weimarer Republik hin zur faschistischen Diktatur gegangen worden sind, zunächst auf leisen Sohlen (als alle Parteien die neue, sich rasch ausbreitende Bewegung der Nazis völlig unterschätzten), dann in den Jahren der großen Weltwirtschaftskrise und der Massenarbeitslosigkeit sprunghaft (als die Gegner der NSDAP dies nahezu hilflos hinnahmen und lediglich ihr eigenes parteipolitisches Süppchen zu kochen bereit waren), zwar mit Rückschlägen verbunden (die manchen in den Reihen der Antifaschisten zu verfrühtem Optimismus und zu einer verhängnisvollen Überschätzung der eigenen Stärke veranlasste), am Ende dennoch erfolgreich und an schlimmsten Folgen allzu reich. Und nicht zuletzt lassen sich handlungsorientierende Erfahrungen aus dem damals vergeblichen Ringen aller Antifaschisten um die Verhinderung einer Herrschaft der NSDAP erkennen.

Manches Beispiel auch aus Thüringens Vergangenheit bietet beherzigenswerte geschichtliche Erfahrungen.[1] Eine besagt, dass vor 1933 sowohl im

* Vortrag, gehalten 2006 in einigen thüringischen Städten und teilweise veröffentlicht in der Zeitschrift »Der rechte Rand. Informationen von und für Antifaschistinnen«, H. 105, März/April 2007, S. 19 f.

Deutschen Reich als auch in Thüringen für alle Bemühungen der Nazis gerade die kommunale Ebene eine bedeutsame Rolle gespielt hat.[2] Dies zeigt u. a. ein Vergleich zwischen den Wahlerfolgen, die die NSDAP zwischen 1927 und 1933 jeweils in den 10 Stadtkreisen sowie in den 16 Landkreisen des damaligen Landes Thüringen erzielte. Deren Gegenüberstellung belegt den stärkeren Vormarsch der NSDAP im ländlichen und kleinstädtischen Raum, also da, wo Nachbarn einander besser kennen als in der Anonymität einer Großstadt, wo traditionelles Gemeinschaftsdenken zu dominieren vermag und politischer Einfluss einzelner Personen sehr groß sein kann, wo ganz eigene Mentalitäten, Denk- und Wahrnehmungsmuster existieren.[3]

NSDAP-Wahlerfolge in den 10 Stadtkreisen und den 16 Landkreisen des Landes Thüringen (1927–1933)[4]

	Stadtkreise	Landkreise	Ø im Reich
Wahlen zum Thüringer Landtag am 30.1.1927	2,9 %	4,2 %	—
Reichstagswahlen am 20.5.1928	3,6 %	4,1 %	2,6 %
Volksabstimmung gegen Young-Plan	18,6 %	30,9 %	13,8 %
Wahlen zum Thüringer Landtag am 8.12.1929	14,8 %	10,7 %	—
Reichstagswahlen am 14.9.1930	21,5 %	19,3 %	18,3 %
2. Wahlgang bei den Reichspräsidentenwahlen am 10.4.1932 (Stimmen für Hitler)	40,7 %	50,6 %	36,8 %
Wahlen zum Thüringer Landtag am 31.7.1932	41,6 %	43,8 %	—
Reichstagswahlen am 31.7.1932	42,0 %	43,8 %	31,7 %
Reichstagswahlen am 6.11.1932	32,4 %	39,5 %	33,1 %
Reichstagswahlen am 5.3.1933	40,6 %	46,5 %	43,9 %

Von wenigen Ausnahmen abgesehen gewann die Partei der deutschen Faschisten im ländlich-kleinstädtischen Raum also früher und mehr Wählerstimmen als in den größeren Städten. Das bewirkte in der Tat einiges zu Gunsten der NSDAP, zumal damals nur ein Viertel der Bevölkerung Thüringens in Städten mit mehr als 20.000 Einwohnern gelebt hat.[5] Wahlerfolge, für wen auch immer, hingen also in erster Linie von den Stimmengewinnen in kleineren Gemeinden und Städten ab. Das Zahlenmaterial (das leider in sozialstruktureller Hinsicht wenig aussagefähig ist) böte sicher noch ein drastischeres Bild, würde man die stets großen, wenngleich auch auf unterschiedlichen Ursachen beruhenden Erfolge der Nazis in solchen Stadtkreisen wie Weimar und Hildburghausen herausrechnen. Deutlich zeigt indessen die Übersicht zu den Wahlen in Thüringen und insbesondere zu den Reichstagswahlen vom 6. November 1932, dass jene Rückschläge, welche die NSDAP mitunter erlitt, in den Landkreisen geringer ausfielen. Das lässt also auf eine größere Anhänglichkeit und wirksameres Verharren in einmal getroffenen parteipolitischen Entscheidungen schließen. Möglicherweise kann heute anhand aktueller Wahlergebnisse über Parallelen nachgedacht werden, und damit auch über den Sinn der neonazistischen Parole »Wir erobern die Städte vom Land aus!«[6] Zu prüfen wäre eventuell sogar die Frage, ob nicht das Auftreten neonazistischer Gruppen in größeren Städten wie Leipzig, Magdeburg oder auch Jena vielleicht doch nur eine Art Begleitmusik zur Schaffung einer stabilen Basis auf dem Lande und in kleineren Städten darstellt?

Wie eine andere Übersicht aus den Wahlanalysen zur Weimarer Zeit zeigt, handelte es sich damals um eine generelle Erscheinung des Stadt-Land-Gefälles: Je höher die Einwohnerzahlen waren, desto geringer war der Anteil der Stimmen für die NSDAP. Die NSDAP war in den kleineren Städten und Gemeinden und im agrarischen Bereich vor allem während der Weltwirtschaftskrise überproportional vertreten.[7]

Stimmanteile der NSDAP in Abhängigkeit von der Gemeindegrößenklasse bei den Reichstagswahlen 1924 bis 1930 und 1933 (in Prozent)[8]

	Einwohnerzahl einer Gemeinde (in Tausend)				
Reichstagswahl	bis 2	2-5	5-20	20-100	über 100
1924 (Mai)	4,3	4,6	4,9	5,6	5,7
1924 (Dezember)	2,2	2,3	2,6	2,7	2,1
1928	1,7	2,0	2,0	2,3	2,0
1930	14,5	14,8	15,8	15,7	14,4
1932 (Juli)	33,2	34,9	31,5	31,2	26,9
1932 (November)	28,9	29,8	27,1	26,1	22,8
März 1933	45,7	37,9	37,9	36,6	33,3

Wäre nun also zu vermuten, die Partei der Faschisten habe den Interessen dieser Bevölkerungskreise in besonderem Maße entsprochen? Darf etwa angenommen werden, sie habe eine den ländlichen und kleinstädtischen Raum befördernde Kommunalpolitik betrieben und daher erfolgreiche Wahlkämpfe geführt?

Meine Antwort fällt negativ aus. Zwar hat sich die NSDAP zielbewusst auf diesen Raum konzentriert; bereits bei den Gemeinde- und Kreistagswahlen vom Dezember 1928 – also noch vor ihrem großen Aufschwung in den Jahren der Weltwirtschaftskrise – stellte sie nahezu überall Kandidaten auf, mehr als andere Parteien mit Ausnahme der SPD und der KPD.[9] Zwar orientierte sie sich intensiv auf ihr Erscheinen vor Ort, dies erfolgte jedoch ohne irgendein Konzept, das tatsächlich als ein kommunalpolitisches zu bezeichnen gewesen wäre.[10] In ihrem 25-Punkte-Programm von 1920 fehlte jegliche Aussage dazu, sieht man von der antisemitisch-demagogischen Forderung nach einer »Kommunalisierung der Groß-Warenhäuser« sowie von dem allgemeinen Slogan »Gemeinnutz geht vor Eigennutz« ab.[11] Mit Ausnahme einer kleinen Broschüre gab die eigentlich sehr publikationsfreudige NSDAP keine dem Thema speziell gewidmete Schrift heraus.[12] Noch in der fünften Auflage der 1929 erstmalig publizierten Schrift von Karl Fiehler, mit der 1932 erst eine Zahl von 25.000 Exemplaren erreicht wurde, hieß es abschließend auf Seite 80: »Die Meinungen darüber, welche Gemeindeordnung oder Städteverfassung in Deutschland die beste ist, gehen stark auseinander. Uns Nationalsozialisten ist diese Frage in der heutigen Zeit vollkommen gleichgültig, da heute die politischen Voraussetzungen für eine gesunde Entwicklung der Gemeinden überhaupt fehlen […] Unsere Aufgabe kann es nicht sein, lediglich in einer Körperschaft zu sitzen, die unter den heutigen Verhältnissen nicht in der Lage ist, den Zusammenbruch des Volkes zu verhindern. Unsere Aufgabe kann es nur sein, den Lebenswillen des Volkes wieder zu erwecken und gegen alle Mächte zu kämpfen, die sich der Volkserneuerung entgegenstellen.« Auf allen Seiten dieser Schrift ist erkennbar, wie dürftig die nationalsozialistischen Vorstellungen von Gemeindepolitik gewesen sind. Die Priorität lag eindeutig auf propagandistischen Aktionismus. Im Herbst 1933 tönte Fiehler während einer kommunalpolitischen Schulungswoche seiner Partei in Berlin rückblickend: »Ich habe mir alle Mühe gegeben, meine Stellung in der Gemeinde dazu zu gebrauchen, das vergangene System zu zerschlagen […] Wir standen im Kampfe und hatten, weiß Gott, vielfach andere Dinge zu tun, als uns in den eigentlichen sachlichen Dingen zu schulen.«[13]

Ebenso bot das aus völkisch-nationalistischen Quellen gespeiste Verdikt gegen die modernen Großstädte keinerlei konzeptionelle Anhaltspunkte.[14] In sehr verschwommenen Zügen erschien die Großstadt Hitler und anderen

Nazigrößen – vor 1933, wie betont werden muss – lediglich als ein Ort des moralischen Verfalls und des Niedergangs aller Kultur. In ihr, so hieß es in »Mein Kampf«, würde die biologische Kraft des deutschen Volkes vernichtet, während der ländlich-agrarische Bereich Bewahrer der Volkskraft und Garant nationaler Wiederbelebung darstelle. Die großen Städte seien kulturell bedeutungslos und ärmlich, sie besäßen keine das gesamte Stadtbild beherrschende Denkmäler und entbehrten also »überragende Wahrzeichen der Volksgemeinschaft«.[15] Solche Aussagen besaßen politisch-ideologischen Charakter, sie markierten keinerlei politischen Anspruch, wie die spätere Realität in den zwölf Jahren faschistischer Architektur-Gigantomanie bewiesen hat. Die geschichtliche Erfahrung besagt daher, dass es den deutschen Faschisten keineswegs um die Realisierung eines geistig-politischen Programms gegangen ist; für sie stand ausschließlich die Frage im Vordergrund, wie Macht zu gewinnen und dann im Interesse – modern formuliert – eines »deutschen Standortnationalismus«[16] zu nutzen wäre.

Erst 1927 wurde innerhalb der Reichsleitung der NSDAP ein Kommunalpolitisches Amt geschaffen. Möglicherweise spielte dabei eine Rolle, dass sich zu dieser Zeit die Feststellung häufte, in letzter Zeit habe der »Opfermut der Mitglieder [...] bedeutend nachgelassen«.[17] Als sein Auftrag wurde lediglich formuliert, es gelte die Arbeit der Parteimitglieder in den Kommunen zu beraten sowie zu »überwachen«. Den Ortsgruppen, denen schon vorher verordnet worden war, sie hätten »grundsätzlich Sorge dafür zu tragen, dass in jeder Ortsgruppe die Partei den Charakter einer wahrhaftigen Volkspartei« erhält[18], wurde auferlegt, »Stimmungen« einzufangen und darüber an die jeweiligen Vorgesetzten zu berichten. In die gleiche Zeit fällt auch eine Änderung jener Passage in Hitlers »Mein Kampf«, in der bis dahin von einer Wahl der Vorsitzenden der Ortsgruppen die Rede ging und welche die sogenannte germanische Demokratie pries.[19] Nunmehr hieß es klipp und klar, jeder Ortsgruppenleiter sei von oben her einzusetzen, womit das faschistische Führer-Gefolgschafts-Prinzip endgültig auch an der Basis der Partei durchgesetzt wurde. Ansonsten hieß es, man habe vor Ort »geschlossen« aufzutreten. Auch das bezog sich nicht auf Inhalte – geschlossenes Auftreten sollte Stärke, Gewalt und Macht demonstrieren, einschüchtern und zugleich mobilisieren. Solches Gebaren empfahl man insbesondere für kleinere Gemeinden, denn – so lautete die Begründung – geschlossen marschierende 300 Mann würden auf dem Lande besonders wirken, hingegen als ein »verlorenes Häuflein in der Steinwüste einer Stadt« untergehen.[20] Terror aller Art – auch dies besagen unsere historischen Erfahrungen – gehört zu den konstitutiven Elementen nazistischer Politik.

Und schließlich offenbarte sich in der Entwicklung nach dem 30. Januar 1933 die große Diskrepanz zwischen ideologisch-propagandistischem Anspruch und der Realität nationalsozialistischer Politik. Alle kommunalen und ebenso die Länderparlamente wurden zeitgleich mit der am 14. Oktober 1933 erfolgten Auflösung des Reichstages aufgehoben; danach wurden neue Gemeindevertretungen »ernannt«. Als Leiter des Kommunalpolitischen Apparates der NSDAP vollzog Fiehler im Mai 1933 die Gleichschaltung aller kommunalen Spitzenverbände[21] und wurde zum Vorsitzenden des neuen Deutschen Gemeindetages berufen. Im Rahmen der Ausarbeitung einer neuen Kommunalgesetzgebung, die am 30. Januar 1935 zur Deutschen Gemeindeordnung führte, ging es auch um die Neugestaltung der Arbeitslosenfürsorge, die für die Kommunen eine außerordentliche Belastung darstellte. In keiner Weise wurde dem Trend entgegen gewirkt, der seit 1929 erkennbar gewesen war: zunehmende Belastung der Gemeinden mit den Lasten der Wohlfahrtskosten und Verlust an finanzieller Autonomie der Kommunen. Das Reich hatte die Folgen der Weltwirtschaftskrise auf die Länder umverteilt, und die Länderregierungen gaben sie an die Gemeinden weiter. Mehr als 600 sogenannte Staatskommissare wirkten bereits vor 1933 in jenen Gemeinden, die ihre Haushaltspläne nicht mehr auszubilanzieren vermochten.[22] Aufschlussreich ist in diesem Zusammenhang eine vom damaligen Reichspreiskommissar, dem Konservativen Carl Goerdeler, erhobene Forderung: die gesamte Arbeitsvermittlung sei an die Gemeinden zu übertragen. Seine Begründung liest sich außerordentlich aktuell: Es gelte »die gesamte Organisation zu vereinfachen und die von der Wirtschaft zu tragenden Kosten zu mindern.«[23]

Nach 1933 gehörte der auch auf kommunaler Ebene völlig gleichgeschaltete Apparat zu den wesentlichen Stützen der faschistischen Herrschaft. Weder das Führer-Gefolgschafts-Prinzip noch die Formel von der »deutschen Volksgemeinschaft« (die eigentlich nur eine Gemeinschaft der als Arier anerkannten Deutschen gewesen ist) hätten ohne ihn nicht in dem tatsächlich erreichten Ausmaß systemstabilisierend wirken können.[24] Nur gelegentlich behaupteten die Nazis, sie würden es als ihre Aufgabe ansehen, die Selbstverwaltung der Kommunen zu pflegen und zu fördern.[25] Das wäre übrigens zu begrüßen gewesen, denn für jede demokratische Kommunalpolitik besteht gerade darin ihr Kern. In der Praxis wurde jedoch von den Nazis – übrigens durchaus parallel zu ihrer Sozialismus-Propaganda – alles getan, um das Gegenteil zu bezwecken. Als ihnen die Regierungsgewalt übertragen worden war, beseitigten sie mit ihrer Kommunalgesetzgebung alle Möglichkeiten einer Mitwirkung der Bürger in den Städten und Gemeinden. Von einer Selbstverwaltung konnte nach dem preußischen Gemeindeverfassungsgesetz von Ende 1933 und der Deutschen Gemeindeordnung von 1935 keine Rede mehr sein. Alle Macht konzentrierte sich in der Person und im Amt des Bürgermeisters bzw. Oberbürgermeisters, aber auch deren Spielraum wurde durch den Staat immer mehr eingeschränkt und nahezu völlig beseitigt. Wo dennoch gewisse kommunale Aufgaben wahrgenommen worden sind, z. B. im Siedlungsbau, blieb das Ergebnis in Zahl und Qualität hinter dem zurück, was die Weimarer Republik der minder bemittelten Bevölkerung zur Verfügung gestellt hatte.[26] Nur das propagandistische Getöse hatte sich gesteigert. Mehr und mehr bestimmte die Vorbereitung eines neuen Krieges die Situation der Gemeinden. Ihnen wurden beispielsweise Luftschutzaufgaben übertragen, im Jahr 1937 auch die Vorbereitung von Hilfskrankenhäusern für den sogenannten Mobilmachungsfall.[27] In allen Konfliktsituationen sprachen Kreis- und Gauleiter als Hoheitsträger der NSDAP das letzte Wort, woraus sich schlussfolgern lässt: »Wenn man die strukturbestimmenden Merkmale der Selbstverwaltung folgendermaßen definiert: Erstens durch die eigenverantwortliche Erledigung der Aufgaben der örtlichen Gemeinschaft durch Gemeinden als Körperschaften des öffentlichen Rechts unter bürgerschaftlicher Mitwirkung durch gewählte Vertretungsorgane und, zweitens, die Universalität der Aufgabenverantwortung im örtlichen Wirkungskreis, dann hat die kommunale Selbstverwaltung im Dritten Reich effektiv aufgehört zu existieren.« Stattdessen sei die kommunale Selbstverwaltung nahezu ausschließlich auf einen örtlichen und regionalen Verwaltungsvollzug unbedeutender Aufgaben reduziert bzw. degradiert worden.[28]

1937 erfolgte die Definition der Aufgaben aller kommunalpolitischen Ämter der NSDAP in folgender Weise: »1. Beratung des Hoheitsträgers und des Beauftragten der NSDAP im Sinne der Deutschen Gemeindeordnung in kommunalpolitischen Fragen. 2. Beratung und Betreuung aller Partei- und Volksgenossen in den kommunalpolitischen Fragen. 3. Erziehung aller gemeindlich tätigen Kräfte im deutschen Volke im Geiste des Nationalsozialismus und in fachlicher Richtung, damit die gesamte Gemeindepolitik sich im Rahmen der nationalsozialistischen Weltanschauung bewegt. 4. Schulung und Erziehung der vorhandenen und noch zu gewinnenden gemeindepolitisch interessierten Volksgenossen sowie Heranbildung eines Nachwuchses wahrhaft nationalsozialistisch gesinnter und fachlich befähigter Gemeindepolitiker. [...] 5. Tätige Mitwirkung bei der Fortbildung und Durchführung eines in ganz Deutschland einheitlich geltenden Gemeinderechts. 6. Pflege und Fortbildung des Selbstverwaltungsgedankens (Selbstverantwortung) in den Kommunen. 7. Ausrichtung der gesamten fachlichen Arbeiten der Gemeinden und Gemeindeverbände nach dem politischen Willen der nationalsozialistischen Führung.«[29] Als der Zweite Weltkrieg entfesselt worden war, hieß es dann lakonisch, jeder Beamte müsse in seiner Gemeinde »ein politischer Soldat« sein bzw. als »Frontsoldat in der vordersten Linie der Verwaltung« stehen.[30]

Die am Ende der Weimarer Republik sich schleichend vollziehende Erosion der gemeindlichen Aufgabenbereiche war in der Zeit der faschistischen Diktatur in solch einem Maße zu deren totaler Aufhebung geraten, dass 1943 sogar Fiehler beklagte, die Gemeinden seien zu »etatistischen Departementsverwaltungen« entleert worden.[31] Neben der totalen Demokratie-Feindlichkeit im Leben vor Ort bestand schließlich eine der schlimmsten Folgen dieser Entwicklung in der außerordentlich großen Zunahme von Korruption – gegen die während der Weimarer Republik die NSDAP lautstark und gellend aufgetreten war, nun aber einen außerordentlich umfassenden Nährboden bot[32] –, aber auch an verwaltungstechnischer Ineffizienz.

* * *

Insgesamt ist dem sich als *homo politicus* verstehenden Historiker, der sich in unserer Gegenwart mit den genannten Problemen befasst, die Feststellung erlaubt, dass erstens sowohl der Versuch, vor allem im ländlichen und kleinstädtischen Raum Stützpunkte zu formieren, als auch zweitens die Inhaltslosigkeit in kommunalpolitischen Fragen sowie drittens die lautstarke Nutzung wohlklingender Parolen sich auch im Repertoire heutiger Rechtsextremisten feststellen lassen. Elementare Kontinuität und strukturelle Parallelen kennzeichnen historisch-politische Einsichten: Es ging den alten Nazis in keiner Weise um die realen Interessen, die kommunalpolitisch zu vertreten und durchzusetzen gewesen wären. Sollte sich daran etwas geändert haben? Sollte die heutzutage festzustellende Intellektualisierung innerhalb der rechtsextremistischen Szene – die einhergeht mit wohlklingenden Forderungen, welche letztlich doch nur bezeugen, dass der Wolf Kreide zur Tarnung seiner eigentlichen Ziele gefressen hat – auch zu ernsthaft vertretenen kommunalpolitischen Anliegen führen? Sollte die »Sorge« beispielsweise um versiegende Brunnen, umweltbelastende Müllverbrennungsanlagen u.ä.m. Ausdruck einer wie auch immer zu bewertenden Kommunal*politik* rechtsextremer Kräfte sein? Oder handelt es sich nicht doch nur um die Nutzung jener Problemfelder, die sich im Gefolge des von neoliberalen Politikern regierender Parteien vehement betriebenen Sozialabbaus, der Kürzung von Mitteln für Kultur sowie einer zunehmenden Verlagerung aller Kosten auf regionale und lokale Strukturen auftun?

Auf jeden Fall muss die geschichtlich erwiesene Gefährlichkeit rechtsextremer Bestrebungen auch für das Wohl und Wehe von tatsächlicher Kommunalpolitik deutlich, nein: deutlicher als bislang benannt werden. Durften wir bisher sagen, es gelte den Anfängen zu wehren, so befinden wir uns nach meiner Auffassung heutzutage bereits in einer Situation, in der dem Machtstreben und sogar einer teilweisen Machtausübung der neuen Nazis – das Stichwort *no-go-areas* mag hier genügen – Einhalt geboten werden muss. Es gilt als sehr genau hinzusehen, was wir ja in der heutigen Tagung tun wollen, es gilt, vor der eigenen Tür zu kehren, es gilt, das weite Feld der Kommunalpolitik nicht missbrauchen zu lassen, es gilt, sich intensiv mit den generellen Zielen jener auseinanderzusetzen, für die kommunale Anliegen jeweils nichts anderes sind als ein passendes taktisches Mittel für schlimme strategische Zwecke.

Anmerkungen

1 Auf die starken Bemühungen um eine demokratische Selbstverwaltung in Thüringen kann hier nicht eingegangen werden. Siehe dazu u.a. Handbuch des Kommunalen Rechts der Gemeinden, Stadt- und Landkreise Thüringens. Mit Einleitung und Erläuterungen von Paul Kieß, Jena, 1922; Siehe ferner Manfred Weißbecker (Hrsg.): Rot-rote Gespenster in Thüringen. Demokratisch-sozialistische Reformpolitik einst und heute, Jena 2004 (darin insbesondere die Beiträge von Steffen Kachel, S. 121-128, Mario Hesselbarth, S. 129-134, Heide Wildauer, S. 141-150, und Frank Kuschel, S. 151-164. Siehe auch Georg Fülberth: Die Beziehungen zwischen SPD und KPD in der Kommunalpolitik der Weimarer Periode 1918/19 bis 1939, Köln 1985.

2 1935 gab es in Deutschland 503.379 Politische Leiter der NSDAP, davon waren 93,6 % in deren Ortsgruppen und Stützpunkten tätig, lediglich 5,5 % in Kreisleitungen, 0,9 % in den Gauleitungen sowie in der Reichsleitung. Parteistatistik der NSDAP vom 1.1.1935. Hrsg. vom Reichsorganisationsleiter der NSDAP, Bd. II, München 1935, S. 5.

3 Siehe dazu u. a. Caroline Wagner: Die NSDAP auf dem Dorf. Eine Sozialgeschichte der NS-Machtergreifung in Lippe, Münster 1998, S. 20.

4 Berechnet auf der Grundlage von Guido Dressel: Quellen zur Geschichte Thüringens. 75 Jahre Freistaat Thüringen. Wahlen und Abstimmungsergebnisse 1920–1995 (Erfurt 1995, S. 64-139)

5 Siehe Donald R. Tracey: Der Aufstieg der NSDAP bis 1930. In: Nationalsozialismus in Thüringen. Hrsg. von Detlev Heiden und Gunther Mai, Weimar u. a. 1995, S. 69.

6 Siehe Andrea Röpke: »Wir erobern die Städte vom Land aus!« Schwerpunktaktivitäten der NPD und Kameradschaftsszene in Niedersachsen. Hg.: Bildungsvereinigung Arbeit und Leben Niedersachsen Ost, Braunschweig 2005.

7 Siehe Horst Matzerath: Nationalsozialistische Kommunalpolitik. Anspruch und Realität. In: Die alte Stadt. Zeitschrift für Stadtgeschichte, Stadtsoziologie und Denkmalpflege, Jg. 5/1978, S. 4.

8 Jürgen Falter u. a.: Wahlen und Abstimmungen in der Weimarer Republik. Materialien zum Wahlverhalten 1919–1933, München 1986, S. 174 f.

9 Siehe ebenda, S. 70.

10 Am ausführlichsten hat sich bislang Horst Matzerath in seinem 1970 in Stuttgart veröffentlichten Buch »Kommunale Selbstverwaltung und Nationalsozialismus« (S. 21-60) mit den kommunalpolitischen Vorstellungen und Aktionen der NSDAP während der Weimarer Republik auseinandergesetzt.

11 Siehe Kurt Pätzold und Manfred Weißbecker: Geschichte der NSDAP 1920–1945, Köln 1998, S. 35. Sie auch Manfred Weißbecker: Gemeinnutz geht vor Eigennutz. In: Kurt Pätzold und Manfred Weißbecker (Hg.): Kleines Lexikon historischer Schlagwörter, Leipzig2005, S. 132 f.

12 Karl Fiehler: Nationalsozialistische Gemeindepolitik, München 1929.

13 Zit. nach Jeremy Noakes: Die kommunale Selbstverwaltung im Dritten Reich. In: Adolf M. Birke und Magnus Brechtken (Hg.): Kommunale Selbstverwaltung. Local Self-Government. Geschichte und Gegenwart im deutsch-britischen Vergleich, München u. a. 1996, S. 65-81 (hier S. 67 f.)

14 Siehe K. Bergmann: Agrarromantik und Großstadtfeindlichkeit, 1970, S. 277 ff.

15 Adolf Hitler: Mein Kampf. Zwei Bände in einem Band. Ungekürzte Ausgabe, 390./394. Aufl., München 1939, S. 292.

16 Diesen Begriff verwendet vor allem Christoph Butterwegge. Siehe auch seinen Beitrag »Extremismus der Mitte – Radikalisierung im Zeichen der Globalisierung«. In: Mathias Günther (Hrsg.): Heute Sachsen, morgen Deutschland? Rechtsextremismus heute. Eine Bestandsaufnahme, Jena 2005, S. 17-47.

17 Zit. nach Albrecht Tyrell (Hrsg.): Führer befiehl … Selbstzeugnisse aus der »Kampfzeit« der NSDAP. Dokumentation und Analyse, Düsseldorf 1969, S. 178.

18 Siehe ebenda, S. 39.

19 Siehe ebenda, S. 265.

20 Siehe ebenda, S. 255.

21 Dies betraf den Deutschen Städtetag, den Reichsstädtebund, den Deutschen Landkreistag, den Preußischen Landgemeindetag West, den Deutschen Landgemeindetag sowie den Verband der Preußischen Provinzen.

22 Siehe Noakes, a. a. O., S. 6f. Siehe auch Hans-Jörg Ruge: Zur Rolle der deutschen Gemeinden und Gemeindeverbände im Konzept der faschistischen Kriegsvorbereitung. Eine Fallstudie anhand der Entwicklung im thüringischen Stadt- und Landkreis Gotha vom Januar 1933 bis 31. August 1939. Diss. Phil. Jena 1990, S. 3ff.

23 Akten der Reichskanzlei. Die Regierung Hitler, Bd. I/1, bearb. von Karl-Heinz Minuth, Boppard am Rhein 1983, S. 502 und 342ff.

24 Siehe dazu u. a. Sabine Mecking und Andreas Wirsching (Hg.): Stadtverwaltung im Nationalsozialismus. Systemstabilisierende Dimensionen kommunaler Herrschaft, Paderborn 2005.

25 Siehe Organisationsbuch der NSDAP. Hrsg.: Der Reichsorganisationsleiter der NSDAP, München ^{2}/1937, S. 283.

26 Siehe Matzerath, a. a. O., S. 20; siehe auch Anna Teut: Architektur im Dritten Reich 1933–1945, Frankfurt a. M. u. a. 1967, S. 251.

27 Siehe Ruge, a. a. O., S. 100ff.

28 So urteilt Noakes, a. a. O., S. 81.

29 Organisationsbuch der NSDAP, a. a. O. S. 283f.

30 Karl Fiehler: Nationalsozialistisches Kommunalbeamtentum (Sonderdruck aus »Die nationalsozialistische Gemeinde«, Ausgabe Sachsen, Folge 10 vom 20. Mai 1941)

31 Zit. nach Matzerath, a. a. O., S. 13.

32 Siehe Frank Bajohr: Parvenüs und Profiteure. Korruption in der NS-Zeit. Frankfurt a. M. 2004, S. 7. Der Vf. belegt generell, dass die Korruption ein systemimmanentes Strukturproblem des Dritten Reiches gewesen ist.

Fritz Sauckel: Frühe Stationen seines Weges zur Macht*

Richtet sich biographisches Interesse auf die führenden Figuren der NSDAP, taucht immer wieder jene von Staunen und Unverständnis geprägte, von Erich Weinert formulierte Feststellung auf: »ausgerechnet der …« Antworten lassen sich gewiss aus Lebensgeschichten ableiten, und vielleicht bietet Aufschluss auch die jenes Mannes an, der am 30. Januar 1933 zu persönlichem Jubel durchaus hinreichend Anlass hatte. Fritz Sauckels Weg an seine Machtpositionen war ihm weder vorgezeichnet noch absehbar oder gar selbstverständlich. Die gravierenden individuellen Entscheidungen, welche in die Richtung nach »oben« gewiesen hatten, waren allerdings bereits lange zuvor gefallen. Da dies wohl ebenso für viele andere Nazigrößen zutrifft und möglicherweise sogar eine recht allgemeine Erscheinung spiegelt, sollen hier an ausgewählten Beispielen die frühen Stationen dieses Weges vorgestellt werden.

Schauen wir zunächst auf ein Bild, das um 1924 entstand. An ihm stört nur das Parteiabzeichen, natürlich auch das Bärtchen unter der Nase, das schon damals in einschlägigen Kreisen gewissermaßen – weil Hitler es trug –

---

* Vortrag, gehalten in Berlin auf einer Veranstaltung des Bildungsvereins »Helle Panke« am 26. Januar 2008, etwas überarbeitet veröffentlicht in: Funktionsträger in Staat und Parteien im Entscheidungsjahr 1933. Der 30. Januar 1933 im Spiegel deutscher Biographien. Konferenzbeiträge, Teil 1 (= Pankower Vorträge, Heft 114), Berlin 2008, S. 29-38. Der Verfasser publizierte weitere Beiträge über Sauckel, u. a.: »Wir werden die letzten Schlacken unserer Humanitätsduselei ablegen …«. In: Stufen zum Galgen. Lebenswege vor den Nürnberger Urteilen. Mit Beiträgen von Peter Black, Dietrich Eichholtz, Werner Fischer, Gerhart Hass, Kurt Pätzold und Manfred Weißbecker, Leipzig 1996, S. 297-331; Epilog: Sauckel in Nürnberg. Ein Charakterbild. In: Willy Schilling: Hitlers Trutzgau. Thüringen im Dritten Reich. Beiträge – Bilder – Dokumente. Mit einem Epilog von Manfred Weißbecker, B. II, Jena 2008, S. 161-178; »Meine Hände weiß ich rein von Blutschuld und fremdem Gut«. Sauckel in Nürnberg. Ein Charakterbild. In: Bulletin für Faschismus- und Weltkriegsforschung, H. 27, Edition Organon, Berlin 2006, S. 22-43.

als ein spezielles Markenzeichen galt. Würde jedoch beides fehlen, zudem das Wissen über die Zukunft dieser Person, wie könnten da Gesicht und Habitus auf den Betrachter wirken?

Ein Biedermann, so scheint es, hat sich fotografieren lassen. Die Augen verraten ebenso wie der leicht nach vorn geneigte Kopf wache Aufmerksamkeit, Interesse am Geschehen und wohl auch Wissbegierde. Politischer Radikalismus oder gar Fanatismus lassen sich nicht erkennen, auch nichts Befremdliches, Unerfindliches oder gar Aufreizendes. Kein Zeichen deutet auf Bösartigkeit oder verschlungene und bedrohliche Zusammenhänge hin. Bedächtig schaut er drein. Alles spricht dem Porträtierten eher eine gewisse Reife zu. Das schüttere Haar bezeugt möglicherweise schwierige Zeiten, die erlebt worden sind und nur mit Mühe bewältigt worden sind, so könnte vermutet werden. Die Kleidung wirkt ordentlich. Selbst der Hemdknopf unter dem etwas störrisch wirkenden Kragen blieb geschlossen, obgleich es unter den Scheinwerfern des Ateliers sehr warm gewesen sein mag. Alles sehr alltäglich, nahezu banal …

Das Äußerliche verbietet dem Betrachter die Schlussfolgerung, da habe sich in der Mitte der zwanziger Jahre des 20. Jahrhunderts ein führendes Mitglied jener Partei ablichten lassen, die als die größte des deutschen Faschismus in die Geschichte eingehen sollte und deren *Korps der Politischen Leiter* 1946 vom Internationalen Militärtribunal der Alliierten als eine verbrecherische Organisation bewertet werden musste.

Dass Sauckel sich selbst bald anders sah, geht aus seinem 1934 geäußerten Unmut über die Veröffentlichung des Bildes hervor. Andere Fotos deuchten ihn nun angemessen. Er ließ das eine als »Gelegenheitsaufnahme« bezeichnen und wählte für eine Publikation neue aus, sehr typische, wie zu sehen ist. Und 1939 freute er sich, als er am Kriegsbeginn sprach …

Meine Frage lautet nun: Wann, unter welchen Umständen und weshalb entschied sich Sauckel, anders sein zu wollen als zuvor? Wie begann er, sein früheres Verhalten, ja auch sein gesamtes Dasein mit dem Anspruch auf eigene politische Führungsfunktionen zu verknüpfen? Wie erstrebte er die Macht, die seine Partei begehrte und ihr 1933 zufiel? Wo und wie überschritt er jene Grenzen humanen Denkens, das über Jahrhunderte hinweg in der bürgerlichen Gesellschaft – nicht zuletzt dank allgemeiner christlicher Glaubensgrundsätze – eine Reihe allgemeiner Normen menschlichen Zusammenlebens geprägt hatte? Wie wurde der »Biedermann«, der zunächst nicht mehr als ein kleiner Mitläufer, ein mäßiges Mitglied der NSDAP war, zu einem ihrer wichtigsten Funktionäre, schließlich zu einem »Brandstifter« und zum Tode verurteilter Hauptkriegsverbrecher?

Veränderungen und Wandlungsprozesse der Gesellschaft spiegeln sich nicht zuletzt darin, wie einzelne Personen sich zu entfalten und zu entwickeln vermochten. Und so frage ich, was denn Sauckel als einen Faschisten gekennzeichnet hat, als seine Karriere in jener Partei begann, die in der Zeit ihrer Existenz immer radikaler und fanatischer, immer anmaßender und blindwütiger geworden ist und deren fortschreitende Eskalation ihrer Ansprüche und ihres Terrorismus auch zurück wirkte auf die Persönlichkeitsstrukturen ihrer Kader.

In beiderlei Hinsicht weist die Biographie Sauckels über das Individuelle hinaus. Sie zeigt ihn als unentbehrliches Teilchen eines funktionierenden Räderwerkes, in dem er ein von anderen bewegtes Rädchen gewesen ist, in dem er jedoch mehr und mehr auch zu einer Triebkraft anderer Teile der Maschinerie geriet und in dieser als eine Figur der »zweiten Garde« hinter dem »Führer« den Gang der Geschichte zu beeinflussen geholfen hat.[1] Das Individuell-Biographische spiegelt und erhellt zugleich jenen Weg, den die deutsche Gesellschaft in ihrer Gesamtheit und insbesondere ihre politischen Führungskräfte in der ersten Hälfte des 20. Jahrhunderts von Weltkrieg zu Weltkrieg gegangen sind.

Vielfältiges Scheitern

Als Sauckels Weg in die Politik begann, lag fast sein halbes Leben schon hinter ihm, ein belangloses zumal. Während seiner Schlosserlehre stand der 1894 geborene bereits im 26. und 27. Lebensjahr. Eine Altersstufe war erreicht, in der junge Männer normalerweise bereits Berufe ausübten, selbst wenn sie ein Studium absolviert oder gar promoviert hatten. Zumeist lebten sie im Kreise einer eigenen Familie und hatten für Kinder zu sorgen. In der Gesellschaft nahmen sie zumeist den ihnen möglichen Platz ein. Doch was war schon in jener von Krieg und Nachkrieg ausgefüllten Zeit normal …

Weder der ursprüngliche Wunsch Sauckels, in der Marine Geltung zu erlangen, noch die Ende 1921 in Angriff genommene ingenieurtechnische Laufbahn ließen sich realisieren. Ersteres aus bekannten Gründen, letzteres jedoch aus eigenem Verschulden: Als am Ende des Wintersemesters 1923/24 am Ilmenauer Technikum 170 deutsche und 17 ausländische Techniker die

Hauptprüfung für Ingenieure und weiterhin 170 Deutsche und 21 Ausländer eine theoretische Werkmeisterprüfung absolvierten, war der »Spätstudent« Sauckel nicht dabei. Gescheitert verließ er im Frühjahr 1924 ohne entsprechendes Zertifikat die Lehranstalt. Das hinderte ihn jedoch nicht daran, später als seinen Beruf »Techniker« oder gar »Ingenieur« anzugeben. Kann dies noch als Verschweigen oder Beschönigen einer für ihn unangenehmen Tatsache bewertet werden, so zeigte sich jedoch bereits in diesem Zusammenhang auch Verlogenheit als eine Charaktereigenschaft, die später immer deutlicher und schließlich im Nürnberger Prozess gegen die deutschen Hauptkriegsverbrecher bestimmend sein sollte. Sauckel verbreitete – entweder selbst oder durch diensteifrige Untergebene – die Legende, er sei »wegen nationalsozialistischer Umtriebe« exmatrikuliert worden.[2] Das war nichts anderes als eine glatte Lüge.[3] Den Studienabschluss hatte er sich mit Hilfe von Zeichnungen zu erschleichen versucht, die rasch als Plagiat erkannt wurden. Er musste sein Zulassungsgesuch zur Ingenieurprüfung zurückziehen und schmachbeladen das Technikum verlassen. Nebenbei: Es spricht Bände für die deutschen Intellektuellen, dass Professor Georg Schmidt, der als Leiter des Technikums den Betrug aufgedeckt und für Sauckels Abgang gesorgt hatte, später dennoch nur noch lobende Worte für »unseren Reichsstatthalter Sauckel«, der »damals unser Schüler war«, gefunden hat. Erst 1945 trat er mit der Wahrheit zutage …

Voranzukommen schien Sauckel nun indessen als Politiker möglich. Als er 1923/24 sowohl in persönlicher und familiärer als auch in finanzieller Hinsicht eine schwierige Zeit durchlebte, ergriff er die sich ihm bietende Chance in der thüringischen NSDAP. Den im Landtagswahlkampf von Anfang 1924 erreichten Aufwind der Völkischen nutzte er für ein publizistisches Projekt. Unter seiner Geschäftsführung erschien am 15. März 1924 in Ilmenau die erste Ausgabe der Zeitung *Deutscher Aar*. Der Titel klang hochtrabend, der Untertitel las sich etwas bescheidener und knüpfte an das verbotene Zentralorgan der NSDAP an: *Thüringerwald-Beobachter*. Zusätzlich trug die Zeitung die Bezeichnung *Kampfblatt für deutsches Volkstum und soziale Gerechtigkeit*. Triumphierend kündete die erste Seite von den Aktivitäten der völkischen Abgeordneten im neuen Landtag, verbunden – und dies erwies sich bald als ein Grundton des Blattes – mit einer Attacke gegen die »Unzulänglichkeiten des Parlaments«. Dieses würde nicht genug unternehmen, um »Hass und Totschlag, infolge der marxistischen Hetze« zu bekämpfen. Konkret hieß es, alle

Beamten seien zu entlassen, die seit dem 9. November 1918 »lediglich auf Grund ihrer Parteizugehörigkeit« zu Amt und Würden gekommen wären.

Sauckels Artikeln kann entnommen werden, wie er sich aller Floskeln und Gemeinplätze bediente, die seit vielen Jahrzehnten im Lager der Völkischen verwendet worden sind. Da war kaum ein eigener Stil erkennbar, in seinen Formulierungen steckte kein Schliff. Verbale Entgleisungen tauchten massenhaft auf, ebenso orthographische Fehler. Schwulstige Überhöhungen, hohle Phrasen und begrenzter Wortschatz kennzeichnen seine Äußerungen ebenso wie die häufige Verwendung nicht näher erläuterter Schlagwörter. Stets applaudierte er den heldenhaften »Führern« und beschwor die »Volksgemeinschaft« der arischen Deutschen. Immer wieder beklagte er die Schandtaten, die Juden, Freimaurer, Marxisten und Bolschewiki sowie Mammonisten des In- und Auslands vollbracht hätten. Insgesamt überwog der Duktus des Völkischen, in das sich deutliche Sympathiebekundungen für die verbotene NSDAP und für den zur Festungshaft verurteilten Hitler mischten. In den Spalten seiner Zeitung widerspiegelte sich das Ringen rivalisierender Gruppen um die Führungsposition im sich formierenden Lager des Faschismus deutscher Spielart. Sauckel taktierte zwischen den unterschiedlichen Strömungen des damaligen Rechtsextremismus je nach Situation und Gutdünken, immer aber auch nach seinem persönlichen Interesse.

Mehr und mehr sah sich der Mann direkt in den Streit eingebunden, der bald mit großer Heftigkeit zwischen den Nachfolgeorganisationen der verbotenen NSDAP und den völkischen Gruppen um die *Deutschvölkische Freiheitspartei* entbrannt war und nach der Reichstagswahl vom 4. Mai 1924 sich fortsetzte. Aber immer noch trug Sauckel sozusagen auf beiden Schultern: Einerseits gab er seine pro-nationalsozialistische Haltung zu erkennen, bot aber andererseits in seiner Zeitung oftmals den anderen außerordentlich breiten, ja sogar größeren Raum. Jede Gelegenheit wurde genutzt, um Hitler ins Spiel zu bringen, zugleich aber ewige Treue für Ludendorff geschworen. Ähnlich klang ein Wahlaufruf, der sich zwar hauptsächlich gegen den Parlamentarismus und das Parteienwesen der Weimarer Republik richtete, den »Talmi der Parteien von rechts bis links« verurteilte und nachdrücklich forderte: »Weg mit den Parteien«, aber ansonsten die »deutsche Treue« für Hitler und Ludendorff pries. Rechtfertigend hieß es: »Nicht weil wir die Personen verherrlichen, nicht damit der Personenkult neue Blüten treibt. Nein, sondern deshalb, weil sie als deutsche Männer, rein, untadelhaft und von grenzenloser Liebe beseelt zum deutschen Volk, Hass, Verleumdung und Verfolgung auf sich genommen haben.«[4]

Diese doppelte Lobpreisung schlug selbst im familiären Bereich durch: Nachdem er am 27. Oktober 1923 Katharina Elisabeth Wetzel, seine drei Jahre jüngere »Lisa«, geheiratet hatte, kam am 17. April des folgenden Jahres das erste ihrer zehn Kinder zur Welt. Die Wahl der beiden Vornamen für den Jungen geriet symbolisch, selbst in ihrer Reihenfolge: Erich Adolf hieß der Junge …

Start als Geschäftsführer

Nichts deutete Anfang 1925 in den letzten Ausgaben des *Deutschen Aar* auf rasch eintretende Veränderungen hin. Offensichtlich wurde Sauckel von den Ereignissen überrollt, als in München Hitler am 25. Februar 1925 die NSDAP wieder gründete und am Tag darauf der *Völkische Beobachter* erneut erschien. Doch das Ende seines Blattes und damit auch seiner publizistischen Tätigkeit stand unmittelbar bevor. Am 21. März erschien in Weimar *Der Nationalsozialist*, angekündigt als Ersatzblatt für *Der Streiter*, der bislang in Weimar erschienen war, sowie für den *Deutschen Aar*. Als Herausgeber fungierte Arthur Dinter, als Hauptschriftleiter Hans Severus Ziegler. Von Sauckel war keine Rede. Ilmenau fand sich nicht einmal in der Liste jener Städte, in denen es Zweiggeschäftsstellen des *Nationalsozialist* gab.[5] Einem Trostpflaster gleich klang die Ankündigung, der *Deutsche Aar* werde monatlich einmal als Sonderbeilage der neuen Zeitung erscheinen, was jedoch unterblieb.

Sauckel war nun also auch das Zeitungsmachen missglückt. Er konnte es jedoch bald verschmerzen, denn unter seinesgleichen war er in Thüringen nicht mehr zu übergehen. Belohnt wurde er mit dem Posten eines Gaugeschäftsführers der thüringischen NSDAP. Der letzte Schritt zum hauptberuflich tätigen Politiker war getan, die erste Festanstellung seines Lebens besiegelt, wenn auch nur spärlich mit 50,- Reichsmark im Monat dotiert.

Sauckel betätigte sich nun als Mann des Gauleiters Arthur Dinter. Doch die nächste der von ihm zu Gunsten der Karriere zu treffenden Entscheidungen stand bald an. In dem Maße, wie die Streitereien mit den Völkischen abebbten, gewann der parteiinterne Streit um den Platz religiöser Bekenntnisforderungen im nationalsozialistischen Programm an Gewicht. In ihm sah sich Sauckel 1926/27 mehr und mehr zur Klärung der Frage veranlasst, in welche Gefolgschaft er sich weiterhin begeben solle – in die seines unmittelbaren Mentors oder in die Hitlers. Seine Artikel im *Deutschen Aar* hatten sich keineswegs von den Dinterschen Ergüssen unterschieden[6], doch als dieser mit seinen religiös-fundamentalistischen Auffassungen ins kritische Visier Hitlers geriet und für seine Bemühungen, auch als theoretischer Kopf der NSDAP anerkannt zu werden, keinen hinreichenden Spielraum fand[7], kam der Intrigant Sauckel zum Vorschein. Im Juni 1927 schlug er der Münchener Zentrale vor, dass Dinter sein Amt als Gauleiter »freiwillig« niederlegen solle, da er »immer und immer wieder die Absicht geäußert hat, seinen religiösen Kampf nunmehr aufzunehmen, auch gegen den Willen Hitlers«. Er schrieb: »Wir sind uns alle einig darüber, ja wir haben ganz bestimmte Zusicherungen, dass dann der Gau Thüringen einen starken Auftrieb erfahren würde. Augenblicklich herrscht eine bis in die kleinste Ortsgruppe hinein fühlbare, von dem Wesen Dr. Dinters ausgehende Lähmung. Ich halte es wie schon wiederholt betont als verantwortliche Instanz nunmehr für meine unbedingte Pflicht, ein klares und wahrhaftiges Bild zu geben«.[8] Davon schien Dinter nichts gewusst zu haben, sonst hätte er seinem Kritiker wohl kaum so demonstrativ den Rücken gestärkt, wie er dies während einer Führer-Tagung des Gaues Thüringen am 10. Juli 1927 in Erfurt tat – er dankte seinem Stellvertreter nachdrücklich und pries ihn als ein »Muster für nationalsozialistische Aufopferung«.[9]

Als Dinter schließlich noch den Führungsstil in der NSDAP zu kritisieren begann, sich nachdrücklich für eine freie Diskussion in der Partei aussprach und die Einsetzung eines Partei-Senats nach dem Beispiel der italienischen Faschisten forderte, handelte Hitler: Er entfernte Im September 1927 Dinter vom Amt des Gauleiters, nicht ohne wahrheitswidrig zu behaupten, dieser habe es selbst wegen beruflicher Überlastung gewünscht. Wenige Wochen darauf wurde ihm auch die Herausgeberschaft der Zeitung entzogen und *Der Nationalsozialist* in den Münchener Parteiverlag Franz Eher Nachf. GmbH, in dem auch der *Völkische Beobachter* erschien, überführt. Im Februar des folgenden Jahres flog Dinter aus der thüringischen Parteiorganisation, und am 11. Oktober 1928 erfolgte schließlich der Ausschluss aus der Partei, kurz nachdem Sauckel im Bunde mit Willy Marschler eine offizielle Stellungnahme zur Krise der Regierung des Landes Thüringen abgegeben hatte, ohne Dinter zu informieren. Dieser vermutete »Manöver« der beiden gegen sich. Wie gegen andere erhob er auch an ihre Adresse den Vorwurf, Parteigelder zur Abtragung persönlicher Schulden benutzt zu haben, was durchaus stimmen und 1936 ganz offiziell vorgenommen werden sollte.[10] Dinters drastisches Urteil, die Mehrzahl der Gauleiter sei unfähig, »ein sachliches Urteil in den Fragen der geistigen und sittlichen Vertiefung unserer Bewegung abzugeben«, bezog sich in hohem Maße auch auf Sauckel.[11] Jedenfalls mokierte er später einmal, sein Nachfolger sei mit seinem »ideotischen Schädel« nicht in der Lage, die thüringische Regierung zu führen.[12]

Seit dem 30. September 1927 stand der so wohl doch zu Unrecht Charakterisierte an die Spitze der thüringischen NSDAP-Gauleitung. Die wichtigste Station in der Karriere war erreicht. Von nun an waren grundlegende Lebensentscheidungen nicht mehr zu erwarten, ebenso keine Entscheidungen, die aus Zweifeln an der Sache, an Programm und Ideologie sowie an den imperialen Vorherrschaftsansprüchen des deutschen Faschismus hätten resultieren können. Stattdessen bewegte sich nun alles allein im Rahmen dessen, was als Radikalisierung des Faschismus bezeichnet worden ist.

Sauckel im Aufwind

Dies jedoch erwies sich als eine Voraussetzung für jeden weiteren der persönlichen Erfolge. Es gelang Sauckel im Verlauf der nächsten Jahre, die thüringische Gauorganisation der NSDAP zu stabilisieren und zu vergrößern, und dies nicht zuletzt dank der Tatsache, dass sein resolutes, oftmals hemdärmeliges Auftreten und seine wachsenden rhetorischen Fähigkeiten unter den Parteimitgliedern zunehmend Anklang fanden. Er hatte vermocht, sich den widerstreitenden Gruppen mit seinen Entscheidungen als Vermittlungs- und Integrationsfigur darzustellen. Wichtiger noch dürfte gewesen sein, dass er es bald verstand, eine Schar ihm ergebener Parteifunktionäre um sich zu scharen, den Grundstock seiner späteren »Hausmacht«.[13]

Immer wieder bewies Sauckel großes Geschick in organisatorischen Dingen. Ihm kam zugute, umgänglicher als Dinter zu sein, anstehende Probleme in der Partei pragmatisch und entscheidungsfreudig zu lösen. Und er wusste nun Hitler voll und ganz in seinem Rücken. Wie dieser in der ganzen Partei setzte er sich zunehmend in der thüringischen NSDAP durch. Beider Erfolge in jener Zeit ließen zugleich ein spezifisches und dauerhaftes Beziehungsgeflecht zwischen ihnen entstehen. Selbstverständlich wagte Sauckel kein kritisches Wort an die Adresse des Parteichefs, im Gegenteil: Bis in kleinste Detail begann der Gauleiter den »Führer« zu kopieren und jenen Führungsstil zu übernehmen, den dieser mehr und mehr praktizierte. Manche seiner Briefe an den »hochzuverehrenden Herrn Hitler« lesen sich wie kriecherische und unterwürfige Episteln.[14]

Für Hitler war es wiederum entscheidend, dass sein Mann in Thüringen alles unternahm, um innerparteiliche Querelen zu bewältigen und sowohl seine allgemeinen Orientierungen als auch jeweilige taktische Schritte durchzusetzen. Letzteres zeigte sich deutlich z. B. in der Arbeiterfrage, zu der Sauckel im *Nationalsozialist* zwei längere Artikel veröffentlichte. Er verurteilte die »schurkische Lehre des Juden Karl Marx«, welche die Schicksalsgemeinschaft aller Deutschen zerstöre und »Niederrassen« die Möglichkeit geboten hätte, den »toten Geldsack als Symbol krassesten Eigennutzes« zu befestigen.[15] Notwendig sei, die jüdisch-marxistischen Führer von den eigentlich ja »prachtvollen Typen« des fleißigen und anständigen deutschen Arbeiters zu trennen: »Die Frage des Marxismus ist gelöst und seine dämonische Macht über den deutschen Arbeiter gebrochen, wenn zum deutschen Arbeiter der Faust der deutsche Mann der Stirn steht, wenn anstelle des Juden der *deutsche* Führer getreten ist.«[16] Wie in Hitlers *Mein Kampf* verknüpfte sich hier nationalistisches Denken mit Antimarxismus und rassistischem Antisemitismus zum Kern faschistischer Volksgemeinschafts-Phraseologie. Immer mehr folgte er inhaltlich den Vorgaben des Parteichefs, in der Wortwahl jedoch durchaus um eine persönliche Note bemüht.

Sauckel durfte sich im Aufwind sehen, und dies dank einer Reihe von Faktoren, welche die Partei der deutschen Faschisten und deren Spitzenleute mehr begünstigten als behinderten. Hatte 1924/25 die ausgesprochen radikale antisozialistische Politik der bürgerlichen Parteien und der Landesregierung unter der Losung »Nie wieder ein rotes Thüringen« ihm zum Start einer Karriere verholfen, so konnte es ihm dank der instabilen politischen Verhältnisse in Thüringen gelingen, sich als Gauleiter weiter profilieren. Jede Krise der Landesregierung und Kabinettsumbildung – von denen es 1927/28 und auch 1929 mehrere gab – leitete gleichsam Wasser auf die Mühlen der rechtsextremen Opposition. Im Herbst 1928 wurde behauptet, die neue Regierung sei »weit nach links gerückt«.[17] Als sich im Herbst 1929 die vorzeitige Auflösung des Thüringer Landtages abzeichnete, bescheinigte der *Völkische Beobachter* Sauckel, er würde »in vorbildlicher Weise« wirken. Dieses Lob betraf unter anderem seine Vorschläge, die er den rechten Parteien im Thüringer Landtag unterbreitet hatte. Alle sollten gemeinsam mit der nationalsozialistischen Fraktion beantragen, dass der Landtag sofort einberufen werden und sich gegen den Young-Plan auszusprechen habe. Die Landesregierung sei zu beauftragen, im Reichsrat gegen die Unterzeichnung des Reparationsabkommens zu protestieren. Der gemeinsame Antrag sollte zugleich Landtag, Regierung und alle Behörden verpflichten, das Volksbegehren zu unterstützen. Falls sich keine Mehrheit für diese Vorschläge finde, müsste die Landesregierung zurücktreten und der Landtag sich auflösen.[18]

Tatsächlich fanden sich die Abgeordneten der *Christlich-nationalen Landvolk- und Bauernpartei*, der *Reichspartei des deutschen Mittelstandes (Wirtschaftspartei)* und der DNVP dazu bereit, gemeinsam mit der NSDAP einen auf Protest im Reichsrat zielenden Antrag im Thüringer Landtag einzubringen. Unabhängig von dessen Ablehnung durch eine Mehrheit, zu der sich die Abgeordneten der SPD, DVP und DDP gefunden hatten, machten die rechten Parteien wie im Reich damit auch in Thüringen dank ihrer nationalistischen Grundhaltung die NSDAP »hoffähig«. Deren Führer stellten sich selbst als die treibende Kraft in der Front gegen den Young-Plan dar. Sauckel konnte, den Tod Stresemanns schamlos nutzend, von den »Todesschatten über der Novemberrepublik« reden und zukunftsweisend erklären: »Demokratie und Parlamentarismus sind sterbende Gebilde. Für das Großdeutschland der Ehre und der Macht beginnt es zu tagen.«[19]

Bei der Wahl des neuen Thüringer Landtages errang die NSDAP am 8. Dezember 1929 ihren ersten größeren Erfolg. Ihr Stimmenanteil betrug nun 11,3 Prozent. Statt der bisherigen zwei Mandate verfügte die NSDAP im Thüringer Landtag nunmehr über sechs; und eines davon hatte Sauckel errungen.

Wahrscheinlich berührte ihn wenig, dass er bei der Bildung der neuen Landesregierung übergangen worden war. Er beugte sich klaglos Hitlers Sicht auf die große Bedeutung, die der ersten nationalsozialistischen Regierungsbeteiligung in einem der deutschen Länder beizumessen war, natürlich auch dem von seinem »Führer« bevorzugten Wilhelm Frick. Mit Recht ist von einem »Modell der Machtergreifung« und einem regionalen Experimentierfeld gesprochen worden. Daher kam für Hitler auf dem Posten des thüringischen Innen- und Volksbildungsministers nicht »irgendein kleiner Parlamentarier oder ein ergebener Regierungsbeamter« in Frage, sondern »nur ein durchgekochter Nationalsozialist von ebenso großer Fachkenntnis wie bedingungsloser nationalsozialistischer Gesinnung«. In seiner Darstellung der Koalitionsverhandlungen, die er einem Förderer in Übersee zukommen ließ[20], spielten die thüringischen Nazis eine völlig untergeordnete Rolle. Hitler hielt es lediglich für erwähnenswert, mit Hilfe einer Industriellenversammlung, zu der alles gekommen war, »was in der mitteldeutschen Wirtschaft überhaupt eine Rolle« gespielt habe, sei erfolgreich Druck auf die anderen Parteien ausgeübt worden. Er nahm auch keine Notiz davon, dass es die NSDAP-Fraktion gewesen ist, die zu dieser Veranstaltung eingeladen hatte. Der Gauleiter stand immer noch im Schatten eines anderen aus der zweiten Reihe der nationalsozialistischen Politikergarde.[21] Doch auch das sollte sich ändern, als Sauckel im August 1932 Thüringischer Ministerpräsident und im Mai 1933 Reichsstatthalter wurde.

Offene Türen für Pervertierung von Politikern

Saucke darf in mancher Hinsicht als ein Prototyp bestimmter Teile der faschistischen Parteiführer-Kaste gelten. Aber möglicherweise lassen sich über das Spezifische der damaligen Zeit hinaus in ihm – und das wäre ein weiterer Aspekt meiner Betrachtungen – auch allgemeine Merkmale des Wirkens politischer Eliten in einer von imperialem Machtdrang, von Gewinnsucht und erbitterter Konkurrenz gekennzeichneten Welt erkennen.

Ich denke, unser Blick auf jene Vergangenheit, über die heute aus gegebenem Anlass wieder einmal debattiert wird, schließt die Sicht auf das Geschehen unserer Tage und das offenkundige Bestreben ein, kapitalistische Verhältnisse mit Hilfe von Parteien bzw. deren mehr oder weniger bürokratische Apparate zu bewahren und zu festigen. Ohne diese ließe sich Herrschaft nicht realisieren, ohne sie Massen nicht beherrschen. Aus der Notwendigkeit von Existenz und Entwicklung politischer Parteien ergaben und ergeben sich Karrieremöglichkeiten in relativ großem Umfang. Vielleicht lässt sich in Anwendung marxistischer Entfremdungstheorie jenen Anregungen folgen, die in neuerer soziologischer Literatur dem Typus »Funktionär« gelten.[22] Gemeint ist damit eine Sozialfigur, die zunächst in machtfernen Milieus agiert, jedoch nach politischer Macht strebt, diese allerdings weder durch ökonomisches Hinterland, Traditionen oder personale Beziehungen, sondern hauptsächlich auf dem Weg über eine Organisation – gleich ob Partei, Verband, Gewerkschaften oder Presse – erreichen kann.

Solche Wege des Aufstiegs zeitigen Folgen unterschiedlichster Art, darunter auch psychologischer und charakterlicher Natur. Diese im Rahmen des heute zu behandelnden biographiegeschichtlichen Themas zu untersuchen, mag gleichsam als Ergänzung erscheinen zu der von Robert Michels ja so frühzeitig beschriebenen organisationsbedingten Entfernung der Organisatoren von den Organisierten, der Gewählten von den Wählern, also auch einer Elimination der Interessen letzterer zu Gunsten eigener Karriere-Interessen. Das »eherne Gesetz der Oligarchie« bewirkt die Entstehung von Funktionärsapparaten, deren Angehörige Existenz und Wohlergehen ihrer Organisation an die erste Stelle setzen und im Grunde selbst zu »Parasiten der Organisation«[23] werden können.

Pervertiert die Politik, so pervertieren auch Politiker. Wo Machtapparate wie jener der NSDAP sich daran orientierten und bewusst zudem jegliche demokratische Kontrollmöglichkeit ausschalteten, verfügten »Führer« und »Leiter« in besonderem Ausmaß über Möglichkeiten irregulärer Machtausübung einschließlich der Korruption. Dass dieses Problem sich in der Geschichte des deutschen Faschismus potenziert hat, geht unter anderem aus der Tatsache hervor, dass in ihrem Apparat ein bezahlter Funktionär auf etwa 250 Mitglieder traf – exorbitant mehr als der entsprechende Anteil in den Organisationen der Arbeiterbewegung.[24] Da darf berechtigt geschlussfolgert werden, dass für Mittelmäßigkeit und einen beschränkten geistigen Horizont, natürlich auch charakterlichen Defiziten Tür und Tor offen standen. Da konnte eben relativ leicht aus einem eigentlich unscheinbaren »Rädchen im Getriebe« einer werden, der das Getriebe zu lenken und zu steuern hatte, auch bis hin zur Katastrophe.

Dass sich nach all dem Gesagten weitere und durchaus sehr aktuelle Schlussfolgerungen zu den politischen Eliten in den derzeit anzutreffenden Verhältnissen anbieten, sei hier zum Abschluss lediglich vermerkt. Und würde unter uns, die wir linke politische Bildungsarbeit leisten wollen, auch darüber nachgedacht, könnte ich für mehr als nur allein für das geduldige Anhören meiner Überlegungen danken.

Anmerkungen

1 Stets spielte neben den herausragenden Persönlichkeiten – seien es Männer oder Frauen, die einen beträchtlichen Einfluss auf den Gang der Geschichte ausübten und in der Regel als Kaiser, Könige, Feldherren, Religionsstifter usw. »groß« gerühmt wurden – eine Schar unmittelbarer »Helfer« in der Ausübung politischer Macht eine außerordentlich bedeutsame Rolle, aber auch sie zumeist in Abhängigkeit von jeweiligen gesellschaftlichen Strukturen sowie in der Wechselwirkung von objektiven und subjektiven Faktoren. Für diesen Personenkreis wird hier der Begriff *politische Elite* verwendet. Er lässt sich deutlich sowohl von den ökonomi-

schen Eliten, um deren Einfluss auf das politische Geschehen seit eh und je gestritten wird, als auch von den sogenannten *Funktionseliten* abgrenzen, die eher in Verwaltungsapparaten tätig waren. Auch diese Eliten übten Macht aus, indessen kann gerade am Beispiel Fritz Sauckels – sowohl in seinem Amte als Gauleiter der NSDAP in Thüringen als auch in seinem Wirken als Hitlers Generalbevollmächtigter für den Arbeitseinsatz gezeigt werden, dass und wie zwischen 1933 und 1945 die politische Elite das Führungsheft der Diktatur und des Terrors fest in ihrer Hand hielt.

2 Diese Behauptung findet sich sogar in Joachim Lilla: Statisten in Uniform. Die Mitglieder des Reichstages 1933–1945. Ein biographisches Handbuch. Unter Einbeziehung der völkischen und nationalsozialistischen Reichstagsabgeordneten ab Mai 1924, Düsseldorf 2004, S. 538.

3 Siehe die ausführliche Darstellung bei Steffen Raßloff: Fritz Sauckels Weg zum NS-Funktionär- Herkunft, biographische Zäsuren, Weltbildprägung. In: Zeitschrift des Vereins für Thüringische Geschichte, Bd. 59/60 (2005/06), Jena 2006, S. 330 f.

4 Deutscher Aar, Folge 8/9 vom 18. Ostermond (April) 1924.

5 Genannt wurden Breslau, Elberfeld, Leipzig, Mittweida und Plauen.

6 Im »Deutschen Aar« vom 22.3.1924 hatte er »gewaltige dunkle Kräfte« angeklagt, wozu »die drei großen internationalen Gebilde des Ultramontanismus, der Weltfreimaurerei und der Marxisten« gehören würden. Hinter der Zentrumspartei stünden die Jesuiten, und allen warf er vor, als »deutschentseelte Kreaturen« über Ludendorff herzufallen.

7 Joachim Petzold: Die Demagogie des Hitlerfaschismus. Die politische Funktion der Naziideologie auf dem Wege zur faschistischen Diktatur, Berlin 1982, S. 223.

8 Albrecht Tyrell (Hrsg.): Führer befiehl … Selbstzeugnisse aus der »Kampfzeit« der NSDAP. Dokumentation und Analyse, Düsseldorf 1969, S. 202.

9 Der Nationalsozialist (künftig: DNS), 4. Jg., Folge 29, 4. Nr. im Heuert (Juli) 1927, S. 3.

10 Stellungnahme vom 22.10.1928. In: BABZ, Akte Artur Dinter. Als 1936 noch einmal Material auftauchte, in dem Sauckel »Unregelmäßigkeiten zum Nachteil der Partei« vorgeworfen wurden, veranlasste Sauckel eine Hausdurchsuchung bei Walter Kühn, einem Bekannten Dinters, in Gössnitz. Sie fand am 16.10.1936 statt und dauerte von 15.30 bis 20.45 Uhr. Im Bericht der Kriminalsekretäre, die die Durchsuchung vornahmen, hieß es: »Die Diensthandlungen in Gössnitz sind anweisungsgemäß so durchgeführt worden, dass Kühn persönlich keinerlei Ahnung davon hat, dass der Gauleiter von den dienstlichen Maßnahmen vorher unterrichtet war.« Thüringisches Hauptstaatsarchiv Weimar (künftig: ThHStAW), Reichsstatthalter (künftig: RSH), Bd. 198, Bl. 7. Dass Sauckel Schulden hatte, deren Restbetrag 1936 vom Verlag *Der Nationalsozialist* bzw. von der *Thüringischen Gauzeitung* bezahlt wurde, geht hervor aus einer Darstellung von Frau Sauckel vom 28.4.1938. ThHStAW, NSDAP-Gauleitung, Bd. 1/1, Bl. 106.

11 Brief Dinters an Hitler vom 29.8.1928. In: Das Geistchristentum, H. 9-10/1928, S. 364 ff. Siehe ThHStAW, RSH, Bd. 198, Bl. 11.

12 Siehe ThHStAW, RSH, Bd. 198, Bl. 11.

13 Siehe dazu den Beitrag von Rüdiger Stutz in diesem Band.

14 In einem Rundschreiben vom 6.3.1931 erläuterte Sauckel die Organisation und Durchführung von Versammlungen. Unter anderem verbot er den Versammlungs-

leitern zu sagen, er erteile dem Redner das Wort, es müsse heißen: »Und nun hat unser hochverehrter Parteigenosse [...] das Wort.« Zit. nach: Die Pflicht, H. 6-7/1935, S. 104.

15 Fritz Sauckel: Der deutsche Arbeiter und sein Recht auf eine soziale Revolution. In: DNS, Folge 33, 18.8.1928, S. 1.

16 Fritz Sauckel: Der deutsche Arbeiter und die Zukunft. In: DNS, Folge 34, 25.8.1928, S. 1.

17 DNS, Folge 45, 10.11.1928, S. 2.

18 DNS, Folge 38, 21.9.1929, S. 1.

19 DNS, Folge 40. Erste Oktober-Folge 1929, S. 2. Sauckel erschien seit dieser Ausgabe als ihr Herausgeber.

20 Siehe Fritz Dickmann: Die Regierungsbildung in Thüringen als Modell der Machtergreifung. Ein Brief Hitlers aus dem Jahre 1930. In: Vierteljahreshefte für Zeitgeschichte, H. 4/1966, S. 454 ff.

21 Der Biograph Fricks nimmt von Sauckel für die Jahre 1930/31 keine Notiz. Siehe Günter Neliba: Wilhelm Frick. Der Legalist des Unrechtsstaates. Eine politische Biographie, Paderborn u.a. 1992. Das gilt auch für den Beitrag Nelibas in NS in Thüringen, S. 75 ff.

22 Thomas Mergel: Der Funktionär. In: Ute Frevert und Heinz-Gerhard Haupt (Hrsg.): Der Mensch des 20. Jahrhunderts, Essen 2004, S. 278-300.

23 Ebenda, S. 288.

24 Ebenda, S. 291.

Teil V

Faschismuskritik – gestern und heute

Über ein Buch von Kurt Gossweiler*

Dem Rezensenten überreichte Kurt Gossweiler, als der vorliegende Band erschien, ein Exemplar mit der von typischer Bescheidenheit zeugenden Erläuterung, es handle sich nur um eine Sammlung »alter« Früchte, die hoffentlich noch nicht »vertrocknet« seien. Der Verf. kann – um im Bilde zu bleiben – beruhigt werden: Gerade das Alter der meisten Beiträge offenbart, wie groß eigentlich ihre geistige Frische, ihr wissenschaftliches Gewicht und ihr außerordentlicher hoher Wert für die Entwicklung der marxistisch-leninistischen Faschismusforschung in der DDR sowie für die Auseinandersetzung mit allen nichtmarxistischen Deutungsversuchen des Faschismus sind. Mit Recht spricht Rolf Richter in seinem Vorwort, in dem er sowohl den Autor als auch die Faschismusforschung der DDR würdigt, von G. als einem »der produktivsten Faschismusforscher« (S. XI), wobei die hier noch einmal veröffentlichten Beiträge in engem Zusammenhang mit den großen Monographien zu sehen sind, die G. (bisher) erarbeiten konnte: der Dissertation »Die Rolle des deutschen Monopolkapitals bei der Herbeiführung der Röhm-Affäre« von 1963[1] der Arbeit »Großbanken-Industriemonopole -Staat. Ökonomie und Politik des staatsmonopolistischen Kapitalismus in Deutschland 1914–1932«[2] und mit dem Buch »Kapital, Reichswehr und NSDAP 1919 bis 1924.«[3]

Der vorliegende Band enthält 21 Aufsätze, Vorträge und kleinere populärwissenschaftliche Schriften aus den Jahren 1953–1984. Ergänzt wurde er durch eine Ausarbeitung »Das deutsche ›Wirtschaftswunder‹«, die aus dem Jahre 1938 stammt und damals in einer illegalen Gruppe des Kommunistischen Jugendverbandes Deutschlands diskutiert worden ist. In ihr unternahm der 21 Jahre junge Student der Volkswirtschaft den Versuch, finanzpolitischen und allgemeinen wirtschaftsgeschichtlichen Quellen der »Erfolge« des deut-

---

* Kurt Gossweiler: Aufsätze zum Faschismus. Mit einem Vorwort von Rolf Richter. Berlin, Akademie-Verlag 1986 sowie Köln 1987, XXVI und 724 S. Die Rezension erschien in der *Deutschen Literaturzeitung*, H. 5/6 1988, Sp. 421-424.

schen Faschismus nachzuspüren. Heute gehört sie selbst zu den Dokumenten des Widerstandskampfes. Ihr Abdruck ist sehr zu begrüßen, da sie nun in der Literatur über den antifaschistischen Widerstand genutzt werden kann. Sie verrät dem Leser zugleich etwas von jener lebenslangen kämpferischen Haltung des engagierten Antifaschisten und überzeugten Kommunisten, von einer Haltung, die den Verf. in seinen weltanschaulich-theoretischen und wissenschaftlich-politischen Positionen bis heute prägt.

Die ausgewählten Beiträge repräsentieren in vieler Hinsicht den Werdegang, einzelne Stationen, wichtige Diskussionsfelder und herausragende Ergebnisse der Faschismusforschung unseres Landes. In einer solchen Form aufbereitet, legen sie zunächst Zeugnis ab von »hingebungsvoller Arbeit des Forschers, Lehrers und des aktiven Kämpfers gegen den Faschismus, für den Forschung, politisches Bekenntnis und persönliche Lebensgestaltung stets eine untrennbare Einheit bildeten. Die hier vereinten Beiträge dokumentieren die Beharrlichkeit und die Konsequenz, mit denen sich Kurt Gossweiler den praktischen und theoretischen Fragen des antifaschistischen Kampfes, als dessen unveräußerbares Element er die wissenschaftliche Analyse des Faschismus versteht, zuwandte« (S. XI).

Über diesen dokumentarischen Sinn und Zweck hinaus gewinnt der Band weitere Dimensionen. Wer einmal die Geschichte der marxistisch-leninistischen Faschismusforschung in der DDR zu erarbeiten hat,[4] dem werden die vorliegenden Aufsätze gerade in ihrer eindrucksvollen und offensichtlichen Zeitverbundenheit wichtige Materialien und Erkenntnisse bieten. An ihnen lässt sich deutlich ablesen. wie sich die Grundprinzipien der marxistisch-leninistischen Geschichtswissenschaft in einem immer breiteren und umfassenderen Spektrum der Gedanken verwirklichten und wie sie immer wieder zu neuen Ergebnissen führten. Dies gilt vor allem für die überall spürbare Berücksichtigung der dialektischen Einheit von wissenschaftlicher Objektivität und konsequenter Parteilichkeit, aber auch für das produktiv genutzte Wechselverhältnis von Empirie und Theorie. So vermag G. Geschichte sehr konkret darzustellen, ohne sich in den Fakten zu verlieren. Ihm gelingt es zugleich, im Konkreten das Allgemeine und das theoretisch Verallgemeinerungswürdige aufzudecken, im Historischen das Logische zu zeigen.

In fast allen Beiträgen geht es dem Verf. um die Frage nach dem Klassencharakter des Faschismus, d.h. um den zentralen und entscheidenden Punkt der marxistisch-leninistischen Faschismusforschung und ihrer Auseinandersetzung mit anderen Theorien über den Faschismus. Für ihn ist der Zusammenhang von Imperialismus, allgemeiner Krise, staatsmonopolistischer Entwicklung und Faschismus sowohl konstitutiver Natur als auch Gegenstand von stets zu führender und immer wieder neu zu betreibender Beweisführung. Auf der Grundlage sorgfältiger Archiv- und Literaturstudien bewegt er sich dabei gleichsam zwischen den vielfältig aufeinander bezogenen Eckpunkten eines Quadrats: Wesen und historische Situation des Imperialismus: ökonomische und politische Bedürfnisse extrem reaktionärer Monopolkreise, Entstehungsbedingungen und Wirkungsmöglichkeiten faschistischer Organisationen und ihres Massenanhangs, Situation und Rolle der antifaschistischen Gegenkräfte. Diese Forschungsmethode geht von einer dialektischen Sichtweise auf die Einheit von Ökonomie, Politik und Ideologie aus, wobei dem Verf. – im Gegensatz zu gewissen Standardbehauptungen bürgerlicher Historiker[5] – keinerlei »Ökonomismus« oder »Reduktionismus« (was so viel wie eine mechanistische, vordergründige und unzutreffende Ableitung von Politik aus den ökonomischen Interessen der herrschenden Klasse bedeuten soll) vorgeworfen werden kann.

Eine Besprechung der einzelnen Beiträge soll und kann hier nicht erfolgen. Sie ordnen sich in verschiedene Komplexe, obwohl der Band im wesentlichen chronologisch aufgebaut ist. Der erste gilt ökonomischen und politischen Prozessen am Ende der Weimarer Republik sowie in den ersten Jahren der Konsolidierung der nazifaschistischen Diktatur. Hier erscheint die Wiederbegegnung mit der zu einem umfassenden Artikel geratenen Rezension des Buches »Die Auflösung der Weimarer Republik« aus der Feder Karl Dietrich Brachers als besonders interessant. Der Beitrag erschien vor nunmehr drei Jahrzehnten. In Sprache und Diktion deutlich von den zugespitzten Kämpfen jener Zeit des »kalten Krieges« beeinflusst, enthält er dennoch auch heute noch gültige inhaltliche Aussagen zu Brachers politischen und methodologischen Grundpositionen, die in ihrem antikommunistischen und totalitarismustheoretischen Charakter hervorzuheben auch deshalb notwendig ist, weil gerade in der jüngeren BRD-Historiographie die Glorifizierung Brachers einen breiten Raum einnimmt.[6] Mehrere Beiträge befassen sich mit einzelnen Monopolen, Monopolgruppen und vor allem mit der Rolle der Großbanken. Sie verstehen sich als Bestandteil der »Diskussion über den Mechanismus, die Gesetzmäßigkeiten, Möglichkeiten und Grenzen staatsmonopolistischer Regulierung« (S. 131). Diese Diskussion – der Verf.

führte sie vor allem mit Jürgen Kuczynski, aber auch mit Werner Krause, Leo Stern, Hans Dress u. a. m. – lässt ihn als einen streitbaren und konsequenten Historiker erkennen.

Mehrere Beiträge gelten dem Problem der faschistischen Massenbasis, das für ihn stets relevant ist, jedoch grundsätzlich nicht zu den Kriterien für die Bestimmung des Klassencharakters faschistischer Organisationen und Regimes zählt (siehe z. B. S. 357 ff.). G. beschäftigte sich mit den Mittelschichten ebenso intensiv wie mit der Arbeiterklasse und ihrer jeweiligen Rolle für die extrem reaktionären und aggressivsten Kräfte der herrschenden Klasse. Kennzeichnend ist die Tatsache, dass gerade solche Fragen in stetiger und differenzierter Auseinandersetzung – sachlich, scharf und im besten Sinne des Wortes auch polemisch – mit bürgerlichen Faschismusauffassungen, die auf eine Bagatellisierung oder Leugnung der historischen Verantwortung der Monopolbourgeoisie für den Faschismus hinauslaufen, konstruktiv entwickelt werden.

Einigen Beiträgen ist auch zu entnehmen, in welcher Weise und mit welchem Nachdruck G. aus seinen konkreten Forschungen allgemeine Forderungen an die Faschismusforschung der DDR ableitet, nüchtern deren Desiderata fixiert und neue Lösungswege anbietet. Vor allem die Artikel und Vorträge aus der jüngsten Zeit demonstrieren wichtige Ansätze einer vergleichenden Faschismusanalyse, die nach wie vor in der DDR zu wenig betrieben wird. Hier wäre vor allem der Beitrag »Über Ursprünge und Spielarten des Faschismus« (S. 516-619) anzuführen, der aus dem Jahr 1980 stammt. Gerade er enthält eine Fülle von Denkanstößen und forschungsorientierenden Hinweisen, für die man nur dankbar sein kann. Das gilt auch für die Arbeiten über den Antifaschismus (siehe »Faschismus und antifaschistischer Kampf«, S. 533-575, sowie »Was ist Antifaschismus? Welche Bedeutung hat er heute?«, S. 646-658).

Es bleibt, nach der notwendigen Anerkennung für den Verf., in diesem Falle auch dem Verlag zu danken. Mit dem vorliegenden Band erfolgte eine wesentliche Bereicherung der immer wieder geforderten gründlichen geschichtswissenschaftlichen Aufarbeitung der Quellen von Kriegsgefahr«[7] sowie eine wirksame Unterstützung für die Ausstrahlungskraft unserer marxistisch-leninistischen Faschismusforschung. Der schöpferischen Diskussion zu alten und neuen Problemen werden vielfältige Impulse verliehen. Dennoch sei hier eine Frage gestattet: Vielleicht häufen sich die Gelegenheiten zu solchen der Selbstdarstellung verpflichteten Bänden, da Entwicklung und Erkenntnisfortschritt der Geschichtswissenschaft in der DDR gegenwärtig weniger von den nicht allzu zahlreichen Monographien, sondern mehr von kleinen, häufig versteckt erscheinenden oder nur teilweise publizierten Artikeln getragen zu sein scheinen. Wäre es da nicht sinnvoll, solche Bände wie den vorliegenden von vornherein und nachdrücklicher mit dem völlig berechtigten Anliegen zu verknüpfen, Bausteine für eine Geschichte der Geschichtswissenschaft unseres Landes zu schaffen?

Anmerkungen

1 Sie erschien in einem unveränderten Nachdruck 1983 in Köln unter dem Titel »Die Röhm-Affäre. Hintergründe -Zusammenhänge -Auswirkungen«.

2 Berlin 1971; siehe dazu die Rezension von M. Nussbaum in *Deutsche Literaturzeitung* 93/1972, H. 7/8, Sp. 641-643.

3 Berlin 1982; siehe dazu die Rezension des Vf. in: *Deutsche Literaturzeitung* 105/1984, H. 2/3, Sp. 176 bis 179.

4 Bisher gibt es dazu nur einen als ernsthaft zu benennenden Versuch eines progressiven Historikers der BRD. Siehe Bernd Kröpelin: Entwicklung und Struktur einer Theorie über den deutschen Faschismus in der Geschichtswissenschaft der DDR, Phil. Diss., Marburg 1982.

5 Ein Beispiel dieser Art lieferte jüngst Hans-Ulrich Thamer: Nationalsozialismus und Faschismus in der DDR-Historiographie, in: *Aus Politik und Zeitgeschichte*, Beilage zur Wochenzeitung Das Parlament, B 13 v. 28. 3. 1987, S. 27 ff.

6 Siehe dazu u. a. die distanzlose Sichtweise von Horst Möller: Die Weimarer Republik in der zeitgeschichtlichen Perspektive der Bundesrepublik Deutschland. Traditionen, Problemstellungen und Entwicklungslinien, in: Aus Politik und Zeitgeschichte, Beilage zur Wochenzeitung Das Parlament, 30.5.1987, S. 3 ff.; siehe auch die Festschrift zum 65. Geburtstag von K. D. Bracher: Demokratie und Diktatur. Geist und Gestalt politischer Herrschaft in Deutschland und Europa, hrsg. von Manfred Funke, Hans-Adolf Jacobsen, Hans-Helmuth Knütter, Hans-Peter Schwarz, Düsseldorf 1987.

7 Ernst Diehl: Geschichte – ein Kraftquell weiteren Voranschreitens, in: Einheit, H. 8, 1986, S. 726.

Ein »Leitfaden« – eindrucksvoll, tragfähig und wegweisend*

Mir wurde die Ehre zuteil, hier ein soeben neu verlegtes Buch[1] vorstellen zu dürfen, es zu würdigen und in die lange Geschichte von Faschismusforschungen einzuordnen. Voran stelle ich den großen Dank, der dem Verlag gebührt, ebenso seiner langjährigen Zusammenarbeit mit meinem Kollegen und Freund Reinhard Kühnl. Sie führte zu guten, beachtenswerten Ergebnissen, hat inzwischen eine eigene Geschichte, die nun mit dem Band »Faschismustheorien« einen bedauernswerten Endpunkt gefunden hat. Doch dem Thema kann und darf kein Ende gesetzt werden, wie wir wissen, leider! Die heutige Veranstaltung ergab sich gewiss auch aus dem Bemühen, nach dem allzu langen und dennoch allzu frühen Tod des Autors Rückschau zu halten, sich zu vergewissern, welcher Wissens- und Gedankenschatz uns damit verloren ging, zu ermessen, wie umfassend der Verlust ist, auch um zu bedenken, was wir an Neuem in den letzten Jahren erlebten und ohne ihn, ohne sein kluges Wort zu verarbeiten haben. Jedoch, es bleibt uns mit Kühnls Buch ein außerordentlich nützlicher »Leitfaden«, dessen Analysen von Ursachen und Triebkräften des Faschismus sich viel zu unserer Gegenwart entnehmen lässt.

»Leitfaden! – ja, der Untertitel scheint klug gewählt. Wir halten einen solchen tatsächlich in der Hand, der Rückschau auf Vergangenes bereitet und der in jeder Hinsicht den analytischen Blick auf Gegenwärtiges wie ebenso den Blick auf notwendiges Handeln unterstützen hilft. Letzteres weil feststeht: Ohne Faschismustheorie konnte – ich setze hinzu: kann – Antifaschismus nicht bestehen, d. h. weder das Ringen um die Verhinderung von terroris-

---

* Auszug aus einem Vortrag, gehalten anlässlich der Vorstellung des Buches »Faschismustheorien« von Reinhard Kühnl am 11.9.2014 in Heilbronn. Die fehlende Passage ist identisch mit den jenen Teilen des im vorliegenden Band enthaltenen Beitrages »Faschismustheorien – gestern und heute«, die Grundaussagen des Verfassers zum Faschismus enthalten.

tisch-rassistischem Gewaltstreben noch jenes Ringen, das wir mit dem Begriff »Widerstand« fassen. Die Tatsache, dass es eine Vielzahl von Theorien über den Faschismus gibt, auch weil der in unterschiedlichen Formen auftrat, verlangt Nachdenken auch über mannigfache Antifaschis*men* sowie über deren notwendiges Zusammenwirken.

Dafür sind schlussfolgernde Überlegungen notwendig. Man könnte auch bei der Befragung von Reinhard Kühnls Hinterlassenschaft von »Denkübungen« sprechen – von solchen, die sich sowohl auf historische Entwicklungswege der Faschismustheorien beziehen als auch auf aktuelle gesellschaftsanalytische Probleme und nicht zuletzt auch auf einige der offenen Fragen an einen zeitgemäßen Antifaschismus richten. Ich gestehe: Mich bewegt in diesem Zusammenhang immer und immer wieder die Frage, weshalb der 30. Januar 1933 nicht hat verhindert werden können, ein Problem, das von Lion Feuchtwanger in seinem kurz darauf erschienenen Roman »Die Geschwister Oppermann« in ein anschauliches, zum Nachdenken anregendes Bild gefasst worden ist: Ein Marathonläufer hatte eine Meldekapsel zu überbringen, doch nach dem anstrengenden und entkräftenden Lauf stellte sich heraus, dass die Kapsel leer ist. Sie habe keine Botschaft enthalten, daher hätten sich alle Anstrengungen als vergeblich erwiesen. Nutzen wir auch deshalb den »Leitfaden« als eine »Botschaft«, als Auskunft, Ratschlag, Belehrung, Ermunterung oder wie man sonst es noch benennen könnte.

Reinhard Kühnl – im Nachwort von Frank Deppe trefflich als ein stets »hart arbeitender Wissenschaftler, Publizist und öffentlicher Intellektueller« charakterisiert – spricht selbst von einer »Einführung«, die er dem Leser mit der Darstellung der Haupttypen von Faschismusinterpretationen habe geben wollen. Eine Einführung, die zugleich hinleitet zu allgemeinen Theorien über Geschichte und Gesellschaft. Folgerichtig stellte er dem eigentlichen Thema des Bandes ein Kapitel voran, das sich mit dem Doppelcharakter von Wissenschaft befasst. Es erhellt sowohl deren nützliche Tätigkeit als auch ihre Funktion als Mittel von Herrschaft und Unterdrückung. Zu Reinhards »nützlichen«, leider aber unverwirklichten Plänen gehörte eine kleine Weltgeschichte. In diesem Teil des Bandes ist zu spüren, welchem Konzept er dabei folgen wollte. Ich würde es als ein materialistisch-dialektisches bezeichnen wollen.

Vieles gäbe es, was am vorliegenden Band hervorgehoben zu werden verdienen würde und im Detail darzustellen wäre. Es sei mir gestattet, zunächst lediglich von persönlichen Empfindungen zu sprechen und allgemeine Eindrücke kundzutun:

Etwas davon sei mit dem Wörtchen »also« benannt. Oft, nein sehr oft taucht es im Text auf. Ein Wiederholungsfehler, den Lektoren hätten tilgen sollen? Ganz im Gegenteil: Es soll den Leser in den Gang der Gedanken des Autors einbeziehen, ihm die logischen Schritte der stichhaltigen Argumentationsketten verdeutlichen und zu eigenen Schlussfolgerungen führen. Dies gelingt Kühnl geradezu vorbildlich und sondergleichen. Andere ebenso oft verwendete Worte lauten »zwar« oder auch »wenn … dann«. Kühnl setzte sie ein, um seine Auseinandersetzung mit dem Stoff und seinen Deutungen nicht nach dem ansonsten so beliebten Motto »entweder – oder« zu führen. Es gehe, so formuliert er (z. B. auf S. 213), stets um die Prüfung realer Tatbestände. Er fragte daher stets auch nach den realen Inhalten kritisierter Auffassungen, nach deren Ansatzpunkten für die Erweiterung oder Bestätigung eigener Auffassungen, sodann nach der inneren Widersprüchlichkeit kritisierter Thesen. Man könnte beinahe von einem Dialog reden, ausdrucksvoll, logisch und recht überzeugend geführt. Ferner regt sich in meinem Empfinden Bewunderung für einen bemerkenswerten Stil, für die klare Strukturiertheit der Texte, für das sorgfältige Dokumentieren eines umfangreichen Beweismaterials sowie für die immens breite Kenntnis der Literatur. Letzteres übrigens weit über jene politischen Grenzen hinaus, die im offiziellen Geschichts-Diskurs stets gegen »links« gezogen werden, trotz allen Geredes von einem pluralistisch und freiheitlich grundierten Wissenschaftsbetrieb. Das jüngste Beispiel findet sich dafür in einem soeben erschienenem Band, der »Wege der Forschung« über den Faschismus in Europa behandelt, aber so tut, als habe es weder Reinhard Kühnl und Reinhard Opitz gegeben und DDR-Historiker nur dilatorisch mit Arbeiten aus 50er und 60er Jahren erwähnt.[2]

Noch von einem anderen Eindruck will ich reden: Er gilt der unerschütterlichen Verwendung des allgemeinen Faschismusbegriffs. Dies erfolgt in einem geschichtswissenschaftlichen Umfeld, dessen Hauptakteure und mediale Vermittler alles, aber auch wirklich alles daran setzen, für die deutsche Geschichte lediglich den Begriff »Nationalsozialismus« gelten zu lassen. Kühnl verweigerte sich solch einer zweckdienlichen Sprachregelung und daraus ableitbarer Versuche, diesen aus dem Faschismus herauszulösen, ihn in die Nähe von Sozialismus/Kommunismus zu bringen und alles in bleierne totalitarismustheoretische Bahnen zu lenken. Er widerstand einer, wie man vielleicht sagen könnte, einer »Entkernung« des Faschismusbegriffs durch den Versuch, ihn dem des Nationalsozialismus entgegenzustellen und damit auf die demagogische Selbstetikettierung der Nazis hereinzufallen. Und wenn dennoch von Faschismus gesprochen wird, dann bitte mit Zusätzen versehen, die anspruchsvoll, aber einschränkend bzw. verwirrend klingen: »generisch«, »palingenetisch«, »metapolitisch« usw. Dabei scheint deutschen Historikern und ihrer demonstrativen Fixiertheit auf die Unterscheidung von Faschismus und Nationalsozialismus ein kräftiger Wind ins Gesicht zu blasen: Neuere Forschungen und Faschismus-Deutungen – sie kommen vor allem aus dem anglo-amerikanischen Raum oder durch diese angeregt – belegen immer nachdrücklicher übereinstimmende Elemente faschistischer Parteien und Bewegungen in der europäischen Geschichte der er ersten Hälfte des 20. Jahrhunderts. Das geht hin bis zu den Feststellungen über den starken Einfluss des Rassismus auf den italienischen Faschismus, der bislang stets verharmlost, wenn nicht gar verleugnet worden ist.

In inhaltlicher Hinsicht lässt sich auch heute noch der von Kühnl verwendeten Struktur existierender Faschismustheorien folgen. Er unterscheidet acht Varianten: 1.) Faschismus als Produkt des Führers, 2.) Faschismus als Produkt nationaler Besonderheiten, 3.) Faschismus als Mittelstandsbewegung, wozu auch soziologische und psychologische Theorien untersucht werden, 4.) Faschismus als Totalitarismus, 5.) phänomenologische Theorien, 6.) Faschismus als Modernisierung, 7.) Faschismus als Bündnis und 8.) Faschismus als Diktatur des Monopolkapitals.

Was dazu gelesen werden kann, will ich hier vorlesend nicht anbieten. Eher liegt mir am Herzen, wie schon gesagt, Überlegungen oder Denkübungen dazu anzustellen, wie Kühnls Texte gelesen werden sollten, und dies auch mit dem Blick auf unsere Gegenwart. Aus den genannten acht Hauptvarianten der Faschismustheorien seien beispielhaft zwei ausgewählt. *Zunächst* einige Bemerkungen zum Thema: »Faschismus als Produkt des Führers«:

Mit Bedacht und zu Recht setzt Kühnl sich vor allem mit den in Literatur und Medien dominierenden Auffassungen auseinander, denen zufolge der Faschismus hauptsächlich auf als ein »Produkt des Führers« erscheint. Er erkannte, weshalb nach 1945 aus dem bis dahin positiv verwendeten Vorzeichen des Kultes um Hitler ein negatives geworden ist, und spricht von einer »Personifikation des Teufels« (S. 205) Die These »Der Hitler war's« bot Möglichkeiten, eigene Verantwortung und Schuld zu verschleiern und zu leugnen.

Hannes Heer hat dies in seinem Buch hervorragend dargestellt. Für Kühnl war die Auseinandersetzung mit solch einer nahezu ausschließlich personengeschichtlich orientierten Denkweise so wichtig, dass er in seinem Denken wenig Raum für biographische Aspekte und deren Rolle für jeweilige Faschismustheorien ließ. Dessen ungeachtet erkannte er durchaus als ein Defizit linker Geschichtsforschung, zu wenig und nicht systematisch zur Rolle Hitlers gearbeitet zu haben. (S. 316) Dennoch: Wichtiger war ihm alles andere, zu Recht, wie ich meine. Am ehesten scheint Biographisches auf, wenn er über »Irrationales« und »Dysfunktionales« im deutschen Faschismus spricht, das Verhältnis von Kalkül und Wahn thematisierend.

Kühnl sah indessen auch Veränderungen, Bemühungen um eine Revision von Theorien, die als »Hitlerismus« oder »Mussolinismus« daherkamen. Da sprach Martin Broszat vom »Faktor Hitler«, andere von einer »Ermöglichung« Hitlers. Vor allem Sozial- und Gesellschaftshistoriker wandten sich mehr und mehr gegen die als »Intentionalisten« bezeichneten Verfechter personalistischer Geschichtsschreibung.

Was Kühnl indessen in den letzten Jahren seines Lebens nicht mehr sehen konnte, darf heute mit Fug und Recht als eine Revision der Revision betrachtet werden. Wir sind erneut bei einer erneut nahezu absoluten Dominanz personengeschichtlicher Betrachtungsweisen angelangt. Neue Biographien erscheinen gleichsam am laufenden Band. Und Überhaupt: Wer im Internet nach dem Mann sucht, der einen wesentlichen Beitrag zur Zerstörung der Weimarer Republik geleistet und an der Spitze des faschistischen Herrschaftssystems stehend Deutschlands Weg in den Zweiten Weltkrieg weitgehend geprägt hat, landet rund 77 Millionen Treffer. Im Vergleich dazu kommen Mussolini auf etwa 10 Millionen und Stalin auf 24 Millionen. Es dürften bisher bereits rund 150.000 Bücher erschienen sein, die sich mit Hitler befassen, dessen Lebensstationen nachzeichnen und, wie es oft heißt, das »Rätsel« Hitler erkunden. Würde ich allein die Titel nennen wollen und für jeden 10 Sekunden benötigen, könnte ich davon in einer Stunde lediglich 360 anführen; für alle müssten wir ca. siebzehn Tage und drei Stunden miteinander verbringen. Als Mitautor einer »Geschichte der NSDAP« darf ich vielleicht noch sagen, dass die Zahl solcher Bücher sich immer noch an zwei Händen ablesen lässt …

Meine Bemerkungen zum *zweiten* Thema »Faschismus als Produkt nationaler Besonderheiten« beginnen mit einem Zitat. Kühnl schreibt auf S. 95:

»Es war also das Zusammenwirken von ideologischen Traditionen, aktuellen politischen Prozessen und konkreten sozialökonomischen Interessen, das dem faschistischen Imperialismus den Boden bereitete.« Demgegenüber steht heute, wird überhaupt von Faschismus gesprochen, eine »palingenetische« Deutung. Das meint, Faschismus gäbe es nur bzw. überall dort, wo die Nation im Vordergrund stehe, wo Sehnsucht nach nationaler Wiedergeburt sowie nach einer »Säuberung« von Dekadenz und moralischem Verfall herrsche.

Es ist vor allem der Historiker Roger Griffin, der mit seinem vor 20 Jahren erschienen Buch »The Nature of Fascism« (London 1991) Furore machte. Mit der These vom »revolutionären Ultranationalismus« hebt er ein einzelnes Moment als durchgängig feststellbar hervor. Weil er dieses jedoch verabsolutiert, hält seine neue »Theorie des Faschismus« nur bedingt einer Prüfung stand. Das gilt ebenso für das vorwiegend verwendete Methodenkonstrukt. Verabsolutierend meint er, ein »definitorisches Minimum« des Faschismus sei lediglich im Bereich seiner Ideologie zu sehen. in diesem Modell spielen gesellschaftliche Zusammenhänge, sozialökonomische und politische Strukturen sowie konkrete historische Situationen keine Rolle. Alles das wird ausgeklammert und bleibt unberücksichtigt – das sich logisch daraus ergebende Verschwimmen von Begriffskonturen und deren willkürliche Verwendung werden gleichsam billigend in Kauf genommen.

Die Bestimmung dessen, was als »palingenetisch« bezeichnet wird, erfolgt merkwürdig unbestimmt und vage. Mal geht die Rede vom völkischen Nationalismus, mal von einem Ultra-Nationalismus, mal von einer chauvinistischen Form des Nationalismus, mal von einem integralen oder aggressiven bzw. populistischen Ultra-Nationalismus. Generell fehlt zum Problemfeld Nationalismus jeder Ansatz theoretischer Verarbeitung oder zu einer Auseinandersetzung mit der reichhaltigen Literatur. Mit Kühnl wissen wir jedoch: Keine politische Bewegung, keine Strömung, keine Partei usw. kann auf ihre Ideologie reduziert werden – eigentlich eine geschichtswissenschaftliche Binsenweisheit. Wird diese missachtet, offenbart sich dem Betrachter nichts anderes als ein ahistorischer Umgang mit allen anderen Faktoren aus dem umfangreichen Katalog aller Definitionsfaktoren, mit denen geschichtlich gegebene komplexe Erscheinungen zu analysieren nötig ist. Das Verabsolutieren eines einzigen Aspekts aus der Geschichte des Faschismus gerät so wieder einmal zu einer letztlich monokausalen Betrachtungsweise, was bekanntlich mit mehr oder weniger guten Gründen marxistischen Faschismusforschern vorgeworfen worden ist, nun aber als Grundlage für die Arbeit aller sog. *non-marxist historians* angeboten wird.

Beim Thema »Faschismus als Diktatur des Monopolkapitals« glich Kühnls Kritik inhaltlich berechtigten Vorwürfen antimarxistischer, antikommunistischer Kräfte, doch alles war bei ihm angelegt auf innermarxistische Debatte und Überwindung von geschichtstheoretischer Dogmatik. Es gab bei ihm nie jene Pauschalverurteilung, die undifferenziert, zumeist in bewusst einseitiger Nutzung vorhandener Quellen sowie formelhaft daher kommt. Auch da brachte Kühnl brachte in eine historisch-materialistische Deutung des traditionellen Faschismus ein. Und was davon heute in notwendige Debatten einzubringen wäre, besteht – trotz aller Vielfalt neuer Erscheinungen – nach meiner Auffassung in einigen Grundaussagen. In fünf Punkten seien sie angedeutet. […][3]

Was sei künftig zu erwarten? Auch mit dieser Frage beschäftigte sich Reinhard Kühnl, durchgehend sogar, denn schließlich war er durch und durch ein *homo politicus*. In seinem Sinne sei hier abschließend ein Blick auf mögliche Zukunftserscheinungen gewagt, ein Blick, mit dem er möglicherweise trotz bzw. wegen seiner Sicht auf den Neofaschismus nicht einverstanden wäre, worüber zu diskutieren er sich jedoch bereit zeigen würde.

Alles, was uns heute begegnet, am traditionellen Faschismus und in Deutschland am Nazifaschismus zu messen, ist richtig und notwendig. Daran bleibt nichts zu deuteln. Dieses Messen indessen zum wichtigsten oder gar alleinigen Kriterium zu machen, *kann* – ich betone: kann – auch in die Irre führen. Birgt nicht manches in der Welt von heute noch viel größere Risiken in sich, als sie in der ersten Hälfte des 20. Jahrhunderts über die Welt gebracht wurden? Sind heute nicht noch furchtbarere und globalere Folgen für die Menschheit denkbar, etwa die eines dritten bzw. vierten Weltkrieges, von Kriegen um Wasser und Nahrungsmittel, geführt mit gentechnischen Massenvernichtungswaffen u. ä. m.? Mit welchen neuen Erscheinungen einer Entmenschlichung, einer Entmoralisierung ist angesichts des anhaltenden, zum Teil sogar ganz bewusst vorangetriebenen Differenzierungsprozesses zwischen Arm und Reich zu rechnen? Ist nicht heute schon der Bau sogenannter Kapselstädte geplant, in denen das Überleben ausschließlich von Wenigen in kommenden Klimakatastrophen gesichert werden soll?[4] Was besagt es, wenn der Soziologe Wilhelm Heitmeyer auf das Ergebnis einer repräsentativen Umfrage verweisen musste, der zufolge 61 Prozent der Befragten beklagen würden, »dass man zu viele Schwache mitschleppe«?[5] Und wenn die These stimmt, wofür vieles spricht, dass künftig 20 Prozent der Erdbevölkerung genügen, um alles herzustellen, was gebraucht wird, dann geht es in irgendeiner der weiteren großen Krisen – und die werden gewiss kommen – nicht nur um die existenzielle Unsicherheit sogenannter Unterschichten, sondern um das menschlichen Dasein der leicht als »überflüssig« zu diskreditierenden 80 Prozent.[6]

Die Barbarei im Umgang von Menschen mit »anderen« Menschen – gleich ob als rassisch definiert, als dumm diffamiert oder als sozial minderwertig und entbehrlich angesehen – sie könnte ein neues, dann wohl aber endgültiges Maximum finden. Um doch beim Thema zu bleiben – dies könnte dann vielleicht als ein sich immer weiter faschisierender Faschismus bezeichnet werden. Wird indessen für dieses dem 21. Jahrhundert gemäßes Phänomen irgendein anderer, ein treffenderer Begriff gefunden werden, so könnte das dennoch am humanistischen Geist des historischen und gegenwärtigen Antifaschismus nichts ändern. Zu suchen sind allerdings neue politische Inhalte und Kampfformen, für große wie für kleinere Probleme, in internationalem und nationalem Rahmen wie selbstverständlich auch in regionalen und lokalen Zusammenhängen.

Doch wie auch immer und was auch immer: Eine wünschenswert gründliche Lektüre von Kühnls Texten wird dabei in jedem Fall außerordentlich hilfreich sein!

Anmerkungen

1 Reinhard Kühnl: Faschismustheorien. Ein Leitfaden. Zweite Neuauflage. Nachwort von Frank Deppe, Distel Verlag Heilbronn 2014, 371 S.
2 Thomas Schlemmer und Hans Woller (Hrsg.): Der Faschismus in Europa. Wege der Forschung, München 2014.
3 Dieser Teil ist nahezu identisch mit meinen Aussagen zu Grundaussagen des Verfassers zum Faschismus, die in diesem Band im Beitrag »Faschismustheorie – gestern und heute« enthalten sind.
4 Siehe Michael Jäger: Wagenburgen gegen den Klimawandel. In: der Freitag, 26.8.2010, S. 11.
5 Siehe Neues Deutschland, 21.10.2010, S. 2.
6 Wilfried Bommert behauptet in seinem 2010 erschienenen Buch »Kein Brot für die Welt. Die Zukunft der Welternährung« lakonisch: »Wir sind zu viele Menschen auf dieser kleinen Erde.«

Der deutsche Faschismus und seine Kritik in der Publizistik Johannes R. Bechers*

So mancher wundert sich heute, auch hierzulande, über die große Aufmerksamkeit, die das Thema Faschismus in der Öffentlichkeit genießt, in der veröffentlichten Meinung ebenso wie in der anderen. Ja, es will scheinen, als steigerten sich Interesse und Wissensdurst, als würde der Drang, bis in jede Einzelheit alles aus jenen zwölf dunklen Jahren zu erfahren, immer größer. Das gilt nicht nur der braunen Barbarei, das gilt in gleicher Weise dem Verhalten, Denken, Fühlen, Handeln, dem Scheitern und dem Gewinnen im antifaschistischen Widerstandskampf. Nicht zuletzt will mir auch scheinen, als wüchse angesichts solcher Stichworte wie Bitburg, Barbie oder »Das Boot« der Bedarf an theoretischer Verallgemeinerung, an eindeutiger und zugleich differenzierter Durchdringung, an wissenschaftlicher Substanz, mit deren Hilfe Antworten auf aktuelle Fragen, letztlich auf die Fragen nach dem Lebenssinn in gegenwärtigen Auseinandersetzungen, leichter fallen.[1]

Wer diese Aktualität von Faschismus und Antifaschismus zu den Merkwürdigkeiten unserer Zeit rechnen will, der mag durchaus recht haben. Allerdings fassen jene Erklärungsversuche viel zu kurz, die vor allem von rechten Ideologen stammen und die davon zunehmenden zeitlichen Abstand des 30. Januar 1933, des 1. September 1939 und des 8. Mai 1945 ausgehen sowie die Möglichkeit eines angeblich neu gewonnenen, von der faschisti-

---

* In Jena wurde bis 1989/90, wie der Becher-Biograph Jens-Fietje Dwars formuliert, viel »gebechert«: Straßen, Schulen, Feste, Ehrenpreise usw. trugen den Namen des Dichters. Im Mai 1987 veranstaltete die Sektion Literaturwissenschaft der Friedrich-Schiller-Universität eine Becher-Tagung unter dem Motto »Im Zeichen des Menschen und der Menschheit«. Die vorliegende Rede wurde veröffentlicht im Protokollband: Im Zeichen des Menschen und der Menschheit. Johannes R. Bechers Publizistik (1912–1945) als aktuelles Erbe. Referate der Konferenz der Friedrich-Schiller-Universität Jena und des Zentralen Arbeitskreises Johannes R. Becher am 22./23. Mai 1987 in Jena. Hrsg. vom Kulturbund der DDR, Berlin 1988, S. 70-86.

schen Vergangenheit unbelasteten »Freiraums« nutzen wollen. Allzu nahe liegt beispielsweise für Ernst Nolte – einer der rechtesten unter den rechtskonservativen Historikern in Westberlin, für den die Vergangenheit nicht vergehen will[2] – der Wunsch zur »Enttabuisierung« des Faschismus, zu seiner teilweisen oder weitgehenden Rechtfertigung, der Wunsch, das immer noch dominierende antifaschistische Geschichtsbild zu verdrängen. Der sog. Historikerstreit in der BRD legte davon jüngst ein äußerst makabres Zeugnis ab, war doch gerade in ihm die Bemühung deutlich, mit unverblümter Wiederholung der originalen faschistischen Argumente und mit »Beweisen« neofaschistischer Provenienz sowohl die Entstehung des Faschismus zu verfälschen, d.h. auf »asiatisch-bolschewistische« Wurzeln zurückzuführen, als auch den zweiten Weltkrieg aus der Verantwortung Hitlers zu lösen und diese dorthin zu verlagern, wo ein amerikanischer Präsident das »Reich der Bösen« sehen möchte. In diesem Streit, der selbstverständlich kein Streit der Historiker war und ist, ging es um den Versuch einer »Entsorgung«[3] von der Schuld an Faschismus und faschistischem Krieg, ging es um das Bemühen, den Antifaschismus als Grundkonsens aller demokratischen Kräfte zu beseitigen, als »Volksfront- und Antifa-Mythologie«[4] oder noch einfach als kommunistisch zu diskreditierten.

Nolte, Fest, Hillgruber, Hildebrand – alles konservative Historiker der BRD – scheinen in vieler Hinsicht augenblicklich das Gegenteil des Gewollten erreicht zu haben, etwas, was ich hauptsächlich als eine politisch-kritischem Zeitgeist geschuldete Befestigung ursprünglichen und neuen antifaschistischen Denkens betrachten möchte. Die eigentlichen Wurzeln des neuerlichen und kritischen Interesses für den Faschismus dürfen wohl vor allem dort vermutet werden, wo erschreckende Nähe und gedankliche Parallelität alter, überwunden geglaubter völkervernichtender Verbrechen in der Gestalt noch umfassenderer wahnwitziger Menschheitsvernichtungspläne geradezu ins Auge springen.

Es ist diese bittere und existenzbedrohende Aktualität, die mich wagen lässt, in einem literaturwissenschaftlichen Arbeitskreis zu meinem geschichtswissenschaftlichen Anliegen zu sprechen. Dabei kann ich Johannes R. Becher nur als Zeugen anrufen, ihn nicht detailliert analysieren, schon gar nicht mit so vermessener Absicht, die Becher-Forschung bereichern zu wollen.[5] Drei Problembereichen gelten meine Ausführungen: *Erstens* dem der Notwendigkeit und der Nützlichkeit von Faschismuskritik, *zweitens* dem der ständig wachsenden Komplexität unserer Auseinandersetzungen mit dem historischen Phänomen des Faschismus sowie *drittens* den aktuellen Problem der Rechtzeitigkeit von antifaschistischer Kritik im antifaschistischen Kampf.

In Bechers Pariser Rede von 1935, die der heutigen Konferenz ihren weitgespannten Titel lieh, las ich – mit wissenschaftlicher und politischer Freude – den Satz: »Gegengift hat nur dann eine Wirkung, wenn die Zusammensetzung und die Wirksamkeit des angewendeten Giftes bekannt sind.«[6] Ein wichtiger Satz! In ihm dominiert die Forderung nach exakter und umfassender Analyse der Wirklichkeit, nach gründlicher Beschäftigung mit dem Gegner, mit allen Einzelheiten seines Tuns sowie mit den tatsächlichen Ergebnissen seines Handelns. Bechers Aussage besitzt für mich größten Wert, weil in Büchern und Zeitungen, auch in Prüfungen, Schulstunden u. ä. m. oft ganz allgemein von *dem* Imperialismus, von *den* Kriegstreibern, von *den* Faschisten gesprochen wird. Wer gegen Imperialismus, Kriegstreiber, Faschisten kämpfen, ja siegen will, darf nicht bei bloßer Verurteilung, selbstverständlicher Ablehnung stehen bleiben. Antifaschistische Grundposition allein genügt nicht. Mit der richtigen Bestimmung der Klassennatur des Faschismus ist zwar die entscheidende primäre Voraussetzung gegeben, ist ein Weg gewiesen, dieser Weg selbst noch lange nicht ausgeschritten. Ohne eine genaue Analyse dessen, was vor sich geht, und der kausalen Zusammenhänge, ohne Beantwortung der Frage, warum dieses so und nicht anders vor sich geht, kann Antifaschismus, kann – und wie ich will es ganz gegenwartsbezogen sagen – können auch Friedensbemühung nicht bestehen.

Becher dürfte 1935 manche der bereits überholten Positionen der Partei – seiner Partei – und von ihm selbst im Auge gehabt haben. Es ist doch wohl gerade ein Ausdruck ungenügender analytischer Fähigkeit und unzureichender Bereitschaft dazu, wenn er noch im Sommer 1932 der These vom Sozialfaschismus folgte[7], in einer Zeit also, in der Thälmann jenes berühmte Gespräch mit sozialdemokratischen Arbeitern führte und die KPD um eine Neuorientierung auf die »Antifaschistische Aktion« rang. Faschismus in allem zu sehen, was andere Ziele verfolgte und weltanschaulichen Grundsätzen anhing, bedeutet aber selbst bei unbestrittener Notwendigkeit, gegen diese Ziele und Grundsätze Stellung zu nehmen, den Kampf an der zentralen Front undifferenziert führen zu wollen. Es führte lediglich auch dazu, die eigene Kraft zu überschätzen. Faschismus definitorisch bei denen festzumachen, die ihm zwar objektiv durch unwirksam geführten antifaschistischen Kampf unterstützten, denen aber der Faschismus fremd sein musste und es ja auch war, das hieß, die einzige vernünftige Alternative zum Faschismus zu behindern, das hieß die unumgängliche Politik zugunsten einer antifaschistischen Einheitsfront und eines breiten Volksfrontbündnisses zu erschweren.

Becher erläuterte 1935 an zwei Beispielen – über sie wird hier zu sprechen sein – die Notwendigkeit eines sorgfältigen Hinsehens und Beobachtens, um jene Frage beantworten bzw. zu ihrer Beantwortung beitragen zu können, die damals mit brennender Sorge gestellt worden ist und seither wieder und immer wieder gestellt wird: Wie konnte es geschehen, was veranlasste große Teile des Volkes, so eklatant wider ihre eigentlichen Interessen, ja wider die Natur des Menschen und gegen die Lebensbedürfnisse der Menschheit zu handeln?

Beide Beispiele sind wie beiläufig eingeordnet in das Anliegen, den »Weltgräueln« wirkliche Weltliteratur entgegenzustellen, aber sie scheinen mir keineswegs zufällig gewählt. Zu beiden können wir in den zeitgenössischen Dokumenten der Partei relativ wenig, und wenn, dann kaum differenziertes oder sogar Gegenteiliges finden. Beide betreffen die objektive Situation, die objektiven Bedingungen, unter denen den Massen Absurdes plausibel[8] erscheinen kann, unter denen die ideologischen Manipulationsmechanismen der faschistischen Diktatur überhaupt erst wirksam werden konnten. Beide betreffen die Fähigkeit des Faschismus, zu manövrieren, geschickt vorzugehen und sich – die Hand ständig am Puls der Massen haltend – wechselnden Situationen und Stimmungen anzupassen. Die Beispiele belegen auch, dass Becher durchaus nicht nur die ideologischen Hebel des Imperialismus im Auge hatte, obwohl es mitunter so scheint, etwa wenn er 1930 geschrieben hat: »Nebel, Nebelbomben über Deutschland, Verschleierung, Tarnung überall, das die Gehirne mulmig werden und keiner mit klarem Auge hindurch sieht. Es ist, als stiegen ununterbrochen, Tag und Nacht, Flugzeuggeschwader auf und streuten jenes ideologische Giftgas ab, von einer ungeheuren Ansteckungsfähigkeit, systematisch Verblendung und Irreführung und bei den meisten Menschen Worte und Taten wider ihr eigenes Lebensinteresse hervorruft.«[9] Dabei handelte es sich um ein waffentechnisch geprägtes Bild, das er immer und immer wieder verwandte.

Nun zu den Beispielen selbst: Das eine bezieht sich auf den faschistischen Terror. Zweifellos bestand in diesem das wesentlichste, auffälligste und wohl auch wirksamste Herrschaftselement der braunen Barbarei. Mit Recht nimmt er in unserer Definition des Faschismus als offener terroristischer Diktatur einen zentralen Raum ein. Mit brutaler Gewalt und mit Terror in bisher unbekanntem Ausmaß stellten die deutschen Faschisten »die politischen Grundverhältnisse des Regimes her«.[10] Der Terror war allgegenwärtig, er lähmte, disziplinierte und mobilisierte, er zwang – auch ohne direkt angewandt zu werden und ihm unmittelbar ausgesetzt zu sein – zu systemdienlichem Verhalten. Aber die richtige Definition als Ergebnis früherer Analysen und die treffende Bestimmung seiner Funktion ersetzen eben nicht die weitere faschismuskritische Analyse aller konkreten Erscheinungsformen, aller einzelnen Entwicklungsetappen des Terrors. Mir ist übrigens kaum eine andere, den Terror und die faschistischen Verbrechen selbst differenziert betrachtende zeitgenössische Aussage bekannt. Daher hat der Satz wohl großes Gewicht, den Becher in diesem Zusammenhang formulierte und der da 1935 lautete: »Man schafft z. B. nach außen hin, recht auffällig sichtbar, den Polizeiknüppel ab zum Zeichen der Verbundenheit von Volk und Polizei, nachdem man das Volk durch Foltern und Aufderfluchterschießen genügend eingeschüchtert hat und außerdem, je nach Bedarf, inwendig in den Zellen die Widerspenstigen zu Tode prügelt.«[11]

Die dosierte, gezielte und exemplarische Anwendung des Terrors machte eine wichtige Seite im Alltag des Faschismus aus, sie war jedoch nicht der Alltag selbst. Und sicher sind wir heute auch gut beraten, wenn wir vermeiden, das Wüten der faschistischen Bestien von 1944/45 als einen für alle zwölf Jahr gültigen Maßstab zu nehmen. Bechers Faschismuskritik schloss mit Recht unterschiedliche Ebenen und wechselnde Methoden des faschistischen Terrors ein. Sie diente damit der Weiterentwicklung und Korrektur in der antifaschistischen Taktik der KPD, sie nützte deren qualitativ neuer und von vielen Genossen nicht verstandenen Orientierung auf die Taktik des »Trojanischen Pferdes«, d. h. auf eine Arbeit in den faschistischen Massenorganisationen sowie auf die Ausnutzung legaler und halblegaler Möglichkeiten.

Noch gravierender scheint mir das andere Beispiel zu sein. Aus den Quellen kennen wir so manche Einschätzung, die wenig schlicht die verbreitete Parole »Kanonen statt Butter« für bare Münze nahm und nicht berücksichtigte, dass von den Faschisten eigentlich Kanonen *und* Butter angestrebt wurden. Jeder neue Krieg musste für die Herrschenden doch seinen Sinn verlieren, wenn an dessen Ende erneut ein 9. November 1918 stehen konnte, den man als eine historische Zufälligkeit, lediglich durch eigene Fehler, durch Hunger und Elend, durch den Rübenwinter von 1917/18 verursacht wähnte. Um im Bild zu bleiben: Die Nazis sorgten durchaus auch für Butter. Das Ende der großen Massenarbeitslosigkeit und die beginnende Rüstungskonjunktur veränderten die sozialpolitische Lage der Bevölkerung, auch die der Arbeiterklasse, sowie das Denken über diese Lage. Zwar ist der relativ gute durchschnittliche Lebensstandard von 1926/27 in den 30er Jahren weder angestrebt noch erreicht worden, doch lag er immerhin um ein vielfaches höher als in den Jahren der Weltwirtschaftskrise.

Schlechthin von der weiteren Verelendung der Arbeiter unter dem Faschismus zu sprechen, konnte den antifaschistischen Kampf wenig befördern. Lange Zeit rechnete die Partei damit, dass die Hitler-Regierung ähnlich wie die Brünings die noch bestehenden Tarifverträge außer Kraft setzen und auf solchem Wege einen massiven Lohnabbau ansteuern würde.[12] In Vorbereitung auf den VII. Weltkongress der Kommunistischen Internationale überprüfte und präzisierte sie ihre Auffassung, als gäbe es immer noch dieselbe absolute Verelendung der Massen wie in den Jahren der Krise. Johannes R. Becher dürfte mit seinen wenigen, aber wirklichkeitsnahen Bemerkungen geholfen haben, die Versuche der Nazis zur sozialpolitischen Beeinflussung der Arbeiterklasse nicht länger als Bluff und Schwindel abzutun, nicht länger bei einfacher Agitation gegen die Aktionen der Organisationen der *Deutschen Arbeitsfront*, »Kraft durch Freude«, oder des sog. Winterhilfswerks stehen zu bleiben und lediglich Boykottlosungen auszugeben.

Becher macht damit eigentlich sehr früh – und wiederum sage ich, mit Recht – auf tatsächliche soziale Verbesserungen sowie auf die systemstabilisierende Wirksamkeit sozialdemagogischer Aktionen der Nazifaschisten aufmerksam. Ich darf zitieren: »Es kann auch sehr wohl vorkommen, dass es gewissen Arbeiterschichten zeitweilig sogar besser geht, dass die Kapitalisten (im Interesse ihrer Klasse) bestimmte Einschränkungen sich erlauben *müssen,* Feste, ›Ehre der Arbeit‹ und den Arbeiter als ›Herrn des Staates‹ und als ›Stolz der Nation‹ groß herausstellen – oder wenn die herrschende Klasse einen Krieg vorbereitet, kann es sehr wohl sein, dass sie ihre Arbeiter füttert, um sie in guter Stimmung zu erhalten«.[13] Becher berührte damit ein damals viel diskutiertes Problem, das zunächst von Palmiro Togliatti für die italienischen Verhältnisse aufgeworfen worden war. Gefragt wurde, ob und inwieweit es dem Faschismus nicht sogar gelingt, eine neue, ihm ideologisch und organisatorisch eng verbundene Oberschicht im Proletariat zu schaffen[14] Er hat diese Frage selbst nicht weiter verfolgt, aber wohl immer im Auge gehabt, mitunter allerdings auch wieder hinter neue Erkenntnisse zurückfallend oder falsche, hoffungsvoll-illusionäre Schlussfolgerungen für die Situationsbewertung ziehend. Beiträge wie die über die Bank von England oder über die sog. Reichskristallnacht verdeutlichen diese sicher zu bedauernde, aber zu verstehende Tatsache.[15]

Später, bereichert durch die unmittelbaren Erfahrungen des Krieges, traf Becher noch viele gültige Aussagen zu einer ganzen Reihe sozialer Mechanismen, die in einem erheblichen Maße zugunsten von Faschismus und Krieg wirkten. Es sei mir gestattet, dazu noch einmal Beispiele anzuführen. In der faschismuskritisch wohl bedeutsamsten, von der Forschung bisher zu wenig berücksichtigten[16] Schrift »Erziehung zur Freiheit« zitierte er den erschütternden und gleichermaßen erschreckenden Feldpostbrief einer Frau: »Es ist trostlos, es ist nicht mehr zum Aushalten, entsetzlich dieser Krieg, Schluss damit um jeden Preis [...] Aber da habe ich gestern gerade zur rechten Zeit erfahren, dass mein Schwager Hauptmann geworden ist. Hoffentlich fällt davon auch etwas auf uns ab. Immer eine Stufe höher, näher heran an den General. [...] Da kann meinetwegen der Krieg weitergehen, noch eine ganz Zeit lang«.[17] Verbittert, ja enttäuscht von der unbezweifelbaren Massenhaftigkeit solcher Erscheinungen und ohne soziale Differenzierungssorgfalt, verurteilt Becher – sicher etwas ungerecht und überspitzt, aber historisch sehr wohl verständlich – den Verzicht so vieler Menschen auf ein Aufbegehren, »es braucht nur in fernster Zukunft eine Anwartschaft auf ›Millionen Fresspakete‹ oder gar ein Hoffnungsstreifen Karriere zu winken.«[18] Und im gleichen Zusammenhang heißt es: »Nach oben hin kriechend und speichelleckerisch, nach unten hin aber, oft unter Wutanfällen, Fußtritte versetzend, gilt das Bestreben vieler Deutscher nur dem einen: eine gesicherte Lebensstellung zu erreichen, mit geregelten Bürostunden, ausreichendem Einkommen, geregelter Verdauung und mit Pensionsberechtigung selbstverständlich. Um dieses Lebensziel zu erringen, finden sie sich bereit zu jeder Tücke und Niedertracht, und für die Aussicht auf ein Sparguthaben oder gar auf ein Eigenheim lassen sie sich nicht lange bitten, Krieg zu führen, Massenschlächtereien zu veranstalten und freiheitsliebende Völker zu unterjochen. Wenn solchen Sklaven die Gelegenheit geboten wird, selbst Sklavenhalter zu werden, wenn auch in bescheidenem Ausmaße, dann hat sich ihr Traum erfüllt, und blutrünstig rast in ihnen die tollgewordene Spießerseele vor Begeisterung«.[19]

Ich vermag in diesen Worten weder elitäre Massenfeindlichkeit noch nationalen Nihilismus, weder antideutschen Anthropologismus noch eine sich von der marxistischen Definition des Klassencharakters faschistischer Herrschaft entfernende Faschismusdeutung zu erblicken. Tatsächlich tauchen Vorwürfe dieser Art immer mal wieder auf, wenn vom notwendigen Abstrakten einer Definition ausgehend und auf ihrer Grundlage zu konkreter Analyse sozialer Erscheinungen und Mechanismen vorangeschritten wird. Unsere Faschismusforschung darf durchaus, nein: sie muss auch das berücksichtigen, was Lenin einmal – an Friedrich Engels angelehnt[20] – über die beiden Tendenzen im Verhalten der Arbeiterklasse unter kapitalistischen Verhältnissen schrieb: »Die eine Tendenz besteht darin, sich möglichst bequem und erträglich an die Spitze aller werktätigen und ausgebeuteten Massen zu treten zum revolutionären Sturz der Herrschaft des Kapitals überhaupt.[21] Die zweifellos demoralisierend, aber nicht aus der Geschichte heraus zu lösende Anpassung an die ökonomischen, politischen und ideologischen Gegebenheiten der bürgerlichen Gesellschaft machte den Gegensatz von Faschismus und Antifaschismus keinen Bogen, so wie sich auch heute in das Problem Nummer eins aller Politik hineinreicht und manche innere Schranke von Friedensbewegungen bewirkt.

Doch zurück zum Thema, zu Bechers Faschismuskritik, zu den von ihm 1935 genannten Beispielen ihrer Grundvoraussetzungen. Wenn man von der Analyse der Wirklichkeit ausgeht und diese behandelt, wie sie nun einmal ist, dann hat es – ich zitiere ihn wieder – »wenig Sinn, ›im großen und ganzen‹ und ›im allgemeinen‹ nur immer von Unterdrückung und Terror zu deklamieren: Große Linien-Räusche ohne exakte Detailkenntnisse sind auch hier nichts nütze.«[22] Wohlgemerkt: Becher äußerte sich nicht gegen die große Linie, gegen die in mein Thema passende Linie zur Charakteristik der Klassennatur des Faschismus. Im Übrigen weist Bechers Publizistik auch dazu Gültiges aus.[23] Sie stand für ihn niemals zur Disposition, er behandelte sie als Selbstverständlichkeit, zu deren Erhärtung und Beweis er sich weder veranlasst noch berufen fühlte. Daraus erklärt sich vielleicht auch manche Unsicherheit in der exakten Bezeichnung der sozialen Triebkräfte des Faschismus, der reaktionärsten, am meisten chauvinistischen und aggressiven Teile des Monopolkapitals.[24] Doch auch von anderen Kommunisten ist dieser Erkenntnisfortschritt gegenüber früheren Aussagen über *den* Faschismus als Offensive der Bourgeoisie nicht immer konsequent umgesetzt und in die richtigen Worte gekleidet worden …

Ich will und kann darauf nicht näher eingehen, auch nicht auf die an und für sich reizvolle parteiverbundene Polemik gegen parteischädigende »Linien-Räusche«. Ich will – dem Thema eher gemäß – an die im Zitat auch angedeutete Frage von Nützlichkeit und Nutzlosigkeit faschismuskritischer Beschäftigung anknüpfen. Denn wichtig ist es schon zu wissen, in welch hohem Maße sich für Becher das Bemühen um präzise und treffende Faschismusanalyse mit dem Bemühen um einen wirksamen antifaschistischen Kampf verband. Antifaschismus – das war eben auch für Becher nicht allein das Gegenteil des Faschismus, schon gar nicht eine kontemplative Geschichts- und Gegenwartsschau. Antifaschismus – das war für ihn eine kämpferische Alternative zum allgemeinen Angriff der extrem reaktionären und aggressiven Kreise der herrschenden Klasse. Antifaschismus bedeutete Auflehnung, Verteidigung des Menschen gegen eine hereingebrochene Unmenschlichkeit. Antifaschismus bedeutete Kampf, auf jeden Fall mehr als ein bloßes inwendiges Räsonieren. Faschismuskritik als Selbstzweck konnte und durfte es nicht geben, oder man gab sich auf, den Menschen und die Menschheit.

Antifaschismus – das war aber auch mehr als nur ein Verteidigungskampf. Da der Faschismus alle anderen nichtfaschistischen Kräfte zur Stellungnahme zwang, weil er nicht nur der Arbeiterbewegung in Todfeindschaft begegnete, sondern auch Anhänger der bürgerlich-parlamentarischen Demokratie und Pazifisten verfolgte, die Vertreter humanistischer Kultur und gläubige Menschen bedrohte, Angehörige anderer Rassen und Völker zu vernichten suchte usw., deshalb waren die Motive für antifaschistisches Denken und Handeln außerordentlich vielfältig. Antifaschistisch motiviert konnte eigentlich jeder sein, dessen tätiges Gefühl für Gerechtigkeit und menschlichen Anstand sich nicht mit der Nazi-Unmoral vertrug, jeder, der sich in der Behauptung seiner Vernunft gegen den Irrationalismus faschistischer Ideologen sträubte, dessen Friedfertigkeit und menschliche Verantwortung das bramarbasierende Kriegsgeschrei der NSDAP nicht ertrug. Der Antifaschismus erwies sich daher insgesamt als ein mögliches, und wie sich bereits bis 1945 herausstellte, auch als ein geschichtswirksames Bindeglied für die sozial-politisch, ideologisch und weltanschaulich sehr heterogenen Kräfte im Kampf gegen einen gemeinsamen Feind sowie für ein übereinstimmendes Ziel.

Antifaschistischer Kampf – ja, aber wofür und was danach? Darin lag in jener Zeit für viele ein Problem, das innerhalb des Antifaschismus überflüssige Schranken aufrichtete. Antifaschismus bedeutete in erster Linie Kampf gegen alle Erscheinungsformen und Entäußerungen des Regimes. Aber es ging darüber hinaus auch um einen Antifaschismus als Kampf gegen die den Faschismus hervorrufenden, ihn stützenden, fördernden, benötigenden Kräfte der bürgerlichen Gesellschaft. Anders ausgedrückt: Es gab Antifaschismus unterschiedlichen Charakters. In der Politik und Ideologie unserer Partei gehörte konsequenter, umfassender und bis zu Ende gedachter Antifaschismus zu ihren Grundzügen. In diesem Sinne hat sich die KPD als eine zuverlässige und wirksame antifaschistische Kraft bewährt. Eine marxistisch-leninistische, auch die Wurzeln des Faschismus ins Visier nehmende Position bildet jedoch keineswegs die Voraussetzung für antifaschistische Haltung und antifaschistisches Handeln. Der Gegensatz von Faschismus und Antifaschismus war und ist nun einmal – ebenso wenig wie der zwischen Krieg und Frieden – mit dem Hauptwiderspruch zwischen Imperialismus und Sozialismus identisch. Zahlreichen übereinstimmenden Momenten stehen gravierende Unterschiede gegenüber. Deren Zusammengehörigkeit und Wechselwirkung, deren Konvergenz und Divergenz richtig zu erfassen, verlangte eine komplexe Sicht.

Unmittelbar im Anschluss an die Replik zu den unnützen großen »Linien-Räuschen« formulierte Becher auch seine Sicht auf die Notwendigkeit einer solchen komplexen Analyse: »Die Kunst, den Gegner zu treffen, besteht darin, das *ganze* Geheimnis der Unterdrückung aufzuspüren, die Lehre von der Unterdrückung des Menschen durch den Menschen bis in alle Einzelheiten und Winkelzüge hinein auszuarbeiten, denn gerade die unsichtbaren und klug versteckten Formen der Unterdrückung sind es, die am Ende das große Unheil anrichten.[25]

Ja, alles und jeder, auch das Unsichtbare ist zu berücksichtigen, wenn nicht lediglich ein kleiner Angriff, ein geringer Erfolg, ein nur wenig dauerhaftes Ergebnis erzielt werden soll. Becher bewegte sich damit auf den Bahnen marxistischer Wissenschaftstraditionen und folgte beispielsweise der Forderung Rosa Luxemburgs, die mitten in der Novemberrevolution schrieb, es gelte »eine wissenschaftliche Blendlaterne an die verborgensten Triebfedern des ökonomischen und politischen Räderwerkes der bürgerlichen Gesellschaft« zu halten sowie deren »Tun und Gehaben bis in die feinste Veräderung ihres Fühlens und Denkens« auszuleuchten, und zugleich alles zu erkennen als »Ausfluss der großen Grundtatsache, dass sie (die herrschende Klasse, M. W.) ihr Leben wie der Vampir vom Blute des Proletariats fristet.[26]

Wenn heute in unserer Zeit gesamtgesellschaftliche, systemübergeifende, epochenumspannende und auch allgemein-menschliche Fragen an Bedeutung gewonnen haben und künftig wohl noch mehr gewinnen werden[27], dann stellt sich der Zusammenhang aller die Geschichte bewirkender Faktoren als theoretisches Problem in neuer Qualität. Dann stellt sich auch die Interdependenz das antagonistischen Gegensatzes von Kapital und Arbeit mit allen anderen auf dem Boden der bürgerlichen Gesellschaft existierenden Gegensätze neu dar. Das unabdingbare gegeneinander der beiden Hauptklassen ist generell und auf vielfältige Weise mit nichtantagonistischen Widersprüchen und solchen allgemeinster Natur verwoben. Eine sorgfältige und komplexe Berücksichtigung der Pluralität geschichtswirksamer Faktoren vermag jenes »ganze Geheimnis« zu erhellen, von dem Becher sprach. So vorzugehen heißt aber auch, sich nicht in den Fallstricken bürgerlicher Pluralismus-Theorien zu verfangen.

Ein abschließendes Wort sei noch gesagt zu dem »Gebot der Stunde«, von dem Becher häufig sprach, also zu dem Problem der Rechtzeitigkeit richtiger Faschismuskritik und seiner Rolle im antifaschistischen Ringen. Rückblickend schrieb Johannes R. Becher in der »Erziehung zur Freiheit«, dass er damals, »als alles darum ging, dass Deutschland sich rechtzeitig aus dem Bann des Verderbens löse«, versucht habe, »das ›Gebot der Stunde‹, wie es der Dichter zu erfüllen hat, in den Begriff der ›Deutschland-Dichtung‹ zu fassen«.[28]

So »schrieb«, habe ich soeben formuliert. Müsste es aber eigentlich nicht heißen: So konnte er schreiben, war er noch in der Lage zu schreiben, hatte er noch die Möglichkeit zu schreiben. 1945 erfolgte eine Befreiung, gab es einen Sieg über den Faschismus, obwohl sich das deutsche Volk nicht aus dem »Bann des Verderbens« zu lösen vermocht hatte. Für die Antifaschisten jener Zeit gab es eben durchaus Hoffnung, eines nahen oder fernen Tages trotz eigener Schwächen und Fehler zu den Siegern gehören zu können. Unsere heutige Situation ist hingegen eine andere: Schwäche wird nicht allein mit einer Niederlage bestraft, mit einer dunklen Nacht, und dauerte sie gleich zwölf Jahre, mit Opfern, die danach bewältigt werden können. Es geht um weitaus mehr, einfach um alles, was im Zeichen des Menschen und der Menschheit steht.

Gibt es also – und so habe ich die von den Organisatoren dieser Konferenz an mich gestellten Fragen verstanden – aus der Sicht des zeitverbundenen Historikers in Bechers Faschismuskritik wichtige Ansatzpunkte für die Bewältigung der großen Menschheitsaufgaben unserer Zeit? Die Antwort fällt mir leicht: Ja, in vieler Hinsicht und mit guten Gründen.

Anmerkungen

1 Bei Johannes R. Becher beziehen sich die Bandangaben grundsätzlich auf die Ausgabe der Gesammelten Werke (GW) in 18 Bänden, Berlin und Weimar 1966 bis 1981. Vgl. Ernst Diehl: Geschichte – ein Kraftquell weiteren Voranschreitens. In: Einheit 8/1986.
2 Ernst Nolte: Vergangenheit, die nicht vergehen will. In: Frankfurter Allgemeine Zeitung v. 6.6.1986.
3 Vgl. Jürgen Habermas: Eine Art Schadensabwicklung. Die apologetischen Tendenzen in der Zeitgeschichtsschreibung. In: Die Zeit v. 2.7.1986.
4 So Michael Stürmer in seinem Leitartikel »Was Geschichte wiegt«. In: Frankfurter Allgemeine Zeitung v. 26.11.1986.
5 Allerdings fällt auf, dass auf die Frage nach den Auffassungen Bechers über den Faschismus – sieht man von den Arbeiten ab, in denen seine Aktivitäten während der Jahre 1945 und 1946 ausführlich behandelt werden – kaum eingegangen wird. Vgl. Simone Barck: Johannes R. Bechers Publizistik in der Sowjetunion 1935 bis 1945, Berlin 1976; Horst Haase: Johannes R. Becher. Leben und Werk, Berlin 1981; Werner Herden: Wege zur Volksfront. Schriftsteller im antifaschistischen Bündnis. Berlin 1978.
6 Johannes R. Becher: GW, Bd. 15, S. 460.
7 Ebenda, S. 342, S. 366, S. 269.
8 Becher knüpfte mehrmals und offensichtlich gern an den Satz »Wer die Menschen betrügen will, muss vor allem das Absurde plausibel machen« aus Goethes Maximen und Reflexionen an. Vgl. GW, Bd. 16, S. 644.
9 Ebenda, S. 239.
10 Kurt Pätzold: Die faschistische Manipulation des deutschen Volkes. Zu einem Forschungsproblem. In: Jenaer Beiträge zur Parteiengeschichte, Nr. 35 (Februar 1981), S. 30.
11 Johannes R. Becher: GW, Bd. 15, S. 460.
12 Vgl. Elke Reuter: Die KPD zur faschistischen Lohnpolitik und Manipulierung der Arbeiter 1934/1935. In: Beiträge zur Geschichte der Arbeiterbewegung, 2/1987, S. 190f.
13 Johannes R. Becher: GW, Bd. 15, S. 460
14 Vgl. Elke Reuter, S. 196.
15 So schreibt Johannes R. Becher z.B. 1936 im stark agitatorisch gefärbten Artikel »Die Bank von England« in Widerspruch zum seinem Pariser Referat: »Die Lebenshaltung der werktätigen deutschen Bevölkerung ist nach dem Willen seiner derzeitigen Gewalthaber auf ein Maß heruntergedrückt worden, das im 20. Jahrhundert in Westeuropa niemals gekannt worden ist [...] Es gilt in Deutschland als todeswürdiges Verbrechen, für die materiellen Interessen einer zur Sklavenarbeit verurteilten hochqualifizierten Arbeiterschaft einzutreten.« In: GW, Bd. 15, S. 467f. Über die sog. Reichskristallnacht vom 9. November 1938 schreibt er in seinem Artikel »Tyrannenschmach«, es gäbe in Deutschland eine »Anfang-vom-Ende«-Stimmung. Er wagt sogar den völlig unpassenden und vielleicht durch vordergründiges Jubiläumsdenken angeregten Vergleich mit dem November 1918: »1918 – ein aktuelles Jahr im 6. Jahr des Dritten Reiches: diese Aktualität bedeutet, dass eine ähnliche Zeit wie der November 1918 auch für die faschistische Gewaltherrschaft drohend im

Heraufdämmern ist. ›Es muss anders werden!‹ – ›Es muss endlich Friede werden!‹ – ›Hitler ist Krieg!‹ Alle so und ähnlich Denkenden zu verfolgen, dazu reicht die Kraft nicht. Die Bande muss ja auch noch sich selbst untereinander verfolgen, keiner ist vor dem anderen des Lebens sicher. November 1918: zu neuen Terrormaßnahmen schreckt er die Faschisten auf. Aber die Novemberstürme werden sich nicht legen, Erinnerungen brausen heran, die Toten werden leben.« Ebenda, S. 589. Ähnlich auch in dem »Iswestija«-Artikel vom 1.8.1938: »Der moralische Zustand des deutschen Volkes ist aber nicht von der Art, dass er die Faschisten zu irgendwelchen kühnen Hoffnungen berechtigen könnte.« Ebenda, S. 682.

16 Vgl. Dieter Schiller: Bechers Gedanke einer demokratischen Erneuerung der deutschen Kultur und der Kulturbund (1943–1947). In: Bulletin des Arbeitskreises Zweiter Weltkrieg, 1-4/1985, S. 168.

17 Johannes R. Becher, GW, Bd. 16, S. 625.

18 Ebenda.

19 Ebenda, S. 624.

20 Vgl. dazu Ulla Plener: Zum demokratischen und Friedenspotential der Sozialdemokratie. In: Sozialdemokratie in Westeuropa heute. Stellung im politischen System, Verhältnis zu sozialen und politischen Kräften. Thematische Informationen und Dokumentation, hrsg. von der Akademie für Gesellschaftswissenschaften beim Zentralkomitee der SED, Berlin 1986, Reihe A, H.58, S. 6 f.

21 W. I. Lenin: Ursprünglicher Entwurf des Artikels »Die nächsten Aufgaben der Sowjetmacht«. In: Werke, Bd. 27, Berlin 1978, S. 206.

22 Johannes R. Becher: GW, Bd. 15, S. 460.

23 Verwiesen sei hier lediglich auf den dementsprechenden Einstieg, den Becher für seine Rede »Das große Bündnis« auf dem Ersten Unions-Kongress der Sowjetschriftsteller von 1934 wählte und in dem er den Faschismus als den »wildesten, erbarmungslosesten Feind der Arbeiterklasse« beschrieb und hinzufügte: »Er vertilgt und verbrennt, fälscht und schändet, was die besten Geister der Vergangenheit, die kühnsten Denker, die größten Meister der Literatur und Kunst, der revolutionären Klasse unseres Zeitalters als Vermächtnis hinterlassen haben. Sie, diese Henker und Menschenjäger, erfüllen die Befehle eines Häufleins von kapitalistischen Sklavenhaltern, die wissen, dass die Tage des kapitalistischen Systems gezählt sind. Die Furcht vor der proletarischen Revolution ist die tiefste Wurzel, aus welcher die faschistische Despotie entspringt, aus welcher die terroristischen Handlungen und die mystischen Ideologien der Faschisten sich ableiten.« Ebenda, S. 415.

24 Johannes R. Becher: GW, Bd. 16, S. 525.

25 Johannes R. Becher: GW, Bd., 15, S. 460.

26 Rosa Luxemburg: Nationalversammlung oder Räteregierung? In: Gesammelte Werke, Bd. 4, Berlin 1974, S. 463.

27 Vgl. Erich Hahn: Herausforderung an die Philosophen unseres Landes. In: Einheit, 8/1986, S. 716.

28 Johannes R. Becher: GW, Bd. 16, S. 594.

Wiederkehrend: »Millionen stehen hinter mir!«*

Wer kennt nicht jene Fotomontage, mit der John Heartfield im Oktober 1932 auf seine Weise den Sinne des Hitler-Grußes darstellte: In die erhobene rechte Hand des »Führers« legt eine überlebensgroße Gestalt – Sinnbild mächtigen Unternehmertums – ein Bündel von 1000-Mark-Scheinen. Damit sah sich ein strukturelles Merkmal politischer Interessenvertretung in der kapitalistischen Gesellschaft gekennzeichnet. Seither und keineswegs zufällig nimmt gerade diese Illustration wirkungsmächtiger Ursachen für den Aufstieg Hitlers in allen Darstellungen zur NSDAP-Geschichte und darüber hinaus auch in allen faschismustheoretischen Deutungen breiten Raum ein. Kaum einem anderen Kunstwerk, das als Karikatur gleichermaßen aufklärend wie plakativ politischen Auseinandersetzungen diente, wurde bislang mehr Aufmerksamkeit zuteil. Benutzt wird es jedoch oftmals auch für Versuche, gesellschaftliche Ursachenkomplexe entweder zu erhellen oder sie auszublenden, zu negieren und kleinzureden. Als eine Art Negativfolie dient es der These, die Nazis wären in demokratischen Wahlen zur Macht gekommen, vor allem jedoch den ideologie- und personengeschichtlichen Erklärungsbemühungen, die dem Motto frönen: »Der Hitler war's« – kein anderer, nichts anderes!

Zu allen dieser üblich gewordenen Interpretationen der NS-Geschichte steht der vorliegende Band in striktem Gegensatz. Sein Autor rechtfertigt den eigentlichen Sinn des Spruches von den Millionen, die hinter und eigentlich ja über Hitler stehen. Der Text, den Heartfield für seine Collage wählte, gehört nicht zum Buch-Titel, er erscheint, einem Wasserzeichen gleichend, lediglich auf dem Einband. Versehen ist er hier allerdings mit zwei Ausrufezeichen – berechtigt, wie die Lektüre ergibt, überzeugend, weil alles dem Motto »Fak-

* Rezension des Buches von Karsten Heinz Schönbach: Die deutschen Konzerne und der Nationalsozialismus 1926–1943, Berlin 2015, 658 S. In: Z. Zeitschrift Marxistische Erneuerung, Nr. 106, Juni 2016, S. 215-221.

ten, Fakten und nochmals Fakten« gemäß geschrieben wurde. Zu lesen ist beispielsweise, dass am 17. April 1931 der Hamburger Großreeder Wilhelm Cuno erklärte, Reichskanzler des Jahres 1923, im Düsseldorfer Industrieclub, man brauche die NSDAP, weil »in unserem Volke immer mehr der Glaube an Kraft und Segnung des Kapitalismus schwindet.« Auch der Großindustrielle Rudolf Blohm sah zu dieser Zeit in der Nazibewegung »ein Instrument zur Unterdrückung des Klassenkampfes und zur Sicherung der kapitalistischen Weltordnung.« Die vertrauliche Niederschrift über eine Aussprache von Mitgliedern der *Geschäftsführervereinigung der landschaftlichen Industrieverbände im Reichsverband der Deutschen Industrie* enthält die Forderung, es sei dafür zu sorgen, »dass Geist von unserem Geist in der Nationalsozialistischen Partei Wurzel fasse«. Ausgesprochen hatte sie Max Schenker, seines Zeichens Hauptgeschäftsführer des *einflussreichen Vereins zur Wahrung der gemeinsamen wirtschaftlichen Interessen in Rheinland und Westfalen*, bekannt als *Langnamverein*. Als Mitte des folgenden Jahres einige Nazi-Führer verstärkt »sozialistische« Ansprüche propagierten und dem Reichstag entsprechende Anträge vorgelegten, stellten Experten der Reichsbank in einer internen Untersuchung fest: »Die Anträge sind darauf abgestellt, die Massen bei der Stange zu halten. Eine Partei, die auf der einen Seite mit kapitalistischen Wirtschaftsführern liebäugelt (Krupp, Thyssen, Kirdorf, Mannesmann, Siemens), sich gleichzeitig mit der sozialistischen Arbeiterschaft nicht entzweien will […] muss notwendigerweise nach allen Richtungen hin Konzessionen machen. Ihre Anträge bilden daher ein Kuriosum, wie es in der Wirtschaftsgeschichte wohl einzigartig dasteht.«

Zuhauf finden sich im vorliegenden Band solche Selbstbekundungen, die den so oft bestrittenen kausalen Zusammenhang von Kapitalismus und Faschismus eindeutig erhellen. Sie gesammelt und befragt sowie analysiert und mit überzeugender Kritik an den führenden deutschen Großindustriellen und Bankiers bewertet zu haben, das darf getrost als ein wissenschaftlich und geschichtspolitisch bedeutsames Ergebnis gewürdigt werden. Denn: Viele Regale der Bibliotheken sind gefüllt mit Arbeiten von Historikern und Publizisten, denen es um nichts anderes geht als eben diesen Zusammenhang zu verschleiern oder sogar zu leugnen. Ganz nach dem Motto, das der amerikanische Historiker Henry Ashby Turner bereits 1972 so formulierte: »Entspricht die weitverbreitete Ansicht, dass der Faschismus ein Produkt des modernen Kapitalismus ist, den Tatsachen, dann ist dieses System nicht zu verteidigen.« Der Vf. hält sich da eher an das – im Buch jedoch nicht auftauchende – Wort Max Horkheimers, dass, wer nicht vom Kapitalismus reden wolle, auch vom Faschismus schweigen solle.

Mit Recht führt S. alle nach dem Zweiten Weltkrieg in die Welt gesetzten Behauptungen auf die Verteidigungsstrategie zurück, die der Großindustrielle Ernst Poensgen – zuletzt Vorstandsvorsitzender der *Vereinigten Stahlwerke* – bereits im Februar 1945 in einem Manuskript mit dem Titel »Hitler und die Ruhrindustriellen« entwickelt hatte. Sachkundig zerpflückt und widerlegt werden »Argumente«, die seitdem immer wieder auftauchen und besagen, es habe unter den Förderern der NSDAP nur einige Einzelgänger, erst recht keine hochkarätig zu nennenden Großindustriellen gegeben. Diese hätten keineswegs hinter Hitler gestanden. Es sei auch kein Geld an die Nazis gezahlt worden. Deren Kassen wären vor allem durch Selbstfinanzierung gefüllt worden, ein Argument, das völlig realitätsfremd von Turner mit der Behauptung auf die Spitze trieb, die NSDAP sei die erste Partei gewesen, die eine heute übliche (sic!) Selbstfinanzierung der Parteien praktiziert habe. Zuwendungen habe es für die NSDAP erst nach dem 30. Januar 1933 gegeben. Und diese seien lediglich dem Versuch geschuldet, eine politische Absicherung der eigenen Geschäfte zu erreichen. In der Wirtschaftsorganisation des Dritten Reiches wäre von den Unternehmern versucht worden, »das Schlimmste zu verhindern«. Auch hätten sie den Krieg abgelehnt. Was getan worden sei, wäre nur dem Pflichtgefühl gegenüber dem Vaterland geschuldet gewesen.

In seiner gründlichen Auseinandersetzung mit solchen »Argumenten« schöpft S. aus vorhandenen und neuen, zudem sehr intensiv erschlossenen Quellen. Zu letzteren gehören zeitgenössische Veröffentlichungen von Industrie- und Bankverbänden, zahlreiche interne Geschäftsberichte, Reden und Briefe führender Industrieller und ihrer Zu- bzw. Mitarbeiter. Allein das Verzeichnis der in Archiven benutzten Bestände füllt fünf Seiten und bezeugt sowohl immensen Fleiß als auch ein gutes Gespür für aussagekräftiges Material. Dass die Nutzung von Betriebs- und Verbändearchiven kritischen Historikern nach wie vor erschwert und teils auch verwehrt wird, durfte auch S. erleben. Dennoch gelang es ihm, Einsicht in die Akten von 12 Industrie-Konzernen, sieben Banken und sechs Industrieverbänden zu nehmen. Selbstverständlich nutzte er ferner das in den Nürnberger Prozessen gegen die Hauptkriegsverbrecher vorgelegte Material. Oft stützt er sich auf die in der DDR herausgegebenen Dokumentenbände und Darstellungen aus der Feder marxistischer

Historiker (u.a. Eberhard Czichon, Roswitha Czollek, Dietrich Eichholtz, Kurt Gossweiler, Fritz Klein, Ludwig Nestler, Kurt Pätzold, Joachim Petzold, Hans Radandt, Werner Röhr, Wolfgang Ruge, Wolfgang Schumann, Manfred Weißbecker), darüber hinaus auch auf die kritischer Wissenschaftler, die in der BRD publizierten (u.a. Ulrike Hörster-Phillips, Reinhard Kühnl, Reinhard Opitz)

Als Autoren jener Rechtfertigungsschriften, die unmittelbar dem Konzept von Poensgen folgten, benennt der Vf. August Heinrichsbauer, Louis Lochner, Tilo Freiherr von Wilmowsky und Wilhelm Zangen. Zu Beginn der 70er Jahre war es vor allem Turner, der erneut daran anknüpfte. Dessen Thesen widersprach in der Bundesrepublik vor allem Dirk Stegmann. Ebenso befassten sich mit ihnen Bernd Weisbrod, Reinhard Neebe, Dieter Petzina. Demgegenüber sei in Publikationen von Arthur Schweitzer, Tim Mason, Gerhard Mollin, Ludolf Herbst, Gustav Luntowski u.a.m. »eine Art Negation des Kapitalismus als einer geschichtlichen Komponente« erfolgt, verbunden mit der Erhebung Hitlers zu einem universellen Handlungsträger, hinter dem die Großindustrie verschwinden würde. An die Stelle einer sorgfältigen Geschichtsschreibung sei ein stilisierter »Hitlerismus« getreten mit einem »geradezu übermenschlichen, gottgleichen aber unhistorischen Diktator im Zentrum«. (S. 25)

In diesem Sinne bietet die Einleitung des Bandes eine historiographische Übersicht zum Stand der Forschungen. Manches könnte man sich in detaillierterer Form vorstellen, doch das tut der Qualität des Bandes keinen Abbruch. Alles ist zugleich als eine Geschichte der zum Thema geleisteten Forschungsarbeiten zu lesen, in der auch die jeweiligen politischen Rahmenbedingungen geschichtswissenschaftlicher Arbeit und geschichtspolitischer Deutungen – Stichwort: Kalter Krieg – nicht ausgeklammert werden. Als Ziel seiner Studie benennt S. eine Darstellung der politischen Dimensionen im Verhältnis der maßgeblichen deutschen Großindustriellen und Bankiers zur NSDAP-Führung. Diese bezeichnet er als »Kapitalelite« (S. 32) und sucht, deren politischen Fern- und Hauptzielen vor und im Ersten Weltkrieg sowie in der Weimarer Republik zu ergründen. Ferner fragt er nach der Rolle, welche die NSDAP in den politischen Konzepten deutscher Großindustrieller und Bankiers während der Weimarer Republik gespielt hat. Darüber hinaus fragt er auch, ob die Kapitalelite in der Zeit nach 1933 entscheidenden Einfluss auf den Staatsapparat ausgeübt und den politischen Kurs mitbestimmt habe.

Die umfangreiche Gliederung mag zunächst erstaunen. Sie erfasst eine Fülle dargestellter Ereignisse, Absichten, Erklärungen usw. in acht großen Kapiteln: I – Die politischen Hauptziele der deutschen Großindustriellen und Bankiers zwischen 1900 und 1933; II – Die Beziehungen zwischen Großbanken, Industrie und NSDAP von 1927 bis Sommer 193; III – Der Angriff auf die Republik; IV – Der Aufstieg der NSDAP-Führung zur Regierung; V – Die Rekonsolidierung des Kapitalismus in Deutschland; VI – Der Raubzug nach Südosteuropa; VII – Der Raubzug durch Europa; VIII – Der Raubzug nach Osten. Alle Kapitel untergliedern sich in zahlreiche – in einem sogar in 14 – Teilstücke. Einige gleichen eigenständigen Studien, vor allem jene in den beiden letzten Kapiteln.

Im ersten Kapitel greift S. in die Zeit vor dem Ersten Weltkrieg zurück. Hier untersucht er Inhalte und Entstehung wesentlicher Kriegsziele, die der auf Regierungsebene betriebenen Kriegszielpolitik »als Vorhut« voran liefen und nicht im Gefolge hinterher. Behandelt wird das Konzept der »Ostexpansion«, dessen Größenwahn selbst das spätere Hitlerregime kaum noch habe übertreffen können. (S. 48) Was an Belegen zitiert wird, regt nicht zuletzt an, das bereits vor 1918/19 existierende faschistische Gedankenpotential zu analysieren und damit jenen entgegenzutreten, die wider besseres Wissen sogar meinen, alle Ideen von »Lebensraum«, »Volk ohne Raum«, »Wiederaufstieg der Nation«, »Volksgemeinschaft statt Klassenkampf« seien allein Hitler zuzuschreiben. Selbst jenen ins Rassistische gewendeten Antisemitismus gab es bereits auch im politischen Denken großer Unternehmer (dazu sehr aufschlussreich S. 100-109). Profitmaximierung insbesondere aus rüstungswirtschaftlichen Quellen und antisoziale Gegnerschaft zur Demokratie bezeugten die von Turner bestrittenen politischen Aktivitäten von Großindustriellen und Bankiers und mündeten in deren direkte Einflussnahme auf Regierungen und Parteien. Eine diktatorische Staatsform stand voran auf ihrer Wunschliste, empfanden sie doch zumeist Demokratie, Parlamentarismus und Parteienwesen lediglich als Störung des »wirtschaftlichen Gesamtprozesses«. (S. 98)

Von solchen Positionen ausgehend stellt S. in den weiteren Teilen des Bandes den Weg zum 30. Januar 1933 als einen langwierigen, ungleichmäßig verlaufenden und komplizierten Prozess dar, in dem immer radikalere Lösungen angestrebt wurden. Aus der Fülle des verarbeiteten Materials, das in einer Rezension nicht einmal annähernd benannt werden kann, seien hier beispielhaft lediglich zwei Themenkomplexe herausgegriffen. So geht S. im Rahmen der

Darstellung des Beziehungsgeflechts zwischen Industriellen, Bankiers und NSDAP auch auf die vielfach umstrittenen, mitunter in der Bedeutung überhöhte, zumeist aber beschönigte Frage der NSDAP-Finanzen ein. Glänzend wird Turners These von der Selbstfinanzierung der NSDAP widerlegt, besonders in den Abschnitten »Das finanzielle Budget der NSDAP« und »Legenden zur NSDAP-Finanzierung« (S. 183-207). Zugleich wird das Auf und Ab in den finanziellen Zuwendungen eingeordnet in den Komplex von Reibungen, taktischen Differenzen und Zerwürfnisse, die es insbesondere immer dann gab, wenn in der Propaganda der NSDAP sogenannte antikapitalistische Ziele in den Vordergrund traten. Da dominierten Zweifel und Befürchtungen, und dies selbst angesichts eines von deren Führung speziell, für Ohren und Augen der Kapitalelite gedachten Wirtschaftsprogramms. Insgesamt urteilt S. resolut: Ohne die Zuwendungen durch Großindustrielle und Bankiers wäre die NSDAP nicht in der Lage gewesen, »den Weg ihres Aufstiegs zu finanzieren.« (S. 207)

Ein zweiter hier zu benennender Themenkomplex sei dem fünften Kapitel entnommen. Hier wird u. a. die Frage verfolgt, wie sich das 1933 installierte Nazi-Regime gegenüber den Wünschen der führenden deutschen Kapitalisten verhielt. S. vergleicht die Versprechungen aus der Zeit vor 1933 mit der Realität der Jahre danach und konstatiert einen krassen Widerspruch, dargelegt am Beispiel der unterschiedlichen Behandlung von Arbeitern der Opel-Firma und ihres Chefs: Die einen wurden im Juni 1936 fristlos entlassen, nachdem sie gegen eine Lohnsenkung protestiert hatten, hingegen hätte Fritz von Opel auf der Grundlage des »Volksverratsgesetzes« von 1933 eine Zuchthausstrafe wegen Steuerhinterziehung erwarten müssen – er kam jedoch mit einer vergleichsweise niedrigen Geldstrafe davon. Das Verfahren wurde nicht in der vorgeschriebenen Schärfe durchgeführt, noch dazu »in Kenntnis und mit Willen des Reichswirtschaftsministers und des Führers«, wie es amtliche Berichterstatter formulierten. Der Vf. schlussfolgert: »Die einen – die Kapitalisten – schützte die Hand des ›Führers‹ und die anderen – die Arbeiter – waren der Mittel zur Verteidigung ihrer sozialen Rechte beraubt und es blieb ihnen im Ernstfall nichts anderes übrig, als jede Misshandlung hinzunehmen.« Die viel gepriesene »Volksgemeinschaft« erwies sich in der Praxis als eine Fiktion. (S. 399 f.) Die deutsche Kapitalelite hatte also nach 1933 nicht mehr zu befürchten, dass antikapitalistisch auftretende Nazis irgendeinen Erfolg hätten erreichen können. Selbst die Gefahr einer Wiederholung diverser Sozialisierungs-Versprechungen musste nicht befürchtet werden.

Es sei zitiert, wie S. seine Sicht auf die politischen Hauptziele der führenden deutschen Großindustriellen und Bankiers zusammenfassend formuliert: »Erstens, eine Ostexpansion, die darauf abzielte, diese Wirtschaftsräume in direkten Besitz zu nehmen; zweitens, die Beseitigung des Versailler Vertrages und der Wiedereinstieg ins lukrative Rüstungsgeschäft; drittens, der sogenannte ›Wiederaufstieg‹; viertens, der radikale Abbau des sozialen Systems der Weimarer Republik; fünftens, die Errichtung einer diktatorischen Regierungsform mit stark wirtschaftspolitischem Charakter, zugeschnitten auf die Bedürfnisse der deutschen Wirtschaft.« (S. 115 f.) In seinem Fazit (S. 603-614) geht S. auf solche dem Kapitalismus immanente Faktoren nicht noch einmal ein. Er skizziert hier in Auseinandersetzung mit drei Grundrichtungen bisheriger Geschichtsschreibung zum Thema (benannt als marxistische, konservativ-westliche und kritisch-westdeutsche Historiographie) fünf Phasen, die es in den Beziehungen zwischen der deutschen Großindustrie und den Bankkonzernen zur NSDAP gegeben habe: In der Zeit von 1926 bis zum Sommer 1931 sieht er eine Phase der Annäherung, in der bis zum März 1933 eine Bündnisphase, vom Sommer 1933 bis Ende 1935 eine Phase der frühen Rüstung, dann bis 1939 eine Phase der Auslieferung der wirtschaftspolitischen Macht an die deutschen Großindustrie- und Bankkonzerne sowie fünftens eine von Mai 1940 bis zum Herbst 1942 reichende Phase der Konfrontation zur Naziregierung. Für die von S. nicht untersuchten Jahre 1941 bis 1945 wird angedeutet, es habe weitere Transformationsprozesse gegeben, durch die neue Problemfelder und Auseinandersetzungen zwischen der NS-Administration und der Großindustrie entstanden seien.

Mit zwei gewichtigen Thesen endet der Band. Die eine besagt, dass die gesellschaftliche Oberschicht maßgeblich am Aufstieg der NSDAP beteiligt gewesen ist. Großindustrielle und Bankiers haben sich »jahrelang dafür eingesetzt, in Kooperation mit führenden Militärs, höchsten Staatsbeamten, Großgrundbesitzern und rechtskonservativen Historikern, die Voraussetzungen für jene politische Situation zu schaffen, welche die Vernichtung der Republik und in Zusammenhang damit die Auslieferung der politischen Macht an Hitler überhaupt erst möglich machte.« Die zweite lautet: »Die führenden deutschen Konzerne hatten entscheidenden Anteil an der Vorbereitung und Durchführung des Zweiten Weltkrieges, wobei ihnen dieser Anteil nicht unter dem Zwang der Hitler-Regierung zufiel. Sie nahmen Anteil aus freiem, eigenem Willen und verfolgten dabei eigene Ziele. Die deutschen Konzerne setzten eine eigene Rüstungskonzeption um, und die Banken trugen den Großteil der Finanzierung. Die deutschen Konzerne übernahmen durch Raubgeschäfte einen großen Teil der europäischen Industrie und Rohstoffquellen. Durch das Prinzip der ›wirtschaftlichen Besetzung‹ waren die deutschen Konzerne selbst an der Unterwerfung der europäischen Länder unter das deutsche Primat beteiligt und dehnten dabei ihre eigene wirtschaftspolitische Macht über nie erreichte Grenzen hinweg aus. Dazu erfolgte bis 1941 eine Abgabe nahezu aller wirtschaftspolitischen staatlichen Befugnisse und Kompetenzen von Seiten der NS-Administration an führende Konzerne der Chemieindustrie, der Schwerindustrie und des Bankensektors.« (S. 613 f.)

Man kann sicher sein: Die Bemühungen um eine wie auch immer geartete Relativierung der historischen Verantwortung deutscher Großindustrieller und Bankiers für Faschismus und Krieg werden ihre Fortsetzung finden. Doch die vorliegenden Untersuchungsergebnisse des 1972 in Eisenhüttenstadt (DDR) geborenen und von Wolfgang Wippermann zur Promotion geführten Autors wird niemand umgehen können.

Faschismustheorie – gestern und heute*

Als unmittelbar nach dem Ersten Weltkrieg in mehreren europäischen Ländern faschistische Bewegungen in Erscheinung traten, begann zugleich die Suche nach Erklärungen für das neue Phänomen. Insbesondere bemühten sich ihre Gegner, deren Charakter und Ursachen zu erhellen. Sie entwickelten dabei punktuell zutreffende, jedoch auch verwirrende oder ganz und gar abwegige Faschismustheorien.[1] Diese entfalteten sich stets vor einem politischen Hintergrund. Sie dienten jeweils politischen Interessen und Machtambitionen unterschiedlicher Strömungen in der Gesellschaft. Zu jeder Zeit unterstützten oder behinderten sie die Auseinandersetzung mit dem Faschismus.

In der langen Geschichte von Faschismusdeutungen gab es Theorien, die in den neuen Bewegungen eine des Lumpenproletariats oder des Mittelstandes sahen und von »Rettern« der Bourgeoisie aus einer allgemeinen Krise des Kapitalismus sprachen. Anderen zufolge stellte der Faschismus in erster Linie das Produkt charismatischer Führer dar sowie das Bestreben, eine bonapartistische Herrschaft über die beiden Hauptklassen der bürgerlichen Gesellschaft errichten zu wollen. Manche Interpreten wiesen ihn als Ergebnis nationaler Besonderheiten und des Charakters eines Volkes aus, oder als Ausfluss von Nationalismus, Rassismus und insbesondere von Antisemitismus. Oft wurde in ihm eine Erscheinungsform der Modernisierung in der Industriegesell-

---

* Dieser Artikel wurde veröffentlicht in: »Icarus. Zeitschrift für soziale Theorie, Menschenrechte und Kultur«, H. 2/2007, S. 3-11. Er führte den Beitrag fort, der unter dem Titel »Auf der Suche nach Halt im Bewährten« in der Zeitschrift »Marxistische Blätter«, H. 5/2004, S. 62-69 erschienen war. Zur Frage, was an der Georgi Dimitroff zugeschriebenen Definition des Faschismus, formuliert Ende 1933 auf einer Tagung des Exekutivkomitees der Kommunistischen Internationale, bleibenden Wert hat oder zu kritisieren, zu erweitern und zu präzisieren ist, sei hier verwiesen auf Kurt Pätzold: Faschismus-Diagnosen, Berlin 2015, S. 19-33. Seiner Überlegung (S. 28) ist zuzustimmen, dass die oft als »Dimitroff-Formel« diskreditierte Definition des Faschismus besser vor Missverständnissen geschützt gewesen wäre, wenn sie gelautet hätte: »Der Faschismus an der Macht ist eine terroristische Diktatur, deren Hauptinteressent und Hauptnutznießer Gruppen des Finanzkapitals sind.«

schaft gesehen und ebenso oft die eines Antimodernismus. In ihren eigenen Reihen propagierten die neuen Kräfte, es gelte vor allem auf die Gefährdung der bürgerlichen Gesellschaft durch den »roten Terror« bolschewistischer Revolutionäre zu reagieren. Die Auffassung, der Faschismus stelle ein Ergebnis aggressiver imperialer Großmachtziele und terroristischer Machtbestrebungen ökonomisch Mächtiger dar, prägte lange Zeit das Denken über ihn in allen Arbeiterorganisationen, gleich ob diese gewerkschaftlich, sozialdemokratisch oder kommunistisch orientiert waren.

Die Vielzahl von Theorien über den Faschismus spiegelt zunächst dessen Vielfalt wider, das Vorhandensein zahlreicher nationaler, parteipolitischer und geistig-ideologischer Spezifika. So unterschiedlich sie auch waren – alle entfalteten sich stets vor einem politischen Hintergrund: Sie dienten jeweils politischen Interessen und Machtambitionen unterschiedlicher Strömungen in der Gesellschaft. Viele Parteien und Gruppen bedienten sich ihrer, und zwar jeweiliger Zielsetzung und Situation entsprechend. Der konkrete Zusammenhang von Situation, Politik und Interpretation tritt insbesondere deutlich zutage, wenn – wie im folgenden Überblick angedeutet – der Frage nachgegangen wird, in welcher Zeit welche Theorien wo und wie im Vordergrund des jeweiligen »Zeitgeistes«, also im Zentrum politischer Propaganda und öffentlicher Meinung standen.

Da hieß es in den frühen 20er Jahren des vergangenen Jahrhunderts überwiegend, der Faschismus sei Ausdruck und Resultat der allgemeinen ökonomischen und politischen Krise der bürgerlichen Gesellschaft nach dem Ersten Weltkrieg, in der keine der beiden Hauptklassen Überlegenheit erreicht habe. Eine erste gesellschaftsgeschichtliche Deutung bemühte darüber hinaus einen zwar nahe liegenden, jedoch rückwärtsgewandten Vergleich mit dem Monarchismus und warnte vor einer Restitution der bis 1917/18 bestehenden feudalen Herrschaftsformen, was z.B. noch 1932 in der von John Heartfield geschaffenen Fotomontage »Seine Majestät Adolf Hitler« zum Ausdruck kam. Der Begriff Faschismus selbst war indessen rasch und ohne jedes Theoretisieren aus dem Namen abgeleitet, den sich die italienischen Schwarzhemden-Garden gegeben hatten.

Als seit der Mitte der 20er Jahre antiproletarische Kräfte erstarkten und antidemokratische Bündnisse entstanden, hoben faschismustheoretische Deutungen hervor, dass die neuen Erscheinungen am rechten Rand der Gesellschaft direkt oder indirekt eine Schützenhilfe für die Bourgeoisie bedeuten sowie begehrte, geförderte und auch bezahlte Juniorpartner nationalkonservativer Kräfte darstellen würden. Sowohl für Kommunisten als auch für Sozialdemokraten, darüber hinaus auch für viele bürgerlich-demokratische Publizisten und Wissenschaftler stand der enge Zusammenhang von Faschismus und Kapitalismus außer jeder Frage. Wer nicht von letzterem reden wolle, müsse zum ersteren schweigen – in diese Formel kleidete Max Horkheimer später diese Auffassung.

Mit der Errichtung der nationalsozialistischen Herrschaft in Deutschland verstärkte sich unter zahlreichen Faschismusinterpreten die Frage, inwieweit die neue Herrschaftsform die einer dritten Gruppe (Militärs, Beamte, Kleinbürger usw.) über die beiden Hauptklassen der bürgerlichen Gesellschaft darstelle und sich verselbständige, während in der kommunistischen Bewegung sich die Auffassung – fixiert am Ende des Jahres 1933 durch das Exekutivkomitees der Kommunistischen Internationale – durchsetzte, der Faschismus an der Macht sei die offene terroristische Diktatur der reaktionärsten, am meisten chauvinistischen und am meisten imperialistischen Elemente des Finanzkapitals.[2]

In den 30er Jahren standen in den westlichen Ländern vor allem totalitarismustheoretische Deutungen im Vordergrund. Diese halfen eine Politik zu begründen, die sich sowohl gegen den Faschismus in Deutschland und Italien als auch gegen die UdSSR richtete. Parallel dazu wurde in den Parteien der Kommunistischen Internationale der Faschismusbegriff ausgeweitet und nahezu auf alle antisowjetischen und imperial-kriegerischen Ambitionen monopolkapitalistischer Kreise angewandt. Das änderte sich erheblich mit der Bildung der Anti-Hitler-Koalition, für die der Krieg gegen die Aggressionen des faschistischen Mächteblocks im Vordergrund stand. In dieser Zeit häuften sich Publikationen, deren Autoren den Faschismus vor allem als Ergebnis nationaler Besonderheiten der Deutschen charakterisierten, wozu auf die preußischen Traditionen, die besondere Aggressivität des deutschen Militarismus und oft auch auf ein den Deutschen seit Martin Luther angeblich wesenseigener Antisemitismus verwiesen wurde. Noch manche jener nach dem Krieg getroffenen Maßnahmen, die der Umsiedlung und Vertreibung größerer Bevölkerungsgruppen dienten und als »ethnische Lösung« künftige Friedenszeiten garantieren sollten, atmete den Geist solcher Denkweisen.

Unmittelbar nach dem 8. Mai 1945 dominierte jedoch eine entschieden antikapitalistische Deutung des Faschismus. Sie bot nicht nur eine der entscheidenden politisch-moralischen Grundlagen für den Nürnberger Prozess gegen die deutschen Hauptkriegsverbrecher, sondern lag vielfach auch den Programmen bürgerlicher Parteien zugrunde, die sich im Interesse einer friedlichen Zukunft für strikte Begrenzungen kapitalistischer Verhältnisse aussprachen oder teilweise sogar sozialistische Verhältnisse fordern. Dem bereitete der beginnende Kalte Krieg allerdings rasch und gründlich ein Ende: Auf westlicher Seite feierte die Totalitarismustheorie in einer rigiden antikommunistischen Auslegung wahre Triumphe. Faschistische Phänomene wurden aus kapitalistischen Verhältnissen gleichsam herausgelöst und im Grunde auf das Wirken ihrer Führer reduziert: »Nicht ich – der Hitler war es«. Dazu passte auf östlicher Seite die gegenteilige und dort erst relativ spät hinterfragte Auffassung, die Führer hätten keine Rolle gespielt, alle Macht hätte beim Monopolkapital bzw. bei einzelnen Gruppen des Monopolkapitals gelegen.

Im Zeichen einer Politik, die friedlicher Koexistenz und Entspannung dienen wollte, näherten sich während der 1970er und 1980er Jahre die unterschiedlichen Auffassungen einander an. Dies führte zu Krise und Einflussverlust der Totalitarismustheorie und kam im Rückgang intentionalistischer, also allein auf Hitler bezogener Auffassungen sowie in einer breiten Akzeptanz funktionalistisch-strukturgeschichtlicher Auffassungen zum Ausdruck. Wie es schien, konnten im »Historikerstreit« – er galt der These Ernst Noltes vom Konnex zwischen »Klassenmord« und »Rassenmord« – rechtskonservative und auch rechtsextremistische Denkstrukturen zurück gedrängt werden. Überall, auch in der marxistischen Faschismusforschung der DDR, wichen die während des Kalten Krieges gepflegten Einseitigkeiten neuen und differenzierteren Fragestellungen. Da gerieten stärker als zuvor z. B. die Rolle faschistischer Parteien, der Wirkungsgrad einzelner Ideologeme und vor allem die Ursachen und Wirkungen des Massenanhangs in den Blick. Mehr oder weniger schematisch betriebene Analysen traten in den Hintergrund, die zeitweilig recht vordergründig angelegte Suche nach Belegen für eine Finanzierung der NSDAP durch einzelne Unternehmer ging in komplexeren Sichtweisen auf.

Die Totalitarismustheorie erlebt indessen seit 1989/90 eine neuerliche Renaissance[3] und erfährt eine erhebliche Ausweitung, gipfelnd in der heute von konservativen Theoretikern bemühten Verkehrung der Horkheimer-These zu dem Diktum, dass derjenige, der nicht vom Kommunismus reden wolle, zum Faschismus schweigen zu schweigen habe.[4] Zugleich verstärkt sich die seit langem zu beobachtende Tendenz, den Faschismusbegriff nur für Italien gelten zu lassen und mit dem Blick auf Deutschland grundsätzlich vom »Nationalsozialismus« zu reden[5], was mit dem Versuch einher geht, die deutsche Variante des Faschismus sowohl zu »entfaschisieren« – also seine guten Seiten herauszustellen, nach dem Menschlichen in Hitler zu suchen usw. – als auch zu »entkapitalisieren« oder gar zu »sozialisieren«, also überhaupt nicht mehr nach den Wurzeln des Faschismus in der kapitalistischen Wirtschafts- und Gesellschaftsordnung zu fragen bzw. ihn ganz und gar als eine Spielart antikapitalistischer Strömungen darzustellen. Wird der Faschismusbegriff verwendet, dann zumeist ohne Anspruch auf Wissenschaftlichkeit und unter genereller Tabuisierung historisch-materialistischer Auffassungen.

Kritik der »Dimitroff-Formel«

Vor diesem Hintergrund sind auch die Bemühungen zu sehen, marxistische Faschismusdeutungen als unzutreffend und unwissenschaftlich zu diskreditieren, da sie alles auf eine sozialökonomische Bindung des Faschismus an Existenz und Politik des Finanzkapitals reduzieren würden. Dabei spielt die abschätzig gemeinte Verwendung des Begriffs »Dimitroff-Formel« eine zentrale Rolle. »Formel« – das soll besagen, die Kommunisten hätten nichts anderes zustande gebracht, es lohne also nicht, darüber zu sprechen. Selbst die Zuordnung zur Person geschieht nicht exakt, denn erstmalig wurde der immer wieder ins Feld geführte und aus dem Zusammenhang gerissene Satz vom XIII. Plenum des Exekutivkomitees der Kommunistischen Internationale im Dezember 1933, als sich Dimitroff in Haft befand und im Reichstagsbrandprozess angeklagt war.

Die umfangreichen Reden, welche Dimitroff 1935 zu Beginn und am Ende des VII. Weltkongress der Kommunistischen Internationale gehalten hat, bieten keinen Anhaltspunkt für den oftmals erhobenen Vorwurf, sie enthielten eine Theorie, die in den Faschisten nichts anderes als »Agenten« des Kapitals sehen würde. Inhaltliche Analysen des gesamten Textes verbieten pauschale Urteile, vielmehr scheint es erforderlich, sie insgesamt in die Geschichte der Faschismustheorien einzuordnen und – im besten Sinne des Wortes – zu »historisieren«. Ohne sie hier einer parteiischen »Ehrenrettung« unterziehen zu wollen, sind sie sowohl in ihre Zeit als auch in den damaligen Entwicklungsstand des theoretischen Denkens über den Faschismus einzubetten. Dabei wären u. a. folgende Aspekte zu berücksichtigen:

Dimitroffs Reden trugen politischen Charakter und sind nicht als Ersatz wissenschaftlicher Theoriebildung zu verstehen. In ihnen benannte er Erscheinungen faschistischer Politik und Herrschaftsmethoden insoweit, als das Wissen um sie als Grundlage der eigenen Politik gegen den Faschismus notwendig war. In seiner Hauptrede auf dem VII. Weltkongress verwendete Dimitroff den geringsten Teil seiner Ausführungen für das Charakterisieren des Faschismus; von den über 100 Seiten der gedruckten Fassung sind dem lediglich acht gewidmet. Zudem fällt auf, dass er hier aus Stalins Rede auf dem XVII. Parteitag der KPdSU und den Materialien des XIII. EKKI-Plenums zitierte, möglicherweise im Wissen um die Tatsache, dass im Vorfeld des Kongresses Entscheidungen über die künftige Orientierung der kommunistischen Parteien noch nicht gefallen waren, vielleicht auch ahnend, dass der von ihm angestrebte Kurswechsel der Komintern keinen Bestand haben würde.[6] Im Schlusswort des Kongresses ging er auf die Frage, wie der Faschismus zu definieren sei, überhaupt nicht ein. Jede Theorie kommt bis heute jedoch nicht an der Feststellung vorbei, Faschismus sei terroristisch, menschen- und menschenrechtsfeindlich sowie letztlich kriegsherbeiführend, erst recht nicht nach den Erfahrungen, welche die Welt mit der deutschen Kriegführung und dem industrialisierten Völkermord während des Zweiten Weltkrieges machen musste. Nach wie vor gilt vor allem jene Einschätzung, der Faschismus sei »Chauvinismus in seiner brutalsten Form, der einen tierischen Hass gegen die anderen Völker kultiviert.«[7]

Die von Dimitroff vorgetragenen Überlegungen stellten damals einen theoriegeschichtlichen Schritt über bislang vertretene Auffassungen hinaus dar. Antifaschisten hatten zuvor in der Regel sehr allgemein über den Zusammenhang von Kapitalismus und Faschismus gesprochen, nunmehr wurde nicht nur zwischen Kapital und Finanzkapital, sondern auch innerhalb des Finanzkapitals differenziert. Der VII. Weltkongress bot eine geeignete, Erfolg versprechende Grundlage für eine antifaschistische Volksfront-Politik, wozu erst das Akzeptieren unterschiedlicher bürgerlicher Herrschaftsformen eigenen Zielvorstellungen Möglichkeiten bot. Zugleich trennte sich 1935 die kommunistische Weltbewegung endgültig von der verheerende Folgen zeitigenden Gleichsetzung von Faschismus und Sozialdemokratie.

Mit großer Deutlichkeit geißelte Dimitroff die Fehler, die den Kampf gegen den Faschismus gehemmt hätten: »In unseren Reihen wurde die faschistische Gefahr in unzulässiger Weise unterschätzt, was auch bis auf den heutigen Tag nicht überall liquidiert ist. […] In Deutschland haben unsere Genossen lange Zeit das verletzte Nationalgefühl und die Empörung der Massen gegen den Versailler Friedensvertrag nicht genügend berücksichtigt […] In mehreren Ländern wurde die notwendige Entfaltung des Massenkampfes gegen den Faschismus durch ein unfruchtbares *Räsonieren* über den Charakter des Faschismus ›im allgemeinen‹ und durch *sektiererische Beschränktheit* in Stellung und Lösung der aktuellen politischen Aufgaben der Partei ersetzt.«[8] Nachdrücklich warnte Dimitroff vor schablonisierendem Denken: »Wir müssen den Hang zu ausgeheckten Schemen, leblosen Formeln, fertigen Schablonen, der oft auf unsere Genossen lähmend wirkt, aufs schonungsloseste ausrotten. Wir müssen mit dem Zustand Schluss machen, wo Kommunisten, denen es an Kenntnissen und an Fähigkeiten zu einer marxistisch-leninistischen Analyse fehlt, diese Analyse durch allgemeine Redensarten und allgemeine Losungen, wie ›revolutionärer Ausweg aus der Krise‹ ersetzen […] Ohne eine solche Analyse werden jedoch alle ähnlichen Losungen zu einem leeren Wort, zu einer inhaltlosen Phrase, die unsere gegenwärtigen Aufgaben nur verdunkelt.«[9]

Nahezu apodiktisch äußerte sich Dimitroff zur Notwendigkeit weiterer, also auch über seine Aussagen hinaus gehende Analysen: »Keinerlei allgemeine Charakteristik des Faschismus, mag sie an sich noch so richtig sein, enthebt uns der Pflicht, die Eigenart der Entwicklung des Faschismus und der verschiedenen Formen der faschistischen Diktatur in einzelnen Ländern und in verschiedenen Etappen konkret zu studieren und zu berücksichtigen. […] Es wäre ein grober Fehler, irgendein allgemeines Entwicklungsschema des Faschismus für alle Länder und alle Völker aufstellen zu wollen.«[10] Regelrecht abschätzig sprach Dimitroff von »Denkfaulheit«, würde das Studium der konkreten Lage »durch allgemeine, nichtssagende *Formeln*« ersetzt. Wer diese verwende, erinnere »nicht an *Scharfschützen*, die mitten ins Schwarze treffen, sondern an solche ›Meisterschützen‹, die systematisch und unausbleiblich *danebentreffen*, bald höher, bald tiefer, bald weiter, bald näher am Ziel vorbeischießen.«[11]

Natürlich wies die gesamte Charakterisierung des Faschismus durch den VII. Weltkongress schon damals auch erhebliche Fehler und Schwächen auf. Sie bezeugte eine nach wie vor mechanistische Auffassung vom Verhältnis zwischen ökonomischer und politischer Macht. Zwar war gemeint, dass der Faschismus eine Diktatur im Interesse des Finanzkapitals ausübe, dass hinter ihr und sie stützend das Finanzkapital steht, doch die Formulierung selbst war absolut irreleitend. Sie führte die alte Unterschätzung der bürgerlichen Demokratie fort und überwand diesen Fehler nicht grundlegend. Die Formulierung »offene terroristische Diktatur« zielte darauf, auch die parlamentarisch-demokratischen Verhältnisse als Diktatur zu verstehen. Liest man indessen alles in den Reden Dimitroffs, dann wird deutlich, dass er keineswegs – wie das XIII. EKKI-Plenum es noch getan hatte – von einer direkten Machtausübung der Monopolkapitalisten gesprochen hat. Er forderte demgegenüber sehr strikt die »Aufstellung positiver demokratischer Forderungen«. Jede »schematische Behandlung der Frage der Verteidigung der bürgerlichen Demokratie« sei zu überwinden.[12]

Dimitroff klammerte zwar die Existenz eines faschistischen Massenanhangs nicht aus, doch blieb es mehr oder weniger dabei, die Existenz eines großen Einflusses der Faschisten auf die Massen zu konstatierten. Viel wurde gesagt über Manipulation und Demagogie, jedoch nichts zu der Tatsache, dass diese nichts oder nur wenig bewirken würden, wenn sich die Manipulierten nicht manipulieren ließen, dass Demagogie unnütz wäre ohne die Bereitschaft von Massen, sich demagogisch beeinflussen zu lassen. Die Erklärung, mit »verlockendsten« Losungen – er zitierte u. a. das von der NSDAP oft verwendete Schlagwort »Gemeinnutz geht vor Eigennutz« – seien die »politisch unreifen Massen« gewonnen worden[13], war schlicht und einfach unzureichend. Für eine materialistische Bewusstseinsforschung wurde nichts geleistet, möglicherweise auch deshalb, weil die Sicht auf die Massen im eigenen Machtbereich ebenfalls nur von »oben« her erfolgte. Die bloße Benennung von Quellen des Masseneinflusses, über den sowohl der deutsche als auch der italienische Faschismus verfügte, konnte nicht genügen.

Die weiteren Hauptpunkte notwendiger Kritik an den faschismustheoretischen Aussagen des VII. Weltkongresses gehen über diesen hinaus und zielen auf die folgenschwere Tatsache, dass im Fortgang der Entwicklung alles dogmatisch auf den einen Satz reduziert wurde, dieser darüber hinaus regelrecht vergötzt und mancher richtige Denkansatz nicht weitergeführt worden ist, unabhängig von den erst später festzustellenden Erscheinungen faschistischer Politik und Ideologie. 1935 konnte festgestellt werden, dass der Faschismus zum Krieg führen wird, noch nicht aber die Maßlosigkeit seiner Expansionsziele und der barbarischen Kriegführung, erst recht nicht der systematisch betriebene Völkermord an den europäischen Juden, an Sinti und Roma, an slawischen Menschen. Dies dann allein auf Mitte der 1930er Jahre gewonnene Erkenntnisse zurückzuführen und Neues in früher gebotene Definitionen pressen zu wollen, fügte historisch-materialistischem Geschichtsdenken schweren Schaden zu. Die bloße Wiederholung des einen Satzes ließ völlig außer Betracht, dass sich der Faschismus noch entfaltet hat und neue Momente seines Wesens neue Analysen erforderlich machten. In seinem totalen Krieg gegen alle anders Denkenden und anders Artigen hatte er sich gleichsam selbst weiter »faschisiert«.

Alte Analysen und neue Fragen

Blickt man gegenwärtig auf neue faschistische oder dem Faschismus ähnelnde Erscheinungen, vermag jedoch selbst ein historisierender Rückblick auf Dimitroffs Reden aus dem Jahre 1935 nicht, der Schwierigkeiten Herr zu werden, die es in der begrifflichen Erfassung heutiger Erscheinungen gibt. Der Faschismus erscheint besonders durch seine totale Niederlage im Zweiten Weltkrieg historisch diskreditiert. Nicht nur in den Siegerstaaten, auch in Deutschland wird sein Politik-Modell weitgehend abgelehnt. Es wird keine Wiederholung, keinen erfolgreichen orthodoxen Faschismus geben, zumal die übergroße Mehrheit des Kapitals kein Interesse an der Installierung eines faschistischen Regimes hat. Sie befindet sich nicht in einer der damaligen Situation vergleichbaren Lage und braucht keiner großen revolutionären Bewegung die Stirn zu bieten. Trotz größerer Arbeitslosigkeit als damals in der Zeit der Weltwirtschaftskrise reichen heute die Instrumente zur Beherrschung der Arbeitslosen aus. Medien bieten zudem Ablenkung in Hülle und Fülle. Das Kapital begrenzt sich kaum noch nationalstaatlich, und seit 1945 hat sich seine im Ganzen demokratisch zu nennende Herrschaftsausübung als stabil erwiesen. Es existieren zudem genügend Instrumente zur Vermeidung kriegerischer Auseinandersetzungen einzelner Kapitalgruppen untereinander.

Was eine historisch-materialistische Faschismus-Deutung in heutige Debatten einbringen kann, besteht – trotz aller Vielfalt neuer Erscheinungen – in einigen Grundaussagen, die hier in folgenden Punkten[14] gesehen werden:

Erstens: Der Faschismus entstand nach dem Ersten Weltkrieg auf dem Boden kapitalistischer Wirtschafts- und Gesellschaftsverhältnisse und wurde auf diesem Boden wirksam. Niemals verfolgte er das Ziel, diese anzutasten oder auch nur in Frage zu stellen. Im Gegenteil: Er tauchte auf in einer von mächtigen sozialen und nationalen Bewegungen erschütterten Zeit und war seinem tiefsten Wesen nach gegenrevolutionär. Letzteres nicht allein im Blick auf das Jahr 1917/1918, sondern auch in Hinsicht auf das Jahr 1789. Dass sich Faschisten selbst als »revolutionär« ausgaben oder dass dies mitunter so dargestellt wird, ändert nichts an der getroffenen Feststellung. Insofern handelte es sich bei den faschistischen Bewegungen und Parteien in allen Ländern Europas um *eine* der damaligen Zeit zuzuordnende Ausgeburt der bürgerlichen Gesellschaft, um *eine* der *möglichen* Folgen des Dranges ökonomisch und politisch Mächtiger nach Maximalprofit und Expansion, um *einen* ihrer *Versuche*, immanente ökonomische und/oder politische Krisen mit allen Mitteln dauerhaft bewältigen zu wollen, selbst wenn dies nur durch verbrecherische und völkerrechtswidrige Politik, durch Kriege und jedwede Aufhebung der ursprünglich aufklärerisch-humanistischen Anliegen des Bürgertums und aller im Laufe der Zeit insbesondere von der Arbeiterbewegung durchgesetzten Beschränkungen seiner Macht erreicht werden konnte. In ähnlicher Weise definiert Arno Klönne: »Faschismus hat sein antreibendes Moment in der Tendenz sozialökonomisch privilegierter Gruppen, den Demokratisierungsprozess, den die industriegesellschaftliche Entwicklung möglich macht, an einem bestimmten Punkt zum Halten zu bringen und rückläufig zu machen, wobei um der Erhaltung der eigenen Privilegien willen die Teilung der Macht mit einer neuen ›politischen‹ Amtselite in Kauf genommen wird. Faschismus hat seine Entstehungsbedingungen dort, wo Massen in das liberale Konzept vom Staat kein Vertrauen mehr setzen, eine linke Alternative zu diesem Konzept überzeugend nicht vertreten wird und innergesellschaftliche Konflikte durch Projektion auf einen äußeren ›Feind‹ oder auf ›Fremdgruppen‹ in der eigenen Gesellschaft ideologisch kaschiert werden können.«[15]

Wird heutzutage nach der Anwendbarkeit des Faschismusbegriffs gefragt, wären also zunächst erneut die gegenwärtig bestehenden gesellschaftlichen Verhältnisse zu bestimmen. Diese sind zweifellos kapitalistisch geprägt, auch wenn der Kapitalismus von heute ein anderer ist als der von gestern.[16] Vielleicht könnte man sogar sagen, dass die kapitalistische Wirtschaftsordnung überhaupt erst jetzt zum vollen Durchbruch gelangt zu sein scheint und sich ihre negativen Seiten wie nie zuvor entfaltet. Stück für Stück wird zurück genommen, was bislang an politischem Fortschritt erreicht worden ist: Erbarmungslose Geschäftemacherei triumphiert über jedwede Brüderlichkeit, ist sie doch ausschließlich an ökonomischen Effektivitätskriterien orientiert und wird zudem oft an der Grenze der Kriminalität betrieben; Profitstreben obsiegt über das Gleichheitsprinzip in Recht und demokratischer Verfasstheit; schrankenloser Konkurrenzkampf hintertreibt jeden der verkündeten Ansprüche auf Freiheitsrechte und Menschenwürde. Immer stärker werdende Multis und Mächte unterwerfen sich immer größere Teile der Welt, dabei weder Gewalt, Terror noch Kriege scheuend, sicherheitspolitische Erwägungen und Standortkriterien über demokratische Rechte und Freiheiten stellend.

Zweitens: Die terroristischen, an den Kolonialismus der bürgerlichen Gesellschaft anknüpfenden Herrschaftspraktiken des traditionellen Faschismus beruhten auf einer die Gewalt rechtfertigenden, nationalstaatlich begrenzten, grundsätzlich nationalistischen sowie zugleich expansions- und kriegsorientierten Ideologie von völkisch-rassistischem, insbesondere auch antisemitischem Zuschnitts. In den faschistischen Denkweisen spiegelte sich in extremster Weise die kapitalistischer Konkurrenz entspringende Konkurrenz der Nationen, genauer: die in Europa vollendeten Nationen- und Nationalstaatsbildung sowie die Möglichkeit, Kriege zwischen Staaten und Mächteblöcken mit einiger Aussicht auf Erfolg führen zu können. Faschismus kam aus dem Ersten Weltkrieg, dem bis dahin denkbar extremsten Austragungsfeld dieser Konkurrenz. Er lebte vom ungebändigten, sich nach Krieg und trotz Revolution in große Teile der Gesellschaft hinein fressenden Militarismus der Freikorps und parteigebundener Kriegerverbände. Er profitierte von vielgestaltiger Verherrlichung des Krieges und der Krieger, er konnte die allgemeine Akzeptanz eines Denkens nutzen, welches das Leben als »Kampf um Dasein« deutet, das »Recht des Stärkeren« sowie den Krieg als angeblich unabänderliche Erscheinung menschlichen Zusammenlebens nicht hinterfragt.

Krieg könnte also als *das* vorwiegend rassistisch-sozialdarwinistisch begründete Lebenselixier des Faschismus verstanden werden. Absolut menschen- und menschenrechtsfeindliche Zwecke heiligten den Einsatz aller verfügbaren Mittel je nach politischen, wirtschaftlichen oder militärischen Erfordernissen. Folgerichtig führte seine nationalistische Staats- und Militärdoktrin zu den Massenverbrechen. Aber auch in dieser Hinsicht haben sich vor allem in den letzten beiden Jahrzehnten Veränderungen vollzogen, sind neue Kriegstypen entstanden und ist eine neuerliche Akzeptanz von Kriegen feststellbar. Zu fragen wäre also nicht nur, was mit dem traditionellen Faschismus vergleichbar ist, zu fragen wäre vor allem, was ist neu und wie müssen und wie wollen Antifaschisten dies sowohl analysieren als auch definieren.

Drittens: Faschismus bedeutet strikteste Ablehnung humanistischen Denkens und parlamentarischer Demokratie. In ersterem wollten seine Ideologen und Propagandisten vor allem die Ursache der von ihnen konstatierten »völkischen Degeneration« und einer angeblich unzureichenden Machtstellung der eigenen Nation in der Welt sehen, in letzterem lediglich eine vermeintliche Grundlage aller Versuche, zu der auf Privateigentum an den Produktionsmitteln und dem Ellbogenprinzip der Konkurrenz beruhenden Gesellschaft eine wirkliche Alternative zu schaffen. Damit ging eine völlig entdemokratisierte, antihumanistische, auf terroristischer Einschüchterung und Reglementierung beruhende Herrschaftspraxis konform, die – ohne Veränderung grundlegender Eigentumsverhältnisse – in allen Lebensbereichen das dem Militärwesen entlehnte Führer-Gefolgschafts-Prinzip realisiert sehen wollte. Demgegenüber bleibt jedoch in der Welt von heute zu berücksichtigen, dass die Demokratie als Herrschaftsinstrument in einem neuen Maße, ja nahezu perfektioniert beherrscht wird, sie muss also nicht abgeschafft und ersetzt werden.

Viertens: Der traditionelle Faschismus enthielt ein »sozialistisch« verpacktes Angebot an die als »entnationalisiert« bzw. internationalistisch bewerteten Arbeitermassen und das Scheinbild einer »nationalen Volksgemeinschaft«. In der durch das »Blut« bestimmten Gemeinschaft der arischen Deutschen – so wurde von den Nazis versprochen – würden alle gut leben, wenn es gelingen würde, sich andere Völker unterzuordnen. Tatsächlich war das Hitler-Regime erfolgreich auf dem Wege, eine vollständige Versöhnung und Harmonisierung der Deutschen zu erreichen, unabhängig davon, welche Stellung sie – oben oder unten – in dieser Gesellschaft einnahmen. Jeder sollte, wenn er nur als »Arier« anerkannt war, in dieser Gesellschaft und durch sie gewinnen und zwar in ganz materiellem Sinne. Keiner sollte hungern und frieren, niemand sollte verlieren. Besserung der eigenen Lage wurde allen versprochen; erreicht werden sollte dies auf dem Wege von »deutscher Arbeit« und einer Wirtschaft ohne Streiks und andere Störungen. »Deutschland arbeitet« – lautete eine der Losungen. Doch wofür?

Die Masse der Deutschen wollte zwar nicht den Krieg, aber sie schuftete für ihn. Und bekannt ist ebenso, dass sehr vielen der Gedanke durchaus gefiel, auf Kosten anderer Völker selber besser als zuvor leben zu können, auch um den hohen Preis, der zu erwarten war. Gerade in dieser Hinsicht drängen sich, blickt man auf gegenwärtige Probleme, arge Parallelen auf. Erneut wird Hochrüstung als Arbeitsplatzsicherung akzeptiert, wird zu Lasten und auf Kosten der sogenannten Dritten Welt gelebt, greift unter den Bedingungen von Massenarbeitslosigkeit Entsolidarisierung um sich. Es verwundert, in welch geringem Maße den Globalisierern und Nutznießern internationaler Finanzmarktpraktiken ein Internationalismus der Betroffenen und Geschädigten entgegengesetzt wird.

Fünftens: Unübersehbar vermochte der traditionelle Faschismus mit erheblichem Geschick und in großem Umfang Massen zu gewinnen und sie zu organisieren. Die NSDAP wuchs zur mitgliederstärksten Partei der deutschen Geschichte an und erfasste nahezu 10 Millionen Mitglieder. Zugleich besaß sie ein umfassendes Organisationensystem, mit dessen Hilfe sie einen bis 1933 unbekannten flächendeckenden Grad individueller und gesellschaftlicher Organisiertheit der Bevölkerung erreichte und danach zum Träger einer faschistischen deutschen »Organisationen«-Gesellschaft heranwuchs, in der sich kaum einer – ob jung oder alt, Mann oder Frau, Zivilist oder Soldat usw. – dem Einfluss ihrer Gliederungen, angeschlossenen Verbände und betreuten Organisationen entziehen konnte. Vor allem in dieser Hinsicht gibt es heute keine Parallelen: Es existieren Kleingruppen, Netzwerkstrukturen, die in ihrer Wirkungskraft nicht unterschätzt werden dürfen, die aber nicht mit den früheren Großparteien des Faschismus verglichen werden können. Ein Vergleich ist wohl nur möglich mit jenen Zeiten, in denen ebenfalls Hunderte kleinerer Gruppen existierten, aus deren Schar sich dann die NSDAP erhob. Und dieser Vergleich sollte wieder auf deren Funktion zielen, denn auch heute werden neofaschistische Gruppen benötigt zu vorwiegend indirekter Unterstützung neoliberaler Politik, zu einem taktischen In-Schach-Halten ihrer Gegner, die zur Zeit – trotz intensiver Bemühungen einer linker Kräfte – keine strategische Bedeutung besitzen und selbst da, wo Opposition nötig und möglich ist, sich sehr genügsam zeigen sowie im eigenen Gegeneinander Befriedigung zu finden scheinen.

Hier bleibt kein Platz, um weitere Problemfelder und Aspekte gegenwärtiger Erscheinungen zu benennen, die faschistisch sind oder dem Faschismus früherer Zeiten ähneln. Doch auch bei ihnen wird jeder Versuch sowohl der Analyse als auch der theoretischen Erfassung andere und zeitgemäße Maßstäbe verlangen. Sie allein oder auch nur vorrangig am traditionellen Faschismus zu messen, kann in die Irre führen. Manches in der Welt von heute birgt möglicherweise noch viel größere Risiken in sich, als dieser sie in der ersten Hälfte des 20. Jahrhunderts über die Welt gebracht hat. Auch sind heute noch globalere Folgen für die Menschheit denkbar als etwa die eines Dritten bzw. Vierten

Weltkrieges. Wenn die These stimmt, dass 20 Prozent der Erdbevölkerung genügen, um alles herzustellen, was gebraucht wird, dann geht es in irgendeiner großen Krise – und die wird gewiss kommen – nicht nur um die existenzielle Unsicherheit menschlichen Daseins bei den »überflüssigen« 80 Prozent, sondern auch um deren Existenz. Die Barbarei im Umgang von Menschen mit »anderen« könnte ein neues, dann wohl aber endgültiges Maximum finden …

Anmerkungen

1 Siehe u. a. Reinhard Kühnl: Faschismustheorien. Texte zur Faschismusdiskussion 2. Ein Leitfaden, Reinbek bei Hamburg 1979.
2 Siehe Georgi Dimitroff. Ausgewählte Schriften, Bd. 2:1921–1935, Berlin 1958, S. 525.
3 Siehe u. a. Karl Heinz Roth: Geschichtsrevisionismus. Die Wiedergeburt der Totalitarismustheorie, Hamburg 1999.
4 Friedrich Pohlmann: Zweitkritik eines doppelt amputierten Faschismusbegriffs. In: Roger Griffin, Werner Loh, Andreas Umland (Hrsg.): Fascism Past and Present, West and East. An International Debate on Concepts an Cases in the Comparative Study of the Extreme Right. With an afterword by Walter Laqueuer, Stuttgart 2006, S. 362.
5 Siehe u. a. Karl Heinz Roth: Faschismus oder Nationalsozialismus? Kontroversen im Spannungsfeld zwischen Geschichtspolitik, Gefühl und Wissenschaft. In: Sozial. Geschichte. Zeitschrift für historische Analyse des 20. und 21. Jahrhunderts. Neue Folge (19. Jg.), H. 2/2004, S. 31-52.
6 Nach Bernhard H. Bayerlein habe sich Dimitroff zwar um eine neue politische Ausrichtung der Komintern bemüht, aber doch Stalin unterworfen: »Den Beweis für die Durchsetzung der neuen Politik als originärem Beitrag Dimitroffs können die Tagebücher nicht erbringen. Eine ›Linie Dimitroff‹ in der Komintern […] dürfte es nur als eine Art Absichtserklärung und nur in Umrissen in der frühen Volksfrontphase 1935/36 gegeben haben.« In: Georgi Dimitroff. Kommentare und Materialien zu den Tagebüchern 1933–1943. Hrsg. Von Bernhard H. Bayerlein und Wladislaw Hedeler unter Mitarbeit von Birgit Schliewenz und Maria Matschuk, Berlin 2000, S. 11.
7 Dimitroff, a. a. O., S. 526.
8 Ebenda, S. 541.
9 Ebenda, S. 627.
10 Ebenda, S. 629 f.
11 Ebenda S. 632 f.
12 Ebenda, S. 646 f.
13 Ebenda, S. 529.
14 Die folgenden Passagen stützen sich auf einen Beitrag des Verfassers, der unter dem Titel »Auf der Suche nach Halt im Bewährten« in den »Marxistischen Blättern« H. 5/2004 (S. 62-69) erschienen ist.
15 Zit. nach Kühnl, a. a. O., S. 214.
16 Einen interessanten Ansatz zur Analyse herrschender Klassen und Machteliten der Gegenwart bietet H. J. Krysmanski: Herrschende Klasse Revisited. In: Z. Zeitschrift Marxistische Erneuerung, H. 57, März 2004, S. 8-20.

Gedanken zum Antifaschismus-Verlust in der Geschichte der DDR*

Der Beitrag von Rolf Richter[1], dessen Grundpositionen ich teile, fordert neue theoretische Überlegungen und historische Rückblicke heraus, selbstverständlich auch neue Fragen. Obwohl ich kein Spezialist für die Geschichtsschreibung über den ehemaligen zweiten deutschen Staat bin, möchte ich mich an der allgemeinen Debatte über den Antifaschismus beteiligen.

Die Geschichte hat die DDR zu den Akten gelegt und wird sie zu einer ihrer Fußnoten werden lassen, wie Stefan Heym sarkastisch bemerkte. Für Historiker und historisch Interessierte dürfte demgegenüber die Geschichte

---

* Veröffentlicht in der Rubrik »Diskussion« der Zeitschrift *Beiträge zur Geschichte der Arbeiterbewegung*, H. 2/1991 S. 194-201. Der Beitrag beruht auf Vorträgen, die der Verfasser am 26.9.1990 an der europäischen Akademie Otzenhausen im Rahmen einer Veranstaltung »Europa und Deutschland – Geschichte und Politik« und zu deren Schwerpunkt »Die Entwicklung der beiden deutschen Staaten in ihren Grundzügen« sowie am 18.10.1990 beim 20. Jenaer Faschismus-Kolloquium zum Thema »Faschismusforschung in der DDR. Versuch einer Bilanz ihrer Aussagen zum nationalsozialistischen Herrschaftssystem in Deutschland 1933–1945« gehalten hat. Historiker der DDR diskutierten bereits früher über Probleme des Antifaschismus. Im September 1981 referierte Kurt Gossweiler im Jenaer Faschismus-Kolloquium zum Thema »Was ist Antifaschismus? Welche Bedeutung hat er heute?« Um die Veröffentlichung seines Vortrages gab es an der Akademie der Wissenschaften der DDR zunächst erhebliche Bedenken. Siehe das Vorwort Rolf Richters zu Kurt Gossweiler: Aufsätze zum Faschismus, Berlin 1986. Für das Thema »Antifaschismus in der DDR. Traditionswurzeln, geschichtliche Leistungen, neue Anforderungen« gab es einen eigenen Arbeitskreis im Rahmen des letzten Historiker-Kongresses der DDR, der Ende Januar 1989in der großen Halle am Berliner Alexanderplatz tagte. Die Texte der Beiträge von Rolf Richter, Hermann Simon, Frank Schumann sowie des Verfassers wurden veröffentlicht in: Bewährte Strategie – erfolgreiche Praxis. Beiträge zur Geschichte der SED und der DDR in den siebziger und achtziger Jahren, hrsg. von der Akademie für Gesellschaftswissenschaften beim Zentralkomitee der SED/Gewerkschaftshochschule »Fritz Heckert« beim Bundesvorstand des FDGB, Berlin 1989 (der Beitrag des Verfassers: S. 40-63)

der DDR neues Gewicht erhalten. In Übereinstimmung mit Hermann Weber sehe ich dank der Ereignisse vom Herbst 1989 den »Weg frei für eine kritische Aufarbeitung der Geschichte«[2] des Staates DDR und damit auch für die deutsche Nachkriegs-Zweistaatlichkeit im geteilten Europa. Direkte Arbeit an den Quellen scheint nunmehr möglich geworden zu sein, wissenschaftliche Arbeit nicht länger an den Auftrag gebunden, die DDR auf jeden Fall und auf allen Gebieten, in jeder Hinsicht und ohne Rücksicht auf die Realität als unüberwindlichen Höhepunkt und nahezu gesetzmäßiges Ergebnis der deutschen Geschichte darzustellen.

Das zu erahnende große und auf absehbare Zeit auch wachsende Interesse an der Geschichte der DDR, an der Frage nach ihren geschichtswirksamen Grundzügen und nach ihrem Versagen sowie das Interesse an der Bestimmung ihres Platzes in der deutschen und europäischen Zeitgeschichte gilt in besonderem Maße dem Antifaschismus.

Meine Hauptthese lautet in diesem Zusammenhang, dass die Geschichte der DDR in hohem Maße von der Ambivalenz eines in sich äußerst widersprüchlichen Antifaschismus geprägt war; von einem Antifaschismus, der sich sowohl in seinen politisch-moralischen Wertvorstellungen als auch in seinen strukturell-genetischen Grundschwächen von großer Geschichtswirksamkeit erwiesen hat, von einem Antifaschismus, der einerseits als offizielles Tarnschild missbraucht werden konnte und der andererseits unter großen Teilen der Bevölkerung einen relativ hohen Grad der Verinnerlichung erreicht haben dürfte. Es gab den Antifaschismus gleichsam auf zwei Ebenen und in doppelter Gestalt. Die Verschiebung der Fronten zwischen beiden Antifaschismen, dem administrativen und dem natürlichen, macht einen wesentlichen Teil der DDR-Geschichte aus. Antifaschismus – das betrachte ich als Antwort unterschiedlicher Kräfte auf das Hervortreten des Faschismus, in Deutschland auf die Bewegung und Ideologie des Nationalsozialismus, das betrachte ich als ein aktives Eintreten für die mittels Terror und Demagogie beseitigte politische und geistige Freiheit der Menschen, als demokratische und friedenswillige Alternative zu totaler Diktatur und innen- wie außenpolitischer Friedlosigkeit. ich verwende bewusst eine sehr weit gefasste Definition[3], die wohl zugleich jener unersprießlichen Debatte enthebt, ob es einen generalisierenden Faschismusbegriff geben sollte oder nicht: Ich nehme ihn als eine in der Geschichte selbst geborene und benutzte Kategorie an, auch im Bewusstsein ihrer Mängel und Probleme.

Die Motive für antifaschistisches Denken und Handeln waren in der Zeit der braunen Barbarei außerordentlich vielfältig. Die Diktatur der NSDAP richtete sich nicht nur gegen Kommunisten, auch gegen Sozialdemokraten und Gewerkschafter, deren Organisationen sie zerstörte. Sie vernichtete die parlamentarische Demokratie von Weimar und die sich um sie bemühenden Parteien. Sie verfolgte alle Pazifisten, die ihrem Drang zum Krieg im Wege standen. Sie bekämpfte erbarmungslos die Vertreter humanistischer Kultur und jene Gläubigen, die den totalen Ausschließlichkeitsanspruch ihrer eklektizistischen »Weltanschauung« nicht akzeptieren wollten. Sie drangsalierte die Angehörigen von Minderheiten nationaler und insbesondere rassischer Art.

Antifaschistisch motiviert konnte daher im Grunde jeder sein; jeder, dessen Gefühle für Gerechtigkeit und menschlichen Anstand sich nicht mit der politischen Unmoral der faschistischen Machthaber vertrug, dessen Vernunft sich gegen den Irrationalismus faschistisch geprägter Geisteshaltung, um nicht zu sagen Geistlosigkeit sträubte; jeder, dessen Verantwortung für die menschliche Zivilisation das existenzgefährdende Abenteurertum nicht ertrug; jeder, der humanistisch und nicht rassistisch-genozidal und terroristisch-expansionistisch zu denken oder gar zu leben bereit war.

Tatsächlich erwies sich der Antifaschismus als außerordentlich doppelsinnig und multipolar. Einerseits darf man ihn als ein an und für sich mögliches geschichtswirksames Bindeglied zwischen unterschiedlichen sozialen, politischen, religiösen, weltanschaulichen und nationalen Kräften im Ringen gegen einen gemeinsamen Gegner betrachten. Andererseits gehört zu seinem Wesen, dass er letztlich doch eine unzureichende Basis für gemeinsame Zielsetzungen über das unmittelbare Ziel hinaus besitzt. So groß die alle Differenzen überbrückende Spannweite des Antifaschismus auch gewesen sein mochte, wenn es z. B. um den Sturz Hitlers durch den deutschen Widerstand oder die rasche Beendigung des Zweiten Weltkrieges durch die Anti-Hitler-Koalition ging, so zerbrechlich zeigte er sich, als diese Aufgaben erfüllt waren.

1945 trat daher folgerichtig das alte Grundproblem der Mehrgleisigkeit des Antifaschismus in neuer Qualität und mit unmittelbarer Geschichtswirksamkeit zutage. Diese Tatsache sei hier mit Hilfe einer Episode erläutert: Anna Seghers berichtete dem Schriftstellerkongress des Jahres 1937 vom Gespräch mit einem spanischen Soldaten, der Madrid gegen die heranziehenden Franco-Truppen freiwillig verteidigen half. Überzeugt von seinem antifaschistischen Auftrag, fragte er, der selbst Madrid noch niemals gesehen hatte, ob sie denn eigentlich schön sei, diese Stadt. Anna Seghers verwies sogleich auf das doppelte Anliegen des Soldaten wie des Antifaschismus überhaupt: einerseits »Anti« zu sein, also destruktiv gegen etwas zu kämpfen, und andererseits auch ein »Pro«, den Kampf für etwas, für die Konstruktion einer neuen gesellschaftlichen Ordnung, kämpfen zu müssen. zwischen »Anti« und »Pro« gab und gibt es jedoch ein breites Feld. Und dieses trat in seiner ganzen Spannung und Heterogenität erst recht hervor, als 1945 das Dritte Reich militärisch zerschlagen war. Aus den einigenden Momenten der »Anti«-Haltung entfalteten sich nun die Schranken der selbstverständlich ungeklärten Frage »Wofür?«.

Unterschiedliche, divergierende Interpretationen blieben jedoch zunächst im Hintergrund, solange das politische und gesellschaftliche Leben im besiegten Deutschland von einer unmittelbaren Notwendigkeit zur Überwindung der drückendsten Folgen des Krieges und der Hitlerdiktatur in Anspruch genommen wurde. Da dominierte durchaus Parallelität: Neben dem gegensätzlichen Stand die Übereinstimmung mit dem antifaschistischen Konsens der Anti-Hitler-Koalition, wie er sich noch im Potsdamer Abkommen und in den Prinzipien des Internationalen Militärtribunal von Nürnberg äußerte. Davon war ebenso das bewusste Lernenwollen aus den leidvollen Erfahrungen des antifaschistischen Widerstandes bestimmt: »Nie wieder Krieg, nie wieder Faschismus!« – so lautete eine der wichtigsten Losungen jener Tage. Vertreten nicht nur von deutschen Kommunisten, sondern auch von Sozialdemokraten, Gewerkschaftern, Christen und bürgerlichen Demokraten. Aber diese Losung richtete sich im Prinzip rückwärts, sie negierte und zielte mehr auf einen Umsturz der alten Verhältnisse als auf deren geschichtliche »Aufhebung«, wie man mit Hegelschen Kategorien sagen könnte.

In ersterem und den Konsens betreffenden Sinne reichte es zunächst, alle Erscheinungsformen des Faschismus beseitigen, die Nazi- und Kriegsverbrecher bestrafen und die Trümmer wegräumen zu wollen. Was darüber hinausging, überstieg den Grad antifaschistischer Konsensfähigkeit. Bereits der an und für sich verständliche Wunsch, nicht nur die politischen Verhältnisse zu ändern, sondern auch sozialökonomische Wurzeln von Faschismus und Krieg anzutasten, d.h. im Sinne Bertolt Brechts den »Schoß« unfruchtbar zu machen, aus dem die braune Barbarei gekrochen war, riss Gräben auf. Für deren Auffüllung bot sich den damals handelnden Kräften, denen das Verständnis für die historische Notwendigkeit einer Umdeutung des Antifaschismus abging, vielfach nichts anderes als reinste Machtpolitik an. Die 1945/46 einsetzende Spaltung Deutschlands und Europas begann mit einer Teilung und Verengung des ursprünglichen Antifaschismus, die diesen überall – hüben wie drüben – einer neuen Instrumentalisierung unterwarfen.

In der Sowjetischen Besatzungszone und der späteren DDR äußerte sich dieser Prozess vor allem in der Tatsache, dass es eine dialektische Wechselbeziehung von Befreiung, die noch dazu kaum als solche empfunden worden ist, und auf ihr aufbauender Einbindung in fremdbestimmte Machtstrukturen, in solche von stalinistischem Typ gab. Der für solchen widersprüchlichen Tatbestand von Ralph Giordano verwendete Begriff des »verordneten Antifaschismus«[4] ist meines Erachtens zu schwach. Der jüngst von Wolfgang Ruge vorgeschlagene Begriff eines »epigonalen Stalinismus«[5] ist für diese Frühzeit wohl zu stark. In beiden steckt jedoch ein realer Kern. Zur weiterführenden Diskussion stelle ich – ohne Anspruch auf eine völlig zutreffende Begrifflichkeit – meine Sicht auf einen subjektiv begrenzten, weil von Utopien und bloßen »Umkehrungs«-Absichten getragenen Antifaschismus. Die »Umkehrungs«-Denkstruktur unterlag sowohl einer externalen als auch internalen Logik. Faschismus und Stalinismus forderten sozusagen gemeinsam ihren Tribut.

Nach meiner Auffassung waren Erfahrung und Mentalität der damals agierenden Kräfte emotional von der Erinnerung an ihre schlimme Niederlage von 1933 geprägt, die man noch dazu der Macht der »anderen« als dem eigenen Fehlverhalten zuschrieb. Als eigenes Denkschema galt: Die Gesellschaft besteht allein aus zwei Teilen, zwei Klassen, zwei Systemen. Wie 1928 der VI. Weltkongress der Kommunistischen Internationale den Kampf gegen den Faschismus mit der Losung »Klasse gegen Klasse« fehlorientiert hatte, so nahm sich die Welt in diesem Denken so aus: Hier die Sieger, dort die Besiegten; jetzt sind wir die Sieger. Und Sieger sein, das hieß für sie vor allem, nunmehr selbst Macht auszuüben und so alle Probleme der eigenen Vergangenheit und der Gegenwart lösen zu wollen. Eine neue Misserfolgsvariante des Verhältnisses von Macht und Massen war damit aber regelrecht programmiert. Denn jeder Versuch zur Schaffung solider Fundamente einer antifaschistisch-demokratischen Veränderung der gesellschaftlichen Verhältnisse verlangte unerbittlich antifaschistisches Denken und Handeln – bis 1945 nur bei absoluten Minderheit des deutschen Volkes vorhanden – unter den Massen zu verbreiten und durchzusetzen.

Die Ausgangssituation des Antifaschismus war 1945 außerordentlich zwiespältig. Die Chance, die militärische Befreiung vom Diktaturregime der NSDAP für eine demokratisch-antifaschistische Revolution zu nutzen, erstickte in neuen antidemokratischen Strukturen, in denen mehr und mehr antifaschistisch verbrämte Zwecke selbst die Mittel zur Deformation und Sinnentleerung des Antifaschismus heiligen sollten. Dies erfolgte allerdings keineswegs schlagartig, weder linear noch widerspruchslos, so dass auch nach den Alternativen zur stalinistischen Ausbildung des Herrschaftssystems in der DDR zu fragen ist. Schon gar nicht wird man pauschal behaupten dürfen, die bereits in der Anfangs- und Gründungszeit der DDR angelegten Hauptschwächen des Antifaschismus hätten sein späteres Scheitern automatisch bedingt. Angesichts der generellen Ambivalenz seiner Inhalte wären die Formierung einer breiten und wirklich demokratisch-antifaschistischen Massenbewegung und die Schaffung eines von ihr getragenen Staates durch aus möglich gewesen; ohne diesen Faktor hätte übrigens die DDR nicht vier Jahrzehnte existieren können. Der Kalte Krieg, die Spaltung Deutschlands und die traditionelle Ohnmacht der Arbeiterbewegung in der nationalen Frage boten den Rahmen für eine Entwicklung, in deren Verlauf das im Widerstandskampf geborene Prinzip der »Überparteilichkeit« des Antifaschismus durch Einseitigkeit und bündnissprengende Hervorkehrung der Kommunisten verschwand.

Der Antifaschismus begann seine unbestreitbare Geschichtswirksamkeit zu verlieren, als ihm unter dem Zeichen einer sich gegen ihn selbst richtenden »Konsequenz« neue Inhalte aufgeprägt wurden. Er geriet bereits 1948 in eine erste Krise und vermochte auch seine große Bewährungsprobe 1952/53 nicht zu bestehen. In der zweiten Hälfte der 50er Jahre, als die Losung »Deutsche an einen Tisch!« zurückgezogen wurde und schließlich selbst die Idee einer deutschen Konföderation scheiterte, verlor der Antifaschismus auf deutschem Boden auch noch seine ohnehin recht problematische nationale Dimension. In der Honecker-Ära, die an und für sich mit einer zarten Wiederbelebung der Antifaschismuspropaganda begann, war dies dann mit dem Bestreben verbunden, alle nationalen Aspekte durch theoretische Konstruktionen und Surrogate zu ersetzen. Das in den 60er Jahren geschaffene »Loch« in der Geschichte des Antifaschismus der DDR blieb dennoch offen.

Was also hinsichtlich des offiziellen Antifaschismus in der DDR stattfand, war eine zunehmende Einengung seiner politisch-ideologischen und seiner weltanschaulich-moralischen Basis. Einzelne, auch geschichtswissenschaftliche Bemühungen[6], erneut die soziale, politische und weltanschauliche Breite des antifaschistischen Widerstandes zu betonen – beispielsweise im Zusammenhang mit dem 40. Jahrestag des Attentats auf Hitler vom 20. Juli 1944 – setzten zu spät ein und blieben in Ansätzen stecken. Die Preisgabe des Antifaschismus betraf solche Werte wie die Gleichberechtigung aller antifaschistischen Kräfte, Toleranz, ausgewogene Machtteilung, Verständnis und Respekt gegenüber Andersdenkenden, kritische Selbsteinschätzung im immer wieder neuen Zugehen auf den Anderen. Auch das muss als Folge einer voluntaristischen Beseitigung der demokratischen Inhalte des Antifaschismus sowie der ungehemmten Orientierung auf das Prinzip der »führenden Rolle« der SED in der Gesellschaft gesehen werden.

Dennoch gilt es realgeschichtlich festzustellen, dass diese Veränderungen in den 50er, 60er und frühen 70er Jahren die Wirkungsfähigkeit auf das Denken und Fühlen großer Teile der Bevölkerung zwar beeinträchtigten, jedoch nicht gänzlich verlieren ließen. Auch wenn es schwer fallen will, unter dem Eindruck jüngster Entwicklungsprozesse damalige Bewusstseinsinhalte und Mentalitäten anders zu fassen, darf nicht übersehen werden, dass es durchaus eine Entfaltung des »natürlichen«, des elementaren Antifaschismus im Rahmen der ihm verordneten Grenzen gab. Wenn gegenwärtig viele Menschen angesichts der existentiellen politischen Orientierungs- und Entscheidungsprozesse solche Differenziertheit verschmähen, kann Verständnis obwalten; die erforderliche geschichtswissenschaftliche Redlichkeit darf an ihr nicht vorüber gehen. Vielleicht ist es daher kein Zufall, dass ausgerechnet ein Historiker, Jürgen Kocka, erklärt hat, die DDR werde »heute im Rückblick ›unter Wert‹ beurteilt.« Seine Fragestellung lautet: »Wenn es wirklich so schlimm war, wie erklärt sich dann die jahrelange Ruhe?«[7] Ja, es gab sogar Phasen, in denen eine Zunahme der Identifikationsbereitschaft mit dem antifaschistischen Anspruch erkennbar war. Zu erinnern ist an die breite Welle der Solidarität mit den Opfern und Verfolgten des Pinochet-Regimes nach dem Putsch vom 11. September 1973, in jüngster Zeit an das große Interesse für die Ausstellung »Topographie des Terrors« sowie an die häufig spontanen Reaktionen auf die verstärkt zutage tretenden Tendenzen des Rechtsextremismus.

Zufriedenheit und Akzeptanz, ja auch ein gewisser Stolz galten dem Signum Antifaschismus, als dieses durch die diplomatische Anerkennungswelle international aufgewertet wurde und sich bei dem ehemaligen Widerstandskämpfer Honecker Politiker aller Couleur und aus allen Teilen der Welt gegenseitig die Klinke in die Hand gaben. In dieser Hinsicht – wenigsten in dieser – sind wir besser als die Bundesrepublik, so dachten viele Menschen, die zugleich altem wie neuem Revanchismus, alter wie neuer Ausländerfeindlichkeit und Kriegspolitik keinerlei Chancen einzuräumen bereit waren. Dabei schenkten sie der These vom Bollwerk DDR gegen neue Gefahren dieser Art willig Glauben. Für viele Menschen nahm das Wissen um die antifaschistische Grundorientierung den Charakter einer Überzeugung und des Selbstverständlichen an. Kritisches Hinterfragen tatsächlicher Vorgänge konnte so erfolgreich verhindert werden. Die bohrenden Fragen kamen von außen und erschienen allein deshalb als fragwürdig. Das, was selbst als konsequente Bewältigung der braunen Vergangenheit empfunden wurde, fand eine emotionale, in demonstrativen Stolz eingehüllte Verteidigung. Alle Diskussionen über den Antifaschismus, die ernsthaft erst 1987/88 einsetzten, verliefen in den Gleisen einer inneren Logik von Positionen der in diese Form des Antifaschismus Hineingewachsenen und an ihr Beteiligten.

In ihrer Mentalität muss wohl die übergroße Mehrheit der DDR-Bevölkerung als antifaschistisch gesinnt eingeschätzt werden. In den Strukturen des politisch-moralischen Bewusstseins, soweit dies aus den spärlichen sozialwissenschaftlichen Untersuchungen des Leipziger Zentralinstituts für Jugendforschung hervorgeht[8], traten Ende der 70er Jahre stagnative und rückläufige Trends bei bestimmten politischen Einstellungen zutage und verlief der Verfall einzelner »sozialistischer« Überzeugungen und Werte zeitlich inkongruent.

Bedeutsamer als die temporäre Verschiebung im Prozess des Werteverfalls, die sich natürlich bei den einzelnen sozialen und politischen Gruppen sehr unterschiedlich vollzog, ist m. E. ein gewisser Beharrungseffekt in den Denkstrukturen selbst. Wiederum soll zur Erläuterung dieses Gedankens die Hilfe einer Episode in Anspruch genommen werden. Georg Lukács erwähnt in »Geschichte und Klassenbewusstsein« ein Gleichnis: Brahmanen, die über Jahrhunderte geglaubt hatten, dass die Erde von einem großen Elefanten getragen würde, fragten eines Tages beunruhigt den Oberbrahmanen, worauf denn der Elefant stehe. Dessen Antwort lautete nur, auf einer Riesenschildkröte, worauf alle Brahmanen wieder beruhigt an ihre Tätigkeit gingen.[9] Letzte Annahmen, auf denen ganze Ideologien und Systeme beruhen, sind also oft trivial und werden trivial erneuert oder neu fundiert, sollten sie doch einmal hinterfragt werden.

In solcher Brahmanen-Haltung befanden sich m. E. auch jene, die in der DDR ein kritisches und oppositionellen, gleichzeitig aber antifaschistisches Potential darstellten. Handelte es sich um Blindheit oder »nur« um den begrenzten Blickwinkel der in diese Bedingungen Hineingewachsenen? War es tatsächlich eine systemstabilisierende Haltung, wenn Mängel und Diskrepanzen zwar erkannt worden sind, ihre Erklärung aber systemimmanent erfolgte, so dass sich in der Regel auch alternatives Denken im Rahmen des Systems bewegte?

Die eigentliche und entscheidende historische Diskreditierung des Antifaschismus auch im Bereich der subjektiven Interpretation erfolgte aus meiner Sicht parallel zur »realsozialistischen« Realitätsverschleierung seit Mitte der 70er Jahre. Der bis dahin durchaus dominierende und nach 1961 sogar gestärkte antifaschistische Konsens in der DDR wurde in jenem Zwiespalt zerrieben, der sich zwischen den von der DDR aktiv unterstützten weltweiten Entspannungstendenzen (Helsinki, INF-Vertrag usw.) einerseits und dem offiziell fixierten Kurs auf Verweigerung jeglichen politischen Dialogs im Inneren andererseits auftrat. Die dadurch bedingte Begrenzung des Antifaschismus auf die Außenpolitik und seine innenpolitisch-konzeptionelle Entleerung verhinderten seine an und für sich unabdingbare Fortentwicklung, seine mögliche Anpassung an die neuen Verhältnisse. Hinzu kam die ohnehin vorhandene, anfänglich sogar schwer durchschaubare Tendenz zur Ritualisierung des Andenkens an den antifaschistischen Kampf im Widerstand. Sie potenzierte sich nicht zuletzt mit der offensichtlichen Missachtung der neuen Generationsprobleme sowie mit jenen allgemeinen Erscheinungen, die im Herbst 1989 als »politbürokratische Arroganz der Macht« gekennzeichnet worden sind.

So wird man – sicher etwas zugespitzt und verabsolutiert, aber vielleicht nicht ganz unzutreffend – sagen können: Die DDR und mit ihr auch das Ideal einer gerechten Gesellschaft auf neuen sozialen Grundlagen sind neben den gravierenden ökonomischen Problemen und den internationalen Entwicklungsprozessen auch ganz wesentlich an der Verwendung und schließlich am Verluste des Antifaschismus gescheitert. Die Selbstpreisgabe eines ihrer wichtigsten Fundamente vollzog sich in langer Zeit, was verbal und rituell überspielt werden konnte. Als die Probleme für die SED-Führung nicht mehr lösbar waren, sah sie nur noch einen Ausweg in der »Umkehrung« des Antifaschismus durch flächendeckende Staatssicherheitsaktionen. Dies beschleunigte den Zusammenbruch, weil für die Bürger der DDR gerade auf diesem für sie so wichtigen und elementaren Identifikationsfeld Anspruch und Realität auseinander fielen.

Umso erstaunlicher bleibt die Tatsache, dass sich die lebenskräftigen Spuren des so arg missbrauchten Antifaschismus, genauer: die seiner unveräußerlichen Inhalte verstärkten, als im Herbst 1989 die Fesseln einer erstarrten Bindung an die offizielle Staatspolitik fielen. Sie fanden Eingang in die Programmatik der meisten politischen Bewegungen und Parteien, die sich nach dem Oktober 1989 neu formierten. Aus dem elementaren antifaschistischen Denken erwuchs m. E. auch das eigentliche »Wunder« in der Wende: die Gewaltlosigkeit, die friedliche Revolution, deren Bedeutung wohl erst von künftigen Historikergenerationen erkannt werden wird.

Heute stellt sich die Situation des Antifaschismus anders als im Herbst 1989 dar. Angesichts einer breiten nationalen Euphorie und gleichzeitig dominierender sozialer Beunruhigung lassen sich kaum Indikatoren finden, die zutreffende Aussagen erlauben. Der Antifaschismus ist als Begriff und als politisch-moralische Lebensorientierung maßlos diskreditiert. Bedrückende, ja geradezu schmerzhafte Erfahrungen führten dazu, dass viele Menschen heute das Wort nicht einmal hören möchten. An eigenständiger Ritualisierung und Ikonisierung, an Monumentalköpfen auf hohem Sockel sind letztlich auch seine visionären Inhalte gescheitert. Darüber leidet selbstverständlich die von linken Kräften in der DDR bereits seit vielen Jahren[10] und jetzt verstärkt durchgeführte Debatte[11] um eine Erneuerung des Antifaschismus.

Für meinen Gedanken, dass es möglich sein muss, den veralteten und in Verruf geratenen Begriff beiseite zu lassen und sich unbelasteter, ja auch unvoreingenommener auf unveräußerliche Inhalte zu konzentrieren, führe ich abschließend bewusst eine Stimme an, die in keinem Verdacht stehen dürfte, das Geschäft des gescheiterten »Realsozialismus« betreiben zu wollen. Heinz Abosch gelangt in der »Neuen Zürcher Zeitung« vom 13. Februar 1990 bei seinen äußerst kritischen Betrachtungen über das Verhältnis der Kommunisten zum Antifaschismus zu einer in meinen Augen sehr bemerkenswerten Schlussfolgerung. Diese lautet: »Der Antifaschismus ist nicht überholt als Ausdruck *demokratischer Wachsamkeit*, wohl aber die kommunistische *Manipulation* des Begriffs.«[12]

In diesem Sinne muss die Frage erlaubt sein: Wie antifaschistisch wird die neue Bundesrepublik sein, wie antifaschistisch das künftig geeinte Europa? Weitere Fragen drängen sich ebenfalls auf: Was wird passieren, wenn erneut für die Gestaltung von gesellschaftlichen Verhältnissen sowie für Staatenbündnisse das einigende Band gemeinsamer Gegnerschaft, gemeinsamer Ängste und Abwehr-Blickrichtungen entfällt? Wie tragfähig werden neue sicherheitspolitische Konzepte sein, die zumindest in Europa nicht mehr vom Gegeneinander ausgehen können, sondern vom Miteinander und auf gegenseitig akzeptierter Kooperationsbereitschaft und Konfliktlösungsfähigkeit beruhen müssen? Wohin wird der wirtschaftliche und politische Machtzuwachs in Europa führen, wie kann er konstruktiv als demokratische Schubkraft einer gesamteuropäischen Integration genutzt werden?

Fragen über Fragen! Sie dürfen nicht ohne Antwort bleiben, soll der Antifaschismus nicht erneut Verlust erleiden, sollen seine Verfechter nicht wiederholtem Sich-Verlieren entgegengehen.

Anmerkungen

1 Vgl. R. Richter: Antifaschismus vor neuen Anforderungen. In: BzG, H. 6/1990, S. 772. ff.

2 Vgl. H. Weber: Die DDR-Geschichtswissenschaft im Umbruch? Aufgaben der Historiker bei der Bewältigung der stalinistischen Vergangenheit. In: Deutschlandarchiv, H. 7/1990, S. 1070.

3 Siehe dazu auch die früheren Beiträge des Verfassers zu diesem Thema: Antifaschismus und Friedenskampf. Versuch eines thesenartigen Vergleichs zwischen der Geschichte des antifaschistischen Widerstandskampfes und dem gegenwärtigen Ringen um die Verhinderung eines dritten Weltkrieges. In: Geschichte – Frieden – Wissenschaft. Beiträge zur Krieg-Frieden-Problematik, Jena 1983, S. 101 ff.; ders., Vom antifaschistischen deutschen Widerstandskampf zum Staat des konsequenten Antifaschismus. In: Zwyciestwo nad Faszyzmem i jego Skutki. Pod redakcja Lubomira Zyblikiewicza, Krakow (1988) S. 375 ff.

4 R. Giordano: Die zweite Schuld oder Von der Last ein Deutscher zu sein. Hamburg und Zürich 1987, S. 215 ff.

5 W. Ruge: Die Doppeldroge. Zu den Wurzeln des Stalinismus. In: Sonntag, 2/1990.

6 So formulierte R. Richter nachdrücklich auf dem VIII. Historiker-Kongress der DDR am 1.2.1989: »Es gibt für die DDR keinen Sozialismus ohne Antifaschismus.« (R. Richter, H. Simon, F. Schumann, M. Weißbecker: Antifaschismus in der DDR. Traditionswurzeln, geschichtliche Leistungen, neue Anforderungen. In: Bewährte Strategie – erfolgreiche Praxis. Beiträge zur Geschichte der SED und der DDR in den siebziger und achtziger Jahren. Hrsg. von R. Richter, E. Geyer, R. Leonhardt, H. Meier. Berlin 1989, S. 43.

7 Zit. in H. Jäckel: Schiefe Bilder und der getrübte Blick aufs Ganze. Die DDR-Berichterstattung: Anmerkungen zu einem publizistischen Sündenfall. In: Frankfurter Rundschau vom 11.8.1990.

8 Vgl. W. Friedrich: Mentalitätswandlungen der Jugend in der DDR. In: Aus Politik und Zeitgeschichte. Beilage zur Wochenzeitung Das Parlament, B. 16-17, 13.4.1990, S. 25 ff.; Vgl. auch Ch. Köhler: Die Widerspiegelung des antifaschistischen Widerstandskampfes im Geschichtsbewusstsein 8dargestellt am Bezirk Leipzig), Diss. A., Berlin 1980.

9 Georg Lukács: Geschichte und Klassenbewusstsein. In: Werke, Bd. 2, Neuwied und Berlin 1968, S. 286.

10 Vgl. K. Gossweiler: Was ist Antifaschismus? Welche Bedeutung hat er heute? IN: Jenaer Beiträge zur Parteiengeschichte, H. 47/1984, S. 89 ff.; Stefan Hermlin: Es ist ein Schicksal der Antifaschisten: Sisyphus sein. In: Junge Welt, 16.9.1988.

11 Vgl. R. Richter: Antifaschismus vor neuen Anforderungen, S. 777 f.

12 Heinz Abosch: Die Kommunisten und der Antifaschismus. Ein Erbe mit vielen Fragen. In: Neue Zürcher Zeitung, 13.2.1990.

Verlorene Chancen

Nachbetrachtungen eines ostdeutschen Historikers zur Dokumentation »Operation Mauerdurchlöcherung«*

Spannungsgeladene, aufregende und nachdenklich stimmende Texte stürmen auf den Leser ein, der zu dieser Publikation greift. Ihm offenbaren sich originäre Quellen und überaus selten anzutreffende Zeugnisse einer anspruchsvollen historischen und politisch-moralischen Debatte unter Wissenschaftlern, Künstlern und Studenten. Drei Jahrzehnte später geben sie interessante, ja auch überzeugende Auskünfte zu geschichtlichen wie aktuellen Problemen. In unserer heutigen Zeit – sie ist wiederum außergewöhnlich reich an Auseinandersetzungen aller Art und geprägt von einer intensiven Suche nach neuer geistiger Standortbestimmung – lohnt der Blick zurück in ganz besonderem Maße.

---

* Veröffentlicht in: Reinhard Hübsch und Friedrich-Martin Balzer (Hrsg.): »Operation Mauerdurchlöcherung«. Robert Neumann und der deutsch-deutsche Dialog, Bonn 1994, S. 213-224. Das Buch dokumentiert vor allem zwei Veranstaltungen, die vom österreichisch-britischen Schriftsteller und Publizisten Robert Neumann initiiert und vom Präsidenten der DDR-Volkskammer Johannes Dieckmann unterstützt wurden. Sie fanden am 5.7.1961 an der Philipps-Universität Marburg und am 16.11.1962 in der Humboldt-Universität Berlin statt. Das Thema beider Vortrags- und Diskussionsrunden lautete: »Was geht uns Eichmann an?«. Reinhard Hübsch schrieb am Ende seiner Einleitung: »Die Diskussionen in Marburg, Ostberlin und Köln sorgten für hitzige Debatten – dass in deren Verlauf auch persönliche Eitelkeiten, Neid und Ranküne eine Rolle spielten, mag kaum überraschen. Viel wichtiger aber erscheint, dass – wenngleich politisch folgenlos – ein intra- wie internationaler Dialog forciert wurde, der den Kreuzungspunkt der zeitgenössischen Debatten thematisierte: die Geschichte des deutschen Faschismus wie den Kalten Krieg.« (S. 12) Dass mein Beitrag – auf Anregung durch Friedrich-Martin Balzer 1993/94 verfasst – zusammen mit meinem Artikel anlässlich des 85. Jahrestages des 30. Januar 1933 den vorliegenden Sammelband abschließt, schuldet sich der außerordentlich hohen Aktualität jener 1961/62 und erneut seit 1990 »vertanen Chancen« zu Gunsten einer von Kriegen und Kriegsgefahren, von Nationalismus und Rassismus, von sozialer Ungerechtigkeit und diktatorischen Machtbestrebungen freien, menschenwürdigen Zukunft.

Die an dieser Stelle erstmals dokumentierte Debatte fand in beiden Teilen Deutschlands statt. Sie spiegelt den schwierigen Umgang mit den braunen Schatten der deutschen Vergangenheit in einer feindseligen deutsch-deutschen Gegenwart wider. Ausgelöst wurde sie durch den Eichmann-Prozess[1] sowie durch ungeheuerliche antisemitische Schmierereien[2], aber auch durch den Bau der Berliner Mauer am 13. August des Jahres 1961 und das strikte Gegeneinander in der offiziellen Politik der beiden deutschen Staaten.

Robert Neumann wagte in dieser Situation ein Experiment. Über Grenzen hinweg, sich selbst in der Rolle eines »Briefträgers« sehend, wollte er das historisch-aufklärerische Gespräch führen helfen und gleichzeitig einen politischen Dialog – den er als notwendiges Mittel zur Behebung der friedensbedrohenden Spannungen im Verhältnis der Großmächte betrachtete – von unten her anregen. Ihm gebühren Dank und Anerkennung, auch wenn sein Versuch letztlich scheiterte und chancenlos blieb. Es gab zwar in der Folgezeit noch einige Versuche, doch eine sinnvolle öffentliche Debatte kam nicht zustande.[3]

Die eindrucksvolle Emotionalität der von 1961 bis 1964 in Marburg und Berlin geäußerten Meinungen und Fragen erlauben dem heutigen »Nachbetrachter«, ebenfalls von eigenen Empfindungen zu sprechen und persönliche Erinnerungen einzubringen, obwohl es hier in erster Linie um die Analyse von Anliegen und Hintergründen, von Stärken und Schwächen jener Ansätze gehen soll, die damals in der deutsch-deutschen Hochschul- und Wissenschaftsgeschichte zaghaft und von gegenseitigen Vorurteilen belastet, verhaftet in missionarischem Drang und intolerantem Eifer erprobt worden sind. So prägen subjektive Befindlichkeiten eine erste Ebene, die den folgenden Überlegungen zugrunde liegt; eine zweite resultiert aus der Sicht des Historikers, der sich mehr oder weniger eingehend mit der Geschichte des Nationalsozialismus und des antifaschistischen Widerstandes[4] befasst hat, eine dritte entspringt den unmittelbaren Folgen einer heute wiederum falsch verstandenen »Vergangenheitsbewältigung«[5] für einen von deutsch-deutscher »Abwicklung« direkt betroffenen Hochschullehrer.[6]

Welche Fragen hätte ich gestellt, welche Auffassungen wären von mir vertreten worden bei einer Veranstaltung wie der an der Berliner Humboldt-Universität?

Im Bemühen um eine solche historische Konjunktiv-Konstruktion stoße ich kaum auf etwas Anderes als das dort Dargelegte. Gewiss, heute wäre manches diffiziler und differenzierter darzulegen, wenn vom gesellschaftlichen

Hintergrund für den Aufstieg des Nationalsozialismus und von den Ursachen des großdeutschen Expansionismus geredet wird. Die Verantwortung deutscher Monopolherren, Bankiers, Junker, Militärs usw. wäre überzeugender in die geschichtliche Gesamtkonstellation der agierenden Kräfte am Ende der Weimarer Republik einzuordnen. Die verhängnisvollen Fehler der KPD ließen sich nicht mehr ausklammern oder beschönigen. Neue Forschungsergebnisse haben alte Thesen hinfällig werden lassen. Erkenntnisfortschritte sind unübersehbar. Dennoch bleibt die damals gewiss überstrapazierte Frage nach der faschismusfördernden Rolle gesellschaftlicher Eliten aktuell; sie kann auch heute nicht zugleich mit der »Abwicklung« der DDR-Geschichtswissenschaft überflüssig gemacht werden.

Mit anderen Worten: Ich finde mich – trotz kritischer Rückschau – durchaus in einer ganzen Reihe von Aussagen wieder, vor allem in jenem elementaren Antifaschismus, der ganz offensichtlich die geistige und weltanschauliche Haltung der Teilnehmer (wie überhaupt vieler Menschen in der DDR) zu prägen vermocht hatte, und der sich hinsichtlich der geschichtlichen Probleme – weniger in den prononciert politischen Auffassungen – wesentlich vom offiziellen Bild in der DDR ebenso wie von den Rezeptions-Klischees in der BRD[7] abhob.

Die geschichtliche Sicht der Berliner Diskussionsteilnehmer impliziert wie selbstverständlich auch einen unverkennbaren Stolz auf den Antifaschismus des Landes, in dem sie lebten. Dies mag heute für jene nicht mehr »zeitgemäß« sein, die sich z. B. an den selbstgefälligen Eppelmannschen Verdikten[8] orientieren oder opportunistisch aus ihrer Erinnerung zu verdrängen bereit sind, was nicht mehr in die seit 1989/90 veränderte Landschaft passt. An der Tatsache, dass ein antifaschistisches Selbstverständnis vorhanden war, ändert sich dadurch jedoch nichts. Das gilt ebenfalls für das nachdrücklich artikulierte Gefühl, bedroht zu sein durch jene Kräfte in der Bundesrepublik, die sich so offensichtlich gegen jede Form von Antifaschismus wandten, die ehemalige Nazis und »Unverbesserliche«[9] in Amt und Würden ließen. Übersehen wurde dabei, dass im berechtigt oder unberechtigt anmutenden Stolz auf das »bessere« Deutschland jede Empörung über neonazistische Tendenzen im anderen deutschen Staat und die Hoffnung auf die Wirksamkeit der eigenen gesellschaftlichen Alternativ-Konzepte den Blick dafür verstellten, die westdeutsche Bundesrepublik in ihrer Gesamtheit und ihrem demokratischen Potential zu sehen.

Die Feststellungen zur vermeintlich konsequenten Überwindung des Faschismus in der DDR hoben keineswegs das Bestreben auf, die braune Vergangenheit intensiver kennenzulernen und Antwort auf jene Fragen zu finden, die bis dahin unbeantwortet geblieben waren; die Penetranz einer »parteilichen« Wahrheitsverfechterei trat erst später in den Vordergrund. Überhaupt wird eine Historiographiegeschichte der DDR erst noch zu eruieren haben, dass sich gerade in den 60er Jahren in der Geschichtswissenschaft das zu entwickeln begann, was den Namen Faschismusforschung verdient. Wirtschaftshistorische, parteiengeschichtliche und ideologiekritische Untersuchungen traten mehr und mehr aus den Schranken einer politisch orientierten Weltkriegsanalyse heraus, wie sie insbesondere mit den deutsch-sowjetischen Historiker-Konferenzen zum Thema »Der deutsche Imperialismus und der Zweite Weltkrieg« in den Jahren 1957 und 1959 fixiert worden waren.

Aus der Debatte an der Humboldt-Universität geht das Bestreben um Wissenserweiterung in großer Deutlichkeit hervor. Diese Aussage lässt sich keineswegs auf den Teilnehmerkreis begrenzen, wie auch immer er zustande gekommen und vorbereitet gewesen sein mag.[10] Diskutiert wurde dazu eigentlich überall in der DDR, beispielsweise anhand eines Filmes, der vielen Menschen in jener Zeit bedenkenswerte Eindrücke und Denkanstöße bot.[11] Dieser Film war zu Beginn der 60er Jahre von dem sowjetischen Dokumentaristen Michael Romm geschaffen worden und trug den Titel »Der gewöhnliche Faschismus«. Unvergessen bleibt für mich der Einstieg: Szenen spielender Kinder, verliebter junger Paare, schwatzender Frauen und besorgter Prüflinge. Der Zuschauer wähnt sich fast in einer unangekündigten Veranstaltung zu völlig anderer Thematik. Dem friedlichen Bild einer Mutter, die ihr Kind auf den Arm nimmt, folgen schließlich ein scharfer Bildschnitt, ein harter Schuss. Übergangslos erscheint das auch von Robert Neumann veröffentlichte[12] erschütternde Bild einer anderen Mutter mit ihrem Kind im Arm, die beide im Moment des Fotografierens von einem SS-Mann erschossen werden. Auf die Millionenzahl der Ermordeten verweisend, formuliert Romm an dieser Stelle die zentrale Frage seines Werkes: Wie viele Hände sind wohl nötig gewesen, um solch ein entsetzliches Völkermorden zu vollbringen? Die Nähe zu der Frage westdeutscher Diskussionsteilnehmer »Wie kommen Menschen zu den ungeheuerlichsten Sachen?«[13] liegt auf der Hand. Was anderes meinte wohl auch Robert Neumann, als er das überall diskutierte Problem in die folgenden Worte kleidete: »Wie konnte es geschehen, dass diese Ereignisse vor sich gingen innerhalb einer Nation, die eine der führenden kulturellen Nationen der Welt ist? Eine Nation mit einem geistigen Erbe wie kaum eine andere, mit Standards der persönlichen Anständigkeit, Korrektheit, der Begriffe von Treu und Glauben wie in kaum einer anderen […] Wie konnte es geschehen, dass etwa brave Familienväter diese furchtbaren Dinge getan haben?«[14]

Romms Film sahen viele junge Menschen. Alle Veranstaltungen – auch jene, die wir in Jena im Rahmen der Ausbildung von Geschichtslehrerstudenten organisierten – waren stets überfüllt. Betroffenheit und Nachdenklichkeit dominierten. Fragen nach den Ursachen des Sieg-Heil-Geschreis der Millionen und nach der geschichtlichen Rolle der fanatisierten Massen standen in jeder Lehrveranstaltung auf der Tagesordnung. Später, als der Film nicht mehr öffentlich vorgeführt werden durfte (aus Gründen, die verschwiegen wurden, wohl aber auf der Hand lagen; allzu sehr ließen sich die Bilder von nationalsozialistischen Aufmärschen, von Jubelveranstaltungen und vom Kult um den »Führer« mit aktuellen Vorgängen vergleichen), verknüpfte sich das große Interesse zunehmend mit Zweifeln an der Richtigkeit der dazu getroffenen amtlichen Entscheidungen. Aber auch das wachsende Misstrauen und die zunehmenden Einsichten in die Diskrepanz zwischen Anspruch und Realität verließen nicht den Rahmen eines antifaschistischen Grundverständnisses.

War nun dieser Antifaschismus ein »verordneter«?[15] War er diktatorisch und unrechtmäßig erzwungen worden? Mussten die Berliner so reden, wie sie es taten? Vermutungen und Behauptungen diese Art gehen an der Geschichte vorbei. Sie beschränken die Geschichte der DDR auf den von Ralph Giordano völlig zu Recht kritisierten, weil die Humanitas teilenden Staats- und Partei-Antifaschismus, auf den Missbrauch des elementaren Antifaschismus, auf seine Ritualisierung und Formalisierung. Nein, einen elementaren Antifaschismus hat es unter großen Teilen der Bevölkerung stets gegeben. Meine These lautet in diesem Zusammenhang sogar, dass die DDR ohne ihn nicht über vier Jahrzehnte hinweg hätte existieren können.[16] Dieser Antifaschismus äußerte sich im alltäglichen Leben, in geschichtswissenschaftlichen und anderen Darstellungen, vor allem aber auch in Kunst und Literatur. Von letzterem zeugen um nur einige Beispiele zu nennen: die weite und auflagenstarke Verbreitung des Romans »Kindheitsmuster« von Christa Wolf, die begeisterte Aufnahme der großen Rede Konrad Wolfs zur zeitgemäßen Notwendigkeit des Antifaschismus[17] und nicht zuletzt auch die intensive Aufführungspraxis des Stückes »Bruder Eichmann« von Heinar Kipphardt an zahlreichen Theaterbühnen der DDR.[18] Weitere Beispiele ließen sich in Hülle und Fülle anführen[19], wobei zu beklagen bleibt, dass eine umfassende Geschichte des Antifaschismus in der DDR noch nicht geschrieben worden ist.[20] Sie hätte den elementaren Antifaschismus ebenso zu berücksichtigen wie die Tatsache, dass sich dieser letztlich doch als unfähig erwies, zu einer wirklich antifaschistischen Position, d. h. zu einer partei- und richtungsübergreifenden, von Humanismus und breitem Demokratieverständnis geprägten Haltung zu gelangen.[21]

Als Robert Neumann 1961 erstmalig seinen Vortrag zum Thema »Was geht uns Eichmann an?« hielt, als Fragen und Erklärungen durch die überfüllten Veranstaltungsräume in Marburg und Berlin schwirrten. als sich Befürchtungen aller Art wie auch zarte Hoffnungen artikulierten – da sah die Welt völlig anders aus als heute. Beide Blöcke standen einander waffenstarrend und in ideologisierter Feindschaft gegenüber. Jederzeit konnte ein einziger Funke genügen, um den kalten in einen heißen Krieg umschlagen zu lassen. Nicht nur für die Deutschen hätte dies den todsicheren atomaren Untergang bedeutet. Die einzig denkbare Alternative hieß: Vernichtung oder Leben. Ein Atomkrieg sei nichts anderes als ein »Gattungsmord«, konstatierte Wieland Herzfelde in der Berliner Diskussionsrunde.[22] Aus einer solchen Sicht resultierte selbst in der Gedankenwelt von Wissenschaftlern die verbreitete Akzeptanz allzu schlichter Kategorien von Sozialismus oder Imperialismus, von Marxismus-Leninismus oder bürgerlicher Ideologie, von gut oder böse, von weiß oder schwarz. Strikt bipolar angelegte Sichtweisen drängten sich in den Vordergrund, alle Zweifel und alles Suchen nach Veränderungen innerhalb des sozialistischen Systems überlagernd. Dies konnte nicht ohne Folgen für die Sicht auf das nationale Problem im geteilten Deutschland bleiben. Die von der SED- und DDR-Führung erhobene Forderung, wenigstens »ein Minimum an korrekten Beziehungen und Vereinbarungen«[23] zwischen beiden deutschen Staaten herzustellen. leuchtete ein und erschien vielen als schwieriger, aber einzig gangbarer Ausweg.

Die im Konföderationsgedanken liegenden Chancen wurden von beiden Seiten aus unterschiedlichen Gründen nicht genutzt, ja teilweise sogar hintertrieben. Die Divergenzen zwischen Deutschland Ost und Deutschland West vergrößerten sich. Und überall ließ sich mit den zu Stereotypen erstarrten Gedanken und Worten scheinbar trefflich streiten. Einzig der gegenseitig erhobene Vorwurf, wissenschaftliche Thesen und Theorien zu simplifizierenden politischen Kampfbegriffen verkommen zu lassen, schien Grenzen überschreiten zu können. Allenfalls gelang der Austausch der Klischees, wobei introvertierte Erfolgserlebnisse ausreichend Befriedigung versprachen. Von einem Dialog im Sinne des Miteinandersprechens konnte keine Rede sein. Der Dialog vollzog sich als Parallelität einseitiger Monologe. Die Kenntnisse über Auffassungen und Probleme der jeweils anderen Seite verringerten sich rapid. Ich frage mich, welche Wirkung wohl damals Robert Neumanns Wort ausübte: »Ihr wisst von Westdeutschland so wenig wie die Westdeutschen von Euch.«[24] Die Protokolle liefern dazu leider nur schwache Anhaltspunkte. Spiegeln sie in dieser Hinsicht auch den Geist ihrer Zeiten wider, der noch allemal der Herren eigener Geist gewesen ist?

In der Realität bezog sich dennoch alle deutsche Politik unentwegt aufeinander. Weder in West noch in Ost gab es jemals Entscheidungen, die ohne den Blick über die Mauern gefällt worden wären. Nirgendwo fehlten gesamtdeutsche Vorstellungen, trotz aller wechselseitiger Alleinvertretungsansprüche, trotz demonstrativer Abgrenzung und konträrer Feindbildfixierung. Die SED bekräftigte 1963 in ihrem neuen Parteiprogramm das Ziel, die deutsche Einheit wieder herzustellen.[25] Dem ging 1962 eine breite »Volksaussprache« (organisiert wurden über 600.000 Veranstaltungen) zu einem sogenannten nationalen Dokument voraus, in dem die Bereitschaft zur konföderativen Verständigung mit der BRD einen zentralen Rang einnahm. Es ist nicht berechtigt, in diesem Zusammenhang allein von Demagogie und bloßer Agitation zu sprechen.[26] Selten wurde versucht, die SED-Führung beim Wort zu nehmen und Chancen auszuloten. Ebenso wenig dürfte es Sinn machen, die Geschichte der DDR nicht als Teil der deutschen Nachkriegsgeschichte zu sehen, sondern als Teil der sowjetischen Herrschaft in Ost- und Mitteleuropa und allenfalls als schäbigen Appendix einer Erfolgsgeschichte der BRD zu betrachten, wie manche heute glauben machen wollen.[27] Vergangenheitsbewältigung, mit allen Folgen für die Betroffenen, statt Vergangenheitsbewältigung und Aufarbeitung aller Schatten der deutschen Geschichte?

Schwierigkeiten im Umgang mit Vergangenem gehören offensichtlich in jede Gegenwart. Problematisches lässt sich in dieser Hinsicht zu allen Zeiten und in aller Welt beobachten; seit langem werden bereits diverse Theorien und Typologien von »Vergangenheitsbewältigung« diskutiert.[28] Vielleicht lässt sich sogar behaupten, dass die gesamte deutsche Geschichte im 20. Jahrhundert mit den beiden Weltkriegen sowie mit den Zentralereignissen von 1918, 1933, 1945 und 1989 stets auch von den Folgen eines unzureichenden Umgangs mit der Geschichte geprägt war.

Nach dem Zweiten Weltkrieg äußerten sich solche Schwierigkeiten im zweigeteilten Deutschland fern jeglicher normaler Umgangsformen. Der Kalte Krieg und die mitten durch das Land verlaufenden Systemgrenzen wirkten sich verheerend aus. Heute, da beides überwunden scheint, tun sich Deutsche in West und Ost schwerer als je zuvor mit ihrer jüngsten Geschichte. Auch in dieser Hinsicht kann man sich kaum dem Eindruck entziehen, dass der Kalte Krieg nichts anderes als ein großes geistiges Vakuum hinterlassen hat und alte Feindbilder nur geringfügig modifiziert recht munter ihr altes Unwesen weiter treiben.

* * *

Wie würde wohl heute die Debatte von damals ablaufen? Bei diesem Gedanken bewegen mich Skepsis und Zorn. Äußerlich gesehen ist dem Gegeneinander erneut nicht mehr als ein einfaches und Chancen verderbendes Nebeneinander gefolgt. Machtpolitische und parteienegoistische Interessen verhindern eine wirkliche Aufarbeitung der Geschichte. Bei allem Verständnis, das gegenüber den tiefen Wunden und historischen Belastungen aufzubringen ist, bedeutet die gegenwärtige Praxis des Umgangs mit der DDR-Geschichte allzu oft ein schlichtes Umgehen von tatsächlich Gewesenem und Gewolltem. Unbewusste Erinnerungsverflachung und bewusste Selbsttäuschung gehen einher mit neuerlichen Verdrängungs-Effekten. Wie oft begegnet man einem ebenso simplen, weil ausschließlich politisch motiviertem Verabsolutieren einzelner Seiten der Geschichte je nach Gelegenheit und Erfordernis.

Gerade im Geschichtsdiskurs unserer Tage offenbaren sich erschreckende Verständnislosigkeit, Dogmatismus und Unversöhnlichkeit. Auch Denunziationsgelüste und Rachsucht bewirken vielfach ein Bild, das NS-Herrschaft und »SED-Unrechtsstaat« absichtsvoll, aber unzulässig miteinander mischt. Viele unter jenen, die sich heute zur Geschichte äußern, unterliegen der Versuchung, mit ihrer Hilfe eine sonst kaum zu rechtfertigende Politik zu betreiben. Instrumentalisierung findet ständig statt, gleich ob in regierungsoffiziellen Enquete-Kommissionen oder anderen geschichtssüchtigen Vereinen, gleich ob in der einen oder anderen Partei; gleich in welchen der öffentlichen oder privaten Medien. Es liegt außerdem nahe – denke ich etwa an die Querelen um den »Forschungsschwerpunkt Zeitgeschichtliche Studien« in Potsdam[29] – von einer instrumentalisierenden Geschichtspolitik zu sprechen. Vor allem in populären Darstellungen scheint Orwells »Ministerium der Wahrheit« manch neue Blüte zu treiben; zwar fein gesponnen und auch frei von diktatorischer Plumpheit, zwar von betörendem Duft und marktwirtschaftlich orientiert, aber dennoch oft genug abseits jener hehren Ansprüche, die auf den Fahnen der freiheitlich-demokratischen Grundordnung geschrieben stehen.[30]

Der Forderung, die Geschichte des Nationalsozialismus müsse nunmehr völlig neu geschrieben werden, kann wohl jeder Historiker grundsätzlich zustimmen: Befreit aus den Fesseln des Kalten Krieges, getragen von den Fortschritten diverser Wissenschaftsgebiete, können und sollten sich Geschichtswissenschaftler neu, unvoreingenommen, komplex und interdisziplinär der Frage zuwenden, wie faschistische Diktatur und Zweiter Weltkrieg, wie der Holocaust eigentlich möglich gewesen sind. Selbstverständlich macht jede neue Gegenwart, machen neue Generationsbelange und die zunehmende zeitliche Erweiterung unseres Betrachtungshorizonts Vervollständigung und Modifikation geschichtlicher Ortsbestimmungen aller Art unumgänglich.

Es dürfte jedoch, wenn es um die Geschichte des deutschen Faschismus geht, nicht konsensfähig sein, ein solches Bemühen mit einer grundsätzlichen Veränderung humanistisch-demokratischer Messlatten und antinationalsozialistischer Kriterien zu verknüpfen oder, wie Ernst Nolte es jüngst getan hat, hemmungslos von der »Größe und Tragik des Nationalsozialismus« zu sprechen.[31]

Ich plädiere daher nachdrücklich – und damit sicher im Sinne der hier dokumentierten Veranstaltungen – gegen jede Tendenz zu unwissenschaftlicher Beliebigkeit und anpassender Austauschbarkeit. Ich plädiere für die Wahrnehmung antifaschistischer Verantwortung durch jeden einzelnen gegenüber den in ihrer Gefährlichkeit häufig unterschätzten Folgen »neuer Dreistigkeit«[32] in neonationalistischen und »revisionistischen« Geschichtsbetrachtungen.[33] Wenn schon einige konservative Historiker von der begrifflich kaum fassbaren »Moderne« sprechen und »Leistungen« des Nationalsozialismus in den allgemeinen Strom ihrer Entfaltung einordnen, dann ändert sich für mich nichts am Charakter der Hitlerdiktatur und an der Singularität ihrer Verbrechen. Wenn behauptet wird, dass sich die sogenannte zweite deutsche Diktatur mit der NS-Zeit nicht nur vergleichen, sondern gleichsetzen lassen müsse, dann darf dies weder die Ursachenkette noch die generelle Unterschiedlichkeit beider Regime aufheben. Wenn schon Nationales und Ethnisches stärker als bisher betont werden, dann leitet sich daraus keineswegs das Recht oder gar eine wissenschaftliche Pflicht ab, bereits gewonnene Positionen von Wirtschafts- und Sozialgeschichte, von Alltags- und Strukturgeschichte usw. leichtfertig über Bord zu werfen, ja vielleicht neuem Nationalismus und darauf fußendem völkisch-rassistischem Denken Entfaltungsraum zu bieten.

Indizien für meine Befürchtungen gibt es zuhauf, nicht zuletzt dort, wo die eigentlichen antifaschistischen Wurzeln der DDR als »niedrige Beweggründe«[34] betrachtet, wo die DDR als »Auschwitz der Seelen«[35] beurteilt oder als »Riesen-KZ«[36] diffamiert wird, wo sie als der alleinige und heute allein interessierende Sündenfall der deutschen Geschichte angesehen wird. Die Versuche zur »Schadensabwicklung« und »Entsorgung« der braunen Vergangenheit haben eine neue Stufe erreicht und beherrschen zur Zeit sogar die Vorbereitung der Wahl des nächsten Bundespräsidenten. Nach dem Ende der DDR sehen manche endgültig Zeit und Gelegenheit gekommen, die Geschichte des Nationalsozialismus zu einem »abgeschlossenen« Kapitel deutscher Geschichte zu erklären[37] und zu praktizieren, was ein rechtskonservativer Publizist bereits 1981 forderte: Hitler dürfe nicht länger wie ein »apokalyptisches Tier« aus dem Rahmen fallen, man müsse endlich mit dem »Massenwahn« gegenüber der NS-Geschichte und mit dem linken »Hexensabbat der Vergangenheitsbewältigung« aufhören.[38]

Die engagierte Sachlichkeit der damals in Marburg und Berlin Diskutierenden und ihre Bereitschaft, tatsächliche Probleme der deutschen Gesellschaft verantwortungsvoll aufzugreifen, kann heute kaum eine vergleichbare Debatte aufweisen. Stattdessen ist im neuen Deutschland allerorten ein erheblicher Verlust an Geschichts- und Diskussionskultur festzustellen. Vieles gleicht eher dem Suchen nach irreführenden Rechtfertigungen, parteipolitischen Alibis und populistischem Ersatz für eigentliche Erfordernisse. Vieles gleicht einer Simulation vergangener deutscher Größe, doch weder mit dem neuen alten Denkmal am Deutschen Eck – ausgerechnet wiedererrichtet am sogenannten Sedanstag aus Kaiser Wilhelms Zeiten – noch mit Berliner Schloss und Dresdener Frauenkirche lassen sich das Fehlen eines eigenständigen zeitgemäßen Orientierungskonzepts überdecken.[39]

Was bleibt? Es sollte mehr sein, als der Funke Hoffnung auf ein künftiges Scheitern der von Wolfgang Abendroth damals so nachdrücklich kritisierten Nichtbewältigung[40] der Geschichte des Nationalsozialismus durch »vorgegebene Scheinbewältigung« aller Schatten der Vergangenheit? Oder sollen sich die auch in unserer Zeit vorhandenen Chancen in den Nebelschleiern einer düsteren Zukunft erneut verlieren?

Anmerkungen

1 In der DDR erschien dazu ein Buch von Heinz Kühnrich unter dem vielsagenden Titel: Judenmörder Eichmann. Kein Fall der Vergangenheit, Berlin 1961.

2 Der Versuch, den 1959/60 in der BRD verstärkt auftretenden Antisemitismus als Ergebnis gezielter Aktionen des Ministeriums für Staatssicherheit der DDR hinzustellen, entbehrt jeder tiefgründigen wissenschaftlichen Sicht. Siehe Christoph Kleßmann: Verflechtung und Abgrenzung. Aspekte der geteilten und zusammengehörigen deutschen Nachkriegsgeschichte. In: Aus Politik und Zeitgeschichte. Beilage zur Wochenzeitung »Das Parlament«, B 29-30 v. 16.7.1993, S. 37.

3 Zu erinnern wäre in diesem Zusammenhang nicht nur an das Scheitern eines bereits vereinbarten Redneraustausches zwischen SED und SPD im Jahre 1966, sondern auch an das Weimarer Kolloquium »Weltherrschaft im Visier«, das 1975 stattfand und sich nicht in einer Publikation niederschlug, sowie an die vergeblichen Bemühungen west-und ostdeutscher Historiker, zum 50. Jahrestag der Entfesselung des Zweiten Weltkrieges eine gemeinsame Publikation herauszubringen. Siehe Martin Broszat/Klaus Schwabe (Hrsg.): Die deutschen Eliten und der Weg in den Zweiten Weltkrieg, München 1989; Ludwig Nestler (Hrsg.): Der Weg deutscher Eliten in den Zweiten Weltkrieg. Nachtrag zu einer verhinderten deutschdeutschen Publikation, Berlin 1990.

4 Siehe u.a. Kurt Pätzold/Manfred Weißbecker: Hakenkreuz und Totenkopf. Die Partei des Verbrechens, Berlin 1981; Manfred Weißbecker: Gegen Faschismus und Kriegsgefahr. Ein Beitrag zur Geschichte der KPD in Thüringen 1933–1935, Erfurt 1967.

5 Siehe dazu vor allem Manfred Kossok: Im Gehäuse selbstverschuldeter Unmündigkeit oder: Umgang mit der Geschichte. In: Neues Deutschland, Berlin, v. 20./21.3.1993.

6 Siehe Manfred Weißbecker: Wahrheit und Irrtum in den Faschismusforschungen der DDR. Historiographische und andere Reminiszenzen. In: Deutsche Studien. Vierteljahreshefte, H. 116/1992, S. 397-415.

7 Deutlich wird dies in Äußerungen einiger Marburger Studenten: »In der Nacht sind alle Katzen grau …« (Siehe Kap. IV), in denen unterstellt wurde, dass in der DDR die Auffassung vorherrsche, Kapitalismus und Faschismus seien identisch. Die meisten der Berliner Diskussionsteilnehmer vertraten jedoch eine grundsätzlich andere Auffassung, was nahezu unbemerkt blieb. Es berührt ebenso etwas eigenartig, dass Robert Neumann gemeint hat, in Berlin sehr viel ausführlicher als in Marburg über die Industriellen-Eingabe vom November 1932 zugunsten einer Hitler-Regierung sprechen zu müssen. Diese Eingabe war bereits 1953 in der DDR veröffentlicht

worden und wurde lange Zeit in der BRD-Historiographie nicht zur Kenntnis genommen.

8 Siehe Rainer Eppelmann: Fremd im eigenen Haus – Mein Leben im anderen Deutschland, Köln 1993.

9 Siehe Kap. III »Noch herrscht der Faschismus in der Bundesrepublik nicht«. Vortrag und Diskussion in der Humboldt-Universität Berlin/DDR am 16. November 1962.

10 Vielleicht lassen sich in den Akten des Hochschulministeriums, der Humboldt-Universität und der Abteilung Wissenschaften im ZK der SED dazu noch Unterlagen finden. Da Veranstaltungen solcher Art stets gründlich vorbereitet und ausgewertet worden sind, wäre eine weitere Forschungsarbeit sicher sehr nützlich.

11 Siehe Manfred Weißbecker: Den Schleier des Mythos zerrissen. Gedanken nach einem ungewöhnlichen Filmerlebnis. In: Volkswacht, Gera, 10.5.1966.

12 Siehe Hitler. Aufstieg und Untergang des Dritten Reiches. Ein Dokument in Bildern von Robert Neumann unter Mitarbeit von Helga Koppel, München u. a. 1961, S. 156 f.

13 Siehe Kap. II »Gegen die Konspiration des Schweigens«. Vortrag und Diskussion im Auditorium Maximum der Philipps-Universität Marburg am 5. Juli 1962.

14 Ebenda

15 Siehe Ralph Giordano: Die zweite Schuld oder Von der Last ein Deutscher zu sein, Hamburg und Zürich 1987, S. 215 ff. Siehe auch Heinz Kühnrich: »Verordnet« – und nichts weiter? Nachdenken über Antifaschismus in der DDR. In: Zeitschrift für Geschichtswissenschaft, H. 9/1992, S. 819-833.

16 Siehe Manfred Weißbecker: Gedanken zum Antifaschismus-Verlust in der Geschichte der DDR. In: Beiträge zur Geschichte der Arbeiterbewegung, H. 2/1991, S. 194-201.

17 Konrad Wolf: Kunst im Kampf gegen den Faschismus -gestern und heute. In: Konrad Wolf im Dialog. Künste und Politik. Hrsg. und eingel. v. D. Heinze und L. Hoffmann, Berlin 1985, S. 337 ff. Siehe dazu auch Paul Heider: Gedanken zum Antifaschismus in der Geschichte der DDR. In: 1933–1993. Fragen an die deutsche Geschichte. Fragen an Wissenschaft und Politik im neuen Deutschland. Hrsg. vom Jenaer Forum für Bildung und Wissenschaft e. V., Jena 1993, S. 159-164.

18 Siehe Martin Linzer: Bruder Eichmann oder Das gewöhnliche Monster. Bemerkungen zum Stück und seiner Rezeption in der DDR. In: Reiner Kipphardt: Bruder Eichmann, Berlin 1984, S. 141-148.

19 Siehe Hans Richter: Zum Thema (»verordneter«) Antifaschismus und Literatur in der SBZ/DDR. In: 1933–1993. Fragen an die deutsche Geschichte, a. a. O., S. 138-143.

20 Eine entsprechende Forderung erhoben Ralf Richter, Hermann Simon, Frank Schurnano und Manfred Weißbecker: Antifaschismus in der DDR. Traditionswurzeln, geschichtliche Leistungen, neue Anforderungen. In: Bewährte Strategie -erfolgreiche Praxis. Beiträge zur Geschichte der SED und der DDR in den siebziger und achtziger Jahren, Berlin 1989, S. 40-63. Siehe auch Ralf Richter: Antifaschismus als Erfahrungsgeschichte. In: 1933–1993. Fragen an die deutsche Geschichte, a. a. O., S. 112-117.

21 Dies kann durchaus als ein Bestandteil bzw. eine Variante der von den Mitscherlichs nach 1945 festgestellten »Unfähigkeit zu trauern« verstanden werden. Siehe dazu auch die treffende Feststellung Helmut Ridders, dass beim Zerfall der DDR-

Machtstrukturen die »Unbeachtlichkeit des Defizits an demokratischer Ideologie« eine große Rolle gespielt habe, weshalb auch der »›Sozialismus mit unanzweifelbar menschlichem Antlitz‹ [...] so wenig aktions- und widerstandsfähiges Fleisch und Blut« aufzuweisen hatte. Siehe Helmut Ridder: Zur europäischen Dimension von Erwin Eckerts Vermächtnis. In: Friedrich-Martin Balzer (Hrsg.): Ärgernis und Zeichen. Erwin Eckert -Sozialistischer Revolutionär aus christlichem Glauben, Bann 1993, S. 373.

22 Siehe Kap. III [und Anmerkung 9].

23 Heinz Heitzer: DDR. Geschichtlicher Überblick, Berlin 1979, S. 162.

24 Siehe Kap. III [und Anmerkung 9].

25 Siehe Dokumente zur Geschichte der SED, Bd. 2, Berlin 1986, S. 293.

26 Siehe dazu auch Christoph Kleßmann: Zwei Staaten -eine Nation. Deutsche Geschichte 1955–1970, Bonn 1988, S. 338.

27 Kritisch, aber nicht ablehnend dazu Wolfgang Mommsen: Die DDR in der deutschen Geschichte. In: Aus Politik und Zeitgeschichte. Beilage zur Wochenzeitung »Das Parlament«, B 29-30 v. 16.7.1993, S. 21.

28 Siehe z. B. Helmut Quaritsch: Theorie der Vergangenheitsbewältigung. In: Der Staat, H. 4/1992, S. 519-551.

29 Siehe Armin Mitter und Stefan Wolle: Der Bielefelder Weg. Die Vergangenheitsbewältigung der Historiker und der Funktionäre. In: Frankfurter Allgemeine Zeitung v. 10.8.1993; dies.: Inquisitoren auf der Faultierfarm. Gestern Bielefeld und Ost-Berlin, heute Potsdam: Wie flexibel dürfen Historiker sein? In: Ebenda, 9.9.1993; Rainer Eckert: Nicht ohne Reue. Noch einmal: Wer soll die Geschichte der DDR erforschen? In: Ebenda, 22.9.1993. Siehe dazu auch Felicitas Walka: »Diktaturenvergleich« in Potsdam. Die zeitgeschichtliche Forschung -Anspruch und Domäne der Parteipolitik? In: Neues Deutschland, 11./12. 9.1993.

30 Siehe die bisherige parlamentarische und ergebnislose Behandlung des von der Gruppe PDS/Linke Liste im Bundestag eingereichten Gesetzentwurfes zur »Behebung und Wiedergutmachung von politischen Ungerechtigkeiten in der Bundesrepublik Deutschland«. Zu einem Beispiel solcher Ungerechtigkeiten siehe Manfred Weißbecker: Auf der Anklagebank des Kalten Krieges. Erwin Eckert und der Düsseldorfer Prozeß gegen das »Westdeutsche Friedenskomitee« 1959/60. In: Friedrich-Martin Balzer (Hrsg.): Ärgernis und Zeichen, a. a. O., S. 308-331.

31 Ernst Nolte: Streitpunkte. Heutige und künftige Kontroversen um den Nationalsozialismus, Berlin 1993. Siehe dazu Hans-Ulrich Wehler: Durch und durch doktrinär. In: Der Spiegel, Nr. 37 v. 13.9.1993, S. 81 ff.

32 Siehe Volker Ulrich: Die neue Dreistigkeit. In: Die Zeit, Nr. 45 v. 30.10.1992, S. 73.

33 Siehe dazu: Ändert die Zukunft Deutschlands Vergangenheit? Eine Kritik an Rainer Zitelmann und Arnulf Baring. Hrsg. von der Antirassismusarbeitsgruppe am FB Geschichtswissenschaften in Verbindung mit dem Projekt für interdisziplinäre Faschismusforschung (PfiFf) der Freien Universität Berlin, Berlin 1992. Siehe auch Maria Zens, Vergangenheit verlegen -Über die Wiederherstellung nationaler Größe im Hause Ullstein. In: Blätter für deutsche und internationale Politik 11/1993, S. 1364-1375.

34 So formuliert von der Anklagevertretung im Leipziger Prozess gegen den Waldheim-Richter Jürgen.

35 So der Schriftsteller Jürgen Fuchs.

36 So der Bürgerrechtler und Bundestagsabgeordnete Wolfgang Ullmann.

37 Dagegen Herbert Obenaus: NS-Geschichte nach dem Ende der DDR: eine abgeschlossene Vergangenheit? Hannover 1992.

38 Hans-Dietrich Sander: Vom kommenden Ende der Vergangenheitsbewältigung. In: criticon, H. 67/1981, S. 240 f.

39 Siehe Dan Diner: Deutschland im Epochenwechsel. In: Blätter für deutsche und internationale Politik, H. 9/1993, S. 1111-1118.

40 Neuerdings wird dagegen die These vertreten, dass sich die Deutschen nicht erst seit 1968, sondern bereits in der Zeit der Adenauer-Regierungen ihrer braunen Vergangenheit gestellt und die »Bewältigung der NS-Erblast« zu einem zentralen Thema in der politischen Kultur der BRD gemacht hätten. Siehe Manfred Kittel: Die Legende von der »Zweiten Schuld«. Vergangenheitsbewältigung in der Adenauer-Ära, Berlin/Frankfurt a. M. 1993. Der Verf. bleibt trotz der immensen Materialfülle seines Buches den Beweis seiner Auffassung schuldig; das liegt nicht zuletzt daran, dass er zwar zahlreiche offiziöse und bereits veröffentlichte Dokumente sowie Zeitungsmaterialien auswertet, jedoch keinen Blick in die bereits zu Verfügung stehenden Akten des Bundesministeriums sowie anderer staatlicher Institutionen geworfen hat. Gerade diese zeigen, wie wenig sich die Entscheidungen zugunsten ehemaliger NS-Funktionäre und gegen Antifaschisten als »Geschmacklosigkeiten« bagatellisieren lassen.

Erinnern – unentbehrlich für die Auseinandersetzung mit Nationalismus und Rassismus*

Viele Gedanken bewegten mich, als ich jüngst vor dem Tor stand, das jener vieldeutige Spruch »Jedem das Seine« ziert. Ich führte Gäste aus meiner Familie durch das Tor hinaus auf das Lagergelände. Dabei ein Junge, gerade 18 geworden, sehr interessiert, weil einerseits klug und andererseits kenntnisarm. Zugegen auch seine Mutter um die 50, aufgewachsen in der DDR, erschüttert in der Wiederbegegnung mit der Stätte des barbarischen Unheils. Anwesend zudem eine Frau in meinem Alter, früher als Geschichtslehrerin tätig. Alle aus drei Generationen also, alle ohne eigenes Erleben der damaligen Zeit des Grauens, alle von unterschiedlichen Lebenserfahrungen und Lebenszielen geprägt. Für sie erzählte ich von den im Lager begangenen Verbrechen und beschrieb das Leiden der Opfer, verbunden mit einem Versuch, zugleich den Sinn des Erinnerns an das mutige widerständige Ringen gegen Faschismus und Krieg aufzuhellen. Es galt zu berichten, deutend zu erörtern und Ursachen zu erklären.

Heute darf ich hier von meinen Gedanken und Überlegungen erzählen, die mich seitdem umtreiben, zumeist sorgenvoll und angsterfüllt, ab und zu auch zuversichtlich. Meine Profession ist zwar die eines Historikers – ich verstehe mich dennoch ebenso als ein kritisch beobachtender Zeitgenosse. Mein Blick zurück kommt nicht aus ohne den auf unsere Gegenwart, erst recht nicht ohne den auf neue Gefährdungen unserer Zukunft. Daher möch-

* Text einer aus Zeitgründen am 14. April 2019 nur teilweise gehaltenen Rede beim »X. Treffen der Nachkommen der Lagerarbeitsgemeinschaft Buchenwald-Dora« anlässlich des 74. Jahrestages der Befreiung des Konzentrationslagers Buchenwald. Veröffentlicht in: 74. Jahrestag Selbstbefreiung der Häftlinge KZ Buchenwald 2019. Das KZ Buchenwald nach dem Beginn des Krieges am 1. September 1939. Hrsg. von der Lagerarbeitsgemeinschaft Buchenwald-Dora e. V., S. 56-75.

te ich in dem, was ich hier vortrage, Geschichtliches und Aktuelles miteinander verknüpfen.

Auszugehen wäre dabei von Fragen wie: *Weshalb* erinnern? *Woran* erinnern und *wie* ist zu gedenken?

Antworten auf sie wurden schon oft erteilt. Beliebig viele sogar. Passende und unpassende, richtige und falsche, Unterschiedliche immer, dies auch in unterschiedlichen Zeiten. Nahezu unüberschaubar scheint ihre Zahl zu sein. Stets aber gab es neue Fragen, veränderte in den sich wandelnden Zeiten. Neue Fragen – die stellen sich erst recht in unserer so wild bewegten und bedrohlich gewordenen Gegenwart. Erinnern findet heute statt in Zeiten einer allgemeinen Rechtsentwicklung, einer rassistischen Vergiftung des gesellschaftlichen Klimas und des unheilschwangeren Vormarsches der Neuen Rechten. Spüren wir da nicht alle, dass zunehmend das allumfassende Thema »Widerstand« sowohl an erneuter Bedeutung gewinnt als auch vor neuen Herausforderungen steht? Ist dessen Aktualität nicht an allen Tagen mit allen Händen zu greifen? Verlangt historisch-politische Verantwortung von uns Zeitgenossen nicht erneut humanistische Solidarität und mutiges Widerstehen – in Deutschland, in Europa, in der Welt? Hoffnungen, Vergangenes würde nicht mehr zurückkommen können, zerschlugen sich. Vieles taucht wieder auf, bemüht um ein Verschleiern des alten Kerns in neuen Gewändern – scheußlich und erschreckend!

Ich plädiere daher für eine Erinnerungs- und Gedenkkultur, die eine breite Bewegung gegen alle Rechtsentwicklung und Friedensgefährdung ermöglicht. Sie könnte vielleicht, nein: sie sollte sich heute als das einigende Band entfalten für die vielen und erfreulich aktiven Protestgruppen, Bewegungen und Demonstrationen. Diese wenden sich gegen wachsende soziale Ungerechtigkeit und Ungleichbehandlung der Geschlechter, gegen die existenzielle Bedrohung der Natur, gegen Mietwucher, unlautere Entlohnung und herzlos ökonomisierte Gesundheitspolitik. Viele kehren sich ab von hilflos erscheinender Politik der Regierenden. Kritisiert werden Demokratie-Abbau und weitere Schritte hin zu autoritärem Regieren in einem neuen Überwachungsstaat. Vorgegangen wird gegen Rüstungswirtschaft und neue Kriege. Zunehmend bekämpft sehen sich Gewaltbereitschaft und Terrorismus. Befürchtet wird der Missbrauch neuer Techniken im digitalisierten Kapitalismus.

Ja, große Teile der Gesellschaft sind in Bewegung geraten. Und alle von Krisen und Politik Betroffenen erwarten eine andere Zukunft statt jener gefahrvollen, die ihnen von »oben« angeboten wird. Aber: Es scheint wohl doch zu sehr für jeweils als vorrangig betrachtete Ziele gefochten zu werden[1], oftmals auch gegeneinander. Jeweilige Interessen sehe ich in den Vordergrund gerückt. Parteien- und Vereinsegoismus erweist sich nahezu als unausrottbar. Dabei bietet doch gerade ein sinnvoll genutzter Pluralismus den Boden für partnerschaftliche Verständigung und einträchtiges Miteinander. Anzustreben wäre wohl eher die Gemeinschaftlichkeit im Ringen um eine Welt, in der es möglich sein sollte, unterschiedliche Zukunftsvorstellungen zu beraten, vielleicht sogar zu erproben, bevor alles hinfällig wird im Falle des Sieges der extremen Rechten und eines Lebens in neuen Kriegszeiten, gleich, ob kalte oder heiße. Oder sollte ich nicht auch sagen: Im Falle eines erneuten Scheiterns der zerstrittenen Linken?

Das gilt es zu verhindern, mit vielen Mitteln und Anstrengungen. Aus deren breiter Palette heraus sei hier eine Lanze gebrochen für historisches Wissen, für Wissen vor allem aus der Geschichte von Weimarer Republik und deutschem Faschismus. Notwendig sind solide Kenntnisse über das Geschehene. Zu fordern ist ein Wissen, das einfach nicht erlauben will, wegzuschauen und den Kopf mutlos-verängstigt in den Sand zu stecken. Wissen kann Nachdenklichkeit wecken und eigenes Gemüt aufrütteln. Ich sage allerdings auch: es *kann* wachmachen und aktivieren, *muss* es aber nicht.

Folgt man jedoch meiner Auffassung, dass historisches Wissen gebraucht wird, stellt sich sofort die Frage: *Welches* Wissen? Und das mündet gleich in die Frage: *Woran* muss heute in erster Linie erinnert werden, was sollte vorrangig ausgewählt werden? Gewiss gehören dazu in erster Linie die ungeheuerlichen Verbrechen, begangen von einer terroristisch-barbarischen Diktatur, erwachsen aus der umfassenden Kriegsvorbereitung und rigiden Kriegführung der Nazis, mündend in den gnadenlosen rassistischen Völkermord. All dies war indessen möglich, weil der Faschismus an die Macht gelangen bzw. gebracht werden Konnte. Von einer solchen Diktatur kann heute (noch ?) keine Rede sein, von Wegen hin zu ähnlichen friedlosen und lebensbedrohenden Machtmethoden schon.[2] Zu erinnern wäre daher an die »Vorgeschichte« der Verbrechen, an deren Ermöglichung sowie an ungenutzte Möglichkeiten ihrer Verhinderung.

Daher meine ich, es sollte uns gegenwärtig auch, vielleicht sogar vor allem interessieren, *wie* früher Faschismus ermöglicht worden ist, *wie* sich die Nazi-Ideologie schon lange vor 1933 entfalten durfte, wie und weshalb antidemokratische und terroristische Organisationen in parlamentarischen Regimen folgenreich geduldet worden sind, *wie* weggeschaut und verharmlost wurde. Faschismus als Ideologie und Bewegung sollte abgehoben betrachtet werden von einem Faschismus an der Macht. Seine Ideologie und seine Organisationen waren bereits bekämpfenswert, als sie im Zusammenhang mit dem Ersten Weltkrieg auftauchten und bevor er an die Macht gelangen konnte. Es passierte damals jedoch anderes: In Deutschland wurde die NSDAP zunächst von nationalkonservativen Kreisen sogar als willkommener Juniorpartner gegen die organisierte Arbeiterbewegung und im Ringen um eine deutsche Machtstellung in der Welt gehätschelt! Man machte sie zunächst hoffähig und behinderte den Kampf gegen sie!

* * *

Rosa Luxemburg schrieb mitten in der Novemberrevolution anlässlich der Auseinandersetzung um »Nationalversammlung oder Räterepublik«, es gelte, eine »wissenschaftliche Blendlaterne an die verborgenen Triebfedern des ökonomischen und politischen Räderwerkes der bürgerlichen Gesellschaft« zu halten sowie deren »Tun und Gehaben bis in die feinste Veränderung ihres Fühlens und Denkens« auszuleuchten.[3]

Im Schein einer solchen Blendlaterne halte ich es für sinnvoll, immer wieder festzustellen, dass bereits am Ende des Ersten Weltkrieg und danach in einigen europäischen Ländern jene Organisationen die politische Bühne betraten, die sich selbst als faschistisch bezeichneten oder unter anderen Namen präfaschistische Ziele in neuen gesellschaftlichen Ordnungen erstrebten. Zu letzteren gehörte in Deutschland die *Deutsche Vaterlandspartei*, die 1917/18 noch immer einen »deutschen Siegfrieden« erreichen wollte und jede Verständigung über ein allgemeines Kriegsende ablehnte. Nicht zu vergessen: Sie war sogar in der Lage, dafür rund eine Million Mitglieder zu mobilisieren. In Deutschland bemühten sich dann nach 1918 zahlreiche alte und neue Organisationen darum, die ungeliebten Ergebnisse von Novemberrevolution und Kriegsniederlage rückgängig zu machen. Aus ihren Reihen ging die NSDAP hervor. Sie bezeichnete sich zwar als *nationalsozialistisch*, verbreitete jedoch von Beginn an extrem nationalistisch-rassistische und antidemokratische Ideen, zudem expansionistische Wunschvorstellungen. Alles in ihrer Ideologie und Programmatik kündete von Weltmachtambitionen und zielte im Kern, da nicht anders zu verwirklichen, auf neue Kriege.

Heutzutage wird vielfach die Weimarer Republik gerühmt, ihre demokratische Verfassung gepriesen und ihr Ende ausschließlich den Nazis, mitunter eher den Kommunisten oder eben unterschiedslos beiden angelastet. Oft wird erklärt, die sogenannten Weimarer Verhältnisse seien mit den heutigen nicht zu vergleichen. Auch da sehe ich verharmlosende Unkenntnis im Spiel, zumindest Unwillen gegenüber einem kritischen Blick auf vergleichbare gesellschaftliche Strukturen und Unzulänglichkeiten dieser Demokratie. Denn diese und der Weimarer Parlamentarismus waren schon vor 1933 ausgehöhlt und zweckentfremdet. Der erste Schritt dazu steckte schon in der Verfassung und hieß Artikel 48. Zahlreiche Schritte richteten sich von Anfang an gegen die Weimarer Republik.

Auf einige sei hier der Blick gerichtet: Die Nazis existierten noch gar nicht, als am 3. Oktober 1918, also noch vor dem Beginn der Novemberrevolution, der Chef des berüchtigten »Alldeutschen Verbandes« Heinrich Claß es als »wichtigste Aufgabe« bezeichnete, »rücksichtslosen Kampf gegen das Judentum« zu führen. Auf die Juden müsse – wieder wörtlich – »all der nur zu berechtigte Unwille unseres guten und irregeleiteten Volkes abgelenkt« werden.[4] Daraus spricht nichts anderes als eine planmäßig vorbereitete und betriebene Verstärkung des rassistischen Antisemitismus! Nächstes Beispiel: Die Nazis beschränkten ihren Einfluss noch auf die bayerische Hauptstadt, als überall in Deutschland gegen die aus dem Osten eingewanderten jüdischen Bürger oder gegen die farbigen Soldaten in den besetzten Gebieten gehetzt wurde. Alltäglich brach sich da Rassismus freie Bahn! Konservative Kreise, offiziös gern als Nazi-Gegner oder gar als deren entschiedene Gegner dargestellt, traten antisemitisch in Erscheinung als sie z. B. Mitte der 20er Jahre nach »Argumenten« gegen die Volksbewegung zur entschädigungslosen Enteignung der Fürsten suchten. Da formte sich in einigen Kreisen der Rechten neben dem Bild vom Verlust »christlich-abendländischer Kultur- und Rechtstradition« auch jenes vom »jüdisch-bolschewistischen« Feind, das also beileibe nicht erst die Nazis erfanden. Die Völkischen brachten im Reichstag einen Antrag ein, um ein Volksbegehren zur entschädigungslosen Enteignung der »Bank- und Börsenfürsten« zu erreichen. Er richtete sich gegen die »seit 1. August 1914 zugezogenen Ostjuden« und ebenso, man beachte es, gegen die »sonstigen Fremdstämmigen«. Auch in nationalkonservativen Kreisen erwog man im Januar 1926, »alles Vermögen zu enteignen, das sich in jüdischen Händen befindet«. Mit dem Versuch, die Teilnehmer des Volksentscheides als »Kommunistenzählung« zu nutzen, verband sich die Erinnerung an die schreckliche »Judenzählung« während des Ersten Weltkrieges.

Weiter: Die Nazis spielten noch keine Rolle, als im März 1920 der Putschist Wolfgang Kapp versuchte, die Republik auszuhebeln. Sie befanden sich noch in nahezu totaler Minderheit, als der Erzreaktionär und Militarist Hindenburg kandidierte, um auf Wunsch bürgerlicher Parteien Reichspräsident zu werden. Sie spielten auch keine Rolle, als Mitte der 20er Jahre in der Reichswehr-Führung jene Pläne für ein neues Massenheer ausgearbeitet wurden, die in Umfang und Struktur dann 1939 Realität geworden sind.

Und, was auch nicht vergessen werden sollte: Der Vorsitzende des mächtigen Reichsverbandes der Deutschen Industrie (RDI), Carl Duisberg, forderte schon 1926, es dürfe »nicht halbe, es muss ganze Arbeit sein, die gemacht wird. Kompromisse helfen nicht mehr. Es geht ums Prinzip, ums ganze System.«[5] Bei den Nazis hieß es konform: »Alles oder nichts«! Und wenn bei ihnen »Großdeutschland« bzw. »Lebensraum« im Programm stand, dann kann parallel dazu gelesen werden, dass der RDI in seinen *Veröffentlichungen* vom Oktober 1929, also vor dem New Yorker »Schwarzen Freitag«, die Politik aufforderte, ein »Großraum-Wirtschaftsgebiet« zu schaffen, denn nur so sei – ich zitiere – »etwaigen Wirtschaftskrisen und sozialen Erschütterungen wirksam zu begegnen.«[6]

1928 gab Alfred Hugenberg mit seinem polarisierenden Zeitungsartikel »Block oder Brei?«[7] den Startschuss für eine weitere Rechtsentwicklung seiner ohnehin schon auf der Rechten stehenden konservativen Deutschnationalen Volkspartei (DNVP). Unterstützung fand er dabei vor allem durch eine Organisation sogenannter Frontkämpfer des Ersten Weltkrieges, genannt *Der Stahlhelm*. Der verkündete, ohne dafür staatlich attackiert zu werden, in seiner »Fürstenberger Hassbotschaft« vom 2. September 1928: »Wir hassen mit ganzer Seele den augenblicklichen Staatsaufbau, seine Form und seinen Inhalt, sein Werden und sein Wesen. Wir hassen diesen Staatsaufbau, weil in ihm nicht die besten Deutschen führen, sondern weil in ihm ein Parlamentarismus herrscht, dessen System jede verantwortliche Führung unmöglich macht […] Wir hassen diesen Staatsaufbau, weil er uns die Aussicht versperrt, unser geknechtetes Vaterland zu befreien und das deutsche Volk von der erlogenen Kriegsschuld zu reinigen, den notwendigen deutschen Lebensraum im Osten zu gewinnen, das deutsche Volk wieder wehrhaft zu machen.«[8] Der *Stahlhelm* landete folgerichtig bei der SA und marschierte mit ins Weltkriegs-Völkermorden.

Sein Gedankengut – sofern man da überhaupt von einem Gut sprechen kann – taucht dennoch in so manchen Ergüssen von Bundestagsabgeordneten der AfD auf. »Umvolkung«, »Volkstod« – ein Marc Jongen vermutet schamlos, sie seien das Ziel regierungsamtlicher Erinnerungspolitik. Während er das Ende von Schulbesuchen in Stätten nationalsozialistischer Vernichtungspolitik fordert, scheint sein Fraktionskollege Thomas Ehrhorn sogar nicht abgeneigt zu sein, Konzentrationslager doch als einen richtigen Haftort zumindest für manche Opfergruppen anzusehen. Man müsse, so erklärte er in einer der jüngsten Debatten, »schon einmal etwas genauer hinschauen«, um wen es sich da gehandelt habe.[9]

Nun wieder zur Geschichte und woran zu erinnern ist: Jeder kennt die »Harzburger Front«, also jenes offiziell geschlossene Bündnis zwischen der konservativen Deutschnationalen Volkspartei (DNVP) und der NSDAP, das 1931 gemeinsam die Brüning-Regierung zu stürzen versuchte, sich dann zeitweilig zerstritt, jedoch 1933 in Hitlers »Kabinett der nationalen Konzentration« mündete. Dass in diesem Pakt schließlich die NSDAP die Oberhand gewann, erlaubt zwar von einer gewissen Tragik ihrer Partner zu sprechen, nicht aber von deren historischer Verantwortung abzusehen. Vielleicht darf dies in gewisser Weise als ein besonders warnendes Beispiel gesehen werden, wenn heute mancherorts darüber nachgedacht wird, ob nach den nächsten Landtagswahlen nicht doch und trotz bisheriger Schwüre »Schwarz« mit dem mitunter ins »Braun« changierenden »Blau« koalieren sollte.

Aus den zu Wachsamkeit mahnenden Seiten der Geschichte Weimarer Verhältnisse wissen wir um die Schuld deutscher Eliten. Wir kennen aber – auch wenn es schmerzt – die nicht zu bestreitende Tatsache, dass Aufstieg und Sieg der NSDAP sowie Aufrüstung, Kriegsvorbereitung und Kriegführung ebenfalls durch die Mitwirkung eines großen Teils der Deutschen ermöglicht wurden. Viele, allzu viele waren den Verlockungen nationalistischer Ideologie und demagogisch-populistischer Propaganda gefolgt, viele erlagen diktatorischem Druck und freuten sich über schwindende Arbeitslosigkeit und außenpolitische Erfolge des Regimes.

Ja, es gab bereitwillige Zustimmung, großen Jubel und aktives Mitwirken – bereits vor 1933 und erst recht danach. Auch daran muss erinnert werden, auch dazu sind Erklärungen nötig. Wird es gedeutet als ein von »oben« her erstrebtes Ergebnis, lässt sich gewiss von Manipulation sprechen. Zugleich muss jedoch ebenso die leider vorhandene Manipulierbarkeit von Menschen

Beachtung finden. Schaue ich auf das Denken und Verhalten der NSDAP-Wähler und dann einer übergroßen Mehrheit der Deutschen im Dritten Reich, fällt mir der französische Jurist Étienne de La Boétie ein. Der gilt als Ahnherr des Anarchismus und hatte im 16. Jahrhundert von einer »freiwilligen Knechtschaft« von Menschen gesprochen und seine Leser gefragt: »Wie kommt er [der Tyrann, M. W.] zur Macht über euch, wenn nicht durch euch selbst? Wie würde er wagen, euch zu verfolgen, wenn ihr nicht einverstanden wärt?«[10]

Ich halte es für sinnvoll, immer wieder und erst recht heute nach Erscheinungsformen und Ursachen eines solchen »freiwilligen Einverständnisses« zu suchen, selbst wenn nicht direkt und unmittelbar von »Knechtschaft« zu reden ist. In zunehmendem Maße lässt sich indessen bei vielen Menschen eine bewusste oder unbewusste Verinnerlichung vorgegebener Normen feststellen. Sie resultiert aus einem Komplex von alltäglich wirkenden Faktoren, die jemanden dazu bringen, »mitzumachen« oder stillzuhalten. Viele Sozialpsychologen und Vertreter anderer Wissenschaftsdisziplinen sprechen warnend davon, dass sich in der neoliberalen Gesellschaft viele Menschen alltäglich der Forderung ausgesetzt sehen, sich selbst zu *thematisieren*. Verlangt werde also eine private Analyse eigener Schwächen als Ausgangspunkt einer Suche nach individuellen Verbesserungsmöglichkeiten. Um am Arbeitsplatz sowie in der Gesellschaft bestehen zu können, müsse man an sich selbst arbeiten, sich selbst formen und optimieren, sich selbst zu effektiver Leistung befähigen.[11]

Gesprochen wird oft von einer »Selbstformation«, was ich eher als »gesolltes Wollen« und letztlich als bittere »Selbsttäuschung« bezeichnen würde. Wie auch immer: Es erfolgt durch sie eine bewusste oder unbewusste Verinnerlichung der von oben gegebenen Normen. Mit solcher »Selbstformation« kann sich zudem die ohnehin vorhandene Kontrolle des Verhaltens von oben, sozusagen der primäre Ausgangsfaktor der Macht, gleichsam in die Menschen hinein verlagern. Heute sei das »Self-Tracking« in Mode gekommen, eine digitale Selbst-Überwachung, von welcher der Münchener Historiker Simon Schaupp meint, sie werde mit einer Leidenschaft betrieben, die »jeden Blockwart alt aussehen« lasse. Folgerichtig gerät einerseits die Macht der Apparate-Beherrscher in einen hilfreichen Nebel ihrer Anonymität. Andererseits könnte sich das Bild vom Menschen verändern, könnte sich der Typ eines neuen Untertanen entfalten: pflegeleicht, kreuzbrav, treudoof.[12]

Ja, ob gewollt oder nicht, wir Menschen sind beeinflussbar und können dem unterliegen, der für seine Interessen Macht erringen, ausüben und bewahren will. Macht benötigt nun einmal Ohnmächtige, will auf deren individuelles Denken und Fühlen einwirken und sie steuern. Eigentlich will sich niemand beeinflussen lassen, und dennoch belegt jeder alltäglich erlebbare Blick in den Wirtschaftsbetrieb anderes. Nicht ohne Grund gilt beispielsweise Werbung als dessen unentbehrliches Schmiermittel. Ohne Reklame sei dieser nicht in Gang zu halten, wird offen gesagt. Und ebenso wird unverblümt gefordert, potentiellen Kunden geschäftstüchtig ins Gehirn – ich zitiere – zu »kriechen« und möglichst viele Menschen – ich zitiere erneut – mit »schnellen Schüssen ins Gehirn« für den Erwerb eines bestimmten Produkts zu bewegen.[13] Reklame, Suggestion, Gehirnwäsche, Gleichschaltung, Seelenmassage usw. – so lauten landläufig verwendete Begriffe, mit denen zweckorientiertes mediales Dauerfeuer[14] und systematisch betriebene Manipulation umschrieben wird, in welchem Bereich des Lebens der Gesellschaft auch immer.

Also auch da, wo es um geschichtliches Erinnern geht. Womit ich wieder bei der Geschichte angelangt bin. Es überrascht eben keineswegs, wenn die Geschichte für soziale, ökonomische, politische und geistig-kulturelle Interessen gebraucht, häufiger indessen missbraucht wird. Letzteres sogar in wachsendem Maße. Da wird – vor allem in den Medien – Vergangenes vielfach rekonstruiert, kategorisiert, verändert, reduziert oder gar neu produziert. Alles zumeist, so meine These, zum Nutzen für gegenwärtig Bestehendes.

Unverkennbar: Geschichte boomt, sie ist *in*, oder wie auch immer in neudeutscher Sprachschluderei bezeichnet! Bunte Geschichtszeitschriften füllen zuhauf die Regale in den Buchläden, kaum ein Tag vergeht ohne entsprechende Artikel in den Zeitungen oder ohne TV- Filmserien mit historischen Themen: Untergang, Babylon, Charité, Weimar, Bauhaus usw. usf. Das große Interesse für Geschichte mag den Historiker zunächst erfreuen, denn es scheint ja seinen Beruf sehr zu befördern sowie für einen angesehenen Stand in der öffentlichen Meinung zu sorgen (und dort – wo öffentliche Gelder fließen – sich auch in klingender Münze auszuzahlen). Er mag zufrieden sein, jedoch nur dann, wirklich nur dann, wenn denkend gelesen und aufmerksam-kritisch der Bilderflut gefolgt wird, was allein geistigen Gewinn erreichen lässt.

Solcher Nutzen ist möglich – er wird allerdings in vielfacher Weise erschwert: Geschichte verabreicht man zumeist in einzelnen Geschichten, gewissermaßen nur in »Happy-Häppchen-Form«. Selten wird erkundet oder dargestellt, wie Details sich miteinander verbinden, wie eine Schau vom Teil hin zum Ganzen wachsen kann, wie ein in sich geschlossenes Geschichtsverständnis entstehen sollte. Geschichtspolitik betreibt Umdeutung, Verkennung oder in manchen Fällen auch direkte Fälschung gegebener Inhalte. Dies spiegelt sich auch in verwendeter Sprache und Methodik. Oft hat es den Anschein, dass historische Ereignisse in »Als-ob-Welten« schweben, auch wenn behauptet wird, man wolle sie »verlebendigen«.[15]

So jedenfalls erfolgt wenig wissenschaftliche Aufklärung über Geschehenes, so werden vor allem entscheidende Ursachen und gewichtige Kausal-Zusammenhänge kaum behandelt, geschweige denn erläutert. Oft handelt es eher um pure Unterhaltung, um eine als »Histotainment« bezeichnete Medialisierung von Geschichte. Fiktion wird zur Wirklichkeit stilisiert, die Grenze zwischen vorgestellter und realer Wirklichkeit verschwimmt oder geht verloren. Der Schriftsteller Christoph Hein berichtete vor kurzem, Studenten hätten gelegentlich gemeint, es sei falsch, die DDR differenziert zu betrachten, man habe die Realität doch im Film »Das Leben der Anderen« gesehen …[16]

Ich wage zu behaupten, dass sich auch mit geschichtspolitischer Hilfe erneut ein nationalkonservativ und völkisch gefärbter und letztlich auch friedensfeindlicher »Zeitgeist« auszubreiten vermag.

War das nicht beispielsweise schon so im Umgang mit dem 100. Jahrestag des Kriegsbeginns von 1914? Da dominierte ja die These, »Schlafwandler« hätten im hektischen Hin und Her diplomatischer Schachzüge nervös agiert und das Grauen des neuen Krieges nicht vorhersehen können. Blind und von Albträumen geplagt seien die Akteure gewesen.[17] Ein auslösendes Moment wird als Kriegsursache interpretiert, der Krieg also auf unzulängliches Überlegen und Vorausschauen, auf empfindsames Reagieren und ängstliches Handeln zurückgeführt. Den Handelnden wird letztlich Somnabulismus attestiert, so jene Fakten verbergend, die belegen, dass Kriege vor allem aus gesellschaftlichen Verhältnissen, aus kapitalistischer Konkurrenz und imperialistischer Geostrategie resultieren. Die Palette der gesellschaftlichen Übel, die demzufolge ebenso nicht zu untersuchen wären, lässt sich leicht erweitern: Wirtschaftskrisen, Arbeitslosigkeit, soziale Ungerechtigkeit, Naturzerstörung, nicht zuletzt auch der Faschismus …

Im Grunde geht es solcher Art von Geschichtspolitik – ganz im Sinne des heute dominierenden Zeitgeistes – um die Schaffung von positiven, der Wirklichkeit entgegengesetzten Selbstbildern, mehr noch um ihre zeitgemäße Anpassung an sich verändernde Verhältnisse und politische Erfordernisse, welche auch die jeweils nutzbaren Fremd- und Feindbilder einschließen. Computersprachlich könnte man vielleicht es so formulieren: Ausgewählte Bilder und Datenbanken werden mit immer neuen »Update-Versionen« versehen, also mit jeweils verwendungsfähigen, nützlich erscheinenden Ergänzungen. In vielerlei Varianten werden der Gegenwart entweder glänzend polierte oder schmutzig-abschreckende Geschichtsfolien unterbreitet. Vorhandene Deutungen werden in vorgegebene Bahnen von »Mehrstimmigkeit« und irreführender Verschwommenheit modifiziert.

Worin kann aber das Ergebnis bestehen? Wohl kaum in wünschenswerter Erinnerungskultur – nach meiner Auffassung eher in der Rechtfertigung eines »Koste-es-was-es-wolle«-Denkens, in der Ausbreitung sozialer Kälte und zunehmendem Demokratie-Abbau[18], ganz abgesehen von eiferndem Überwachungswahn und neuerlicher Kriegsrechtfertigung. Dazu passt eine zunehmende »Ent-Ökonomisierung« von Politik, erst recht aller gesellschaftlicher Ursachen und Zusammenhänge bei gleichzeitiger Mystifizierung der »Märkte«, des Geldes usw. Man könnte auch von »Ent-Kapitalisierung« sprechen, genauer von Entlastungskampagnen zugunsten des bestehenden Wirtschafts- und Gesellschaftssystems, das von dem bekannten Schweizer Soziologen Jean Ziegler als ein »Imperium der Schande« charakterisiert wird.[19]

Zu dieser »Schande« gehören auch ein überbordender, von völkischem (Un)Geist geprägter Nationalismus sowie schlimme Tendenzen einer Re-Nationalisierungspolitik, welche die Basis bieten für hasserfüllte, aktionsbereite Fremdenfeindlichkeit und zunehmendes rassistisches Verhalten. Auch für die Abwehr solcher Erscheinungen hilft ein Blick in die Geschichte. Als untereinander konkurrierende Nationalstaaten entstanden, tauchten zugleich sowohl ein durchaus positiv zu nennendes, den gesellschaftlichen Zusammenhalt beförderndes Nationalgefühl als auch Nationalismus und Chauvinismus auf, alles nationales Denken maßlos übersteigernd. Da wurde in der Nation kaum der Ausdruck und das Ergebnis politischer Willensgemeinschaften gesehen, man sprach eher von einem unvermeidlichen Produkt ethnischer Abstammungsgemeinschaften. Das »Blut« in seiner als angeboren betrachteten Mischung sei die natürliche Grundlage von Nationen, hieß es. Mit dem Ringen um die Erhaltung solcher Staaten, noch mehr aber um eine Ausweitung ihrer Grenzen bot sich damit jedoch hinreichend ein Nährboden für Kriege, in denen die einen Rohstoffe, Länder und Ausbeutungspotentiale gewinnen wollten, die anderen dafür Heimat und Habe sowie ihr Leben zu verlieren hatten.

Für Kriege fanden sich so hinreichend »Argumente«, entnommen einem sozialdarwinistisch-rassistischen Weltbild, das sich im Grunde gegen die bekannten Freiheits-, Egalitäts- und Brüderlichkeitsforderungen der Französischen Revolution von 1789 und des aufsteigenden Bürgertums richtete.

Nie kam man dabei ohne Rassismus aus, dessen Frühformen zumeist in mythischen und religiösen Zusammenhängen entstanden waren, der jedoch mit dem wachsenden Nationalismus besonders seit Ende des 18. Jahrhunderts ideologisch und politisch an Bedeutung gewann. Er breitete sich im Kontext des weltweiten Kampfes um Rohstoffgebiete, Exportmärkte und Kapitalanlagesphären wie ein Krebsgeschwür aus und diente als Rechtfertigung für die kolonialistische Unterwerfung anderer Völker. Für Deutschland, das als Kontinentalmacht zunächst um die Vormachtstellung in Europa rang, weil es Weltmacht werden wollte, schien sich anzubieten, jüdische Menschen als Sündenböcke für alle Übel der Welt zu diskreditieren. Zugleich bot der Rassismus eine Möglichkeit, »Erbfeindschaften« zu postulieren, slawische Völker in die Kategorie der »Minderwertigen« einzuordnen, vor einer »gelben Gefahr« zu warnen usw. usf.

Aber auch hier wissen wir aus schlimmer Erfahrung: Für ihre rassistischen Zwecke konnten die Nazifaschisten jene weit verbreiteten Auffassungen nutzen, denen zufolge die Welt und damit auch ihre Vergangenheit prinzipiell undurchschaubar sei, jene Behauptungen, dass die Menschen schicksalhaft gebunden wären an die »Natürlichkeit« von triebhafter Gier, frei nach dem Motto, alles sei nun einmal so seit Kain den Bruder Abel erschlug. Und sie nutzten nicht zuletzt auch die allgemeine Akzeptanz eines letztlich rassistischen Denkens, welches das Leben ausschließlich als »Kampf ums Dasein« deutet, welches das sogenannte »Recht des Stärkeren« sowie Kriege als angeblich unabänderliche Erscheinung menschlichen Zusammenlebens nicht kritisch hinterfragt.

* * *

Die Losung »Nie wieder Krieg!« paarte sich im April 1945 folgerichtig mit dem Schwur »Nie wieder Faschismus!«, geleistet von jenen, die mutig für ihre Befreiung gekämpft hatten. Couragiertes Ringen um rechtzeitige Verhinderung von Kriegen oder um deren rasche Beendigung stellt seitdem ein zentrales Anliegen von Menschlichkeit, von Menschenrecht und Menschenwürde dar – heute wie gestern.

Das Wort »gestern« meint die Zeit vor 1945, blickt man aber auf die Gegenwart, da wäre eher zu sagen: Heute wieder mehr als gestern. Vor allem in den letzten beiden Jahrzehnten haben sich erschreckende Veränderungen vollzogen. Es sind neue Kriege entfesselt worden, es hat sich die Bandbreite der Kriegstypen erweitert. Wieder spekulieren Kriegswillige mit dem Einsatz autonomer und atomarer Waffen, unabsehbare Folgen militärischer Einsätze aller Art billigend in Kauf nehmend, eine von »künstlicher Intelligenz« gesteuerte Kriegführung hemmungslos befördernd.[20] Auf dem Vormarsch befindet sich ein »autoritärer Nationalradikalismus« – ein Begriff übrigens, den der Soziologe Wilhelm Heitmeyer an die Stelle des schwammigen und lediglich Politikmethoden bezeichnenden Wortes Rechtspopulismus gesetzt wissen will.[21] In der Tat, mit ihm lassen sich lediglich Methoden von Politik, sowohl aber kaum deren gesellschaftliche Grundlagen oder gar die spezifischen Inhalte rechtslastiger erfassen.

Dem gilt es entgegen zu wirken. Daher plädiere ich – wie eingangs bereits gesagt – für eine neue Erinnerungskultur demokratischer, antirassistischer und friedliebend-antimilitärischer Prägung.

Nach meinem Verständnis wäre dies ein Antifaschismus des 21. Jahrhunderts, ein kritisch reflektierter, ein erweiterter und fortführender. Denn auch er muss in neuen Zeiten sich neue Fragen stellen, z. B., die, ob nicht manches in der Welt von heute noch viel größere Risiken in sich birgt als jene damals von Faschisten über die Welt gebrachten? Sind heute nicht noch furchtbarere und globalere Folgen für die Menschheit denkbar, etwa die eines dritten bzw. vierten Weltkrieges, von Kriegen um Rohstoffe, Wasser und Nahrungsmittel, geführt mit modernisierten Massenvernichtungswaffen? Fast schlimmer noch die Frage, wohin die zum Teil bewusst vorangetriebenen Differenzierungsprozesses zwischen Arm und Reich führen können? Lapidar hieß es im Magazin der Wochenzeitung »Die Zeit«, man könne »kaum noch eine Zukunftsvision für alle formulieren.«[22] Für wen also darf es diese nur geben? Und was besagt es eigentlich, wenn Heitmeyer auf das Ergebnis einer repräsentativen Umfrage verweisen musste, der zufolge 61 Prozent der Befragten beklagen würden, »dass man zu viele Schwache mitschleppe«?[23] In irgendeiner der weiteren großen Krisen – und die werden gewiss kommen – könnte es dann nicht nur um die existenzielle Unsicherheit einzelner Völker, sondern um menschliches Dasein generell gehen?[24]

Zu streiten wäre also mit aller Kraft und gemeinsam gegen ein mögliches »Morgen«, das ein »Gestern« nicht nur wiederholen, sondern in andere und alles Leben bedrohende Untiefen führen würde! Die Barbarei im Umgang von Menschen mit »anderen« Menschen – gleich ob als rassisch definiert, als dumm diffamiert oder als sozial minderwertig und entbehrlich angesehen – sie könnte ein also neues, dann wohl aber endgültiges Maximum finden.

Doch das führt über bisher Gesagtes hinaus, zumal ein Historiker kein Hellseher, kein Wahrsager oder gar ein Prophet sein kann. Schließen aber will ich mit einem Hoffnung weckenden Zitat. Es entstammt der Feder des Dichters Friedrich Hölderlin und lautet: »Wo aber Gefahr ist, wächst das Rettende auch.«

Erinnern an Faschismus und Krieg, erinnern an deren Opfer und an die, die diese bekämpften – darin können bemerkenswerte Aspekte rettender Hilfe für unsere menschenwürdige Zukunft gesehen werden!

Anmerkungen

1 Beispielsweise erklärte die Politologin Anna Stiede am 23.3.2019 in Leipzig: »Die wichtigste weltweite Bewegung gegen rechts ist der Feminismus.« Zit. nach »neues deutschland«, 25.3.2019, S. 23.
2 Am Ende des von Kurt Pätzold und mir verfassten Bandes »Geschichte der NSDAP 1920–1945« (Köln 1998, S. 520 f.) schrieben wir: »Einmal gewonnene geschichtliche Erfahrungen, Herrschaftserfahrungen zumal, gehen im Verlauf der Geschichte nicht einfach verloren […] das zunächst abgewiesene Erbe des Faschismus wird an anderer Stelle längst auf seine Verwendbarkeit schon durchgesehen und sortiert, und seine Teilstücke sind unter anderem Namen in der Erprobung.«
3 Rosa Luxemburg: Nationalversammlung oder Räterepublik? In: Gesammelte Werke, Bd. 4, Berlin 1974, S. 461.
4 Zit. nach Lexikon zur Parteiengeschichte 1789–1945, Bd. !, Leipzig 1983, S. 33.
5 Veröffentlichungen des Reichsverbandes der Deutschen Industrie, Nr. 50, Januar 1930, S. 6.
6 Veröffentlichungen des Reichsverbandes der Deutschen Industrie, Nr. 48, Oktober 1929, S. 36 f.
7 Berliner Lokal-Anzeiger,26. und 28. August 1928.
8 Deutsche Rechtsgeschichte in Dokumenten 1849–1934, Bd. III, Berlin 1934, S. 82.
9 Siehe die offiziellen Unterlagen der Debatten in der Sitzungswoche des Deutschen Bundestages vom 3.-5. April 2019.
10 Étienne de La Boétie: Von der freiwilligen Knechtschaft des Menschen (1550).

11 Dazu schreibt der Münchener Historiker Andreas Wirsching: »Ziel ist das autonome, marktbereite, arbeitende Individuum, das sich befreit hat von Bindungen, Traditionen und persönlichen Loyalitäten; das stets bereit ist, in die eigene Arbeitskraft zu investieren und zugleich die Risiken dieses Investments selbst trägt. In: Andres Wirsching, Berthold Kohler und Ulrich Wilhelm (Hrsg.): Weimarer Verhältnisse? Historische Lektionen für unsere Demokratie, Bonn 2018, S. 114.

12 Simon Schaupp: Digitale Selbstüberwachung. Self-Tracking im kybernetischen Kapitalismus, Heidelberg 2016, S. 296.

13 Zu den Belegen siehe Manfred Weißbecker: »Schüsse ins Gehirn« – alte und neue Schlagwörter in unserer Zeit. In: Konservative Perspektiven im neoliberalen Zeitalter. Hrsg. von der Rosa-Luxemburg-Stiftung Thüringen e. V., Jena 2005, S. 45-53.

14 Auf die Entwicklung von einzelnen »schnellen Schüssen ins Gehirn« hin zu einem medialen Dauerfeuer macht aufmerksam Rainer Gries. Siehe Thüringische Landeszeitung, 10.5.2014.

15 In überwiegend unguter Erinnerung bleiben z. B. jene monumental angelegten Filmproduktionen, die sich der jüngsten Geschichte bedienen, darunter »Der Untergang«, »Dresden«, »Die Flucht«, »Die Gustloff«, »Die Luftbrücke – Nur der Himmel war frei«, »Der Tunnel«, »Die Frau vom Checkpoint Charlie«, »Die Prager Botschaft«, »Babylon«, »Charité« u. a. m.

16 Christoph Hein: Gegenlauschangriff. Anekdoten aus dem letzten deutsch-deutschen Krieg, Berlin 2018.

17 Siehe Christopher Clark: Die Schlafwandler. Wie Europa in den Ersten Weltkrieg zog, Berlin 2013.

18 Zu verweisen wäre auf eine Theodor W. Adorno zugeschriebene Äußerung: »Ich fürchte mich nicht vor der Rückkehr der Faschisten in der Maske des Faschismus, sondern vor der Rückkehr der Faschisten in der Maske der Demokratie.«

19 Jean Ziegler: Das Imperium der Schande. Der Kampf gegen Armut und Unterdrückung, München 2005.

20 Hier wäre auf die These Wolfgang Fritz Haugs zu verweisen, dass die kriegerische Außenpolitik westlicher Staaten in deren Innern mit einer Faschisierung der Gesellschaft einhergehe. Siehe Mirko Knoche: Terror und moderner Faschismus. Antirepressionskongress in Hamburg – Forscher diskutierten. In: Neues Deutschland, 13.10.2010, S. 15.

21 Wilhelm Heitmeyer: Autoritäre Versuchungen. Signaturen der Bedrohung, Berlin 2018.

22 Tillmann Prüfer: Wir erleben gerade eine technische Revolution des Wohnens. Aber von Zukunftseuphorie ist in der Gesellschaft nichts zu spüren. Stimmt etwas nicht mit uns? In: Die Zeit. Zeitmagazin vom 16.10.2014, S. 23 f.

23 Siehe Neues Deutschland, 21.10.2010, S. 2.

24 Wilfried Bommert behauptet in seinem 2010 erschienenen Buch »Kein Brot für die Welt. Die Zukunft der Welternährung« lakonisch: »Wir sind zu viele Menschen auf dieser kleinen Erde.«

Personenregister

Bitte beachten Sie auch die folgenden Seiten.

Basis
Weimarer Republik
Manfred Weißbecker
PapyRossa